本书系中央高校基本科研业务费专项资金《刑事诉讼法修改问题研究》，项目编号：YJ201760；以及四川大学中央高校基本科研业务费项目《新刑诉法实施后若干问题研究》，项目编号：2019skzx-pt11资助出版。

认罪认罚从宽
制度研究

RENZUI RENFA CONGKUAN
ZHIDU YANJIU

韩　旭／著

中国政法大学出版社

2020·北京

图书在版编目（ＣＩＰ）数据

认罪认罚从宽制度研究/韩旭著.—北京:中国政法大学出版社,2020.10
ISBN 978-7-5620-9677-1

Ⅰ.①认…　Ⅱ.①韩…　Ⅲ.①刑事诉讼－司法制度－研究－中国　Ⅳ.①D925.210.4

中国版本图书馆 CIP 数据核字(2020)第 194534 号

出　版　者	中国政法大学出版社
地　　　址	北京市海淀区西土城路 25 号
邮寄地址	北京 100088 信箱 8034 分箱　邮编 100088
网　　　址	http://www.cuplpress.com (网络实名：中国政法大学出版社)
电　　　话	010-58908586(编辑部) 58908334(邮购部)
编辑邮箱	zhengfadch@126.com
承　　　印	保定市中画美凯印刷有限公司
开　　　本	720mm×960mm　　1/16
印　　　张	22.75
字　　　数	370 千字
版　　　次	2020 年 10 月第 1 版
印　　　次	2020 年 10 月第 1 次印刷
定　　　价	96.00 元

序

认罪认罚从宽制度是协商性司法的中国实践，这一制度的设置和施行，可以说在一定程度上改变了中国刑事诉讼的格局和运行方式，因此必然引起各方面的关注。目前这方面的研究文章层出不穷，但可能因为制度施行时间较短，系统研究该主题的专著则较为少见。韩旭博士较早关注这一主题，并做了一定调研，经认真思考撰写了这本专著，将自己各种零散的思想拼图汇聚成一个系统，可以帮助我们一窥我国认罪认罚从宽制度的基本面貌、问题所在和改革方向，值得关注这一问题的学者和法官、检察官、律师等实务人员阅读参考。

粗读此书后，我认为这本书有一定的学术和实践价值。首先，笔者具有较好的问题意识，注意回应制度和实践中的难题和突出问题。如控辩平衡、证据开示、控辩协商、值班律师制度的改进等，相当一部分问题，制度尚不成熟，理论界和司法实务部门也正在探索。而且笔者不仅对认罪认罚从宽制度试点情况进行了总结，还着重对 2019 年 10 月两高三部出台《关于适用认罪认罚从宽制度的指导意见》后，在实践中反映出的新问题进行研究，注意及时把握实践脉动，并作出理论回应。其次，专著的内容涉及面较广，有较大的知识量。从值班律师定位和职能作用发挥，到检察机关客观义务的履行；从审前程序到一审程序，再到二审程序；从被告人上诉到检察机关抗诉；从被追诉人阅卷权的供给，到辩护方协商能力的保障；从协商程序的规范化建设，到协商方法的适当有效；从普通刑事案件的制度适用，到涉"疫"案件的审理等，笔者均有所探讨。其间既有法解释学分析，又有学理上的深入探讨，还注意比较研究，有一定的研究深度。最后，该著作关注制度运行，有突出的实践特征。笔者曾在法院工作多年，其实务经历使他始终注意将问题放在特定实践背景中探讨，注意所提解决方案和改革路径的实践效应与实际可行性。为此，他曾多次带博士、硕士研究生到实务部门调研，发现实务问题，倾听一线司法人员的意见，而且注意出自不同角度的不同看法，以做到"兼听则明"。因此，笔者的诸多观点较为公允。其提出的解决问题的方案，也大体可行。不过，批判精神体现学人的基本素养，没有批判就没有创新和进步，笔者以国际化的视野、解决中国问题的务实态度，对当前制度设置和运行也提出了诸多批评。如值班律师的制度无效、被追诉人知悉权无保障因此明智性不足，乃至整体上的控辩失衡等。但这种批评是建设性的，几乎每一个专题，在评议后也都提出了改革完善的路径和方法，可供相关方面考虑。

不过，由于研究时间有限，加之一些条件限制，本书也有一些不足。较为突出的问题，是对某些专题把握问题的准确全面及研究的深度也还存在不足，行文上也还可以更为仔细地琢磨。

韩旭教授，曾是我指导的博士研究生，我了解他对学术的执着追求。而成就本书的研究成果更为难能可贵。因 2018 年他曾罹大病，初愈后，就全身心投入学术研究，其间一直在克服一般学者未能经受的困难。正是因其精神和成就，他于 2019 年被评为本省"十大法治人物"。这本书也正是他的学术精神和对事业坚守的一个见证。

由于认罪认罚从宽制度刚写入立法并实施不久，加上中国特定制度背景的影响，此项制度的完善还有较长的路要走，尤其还需一些基本的关联问题的解决。因此，就这一制度的实施和发展，还有较大的研究空间。一些重要的制度问题，可能难以短期内解决，但技术性的完善还是可以探讨，并具改进可能的。相信笔者会持续关注这些问题，并祝愿其取得新的研究成果！

龙宗智

2020 年 6 月

目 录 Contents

第一章

认罪认罚从宽制度中的"认罪"辨析

引　言

"认罪"是认罪认罚从宽制度准确实施的基础和核心，也是该项制度最基本的要求。但是，实践中，包括司法实务人员在内的许多人对"认罪"都存在着模糊认识：有的认为"认罪"就一定要认"罪名"；还有的认为"认罪"就是要对全部案件事实予以供认；更多人认为在被追诉人"认罪"的情况下，其辩护人就不能做无罪辩护；鉴于《监察法》规定的模糊性，一些人认为职务犯罪案件的"认罪"要求比普通犯罪案件更加严格。对于上述实施中的问题进行探析，有助于促使该制度的正确实施。最近，北京"余某平交通肇事案"二审改判，促使我们进一步思考这一问题，即在二审法院否定自首认定的情况下，能否视为"认罪"并适用认罪认罚从宽制度？这些都是该项制度在实施中的新问题，需要密切关注，亟待作出理论上的回答，以为立法和司法实务提供参考。

一、"认罪"必须是认"罪名"吗？

认罪认罚从宽制度实施过程中面临的首要问题是对"认罪"的理解。由于立法和司法解释性文件不甚明确，导致实践中对此存在较大争议。有学者认为，"认罪"是指被告人对检察院指控的犯罪事实和罪名给予了认可。[1]"认罪"既包括认"犯罪事实"，也包括认"罪名"。多数法官、检察官表示，

---

[1]　参见陈瑞华："'认罪认罚从宽'改革的理论反思——基于刑事速裁程序运行经验的考察"，载《当代法学》2016年第4期。

必须满足承认被指控事实且承认指控罪名两个条件。这已经成为一些检察机关和法院所坚持的认定标准。另有一些法院、检察院认为"承认犯罪事实即可"，并不要求认"罪名"。[1]

2018年《中华人民共和国刑事诉讼法》（以下简称《刑诉法》）第15条规定："犯罪嫌疑人、被告人自愿如实供述自己的罪行，承认指控的犯罪事实，愿意接受处罚的，可以依法从宽处理。"2019年，最高人民法院、最高人民检察院、公安部、国家安全部、司法部（以下简称"两高三部"）《关于适用认罪认罚从宽制度的指导意见》（以下简称《指导意见》）第6条进一步明确了"认罪"的含义。该意见第6条规定："认罪认罚从宽制度中的'认罪'，是指犯罪嫌疑人、被告人自愿如实供述自己的罪行，对指控的犯罪事实没有异议……"从上述规定可以看出，"认罪"仅是对自然事实的一种认可，并不要求对事实的法律评价进行确认。在值班律师法律帮助有限的情况下，让一个不懂法律的外行对"罪名"予以认可，显然是强人所难。"法律不能强人所难"，体现在该项制度中，就是不能要求被追诉人对"罪名"予以认可。最高人民检察院副检察长陈国庆认为："不应将承认指控的犯罪事实与指控的罪名割裂开来，指控的犯罪事实通常是按照围绕指控的罪名来叙述的，指控不同的罪名比如指控盗窃与指控侵占在事实描述上存在差异，因此若拒不接受司法机关认定的罪名，则不能认定为认罪认罚从宽中的'认罪'。"[2]对此观点，笔者有不同的看法：第一，该观点是对法律规定的扩大解释，条件似更严苛，可能人为限制认罪认罚从宽制度的适用。第二，限制了被追诉人的辩解和辩护权。实践中被追诉人认可基本事实而对性质和罪名进行辩解、辩护的案例不在少数，认罪认罚案件中被追诉人的辩解、辩护权仍应给予充分保障。第三，自首、坦白这些法定从宽情节的构成并不要求认"罪名"，何以要求性质上存在争议的认罪认罚从宽制度要认"罪名"呢？第四，我国刑事辩护制度和法律援助制度均不十分发达，即便是引进了值班律师制度，其效用也并未得到发挥，被追诉人与值班律师之间并不存在"辩护协商"问题，很多值班律师在认罪认罚具结书上都是批量签名，此前并未会见被追诉人。

---

〔1〕 参见周新："认罪认罚从宽制度立法化的重点问题研究"，载《中国法学》2018年第6期。
〔2〕 蒋安杰："认罪认罚从宽制度若干争议问题解析（上）"，载《法制日报》2020年4月29日。

第五，罪名的认定与刑罚的适用紧密相关，被追诉人"认罪"但不"认罚"亦是常见情形。不能将"认罪"与"认罚"混为一谈。"'认罪'实质上就是'认事'，即承认主要的犯罪事实。"[1]第六，实践中，被追诉人承认犯罪事实而拒绝承认罪名的情况不在少数，在事实描述中，他们可能使用比较中性的词，而一些罪名对他们而言在心理上难以接受。例如，面对盗窃罪的指控，犯罪嫌疑人可能承认秘密"拿"了一些东西。"人性里都有天生的尊严"，即便是被追诉人也不例外。"法律并不强人所难"应当为我们铭记。

当然，"认罪"既不是简单地认可指控的犯罪事实，应体现为积极配合、真诚悔罪，自愿如实供述犯罪事实，也不是不能进行事实方面的辩解，盲目地接受侦控机关的意见。某些时候，侦控机关对事实的认定可能存在偏差，如果不允许被追诉人对此进行辩解或提出异议，案件质量将难以保障，甚至会酿成司法冤错。因此，"认罪"可能是被追诉人辩解乃至协商的结果。一名被追诉人在侦查阶段没有"认罪"，并不等于他（她）在审查起诉、审判阶段也不会"认罪"。

对于"自愿如实供述自己的罪行"的把握，应根据《关于处理自首和立功若干具体问题的意见》第2条的规定，即"除供述自己的主要犯罪事实外，还应包括姓名、年龄、职业、住址、前科等情况。犯罪嫌疑人供述的身份等情况与真实情况虽有差别，但不影响定罪量刑的，应认定为如实供述自己的罪行。犯罪嫌疑人自动投案后隐瞒自己的真实身份等情况，影响对其定罪量刑的，不能认定为如实供述自己的罪行。犯罪嫌疑人多次实施同种罪行的，应当综合考虑已交代的犯罪事实与未交代的犯罪事实的危害程度，决定是否认定为如实供述主要犯罪事实。虽然投案后没有交代全部犯罪事实，但如实交代的犯罪情节重于未交代的犯罪情节，或者如实交代的犯罪数额多于未交代的犯罪数额，一般应认定为如实供述自己的主要犯罪事实。无法区分已交代的与未交代的犯罪情节的严重程度，或者已交代的犯罪数额与未交代的犯罪数额相当，一般不认定为如实供述自己的主要犯罪事实。犯罪嫌疑人自动投案时虽然没有交代自己的主要犯罪事实，但在司法机关掌握其主要犯罪事实之前主动交代的，应认定为如实供述自己的罪行"。从该规定看，"自愿如实供述自己的罪行"包括两大要件：一是主要犯罪事实；二是身份。所谓

---

[1] 杨立新："认罪认罚从宽制度理解与适用"，载《国家检察官学院学报》2019年第1期。

"主要犯罪事实",通常是指"5W",即何人、何时、何地、何手段、何后果五大要素,这也是犯罪构成要件事实。"主要"犯罪事实显然不是案件的全部事实。对此,《指导意见》第6条亦明确:"承认指控的主要犯罪事实,仅对个别事实情节提出异议,或者虽然对行为性质提出辩解但表示接受司法机关认定意见的,不影响'认罪'的认定……"根据《最高人民法院关于处理自首和立功具体应用法律若干问题的解释》的规定:"如实供述自己的罪行,是指犯罪嫌疑人自动投案后,如实交代自己的主要犯罪事实。"该解释也并未要求自愿如实供述全部案件事实。对于共同犯罪案件,则要求"共同犯罪案件中的犯罪嫌疑人,除如实供述自己的罪行,还应当供述所知的同案犯,主犯则应当供述所知其他同案犯的共同犯罪事实"。

对于罪名的认定,在很多时候,检察官与法官的意见不一致,一审法官与二审法官的意见也不一致,认识的分歧乃司法中的正常现象,我们有什么理由一定要让被追诉人必须予以认可呢?随着大量道德价值无涉的法定犯罪名的出现,要求被追诉人对于自己所为的不法事实作出准确的法律评价,甚至对自己所触犯的罪名作出精准的法律评价,无疑是一种过高的要求。只要犯罪嫌疑人、被告人自愿承认司法机关已调查清楚的不法事实系其所为,就无须对此事实作出准确的法律评价,就应认定其具备认罪认罚从宽制度所要求的前提性要素——认罪。[1]

从域外认罪案件快速审理程序情况看,"认罪"在大多数国家是认"罪名",少数国家只要求认"事实"。这种要求被追诉人认可检察机关指控罪名的做法与律师帮助制度不无关系。例如,在日本的即决裁判程序中,犯罪嫌疑人因贫穷等原因没有辩护人的,检察官须告知犯罪嫌疑人可以申请聘请国选辩护人。犯罪嫌疑人申请聘请国选辩护人的,法官为犯罪嫌疑人指定辩护人。[2]根据《德国刑事诉讼法》第418条第4款的规定,如果被告人的预期刑期为6个月以上,必须为被告人强制指定一名辩护律师。如果法官考虑批准检察官通过刑事处罚令判处被告人缓刑的申请,则必须为无辩护律师的嫌疑

---

〔1〕 参见王志祥、融昊:"认罪认罚从宽制度的体系性反思与建构",载《法学杂志》2020年第5期。

〔2〕 参见〔日〕田口守一:《刑事诉讼法》(第7版),张凌、于秀峰译,法律出版社2019年版,第282页。

人指定一名辩护律师。[1]且针对律师协助权大多国家均规定"不得放弃"。例如,《法国刑事诉讼法典》第 495-8 条第 4 款规定:"(在庭前认罪答辩程序中)被告不得放弃律师协助权。"[2]我国刑事案件律师的参与率本来就很低,"根据中华全国律师协会的统计,刑事案件被告人律师出庭的辩护率不超过 30%,也就是 70%的刑事案件被告人没有律师辩护"。[3]认罪认罚案件中的被追诉人及其家属委托辩护率更低,且值班律师制度形式化、无效化已成了普遍共识。在当前的司法实务中,办案人员释法说理质量不足、刑事辩护率偏低、值班律师提供法律帮助形式化等特征比较明显。[4]在我国当下辩护制度不发达,与域外仍有差异的背景下,要求被追诉人认罪必须认"罪名",不具有合理性,只会压缩认罪认罚案件的适用空间。因此,我们不能盲目效仿域外的做法,应考虑当前的司法环境和现实状况。正如有学者所指出的:"认罪认罚从宽制度下的'认罪',意味着对被指控犯罪事实的承认和叙述,并不当然包含对罪名的认同,因为罪名的认定归根结底属于法律适用问题。所以,如果供认了犯罪事实,但对认定的罪名不认同的,仍可构成'认罪'。"[5]"被追诉人的认罪应当是被追诉人自愿承认被指控的行为构成犯罪,但不包括被追诉人对自己行为性质(罪名、犯罪形态等)的认识。"[6]最高人民法院刑一庭负责指导试点工作的法官在解读 2018 年修改后的《刑诉法》第 15 条规定时也认为:"'认罪'实质上就是'认事',即承认指控的犯罪事实,这里的犯罪事实应指主要犯罪事实。因此,犯罪嫌疑人、被告人对指控的个别细节有异议或者对行为性质的辩解不影响'认罪'的认定。"[7]实体法意义上的"认罪"本质上就是"认事",它是"认罪"的核心内涵,并且在侦查、审查

---

〔1〕 参见[瑞士]古尔蒂斯·里恩:《美国和欧洲的检察官——瑞士、法国和德国的比较分析》,王新玥等译,法律出版社 2019 年版,第 213 页以下。

〔2〕 参见施鹏鹏:《法律改革,走向新的程序平衡?》,中国政法大学出版社 2013 年版,第 158 页。

〔3〕 卞建林等:《新刑事诉讼法实施问题研究》,中国法制出版社 2017 年版,第 46 页。

〔4〕 参见熊秋红:"审判中心视野下的律师有效辩护",载《当代法学》2017 年第 6 期。

〔5〕 魏晓娜:"完善认罪认罚从宽制度:中国语境下的关键词展开",载《法学研究》2016 年第 4 期。

〔6〕 陈光中、马康:"认罪认罚从宽制度若干重要问题探讨",载《法学》2016 年第 8 期。

〔7〕 参见胡云腾主编:《认罪认罚从宽制度的理解与适用》,人民法院出版社 2018 年版,第 77~78 页。

起诉和审判阶段的要求完全一致，不因诉讼阶段的变化而变化。[1]既然"认罪"是认"自然事实"而非罪名，那么如果被追诉人仅认一罪的部分"事实"，而否认其他"事实"，可否成立"认罪"呢？例如，在盗窃罪中，被追诉人可能连续实施数起盗窃行为，仅认其中的一部分行为。此时，应当区分所认事实是否构成"犯罪的主要事实"。如果构成"犯罪的主要事实"，可成立"认罪"，否则即不成立。其理由有二：一是否认的部分指控事实并不影响本案的定罪，对量刑的影响也不大；二是保障被追诉人依法行使辩解、辩护权利的需要。不能因为认罪认罚从宽制度实施而过分克减被追诉人的核心权利，这是防范司法冤错的必要措施。

二、认罪与自首、坦白的关系

关于认罪与自首、坦白的关系，《指导意见》第9条第2款规定："对犯罪嫌疑人、被告人具有自首、坦白情节，同时认罪认罚的，应当在法定刑幅度内给予相对更大的从宽幅度。认罪认罚与自首、坦白不作重复评价。"从上述规定看，认罪认罚是一个独立的从宽量刑情节，由此需要思考的是认罪与自首、坦白的关系问题。犯罪嫌疑人、被告人认罪，预防犯罪的必要性减少了，因其如实供述自己罪行避免了特别严重的后果发生。也就是说，认罪可能导致责任刑或者预防刑的减轻，所以要从宽。[2]

（一）认罪与自首的关系

自首，作为刑法一个独立的量刑情节，为刑法明文规定。《中华人民共和国刑法》（以下简称《刑法》）第67条第1款规定："犯罪以后自动投案，如实供述自己的罪行的，是自首……"可见，成立自首需要具备"自动投案"和"如实供述自己的罪行"两个要件。"自首是认罪的一种刑法学形态，若要构成自首，除了要求被告人认罪（如实供述罪行）之外，还需要符合自动投案的标准，即其具有主动、自愿投案的意愿。"[3]而"如实供述自己的罪行"又是认罪认罚成立的要求。如此一来，自首与认罪认罚就发生了交叉，即成

---

〔1〕 参见孙长永："认罪认罚从宽制度的基本内涵"，载《中国法学》2019年第3期。

〔2〕 参见王敏远、顾永忠、孙长永："刑事诉讼法三人谈：认罪认罚从宽制度中的刑事辩护"，载《中国法律评论》2020年第1期。

〔3〕 孔令勇："教义分析与案例解说：读解刑事诉讼中的'认罪'、'认罚'与'从宽'"，载《法制与社会发展》2018年第1期。

立自首须具备"认罪"条件，"如实供述自己的罪行"就属于"认罪"。"认罪"未必属于自首，但自首必须"认罪"。一旦因为未"如实供述自己的罪行"而被否认自首，通常也不能认定为"认罪"。有学者认为："认罪认罚与自首，既可能同时成立，也可能在自动投案的情况下，否定自首但肯定认罪认罚，两者并行不悖，不存在相互矛盾的问题。"[1]笔者不赞成该观点。既然"如实供述自己的罪行"，可以参照《最高人民法院关于处理自首和立功具体应用法律若干问题的解释》《最高人民法院关于处理自首和立功若干具体问题的意见》《最高人民法院、最高人民检察院关于办理职务犯罪案件认定自首、立功等量刑情节若干问题的意见》等对"如实供述"的规定把握。[2]那么，就不能将"认罪认罚"中的"如实供述自己的罪行"与自首的要件割裂开来。对"认罪"的评价应当以自首中的"如实供述自己的罪行"为标准。由此观之，"余某平交通肇事案"二审在否认自首的情况下，仍适用认罪认罚从宽制度似有不妥。对此，龙宗智教授在评论此案时即已指出："在自动投案的前提下确认被告人认罪认罚，即意味着确认被告人'自愿如实供述自己的罪行'，因此就符合自首条件，而不应当以未如实供述否定其自首情节。"[3]笔者认为，在自首不能成立时，除否认"自动投案"外，一般也不能按"认罪"处理。

（二）认罪与坦白的关系

对于"坦白"，公众比较熟知，"坦白从宽"的刑事政策由来已久。《刑法》第67条第3款规定："犯罪嫌疑人虽不具有前两款规定的自首情节，但是如实供述自己罪行的，可以从轻处罚；因其如实供述自己罪行，避免特别严重后果发生的，可以减轻处罚。"可见，"坦白"就是"如实供述自己的罪行"。从《指导意见》第9条第2款的规定看，即"认罪认罚的从宽幅度一般应当大于仅有坦白，或者虽认罪但不认罚的从宽幅度"。"认罪"即属于"坦白"，二者具有同质性。如果否认"坦白"，也不能被评价为"认罪"，认罪认罚从宽自无适用余地。《最高人民法院关于处理自首和立功具体应用法律若干问题的解释》第4条进一步明确："被采取强制措施的犯罪嫌疑人、被告人

〔1〕车浩："基本犯自首、认罪认罚的合指控性与抗诉求刑轻重不明'，载《中国法律评论》微信公众号。

〔2〕蒋安杰："认罪认罚从宽制度若干争议问题解析（上）"，载《法制日报》2020年4月29日。

〔3〕龙宗智："龙宗智评余金平交通肇事案终审判决"，载《中国法律评论》微信公众号。

和已宣判的罪犯，如实供述司法机关尚未掌握的罪行，与司法机关已掌握的或者判决确定的罪行属同种罪行的，可以酌情从轻处罚；如实供述的同种罪行较重的，一般应当从轻处罚。""坦白"要求被追诉人如实供述司法机关尚未掌握的"同种罪行"。如果是不同种罪行的，可以成立自首。由于被追诉人的坦白，使司法机关得以较为容易地获得定案的证据，也为司法机关节约了司法资源，对被追诉人予以从宽处理作为"奖励"，有助于被追诉人积极坦白认罪。"认罪认罚从宽"其实是对"坦白从宽"刑事政策的制度化、具体化。在被追诉人"认罪"时，为了使其获得更多的"从宽"司法优惠，公安司法机关可以鼓励、动员被追诉人"认罪"，从而适用认罪认罚从宽制度。如果被追诉人不"认罚"，可以按照《刑法》第67条第3款的"坦白"规定从宽处理。对"认罪"或者"坦白"，刑法上之所以可以给予"宽大"处理，是因为被追诉人因"认罪"而节约了司法资源，降低了司法成本，使公安司法机关获得了重要的定案证据。作为"回报"，公安司法机关给予"宽大"处理体现了司法正义性，具有鼓励被追诉人合作的意味。

关于《指导意见》规定的"认罪认罚与自首、坦白不作重复评价"问题，可以理解为"认罪"如果具备"自动投案"条件，可以成立"自首"；如果仅是"认罪"而不"认罚"，可以成立"坦白"；如果既"认罪"又"认罚"，可以考虑适用认罪认罚从宽制度。认罪与自首、坦白情节属于概念交叉关系，认罪与自首、坦白共同的构成要件是如实供述。[1]"不作重复评价"应当被理解为，不得在考量自首、坦白从宽的同时已经给予较认罪认罚更大幅度的从宽后，再一次重复给予从宽；不能理解为具有自首、坦白情节的犯罪嫌疑人、被告人即使认罪认罚，也只能按照自首、坦白给予从宽处罚而不再适用认罪认罚的从宽规定。[2]"认罪认罚从宽应当是自首、坦白、认罪之外一个新的独立的量刑情节。亦即在自首、坦白、从轻或减轻的基础上，应再给予适当从宽处罚。"[3]"自首、坦白是被告人主动认罪，给予相当程度的从宽是理所当然的。但是，在此基础上被告人又认罚的，应当给予比目前的自首、坦白规定更大幅度的从宽优待。"[4]在一些情况下，"认罪"可能

---

[1] 参见赵恒："'认罪认罚从宽'内涵再辨析"，载《法学评论》2019年第4期。

[2] 参见李勇："认罪认罚与自首、坦白之界分"，载《检察日报》2020年2月15日。

[3] 樊崇义："认罪认罚从宽与自首坦白"，载《人民法治》2019年第1期。

[4] 周光权："论刑法与认罪认罚从宽制度的衔接"，载《清华法学》2019年第3期。

会被"自首""坦白""认罪认罚"所吸收。事实上，我国的坦白、自首等，甚至直接建立在被告人自愿认罪的基础之上。[1]

三、"认罪"一定要认"性质"吗？

犯罪性质的认识，既包括将法律上有罪的行为误认为无罪，也包括将甲罪名误认为构成乙罪名。这种对犯罪性质认识的错误，大多基于被追诉人法律上的无知。关于"认罪"是否要认"性质"，学界也存在争议。有观点认为："认罪的'概念核'是'如实供述自己的罪行'，也即被追诉人既要承认'行为'，也要承认'犯罪'。"[2]由于被追诉人时常会发生法律认识错误，对罪与非罪、此罪与彼罪存在误解，很多时候对自己的行为被评价为无罪报有内心确信。违法性并非我国刑法中罪过的组成部分，行为人不知法或错误地认为现行立法没有规定他所实施的行为已构成犯罪，对罪之成立没有影响。犯罪认定的依据只能是法律，行为人对罪名认识的错误并不影响行为的社会危害性和犯罪的构成，也不影响行为人应负的罪责。[3]实践中，有的犯罪嫌疑人如实供述了自己实施的杀人或者伤害行为，但是辩称自己系正当防卫，以此阻却违法事由，此类案例不在少数。但是，公安司法机关经审查却以"防卫过当"追究其刑事责任。如此情况下，并不影响"认罪"的成立。要求被追诉人对涉及法律适用的性质问题进行准确评判，面对律师参与率比较低的现实现实，未免有些"勉为其难"，尤其是在行为性质存在争议的情况下更是如此。"趋利避害"是人的本能，面对不利指控作出有利辩解本无可厚非，也是法律赋予的权利。《指导意见》第 6 条亦规定："虽然对行为性质提出辩解但表示接受司法机关认定意见的，不影响'认罪'的认定……"被侦查机关认定为"防卫过当"的行为，到了审查起诉阶段，却可能被检察机关定性为"正当防卫"。所以，要求被追诉人认"性质"似有苛责之嫌。尽管犯罪嫌疑人可能不认同公安司法机关的"性质"认定，但承认行为的基本事实不但可以明确侦查方向，为收集证据提供便利，而且被追诉人的陈述也可

---

〔1〕　参见陈瑞华："'认罪认罚从宽'改革的理论反思——基于刑事速裁程序运行经验的考察"，载《当代法学》2016 年第 4 期。

〔2〕　陈光中、马康："认罪认罚从宽制度若干重要问题探讨"，载《法学》2016 年第 8 期；朱孝清："认罪认罚从宽制度的几个问题"，载《法治研究》2016 年第 5 期。

〔3〕　参见马克昌：《犯罪通论》，武汉大学出版社 2000 年版，第 374 页以下。

以作为定案根据，从而节省有限的司法资源。此种"性质"辩解并非不"认罪悔罪"的表现。被追诉人的辩解可以使检察机关、审判机关做到"兼听则明"，有利于防范冤假错案的发生。"认罪"并不要求认"性质"，可以鼓励更多的被追诉人认罪认罚，这不但可以提高认罪认罚从宽制度的适用率，而且有助于被追诉人大胆行使辩解、辩护的权利。因此，被追诉人"认罪"，既不应要求其认"罪名"，也不应要求其承认行为构成犯罪，仅承认自然事实已足矣。"认罪认罚中的'认罪'应当理解为如实供述自己的犯罪事实即可，对行为性质的辩解、对罪名适用的异议，不影响认罪的认定。"[1]

四、职务犯罪案件"认罪"要求更严吗？

《中华人民共和国监察法》（以下简称《监察法》）第 31 条规定："涉嫌职务犯罪的被调查人主动认罪认罚，有下列情形之一的，监察机关经领导人员集体研究，并报上一级监察机关批准，可以在移送人民检察院时提出从宽处罚的建议：（一）自动投案，真诚悔罪悔过的；（二）积极配合调查工作，如实供述监察机关还未掌握的违法犯罪行为的；（三）积极退赃，减少损失的；（四）具有重大立功表现或者案件涉及国家重大利益等情形的。"根据该条规定，很多人可能会认为职务犯罪案件适用认罪认罚从宽制度更加严格。因为除了要求被调查人认罪认罚外，还要具备其他四种情形之一。有学者据此认为《监察法》对于职务犯罪案件认罪认罚从宽适用规定了较为严格的实体条件。《监察法》第 31 条规定，适用门槛必须满足"认罪 + 认罚 + 特定情形的条件"。[2] 其实，在笔者看来，职务犯罪案件中的认罪认罚从宽制度适用与其他案件无异，并未更加严格。理由如下：第一，所列举的四种情形是对"认罪认罚"的补充，并非额外增加条件，只是强调"认罪认罚"中应当具有的情形。第二，上述四种情形大多属于"认罪"的范畴，除了第三种情形外，均可能被其他法定的从宽情节所吸收。例如，第一种情形可能成立"自首"，第二种情形可能成立"坦白"或者"自首"，第四种情形可能成立"立功"。只有第三种情形可能属于"认罪认罚"的具体体现。如此规定意在

---

〔1〕 李勇："认罪认罚与自首、坦白之界分"，载《检察日报》2020 年 2 月 15 日。

〔2〕 詹建红："认罪认罚从宽制度在职务犯罪案件中的适用困境及其化解"，载《四川大学学报（哲学社会科学版）》2019 年第 2 期。

"鼓励被调查人犯罪后改过自新，将功折罪，积极配合监察机关的调查工作，争取宽大处理，体现了'惩前毖后，治病救人'的精神。同时，也为监察机关顺利查清案件提供有利条件，节省人力物力，提高反腐败工作的效率"。[1]因此，我们不能据此认为职务犯罪案件认罪认罚增设了更高的"门槛"。第三，从司法实务来看，职务犯罪案件适用认罪认罚从宽制度的比例较低，不利于调动被调查人认罪认罚和退赃的积极性，也不利于减少职务犯罪案件办理的司法成本。据笔者进行的一项实证研究显示："在768个案件中，适用认罪认罚从宽制度的只有46件，其中贪污贿赂案件45件，职务侵占案件1件，认罪认罚从宽制度总体适用率不足6%。"[2]虽然职务犯罪案件较少适用认罪认罚从宽制度体现了司法机关对此类案件的慎重态度，但如此低的适用率并不利于节约司法资源、提升司法效率。这大概与认罪认罚在此类案件中被掌握得过严有关。综合以上理由，笔者认为职务犯罪案件中认罪认罚从宽制度的适用应当与其他案件保持一致。既然《指导意见》第5条第2款明确规定"认罪认罚从宽制度没有适用罪名和可能判处刑罚的限定，所有刑事案件都可以适用，不能因罪轻、罪重或者罪名特殊等原因而剥夺犯罪嫌疑人、被告人自愿认罪认罚获得从宽处理的机会……"那么就没有必要对职务犯罪案件"另设标准"，人为限制该类案件的适用。职务犯罪案件中"认罪"附加条件的设置在很大程度上满足了职务犯罪证明困难和反腐形势严峻的需要。然而，其可能带来的问题是，《监察法》与《刑诉法》在认罪认罚从宽制度层面的抵牾会引起适用上的混乱。[3]

职务犯罪案件在司法实践中比较"敏感"，检察官、法官在处理时都比较慎重，经常需要与监察委员会的调查人员进行沟通，尤其是对被调查人进行"从宽"处理时。稍有不慎，办案的司法人员便可能会被监察委员会"调查"。这就不难解释为什么职务犯罪案件较少适用认罪认罚从宽制度了。为了规避认罪认罚从宽制度在职务犯罪案件中的适用，一些司法人员更愿意将职务犯罪案件中的"认罪"作"从严"解释。

---

[1] 中共中央纪律检查委员会、中华人民共和国国家监察委员会法规室编写：《〈中华人民共和国监察法〉释义》，中国方正出版社2018年版，第161页。

[2] 韩旭："监察委员会办理职务犯罪案件程序问题研究——以768份裁判文书为例"，载《浙江工商大学学报》2020年第3期。

[3] 参见汪海燕："职务犯罪案件认罪认罚从宽制度研究"，载《环球法律评论》2020年第2期。

五、被追诉人"认罪"情况下辩护人不能做"无罪辩护"吗？

在被追诉人"认罪"的情况下，一些地方的司法机关限制辩护人做无罪辩护。这就有必要分析被追诉人"认罪"与辩护人辩护之间的关系。第一，认罪认罚从宽系被追诉人的权利，该权利的行使并不会对辩护权形成限制。辩护人仍可根据证据情况和法律提出辩护意见，包括无罪的辩护意见。"在认罪认罚问题上，辩护律师任何时候都无权代替当事人作出认罪认罚的决定，他（她）永远只是建议者、咨询者、协助者，而不是决定者。"[1]第二，辩护并非代理，辩护人具有"相对独立"的诉讼地位，并非完全依附于被追诉人，可以提出相对独立的辩护意见。[2]第三，即便辩护律师在认罪认罚具结书上签字，也并不等于其认可被追诉人有罪。其签字仅是对被追诉人签署具结书时没有被强迫、威胁、利诱等行为发生的形式性见证。在辩护人事前与被追诉人没有进行"辩护协商"的情况下，被追诉人"认罪"并非辩护人的真实意旨。第四，作为法律外行人士的被追诉人因法律认识错误在罪与非罪问题上常存在认知错误，有的是故意"顶包""代人受过"，例如，在适用认罪认罚从宽制度比例最高的危险驾驶案件中"顶包"现象较为突出。辩护人提出无罪辩护意见有助于防范冤假错案。第五，刑事诉讼是一个动态的发展过程，值班律师或者辩护律师在具结书上签字的行为，对后续的其他辩护人并无约束力，其他辩护人仍可依据证据和法律独立作出无罪辩护的意见。也许一开始是值班律师认可被追诉人认罪认罚并在具结书上签字，但是后来被追诉人或其家属委托了辩护律师，且辩护律师对值班律师的诉讼行为不予认可。第六，从辩诉交易制度比较发达的美国的情况看，被追诉人在同意检察官提出的量刑建议时能否做无罪辩解是存在争议的。美国联邦最高法院认为，被告人为了避免更重的刑罚和刑事庭审的进行，同意检察官的指控，亦即作出有罪答辩时，仍可做无罪辩解。[3]既然被追诉人可以做无罪辩解，辩护人当然也可以做无罪辩护。根据最高人民检察院陈国庆副检察长的意见："若被告

---

〔1〕 韩旭："辩护律师在认罪认罚从宽制度中的有效参与"，载《南都学坛》2016 年第 6 期。

〔2〕 参见韩旭："被告人与律师之间的辩护冲突及其解决机制"，载《法学研究》2010 年第 6期。

〔3〕 参见［美］斯蒂芬诺斯·毕贝斯：《庭审之外的辩诉交易》，杨先德、廖钰译，中国法制出版社 2018 年版，第 95 页以下。

人系自愿认罪认罚并签署具结书，即使律师提出无罪或者罪轻的辩护意见，法庭经过审理认为检察机关指控罪名正确的，仍然应当依法适用认罪认罚从宽制度。"[1]既然在辩护人做无罪辩护的场合，对被告人仍可适用认罪认罚从宽制度，这就意味着当被告人认罪认罚时，辩护人仍可做无罪辩护。

不可否认，在被追诉人"认罪"的场合，辩护空间会被压缩，但是辩护人仍有继续辩护的必要。犯罪嫌疑人、被告人一般都不懂法律，他的认罪很可能是错误的，甚至根本就没有罪，但他却可能因认为自己有罪而表示认罪，甚至去投案自首。最近两年发生了不少正当防卫的案子，本来依法属于正当防卫，但是防卫人不懂，把人弄死了，就主动投案，不仅去投案，还表示认罪了；是司法机关、律师提出他不是犯罪，而是正当防卫，最后给他宣告无罪。由于普通人对于什么是犯罪、什么不是犯罪，什么是这个罪、什么是那个罪，无法做出正确的认知和判断，所以就需要律师为其辩护。认罪认罚案件在我国刑事诉讼案件当中占 70%~80%，涉及的量非常大，一旦认罪认罚错了，本来是无罪的，结果当事人认罪又认罚，办案机关更容易放过去；几年过去后才发现是无罪的案件，不是本人有罪，而是替别人顶罪。[2]认罪认罚案件中的冤假错案如何防范，确实是一个值得研究的新课题。辩护应包括做无罪辩护。否则，有违辩护人的职责。[3]辩护权作为被追诉人最重要的权利，具有宪法性权利的性质，不能因适用认罪认罚从宽制度而使其辩护权被过分克减。我国被追诉人辩护权保障本就比较羸弱，若再以被追诉人"认罪"为由，限制其辩护人做无罪辩护，无异于取消了辩护权行使，无助于认罪认罚从宽制度的健康发展。

既然在被追诉人认罪的场合，辩护人的辩护空间会被限缩，那么辩护人该如何辩护呢？笔者认为，辩护人一般应做量刑辩护。在侦查阶段，辩护人的职责是及时会见，做好"辩护协商"工作，以协调辩护立场，商讨辩护思路，为被羁押的被追诉人提供心理支援。在证据不足时，基于中国无罪判决

---

[1] 蒋安杰："认罪认罚从宽制度若干争议问题解析（下）"，载《法制日报》2020 年 5 月 13 日。

[2] 王敏远、顾永忠、孙长永："刑事诉讼法三人谈：认罪认罚从宽制度中的刑事辩护"，载《中国法律评论》2020 年第 1 期。

[3] 2018 年《刑诉法》第 37 条规定："辩护人的责任是根据事实和法律，提出犯罪嫌疑人、被告人无罪、罪轻或者减轻、免除其刑事责任的材料和意见，维护犯罪嫌疑人、被告人的诉讼权利和其他合法权益。"

率极低的现实，被追诉人可能会"退而求其次"，通过认罪换取未来的缓刑判决，辩护人可以因为指控证据不足而做无罪辩护。这当然是出于辩护策略的考虑，对此应当允许。在审查起诉阶段，辩护人的职责就是积极参见量刑协商，与检察官"讨价还价"，争取对犯罪嫌疑人有利的处理结果。参与协商即是辩护的具体体现。辩护人要充分认识到，认罪认罚从宽制度即是从"对抗型"司法向"协商型"司法的转变。当然，在量刑协商过程中，辩护人可以就行为性质、罪名等问题提出自己的意见。在"量刑协商"中，由于中立裁判者的缺位，检察官充当了法官的角色，一方面要求检察官要更加恪守客观义务；另一方面，对辩护人的辩护质量要求也更高，只有辩护有理有据才能影响检察官，其意见才更容易被检察官所采纳。在与检察官协商之前，辩护人必须阅卷，并与犯罪嫌疑人进行"辩护协商"，以避免在与检察官协商时出现立场不一、意见冲突而导致辩护力量相互"抵消"的问题。

刑事诉讼是一个动态的发展过程，这为辩护人进行程序性辩护提供了依据。也许在侦查阶段，犯罪嫌疑人未认罪认罚或者没有赔偿被害人损失并取得谅解，但是到了审查起诉阶段，犯罪嫌疑人既可能认罪认罚，又可能赔偿了被害人损失。《人民检察院刑事诉讼规则》第270条规定："批准或者决定逮捕，应当将犯罪嫌疑人涉嫌犯罪的性质、情节，认罪认罚等情况，作为是否可能发生社会危险性的考虑因素。已经逮捕的犯罪嫌疑人认罪认罚的，人民检察院应当及时对羁押必要性进行审查。经审查，认为没有继续羁押必要的，应当予以释放或者变更强制措施。"可见，"认罪认罚"情况是重要的考量因素。辩护人可据此提出变更强制措施或者羁押必要性审查的申请。这属于程序性辩护事项，在认罪认罚案件办理中辩护人应善于运用。

在辩护中尚需注意的问题是，办案机关必须履行保障被追诉人获得值班律师法律帮助的义务，促使其在被追诉人是否认罪认罚问题上发挥有效的法律帮助，律师在会见和阅卷后发现事实不清、证据不足，应果断提出无罪辩护意见。为此，《指导意见》第10条第1款规定："人民法院、人民检察院、公安机关办理认罪认罚案件，应当保障犯罪嫌疑人、被告人获得有效法律帮助，确保其了解认罪认罚的性质和法律后果，自愿认罪认罚。"为了使被追诉人认罪认罚建立在受过律师法律咨询帮助、了解认罪认罚的性质和法律后果的基础之上，确保认罪认罚（包括认罪协商）的自愿性，可规定：因侦查机关的原因而使犯罪嫌疑人未获得值班律师法律帮助（如因侦查机关没有主动告知有权获得值班律师帮助，或者侦查机关该通知值班师而没有通知等），犯罪嫌疑人的认罪认罚和侦查机关提出的从宽处理意见不具有效力。[1]

结　语

被追诉人不仅法律知识和诉讼经验欠缺，而且大多处于被羁押状态。在当前值班律师法律帮助形式化、"辩护协商"未常态化的情况下，认罪认罚并不要求其认"罪名"。随着犯罪形态的复杂化，罪与非罪的认识更加困难。即便是同为法律专业人士的法官、检察官也经常会存在认识分歧，让作为外行人士的被追诉人准确识别行为的"性质"并不具有现实可行性。认罪与自首、坦白作为法定的从宽量刑情节，均要求被追诉人"如实供述自己的罪行"，但自首还要求"自动投案"要件，因此认罪认罚与自首具有交叉关系，而认罪与坦白可以作相同解释。当然，坦白大多是被动的，而认罪认罚既可能是被动的，也可能是主动的。坦白并不要求"认罚"。被追诉人"认罪"的场合可以被评价为"坦白"。但"坦白"并不要求"认罚"。基于此，认罪认罚的从宽幅度大于仅有坦白的从宽幅度。《指导意见》第9条第1款即规定："认罪认罚的从宽幅度一般应当大于仅有坦白，或者虽认罪但不认罚的从宽幅度……"基于职务犯罪案件的隐蔽性和取证上的困难，《监察法》对职务犯罪案件被调查人认罪认罚似乎设定了更高的标准，但是仔细分析几种具体情形可以发现其仍属于"认罪"的情形，强调被调查人的"配合"义务。从体系解释和认罪认罚从宽制度一体适用的角度看，职务犯罪案件中的认罪标准并非比普通刑事案件更为严格。实践中，只要被调查人符合《刑诉法》规定的认罪认罚条件便仍可适用该制度。在被追诉人认罪认罚且签署具结书的情况下，其辩护人仍可依据证据和法律提出无罪辩护意见，不仅是因为辩护人具有"相对独立"的辩护地位，并非完全依附于被追诉人的意见，而且是防范司法冤错的需要。

---

[1]　参见朱孝清："侦查阶段是否可以适用认罪认罚从宽制度"，载《口国刑事法杂志》2018年第1期。

第二章

认罪认罚从宽制度中的"认罚"辨析

引 言

近日，笔者看到了一则报道：安徽省和县人民法院审理了被告人姚某受贿案，检察院建议此案适用认罪认罚从宽制度审理，并提出了三年有期徒刑的量刑建议。由于姚某未缴纳罚金，法院认为其认罚不彻底，遂以受贿罪判处其有期徒刑三年七个月，检察院以一审法院未适用认罪认罚从宽制度为由提起抗诉。二审驳回抗诉，维持原判。这则案例促使笔者思考认罪认罚从宽案件中的"认罚"问题。"认罚"的正确认定是该制度适用的前提。在下文中，笔者除了会对本案中姚某是否属于"认罚"作出评析外，还将一并探讨与此相关的几个制度层面不明确、实践中存在争议的问题：被追诉人做量刑辩护是否影响"认罚"成立？被追诉人没有签署认罪认罚具结书能否视作"认罚"？公安机关、检察机关侦查阶段和监察委员会调查阶段的"认罚"如何判定？如何认定二审程序中的"认罚"？对这些问题的研究，既可以减少控审的摩擦和冲突，也可使被追诉人获得公正对待，保障认罪认罚从宽制度的正确实施。

一、如何评价"认罚"

有学者认为："'认罚'应当理解为犯罪嫌疑人、被告人在认罪的基础上自愿接受所认之罪在实体法上带来的刑罚后果。"该学者还提示强调，"认罚"须满足实体要件、程序要件和退赃退赔、赔偿损失三个条件才能"认定"。[1]笔者认为，如此评价"认罚"未免过于苛刻，并且将限制该制度的适用。笔

---

〔1〕 参见陈卫东："认罪认罚从宽制度研究"，载《中国法学》2016 年第 2 期。

者认为，只要具备前述第一个实体要件，即认可检察机关的量刑建议。至于程序上是否放弃诉讼权利并得以简化审理以及是否必须赔偿损失，不宜作为"认罚"的考量因素。两高三部于 2019 年 10 月联合发布的《指导意见》第 7 条第 2 款规定："犯罪嫌疑人、被告人享有程序选择权，不同意适用速裁程序、简易程序的，不影响'认罚'的认定。"第 18 条规定："犯罪嫌疑人、被告人认罪认罚，但没有退赃退赔、赔偿损失，未能与被害方达成调解或者和解协议的，从宽时应当予以酌减……"根据该规定可以推导出，即使被追诉人未赔偿损失，仍可认定为"认罚"，但"从宽"幅度酌减。《指导意见》第 7 条第 2 款还规定："'认罚'考察的重点是犯罪嫌疑人、被告人的悔罪态度和悔罪表现，应当结合退赃退赔、赔偿损失、赔礼道歉等因素来考量……"因此，"悔罪"问题就成了"认罚"考察的重点。这给我们的启示是，"罪"与"罚"不能割裂开来、孤立看待。无论是"认罪"还是"悔罪"，都属于"罪"的范畴。"悔罪"比"认罪"程度更深入，"悔罪"当然属于"认罪"，甚至可被评价为"认罚"。"悔罪"是被追诉人在案发后对自己行为的主观认识和客观表现，即"悔罪态度"和"悔罪表现"。"态度"可能会外化为幡然醒悟、痛哭流涕、与犯罪彻底决裂的决心，但仅有此尚不足以作出准确的判定，尚需结合客观"表现"进行综合考量。就被追诉人自身而言，需要考察其是否认罪，且认罪是否具有一贯性和稳定性，是否存在"时供时翻""前供后翻"等情节，被追诉人是否投案自首和有立功表现，是否犯罪中止，等等。就办案机关而言，被追诉人是否配合调查，是否检举揭发同案犯，不仅如实供述自己的犯罪事实，还供述同案人在犯罪中的分工，不推诿责任。就被害人一方而言，被追诉人是否退赃退赔，赔礼道歉，达成和解或者促成谅解，是否有能力赔偿而拒不赔偿。就第三方和社会而言，是否干扰证人作证、被害人陈述、有无贿买、威胁人证作证等妨害作证影响诉讼顺利进行的情节，是否遵守取保候审期间的各项规定，随传随到。只有通过上述表现才能准确判断被追诉人是"真悔罪"还是"假悔罪"，从而对"认罚"作出相对准确的判断。被追诉人"认罚"说明其人身危险性和社会危害性较小。"认罪认罚制度需要体现犯罪嫌疑人的悔罪性，而积极主动的退赃退赔、弥补已经造成的损失正是悔罪性的体现。"[1]

---

[1]　陈卫东："认罪认罚从宽制度研究"，载《中国法学》2016 年第 2 期。

需要注意的是，当罪名发生变化时，相应的量刑也会改变。后者显然属于"认罚"的范畴。这足以说明"罪"与"罚"具有密不可分的关系。当检察机关修改罪名时，不但要征求其对新罪名的意见，同时还要询问其是否认可依据新罪名所适用的刑罚。2018年《刑诉法》第174条规定："犯罪嫌疑人自愿认罪，同意量刑建议和程序适用的，应当在辩护人或者值班律师在场的情况下签署认罪认罚具结书。""同意量刑建议"的前提是同意指控罪名。当前学界研究"认罪"的比较多，研究"认罚"的还比较少，很多论者依据该项制度将"认罪认罚"并列设置，笼而统之，甚至以"认罪"代替"认罚"，这些都是应当避免的倾向。

由于当前的认罪认罚从宽制度大多适用于可能判处有期徒刑三年以下有期徒刑的轻罪，而认罪认罚案件均是被追诉人有"悔罪态度"和"悔罪表现"的案件，这就与我国《刑法》规定的缓刑适用条件中的"悔罪表现"发生了竞合。因此，认罪认罚案件大多符合缓刑的适用条件。未来检察机关在提量刑建议时，应尽量多地提出缓刑适用建议，法院在裁量刑罚时尽可能作出缓刑判决，以此才能促使更多的被追诉人认罪认罚，增强该项新制度的吸引力，从而达到节约司法资源、提升诉讼效率的目的。悔罪从刑罚的特别预防价值看，表明被追诉人认识到自己行为的罪错性，内心对此感到悔恨，如果其仅认罪不认罚，坚决不赔礼道歉、拒绝退赃退赔，表明其对犯罪行为并未真诚悔过，因此不能适用认罪认罚从宽制度予以从宽。[1]

为了使检察机关提出更具实效性的量刑建议，也为了促使更多的被追诉人自愿"认罚"，当前检察机关在提出量刑建议时应注意两点：一是尽可能提高检察官的量刑技术，提出"罪责刑相适应"的量刑建议，以便法院在审判时能予以采纳。应防止检察机关为了人为扩大认罪认罚从宽制度适用率而迁就被追诉人，提出较低的量刑建议。二是为了便于被追诉人认罚，降低上诉率，检察机关提出的量刑建议的下限与上限之间差异不宜过大，否则被追诉人将无所适从，增加"认罚"难度。

二、如何看待财产刑提前"预支"

2018年《刑诉法》第15条规定："犯罪嫌疑人、被告人自愿如实供述自

---

〔1〕 参见陈国庆："刑事诉讼法修改与刑事检察工作的新发展"，载《国家检察官学院学报》2019年第1期。

己的罪行，承认指控的犯罪事实，愿意接受处罚的，可以依法从宽处理。"《指导意见》第7条专门就"认罚"的认定作出规定，认罪认罚从宽制度中的"认罚"，是指犯罪嫌疑人、被告人真诚悔罪，愿意接受处罚。即"'认罚'，在侦查阶段表现为表示愿意接受处罚；在审查起诉阶段表现为接受人民检察院拟作出的起诉或不起诉决定，认可人民检察院的量刑建议，签署认罪认罚具结书；在审判阶段表现为当庭确认自愿签署具结书，愿意接受刑罚处罚。'认罚'考察的重点是犯罪嫌疑人、被告人的悔罪态度和悔罪表现，应当结合退赃退赔、赔偿损失、赔礼道歉等因素来考量"。

据此可以认为，"认罚"是对检察机关提出的关于主刑、附加刑以及刑罚执行方式等量刑建议的认可。实践中，一些法院为了保证判处的财产刑能够在裁判生效后得到顺利执行，在判决作出前即要求被告人及其家属提前缴纳。如上述案例所述，这会给"认罚"的认定和认罪认罚从宽制度的实施带来较大障碍。

在笔者看来，罚金的缴纳属于裁判生效后执行中的问题，而在尚未生效的一审判决之前或者判决同时要求被告人及其家属缴纳，属于财产刑的提前"预支"。我国《刑法》第53条第1款规定："罚金在判决指定的期限内一次或者分期缴纳。期满不缴纳的，强制缴纳。对于不能全部缴纳罚金的，人民法院在任何时候发现被执行人有可以执行的财产，应当随时追缴。"《指导意见》仅规定，有能力赔偿而拒绝赔偿被害人经济损失的，可不被认定为"认罚"。而对罚金、没收财产等财产刑，2018年《刑诉法》和《指导意见》并未将其必须在审判阶段执行到位作为认定"认罚"的考量因素。法院将执行阶段的工作提前到审判阶段，并与"认罚"挂钩，这对被告人来说是不公平的。法院以被告人及其家属未缴纳罚金为由认为被告人"认罚不彻底"是对认罪认罚从宽制度的误解，是传统的思维惯性在作祟，有滥用自由裁量权之嫌。如此做法，于法无据，人为限制了认罪认罚从宽制度的适用。在各级法院解决"执行难"的背景下，这一做法似可理解，但是有违法律规定，不仅会导致因量刑建议不被采纳而面临检察机关的抗诉，而且被告人会因无法适用认罪认罚从宽制度而导致实体利益和程序利益受损。因此，法官不能"曲意释法"，应本着良善的目的准确解释法律。这是包括认罪认罚从宽制度在内的法律规定得以正确实施的根本。

与财产有关的并非财产刑种类的"赔偿损失"，可以在审前或者一审程序中兑现。因为，这事关认罪认罚从宽制度的适用和"从宽"幅度问题。只有赔偿到位，并取得谅解，被追诉人才可能达到所追求的"从宽"处罚目的。因此，笔者反对财产刑的提前"预支"，并不意味着赔偿损失必须等到裁判生效后的执行环节，其可以在诉讼进程中一并进行。

三、被追诉人及其辩护人能否做量刑辩护

也许很多人认为被追诉人一旦认罚，就不能做量刑辩护。对此观点笔者不敢苟同。其实，即便被追诉人认罚，其仍可做量刑辩护。被追诉人所认之"罚"，在很大程度上是量刑辩护的结果。只不过在认罪认罚案件中被追诉人辩护的形态有所不同，在控辩双方量刑协商中被追诉人的参与并就法定、酌定量刑情节与检察官"讨价还价"的过程，即属于量刑辩护的范畴。只不过之前在法官面前的辩护提前到审查起诉阶段在检察官面前作出，从而影响了量刑建议。如果被追诉人签署了认罪认罚具结书，即意味着其同意了检察机关的量刑建议，那么在法庭审理过程中被告人就不能再对量刑问题进行争辩。否则，可视为被告人对之前的"认罚"表示反悔，案件应不再适用速裁程序进行审理，认罪认罚从宽制度自无适用的余地。被追诉人享有辩护权，这是被指控为犯罪人拥有的宪法性权利，不因系认罪认罚案件而被限制或剥夺。我国《宪法》第 130 条规定："人民法院审理案件，除法律规定的特别情况外，一律公开进行。被告人有权获得辩护。"此外，作为贯彻落实《宪法》的基本法——《刑诉法》将"辩护权保障"作为一项基本原则予以规定。2018年《刑诉法》第 11 条规定："人民法院审判案件，除本法另有规定的以外，一律公开进行。被告人有权获得辩护，人民法院有义务保证被告人获得辩护。"该原则贯穿于刑事诉讼的始终，同样适用于认罪认罚案件。量刑辩护是辩护权的基本内容，不能因为被追诉人认罪认罚而否定其做量刑辩护的宪法权利。

对于有辩护人的案件，如果被追诉人认罚，辩护人仍可做量刑辩护，无论是在审查起诉阶段还是在审判阶段。一是在被追诉人认罚的情况下，辩护人做从宽的量刑辩护，不会损害被追诉人的利益，不会陷被追诉人于不利境地。[1]

---

〔1〕 相关论述参见韩旭："被告人与律师之间的辩护冲突及其解决机制"，载《法学研究》2010年第 6 期。

二是辩护人并非代理人，唯当事人"马首是瞻"，具有相对独立性。虽然辩护人和当事人共同构成了"辩护阵营"，但辩护人为了当事人利益拥有相对独立的辩护权，独立行使量刑辩护权既符合辩护人职责，也有利于防范当事人因不懂法律而盲目认罚。在认罪认罚案件值班律师尚不能提供实质法律帮助、"辩护协商"未成为一种常态化的辩护实践情况下，不能因辩护人进行量刑辩护，即否定被追诉人"认罚"，两者并行不悖。三是在认罪认罚问题上，辩护人只有建议权，没有决定权。是否认罚，最终由被追诉人自己决定。"在认罪认罚问题上，辩护律师任何时候都无权代替当事人作出认罪认罚的决定，他（她）永远只是建议者、咨询者、协助者，而不是决定者。"[1]认罪认罚从宽制度的适用前提是被追诉人认罪认罚，而未要求其辩护人也要一并认罚。因此，辩护人是否认罚，并不影响被追诉人认罚的成立，也不影响该制度的适用。

四、没有签署认罪认罚具结书能否视为"认罚"

2018 年《刑诉法》和《指导意见》并未对被追诉人没有签署具结书能否视为"认罚"的问题给予正面回答，但通过对法律条文的解读和对各地出台的"认罪认罚具结书"格式文书的分析可知，只要被追诉人、辩护人或者值班律师在其上签名确认，具结书即生效，进而产生"认罚"的法律效果。同时，如果是未成年犯罪嫌疑人，还需要其法定代理人到场签字确认。

当然，被追诉人、值班律师或者辩护人如果不签字，具结书也不是必然不产生效力。《刑诉法》第 174 条第 2 款和《指导意见》第 31 条第 2 款、第 55 条规定，有两种情形不需要被追诉人签署具结书，分别为①犯罪嫌疑人是盲、聋、哑人，或者是尚未完全丧失辨认或者控制自己行为能力的精神病人；②未成年犯罪嫌疑人的法定代理人、辩护人对未成年人认罪认罚有异议的。在上述两种情形下，被追诉人无须签署具结书。此处需要讨论如下三点：第一，犯罪嫌疑人不需要签署具结书是否意味着检察机关也无须制作具结书？第二，犯罪嫌疑人是盲、聋、哑人，或者是尚未完全丧失辨认或者控制行为能力的精神病人，不需要签署具结书，是否意味着值班律师、辩护人也不需要签署具结书？第三，未成年犯罪嫌疑人的辩护人对认罪认罚有异议，其是

---

[1]　韩旭："辩护律师在认罪认罚从宽制度中的有效参与"，载《南都学坛》2016 年第 6 期。

否需要签署具结书。

首先，犯罪嫌疑人不需要签署具结书并不能免除检察机关制作具结书的职责。根据《刑诉法》的立法精神和规定，犯罪嫌疑人认罪认罚原则上均需要签署具结书，不签署具结书是例外情形。同时，"不需要签署"的表述并不意味着检察机关不需要制作具结书，只是被追诉人不需要在上面签字。这一观点还可以通过《人民检察院刑事诉讼规则》第272条的规定予以佐证。该条第3款规定："有前款情形，犯罪嫌疑人未签署认罪认罚具结书的，不影响认罪认罚从宽制度的适用。"也许有人会问，既然被追诉人不需要签署具结书，检察机关为何还要制作具结书呢？笔者以为：首先，可以作为犯罪嫌疑人认罪认罚的凭证，即便该具结书没有犯罪嫌疑人签字，仍应随案移送；其次，犯罪嫌疑人不必签字，并不当然免除其辩护人或者值班律师的签字义务，辩护人、值班律师在犯罪嫌疑人未签字的情况下在具结书上签字，系对犯罪嫌疑人符合法定例外情形的确认。

其次，针对"犯罪嫌疑人是盲、聋、哑人，或者是尚未完全丧失辨认或者控制行为能力的精神病人"不需要签署具结书的情形。一方面，出于更好地保障特殊人群诉讼权利的考虑，不能免除值班律师、辩护人在其上签字的责任。针对特殊人群，《刑诉法》给予了特别的保护。《刑诉法》第35条第2款规定，针对没有委托辩护人的特殊人群，公、检、法三机关均有义务通知法律援助机构指派律师为其提供辩护。与此同时，《刑诉法》免除了特殊人群签署具结书的义务，但辩护人作为被追诉人在法律上的"帮手"，特别是特殊人群的辩护人，更有必要认真、细致地从事辩护工作。因此，为了更好地维护特殊人群的诉讼权利，强化辩护人的辩护责任，不能免除特殊人群的辩护人在具结书上签字的义务。另一方面，从该条款的表述上可知，特殊人群认罪认罚，无论辩护律师是否有异议，被追诉人都无须签署具结书。也就是说，该条规定更看重被追诉人本人，而非其辩护律师的意见。但是，即便如此，为了更好地保护特殊人群的诉讼权利，辩护律师应当在具结书上签字，以确认被追诉人属于上述例外情形，据此便可以提出从轻、减轻和免除处罚的量刑意见。

最后，针对"未成年犯罪嫌疑人"不需要签署具结书的情形，应当免除辩护人或者值班律师签字的责任。未成年犯罪嫌疑人因为认知缺陷等因素，在诉讼过程中难免会作出不利于己的决定。对此，《刑诉法》给予了特殊的保护，一方面要求法定代理人代行某些诉讼行为；另一方面更加注重辩护人或者值班律师的意见。因此，即使未成年犯罪嫌疑人自身认罪认罚，其法定代理人、辩护人有异议的，未成年犯罪嫌疑人也不需要签署具结书。同时，根据文义解释，未成年犯罪嫌疑人认罪认罚，其法定代理人、值班律师的意见对是否适用认罪认罚从宽制度具有一定的决定权。也就是说，区别于上述不需要签署具结书的情形，此处辩护人或者值班律师的意见对被追诉人是否签署具结书具有决定权。辩护人或者值班律师无异议的，则被追诉人可签署具结书；辩护人或者值班律师有异议的，则被追诉人无须签署具结书，法定代理人的意见亦同。因此，为了凸显辩护人或者值班律师意见的重要性，在辩护人或者值班律师对未成年犯罪嫌疑人认罪认罚有异议的情况下，其可以不签署具结书。

对认罪认罚是否需要签署具结书，《指导意见》在何为"认罚"的规定中，不仅要求犯罪嫌疑人认可检察机关提出的量刑建议，还明确要求签署认罪认罚具结书。那么，在一些特殊情况下，被追诉人仅仅是认可检察机关量刑建议，而没有签署具结书，可否认定为"认罚"？除了《指导意见》第31条第2款规定的犯罪嫌疑人是盲、聋、哑人，或者是尚未完全丧失辨认或者控制自己行为能力的精神病人、未成年人等明确规定的例外，还有一个兜底规定，即"其他不需要签署认罪认罚具结书的情形"。在实务操作中需要正确把握该种情形。那么，哪些属于"不需要签署认罪认罚具结书"的情形呢？依笔者之见，当前可以将"偏远落后地区律师资源短缺"认定为该种情形。在具体适用中可参照国家研究生考试 B 类地区的标准。理由如下：

第一，我国幅员辽阔，经济发展不平衡，许多偏远落后地区律师资源有限，值班律师的供给不能满足认罪认罚从宽制度的需要。如果硬性要求被追诉人认罚必须签署认罪认罚具结书，那么便会因被追诉人签署具结书需要值班律师或者辩护人在场并在具结书上签字而导致具结书签署困难。对此，2018 年《刑诉法》第 174 条第 1 款规定："犯罪嫌疑人自愿认罪，同意量刑建议和程序适用的，应当在辩护人或者值班律师在场的情况下签署认罪认罚具结书。"《指导意见》第 14 条对此予以强调，即"犯罪嫌疑人、被告人自愿认罪认罚，没有委托辩护人，拒绝值班律师帮助的，人民法院、人民检察院、公安机关应当允许，记录在案并随案移送。但是审查起诉阶段签署认罪认罚具结书时，人民检察院应当通知值班律师到场"。

第二，如果不规定这样一种例外，将导致认罪认罚从宽制度在一些地区的实施受阻。现在最高人民检察院提出要达到70%以上的案件适用率，通过目标考核推动该制度的实施。可见，实践中实施该项制度面临较大阻力。在实施一项制度时，必须考虑配套制度的完善。值班律师制度正是这样一种配套制度。律师供给不足将直接制约认罪认罚从宽制度的实施，或者出现"遇到问题绕着走"等"良性违法"现象。与其如此，不如考虑各地发展不平衡的实际状况，从制度上作出调整。

第三，从认罪认罚具结书的功能角度进行分析，具结书仅仅是记载犯罪嫌疑人认罪认罚的书面凭证，是固定认罪认罚的一种方式，而并非"认罚"的实质内容。"认罚"的核心要求是对检察机关的量刑建议表示认可。同意量刑建议是"认罚"的实质要件，签署认罪认罚具结书是形式要件。[1]为什么法律和解释性文件均要求辩护人或者值班律师在场？无他，概为保障认罪认罚具结书签署的自愿性和真实性，辩护人或者值班律师其实就是起一个"担保"作用。如果没有辩护人或者值班律师在场，也可考虑其他替代措施实现这一目标。只要实质要件具备，且具有与具结书相同或者相似的功能，可不拘泥于具结书的签署。例如，对犯罪嫌疑人签署具结书的全程录音录像，同样可以实现"可信性的情况保障"。如果一味强调辩护人或者值班律师在场，而不允许替代性措施的使用，不仅不现实，还可能面临"僵化执法""机械执法"的质疑。

第四，侦查阶段和审判阶段被追诉人认罪认罚，并无签署具结书的要求。由于侦查是收集犯罪证据的关键阶段，也是侦查的主要职能，因此如果在此阶段要求犯罪嫌疑人签署具结书，不仅可能限制犯罪嫌疑人在此后诉讼阶段的反悔权，还可能违反无罪推定原则。因此，法律并不要求犯罪嫌疑人在此阶段认罪认罚必须签署具结书。有些被追诉人在侦查阶段、审查起诉阶段没有认罪认罚，但是到了审判阶段却认罪认罚，此时通常并不签署具结书。一是基于审判效率的考虑，值班律师并不提供出庭辩护服务，这为庭审中认罚的被告人签署具结书带来了较大困难。二是在法官面前认罚，通常具有"可信性的情况保障"。这与传闻证据排除规则的例外设置具有共通性。因法官地

---

〔1〕 参见陈国庆："刑事诉讼法修改与刑事检察工作的新发展"，载《国家检察官学院学报》2019年第1期。

位中立，在其面前认罚更具有"可信性"。因此，需要辩护人或者值班律师在场"见证"的动力减弱。

在此，还需要讨论另一个关键问题：被追诉人签署了具结书后法院未采纳检察机关的量刑建议，该如何看待此前犯罪嫌疑人的"认罚"问题？根据2018年《刑诉法》第201条第1款的规定，法院经审理查明，存在诸如"（一）被告人的行为不构成犯罪或者不应当追究其刑事责任的；（二）被告人违背意愿认罪认罚的"等情形，法院可以不采纳检察机关的量刑建议或者建议检察机关调整量刑建议。2018年《刑诉法》第201条第2款规定的可以不采纳量刑建议的五种例外情形可被分为两类：第一类是不适用认罪认罚的案件，如"被告人的行为不构成犯罪或者不应当追究其刑事责任的""被告人违背意愿认罪认罚的""被告人否认指控的犯罪事实的"。因其实质上不符合认罪认罚的条件，因此不能适用认罪认罚从宽制度。这类案件将因为法院否定认罪认罚从宽制度的适用而使犯罪嫌疑人先前签署的具结书失效，"认罚"自然也就不能成立。第二类是仍可继续适用认罪认罚从宽制度的案件，即"起诉指控的罪名与审理认定的罪名不一致的"，如检察机关以抢劫罪提起公诉，法院经过审理发现应定性为抢夺罪。诸如此类的情况，法院可以建议检察机关调整罪名及其量刑建议，并在征得被追诉人同意的情况下，重新签署具结书。检察机关依据法院的建议调整罪名和量刑建议，自然属于"一般应当采纳"的范畴，此时新签署的具结书当然生效，"认罚"成立。当然，如果检察机关不调整指控的罪名及其量刑建议，法院可以直接依据审理认定的罪名和刑罚进行判决。这意味着法院对具结书予以否决，"认罚"自然也不被认可。

同时，《指导意见》第52条规定，在案件审理过程中，被告人反悔不再认罪认罚的，法院根据审理查明的事实，直接作出裁判。在此种情况下，具结书自然会随着被告人的反悔而失去效力，更不存在"认罚"的问题。

综上，虽然《刑诉法》未明文规定签署认罪认罚具结书与是否"认罚"存在必然联系，但无论是从法理上，还是从制度设计上，除了已经规定的法定例外情形和本书讨论的"偏远落后地区律师资源短缺"外，被追诉人认罪认罚原则上都应当签署具结书。

五、侦查和调查阶段何以判定"认罚"

我国的认罪认罚从宽制度没有阶段的限制，既适用于审查起诉和审判阶段，也适用于侦查或者调查阶段。但是，无论是侦查还是调查，都不可能让犯罪嫌疑人或者被调查人就一个相对明确的量刑建议表示认可。其实，在2018年《刑诉法》修改时，学界就侦查阶段是否适用认罪认罚从宽制度发生了严重的意见分歧，反对意见成为代表性观点，[1]除了忧虑侦查机关放松证据收集活动外，一个主要理由在于侦查阶段尚无一个明确的量刑建议供犯罪嫌疑人"认罚"。[2]侦查机关或者监察机关一般也不会在此阶段提出量刑建议。那么，如何让犯罪嫌疑人或者被调查人认罚呢？对此，《指导意见》第7条第1款规定："'认罚'，在侦查阶段表现为表示愿意接受处罚……"虽然《监察法》没有对调查阶段的"认罚"作出明确规定，但是其第31条规定："涉嫌职务犯罪的被调查人主动认罪认罚，有下列情形之一的，监察机关经领导人员集体研究，并报上一级监察机关批准，可以在移送人民检察院时提出从宽处罚的建议：（一）自动投案，真诚悔罪悔过的；（二）积极配合调查工作，如实供述监察机关还未掌握的违法犯罪行为的；（三）积极退赃，减少损失的；（四）具有重大立功表现或者案件涉及国家重大利益等情形的。"可见，监察委员会调查的职务犯罪案件同样适用认罪认罚从宽制度。从文义解释看，职务犯罪被调查人适用认罪认罚从宽制度比普通犯罪案件更加严格，适用标准更高。除了认罪认罚外，还必须有"自动投案、积极配合、退赃或者具有重大立功表现"等。由于实践中对如何认定侦查或者调查阶段的"认罚"存在难题，因此有必要进行分析，为实务操作提供一种观点。

（一）认罚体现在认罪过程中，且需要进行反向考察

由于侦查或者调查活动主要聚焦罪与非罪、此罪与彼罪的问题展开，虽然侦查机关或者调查机关也会收集有关量刑情节的证据，但主要是围绕定罪问题进行，这就决定了犯罪嫌疑人或者被调查人的认罚更多地体现为认罪。根据《指导意见》对犯罪嫌疑人侦查阶段"认罚"的规定可以推出此时的

---

[1] 参见陈卫东："认罪认罚从宽制度研究"，载《中国法学》2016年第2期；王敏远："认罪认罚从宽制度疑难问题研究"，载《中国法学》2017年第1期；李本森、曹东："认罪认罚从宽制度中的程序性问题"，载《人民检察》2017年第18期。

[2] 参见韩旭："2018年刑诉法中认罪认罚从宽制度"，载《法治研究》2019年第1期。

"认罚"不同于审查起诉阶段的"认罚",表现为"概括性认罚",即只要口头上表示"愿意接受处罚"即可。此种认罚具有较大的模糊性,从而增加了认定的难度。这就需要综合考量各种情节进行反向考察,而不能仅以其口头表示"愿意接受处罚"为标准。为此,《指导意见》第7条第2款明确规定:"犯罪嫌疑人、被告人虽然表示'认罚',却暗中串供、干扰证人作证、毁灭、伪造证据或者隐匿、转移财产,有赔偿能力而不赔偿损失,则不能适用认罪认罚从宽制度……"因此,在判定是否"认罚"时,既要"听其言",更要"观其行"。认罪认罚从宽制度,"认罪"是"认罚"的前提,尤其是对罪名的认可意味着对该罪名法定刑的认可。因此,考察"认罚"应结合"认罪"进行。如果犯罪嫌疑人不认罪,即无所谓认罚问题。除此之外,还要考察其在有能力赔偿的情况下是否积极赔偿,在取保候审期间是否毁灭、篡改证据,干扰证人、被害人等作证或者脱保试图逃避处罚。如果具有上述情形,即便其表示愿意接受处罚,也不能认定为"认罚"从而予以从宽。在监察委员会调查的职务犯罪案件中,虽然看起来标准比较高,要求也更严格,但是《监察法》第31条规定的四种情形,可被视为"认罚"的具体化,只要被调查人认罪,且具有上述四种情形之一,即可认定为"认罚",并适用认罪认罚从宽制度。

（二）正当行使权利并不能作为不"认罚"的理由

认罪认罚的要求并不能限制犯罪嫌疑人、被调查人正当权利的行使。例如,辩解和自行辩护的权利,要求解除与案件无关的被查封、扣押、冻结财产的权利,申请取保候审或羁押必要性审查的权利,对违法取证的侦查人员、调查人员进行控告的权利,等等。办案机关不能以犯罪嫌疑人或者被调查人行使上述权利而否定其"认罚"的属性。上述权利,有的属于宪法性权利,有的属于刑事诉讼法规定的权利,不能因为认罪认罚从宽制度的实施而否定其本应享有的各项权利。

侦查机关和调查机关侦查、调查终结,可否在起诉意见中提出明确具体的从宽处罚量刑建议?目前,制度上并不明确。2018年《刑诉法》第162条第2款仅规定:"犯罪嫌疑人自愿认罪的,应当记录在案,随案移送,并在起诉意见书中写明有关情况。"何谓"在起诉书中写明有关情况"?是否包括量刑建议,即"认罚"内容,则语焉不详。从《监察法》的有关规定看,虽然监察委员会在调查阶段可以适用认罪认罚从宽制度,但若对被调查人予以

"从宽"，那么在何处体现？是否言明监察机关提议的"从宽"幅度？对此，目前的《监察法》并无规定，对调查终结起诉意见书包含的内容也未曾提及，这就给实践带来了障碍。有的地方监察委员会在调查终结后会在起诉意见书中表明被调查人的认罪认罚情况并提出从宽处理的意见，有的则是由上一级监察委员会出具"公函"，载明认罪认罚情况和从宽建议，并随案移送。实务上的做法不统一，亟待国家监察委员会通过"监察法规"予以明确。无论是侦查机关侦查的案件还是监察机关调查的案件，均应在起诉意见书中记明认罪认罚情况，同时应提出如何"从宽"的意见。一是可以改变长期以来侦查机关"重定罪、轻量刑"的惯性，提高侦查人员和调查人员的法律职业素养；二是可以为监察机关提出量刑建议提供参考，指导侦查机关或者调查机关的量刑意见，为提出较为准确的量刑建议服务。三是有利于实现诉讼中的"控辩平衡"。侦查和调查工作虽是公诉的准备和基础，但是其服务于公诉工作，侦查机关和调查机关均属于控诉机关。既然侦查阶段被追诉人及其辩护人可以做量刑辩护，那么侦查机关当然可以提出量刑建议。如此才能维系相对公平的诉讼格局。

六、如何认定二审程序中的"认罚"

二审程序中"认罚"的难题与一审判决采纳检察机关量刑建议情况以及被告人的反悔和上诉有关，对"认罚"的认定直接决定着二审审理是否适用认罪认罚从宽制度。对此应具体分析：如果一审法院未采纳检察机关量刑建议而作出比量刑建议更重的判决，则意味着被告人此前签署的认罪认罚具结书或者当庭认罚的口头表示未被采纳，认罪认罚的"合意"功能未能体现。此种情形下被告人以"量刑过重"为由上诉的，不能视为对原来认罪认罚的"反悔"。被告人上诉或者检察机关抗诉具有正当性。由于二审是针对一审实体裁判和程序错误的救济程序，具有"事后审"的性质，因此二审仍应适用认罪认罚从宽制度，并可对上诉人"从宽"处理。

如果一审法院采纳了检察机关的量刑建议，即便是采纳量刑幅度的上限，也应视为是对上诉人意见的尊重。检察机关提出的量刑建议通常应是控辩双方协商的结果，反映了上诉人的意志。在此种情形下，如果被告人以"量刑过重"为由提出上诉，视为对此前"认罚"的反悔，二审法院可以认定"认罚"不成立并据此不适用认罪认罚从宽制度。

与此问题相关的是，在二审法院以“事实不清、证据不足”为由发回重审的情况下，原审法院可否按原来适用的认罪认罚从宽制度进行审理？对此，《指导意见》第45条规定：“发现被告人以事实不清、证据不足为由提出上诉的，应当裁定撤销原判，发回原审人民法院适用普通程序重新审理，不再按认罪认罚案件从宽处罚……”笔者认为，对于上述情形下发回重审的案件，一审一概不适用认罪认罚从宽制度具有“简单化”倾向，不符合司法现实，对被告人也是不公正的。首先，以“事实不清、证据不足”为由上诉，并不必然意味着被告人不“认罪”。其与“认罪”密切相关，也不能当然推导出被告人不“认罪”。因为，在这种情况下，只要被告人认“基本事实”和“基本证据”就可以被评价为“认罪”，而对案件中的部分事实、部分证据不认可并提出辩解意见，视为其行使辩护权。辩护权作为被追诉人最核心、最基本的权利贯穿刑事诉讼始终，不能因为是认罪认罚案件而否认其辩护权的存在和行使。其次，以“事实不清、证据不足”为由发回重审的案件，司法实务中通常由检察机关撤回起诉，自行侦查或者退给侦查机关补充侦查，然后在查明事实、补充证据后再行公诉。在此过程中，仍存在着被告人认罪认罚的可能，如果不视作一个新的案件，而是原来案件的继续，那么否认认罪认罚从宽制度的适用未免有违该制度的精神，对被告人也是不公平的。最后，如果被告人在原审中适用认罪认罚从宽制度进行审理，二审法院发回重审时“不再按认罪认罚案件从宽处理”，量刑势必比原判更重。由此便会产生与2018年《刑诉法》第237条规定的冲突。[1]从效力层次来看，《指导意见》系司法解释性文件，效力明显低于《刑诉法》，当发生冲突时，应以法律规定为准。

还需注意的是，上诉人在审前和一审程序中未认罪认罚，二审程序中既认罪且认罚的，二审可否适用认罪认罚从宽制度对上诉人从宽处理？对此，《指导意见》第50条规定：“被告人在第一审程序中未认罪认罚，在第二审程序中认罪认罚的，审理程序依照刑事诉讼法规定的第二审程序进行。第二审人民法院应当根据其认罪认罚的价值、作用决定是否从宽，并依法作出裁判。

---

〔1〕　2018年《刑诉法》第237条规定：“第二审人民法院审理被告人或者他的法定代理人、辩护人、近亲属上诉的案件，不得加重被告人的刑罚。第二审人民法院发回原审人民法院重新审判的案件，除有新的犯罪事实，人民检察院补充起诉的以外，原审人民法院也不得加重被告人的刑罚。”

确定从宽幅度时应当与第一审程序认罪认罚有所区别。"该规定并未言明二审中认罪认罚从宽制度的适用，但根据对上述规定的字面解释可以发现，二审程序中仍可适用该制度并对上诉人予以"从宽"处理。问题是，如何判定上诉人"认罚"？对此，学界由于不排除非认罪认罚案件中检察机关提出量刑建议的可能，如果一审法院判决的量刑与检察机关提出的量刑建议不一致，"认罚"究竟以哪一个为准？对此，学界不无争论。从认罪认罚从宽制度的精神实质看，当然是以对检察机关提出的量刑建议表示认可为准。但是，如果检察机关未提出量刑建议，则二审中的"认罚"只能以对原审判决裁量刑罚的认可为准。如果不明确这一点，二审中所谓的"认罚"就失去了依归，认罪认罚从宽制度在二审中的适用难免沦为空谈。

结 语

准确认定"认罚"是适用认罪认罚从宽制度的前提，而实践中对"认罚"的误认影响了该项制度的顺利实施，有必要从理论上予以辨析。"认罚"与"认罪"虽为并列关系，但是不能抛开"认罪"孤立看待"认罚"。"认罚"中的"悔罪"要求其实是"罪"的范畴，但是又是评价"认罪"的重要指标。认罪认罚从宽制度实施，不能将财产刑的执行提前"预支"，认罚仅是对检察机关提出的包括主刑、附加刑和刑罚执行方式在内的量刑建议的认可。将刑罚执行阶段的内容提前至一审阶段进行"认罚"评价没有法律依据，对被追诉人也是不公正的。认罪认罚案件中被追诉人及其辩护人仍有进行量刑辩护的权利，通过量刑辩护对检察机关的量刑建议施加积极影响。即便在被追诉人签署认罪认罚具结书后，辩护人在审判阶段仍可进行量刑辩护。但是，被追诉人的量刑建议可能会受到限制。不能以被追诉人未签署认罪认罚具结书为由否定"认罚"的法律评价。在律师资源稀缺地区，辩护人或者值班律师不能保障具结书签署时每案在场见证和签名，值班律师制度的引入，目的是保障认罪认罚的"自愿性"，且签署具结书仅是形式要求，可以采用具有"可信性情况保障"的全程同步录像等替代性措施。侦查和调查阶段被追诉人的"认罚"具有模糊性和概括性，对"认罚"的评价应结合"认罪"进行，并作反向考察。为了鼓励被追诉人配合侦查和调查工作，调动被追诉人认罪认罚的积极性，此阶段的"认罚"不宜被掌握得过严。二审仍可适用认罪认罚从宽制度，二审阶段判断"认罚"的标准应是一审阶段检察机关的量刑建议，若检察机关未提出量刑建议，可以一审判决为准。即便被告人对量刑问题提出上诉，也不影响其在二审阶段"认罚"并获得从宽处理。对于二审法院以"事实不清、证据不足"为由发回重审的案件，原审法院不能一律不适用认罪认罚从宽制度，否则，可能有违"上诉不加刑"原则和《刑诉法》的规定。

第三章

2018年《刑诉法》中的认罪认罚从宽制度

经 2018 年 10 月 26 日第十三届全国人民代表大会常务委员会第六次会议的表决通过，一项在吸收司法改革成果基础上形成的法律制度——认罪认罚从宽制度——在 2018 年《刑诉法（修正案）》中被正式确立。这意味着原来在北京、上海等 18 个城市进行的改革试点现在全国各地普遍推开，也意味着这项中国式的"辩诉交易"制度被正式确立，因此备受瞩目。不可否认的是，该制度在案件繁简分流、提升司法效率、解决当前"案多人少"矛盾方面所具有的实践功效，已为前期的试点成效所验证。试点所具有的成效并不能当然证成该项制度在全国实施后也将取得类似的成效，其中存在的问题仍然值得关注，诸如认罪认罚从宽制度立法规定的特点；实施中应当注意的问题；不同法律职业群体面临的挑战；下一步应当如何完善；等等。以下笔者拟结合 2018 年新修订的《刑诉法》对上述问题逐一进行分析。

一、2018 年《刑诉法》中的认罪认罚从宽制度实施后应关注的几个问题

（一）认罪认罚从宽制度实施的阶段问题

2018 年《刑诉法》第 162 条第 2 款规定："犯罪嫌疑人自愿认罪的，应记录在案，随案移送，并在起诉书中写明有关情况。"结合第 81 条第 2 款之规定："批准或者决定逮捕，应当将犯罪嫌疑人、被告人涉嫌犯罪的性质、情节、认罪认罚等情况，作为是否可能发生社会危险性的考虑因素。"侦查阶段能否适用认罪认罚从宽制度给人以似是而非的感觉。

笔者认为，认罪认罚从宽制度只能适用于审查起诉、审判阶段（包括一审、二审、再审和死刑复核程序）而不应扩展至侦查阶段。理由有四：首先，2018 年《刑诉法》第 108 条第 1 项规定："'侦查'是指公安机关、人民检察院对于刑事案件，依照法律进行的收集证据、查明案情的工作和有关的强制性措施。"可见，侦查阶段开展的主要是收集证据、查明案情工作。根据学界和实务部门的一致观点：不能因为实施认罪认罚从宽制度而降低证明标准，如果在侦查阶段搞认罪认罚从宽，那么侦查人员会不会将精力用于获取有罪口供而忽略甚至放弃证据收集？尤其是在"口供情结"比较浓厚的当下，这一担忧不无道理。其次，根据实践经验，在侦查阶段只存在认罪问题，而不存在认罚问题。认罚建立在量刑建议的基础上，侦查阶段定罪量刑证据尚未被固定，侦查机关不可能提出一个量刑建议让犯罪嫌疑人"认"。再次，无论是认罪还是认罚，都建立在控辩双方信息对称的基础上，如前所述，侦查阶段有罪的证据尚未被完全固定，律师尚没有阅卷权，对案件处理能提出有价值的实质性意见吗？又凭什么让犯罪嫌疑人认罪认罚呢？最后，如果将认罪认罚情况作为是否可能发生社会危险性的考虑因素，很可能导致冤错案件发生，即那些事实上并未实施犯罪的人，为了能够及早摆脱牢狱之灾而违心认罪甚至认罚，这也是我们实施该项制度所应该警惕的。

（二）值班律师的角色定位及其权利配置问题

1. 值班律师的角色定位问题——"辩护人化"之反思

值班律师的角色定位在学界是一个饱受争议的问题。这不仅是我国值班律师制度构建中的一个前提性问题，而且关乎认罪认罚从宽制度将来能否顺利推行。随着刑事速裁程序和认罪认罚从宽制度改革试点工作的推进，有关值班律师的话题引起了法学界和律师界的广泛关注。[1]笔者注意到，2018年《刑诉法（修正案草案征求意见稿）》将值班律师定位为"辩护人"，但是最终通过的《刑诉法（修正案）》却仍将值班律师定位为"法律帮助人"。例如，2018年《刑诉法》第36条第1款规定："法律援助机构可以在人民法院、看守所等场所派驻值班律师。犯罪嫌疑人、被告人没有委托辩护人，法

---

〔1〕　围绕"认罪认罚从宽与律师"这一主题，自2016年5月份以来，国内理论和实务界已召开的有较大影响的专题研讨会至少有以下4个：一是2016年5月22日由中国刑事诉讼法学研究会刑事辩护专业委员会在北京召开的"认罪认罚从宽制度中的律师"研讨会；二是2017年5月13日由中国刑事诉讼法学研究会刑事辩护专业委员会主办、华南师范大学法学院承办在广州召开的"刑事诉讼制度改革背景下值班律师制度的构建"研讨会；三是2017年10月15日由北京尚权律师事务所主办、福州市法律援助中心承办在福州召开的"认罪认罚从宽制度改革与值班律师参与"研讨会；四是2018年1月2日由中国人民大学诉讼制度与司法改革研究中心、北京尚权律师事务所在山东省蓬莱市联合举办的"值班律师制度专题研讨会"。

律援助机构没有指派律师为其提供辩护的，由值班律师为犯罪嫌疑人、被告人提供法律咨询、程序选择建议、申请变更强制措施、对案件处理提出意见等法律帮助。"可见，关于值班律师的定位问题，在立法上也是存在争议的，立法者的认识经历了一个变化的过程。虽然立法规定在实践操作层面具有"一锤定音"的效果，但是相信学界有关该问题的讨论还将持续下去。从该项制度设立的初衷看，其是为了建立一种普惠制的法律服务方式，旨在解决我国刑事案件律师辩护率低的问题，为轻罪案件中的被追诉人提供一种基本的法律帮助，保障其认罪认罚的自愿性和明智性，从而防范冤错案件的发生。但是，通过对试点以来值班律师参与情况的考察我们可以发现，值班律师所提供的法律帮助非常有限，形式大于实质，难以为认罪认罚的被追诉人提供有效的法律帮助，其实践效果背离了值班律师制度建立的初衷。于是，越来越多的人开始反思导致这一状况的原因，反思的结果是我国对值班律师的定位有问题。大多数学者均认为，当前值班律师"法律帮助人"的定位，不利于认罪认罚案件中犯罪嫌疑人、被告人获得有效的法律帮助。值班律师提供的仅仅是法律咨询方面的帮助，对保护犯罪嫌疑人权利的作用是有限的。[1]陈瑞华教授曾结合刑事速裁程序试点情况尖锐地指出：值班律师并不具备"辩护人"的身份和地位，而仅仅是为犯罪嫌疑人、被告人提供一些有限的法律咨询，这一问题假如不发生根本改变，那么在未来的认罪认罚从宽程序推行中，值班律师也无法为嫌疑人、被告人提供有效的辩护。[2]针对试点期间将值班律师作为"法律帮助人"定位所产生的辩护权能受限以及未能全程参与、法律帮助效果不佳等问题，学界普遍主张"赋予值班律师辩护职能"，[3]实现"值班律师的辩护人化"，即在犯罪嫌疑人、被告人明确表达认罪认罚意愿时，侦查机关、检察机关和人民法院都应当及时为其指定法律援助律师，法律援助律师的权利不应仅仅局限于为犯罪嫌疑人、被告人提供法律咨询，而是应享有会见权、阅卷权和调查取证权，并出席庭审过程。[4]按照上述改

---

〔1〕 参见谭世贵、赖建平："'刑事诉讼制度改革背景下值班律师制度的构建'研讨会综述"，载《中国司法》2017年第6期。

〔2〕 参见陈瑞华："认罪认罚从宽制度的若干争议问题"，载《中国法学》2017年第1期。

〔3〕 参见谭世贵、赖建平："'刑事诉讼制度改革背景下值班律师制度的构建'研讨会综述"，载《中国司法》2017年第6期。

〔4〕 参见陈瑞华："认罪认罚从宽制度的若干争议问题"，载《中国法学》2017年第1期。

革思路，一些地方在试点中进行探索创新，赋予值班律师阅卷权甚至出庭辩护的权利。例如，上海市普陀区人民检察院依托电子卷宗系统，为值班律师提供电子卷宗光盘，以方便其阅卷；上海市长宁区人民检察院将检察环节值班律师在审判阶段转任为指派辩护人，由法院通知法律援助中心指派在具结书上签字的值班律师作为辩护人出庭。[1]值班律师"辩护人化"固然有助于保障值班律师参与的有效性和实质化，从而较好地维护被追诉人的合法权益，但如此一来也将会面临一系列问题。因此，对于值班律师制度自身存在的局限性，我们一定要保持清醒的认识。

第一，将从根本上消解值班律师制度。所谓值班律师"辩护人化"，实际上解决的是一个扩大法律援助范围并实行强制辩护的问题。在具体实现路径上，一种意见主张赋予值班律师辩护权能，另一种意见主张为那些认罪认罚而又没有委托辩护人的嫌疑人、被告人指定法律援助律师。由于值班律师由法律援助机构派驻安排，值班律师提供的服务是一种公益性的免费法律帮助，有关司法改革文件中更是采用"法律援助值班律师"的表述，因此值班律师制度当属于我国法律援助制度的组成部分。一旦值班律师不再"坐等上门"提供咨询等法律帮助，而是走出"值班室"进行调查取证甚至走向法庭进行辩护，那么值班律师将与现行的法律援助指派辩护律师所承担的职能无异，值班律师这一新型的律师种类将被传统的法律援助辩护律师所取代，"角色混同"的结果是从根本上瓦解我国新建立的值班律师制度。在有关值班律师定位的讨论中，有学者即指出值班律师"辩护人化"关乎"作为值班律师的角色是否需要继续保留"的问题。[2]无论如何，"值班律师"被写入我国刑事诉讼法都是一种进步，我们应该精心呵护和培育，而非"一棍子打死"。

第二，有悖于我国值班律师制度设立的初衷。我国值班律师制度是伴随着刑事速裁程序试点工作开展而逐步建立起来的，主要是为那些没有获得指派辩护和委托辩护的犯罪嫌疑人、被告人提供法律帮助，从而保证认罪认罚的自愿性和了解适用速裁程序的法律后果。无论是刑事速裁程序试点中的"依申请提供"法律帮助还是认罪认罚从宽试点中的"应当提供"法律帮助，

---

〔1〕 参见孙军、樊华中："认罪认罚从宽制度中值班律师的职责定位——以上海市工作开展情况为基础"，载胡卫列等主编：《认罪认罚从宽制度的理论与实践》，中国检察出版社2017年版，第580页。

〔2〕 参见陈瑞华："认罪认罚从宽制度的若干争议问题"，载《中国法学》2017年第1期。

均是为了保障所有认罪认罚的被追诉人都有机会获得律师提供的法律帮助，从而弥补我国委托辩护和法律援助指派辩护之不足，在一定程度上实现"所有人的公正"。但在我国法律援助资源十分有限的情况下，这种普惠制、全覆盖、轮班制的值班律师制度必然带有自身的局限性，那就是值班律师不可能深度介入和全程参与，如果我们既强调参与的广度又要求参与的深度，那么对值班律师而言确实是一对矛盾、一个难题，这就犹如"鱼与熊掌不可兼得"的道理一样。值班律师制度仅是国家为认罪认罚的被追诉人提供的一种基本公共法律服务，是一种低于辩护标准的有限法律帮助，是一种"半个面包总比没有面包强"的价值权衡。对此，我们必须有清醒的认识，不能对值班律师制度给予过高的预期，否则我国的法律援助体制也将不堪重负。正如一些实务部门同志指出的那样，如果值班律师对案件介入得过深，想通过阅卷来解决犯罪嫌疑人的定罪量刑问题，那么值班律师制度便会遭遇被突破的需求，也将不符合值班律师制度的设计宗旨。因此，实质化的努力不符合值班律师制度改革的目的。[1] 还需注意的是，在值班律师数量和补助经费有限的情况下，要求其对所有认罪认罚案件都提供辩护服务，实现所谓的"辩护人化"，只能导致律师服务的平庸化和低标准化，辩护质量不仅无法保障，被追诉人的合法权益也难以得到有效维护。

第三，不符合域外值班律师的功能定位。法律援助值班律师制度最早起源于英国，从 1986 年开始实施值班律师计划，其目的是确保每一位需要法律建议的被拘押人都能迅速地得到建议。该计划就是当地律师将自己列入轮值表，一旦有电话就赶到警署。被拘押人一旦提出需要法律建议，警察就会拨打一个专门号码与代理机构取得联系，而该机构则会联系合适的值班律师，律师费用从法律援助基金中支付，并且该计划 24 小时运作。[2] 值班律师可以到警察局，也可以通过电话进行咨询。当值班律师到警察局时，律师必须被允许在审讯时在场，只有在他的行为使警察不能向嫌疑人提问的情况下才能要求他离开。需要注意的是，英国的值班律师计划只限于提供法律咨询与扶

---

〔1〕 参见孙军、樊华中："认罪认罚从宽制度中值班律师的职责定位——以上海市工作开展情况为基础"，载胡卫列等主编：《认罪认罚从宽制度的理论与实践》，中国检察出版社 2017 年版，第 580 页。

〔2〕 参见 [英] 约翰·斯普莱克：《英国刑事诉讼程序》，徐美君、杨立涛译，中国人民大学出版社 2006 年版，第 49 页。

助。在加拿大，值班律师通常可以为当事人提供下列服务：告诉当事人相关法庭事宜；向当事人解释其所受指控及被宣告有罪的情况下可能受到的刑罚或者罚款；听取当事人的案情，为当事人提供进行有罪或无罪辩护的建议；帮助当事人提起法律援助申请。而如果当事人做无罪辩护，则必须通过审判程序解决，在这种情况下值班律师无权代理当事人参加法庭审判。在澳大利亚昆士兰州的一些地方法庭，值班律师可以为自我代理的当事人提供包括免费法律咨询在内的简单的法律帮助，如果当事人需要律师对案件事实作出辩护，其必须通过申请以获得法律援助的准许，而不能由值班律师为其提供辩护。根据新西兰的值班律师计划，值班律师可以为被指控者提供如下法律帮助：告诉其所被指控犯罪的严重性和在被确定有罪情况下其可能被判处的刑罚；针对警察关于该事件的看法提供咨询；代为申请保释；在被指控者请不起律师的情况下，帮助其申请法律援助或者告诉其聘请律师所需要的花费。通常，值班律师不能代理被指控者出庭。[1]

综观上述国家值班律师的工作职责及其内容我们可以发现，域外的值班律师制度并未走"辩护人化"的路线，最显著的特点是值班律师通常不提供出庭辩护服务，如果被追诉人需要提供进一步的辩护服务，则必须申请法律援助或者另行聘请私人律师。值班律师的法律服务内容相对简单，服务成本低廉，工作量不大，无须花费太多时间准备案件、研究案情，通常也不会查阅案件材料和进行调查取证，他们主要是为犯罪嫌疑人、被告人提供法律咨询和建议、解释指控犯罪的性质和法律后果、告知诉讼权利、代为申请保释、讯问犯罪嫌疑人时陪同在场等最低限度的基本法律帮助。因此，其服务具有应急性、临时性、便捷性和可获得性等特点，能够在犯罪嫌疑人被拘留、逮捕的第一时间获得专业律师的法律帮助，避免在程序中处于不利地位，缓解犯罪嫌疑人在面临追诉时因不熟悉法律和程序所产生的恐惧、焦虑和紧张情绪，也可使更多的被追诉人分享到值班律师制度的"红利"。正如加拿大埃托比克地区办公室主管值班律师迈克所言："值班律师就像医院的急诊医生一样，向病人提供最紧急的建议帮助。"而这恰恰是法律援助律师、委托律师所不具备的，也是域外值班律师制度具有旺盛生命力的原因所在。域外比较成熟的值班律师制度及其成功经验对构建我国值班律师制度具有一定的借鉴和

---

〔1〕　参见郭婕："法律援助值班律师制度比较研究"，载《中国司法》2008年第2期。

启示意义，国内学者呼吁的"辩护人化"改革方向并不符合域外值班律师制度的功能定位。2018 年《刑诉法》关于值班律师"法律帮助人"的定位就目前而言有其一定的合理性。至少使我们认识到我国的值班律师制度并不能担保认罪认罚的自愿性和明智性。认罪认罚从宽制度顺利实施尚有赖于公权力的掌管者检察官客观义务的履行和法官诉讼关照义务的落实。

2. 值班律师的权利配置问题

在值班律师权利配置上，我们应当跳出"一体化"的"一分法"思维，对值班律师的角色定位与诉讼权能作适当分离。尽管我国刑诉法规定了辩护人的职责和诉讼权利，但并不意味着只有值班律师"辩护人化"才能扩大其权利。事实上，即便是作为"法律帮助人"，为了实现帮助的有效性，也有可能赋予值班律师一些新的权利。例如，关于值班律师阅卷权的问题。如果说名分的话，值班律师不属于刑事诉讼法中的"诉讼参与人"，但是却对程序的推进和适用发挥着比较关键的作用。明明深度参与了诉讼，应当是重要的诉讼参与人，可在刑事诉讼法中却没有这样的"诉讼参与人"，这多少让人有些匪夷所思，但是，这并不影响其对案件处理提出意见和在具结书签署时在场等权利的实现和职责的履行。我国的值班律师既不是"辩护人"，也不是"准辩护人"，然而有关该主体的内容却被设置在 2018 年《刑诉法》"辩护与代理"一章中。按照严格的文本解释，既然值班律师仅是"法律帮助人"而非"辩护人"，那就可以自然地推导出其不享有辩护人诉讼权利的结论。根据2018 年《刑诉法》第 36 条第 1 款之规定，值班律师主要拥有以下五项权利或者职责：提供法律咨询；程序选择建议；申请变更强制措施；对案件处理提出意见；在被追诉人签署认罪认罚具结书时在场。根据 2017 年 8 月两院三部出台的《关于开展法律援助值班律师工作的意见》第 2 条的规定，值班律师的职责也是五项：解答法律咨询；引导和帮助犯罪嫌疑人、刑事被告人及其近亲属申请法律援助，转交申请材料；在认罪认罚从宽制度改革试点中，为自愿认罪认罚的犯罪嫌疑人、刑事被告人提供法律咨询、程序选择、申请变更强制措施等法律帮助，对检察机关定罪量刑建议提出意见，犯罪嫌疑人签署认罪认罚具结书应当有值班律师在场；对刑讯逼供、非法取证情形代理申诉、控告；承办法律援助机构交办的其他任务。如今，认罪认罚从宽制度改革试点已经结束，相关内容已经被写进 2018 年《刑诉法》，但是规范性文件中没有载入《刑诉法》的内容在实践中是否继续执行？对此仍不无疑问，这涉及上述规范性文件与《刑诉法》的关系问题。毫无疑问，《刑诉法》的效力要高于规范性文件，只要规范性文件的内容与《刑诉法》的基本精神不相抵触，其在"新法"实施后便仍然有效。从 2018 年《刑诉法》的精神看，加强被追诉人辩护权保障是其重要的立法价值追求。无论是 2017 年 6 月两院三部联合发布的《关于办理刑事案件严格排除非法证据若干问题的规定》还是 2017 年 10 月最高人民法院、司法部联合发布的《关于开展刑事案件律师辩护全覆盖试点工作的办法》，虽然它们都是在 2018 年《刑诉法》通过之前颁行的，但均是向着加强辩护权保障的方向前进，对 2018 年《刑诉法》的修订起到了重要的推动作用。帮助申请法律援助和对刑讯逼供、非法取证情形代理申诉、控告对巩固被追诉人的诉讼主体地位，强化其防御能力，加强辩护权保障具有重要意义。因此，上述规范性文件有关值班律师权能的规定，在 2018 年《刑诉法》实施后仍继续有效，与《刑诉法》的相关规定共同构成了值班律师的诉讼权能。

（三）被追诉人认罪认罚的自愿性、明智性问题

我国的认罪认罚从宽制度之所以饱受争议，一个很重要的原因在于被追诉人认罪认罚的自愿性、真实性和合法性能否得到保障。立法上希冀建立值班律师制度来应对该问题的努力已基本落空。被追诉人签署认罪认罚具结书时值班律师在场"见证"和"背书"问题已遭受诟病。[1]认罪认罚从宽制度美其名曰"实体从宽、程序从简"，事实上，一旦被追诉人认罪认罚，程序上也可"从宽"。例如，本该逮捕的嫌疑人因为认罪认罚而被取保候审。这一问题自认罪认罚从宽制度在我国建立伊始即应引起高度重视：

第一，澄清错误认识。有人认为被追诉人一旦认罪认罚，就不能申请非法证据排除，非法证据排除规则也就没有了适用余地。其实，这是一种错误认识。"审查起诉阶段，检察机关应对侦查阶段认罪认罚的自愿性进行审查。如果犯罪嫌疑人或者其辩护人提出在侦查阶段认罪认罚非系自愿，检察机关可以重新就认罪认罚事项与犯罪嫌疑人及其辩护人进行沟通，记录在案并附卷。若经审查，认定侦查机关采取刑讯逼供等非法手段强迫犯罪嫌疑人违背

---

〔1〕 韩旭："认罪认罚从宽制度中的值班律师——现状考察、制度局限以及法律帮助全覆盖"，载《政法学刊》2018 年第 2 期。

意愿认罪认罚的，则认罪认罚的供述应当作为非法证据予以排除。"[1]我们要认识到认罪认罚从宽制度实施实际上提高了口供（包括认罪认罚具结书）在指控犯罪证据体系中的地位，强化了自我归罪的功能，因此更应重视非法证据排除规则的适用。即便是适用认罪认罚从宽制度处理的案件，被追诉人仍然享有宪法和刑事诉讼法赋予的辩护、辩解的权利，不能因为被追诉人认罪认罚而克减其基本的诉讼权利。被追诉人认罪认罚在审理程序上既可以适用普通程序，也可以适用简易程序或者速裁程序。无论适用何种程序，均必须取得被告人的同意，必须尊重被告人的这种程序选择权。

第二，正确理解和适用《刑诉法》第173条"听取意见"的规定，办案人员不仅应将涉嫌的犯罪事实、罪名告知犯罪嫌疑人，而且应将证明犯罪事实存在、罪名成立的证据开示给犯罪嫌疑人。至于第3款中的"应当提前为值班律师了解案件有关情况提供必要的便利"，可以解释为赋予值班律师阅卷权。笔者注意到，在前期的试点中，一些试点地区即赋予了值班律师必要的阅卷权。立法上之所以用此表达方式，可能意在避免值班律师与辩护律师的角色混同，但是这种模糊不清、难以捉摸的表述也给司法中的实际操作带来了困难。但无论如何，只要是就案件的实体处理听取意见，就应当赋予相关主体提前了解案件信息（包括证据信息）的权利。因此，办案机关应当打破信息封锁甚至信息垄断，主动适应认罪认罚从宽制度实施的需要，为营造公平对等的协商环境而努力。

第三，合理分配被追诉人与值班律师的权利。根据2018年《刑诉法》第36条之规定，值班律师的诉讼权利只是"提供建议""提出意见"等，并无认罪认罚决定权，是否认罪认罚由被追诉人决定。但有一种例外情形：被追诉人是无辜的或者不应当追究刑事责任。

第四，值班律师在认罪认罚具结书上签字时应当慎重。从前期试点情况看，一些地区的值班律师"配合"公权力机关有余而制约不足，仅仅是充当"见证者"的角色，见证犯罪嫌疑人签署具结书时检察人员有没有威逼利诱等违法行为。其所能起的作用非常有限，即见证"具结书签署过程的合法性"。但是，2018年《刑诉法》第190条第2款规定："被告人认罪认罚的，审判长应当告知被告人享有的诉讼权利和认罪认罚的法律规定，审查认罪认罚的

---

[1] 董凡超："认罪认罚从宽贯穿整个刑诉程序"，载《法制日报》2018年12月13日。

自愿性和认罪认罚具结书内容的真实性、合法性。"根据两院三部联合发布的《关于开展法律援助值班律师工作的意见》之规定，值班律师不提供出庭辩护服务。2018 年《刑诉法》第 176 条第 2 款规定："犯罪嫌疑人认罪认罚的，人民检察院应当就主刑、附加刑、是否适用缓刑提出量刑建议，并随案移送认罪认罚具结书等材料。"在值班律师不出庭的情况下，审判长如何审查"认罪认罚具结书内容的真实性、合法性"？实践中可能是值班律师的签字将起到一个重要的证明作用。需要注意的是，立法表述是"内容的真实性"而非"过程的合法性"，不能以后者代替前者。"内容的真实性"不是在场见证一下就可以立即作出判断的。其实，"内容的真实性"来自于"认罪认罚的自愿性"。如何知道被追诉人是自愿认罪认罚的，"功夫"在具结书签署之前而非之中。值班律师与犯罪嫌疑人进行会见乃必不可少的一环。为此，各地看守所应当为值班律师会见提供便利条件，消除对值班律师的防备心理，将法律援助值班室建设在监区之内。为此，2018 年《刑诉法》第 36 条第 2 款亦要求："人民法院、人民检察院、看守所应当告知犯罪嫌疑人、被告人有权约见值班律师，并为犯罪嫌疑人、被告人约见值班律师提供便利。"期待 2018 年《刑诉法》的实施能打破制约值班律师功能发挥的"瓶颈"，法律援助工作站能及早进驻监区，值班律师不再是为被羁押的犯罪嫌疑人的近亲属提供法律咨询的那个群体。

二、认罪认罚从宽制度实施后给不同法律职业群体带来的挑战

认罪认罚从宽制度在立法层面确立并实施后，必然会给不同的法律职业群体从思维观念到行为方式带来一定的冲击，不同法律职业群体也将面临前所未有的挑战。

（一）给律师带来的挑战

对律师的挑战主要有如下三重：一是因辩护阶段前移所带来的能力不足的挑战。2018 年《刑诉法》第 224 条规定，适用速裁程序审理案件，一般不进行法庭调查、法庭辩论，但在判决宣告前应当听取辩护人的意见和被告人的最后陈述意见。第 201 条第 1 款规定："对于认罪认罚案件，人民法院依法作出判决时，一般应当采纳人民检察院指控的罪名和量刑建议……"由此可知，被追诉人的定罪量刑问题基本上在审查起诉阶段就已经完成，审查起诉将成为认罪认罚案件处理的核心阶段。据悉，全国法院系统每年审结的案件

中有 80% 以上是判处三年有期徒刑以下的轻罪案件，只要被告人认罪认罚且同意速裁程序适用，均可以适用速裁程序审理，而适用速裁程序审理的案件，一般不进行法庭调查和辩论，这意味着辩护律师在速裁法庭上的发问、质证、辩论的机会大大减少甚至被取消，其"战场"由法庭转移至"战前"的审查起诉阶段；其工作方式从原来控辩对抗的环境转换为控辩合作的环境；其能力也从原来的发问、质证和辩论技艺转变为预测、预判和协商、说服能力的提高；其说服的对象也从原来的法官转向现在的检察官。二是值班补贴低廉的挑战。从各地的情况看，值班补贴普遍较低，收入无法与正常办案相比。有实务部门人员指出，指定辩护律师和值班律师待遇差别较大，指定辩护律师在检察阶段的补贴费用为 1800 元，在审判阶段的补贴费用为 2300 元，而值班律师一个上午的补贴只有 300 元。由此导致值班律师工作积极性不高，即便司法机关允许其会见、阅卷，值班律师也不会去做。[1]例如，《郑州市刑事案件认罪认罚从宽制度试点工作实施细则（试行）》规定，值班律师提供法律帮助，由法律援助机构支付相应补贴，补贴标准按刑事法律援助案件补贴标准的 30%~50% 执行。律师作为一个市场化比较强的职业，其劳动一定要体现"物有所值"。否则，即便赋予辩护人的权能，其也只能"消极怠工"，无法实现制度设计的初衷。为此，笔者建议各地司法行政机关在条件许可的情况下适当提高值班律师的待遇。三是被追诉人签署具结书时在场的挑战。2018 年《刑诉法》第 174 条第 1 款规定："犯罪嫌疑人自愿认罪，同意量刑建议和程序适用的，应当在辩护人或者值班律师在场的情况下签署认罪认罚具结书。"问题是辩护律师或者值班律师如果事前没有会见、阅卷，有没有底气拒绝在场或者拒绝在具结书上签字？律师与检察机关长期的工作关系会不会演变为一种"合作"关系甚至"配合"关系？这不免让人生疑。这对律师尤其是值班律师而言何尝不是一种挑战。[2]

（二）给检察官带来的挑战

对检察官的挑战主要体现在两个方面：一是准确提出量刑建议的挑战。之前检察官对提起公诉的案件并非每案都提出量刑建议，但 2018 年《刑诉

---

[1] 参见韩旭："认罪认罚从宽制度中的值班律师——现状考察、制度局限以及法律帮助全覆盖"，载《政法学刊》2018 年第 2 期。

[2] 认罪认罚从宽制度实施对刑事辩护带来的影响，参见陈卫东："认罪认罚从宽制度试点中的几个问题"，载《国家检察官学院学报》2017 年第 1 期。

法》实施后，检察官对所有认罪认罚案件均应提出量刑建议。2018年《刑诉法》第176条第2款规定："犯罪嫌疑人认罪认罚的，人民检察院应当就主刑、附加刑、是否适用缓刑等提出量刑建议，并随案移送认罪认罚具结书等材料。"一方面，提出量刑建议是犯罪嫌疑人认罚的前提和基础；另一方面，其有助于破除长期以来形成的"重定罪、轻量刑"的观念。准确提出量刑建议是避免过度指控的具体体现，也是衡量检察官是否恪守客观义务的重要标准。为此，检察官不应提出策略性的量刑建议，这有违司法诚信和司法伦理，只能使司法公信力"雪上加霜"。[1]二是自我纠偏的挑战。2018年《刑诉法》第201条第2款规定："人民法院经审理认为量刑建议明显不当，或者被告人、辩护人对量刑建议提出异议的，人民检察院可以调整量刑建议。人民检察院不调整量刑建议或者调整量刑建议后仍然明显不当的，人民法院应当依法作出判决。""人非圣贤，孰能无过，知错即改，善莫大焉。"认罪认罚从宽制度实施后，检察官在量刑建议方面难免会出现偏差，如果能在认识到"不当"之后及时调整，提出一个新的量刑建议，那当然是值得称道的，这是实现司法公正的重要之举。问题是，在法官认为不当或者辩方提出异议之后，我们的一些检察官可能会因碍于情面而"一意孤行"。因此，2018年《刑诉法》实施后，检察官在量刑建议问题上能否自觉纠偏，对其乃一大挑战。

（三）给法官带来的挑战

对法官而言，认罪认罚从宽制度实施后的挑战主要体现在能否正确处理公正与效率的关系。应当承认，认罪认罚从宽制度的建立与刑事诉讼对效率的追求有很大关系。对于破解大多数地区法官员额制改革后"案多人少"的矛盾，认罪认罚从宽制度无疑是一剂"良方"。一些法院在"疑案精审、简案快办"口号的指引下，将更多的精力用于搞庭审实质化的"精审"，从而有可能忽略"简案"的办理。一些法院区分"疑案"或者"难案"与"简案"的标准是被告人是否认罪。其实，在被追诉人的沉默权、讯问时的律师在场权尚未确立的情况下，被告人认罪未必系出自真实的意愿，可能是多种因素考量的结果。因此，这样的一种区分标准未必完全科学、合理，被追诉人认罪认罚的案件未必就是"简案"。在认罪认罚问题上，笔者认为，公正永远是司

---

[1] 关于检察官提出策略性量刑建议的内容参见韩旭：《检察官客观义务论》，法律出版社2013年版，第185页以下。

法的生命线，应当公正优先、兼顾效率。人民法院经常讲"审判质效"，这也说明审判质量是第一位的，效率应服从质量。那么，具体到认罪认罚案件，如何保障司法公正呢？这应当从"罪"与"罚"两个方面入手。《刑诉法》规定："对于认罪认罚案件，人民法院依法作出判决时，一般应当采纳人民检察院指控的罪名和量刑建议。"尽管如此，审判权在定罪量刑事项上仍有作为的空间。首先，在定罪上，应保障被告人所认之"罪"系确实存在之"罪"且系被告人所为，除了被告人"认罪"外，还须有补强证据和基础事实存在，确保认罪认罚的自愿性、真实性和合法性。为此，应当保障被追诉人的反悔权、程序转换权和辩护权。其次，在量刑问题上，法官对于不当之量刑建议应敢于说"不"，而不是一味地被检察官"牵着鼻子走"。如果说以前法官在此问题上还有顾虑的话，那么在反贪反渎职能、人员转隶之后，对于普通刑事案件，法官当能"挺起腰杆"理直气壮地要求检察官调整量刑建议，以做到罚当其罪、"罪责刑"相适应。对当事人而言，实体公正最终体现在量刑的公正上，量刑是否公正在很大程度上考验着司法的"成色"。

三、认罪认罚从宽制度之完善

2018 年《刑诉法》增设认罪认罚从宽制度，该制度的相关规定虽仍待完善，但是希冀在近期内通过修法予以完善并不具有现实性。2018 年《刑诉法（修正案）》通过，最迫切的问题是解决实践操作问题。如前所述，认罪认罚从宽制度的立法规定是"粗线条"的，对相关规定有待进一步细化明晰，以避免实践中的各行其是。根据 1996 年《刑诉法》、2012 年《刑诉法》颁布实施的惯例，2018 年《刑诉法》颁布实施后，通过相关司法解释对《刑诉法》的立法规定予以适当解释，并对有关制度进行完善，不失为一条可行的路径。因此，建议最高司法机关尽快启动 2018 年《刑诉法》解释工作，对《最高人民法院关于适用〈刑事诉讼法〉的解释》《公安机关办理刑事案件的程序规定》进行修改，增加认罪认罚从宽制度的内容。各机关在对立法规定进行解释时，一方面应当充分参考两院三部出台的《关于在部分地区开展刑事案件认罪认罚从宽制度试点工作的办法》和《关于开展法律援助值班律师工作的意见》；另一方面，应当合理借鉴试点地区在上述试点办法之外的成功经验和行之有效的做法。具体来讲，至少应当从以下几个方面进行完善。

（一）改变值班律师"见证人"角色，使认罪认罚具结书签署时在场更
具实质意义

鉴于值班律师在犯罪嫌疑人签署具结书时的在场行为广受诟病，对此进
行改革势在必行。在修改司法解释时可以规定："值班律师未阅卷并与犯罪嫌
疑人会见的，不得在犯罪嫌疑人签署具结书时在场并签字。如果检察机关未
安排阅卷、会见的，值班律师有权拒绝在场并签字。"如此规定的目的在于强
化值班律师和检察机关的保护责任，即便是值班律师，其职责也是维护犯罪
嫌疑人、被告人的诉讼权利和其他合法权益，检察官有客观义务来保障被追
诉人获得公正对待。这有助于克服当前值班律师事前既不阅卷也不会见而仅
在犯罪嫌疑人签署具结书时在场签字的弊端，使认罪认罚具结书的签署具有
实质意义，从而在一定程度上保障认罪认罚具结书内容的真实性、合法性。

（二）应当明确在后续的诉讼活动中值班律师可否充当辩护人

对此问题，《刑诉法》并未予以规定，两院三部联合发布的《关于开展法
律援助值班律师工作的意见》第6条第3款仅规定，严禁（值班律师）利用
值班便利招揽案源、介绍律师有偿服务及其他违反值班律师工作纪律的行为。
该规定对值班律师可否充任被追诉人的辩护人也未予以明确。笔者认为，值
班律师在取得被追诉人及其近亲属同意后可以担任其辩护人。理由如下：第
一，有利于调动值班律师工作的积极性，增强其责任心，并积极投身于值班
活动，耐心倾听被追诉人及其近亲属的意见，对咨询的法律问题勤勉、尽责
地予以回答解释，以取得其信任。第二，有利于与被追诉人建立长期稳定的
委托关系，律师可以在后续活动中全程参与辩护，较有效地保障被追诉人认
罪认罚的自愿性，使其合法权益能够得到较好维护；第三，目前各地值班律
师的值班补贴普遍较低，这是不争的事实。很多有为的律师不愿从事值班工
作，如何吸引更多更优秀的刑辩律师投入到这一事业当中应当引起深思。在
大幅度提高值班经费补贴之前，允许部分值班律师在取得信任和同意后转为
辩护律师是一个可探索的路径。第四，域外做法可以学习借鉴。日本在学习
借鉴英国值班律师制度经验的基础上，自20世纪90年代开始实行值班律师
制度，刚开始在九州部分地区实施，随后迅速扩大到全国。对于被拘留、逮
捕的犯罪嫌疑人，根据本人要求或者律师协会的判断，由律师协会迅速派遣
本会所属律师，由值班律师会见犯罪嫌疑人，值班律师会见犯罪嫌疑人的次
数为一次。其后，如果犯罪嫌疑人愿意，值班律师可以作为嫌疑人的私选辩

护人受理案件。在这种情况下，贫困无钱的嫌疑人可以接受法律援助协会的援助。[1]值班律师初次会见被疑人是免费的。初次会见时，值班律师要向被疑人说明诉讼程序，告知其享有委托辩护人的权利和沉默权，并向被疑人提供必要的建议和咨询。[2]

（三）速裁程序中公诉人应当出席法庭，并对具结书内容的真实性、合法性进行证明

速裁程序作为《刑诉法》修改新增加的程序类型，并未明确公诉人应否出席法庭。笔者注意到在简易程序中有相关规定。例如，2018 年《刑诉法》第 216 条第 2 款规定："适用简易程序审理公诉案件，人民检察院应当派员出席法庭。"笔者认为，这一问题可在最高人民法院的司法解释中予以明确。否则，实践中人民法院适用速裁程序审理的案件公诉人应否出庭将会成为一个极具争议的问题。笔者倾向于由人民检察院派员出席法庭的做法，理由如下：首先，有利于查明认罪认罚的自愿性和认罪认罚具结书内容的真实性、合法性。认罪认罚具结书类似于被追诉人认罪的自书材料，在证据性质上类似于审前阶段的口供，一旦法官对认罪认罚真实性、合法性存疑，那么证明该具结书内容真实性、合法性的证明责任就应由公诉人承担，如果公诉人不出庭，遇到该类问题如何处理将是一个问题。其次，程序转换的需要。2018 年《刑诉法》第 226 条规定："人民法院在审理过程中，发现有被告人的行为不构成犯罪或者不应当追究其刑事责任、被告人违背意愿认罪认罚、被告人否认指控的犯罪事实或者其他不宜适用速裁程序审理的情形的，应当按照本章第一节或者第三节的规定重新审理。"其实，就是将速裁程序转换为普通程序或者简易程序审理。而这两种审理程序均要求公诉人出庭支持公诉。法庭风云瞬息万变，《刑诉法》第 226 条列举的情况均有可能出现，如果公诉人一概不出庭，一旦发生被告人当庭翻供等审理程序转换的情形，又如何能保障该转换的顺利进行呢？因此，检察官不能将具结书"一送了之"。当辩方提出异议的时候或者法官内心存疑之时，检察官应当出庭对此予以举证证明。

---

[1] 参见 [日] 松尾浩也：《日本刑事诉讼法（上卷新版）》，丁相顺译，中国人民大学出版社 2005 年版，第 131 页。

[2] 参见宋英辉、杨光："日本刑事诉讼的新发展"，载陈光中、江伟主编：《诉讼法论丛》（第 1 卷），法律出版社 1998 年版，第 150 页。

（四）建立证据开示制度和证据核实制度，保障被追诉人的认罪认罚权

照理说，被追诉人认罪认罚前应当让其知悉指控的证据材料，如此才能保障其认罪认罚的明智性。提前让被追诉人知悉证据材料，一方面在证据不足的情况下允许其抱有侥幸心理，不认罪认罚甚至做无罪辩护，这是刑诉法和宪法赋予被追诉人的权利；另一方面，在定罪量刑证据充足的情况下，有助于打破这种侥幸心理，促使其选择与检察机关合作，明智地作出认罪认罚决定。在认罪认罚问题上，对于被追诉人，仍要坚持"理性人""经济人"的假设，以此作为制度设计的起点。以一种乐观的态度看待认罪认罚从宽制度，将来有可能赋予值班律师阅卷权，既可能是制度上的也可能是实践中的。那么，值班律师在知悉证据信息的情况下能否向被追诉人披露？在对控方证据材料有疑问的情况下能否向被追诉人核实？对此既有的制度尚无规定。根据2018年《刑诉法》第39条第4款之规定，自案件移送审查起诉之日起，"辩护律师"可以向被追诉人核实有关证据。[1]很显然，值班律师并不享有这样的权利。如果将来将阅卷权配置给值班律师，那么就应当允许值班律师在会见时向被追诉人披露证据信息，这是法律帮助有效性的重要保障。

（五）对有关规定作出细化解释，便于实践操作

首先应当进行解释的是2018年《刑诉法》第173条第3款之规定，即"提前为值班律师了解案件有关情况提供必要的便利"。何谓"案件有关情况"？什么又是"提供必要的便利"？这些模糊不清、语焉不详的规定，期待未来的司法解释修改能予以明晰。依笔者之见，所谓"案件有关情况"其实是案件的证据情况，"提供必要的便利"实际上就是为值班律师查阅、摘抄、复制案卷材料提供方便。上述规定不过是值班律师享有阅卷权的另一种表述而已。司法解释是面向实践操作的，没有必要"犹抱琵琶半遮面"。

---

〔1〕 关于辩护律师核实证据问题的探讨，参见韩旭："辩护律师核实证据问题研究"，载《法学家》2016年第2期。

第四章

认罪认罚从宽制度实施面临的三大突出矛盾

认罪认罚从宽制度实施中面临诸多难题，影响了司法官和律师实施认罪认罚从宽制度的积极性，阻碍了该项制度的实施。在诸种问题中，以下三个问题尤为突出，应当引起重视。

一、实体法与程序法不配套

认罪认罚从宽制度既是一个程序法问题，又涉及实体法的内容。认罪认罚是基础，从宽是关键，当事人更关注从宽问题。如果说前者是程序法问题，那么后者则需要实体法来解决。只有两者都受到重视，并且相关规则能够完善，该项制度才有可能顺利实施。但是，当前无论是理论界还是实务界，关注的焦点都是如何保障被追诉人认罪认罚的自愿性、合法性和反悔权问题，而对实体法应予解决的"从宽"问题重视不够、研究不深，相关规则迟迟难以出台，导致实体法配套不足。2019 年 10 月出台的《指导意见》第 8 条第 2款规定："办理认罪认罚案件，应当依照刑法、刑事诉讼法的基本原则，根据犯罪的事实、性质、情节和对社会的危害程度，结合法定、酌定的量刑情节，综合考虑认罪认罚的具体情况，依法决定是否从宽、如何从宽……"该规定即是认罪认罚从宽制度是程序法与实体法结合的明证。在此方面的问题主要体现在以下四个方面：一是"从宽"幅度难以把握，可能导致案件裁判结果不统一。《指导意见》第 9 条第 1 款对从宽幅度作出了原则性规定，即"办理认罪认罚案件，应当区别认罪认罚的不同诉讼阶段、对查明案件事实的价值和意义、是否确有悔罪表现，以及罪行严重程度等，综合考量确定从宽的限度和幅度。在刑罚评价上，主动认罪优于被动认罪，早认罪优于晚认罪，彻底认罪优于不彻底认罪，稳定认罪优于不稳定认罪"。问题是，上述已经列举的四方面考量因素在量刑中各占多大比例？不同诉讼阶段认罪认罚的量刑折扣又是多少？这无疑给了检察官、法官较大的自由裁量权。二是被害人谅解与否对量刑的影响不确定。虽然《人民检察院刑事诉讼规则》第276条第1款规定："办理认罪认罚案件，人民检察院应当将犯罪嫌疑人是否与被害方达成和解或者调解协议，或者赔偿被害方损失，取得被害方谅解，或者自愿承担公益损害修复、赔偿责任，作为提出量刑建议的重要考虑因素。"但是，如何"考虑"，仍然语焉不详。适用认罪认罚从宽制度的案件，裁判（尤其是量刑标准）应当统一，给当事各方以合理预期，否则被害人仍会产生不公平的感觉，从而引发各种社会问题。"在运用起诉裁量主义时，检察官应当考虑被害人的意见。"[1]《指导意见》第18条规定："犯罪嫌疑人、被告人认罪认罚，但没有退赃退赔、赔偿损失，未能与被害方达成调解或者和解协议的，从宽时应当予以酌减……"如何"酌减"并不明确。实践中，有的被害人（尤其是人身伤害类被害人）并不将赔偿作为首要考虑因素，而是要求对被追诉人从重处罚。"侵害人身犯罪中，赔偿并不是被害人的首要利益，被害人更愿看到罪犯受罚或防止罪犯再犯。"[2]根据现有规定，此种情形并不影响认罪认罚从宽制度的实施，但是在量刑方面有差别。如何体现这一差别？哪种情形下检察机关可以作出相对不起诉决定？哪种情形下检察机关可以提出判处罚金、拘役或者适用缓刑的量刑建议？还有，根据《指导意见》第2条的规定："对于共同犯罪案件，主犯认罪认罚，从犯不认罪认罚的，人民法院、人民检察院应当注意两者之间的量刑平衡，防止因量刑失当严重偏离一般的司法认知。"这是不是意味着即便主犯认罪认罚，其量刑也仍应重于从犯？从宽幅度不宜过大？凡此种种仍是需要我们面对并予以解决的问题。三是认罪认罚从宽制度中的"从宽"理应包括从轻、减轻和免除处罚，而在刑事诉讼法和相关司法解释、配套文件中均变成了"从轻"这一种情节。例如，《指导意见》第8条第2款规定："对于减轻、免除处罚，应当于法有据；不具备减轻处罚情节的，应当在法定幅度以内提出从轻处罚的量刑建议和量刑；对其中犯罪情节轻微不需要判处刑罚的，可以依法作出不起诉决定或者判决免予刑

---

〔1〕　[日] 田口守一：《刑事诉讼法》（第7版），张凌、于秀峰译，法律出版社2019年版，第206页。

〔2〕　[瑞士] 古尔蒂斯·里恩：《美国和欧洲的检察官——瑞士、法国和德国的比较分析》，王新玥等译，法律出版社2019年版，第149页。

事处罚。"《指导意见》第9条第2款规定："对犯罪嫌疑人、被告人具有自首、坦白情节，同时认罪认罚的，应当在法定刑幅度内给予相对更大的从宽幅度。认罪认罚与自首、坦白不作重复评价。"这意味着认罪认罚与自首、坦白，仅能择其一适用。《刑法》第67条第1款规定："对于自首的犯罪分子，可以从轻或者减轻处罚。其中，犯罪较轻的，可以免除处罚。"对于单有自首这一个情节的，就可以减轻或者免除处罚，而对于既认罪认罚又有自首情节的，却是"在法定刑幅度内给予相对更大的从宽幅度"的从轻处罚。由此可能导致量刑上的失衡，有违"罪责刑相一致"的刑法基本原则。现在需要明确的是，在被追诉人既认罪认罚又有自首情节时，如何确定从宽幅度？四是对于认罪认罚的被追诉人，在何种情况下可以从宽、在何种情况下不能从宽，仍需进一步明确。《指导意见》第5条第2款规定："'可以'适用不是一律适用，犯罪嫌疑人、被告人认罪认罚后是否从宽，由司法机关根据案件具体情况决定。"如何"根据案件具体情况"确定，也是一个有待细化的问题。因为认罪认罚从宽制度没有罪名的限制，所有的刑事案件均可适用。被追诉人之所以选择认罪认罚，就是希望能够"从宽"。因此，这一问题事关从宽的案件范围，是一个前提性、基础性的问题。笔者认为，可列举出不予从宽的案件类型，类似一个"负面清单"，"清单"以外的都应予以从宽。如此，不仅可以使被追诉人有一个明确的心理预期，也可调动其认罪认罚的积极性，从而促进认罪认罚从宽制度的实施。

如何解决"从宽"的幅度问题，直接关系到裁判标准的一致性和法律的统一实施，关系到认罪认罚从宽制度的公信力，是解决当前民众反响强烈的"同案不同判"现象必须直面的问题。笔者认为，可以借鉴域外的量刑指南制度。当务之急是两高应尽快制定与该制度实施配套的《量刑指导意见》，以使各地法官、检察官在"从宽"幅度上有章可循，保障认罪认罚从宽案件裁判结果的一致性，避免"同案不同判"现象的发生。在中国式的"量刑指南"出台前，最高人民检察院、最高人民检察院可加大案例指导工作，以统一各地的执法、司法标准。

二、控方程序控制权与被追诉人辩护权不协调

如果说以审判为中心的刑事审判制度改革是由法院主导推进，那么认罪认罚从宽制度则是由检察机关进行程序控制，控辩不平衡的问题更加突出。

（一）控方拥有程序控制权

检察机关几乎"垄断"了认罪认罚从宽制度的实施，体现出了程序的控制性特征。

第一，程序启动的垄断性。虽然认罪认罚从宽制度的实施以被追诉人认罪认罚为前提，但是我国司法实务中的高羁押率以及认罪认罚可能获得程序上的从宽。例如，检察机关提出犯罪嫌疑人只要认罪认罚，即可以变更强制措施，由羁押转为取保候审。出于趋利避害的本能，作为理性人的犯罪嫌疑人很少会拒绝检察机关提出的适用认罪认罚从宽制度的建议。如果被追诉人不"配合"，不但无法被取保候审，而且可能面临更重的刑事处罚。在广泛适用辩诉交易制度处理案件的美国，检察官对被告人的强迫，是辩诉交易过程中的一个主要问题。如果被告人拒绝辩诉交易而要求陪审团审判，检察官可能会以更严厉的制裁相威胁，从而迫使其放弃接受陪审团审判的权利。事实上，检察官在辩诉交易中的巨大权力确实存在被滥用的可能。[1]我国检察官在认罪认罚中的主导地位明显增强，在权力扩大的同时，也要防范权力滥用问题。为了提高起诉率和定罪率，实践中已经出现检察机关将一些事实不清、证据不足、本应作"存疑不诉"的案件适用认罪认罚从宽制度诉至法院审判的情形。在程序启动上，还体现在检察机关可以就程序适用向法院提出建议上。虽然仅是建议，但基于"配合制约"原则，法院一般都会"照单全收"。

第二，认罪认罚从宽制度实施的单方性。在审查起诉阶段，无论是为没有委托辩护人的犯罪嫌疑人安排值班律师还是认罪认罚具结书的签署，无论是对值班律师或者辩护人阅卷权的保障还是与犯罪嫌疑人及其辩护人、值班律师进行协商以及协商的时间、地点均由检察官"说了算"。

第三，认罪认罚从宽案件处理结果的前置性。检察机关提出的量刑建议虽然具有求刑权的性质，审判权仍由法院掌控，但是被追诉人在诉讼中的命运，其实在审查起诉阶段就已经被决定了。根据 2018 年《刑诉法》第 201 条第 1 款的规定，人民法院在作出判决时，除五种例外情形，一般应当采纳检察机关指控的罪名和量刑建议。"在办理认罪认罚从宽案件中充分发挥主导作

---

[1] 参见［瑞士］古尔蒂斯·里恩：《美国和欧洲的检察官——瑞士、法国和德国的比较分析》，王新玥等译，法律出版社 2019 年版，第 259 页。

用，检察机关建议适用该程序审理的占 98.3%，量刑建议采纳率 96%。"[1]"在绝大多数案件中，法官都会接受检察官和被告之间的协议，检察官作出的决定很大程度上成了'终局性裁决'。"

第四，协商程序的控制性。虽然 2019 年 10 月出台的《指导意见》规定了控辩双方的协商程序，但是否协商、协商什么以及协商参与人、协商的时间、地点等均由检察官控制。存在的情况是，检察官在和犯罪嫌疑人完成量刑协商后，再通知律师到场见证具结过程。检察官在听取律师意见时，往往只是告知其从宽处罚的建议，并不就量刑内容与律师进行协商，而律师在提供法律帮助时，也只是在和检察官、犯罪嫌疑人进行简单交流后，便告知嫌疑人可以同意量刑建议和程序适用。[2]其实，协商制度作为认罪认罚从宽制度的精髓，理应受到重视。而目前，控辩双方协商能力不平等、协商程序不规范、协商随意性较大的问题比较突出，协商的内容和协商过程是否应在庭审中披露也不清楚。德国于 2009 年进行法律修改时引进了合意制度，也被称为"协商"。《德国刑事诉讼法》第 234 条第 4 款规定："公开展示的只有和解协议的基本内容，谈判内容及过程则不会公开。"[3]由于检察权在认罪认罚从宽案件中"一权独大"，因此加强被追诉人辩护权的保障显得更加迫切。只有以权利制约权力，才能保证认罪认罚从宽制度的正确顺利实施，才能防范未来可能出现的案件冤错。

第五，救济程序启动的制约性。我国的二审程序是一种监督一审裁判的救济程序。上诉本来是一审被告人的一项权利。但是，检察机关频繁使用抗诉权的问题在认罪认罚从宽案件中已经暴露出来。检察机关以抗诉权遏制上诉权，被告人的上诉权和"上诉不加刑"原则均遭到侵蚀。被告人在审前程序或者审判程序中认罪认罚，一审宣判后又以"量刑过重"为由提出上诉。对此。检察机关频频提出抗诉，企图以此遏制被告人"反悔"的问题。由此，抗诉成了检察机关手中的"撒手锏"，被告人"望而生畏"，导致认罪认罚案

---

[1] 张军："最高人民检察院工作报告——2019 年 3 月 12 日在第 13 届全国人民代表大会第 2 次会议上"，载《人民日报》2019 年 3 月 20 日。

[2] 参见许世兰、陈思："认罪认罚从宽制度的基层实践及思考"，载胡卫列等主编：《认罪认罚从宽制度的理论与实践》，中国检察出版社 2017 年版，第 357 页。

[3] ［瑞士］古尔蒂斯·里恩：《美国和欧洲的检察官——瑞士、法国和德国的比较分析》，王新玥等译，法律出版社 2019 年版，第 8 页。

件的上诉率比较低。目前，已有学者指出检察机关滥用抗诉权问题比较严重。在检察机关提出抗诉的案件中，二审法院大多以"改判加刑"采纳了抗诉意见。由此导致被追诉人的反悔权未能自由行使。

认罪认罚从宽制度程序控制单方性的特点与我国认罪认罚从宽制度设计的"权力型"而非"权利型"有关。在调研中，一些律师即提出：我们提出协商的请求，检察官却不予理睬，如果律师据理力争，那么该检察官就会以从重提出量刑建议相威胁。这一事实充分印证了该制度设计的"权力主导"型特点。"权力主导"不仅抑制了律师参与的积极性，也使律师在该制度实施中的职能作用受限。

（二）被追诉人辩护权保障之不足

与检察权"独大"形成强烈反差的是对被追诉人辩护权保障的不足，这可能会使弱势的被告人处于不利地位，因为其缺乏同等程度的辩护。[1]正如西方一句著名法谚所言："如果原告成了法官，那只有上帝充当辩护人。"具体体现在以下几个方面：一是尴尬的角色定位。我国《刑诉法》将值班律师定位为"法律帮助人"而非"辩护人"，这有点类似于 1996 年《刑诉法》中侦查阶段介入诉讼的律师，由此导致其职能受限。值班律师参与认罪认罚案件的形式化、"见证人化"已是不争的事实，值班律师在保障被追诉人认罪认罚的自愿性、真实性和明智性方面未能发挥应有的作用。鉴于值班律师作用发挥有限，在认罪认罚从宽制度试点期间，一些学者提出了值班律师"辩护人化"的改革思路，建议在立法上赋予值班律师会见权、阅卷权和调查取证权等一系列辩护律师享有的诉讼权利。但是，2018 年《刑诉法》修改并没有采纳此意见，而是将值班律师定位为"法律帮助人"。从域外值班律师制度来看，值班律师和法律援助辩护律师可以填补之前的法律帮助空白。如果值班律师"辩护人化"，实质上便是取消了刚刚诞生的值班律师制度。"辩护人化"提出者的初衷完全可以理解。但是，如果不是"辩护人化"，而是"见证人化"，值班律师的作用似乎又难以发挥出来。立法上之所以规定适用速裁程序审理认罪认罚案件，一般不进行法庭调查和法庭辩论；之所以被告人在庭审中的权利被"克减"，就是因为审前程序中犯罪嫌疑人认罪认罚的自愿

---

[1] 参见［瑞士］古尔蒂斯·里恩：《美国和欧洲的检察官——瑞士、法国和德国的比较分析》，王新玥等译，法律出版社 2019 年版，第 251 页。

性、真实性通过值班律师的参与得到了保障。如果犯罪嫌疑人审前程序中的诉讼权利得不到保障，也就是认罪认罚的自愿性、真实性、明智性无法保障，庭审中被告人的质证、辩论权被省略，那么对认罪认罚的被追诉人便是不公平的，可以说，其并未获得公正的审判。为了使值班律师更有成效地参与认罪认罚案件，两高三部于 2019 年 10 月颁布的《指导意见》规定了值班律师的阅卷权、协商权，在一定程度上往"辩护人化"的方向前进了一步。然而，低廉的补贴是否能够调动值班律师阅卷、协商的积极性，尚有待观察，笔者对此并不乐观。众所周知，值班律师制度是伴随刑事速裁程序和认罪认罚从宽制度而诞生的，是认罪认罚从宽制度的重要支撑。现在面临的问题是，如果"辩护人化"，则将从根本上动摇值班律师制度，如果维持现状，值班律师"见证人化"的局面在短期内又难有改变。这是我们在实施该项制度时不得不正视的一个问题。

第二，值班律师的作用发挥不足。值班律师制度本来是为保障被追诉人认罪认罚的自愿性而建立的，但是从实践观察看，这一制度引进的初衷已经落空。值班律师具有"流水作业"特点，难以与被追诉人建立起信任关系，而信任关系又是有效辩护的前提。目前，值班律师的功能主要限于向被追诉人提供法律咨询。即便如此，被追诉人利用值班律师的积极性并不高。有关调研数据显示：在 163 份对犯罪嫌疑人、被告人的有效问卷中，有 51.5% 的被追诉人表示"在案件中没有律师的帮助"，其中认为不需要提供法律帮助的被追诉人占 50.9%。[1]另一份调研资料显示：犯罪嫌疑人主动咨询值班律师的仅占 40%，60% 案件的犯罪嫌疑人未咨询值班律师。[2]这一方面可能与被追诉人对获得法律帮助权的认识有关，另一方面可能是因为犯罪嫌疑人认为自己犯的是"轻罪"，没有律师提供帮助的必要。根据相关实证研究结论，犯罪嫌疑人、被告人对于律师的需求随学历的升高呈现递进趋势，即学历越高，对律师帮助权越重视。文盲至初中学历的，有一半以上的人认为认罪认罚之

---

〔1〕 参见李洪杰："认罪认罚自愿性实证考察"，载胡卫列等主编：《认罪认罚从宽制度的理论与实践》，中国检察出版社 2017 年版，第 285 页。

〔2〕 参见许世兰、陈思："认罪认罚从宽制度的基层实践及思考"，载胡卫列等主编：《认罪认罚从宽制度的理论与实践》，中国检察出版社 2017 年版，第 355 页。

后不需要律师帮助，小学、初中学历比重最高，为 59.5%。[1]

第三，值班律师的诉讼权利有限。从立法规定看，值班律师的职能主要限于提供法律咨询、对程序选择提出建议和申请变更强制措施、提出意见等。但实际上，值班律师的功能主要是提供简单的法律咨询，解答法律问题。值班律师与辩护律师相比，不仅权能有限，而且难以提供高质量的法律帮助。首先，值班律师在认罪认罚从宽案件中具有如此重要的作用，但是 2018 年《刑诉法》在修改时并未将其列为"诉讼参与人"。值班律师对案件的实体问题表达意见，但刑事诉讼立法并未规定其阅卷权。虽然《指导意见》赋予了值班律师阅卷权，但《指导意见》毕竟不是法律，效力层次太低。在值班律师事先没有阅卷的情况下，又何以能够提出有价值的意见？又凭什么建议被追诉人认罪？目前，除了签署认罪认罚具结书必须由辩护人或者值班律师在场外，在其他情形下被追诉人均可以放弃值班律师的法律帮助。[2]从值班律师的角度看，一些律师基于个人利益的考虑，为了与检察官"搞好关系"以便在将来的案件中获得某种便利，会完全"配合"检察机关的工作。他们本来是被追诉人的法律帮助人，却"倒戈"成了检察官的"帮助人"——帮助完成认罪认罚具结书的签署工作，为认罪认罚的合法性"背书"。这就是为学界诟病较多的律师"见证"问题。殊不知，律师不参与之前的诉讼过程，仅在体现认罪认罚结果的具结书签署时在场，究竟有多大意义？值班律师签字未免带有非理性成分，是对被追诉人不负责的表现。他们大多是应检察官的要求而在场签字。笔者常思考的一个问题是：一旦将来该案被确定为冤错，签字的值班律师是否会承担责任以及承担何种责任。其次，被追诉人获得值班律师的法律帮助权可以放弃。从域外情况看，认罪认罚从宽案件实行强制辩护制度，不允许被追诉人放弃获得律师帮助的权利。法国立法者在借鉴美国辩诉交易制度建立庭前认罪答辩程序时，认识到律师参与的必要性和重要性，为了防止检察官利用辩诉交易强迫被告人作出有罪答辩并防止无罪的被告人违心认罪，确立了较为完善的律师参与机制。《法国刑事诉讼法典》第

---

[1]　参见李洪杰："认罪认罚自愿性实证考察"，载胡卫列等主编：《认罪认罚从宽制度的理论与实践》，中国检察出版社 2017 年版，第 285 页。

[2]　《指导意见》第 14 条规定："犯罪嫌疑人、被告人自愿认罪认罚，没有委托辩护人，拒绝值班律师帮助的，人民法院、人民检察院、公安机关应当允许，记录在案并随案移送。但是审查起诉阶段签署认罪认罚具结书时，人民检察院应当通知值班律师到场。"

495-8 条第 4 款规定："（在庭前认罪答辩程序中）被告不得放弃律师协助权。"律师应在程序的任何阶段现场为被告提供咨询和帮助。[1]我们是否可在认罪认罚案件中实行强制辩护制度，为没有辩护人的认罪认罚被追诉人指派法律援助律师提供法律帮助，且此法律帮助权不得放弃？从域外值班律师的功能来看，其主要是提供"应急"服务，犹如"急诊医生"。因此，与其让值班律师在认罪认罚具结书签署时在场，不如让其在侦查（调查）讯问时在场，如此更能保证犯罪嫌疑人认罪认罚的自愿性和合法性。

第四，被追诉人及其辩护人、值班律师的协商权未受到尊重。协商应当是认罪认罚从宽制度的精髓，但是，无论是被追诉人与其辩护人、值班律师之间的"辩护协商"还是控辩之间的协商，都未得到保障。在辩护人或者值班律师提前未与被追诉人就认罪认罚问题协商一致的情况下，律师又何以能够代表被追诉人在认罪认罚具结书上签字？至于决定被追诉人罪名和量刑事项的控辩协商，由于控辩双方协商能力不平等，加之协商程序规则缺失，实践中，一些检察官在操作时随意性较大，加剧了这种不平等性。因此，协商程序中被追诉人及其辩护人、值班律师的作用并不能发挥出来。尤其是当前我国的审前羁押率较高，在大多数犯罪嫌疑人被羁押的情况下，辩方缺乏协商的"筹码"，控辩平等何以实现？

第五，作为被追诉人权利保障主体的值班律师在速裁程序法庭审理中并不能对裁判施加影响。我国司法解释性文件明确规定值班律师不提供出庭辩护服务。[2]绝大部分适用认罪认罚从宽制度的案件都适用速裁程序审理，而适用该程序审理的案件"一般不进行法庭调查和法庭辩论"。基于对效率的追求和破解"案多人少"的矛盾，通常是批量起诉、集中审理，3 分钟至 5 分钟审理一个案件，即便由辩护人参与法庭审理，他们也难以"施展技能"，进行充分、有效的辩护。由于被告人认罪认罚，辩护的空间被大大压缩，法庭不再是律师辩护的"主战场"或者"舞台"。审查起诉阶段的"协商性辩护"代替了过往庭审阶段的"对抗性辩护"。此类案件中庭审形式化问题突出，审判的纠错能力更显不足。

---

〔1〕 参见施鹏鹏：《法律改革，走向新的程序平衡?》，中国政法大学出版社 2013 年版，第 158 页。

〔2〕 参见两高三部于 2017 年颁布的《关于开展法律援助值班律师工作的意见》第 2 条第 2 款规定："法律援助值班律师不提供出庭辩护服务。"

第六，庭审集中辩护阶段提前所带来的辩护效果不彰问题。认罪认罚从宽制度实施，使辩护人的辩护工作提前，由法庭上面向法官的辩护转向审查起诉阶段面向检察官的辩护。然而，检察官毕竟不是法官，主要行使追诉职能。给被追诉人定罪是其追求的首要目标。尽管检察官有客观义务，但客观义务具有局限性，很难对有罪与无罪、罪重与罪轻一律注意，也难以给被追诉人一方提供有效的程序保障和程序救济。[1]正如有学者所言："要求检察官有效打击犯罪，以维护社会秩序的同时，复要求其应兼保障人权，首先就人性而言，宛如对以打猎为生之猎人，要求其于打猎之余，不得滥杀野生动物一般，不是不可能，而是实难期检察官有良好成效，通常会流于伪善的钓鱼式查证，当然检察官也无法如无辜被告所期待的，成为一位热切忠实的人权辩护者。"[2]诉讼本来是在控、辩、审"三方组合"中展开，辩护只有在这个场域中才能实现功效的最大化。然而，在审查起诉阶段的辩护，没有中立第三方提供程序保障，检察官集追诉职能和裁判职能于一身，其中立性难免会受到质疑。在这种类似行政化的"治罪"程序中，辩方的意见能得到重视吗？对此，我们不无疑问。

三、"检（监）主导"与审判中心不融合

以审判为中心的刑事诉讼制度改革（即审判中心主义）正在如火如荼地推进。庭审实质化是审判中心主义的集中体现，要求裁判结论形成于法庭。但是，认罪认罚从宽制度以其极高的量刑建议采纳率和适用速裁程序审理的案件法庭调查和法庭辩论环节的省略（即所谓的"程序简化"）而提高庭审效率，此外，最高人民检察院也正强调检察官在审前程序中的主导地位。我国监察体制改革，使得监察委员会对职务犯罪案件拥有比较大的主导权。上述两种情形下检（监）的主导地位必然会与审判中心主义发生冲突，如果被追诉人的命运在审查起诉阶段甚至更早阶段就已经被决定了，那么其结果必然是审判虚化。在认罪认罚从宽案件中，一方面检察机关和监察委员会对案件的主导性明显增强，另一方面被追诉人辩护权被严重弱化，难以对公权进

---

　　〔1〕　有关检察官客观义务局限性的讨论，参见龙宗智："检察官客观义务与司法伦理建设"，载《国家检察官学院学报》2015 年第 3 期；韩旭："检察官客观义务：从理论预设走向制度实践"，载《社会科学研究》2013 年第 3 期。

　　〔2〕　朱朝亮："检察官在刑事诉讼之定位"，载《东海大学法学研究》2000 年第 15 期。

行有效制约。审判中心主义要求的"控辩对抗"被认罪认罚从宽制度的"控辩合意"所取代，使得以审判为中心的刑事诉讼制度改革效果大打折扣。

（一）冲突表现

审判中心主义以权利保障、程序对抗和证据裁判为典型特征，强调审判对侦查（调查）、起诉的指引和制约功能。然而，认罪认罚从宽制度与以上三个方面都存在明显的冲突：一是权利保障弱化。认罪认罚从宽制度以被追诉人放弃公正审判权为代价换取诉讼效率的提高。在该制度下，被追诉人不得强迫自证其罪权、辩护权、非法证据排除申请权和"人证"出庭作证申请权等权利均被弱化，甚至取消。二是程序对抗不足。程序对抗主要体现在诉讼进行中的控辩对抗，以辩护律师的参与和帮助为基础。但是，如前所述，认罪认罚从宽案件中作为法律援助制度重要组成部分的值班律师缺乏工作动力和对抗精神，协商代替了对抗。在审判阶段，值班律师并不参与庭审和提供辩护服务。在律师缺位的情况下，庭审质证虚化。适用速裁程序审理的案件，通常取消了法庭调查和辩论活动，更遑论人证出庭作证问题。即便是按简易程序和普通程序审理的案件，根据《指导意见》的规定，庭审调查简化，公诉人对控辩双方没有异议的证据，仅需说明证据名称和证明内容，即便是有异议的证据，控方也可能采取"分组举证""打包举证"的方式。被告人在没有专业法律人士帮助的情况下只能"孤军奋战"，进行所谓的"质证"。庭审实质化主要体现在质证实质化上，质证虚化意味着庭审虚化，或者更进一步说，意味着审判中心主义虚化。三是证据裁判原则虚置。庭审实质化意味着庭审奉行无罪推定原则，控方承担有罪的证明责任，且需证明到"证据确实充分、排除合理怀疑"的程度。但是，实践中，控方所应承担的完整的证明被置换为有选择的、不完整的证明，认罪认罚具结书本来是证明对象，却成了证明手段，给人以本末倒置的感觉。虽然学界和实务部门都坚持认罪认罚案件不能降低证明标准，但实际上，认罪认罚案件被追诉人口供的证明力增强，认罪认罚案件证明标准降低已是一个不争的事实。因此，证据裁判原则所要求的犯罪事实建立在"确实充分"的证据之上，异化为建立在控辩合意或者认罪认罚具结书之上。证据裁判原则面临被架空的风险。习近平总书记在党的十八届四中全会决定说明中提出：推进以审判为中心的诉讼制度改革，充分发挥审判特别是庭审的作用，是确保案件处理质量和司法公正的重要环节。在司法实践中，少数办案人员对法庭审判重视不够，常常出现一些关键证据没有收集或者没有依法收集，进入庭审的案件没有达到"案件事实清楚、证据确实充分"法定要求的情况。监察机关的强势地位，可能导致职务犯罪案件"调查中心主义"的局面，一度出现的"零不诉""零退查""零排非"现象即是明证。早在认罪认罚从宽制度试点初期，有人即担忧检察权对审判权的侵蚀。现在《指导意见》第33条第2款又明确："办理认罪认罚案件，人民检察院一般应当提出确定刑量刑建议。对新类型、不常见犯罪案件，量刑情节复杂的重罪案件等，也可以提出幅度刑量刑建议……"可见，检察机关提出量刑建议以确定刑为原则，以幅度刑为例外。检察机关的求刑权已经在很大程度上异化为决定权，存在实际的"检察裁决"现象，法院审判权的行使空间被进一步压缩。"简化程序的引入进一步扩大了检察官的权力，虽然被告人形式上是在法庭上确定罪责，但实际上真正的处罚乃是由检察官确定。"[1]德沃金在其名著《法律帝国》中曾言："在法律帝国里，法院是帝国的首都，而法官则是帝国的王侯。"[2]以审判为中心的刑事诉讼制度改革，就是要确立法院在"法律帝国"的地位。法院地位不彰，被追诉人在整个诉讼程序中便会缺乏权利的保护者，而我国制度上确立的"检察救济"将难以发挥立法者期望的功效，无法为权利受侵害主体提供有效的救济。[3]

（二）危害后果

"检（监）主导"下，认罪认罚案件的办理可能导致以下危害后果：一是冤错案件难以防范。以审判为中心的目标就是防范冤假错案，既然"检（监）主导"有悖审判中心主义的要求，那么认罪认罚从宽案件中法院通过审判进行纠错的能力必然会大大降低。随着时间的流逝、替代程序的适用，检察官逐渐成为裁决者，而法官的角色却逐渐弱化。在所有的刑事司法制度中，检察官都非中立的事实发现者，其关注点始终在于定罪，这增加了被告人被错误定罪的风险。[4]辩诉交易制度实施的教训应当成为我们的"前车之鉴"。如今，"无辜者认罪问题"已成为就辩诉交易的争论中所提及的主要问题。检

---

〔1〕［瑞士］古尔蒂斯·里恩：《美国和欧洲的检察官——瑞士、法国和德国的比较分析》，王新玥等译，法律出版社2019年版，第260页。

〔2〕［美］德沃金：《法律帝国》，李常青译，中国大百科全书出版社1996年版，第361页。

〔3〕参见韩旭："新《刑事诉讼法》实施以来律师辩护难问题实证研究——以S省为例的分析"，载《法学论坛》2015年第3期。

〔4〕参见［瑞士］古尔蒂斯·里恩：《美国和欧洲的检察官——瑞士、法国和德国的比较分析》，王新玥等译，法律出版社2019年版，第264页。

察官对被告人的强迫，是辩诉交易过程中的一个最主要的问题。[1]在美国密歇根大学法学院成立的"全美洗冤登记中心"所统计的1702个无辜者案件中，竟有261个案件当事人承认了犯罪，与检方进行了辩诉交易，错误认罪率达到15%。[2]二是审判中心主义难以建立。审判中心主义自身具有的要素特征在认罪认罚从宽制度中均不具备，两项改革举措有可能相互掣肘，改革效果可能会相互抵消。三是程序正义理念难以践行。刑事诉讼中非法证据排除、辩护权保障、不得强迫自证其罪特权等等，都体现了程序正义理念，公正审判也是程序正义的必然要求。法治中国建设离不开程序正义理念的支撑。尤其是被告人放弃获得公正审判的权利，其实是对程序正义理念的抛弃。一个国家为了减少司法负荷，提升诉讼效率，在制度上鼓励被追诉人认罪认罚，并非是对所有起诉案件进行完整意义上的审判，这本无可厚非。欧洲的刑事处罚令制度和美国的辩诉交易制度都是以被告人放弃公正审判权为前提的。问题是，我国的认罪认罚从宽制度既可适用于轻罪案件，也可适用于重罪案件。公正永远是司法的生命线，效率相对于公正只能是第二位的。四是该项新制度实施阻力较大。对于认罪认罚从宽制度的实施，无论是司法官还是律师，积极性均不高，实施阻力较大。检察机关只有通过目标考核机制来推动，此乃无奈之举。据调研，一些基层法院的刑事法官对速裁程序的适用持排斥心理，对检察机关提出确定刑的量刑建议不予认同。这一方面反映出了法官对可能存在的案件司法错误的担忧，另一方面又表现出了对审判权的顽强捍卫。

（三）对"简案快办""疑案精审"的反思

"简案快办""疑案精审"在一些法院作为案件"繁简分流"的处理机制而被提出。实际上，有不少法院都将被告人认罪认罚的案件作为"简案"，而将被告人不认罪的案件作为"繁案"或者"疑案"。其实，这种划分标准未必合理。[3]在目前值班律师帮助下的认罪认罚，其自愿性、合法性和明智性

---

〔1〕 参见［瑞士］古尔蒂斯·里恩：《美国和欧洲的检察官——瑞士、法国和德国的比较分析》，王新玥等译，法律出版社2019年版，第259页。

〔2〕 参见王迎龙："认罪认罚从宽制度下轻罪冤假错案的防范"，载《人民法院报》2019年2月14日。相关内容还可参见［美］John H. Blume& Rebecca K. Helm："'认假罪'：那些事实无罪的有罪答辩人"，郭烁、刘欢译，载《中国刑事法杂志》2017年第5期。

〔3〕 参见韩旭："2018年刑诉法中认罪认罚从宽制度"，载《法治研究》2019年第1期。

又如何能保证呢？问题是，对于其中是否存在"假认罪"的情况，司法人员不得而知。所谓的"简案"与"疑案"的区分是建立在假定被追诉人认罪认罚自愿、真实的基础上的。关键的问题是，我们缺乏一种甄别机制，以快速筛选出哪些是非自愿认罪认罚的案件。在这样一种机制被发现和使用之前，我们就提"简案快办"口号，将大量认罪认罚案件适用速裁程序快速处理，将是非常危险的。笔者访谈过多位刑事法官，他们均表示：目前的审理程序很难确保被告人认罪认罚的自愿性和真实性。笔者常想：与其花3分钟到5分钟"审"一个案子，还不如借鉴欧陆国家的刑事处罚令程序，进行书面审理。如此，更能提高庭审效率。但是，必须对案件范围进行限制，那就是，只有可能判处三年以下有期徒刑、拘役、管制或者单独适用附加刑的案件才可进行书面审理；对重罪案件，仍应坚持审判中心主义，保障被告人获得公正审判的权利不被克减。

第五章

完善认罪认罚从宽制度的关键是控辩平衡

控辩平衡作为国际通行的刑事诉讼基本原则，要求控辩双方诉讼权利平等、机会均等、手段对等。它是维系控、辩、审三方诉讼格局的关键，也是防范司法错误的重要保障。由于我国认罪认罚从宽制度的"权力型"设计，以及检察机关在认罪认罚从宽制度中的主导性地位，认罪认罚从宽制度本身即有一种压迫性力量，使得我国本不平衡的控辩格局进一步加剧。这是我国在实施认罪认罚从宽制度的过程中必须关注并予以矫正的问题。如果控辩失衡的问题得不到改变，未来的认罪认罚从宽案件出现司法冤错将不可避免。

一、2018 年《刑诉法（修正案）》中认罪认罚从宽制度立法规定的特点

综观 2018 年《刑诉法（修正案）》全文，笔者发现认罪认罚从宽制度立法规定具有如下四个特点：

第一，修改篇幅最大，涉及条文最多。据统计，在《刑诉法》修改的 26 项中，有 13 项都是关于认罪认罚从宽制度的规定，在此次《刑诉法》修改涉及的 36 条中，有 18 条是认罪认罚从宽制度的条文，两者均占到 2018 年《刑诉法（修正案）》的 1/2。之所以如此，大概与认罪认罚从宽系新增设的制度有关。

第二，从总则到分则，认罪认罚从宽制度体现在多个主要诉讼程序中。既然认罪认罚从宽是一项制度而非程序，那么程序法的修改往往是牵一发而动全身，而非小修小补增设一个程序而已。认罪认罚从宽制度的立法规定从总则第一章"任务和基本原则"、第四章"辩护与代理"到分则第二编第二章"侦查"、第三章"提起公诉"，再到第三编"审判"，均有相关规定，尤其是在原来的普通程序、简易程序基础上，增设了速裁程序一节，格外引人

关注。

第三，吸收既有规定有余，创制新规范不足。从立法条文设计看，大多"复制"了两院三部出台的《关于在部分地区开展刑事案件认罪认罚从宽制度试点工作的办法》的相关规定，而鲜有新规范的创建。尤其是在保障犯罪嫌疑人、被告人认罪认罚的自愿性和具结书内容的真实性、合法性方面的规范不足。

第四，相关规定操作性不强，仍具有较大的解释空间。例如，2018 年《刑诉法》第 173 条第 2、3 款规定："犯罪嫌疑人认罪认罚的，人民检察院应当告知其享有的诉讼权利和认罪认罚的法律规定，听取犯罪嫌疑人、辩护人或者值班律师、被害人及其诉讼代理人对下列事项的意见，并记录在案：（一）涉嫌的犯罪事实、罪名及适用的法律规定；（二）从轻、减轻或者免除处罚等从宽处罚的建议；（三）认罪认罚后案件审理适用的程序；（四）其他需要听取意见的事项。人民检察院依照前两款规定听取值班律师意见的，应当提前为值班律师了解案件有关情况提供必要的便利。"就本条而言，听取意见的方式是什么？听取完意见怎么办？如果检察院不同意犯罪嫌疑人、辩护人或者值班律师意见，那么该有何为？"提前为值班律师了解案件有关情况提供必要的便利"是不是意味着允许律师查阅、摘抄、复制案卷材料？即值班律师享有阅卷权，其立法表述更是语焉不详。从目前的立法规定来看，有关认罪认罚从宽制度的规定仍属于"粗线条"的抽象性规定，有待未来司法解释予以明确化，以增强制度的可操作性。

二、认罪认罚从宽制度加剧了控辩双方的不平衡性

（一）检察机关主导的"权力型"认罪认罚从宽制度

我国刑事诉讼中（尤其是审前程序中）控辩双方地位、（权力）权利不平衡的问题就比较突出，认罪认罚从宽制度的实施进一步加剧了控辩双方之间的不平衡性。检察机关在该制度中的主导地位加强，新的控辩不平衡问题突出。一是程序的启动完全由检察机关决定。检察机关基于定罪率的考虑，可能更倾向于适用该制度。而被追诉人及其辩护人即便有适用认罪认罚从宽制度的愿望，也必须取得检察机关的同意。否则，该制度自无适用的余地。可以说，检察机关垄断了认罪认罚从宽制度的启动权，犯罪嫌疑人及其辩护人只有申请权。二是程序的适用，基本上也由检察官决定。虽然检察机关对审判程序的适用仅有申请权，但是我国检察官与法官具有同质性，加之刑事

诉讼法规定了"配合制约"原则，控方的申请权更容易获得法官的同意和认可。实际上，法官在面对控辩双方的申请权时并不能做到"一视同仁"。二是审查起诉阶段安排值班律师提供法律帮助的职责由检察机关履行。"受人之托，忠人之事。"值班律师自然也不例外。这就可以在一定程度上解释为什么值班律师从被追诉人的"法律帮助人"已经异化为检察机关的"代言人"，也可以解释实践中值班律师具有为犯罪嫌疑人认罪认罚的合法性进行"背书"的"见证"功能。经验证明，作为法律援助组成部分的值班律师，具有"公益"性质，与被追诉人及其家属委托的私人律师相比，前者更容易听命于公权力的"指挥"，在维护被追诉人利益方面也不尽如人意。三是审查起诉阶段检察官已经决定了被追诉人的命运。认罪认罚从宽制度的实施，对于相当多的被追诉人来说，其实是不经审判就已经被定罪判刑了。实际上，检察官已经充当了法官的角色。西方有一句著名的法谚："如果原告成了法官，那么只有上帝才能担任辩护人。""在办理认罪认罚从宽案件中充分发挥主导作用，检察机关建议适用该程序审理的占 98.3%，量刑建议采纳率 96%。"[1] 而在该制度实施之前，即便是认罪案件，被告人也有获得公正审判的权利，在庭审中积极举证、质证和进行法庭辩论，通过较为实质化的庭审对裁判施加影响，从而获得对己有利的裁判结果。如今，适用速裁程序的认罪认罚案件一般并不进行法庭调查和法庭辩论，被告人在庭审中的诉讼权利被克减。因此，犯罪嫌疑人一旦签署认罪认罚具结书，即意味着放弃了获得公正审判的权利。虽然 2019 年 10 月出台的《指导意见》规定了控辩双方的协商程序，但是否协商、协商什么以及协商参与人、协商的时间、地点等均由检察官控制。对犯罪嫌疑人及其辩护人、值班律师的协商请求，检察官完全可以置之不理。通常情况是，检察官在和犯罪嫌疑人完成量刑协商后，再通知律师到场见证具结过程。检察官在听取律师意见时，往往只是告知其从宽处罚的建议，并不就量刑内容与律师进行协商，而律师在提供法律帮助时，也只是在和检察官、犯罪嫌疑人进行简单交流后便告知嫌疑人可以同意量刑建议和程序适用。[2] 其实，协商制度作为认罪认罚从宽制度的精髓，理应受到重视。而目前，控

---

〔1〕 张军："最高人民检察院工作报告——2019 年 3 月 12 日在第 13 届全国人民代表大会第 2 次会议上"，载《人民日报》2019 年 3 月 20 日。

〔2〕 参见许世兰、陈思："认罪认罚从宽制度的基层实践及思考"，载胡卫列等主编：《认罪认罚从宽制度的理论与实践》，中国检察出版社 2017 年版，第 3 款 57 页。

辩双方协商能力不平等、协商程序不规范、协商随意性较大的问题比较突出，协商的内容和协商过程是否在庭审中披露也不清楚。德国于 2009 年进行法律修改时引进了合意制度，也被称为"协商"。《德国刑事诉讼法》第 234 条第 4 款规定，"公开展示的只有和解协议的基本内容，谈判内容及过程则不会公开。"[1] 五是检察机关以抗诉权遏制上诉权，被告人的上诉权和"上诉不加刑"原则均遭到侵蚀。被告人在审前程序或者审判程序中认罪认罚，一审宣判后又以"量刑过重"为由提出上诉。对此，检察机关频频提出抗诉，企图以此遏制被告人"反悔"的问题。由此，抗诉成了检察机关手中的"撒手锏"，被告人"望而生畏"，导致认罪认罚案件上诉率比较低。

（二）被追诉人一方弱小的辩护权

相对于强大的检察权，犯罪嫌疑人的辩护权保障不足，难以达到以权利制约权力的目的。一是我国在认罪认罚从宽制度试点中建立起来的值班律师制度，如前所述，并不能够增强犯罪嫌疑人的防御能力。根据 2018 年《刑诉法》的规定，值班律师并非辩护人，仅是法律帮助人，并不为被追诉人提供辩护服务，也不享有辩护律师的权能。且值班律师并非被追诉人委托的律师，其采用"流水作业"模式，值班律师与被追诉人之间并没有信任关系，而信任关系是有效辩护的前提。虽然《指导意见》规定了值班律师的阅卷权、参与协商程序，但实施效果尚有待观察。由于值班律师并非辩护律师，保障有效辩护的措施并不适用于值班律师。例如，对会见不被监听、保密规则的遵守。二是认罪认罚案件并未规定律师强制辩护制度。根据比较法研究，美国的辩诉交易制度是由律师代表被追诉人与检察官进行谈判。在德国的快速审理程序中，根据《德国刑事诉讼法》第 418 条第 4 款的规定，如果被告人的预期刑期为 6 个月以上，必须为被告人强制性指定一名辩护律师。如果法官考虑批准检察官通过刑事处罚令判处被告人缓刑的申请，则必须为无辩护律师的嫌疑人指定一名辩护律师。[2] 日本于 2016 年建立的"协议、合意制度"要求控辩双方在协商过程中必须有辩护人参与。从域外情况看，认罪认罚案

---

〔1〕参见〔日〕田口守一：《刑事诉讼法》（第 7 版），张凌、于秀峰译，法律出版社 2019 年版，第 214 页；〔瑞士〕古尔蒂斯·里恩：《美国和欧洲的检察官——瑞士、法国和德国的比较分析》，王新玥等译，法律出版社 2019 年版，第 217 页。

〔2〕参见〔瑞士〕古尔蒂斯·里恩：《美国和欧洲的检察官——瑞士、法国和德国的比较分析》，王新玥等译，法律出版社 2019 年版，第 213 页以下。

件实行强制辩护制度，不允许被追诉人放弃获得律师帮助的权利。法国立法者在借鉴美国辩诉交易制度建立庭前认罪答辩程序时，认识到了律师参与的必要性和重要性，为了防止检察官利用辩诉交易强迫被告人作出有罪答辩并防止无罪的被告人违心认罪，确立了较为完善的律师参与机制。《法国刑事诉讼法典》第495-8条第4款规定："（在庭前认罪答辩程序中）被告不得放弃律师协助权。"律师应在程序的任何阶段现场为被告提供咨询和帮助。[1]三是协商资源的悬殊导致辩方协商能力不足，辩方难以与强大的控方相抗衡。在协商程序中，控方不仅享有强制措施适用的决定权和审查权，而且还手握量刑建议权。"捕诉合一"的内设机构改革强化了检察官的主导权。我国的审前羁押率比较高，犯罪嫌疑人通常处于羁押状态。辩方缺乏与控方协商的"筹码"，导致辩方协商能力不足，双方是在不平等的条件下进行的"协商"。四是设在看守所的值班律师工作站大多设在监区外，无法为被羁押人提供法律帮助。大多数看守所基于安全、效率和侦查效益考虑，均将驻看守所法律援助工作站设在监区外面，这其实是在寻求法律帮助的被羁押人员与值班律师之间设置了一道"壁垒"，严重影响了律师与犯罪嫌疑人、被告人之间的会见交流，导致派驻在看守所的值班律师难以为被羁押人员提供及时的法律帮助。[2]值班律师更多的是为被追诉人家属提供法律咨询。五是值班律师使用率不高，且职能单一。犯罪嫌疑人、被告人大多认为值班律师是由国家提供的，他们与司法人员没有多少区别，都是用来"为司法机关说话"的。与其寻求值班律师的帮助，不如向司法人员进行法律咨询更方便、快捷，且"轮班制"的值班模式使得值班律师难以提供前后一致的法律帮助，导致寻求帮助的被追诉人无所适从。因此，即使有免费的值班律师制度，被追诉人对申请值班律师帮助也仍会心存疑虑，担心被视作认罪态度不好、缺乏悔罪表现，从而在量刑上难以获得从宽处罚。[3]一份调研资料显示：犯罪嫌疑人主动咨询值班律师的仅占所有认罪认罚案件的40%，60%案件的犯罪嫌疑人未咨询

---

〔1〕 参见施鹏鹏：《法律改革，走向新的程序平衡?》，中国政法大学出版社2013年版，第158页。

〔2〕 参见韩旭："认罪认罚从宽制度中的值班律师——现状考察、制度局限以及法律帮助全覆盖"，载《政法学刊》2018年第2期。

〔3〕 参见付金、于妍："检视与构建：刑事速裁程序中被追诉人的权利保障"，载贺荣主编：《尊重司法规律与刑事法律适用研究（上）——全国法院第27届学术讨论会获奖论文集》，人民法院出版社2016年版，第1078页。

值班律师。[1]即使值班律师尽心尽责，但由于职能所限和补贴标准过低，被追诉人通常无法获得实质性的法律帮助，制度功效流于形式，难以保障被追诉人认罪认罚的自愿性、真实性和合法性。六是值班律师的义务和责任不明确。如果值班律师提前未阅卷、未会见、未与检察官协商，可否在认罪认罚具结书上签字？一旦将来案件出现冤错，签字的值班律师应否承担责任？值班律师能否拒绝在场和签字？这些问题均有待明确。

（三）审判权对检察权难以进行有效的制约

控辩平衡的诉讼格局需要审判方作为中立的裁判者来维系，这也是审判中心主义的基本要求。审判中心的核心标志是裁判结论形成在法庭，而认罪认罚案件裁判结论形成于审查起诉阶段。在认罪认罚案件中，检察官扮演了"准法官"的角色，完全依赖于对客观义务的自觉履行。正如日本学者松尾浩教授所认为的，强化检察官的司法官地位或者客观义务，其结果势必会"助长检察官的权威、冲淡当事人主义的性质"。[2]但是，检察官客观义务的局限性决定了其无法像法官那样中立行事，指控犯罪仍然是其核心职能。[3]然而，对于主要适用速裁程序审理的认罪认罚案件而言，审判权根本无法对检察权形成制约。这也就不难理解为什么一些资深法官拒绝适用速裁程序审理案件。而在非认罪认罚案件中，法院通过审判权的行使，可以纠正指控不当的起诉行为，依据审理查明的案件事实、证据对被告人作出裁判。根据《指导意见》的规定，检察院原则上应当提出确定刑量刑建议，加之量刑建议的高采纳率，其实是"公诉制约审判"，而非以审判为中心。这给人一种"不经审判就判刑"的感觉，不仅法院的审判权会受到侵蚀，而且被告人获得公正审判的权利也会被克减。德沃金在其名著《法律帝国》中表述道："在法律帝国里，法院是帝国的首都，而法官则是帝国的王侯。"[4]以审判为中心的刑事诉讼制度改革，就是要确立法院在"法律帝国"的地位。

---

〔1〕 参见许世兰、陈思："认罪认罚从宽制度的基层实践及思考"，载胡卫列等主编：《认罪认罚从宽制度的理论与实践》，中国检察出版社2017年版，第355页。

〔2〕 参见［日］松本一郎："检察官的客观义务"，郭布、罗润麒译，载《环球法律评论》1980年第2期。

〔3〕 关于检察官客观义务局限性的论述，参见龙宗智："检察官客观义务与司法伦理建设"，载《国家检察官学院学报》2015年第3期；韩旭："检察官客观义务：从理论预设走向制度实践"，载《社会科学研究》2013年第3期。

〔4〕 ［美］德沃金：《法律帝国》，李常青译，中国大百科全书出版社1996年版，第361页。

三、控辩不平衡的危害性

（一）认罪认罚案件中有可能出现刑事冤错

在认罪认罚从宽制度实施前，社会关注的刑事冤案主要是故意杀人、强奸、抢劫等重罪案件中的司法冤错问题。认罪认罚从宽制度实施后，此类案件中可能出现的冤错问题应当引起重视。一是检察机关"独揽"起诉大权。基于定罪率和认罪认罚从宽制度适用率考核的需要，检察机关可能会将一些证据不足的案件起诉至法院。实践中，这一问题已经显现出来。二是适用速裁程序审理的案件，不再进行法庭调查和辩论，举证、质证和辩论环节都被取消，审判流于形式，无法通过审判防止司法错误。三是证明标准实际上被降低，控方承担的证明责任减轻，认罪认罚具结书成了控方证明的主要"工具"。在有罪证明标准降低的情况下，司法冤错的风险将增加。四是被追诉人为了不被羁押，违心认罪。认罪认罚案件不仅可以"实体上从宽"，程序上也可以从宽。《人民检察院刑事诉讼规则》第 140 条规定：犯罪嫌疑人涉嫌的罪行较轻，且没有其他重大犯罪嫌疑，具有"认罪认罚"情形的，可以作出不批准逮捕或者不予逮捕的决定。该规则第 270 条第 1 款规定：批准或者决定逮捕，应当将犯罪嫌疑人涉嫌犯罪的性质、情节，认罪认罚等情况，作为是否可能发生社会危险性的考虑因素。可见，是否认罪认罚可以直接决定逮捕这一最严厉的刑事强制措施的适用。很多被追诉人（尤其是一些文化程度较低的人）为了免受"牢狱之灾"，可能会违心认罪认罚。五是美国辩诉交易实践中出现的问题宜作为"前车之鉴"予以吸取。辩诉交易中存在的主要问题之一便是无辜者可能认罪。如今，"无辜者认罪问题"已成为辩诉交易中的主要问题。检察官对被告人的强迫是辩诉交易过程中一个最主要的问题。[1]在美国密歇根大学法学院成立的"全美洗冤登记中心"所统计的 1702 个无辜者案件中，竟有 261 个案件当事人承认了犯罪，与检方进行了辩诉交易，错误认罪率达到 15%。[2]此外，在"醉驾"和交通肇事案件中，那些替人"顶

---

〔1〕 参见［瑞士］古尔蒂斯·里恩：《美国和欧洲的检察官——瑞士、法国和德国的比较分析》，王新玥等译，法律出版社 2019 年版，第 259 页。

〔2〕 参见王迎龙："认罪认罚从宽制度下轻罪冤假错案的防范"，载《人民法院报》2019 年 2 月 14 日。相关内容还可参见［美］John H. Blume & Rebecca K. Helm："'认假罪'：那些事实无罪的有罪答辩人"，郭烁、刘欢译，载《中国刑事法杂志》2017 年第 5 期。

罪"，意图袒护他人的案件也可能是司法冤错的"重灾区"，办案人员应当仔细审查和甄别，不能仅基于认罪认罚口供便认定其有罪。

（二）以口供为中心的办案倾向得以强化

认罪认罚从宽制度的实施，无疑提升了口供在案件证明中的作用，口供的证明力得以增强。因为认罪认罚就是以取得被追诉人口供为核心，整个刑事诉讼可能围绕被追诉人的口供而展开。因此，认罪认罚从宽制度有可能使"口供中心主义""死灰复燃"。我们这么多年的司法改革（尤其是证据制度改革）就是为了实现从"有供到证"向"有证到供"的转变，改变传统的"口供中心主义"办案模式。因为，实践证明，上述办案模式容易导致冤假错案。改革的成果尚未巩固，认罪认罚从宽制度的实施有可能冲击甚至抵消来之不易的改革功效。

（三）律师参与认罪认罚从宽制度的积极性受挫

认罪认罚从宽制度的实施离不开律师的有效参与。但由于认罪认罚从宽制度中律师处于劣势地位，权利较小且得不到保障，律师参与该制度的积极性受到了严重影响。在很多时候，律师就是"配合"公权机关完成任务而已。实践中，律师既不阅卷又不会见，仅在批量签署认罪认罚具结书时到场签字，这一现象较为普遍。如此一来，律师又如何能保证认罪认罚的自愿性、真实性？有关统计数字显示：在 2014 年至 2016 年 3 年间的总获刑人数中，被判处三年有期徒刑以下刑罚的罪犯分别占 84.16%、84.40%、86.02%。[1]如果律师在该类案件中"消极不作为"，不仅被追诉人的辩护权无法得到保障，而且将直接威胁到我国刑事辩护制度的健康发展。

四、控辩不平衡的原因分析

（一）超职权主义的刑事诉讼结构

我国刑事诉讼的超职权主义或者强职权主义特征必然反映在认罪认罚从宽制度中。超职权主义的诉讼结构强调国家职权的运用和在查明案件事实中的作用，被追诉人的诉讼地位呈现出"客体化"特征，包括辩护权在内的诉讼权利受到排斥和压制，被追诉人只能消极承担公权力强加的各项义务。在

---

〔1〕参见王迎龙："认罪认罚从宽制度下轻罪冤假错案的防范"，载《人民法院报》2019 年 2 月 14 日。

此种诉讼结构中，"控辩平衡"根本没有生长的空间。公权力过于强大、制约不足，辩护权过于弱小、保障不足。虽然我国经历了刑事审判方式的改革，但是认罪认罚从宽制度仍然体现出超职权主义的特征。无论是程序的启动还是程序的实施，都基于公权力的运作而展开，律师只是"配角"。超职权主义的诉讼结构与"权力型"的认罪认罚从宽制度相结合必然会加剧控辩悬殊。

（二）"分段包干"的刑事诉讼体制

我国刑事诉讼的"配合制约"原则，可以形象地置换为公、检、法三机关"分段包干、各管一段"的诉讼体制。该体制最大的问题是审判权不能介入到审前程序中，对侦查权、检察权形成制约。可以说，我国审前程序是不存在"三方组合"诉讼构造中的中立第三方。由此导致的后果是辩护权保障主体的缺失。在很多时候，检察机关既是侵权主体，同时又是权利保护主体，这在法理上难以说得通。[1] 在"分段包干"体制下，与域外强制性措施的决定权由法官掌握不同，审查起诉阶段对犯罪嫌疑人适用强制措施由检察官决定。对轻罪案件的被追诉人而言，人身自由权是最大的权利。为了能够获得人身自由，他们可能会以放弃辩护权或者认罪认罚"取悦"于检察官，从而在检察官实现逮捕或者羁押必要性审查时获得有利的结果。"分段包干"的诉讼体制显然难以为辩护方提供有效的权利救济，也难以维系控辩平衡的诉讼格局。

（三）"权力型"的认罪认罚从宽制度

我国的认罪认罚从宽制度被设计成"权力型"而非"权利型"的制度，这种"权力型"特征决定了检察机关在该制度中比在非认罪认罚案件中拥有更大的自主权，系该制度的主导者。控方强势主导与辩方弱势服从的问题不容回避。无论是适用认罪认罚从宽制度的案件对被追诉人是否从宽还是从宽的幅度，均由公权机关决定。作为认罪认罚前提和基础的阅卷权，被追诉人并不享有，这就使认罪认罚带有较大的盲目性，在被追诉人不知悉控方指控证据的情况下让其认罪认罚显然是不公平的。即便是辩护律师和值班律师的会见权、阅卷权等也需要公权机关予以保障才能实现。为了保障被追诉人认

---

〔1〕 相关内容参见韩旭："新《刑事诉讼法》实施以来律师辩护难问题实证研究——以 S 省为例的分析"，载《法学论坛》2015 年第 3 期。

罪认罚的明智性，《指导意见》规定了探索建立证据开示制度。例如，该意见第 29 条规定："人民检察院可以针对案件具体情况，探索证据开示制度，保障犯罪嫌疑人的知情权和认罪认罚的真实性及自愿性。"在已经建立证据开示制度的国家和地区，辩方的证据开示主体主要是被追诉人。被追诉人通过证据开示程序可以事先了解控方的证据情况，控方有义务披露有利于和不利于被追诉人的证据。如果要保障被追诉人认罪认罚的明智性，就必须赋予其阅卷权。在此之前，可通过赋予值班律师核实证据权，在律师向被追诉人核实证据时披露控方的证据情况。"在刑事诉讼程序内，阅卷权向来被认为是被告有效防御的条件，甚至可以说在被告的防御里，除了证据调查请求权及对质诘问权以外，阅卷权亦居于核心的地位。"阅卷权的权利主体应该是被告才对，但是，法律文义却将之明定为辩护人，道理何在？理由无他，因为卷宗与证物是认定本案犯罪事实的重要基础，由于被告在案件中的利害关系过大，如果容许被告本人行使阅卷权，难保被告不会篡改或湮灭卷证。相较之下，辩护律师与案件的利害关系极其有限，辩护律师因为一个案件的辩护利益就篡改或湮灭卷证的概率毕竟较低。[1]在卷证电子化的今天，"篡改或者毁灭卷证的危险"将不复存在，借助律师来代为行使权利实无必要。当然，对涉及国家秘密、商业秘密和第三人隐私的内容，被追诉人应当保密。欧洲人权法院在"Foucher 诉法国政府案"中，于 1995 年作出裁决，认为没有选任辩护人而决定自我防御的被告人亦享有阅卷权。因为得以阅览卷宗以及得到这些卷宗内容的影印本，才能有效地对于指控内容加以驳斥。奥地利早在多年前即在其刑事诉讼法中规定了无辩护人之被告在任何时期均有阅卷权，因为该项权利是被告成为程序主体的基本要件。《德国刑事诉讼法》在 1999 年修改后，该法第 147 条第 7 项赋予了没有辩护人的被告以"卷宗资讯权"。在认罪认罚从宽制度实施中，一些检察院探索实行向犯罪嫌疑人送达包括证据名称和证明事项在内的证据清单制度。笔者认为，虽然这些检察院在保障被追诉人知情权方面的做法难能可贵，但是其向犯罪嫌疑人"封锁"证据内容的做法并不可取，与证据开示制度的旨趣相悖。由于适用速裁程序的案件，控辩双方举证、质证程序均被取消，如果此时不向犯罪嫌疑人开示证据，那么整个诉讼程序中被追诉人就没有机会知悉控方指控其犯罪的证据有哪些，也无

---

〔1〕　参见林钰雄：《刑事诉讼法》（上册），中国人民大学出版社 2005 年版，第 171 页以下。

法对不实证据提出反驳意见。被追诉人作为当事人，比值班律师和辩护律师更具有"事实"方面的优势，更容易对证据提出异议。因此，赋予被追诉人阅卷权势在必行。即便是协助检察官承担控诉职能的被害人，享有的也仅是"权利型"的表达意见权，认罪认罚从宽制度是否适用、是否"从宽"和"从宽"幅度，均由检察官决定。这进一步证明了认罪认罚从宽制度的"权利型"属性。对此，《指导意见》第18条规定："被害人及其诉讼代理人不同意对认罪认罚的犯罪嫌疑人、被告人从宽处理的，不影响认罪认罚从宽制度的适用……"

五、控辩平衡的制度完善

认罪认罚从宽制度虽有诸多不足，但在司法员额制改革背景下，该制度的实施对缓解"案多人少"的矛盾、提升司法效率有所助益。因此，该制度仍有存在和实施的必要性。为了能够矫正该制度实施中的控辩悬殊问题以及司法机关利用权力迫使被追诉人违背真实意愿认罪认罚的问题，我国有必要吸取域外类似制度实施中的教训，完善该制度，以期实现控辩平衡，更好地保障被追诉人认罪认罚的自愿性、真实性和明智性。检察权与辩护权呈现出了一种此消彼长的关系，控辩平衡的实现需要从抑制检察权、保障辩护权入手加以完善。

（一）证据制度的完善

为了防范冤假错案，应当完善认罪认罚从宽案件适用的证据制度。当前，我国应建立证据裁判原则、自白任意性规则和明确口供补强规则。

1. 建立证据裁判原则

证据裁判原则乃国际社会普遍确认的一项案件事实证明规则。其核心要义是事实必须建立在证据基础上，没有证据或者证据不充分，不得定案。认罪认罚案件客观上确有可能降低定案的证明标准，但必须坚持证据裁判原则。"事实清楚、证据确实充分"仍然是定案的证明标准。因此，对于事实不清、证据不足的案件，检察机关不应适用认罪认罚从宽制度来"消化案件"，以此提高定罪率。该退侦的仍要退侦，该适用"存疑不起诉"的就应果断作出"存疑不起诉"决定。通过具体的办案实践，保障证据裁判原则在认罪认罚从宽案件中的落实。

2. 建立自白任意性规则

自白任意性规则有助于确保被追诉人认罪认罚的自愿性、真实性和明智性。美国辩诉交易制度中的有罪答辩程序是在被告人任意的、知悉的、理解的（voluntary, knowingly and understandingly）情况下进行的。[1]建立该规需要明确以下三个问题：一是被追诉人认罪认罚前，检察机关应当向其开示指控证据，保障其知悉权。检察机关开示证据，如果证据确实充分，有助于打破被追诉人的侥幸心理，促使其认罪认罚。二是被追诉人认罪认罚前，应当获得律师的法律帮助，只有在双方协商沟通以后，才能决定是否认罪认罚。将被追诉人与律师协商作为"规定动作"予以明确。同时，借鉴域外的做法，认罪认罚案件应当实行强制辩护制度，不允许被追诉人放弃律师帮助权。三是公权机关应当以书面形式告知认罪认罚是被追诉人的一项权利，其既可以认罪认罚也可以拒绝认罪认罚。如果公安司法人员没有告知该项权利，即便被追诉人认罪认罚，也不能适用认罪认罚从宽制度。四是检察机关不应以认罪认罚具结书作为证明的手段，而只能作为证明对象，以此说服法官产生被告人认罪认罚具有任意性的内心确信。在日本，检察官在对已经达成合意的被嫌疑案件提起公诉时，应当及时在庭审上请求调查合意内容笔录，这类似于我国的认罪认罚具结书。之所以如此，是为了确保合意程序的正当性，确认检察官的处分是否基于合意。[2]

3. 明确口供补强规则

口供补强规则是我国刑事诉讼法规定的一项证据规则。在认罪认罚案件中，更应强调该规则的适用。对于仅有"被追诉人口供"而无其他证据的，不能认定被追诉人有罪并处以刑罚。对此，我们仍应坚持"孤证不能定案"的办案规则。无论是美国的辩诉交易制度还是德国的处罚令制度，抑或是法国的认罪答辩程序，都要求有"基础事实"予以支持，这是法院审查的主要内容。坚持口供补强规则需明确证明"基础事实"的证据并非根据被追诉人口供而取得，应有"独立的来源"。这是保证认罪认罚案件不出冤错的证据保障。

（二）值班律师权利的充实和义务的强化

值班律师应该回归其本位，尽职尽责地充当被追诉人心理支援者和法律

---

〔1〕　参见［日］田口守一：《刑事诉讼法》（第7版），张凌、于秀峰译，法律出版社2019年版，第213页。

〔2〕　参见［日］田口守一：《刑事诉讼法》（第7版），张凌、于秀峰译，法律出版社2019年版，第219页以下。

帮助人的角色。一是值班律师犹如"急诊医生",主要填补被追诉人委托的律师或者法律援助律师参与之前诉讼中法律帮助的"空白",为被追诉人提供"应急"服务。个人一旦失去人身自由进入看守所、处于被羁押状态,便常会有一种无助的感觉,焦虑彷徨乃大多数人的心理状态,此时亟须一位专业律师为其提供精神和法律"支援",以缓解其孤立无援、精神高度紧张的状态。鉴于此,当以认罪认罚从宽制度实施为契机,赋予值班律师讯问时的在场权,以较好地保障被追诉人认罪认罚的自愿性、合法性。二是辩护人或者值班律师有权拒绝在认罪认罚具结书上签字。如果公权机关剥夺或者限制其会见权、阅卷权和协商权,其有权拒绝到场签字。辩护人或者值班律师应敢于向公权力"说不",以此改变当前饱受诟病的"见证""背书"问题。三是规范协商程序,提高辩方的协商能力。"协商"虽然被写进了《指导意见》,但协商程序如何进行、协商的内容有哪些、辩方能否主动提出协商请求、协商失败被追诉人认罪认罚口供能否作为证据使用等问题目前均不明确。为此,需要规范协商程序,明确协商的启动、协商内容、协商的实施和控方拒绝协商的法律后果、庭审中协商内容和协商过程应否公开、如何公开等事项。为了增强辩方的协商能力,应尽量降低我国的审前羁押率,大力推进非羁押诉讼,以此实现控辩之间的平等协商。对于协商内容,在庭审过程中应当由控方进行公开。如果协商程序存在争议,辩方有权公开协商过程,以证明控方违反了平等、自愿协商原则。通过此种公开,协商程序的合法性、正当性可以接受法官的审查。四是实行协商律师代理制度。对于没有辩护人的被追诉人,公权机关应当在协商前为其指定一名律师,实行律师强制代理协商制度。日本在 2016 年的刑事司法改革中引入的"协议、合意制度"即要求"在达成合意的过程中,必须有辩护人出席,而且合意需要获得辩护人的同意"。"如果犯罪嫌疑人、被告人、辩护人没有异议,检察官可以就协议的一部分只与辩护人达成协议。但需要注意的是,不允许反过来理解,即如果犯罪嫌疑人、被告人、辩护人没有异议,检察官也可以只和犯罪嫌疑人、被告人之间达成协议。"[1]五是强化辩护人和值班律师的义务。明确其未经会见和与被追诉人协商、阅卷和与控方协商,不得在具结书上签字。在日本,控辩双方达成合意

---

〔1〕 〔日〕田口守一:《刑事诉讼法性》(第 7 版),张凌、于秀峰译,法律出版社 2019 年版,第 217 页以下。

需要辩护人的同意。而在此之前，"犯罪嫌疑人、被告人在与辩护人商谈并判断利益得失之后，以书面形式达成合意，这是犯罪嫌疑人、被告人'自由作出合理的意思决定'"。[1] 如果案件将来出现冤错，签字的辩护人或者值班律师也应当承担相应的责任。

（三）借鉴域外的刑事处罚令程序，改造速裁程序

综观域外的法庭审理程序，无不对案件性质和刑罚轻重进行考量。越是犯罪性质严重、被告人可能判处重刑的案件，被告人获得公正审判权的保障越到位。反之，则可能适用简化程序或替代程序。例如，《德国刑事诉讼法典》第 407 条规定："在刑事法官审理的程序中，针对轻罪依检察院书面申请，可以不经法庭审理以书面处罚令确定犯罪行为的法律后果。如果检察院根据侦查认为无法庭审理的必要，应当提出此申请。申请应当针对特定的法律后果。提出申请即为提起公诉。"[2] 德国的刑事处罚令程序适用的是单处或者并处罚金、不超过 2 年的剥夺驾驶许可、免除处罚、可能判处一年以下自由刑的轻罪案件。根据《瑞士刑事诉讼法》第 352 条之规定，如果被告人在预审程序中愿意就案件事实承担罪责，或者其罪责已经得到充分证明，且刑期不超过 6 个月，应当适用刑事处罚令程序。在瑞士刑事司法系统中，通过刑事处罚令实现定罪非常普遍。[3] 在我国，如果被追诉人在审前程序中的权利得到保障，那么对于被告人可能判处罚金、免除刑事处罚、拘役、管制、一年以下有期徒刑、适用缓刑的轻罪案件，如果被追诉人认罪认罚，可以借鉴德国和瑞士的刑事处罚令程序进行书面审理。严格来讲，现在的速裁程序根本称不上是"庭审"程序。与其如此，不如"名实相符"，以刑事处罚令代替速裁程序，这样一来，审判效率会更高。对于可能判处一年以上有期徒刑，且不适用缓刑的案件，则按照简易程序或者普通程序进行审理，保障被告人获得公正审判。通过此项改革，真正实现案件处理的"繁简分流"。

（四）规范检察机关的抗诉权，保障"上诉不加刑"原则的落实

在认罪认罚从宽制度实施中，检察机关滥用抗诉权的问题比较突出，制

---

〔1〕　［日］田口守一：《刑事诉讼法性》（第 7 版），张凌、于秀峰译，法律出版社 2019 年版，第 216 页以下。

〔2〕　宗玉琨译注：《德国刑事诉讼法典》，知识产权出版社 2013 年版，第 283 页。

〔3〕　参见［瑞士］古尔蒂斯·里恩：《美国和欧洲的检察官——瑞士、法国和德国的比较分析》，王新玥等译，法律出版社 2019 年版，第 175 页以下。

约了被告人上诉权的行使，也使"上诉不加刑"原则受到了冲击。检察机关针对被告人在一审宣判后上诉而提出抗诉的问题，确实没有法律根据。对此，最高人民检察院原副检察长朱孝清也曾撰文指出：根据刑事诉讼法规定，检察机关抗诉的对象和理由是"人民法院判决、裁定确有错误"。但检察机关针对被追诉人无正当理由上诉的抗诉，针对的不是"人民法院的判决、裁定"，抗诉的理由也不是"判决、裁定确有错误"。这说明，现行刑事诉讼法尚未考虑到认罪认罚从宽制度需要一种不同于通常情形的抗诉。[1]根据审理对象理论，二审审理的对象应当是"原判决"。被告人提出上诉的事实并非是原判决确有错误。二审法院应当明确审理对象，而不是"稀里糊涂"地满足检察机关的抗诉要求，改判加刑。当前，检察机关对被告人为了"留所服刑"而提出"技术性上诉"不予抗诉外，对一审宣判后被告人提出上诉的抗诉权行使，也应当慎重。

（五）共同犯罪案件适用认罪认罚从宽制度应给予一定的限制

根据《指导意见》的规定，在共同犯罪案件中，部分被追诉人认罪认罚的，可以对全案适用认罪认罚从宽制度。该意见第 2 条规定：特别是对于共同犯罪案件，主犯认罪认罚，从犯不认罪认罚的，人民法院、人民检察院应当注意两者之间的量刑平衡，防止因量刑失当严重偏离一般的司法认知。由此规定可以推导出，在共同犯罪案件中，在非全案被追诉人认罪认罚的情况下仍可以适用该项制度。但是，实践中可能出现公权力通过部分被追诉人认罪认罚来摧毁辩方证据体系的控辩失衡问题。笔者认为，对共同犯罪案件适用认罪认罚从宽制度应以各被追诉人均认罪认罚为前提。否则，不能适用该制度。此外，按照目前的规定，主犯与从犯之间的量刑均衡问题难以把握。如果主犯和从犯均认罪，那么量刑问题相对容易处理。因此，无论是从程序上的控辩平衡还是从实体上的量刑均衡考虑，均有必要规定只有在全案被追诉人均认罪认罚时方可对全案适用认罪认罚从宽制度。

---

〔1〕 参见朱孝清："如何对待被追诉人签署认罪认罚具结书后反悔"，载《检察日报》2019 年 8 月 28 日。

第六章

辩护律师在认罪认罚从宽制度中的有效参与

一、"认罪认罚从宽"的内涵解读

"完善认罪认罚从宽制度"是十八届四中全会提出的司法改革的一项重要任务。在借鉴美国"诉辩交易"等制度合理元素的基础上，抓紧研究提出认罪认罚从宽制度试点方案是 2016 年中央政法工作会议提出的新要求。2016 年 9 月 3 日，第十二届全国人大常委会第二十二次会议通过了《关于授权最高人民法院、最高人民检察院在部分地区开展刑事案件认罪认罚从宽制度试点工作的决定》（以下简称《决定》），拟在北京、天津、上海等 18 个城市开展试点工作，试点期限为 2 年。这标志着"完善刑事诉讼中认罪认罚制度"迈出了关键一步。认罪认罚从宽制度是落实我国宽严相济刑事政策，推动坦白从宽制度化的重要举措，需要在现有刑事诉讼程序基础上进一步实现制度的优化与重构。那么，何为"认罪认罚从宽"？学界对此存在着较大分歧。有实务专家认为，"自愿认罪"是指犯罪嫌疑人、被告人如实供述自己的罪行，对被指控的决定其定罪量刑的基本犯罪事实无异议，并承认构成犯罪。[1]"认罚"则是指被告人对公诉机关的量刑建议以及自己即将接受审判并被处以刑罚的事实的认可。[2]"从宽"主要体现为被告人认罪认罚后可以获得程序与实体上的双重利益，从而达到鼓励被告人认罪认罚的目的。"程序上从简"其实也体现了"程序从宽"的精神，被追诉人认罪认罚说明其主观恶性和人身

---

〔1〕 熊选国：《刑法刑事诉讼法实施中的疑难问题》，中国人民公安大学出版社 2005 年版，第 348 页。

〔2〕 孔令勇："论刑事诉讼中的认罪认罚从宽制度——一种针对内在逻辑与完善进路的探讨"，载《安徽大学学报（哲学社会科学版）》2016 年第 2 期。

危险性较小，根据刑事诉讼的比例原则，可以采用或者变更为较轻的强制措施，尽量降低羁押数量；实体上从宽则表现为在法定刑幅度内从轻处罚，在特殊情况下可以作出撤销案件或者不起诉等程序性处理。

《决定》明确了试点工作适用的案件范围必须具备以下四个条件：犯罪嫌疑人、刑事被告人自愿如实供述自己的罪行；对指控的犯罪事实没有异议；同意人民检察院量刑建议并签署具结书。[1] 这无疑是目前有关"认罪认罚"最具效力、最权威的解释。从该规定来看，"认罪认罚"由实质要件和形式要件所构成。"认罪"的实质要件是认"犯罪事实"，并不要求认"罪名"；"认罚"的实质要件是"同意量刑建议"，至于"量刑建议"提出的前提——"罪名"——是否一并认可，则语焉不详，尚有待两高出台《试点办法》予以明确；形式要件是"签署具结书"，具结书其实就是责任书、保证书、悔过书，是指犯罪嫌疑人、被告人对自己的行为愿意承担法律责任的一种表示，实践中的习惯用法是"具结"与"悔过"并列使用，例如"责令具结悔过"。至于"从宽"问题，主要是一个实体法问题，也是该项制度完善过程中比较复杂的一个问题，首先涉及是"可以"还是"应当"从宽以及在"可以"选项下哪些情形"不可以"从宽，似有予以明确的必要；其次是从宽的幅度问题，以量刑问题为例，量刑折扣或者量刑优惠过低，缺乏吸引力，达不到鼓励犯罪嫌疑人、被告人认罪的目的，而量刑折扣过高则可能冲击刑法典中各罪名以及不同情节所配置的法定刑，甚至摧毁整个刑罚体系。因此，如何看待"认罪认罚"下"从宽"的性质是必须正视的一个问题，即这种从宽究竟是一个自由裁量的酌定从宽情节还是如自首、立功一样的法定从宽情节？如果将其视为"法定量刑情节"，那么是在目前各罪名法定刑幅度内从轻处罚还是可以突破法定刑减轻处罚？由此看来，"实体上从宽"是一个比"程序上从简"更复杂的问题。无论如何，随着《决定》和《试点办法》的出台，有关"认罪认罚从宽"制度认识上的一些纷争必将告一段落，下一步，学界和实务界会更多地将目光聚焦于试点情况以及试点成功后刑诉法如何修改的问题。

二、完善认罪认罚从宽制度应更加重视辩护律师的作用

顶层设计对于完善认罪认罚从宽制度无疑具有重要的意义，但由于该制

---

[1] 参见《全国人大常委会关于授权最高人民法院、最高人民检察院在部分地区开展刑事案件认罪认罚从宽制度试点工作的决定》。

度尚处于试点阶段，需要探讨和解决的问题还很多，其中律师如何参与就是一个非常值得研究的问题。对此，《决定》仅概括性地提出应当"保障犯罪嫌疑人、刑事被告人的辩护权和其他诉讼权利"，至于如何具体保障，尚有待最高人民法院、最高人民检察院会同有关部门制定试点办法，对"律师参与"等问题作出具体规定。在认罪认罚从宽的制度背景下，为防范冤案、保障被告人的合法权益、推动认罪协商及后续程序的顺利进行以实现司法公正与效率的共赢，辩护律师的作用不容小觑。[1]最高人民法院、最高人民检察院提请全国人大常委会审议的《关于授权在部分地区开展刑事案件认罪认罚从宽制度试点工作的决定草案》（以下简称《草案》）提出：审前程序中侦查机关、人民检察院应听取犯罪嫌疑人及其辩护人或者值班律师的意见，人民检察院应就指控罪名及从宽处罚建议等事项听取犯罪嫌疑人及其辩护人或者值班律师的意见；要完善值班律师制度，为没有委托辩护人的犯罪嫌疑人、被告人提供法律咨询、帮助其进行程序选择、申请变更强制措施等，以确保犯罪嫌疑人、被告人在获得及时、充分、有效的法律帮助的前提下自愿认罪认罚，防止无辜者受到错误追究。从《决定》和《草案》的规定内容看，律师参与至少可以发挥以下四个方面的作用。

（一）保障认罪的自愿性，防范冤假错案

被追诉人大多是社会底层人士，文化程度并不高，法律知识欠缺，可能对事实和法律规定存在认知上的错误，尤其是对涉及罪与非罪的问题。这就特别需要作为专业人士的律师提供法律咨询和帮助，从而避免认罪上的错误发生。

（二）保障认罚的公正性，防止不当指控

《草案》提出，人民法院的裁判一般应当采纳人民检察院指控的罪名和量刑建议。也就是说，被追诉人一旦同意了检察机关指控的罪名和量刑建议，那么通常也就提前预知了未来裁判的结果。《决定》对认罪认罚从宽制度适用范围规定了四个方面的条件，其中之一便是"同意人民检察院量刑建议并签署具结书"，虽然对是否必须"同意指控的罪名"没有作出明确要求，但是同意量刑建议的前提通常是同意指控的罪名，因为一旦罪名发生变化，量刑也

---

〔1〕　左卫民、吕国凡："完善被告人认罪认罚从宽处理制度的若干思考"，载《理论视野》2015年第4期。

可能会随之发生相应的变化。我们不禁要追问："难道检察机关指控的罪名和提出的量刑建议总是正确的吗？"我们还可以进一步追问："难道检察机关不会基于诉讼策略的考虑提出一个在刑度方面更高的量刑建议吗？"如果不能排除上述两种可能性，那么处于不利境地的被追诉人又该如何应对？答案自然应该是被追诉人必须获得律师在专业上的支持，从而帮助其分析此罪与彼罪的区别以及有利于当事人的各种量刑情节，让当事人更加理性地判断是否同意检察机关的量刑建议。

（三）保障程序选择的正确性，有效实现繁简分流

认罪认罚从宽制度设计的初衷之一即是实现刑事案件的繁简分流，实现"简案快办、疑案精审"，从而有效地解决当下"案多人少"的突出矛盾。为此，《草案》根据被追诉人是否认罪以及可能判处的刑种和刑期的长短设置了速裁程序、简易程序、普通程序三种诉讼程序，以有效地应对不同的案件，从而给了当事人更多的程序选择权。有时，被追诉人会单纯为了早日摆脱"讼累"或是尽快"获得人身自由"而不惜违心"认罪认罚"，从而选择适用速裁或者简易程序。此时，如果有律师介入并提供及时、有效的帮助，那么错误的程序选择即可避免，繁简分流的目的才能得以真正实现。基于此，最高人民法院刚刚发布的《关于进一步推进案件繁简分流、优化司法资源配置的若干意见》对发挥律师作用也提出了明确规定，要求"重视律师对案件繁简分流和诉讼程序选择的意见"。

（四）保障被追诉人权利行使的客观理性，避免因信息不对称导致的意思表达错误

犯罪嫌疑人、被告人虽然是我国宪法、刑事诉讼法规定的辩护权主体，但在权利配置上将辩护权的诸多权能赋予了辩护律师，例如阅卷权、会见权和调查取证权，即所谓的"辩护权主体与辩护权行使主体的分离"，由此导致辩护律师享有的权利犯罪嫌疑人、被告人却并不享有。理性的认罪认罚建立在信息对称的基础上，在被追诉人并不享有阅卷权，事先并不知悉控方证据数量、质量和体系的情况下，又如何能保障其自愿理性地认罪认罚呢？在有律师参与和帮助的情况下，虽然被追诉人并无阅卷权，但是律师通过阅卷并借助于审查起诉阶段向犯罪嫌疑人核实证据，[1]即可保障当事人间接地实现

---

〔1〕　韩旭："辩护律师核实证据问题研究"，载《法学家》2016 年第 2 期。

阅卷权，[1]可以在一定程度上减少由信息不对称所导致的认罪认罚和程序选择的盲目性和被动性。从这个意义上讲，控辩双方之间的信息对称和双向互动是实现认罪认罚自愿性和程序选择理性的基础和基本要求。

三、加强辩护律师在审前程序中有效参与的制度保障

（一）建立"强制辩护型"的法律援助制度并赋予辩护律师讯问在场权

侦查是基础，侦查阶段是获取包括犯罪嫌疑人口供在内的证据材料的关键阶段，对犯罪嫌疑人来说，也是对其人身安全和意志自由构成威胁的最危险阶段。因此，如何防止侦查人员利用犯罪嫌疑人所处的不利处境采用威胁、引诱、欺骗甚至暴力等手段获得口供，从而保障认罪的自愿性、真实性则是该项制度完善和实施首先必须要考虑的问题。为此，《草案》提出了诸如"侦查机关应当告知犯罪嫌疑人享有的诉讼权利和认罪认罚可能导致的法律后果，听取犯罪嫌疑人及其辩护人或者值班律师的意见；法律援助机构在看守所派驻法律援助值班律师，为犯罪嫌疑人提供法律咨询等法律帮助"等一系列保障措施。但是，有了上述措施之后，犯罪嫌疑人认罪的自愿性和真实性果真能够得到保障吗？对此，笔者并不乐观。现实是，即便是在已经实现了录音录像制度的重大犯罪案件和职务犯罪案件中，犯罪嫌疑人在侦查阶段违心作出虚假供述的案例也并非个例。事实已经证明，讯问录音录像制度无法从根本上解决虚假认罪的问题，否则也不可能有那么多的非法口供排除案例。侦查阶段的有罪供述对将来案件的走向以及程序适用会产生重大影响，一旦犯罪嫌疑人作出有罪供述，无论真实还是虚假，此后都将很难推翻。因此，侦查阶段犯罪嫌疑人辩护权的保障尤为重要。从制度完善的角度来看，当前至少应建立和完善以下三项制度：一是将"权利配置型的值班律师制度"改造为"强制辩护型的辩护人制度"。从《草案》的内容来看，在犯罪嫌疑人获得法律帮助方面采取的是一种权利配置的模式，就是法律援助机构向看守所或者法院派驻值班律师，当犯罪嫌疑人、被告人提出要求时才安排值班律师向其提供法律咨询、帮助进行程序选择等，如果犯罪嫌疑人、被告人没有提出此项要求则一般不会安排律师提供帮助。从《草案》表述看，是将"辩护人"与"值班律师"并列使用，也说明"值班律师"并非"辩护人"，但

---

〔1〕　韩旭："刑事诉讼中被追诉人及其家属证据知悉权研究"，载《现代法学》2009 年第 5 期。

事实上，无论是提供法律咨询还是帮助进行程序选择抑或是申请变更强制措施，均属于辩护权的范畴，这与刑诉法规定的辩护律师在侦查阶段的权能大体一致。"值班律师"其实行使的就是侦查阶段的辩护职能。既然如此，制度安排上就应当赋予值班律师同辩护律师一样的包括会见权在内的一系列辩护权。为了防止办案机关和办案人员威胁、劝诱犯罪嫌疑人放弃获得值班律师法律帮助的权利，应当将目前制度设计中的"权利配置型"值班律师模式改造为"强制辩护型"辩护人模式，即对于凡是没有聘请辩护人的犯罪嫌疑人，即使其没有提出申请，也应当为其指定一名值班律师。该律师就是其侦查阶段的辩护律师，除非其以书面方式明确表示放弃。二是赋予值班律师讯问时的在场权。前几年提出这一问题，似乎不太现实，但现在情况大有改变。首先，我国执业律师的规模和数量大幅度上升，截至 2016 年上半年，我国各类律师数量已经突破 30 万，基本上可以满足律师在场权的需求。其次，我国法律援助事业蓬勃发展，法律援助机构向看守所派驻值班律师制度在速裁程序试点城市已经落实，讯问时在场应当成为值班律师驻所的一项重要职能，也是监督违法讯问最有力的手段。如果这一问题得到解决，讯问录音录像制度即可退出，从而将这部分司法成本节约出来投入到值班律师的配备上。三是在目前尚无法实现律师在场权的情况下，作为过渡措施，应当保障值班律师对被羁押犯罪嫌疑人的会见权，以增强彼此之间的信任关系，保障及时、有效、充分的交流和沟通。

（二）在罪名和量刑事项上为控辩双方预留一定的协商空间

根据《草案》的规定，对于适用速裁程序审理的可能判处三年以下有期徒刑的认罪认罚案件，不再进行法庭调查、法庭辩论，当庭宣判。结合《草案》规定的"人民法院的裁判一般应当采纳人民检察院指控的罪名和量刑建议"，可以预料的是，对于大多数刑事案件而言，律师辩护的重心将发生转移，将由传统的以"法庭"为战场前移至"检察院"，"审查起诉阶段"将取代审判阶段成为辩护的关键阶段，辩护律师的职能作用也将在此阶段得以实现。如果说在侦查阶段律师关注的主要是认罪问题，那么在审查起诉阶段律师聚焦的主要是量刑问题。因为，在侦查终结前尚不存在明确的"指控的犯罪事实"，也无所谓的"量刑"问题。可见，《草案》中有关"犯罪嫌疑人、刑事被告人对指控的犯罪事实没有异议、同意检察院量刑建议并签署具结书"的规定主要适用于审查起诉环节。美国诉辩交易的主体是检察官和辩护律师，没有律师的参与,辩诉交易制度不可能正常运行。我国完善认罪认罚从宽制度的改革探索无疑吸收、借鉴了美国诉辩交易的合理因素以及尊重控辩双方合意的"契约精神"。除此之外,重视辩护律师的有效参与、强调控辩双方平等的诉讼主体地位和协商能力也是我们应当学习和借鉴的。面对强大的公诉机关,控辩双方的协商能力是不平衡的。由于犯罪嫌疑人大多处于被羁押状态以及对相应法律知识的缺乏,犯罪嫌疑人缺乏"协商"能力,容易被误导,甚至出现无辜者被迫认罪认罚从而形成错案、冤案的情况。[1]就目前《草案》透露出的信息来看,我们似乎看不到控辩协商的"影子",犯罪嫌疑人要么认罪并接受检察机关提出的量刑建议从而适用速裁或者简易程序审理,要么不认罪或者虽认罪但不同意量刑建议从而适用普通程序进行审理。《草案》虽明确提出检察机关应就指控罪名及从宽处罚建议等事项听取犯罪嫌疑人及其辩护人或者值班律师的意见。但问题是,听取意见后该怎么办?假如犯罪嫌疑人自愿如实供述自己的罪行且对指控的犯罪事实没有异议,仅仅是不同意检察机关指控的罪名或者基于诉讼策略所提出的量刑建议,此时是否允许控辩双方就辩方认为成立的罪名以及提出的较轻的量刑意见进行协商?控方能否在听取意见、充分协商后做出妥协——变更为辩方主张的新罪名或者提出一个新的量刑建议?这些都需要在拟制定的《试点办法》中予以明确。根据控辩平衡的诉讼原理,控方提出一个诉讼建议,辩方也可以提出一个反建议,对这个"反建议",控方应当认真倾听,对于合理的意见应当予以采纳并对原来的诉讼建议(即指控罪名和量刑建议)予以矫正,在双向反复的磋商互动中找到一个双方都可以接受的"平衡点",从而达成一致意见。如果制度设计上缺乏一个协商程序,那么律师在审查起诉阶段辩护功能的发挥就将非常有限,可能仅仅作为一个咨询者而不可能成为一个有用的谈判者。因此,律师在审查起诉阶段的有效参与可以保障指控罪名的准确性和量刑建议的允当性,从根本上保证指控罪名和量刑建议在司法裁判上的可接受性。由于辩护律师在阅卷、调查取证等方面拥有更多的便利条件和手段,加之与案件没有利害关系,独立于犯罪嫌疑人,其辩护观点会更理性、客观。因此,辩护律师有义务帮助犯罪嫌疑人全面了解案情、认清形势、权衡利弊,就认罪协

---

〔1〕　孔令勇:"论刑事诉讼中的认罪认罚从宽制度——一种针对内在逻辑与完善进路的探讨",载《安徽大学学报(哲学社会科学版)》2016年第2期。

商相关问题与犯罪嫌疑人展开有针对性的分析和讨论，从而形成协调一致的辩护思路。"经验丰富的辩护律师，能够准确预测案件结果"，〔1〕从而向被告人提供理性建议。

四、"认罪认罚"：当事人与辩护律师谁说了算

认罪认罚制度试点过程中可能会出现的情况是作为"辩护阵营"的犯罪嫌疑人、被告人与其律师之间意见不一致，即所谓的"辩护冲突"。〔2〕具体又分两种情况：一种情况是被追诉人表示认罪认罚而辩护人不同意；另一种情况是辩护人提出认罪认罚的意见而被追诉人不接受并坚持做无罪或者罪轻辩护。遇到上述两种情况，通常都可以通过辩护协商进行沟通从而达成一致的辩护立场。但是，假如协商不成，究竟该如何处理？对于第一种情况，应当允许辩护人依据证据和对法律的理解进行独立辩护，提出不同于指控罪名和量刑建议的新的罪名和量刑意见，甚至可以做无罪辩护。在明知当事人虚假认罪或者有罪证据明显不足、证据存在重大疑点的情况下，辩护律师更应果断地进行无罪辩护。那种认为律师辩护应当无条件地绝对服从于当事人意志的观点既有违律师伦理，也有悖于法律的规定。在实务操作上，检察机关和法院不能盲目轻信被追诉人的"认罪认罚"，尤其是在辩护律师提出无罪辩护意见的情况下，应更加谨慎地对待"认罪认罚"，对律师的辩护意见应认真研究、仔细调查核实，对认罪认罚的自愿性和真实性进行甄别。在此种情形下，检察机关不能轻率地作出"从宽处理"的承诺。对于第二种情况，当被追诉人不接受辩护律师提出的认罪认罚建议而坚持做无罪或者罪轻辩护时，无论是辩护律师还是检察院、法院，都应当尊重作为当事人的被追诉人的意志和选择。首先，辩护律师此时所能做的就是结合本案的证据、事实和对法律的理解向当事人讲明其行为已经构成指控的罪名以及认罪认罚可能获得的从宽处理结果，帮助其权衡认罪与否的利弊，劝说当事人认罪认罚。如果当事人仍不接受律师的意见和建议，辩护律师在只有两种选择：要么解除委托；要么改变思路，按照无罪或者罪轻的意见进行辩护，从而与当事人的辩护立场保持一致。请记住：在认罪认罚问题上，辩护律师在任何时候都无权代替当事

---

〔1〕 陈瑞华："论被告人的阅卷权"，载《当代法学》2013 年第 3 期。

〔2〕 韩旭："被告人与律师之间的辩护冲突及其解决机制"，载《法学研究》2010 年第 6 期。

人作出认罪认罚的决定，他（她）永远只是建议者、咨询者、协助者，而不是决定者。辩护律师虽然基于其自身法律知识和经验，通过行使会见、阅卷、调查取证等辩护权利，对案件的把握往往是被告人所不能企及的。由辩护律师主导认罪协商听起来也更能体现公正公平，更有利于被告人的利益。但是，被告人才是刑事追诉的主体，是辩护权的享有者，而辩护律师的参与旨在协助被告人行使辩护权。[1]遗憾的是，长期以来，由于受"独立辩护论"的影响，辩护律师会见犯罪嫌疑人、被告人的主要目的往往局限于了解案件事实，很少就法律适用、量刑意见和辩护策略问题征询犯罪嫌疑人、被告人意见，并与其进行充分的交流、协商从而形成一致的辩护思路和辩护策略，而这正是认罪认罚制度中辩护律师有效参与亟须"补上的一课"和需要练就的一套"基本功"。

---

〔1〕　管宇："刑事诉讼视角下辩护权界说"，载《政法论坛》2007 年第 6 期。

第七章

认罪认罚从宽制度中的值班律师

值班律师制度是伴随着我国刑事案件速裁程序和认罪认罚从宽制度改革试点而引进并经改造建立起来的一项新型律师制度。[1]该制度设立的价值一方面在于通过值班律师提供的法律帮助保障被追诉人认罪认罚的自愿性和真实性，防范因虚假认罪而发生冤假错案；另一方面在于提升认罪认罚案件程序的公正性，树立司法公信力。然而，经过三年多的改革试点，值班律师制度在现实中的运行状况如何？在制度层面存在哪些问题？如何在当前刑事案件律师辩护全覆盖试点中发挥值班律师法律帮助全覆盖的制度优势？这些问题既是理论界和实务界普遍关心的问题，也是本书拟作出回答的问题。

一、认罪认罚从宽制度中值班律师的参与现状考察

（一）犯罪嫌疑人、被告人申请值班律师提供法律帮助的动力不足

有关调研数据显示：在 163 份对犯罪嫌疑人、被告人的有效问卷中，有51.5%的被追诉人表示"在案件中没有律师的帮助"，其中认为不需要提供法律帮助的被追诉人占50.9%。[2]另一份调研资料显示：犯罪嫌疑人主动咨询值班律师的仅占40%，60%案件的犯罪嫌疑人未咨询值班律师。[3]由此可见，

---

〔1〕 2016 年 11 月开展的认罪认罚从宽制度改革试点工作，是在 2014 年 8 月在全国 18 个城市开展为期两年的刑事案件速裁程序试点工作基础上的继续，认罪认罚从宽制度改革试点工作已经涵盖了刑事案件速裁程序改革的内容并且扩大了案件适用范围。因此，广义上的认罪认罚从宽度包含刑事案件速裁程序改革，本文讨论的主题是基于广义上认罪认罚从宽制度而展开。

〔2〕 参见李洪杰："认罪认罚自愿性实证考察"，载胡卫列等主编：《认罪认罚从宽制度的理论与实践》，中国检察出版社 2017 年版，第 285 页。

〔3〕 参见许世兰、陈思："认罪认罚从宽制度的基层实践及思考"，载胡卫列等主编：《认罪认罚从宽制度的理论与实践》，中国检察出版社 2017 年版，第 355 页。

虽然两高三部于 2016 年 11 月颁布的《关于在部分地区开展刑事案件认罪认罚从宽制度试点工作的办法》（以下简称《试点办法》）要求对认罪认罚的被追诉人应当由值班律师提供法律帮助，以此实现法律帮助全覆盖，但从试点地区的情况来看，不仅被追诉人实际获得律师帮助的比例相对较低，而且申请值班律师提供法律帮助的动力明显不足。究其原因，在很大程度上与被追诉人对值班律师制度的认知有关。由于对值班律师在刑事速裁程序适用过程中的地位和作用缺乏合理的认识，对接受律师帮助、向律师提出咨询的积极性也随之降低。[1]具体表现在以下四个方面：一是适用认罪认罚从宽的案件大多是案情简单、事实清楚的轻微刑事案件，被追诉人对未来的量刑有一定的心理预期，认为寻求值班律师帮助的意义不大，自己并不能通过值班律师的法律帮助获得量刑上的优惠。二是被追诉人与值班律师之间并未建立起信任关系，有相当比例的被追诉人认为派驻在看守所、法院的值班律师是由国家提供用来"为司法机关说话"的，他们与司法人员没有多少区别，向司法人员进行法律咨询更方便快捷，且"轮班制"的值班模式难以提供持续一致的法律帮助。三是认为即使有值班律师提供法律帮助，但由于职能所限，被追诉人难以获得实质性的帮助，值班律师制度更多的是流于形式；四是对申请值班律师帮助存在顾虑，担心被视作认罪态度不好，缺乏悔罪表现，从而在量刑上难以获得从宽处罚。[2]从刑事案件速裁程序前期试点的情况来看，值班律师的实际使用率不高，不但浪费了宝贵的人力资源，增加了诉讼成本，而且未能为犯罪嫌疑人、被告人提供及时、有效的权利保障。[3]

（二）值班律师提供法律帮助职能单一

虽然《试点办法》规定值班律师可以提供法律咨询、程序选择、申请变更强制措施等法律帮助，但从试点情况来看，大部分值班律师除了解释法律、回答咨询外，通常不再提供其他法律帮助。对于检察机关提出的量刑建议，值班律师往往是简单表示确认，鲜有提出异议或者发表实质性意见者。正如

---

〔1〕　参见赵恒："刑事速裁程序试点实证研究"，载《中国刑事法杂志》2016 年第 2 期。

〔2〕　参见付金、于妍："检视与构建：刑事速裁程序中被追诉人的权利保障"，载贺荣主编：《尊重司法规律与刑事法律适用研究——全国法院第 27 届学术讨论会获奖论文集》，人民法院出版社 2016 年版，第 1078 页。

〔3〕　参见蓝向东、王然："认罪认罚从宽制度中权利保障机制的构建"，载胡卫列等主编：《认罪认罚从宽制度的理论与实践》，中国检察出版社 2017 年版，第 923 页。

有学者所指出的，值班律师制度无法保证犯罪嫌疑人、被告人获得真正有效的辩护，难以对公诉方的指控给予有力的制衡。[1]如果值班律师的实际功能仅局限于提供一般性的法律咨询，那么不但有违值班律师制度设立的初衷，也难以保障认罪认罚从宽制度实施的正当性。对此现象，我们不能不予以反思。首先，从值班律师角度看，基于自身利益的考量，其参与认罪认罚从宽案件的积极性不高，即便参与，也是"配合有余、制约不足"。从各地的情况看，值班补贴普遍较低，收入无法与正常办案相比。有实务部门人员指出，指定辩护律师和值班律师的待遇差别较大，指定辩护律师在检察阶段的补贴费用为1800元，审判阶段的补贴费用为2300元，而值班律师一个上午的补贴只有300元。由此导致值班律师工作积极性不高，即便司法机关允许其会见、阅卷，值班律师也不会去做。例如，《郑州市刑事案件认罪认罚从宽制度试点工作实施细则（试行）》规定，值班律师提供法律帮助，由法律援助机构支付相应补贴，补贴标准按刑事法律援助案件补贴标准的30%～50%执行。此外，部分值班律师为了与法院、检察院搞好关系，便于以后顺利开展工作，更倾向于配合司法机关的工作，而非有效地维护被追诉人权益。[2]其次，从司法办案人员角度看，除了少数司法办案人员对律师参与持有排斥心理和抵触情绪外，司法机关有时并未及时履行权利告知义务。被追诉人无法知晓看守所、法院设有法律援助工作站，可以由值班律师免费提供法律帮助，极大地影响了值班律师职能和作用的发挥。

（三）值班律师较少参与量刑协商程序且未能发挥实质性作用

虽然刑事速裁程序试点文件没有规定值班律师可以进行量刑协商，但是2015年11月司法部出台的《关于切实发挥职能作用做好刑事案件速裁程序试点相关工作的通知》明确提出："值班律师应当告知犯罪嫌疑人、被告人适用速裁程序的法律后果，帮助其进行程序选择和量刑协商，依法维护其合法权益。"从试点情况来看，值班律师参与量刑协商存在以下问题：一是值班律师参与量刑协商的比例较低，甚至被排除在量刑协商程序之外。例如，某基层人民检察院作为全国第一批速裁程序试点单位，自2014年8月至2016年6月

---

〔1〕 参见陈瑞华："认罪认罚从宽制度的若干争议问题"，载《中国法学》2017年第1期。

〔2〕 参见许世兰、陈思："认罪认罚从宽制度的基层实践及思考"，载胡卫列等主编：《认罪认罚从宽制度的理论与实践》，中国检察出版社2017年版，第356页。

共办理速裁案件 547 件，但在审查起诉环节有律师参与的仅有 28 件，参与率仅为 5.1%。[1]在北京市海淀区的速裁程序试点中，值班律师不参与量刑协商，公诉人也无须征求其意见。[2]由此可见，绝大多数适用刑事速裁程序的案件都是在没有律师帮助的情况下完成量刑协商工作的，如此一来，协商的平等性和自愿性均难以得到保障。二是值班律师在量刑协商中未能发挥实质性作用。目前，值班律师的功能只是向犯罪嫌疑人、被告人提供法律帮助而非辩护，值班律师的阅卷权、调查取证权、核实证据权并未得以确立，这决定了值班律师难以就检察机关认定的罪名和量刑建议提出有针对性的意见，导致量刑协商很难真正展开。通常的情况是，检察官在和犯罪嫌疑人完成量刑协商后，再通知律师到场见证具结过程。在听取律师意见时，往往只是告知其从宽处罚的建议，并不就量刑内容与律师进行协商，而律师在提供法律帮助时，也只是在和检察官、犯罪嫌疑人进行简单交流后，便告知嫌疑人可以同意量刑建议和程序适用。[3]值班律师事先既不了解案情也不参与量刑协商，仅在犯罪嫌疑人签署具结书时"被要求"在场见证并签字，这一做法与其说是为监督检察机关依法履行职责、保障嫌疑人具结书签署过程的真实性和合法性，毋宁说是为犯罪嫌疑人、被告人认罪认罚进行"背书"，其形式意义大于实质意义。正如检察实务部门人员所指出的那样，在量刑具结过程中，通过在场见证只能形式化审查嫌疑人认罪认罚的自愿性，而难以通过有效把握案件情节对认罪认罚和签署具结书的明智性进行实质化审查。[4]难怪一些地方的律师协会反映，如果值班律师仅仅发挥一个见证作用，完全没有必要安排律师，社工或者其他公民都可以履行见证职能，专门安排值班律师反而浪费了司法资源。

（四）值班律师与被追诉人的会见权和秘密交流权未得到充分保障

虽然《试点办法》没有明确规定值班律师享有会见权，但该办法规定了"看守所应当为值班律师开展工作提供便利工作场所和必要办公设施，简化会

---

〔1〕 参见陈重喜、李瑛："认罪协商机制中的律师参与"，载胡卫列等主编：《认罪认罚从宽制度的理论与实践》，中国检察出版社 2017 年版，第 613 页。

〔2〕 参见游涛："认罪认罚从宽制度中量刑规范化的全流程实现——以海淀区全流程刑事案件速裁程序试点为研究视角"，载《法律适用》2016 年第 11 期。

〔3〕 参见许世兰、陈思："认罪认罚从宽制度的基层实践及思考"，载胡卫列等主编：《认罪认罚从宽制度的理论与实践》，中国检察出版社 2017 年版，第 357 页。

〔4〕 参见上海市杨浦区人民检察院课题组："认罪认罚从宽制度下的简化审理模式"，载胡卫列等主编：《认罪认罚从宽制度的理论与实践》，中国检察出版社 2017 年版，第 909 页。

见程序，保障值班律师依法履行职责"。由此可以推导出《试点办法》实际上确认了值班律师的会见权，会见权是值班律师履行提供法律咨询职责的基本条件。然而，现实情况如何呢？首先，大多数看守所基于安全、效率和侦查效益的考虑，均将驻看守所法律援助工作站设在监区外面，这其实是在寻求法律帮助的被羁押人员与值班律师之间设置了一道"壁垒"，严重影响了律师与犯罪嫌疑人、被告人之间的会见交流，导致派驻在看守所的值班律师难以为被羁押人员提供及时的法律帮助。目前，派驻在看守所的值班律师，其服务对象主要是被追诉人家属而非被追诉人自身，从而有违看守所设置法律援助工作站的初衷。其次，采用视频方式进行会见虽较普遍，但具有较大的局限性。视频传输技术的运用固然有助于增强会见的便捷性，提高会见效率，但是难以保障会见交流的充分性。采用此种方式进行会见，通常时间很短，无法保障犯罪嫌疑人与值班律师之间进行充分、深入的交流，对于涉及证据采信、事实认定、罪名确定以及量刑规范化的适用等专业化问题，值班律师在短时间内很难将其解释清楚。[1]最后，值班律师与被追诉人之间的秘密交流权未能得到保障。从试点情况来看，一些地方的办案人员或者看守所工作人员基于安全考虑或者对律师泄密的担忧，在值班律师会见被追诉人时会派员陪同在场，导致律师与被追诉人之间无法进行秘密交流，影响了法律帮助的质量。

二、认罪认罚从宽试点中值班律师制度的局限性

"被告人有权获得辩护"，不仅是我国宪法和刑事诉讼法确立的一项基本原则，也被联合国《公民权利和政治权利国际公约》确认为公正审判的一项基本标准。我国在认罪认罚从宽制度改革中建立的值班律师制度扩大了法律援助的适用范围，使得认罪认罚的被追诉人也可以获得国家免费的法律帮助。其不仅可以预防和减少误判，而且有助于提升认罪认罚案件程序的正当性，符合我国宪法人权保障精神和国际刑事司法准则的要求。从认罪认罚从宽制度改革试点一年来的情况看，虽然值班律师制度在保障被追诉人获得法律帮助

---

〔1〕 参见许世兰、陈思："认罪认罚从宽制度的基层实践及思考"，载胡卫列等主编：《认罪认罚从宽制度的理论与实践》，中国检察出版社2017年版，第356页。

权方面取得了一定的成效，[1]但由于值班律师制度"先天不足"，导致其在实现有效辩护、维护认罪认罚被追诉人合法权利方面存在明显的局限性。

（一）矛盾交织的角色定位

值班律师的角色定位乃值班律师制度的基础和核心问题，直接决定值班律师的诉讼权利和功能发挥。一方面，从文本规范看，《试点办法》中有多处是将"值班律师"与"辩护人"并列规定，这说明值班律师并非被追诉人的辩护人（即辩护律师），而仅仅是免费提供法律帮助的律师。根据两高三部出台的《关于开展法律援助值班律师工作的意见》，值班律师的职能范围大致有七项：提供法律咨询、帮助进行程序选择、申请变更强制措施、就相关事项向检察机关提出意见、犯罪嫌疑人签署具结书时在场、代为申诉控告、引导申请法律援助等。无论是提供法律咨询还是申请变更强制措施抑或是代为申诉、控告，均是 2012 年《刑诉法》规定的辩护律师在侦查阶段的职能。由此产生的问题是，值班律师在程序参与上的"名不符实"——所提供的法律帮助实质上是一种辩护职能却没有"辩护人"的地位。这有点类似于 1996 年《刑诉法》规定的侦查阶段介入的律师。根据当时法律的规定，自案件移送审查起诉之日起，犯罪嫌疑人才可以聘请辩护人，侦查阶段介入的律师并没有法律上的"名分"，学界普遍将其视为"法律帮助律师"，尽管其可以为犯罪嫌疑人提供法律咨询、代理申诉、控告、申请取保候审等服务。2012 年《刑诉法》再修改时正本清源，将侦查阶段介入的律师明确定位为辩护律师，从而结束了 1996 年《刑诉法》实施以来的有关律师的"名分"之争。从两次刑诉法修改的情况看，修改的内容在一定程度上反映出了立法机关对侦查阶段介入的律师认识的深化。根据现代刑事诉讼的职能分工原理，刑事诉讼是由控诉、辩护、审判三种基本职能所构成的"三方组合"形态，被追诉人及其法律帮助者、协助者代表的是辩护一方，行使的是辩护职能。尽管随着协商性刑事司法的构建，传统的以控辩对抗为代表的辩护形态发生了改变，但是"提出有利于犯罪嫌疑人、被告人的材料和意见，维护诉讼权利和其他合法权益"的"辩护人职责"并未发生根本变化。值班律师虽然提供的是法律帮助

---

　　[1] 据最高人民法院院长周强代表最高人民法院向十二届全国人大常委会第 31 次会议所作的试点情况工作报告显示：试点地区法律援助机构在看守所、法院、检察院设立法律援助工作站 630 个，其中设在看守所、法院的法律援助工作站覆盖率分别为 97% 和 82%。

服务，但其根本目的也是维护犯罪嫌疑人、被告人的程序性和实体性权益。根据 2018 年《刑诉法》第 38 条"辩护律师在侦查期间可以为犯罪嫌疑人提供法律帮助"的表述，法律帮助属于辩护律师的职能范畴，值班律师职能为辩护律师职能所覆盖。司法部出台的《关于切实发挥职能作用做好刑事案件速裁程序试点相关工作的通知》提出：切实发挥法律援助值班律师职能作用，明确值班律师为犯罪嫌疑人、被告人提供法律帮助，有利于进一步畅通法律援助申请渠道，拓展法律援助服务形式，保障犯罪嫌疑人、被告人的辩护权。从上述通知规定来看，值班律师提供法律帮助有利于保障被追诉人的辩护权，也可进一步印证值班律师法律帮助权的辩护权属性。

然而，值班律师是伴随着刑事速裁程序和认罪认罚从宽制度改革试点而建立起来的一种新型律师种类，旨在提供一种"即时初步"的法律帮助。一方面，其可以解决当前刑事案件中律师辩护率低的现状，从而实现"所有人的正义"；另一方面，其可以弥补犯罪嫌疑人自被追诉之日起至委托律师或者法律援助律师介入之前这一"时间差"法律帮助的"盲区"，实现诉讼过程的全覆盖。根据《最高人民法院、司法部就刑事案件律师辩护全覆盖试点工作答记者问》对"全覆盖"内涵的解读，在法律援助机构指派的律师或者被告人委托的律师为被告人提供辩护前，被告人及其近亲属可以提出法律帮助请求，人民法院应当通知法律援助机构派驻的值班律师为其提供法律帮助。按照司法部法律援助司白萍司长在 2017 年 9 月 28 日"四部委"关于值班律师制度新闻发布会上的介绍，值班律师制度是以其广覆盖和便利性特点体现人权司法保障的理念。即时、初步和广覆盖的特点决定了在制度设计上值班律师与辩护律师在诉讼职能、权利等方面的差异。基于此，制度规范层面没有赋予值班律师诸如阅卷权、调查取证权、出庭辩护权等权利似乎可以理解。然而，在定位不明或权利受限的情况下，义务和责任的设置难以确立。例如，因值班律师并非辩护律师，《刑诉法》第 39 条第 4 款有关"辩护律师会见犯罪嫌疑人、被告人不被监听"的规定可否被看守所规避适用？又如，值班律师能否成为《刑法》第 306 条妨害作证罪的犯罪主体？再如，值班律师拒绝在认罪认罚具结书上签字或者虽签字确认但在事后发现系冤案的情形下是否应当承担责任以及承担何种责任？这些都事关值班律师的角色定位和权利配置问题。如果我们转换一下视角，按照前述法律帮助权乃辩护权范畴的分析思路，从有利于保障被追诉人认罪认罚自愿性和明智性从而防范冤假错案发

生的现实出发，那么似乎应当走"值班律师辩护人化"的改革路径。既然
"值班律师是特殊的辩护律师"，[1]就应当赋予值班律师与辩护律师相同的权
利，这也是当前学界主流的声音。问题是，值班律师一旦享有了阅卷、调查
取证、出庭辩护等各项诉讼权利，值班律师还能继续"值班"吗？如果不再
"值班"，其还能被称为"值班律师"吗？且不说每天仅有 200 元~300 元的
值班补贴，他们是否有足够的动力和积极性勤勉尽责地行使上述权利不无
疑问。

可以说，在值班律师角色定位问题上我们陷入了一个矛盾的困境，呈现
出了左右摇摆之势，制度与实践的二律背反恰是一个很好的例证。这一问题
不仅关涉我国刑事辩护制度乃至律师制度的未来发展，而且事关认罪认罚从
宽制度改革的成败以及《刑事诉讼法》《律师法》的未来修改，亟待进行深
入研究。笔者在此仅是提出问题，下一步拟撰文对该问题作专门研究。

（二）残缺不全的辩护权能

根据《试点办法》的规定，值班律师可以为自愿认罪认罚的犯罪嫌疑人、
被告人提供法律咨询、程序选择、申请变更强制措施等法律帮助。虽然我们
可以对"等"字作扩大解释，将司法部的"通知"和两高两部会议纪要中规
定的值班律师帮助进行"量刑协商"的职责解释进去，但学界普遍认为值班
律师的法律帮助权只是一种有限的辩护权或非完整意义上的辩护权。既然文
本中的值班律师不被作为辩护人看待，那么其自然不享有刑诉法规定的辩护
律师的诉讼权利。除了从《试点办法》第 5 条第 2 款规定的"看守所应当为
值班律师开展工作提供便利工作场所和必要办公设施，简化会见程序"内容
中可以推导出值班律师在提供法律咨询时有会见权之外，很难说其拥有阅卷
权、核实证据权和调查取证权，更不用说出庭辩护权了。[2]值班律师在既不
了解检察机关就指控的罪名及其犯罪事实所拥有的证据材料，也不能就相关
证据的真伪向被追诉人进行核实，更不能展开独立调查活动的情况下，其何
以可能在被追诉人认罪认罚问题上提供专业的咨询建议，从而保证认罪认罚

---

〔1〕 参见顾永忠、李逍遥："论我国值班律师的应然定位"，载《湖南科技大学学报（社会科学
版）》2017 年第 4 期。

〔2〕 2015 年 4 月，两高两部以《会议纪要》的形式明确了值班律师不承担出庭辩护的职责；
2017 年 8 月，两高三部《关于开展法律援助值班律师工作的意见》进一步强调"法律援助值班律师不
提供出庭辩护服务"。

的自愿性和明智性？又何以可能在检察机关听取意见时提出有针对性的意见并与检察机关就量刑问题展开实质性协商？在上述条件都不具备的情况下，值班律师在场见证具结书的签订过程中又有多少实际意义？因此，在值班律师诉讼权利缺失和保障不足的情况下，所谓的"法律帮助"具有很大的局限性，从目前的试点情况来看，值班律师作用的发挥远不能适应对被追诉人权利保障的需要。正是基于对上述问题的认识，在试点过程中，一些地方突破了《试点办法》的规定，积极进行"制度创新"，赋予值班律师阅卷权等诉讼权利，呈现出了值班律师"辩护人化"的趋势。例如，广州市南沙区人民检察院在认罪认罚工作区给值班律师配备了一台电脑，方便他们详细了解案情，查阅电子案卷。[1]

（三）顾此失彼的派驻设置

随着认罪认罚从宽制度的实施，律师的主"战场"将由法庭转移到检察院，由审判阶段转向审查起诉阶段，其角色也由法庭上的抗辩者转换为审前程序中的咨询者、协商者、见证者。可以说，审查起诉阶段已经成为适用认罪认罚从宽制度的关键阶段，尤其是对于大量适用刑事速裁程序的案件。据统计，在试点法院适用认罪认罚从宽制度审结的刑事案件中，检察机关建议适用的占 98.4%，法院对检察机关量刑建议的采纳率为 92.1%。[2]虽然《试点办法》规定人民检察院对认罪认罚的嫌疑人应当通知值班律师提供法律帮助，但遗憾的是，如此重要的阶段，无论是刑事速裁程序试点还是认罪认罚从宽制度试点，均没有在试点方案中作出在检察院派驻值班律师的制度安排。如果犯罪嫌疑人在审查起诉阶段未被羁押，其显然不可能去寻求驻法院、看守所的值班律师提供帮助。如此一来，如何保障认罪认罚的犯罪嫌疑人获得及时有效的法律帮助便成了一个亟待解决的现实问题。在审查起诉环节，值班律师不仅需要向犯罪嫌疑人解释法律、提供法律咨询、就认罪认罚和程序适用进行协商，还需要就指控罪名、法律适用和量刑问题等向检察机关提出意见，与检察官进行量刑协商，并在犯罪嫌疑人签署具结书时在场见证。可以说，认罪认罚从宽的主要工作都是在审查起诉阶段完成的，检察机关也因

---

〔1〕 参见彭章波、王晖："广东省认罪认罚从宽制度试点情况"，载胡卫列等主编：《认罪认罚从宽制度的理论与实践》，中国检察出版社 2017 年版，第 426 页。

〔2〕 参见最高人民法院院长周强代表最高人民法院向十二届全国人大常委会第 31 次会议所作的试点情况工作报告。

此成了适用认罪认罚从宽的主导机关。就认罪认罚从宽制度实施而言，在检察机关设置法律援助工作站派驻值班律师更有必要，也更为迫切。"在审查起诉环节，由于检察机关并无派驻律师，在很大程度上制约了取保候审案件中认罪认罚从宽制度的适用。"[1]

为了保障审查起诉阶段犯罪嫌疑人能够及时获得法律帮助，提高诉讼效率，节约司法成本，便于值班律师与检察官开展认罪认罚从宽协商，多个试点检察院根据办理认罪认罚案件的实际需要，积极争取当地司法行政机关的支持，在检察院设置法律援助工作站，由派驻的值班律师为认罪认罚的嫌疑人提供法律帮助，从而较好地解决了审查起诉阶段的法律帮助问题。在检察院派驻值班律师的做法虽然突破了《试点办法》的规定，但具有现实合理性，也符合《试点办法》关于辩护权保障的精神，在一定程度上弥补了制度上的不足。下一步可考虑通过修改立法或者制定司法解释性文件，明确法律援助机构应当在检察院设置法律援助工作站并派驻值班律师提供法律帮助。

三、值班律师法律帮助全覆盖的实现路径

按照刑事案件律师辩护全覆盖的内涵，不仅将通知辩护的范围扩大到法院阶段适用普通程序审理的一审案件、二审案件和按照审判监督程序审理的再审案件，而且包括适用简易程序、速裁程序审理的案件，即被告人没有辩护人的，人民法院应当通知法律援助机构派驻的值班律师为其提供法律帮助。目前，我国主要从事刑事辩护业务的律师约为 5.2 万多人，在刑事辩护律师资源十分有限的情况下，依靠值班律师提供法律帮助不失为解决刑事案件律师辩护率低的过渡性措施。在值班律师提供法律帮助问题上，《试点办法》与刑事速裁程序相比一个重大进步就是将速裁程序中犯罪嫌疑人、被告人"依申请提供"修改为"应当提供"。这一变化无疑加重了法律援助机构的工作负担，但有利于更好地实现法律帮助全覆盖。由此带来的问题是犯罪嫌疑人、被告人能否拒绝或者放弃值班律师的法律帮助？这是决定全覆盖能否实现的关键之举，也是值班律师制度的优势所在。该问题涉及值班律师法律帮助的性质究竟是一种"权利型"配置还是"强制型"配置。如果是类似于法律援

---

[1]　王伟等："认罪认罚从宽制度改革试点的实证考察和理论思考"，载胡卫列等主编：《认罪认罚从宽制度的理论与实践》，中国检察出版社 2017 年版，第 248 页。

助强制辩护的性质，那么被追诉人就不能拒绝或者放弃这种帮助。[1]由于试点过程中对此问题的认识不一致，一些地区在试点中允许犯罪嫌疑人通过书面方式拒绝值班律师的帮助，但要求签署具结书时值班律师必须到场见证，出现了"部分可以放弃、部分不能放弃"的"选择性"法律帮助情形。试想，如果犯罪嫌疑人在签署具结书之前没有就是否认罪认罚问题征求值班律师意见并进行较为充分的协商，那么怎能保证签署具结书是犯罪嫌疑人真实意思的表示和理性选择的结果？如此的值班律师在场见证，其重心不是为犯罪嫌疑人提供法律帮助，而是为检察机关提供工作帮助——配合完成具结书的签署，使得以检察机关为主导的认罪认罚程序"披上合法性外衣"。如此所谓的"法律援助值班律师"难逃充当"第二公诉人"之质疑。这是值班律师参与认罪认罚从宽制度必须警惕并加以解决的问题，办案机关不应曲解试点文件规定的原意并采取"实用主义"立场，而应站在维护被追诉人合法权益角度对公权力进行监督并保障被追诉人获得法律帮助权的实现。为此，需要明确两个"不得放弃"：一是为认罪认罚的被追诉人提供法律帮助是国家应当承担的一项义务，不得放弃；二是犯罪嫌疑人获得值班律师法律帮助的权利不得放弃。需要指出的是，法律帮助事项不局限于签署具结书时的"在场见证"，还包括此前提供法律咨询、与犯罪嫌疑人、检察机关就定罪和量刑问题进行"双向协商"等法律帮助。鉴于上述问题的重要性，有必要作进一步分析。

首先，根据法解释学原理，提供法律帮助应当成为国家的一项义务。《试点办法》规定的"应当提供"不是具有裁量性的"可以提供"，也不是"依申请提供"，"应当"意味着"必须"，是一项国家义务。对于认罪认罚的犯罪嫌疑人、被告人，国家均应无条件地一律提供法律帮助，既无须提出申请，也不以其意思表示为限，以实现"所有人的正义"。认罪认罚关乎公民基本权益，对于刑事诉讼中处于弱势地位的被追诉人，国家通过设立值班律师制度给予特别的关照和保护，并限制其处分某些诉讼权利，避免控辩失衡使其处于不利境地，这种制度安排具有一定的程序合理性。只有将提供法律帮助上

---

〔1〕《最高人民法院关于适用〈中华人民共和国刑事诉讼法〉的解释》第45条第2款规定："属于应当提供法律援助的情形，被告人拒绝指派的律师为其辩护的，人民法院应当查明原因。理由正当的，应当准许，但被告人须另行委托辩护人；被告人未另行委托辩护人的，人民法院应当在三日内书面通知法律援助机构另行指派律师为其提供辩护。"

升为一项国家义务，真正的法律帮助全覆盖才有实现的可能，值班律师才有用武之地，值班律师制度才会在我国焕发出生机和活力。

其次，从刑事速裁程序试点情况看，值班律师参与率低的现状亟待改善。刑事速裁程序试点中值班律师参与率低，已是一个不争的事实。如前所述，值班律师参与率低，很大程度上与犯罪嫌疑人、被告人的认知能力有关。"由于犯罪嫌疑人对值班律师制度及认罪认罚从宽制度的内容并不了解，检察官在询问是否需要值班律师在场提供帮助时，犯罪嫌疑人往往表现出极大的随意性。"[1]根据相关实证研究结论，犯罪嫌疑人、被告人对于律师的需求随学历升高呈现递进趋势，即学历越高，对律师帮助权越重视。文盲至初中学历的，有一半以上的人认为认罪认罚之后不需要律师帮助，小学、初中学历比重最高，为59.5%。[2]由于他们文化程度普遍不高，决定了他们的认知能力和水平非常有限，因此在决定是否需要律师帮助问题上难免表现出盲目、轻率的态度。目前开展的认罪认罚从宽试点工作，正是注意到刑事速裁程序试点中存在的上述问题，才将"依申请提供"修改为"应当提供"，希冀以此实现认罪认罚从宽制度中值班律师法律帮助的全覆盖，从而改变刑事速裁程序试点中值班律师参与率低的现状。[3]

最后，从域外立法经验看，认罪协商程序中不得放弃律师帮助权已为立法所确认。法国立法者在借鉴美国辩诉交易制度建立庭前认罪答辩程序时，认识到律师参与的必要性和重要性，为了防止检察官利用辩诉交易强迫被告人作出有罪答辩并防止无罪的被告人违心认罪，确立了较为完善的律师参与机制。《法国刑事诉讼法典》第495-8条第4款规定："（在庭前认罪答辩程序中）被告不得放弃律师协助权。"律师应在程序的任何阶段现场为被告提供咨询和帮助。[4]

---

〔1〕　李舸禛："认罪认罚从宽制度的实践分析"，载胡卫列等主编：《认罪认罚从宽制度的理论与实践》，中国检察出版社2017年版，第342页。

〔2〕　参见李洪杰："认罪认罚自愿性实证考察"，载胡卫列等主编：《认罪认罚从宽制度的理论与实践》，中国检察出版社2017年版，第285页。

〔3〕　遗憾的是，两高三部《关于开展法律援助值班律师工作的意见》又恢复到"以申请提供帮助"的"权利配置模式"。其中第1条第2项规定："人民法院、人民检察院、公安机关应当告知犯罪嫌疑人、刑事被告人有获得值班律师法律帮助的权利。犯罪嫌疑人、刑事被告人及其近亲属提出法律帮助请求的，人民法院、人民检察院、公安机关应当通知值班律师为其提供法律帮助。"

〔4〕　参见施鹏鹏：《法律改革，走向新的程序平衡?》，中国政法大学出版社2013年版，第158页。

由此可见，法国规定被告在协商程序中不得放弃获得律师帮助的权利，即实现所谓的"强制辩护"。与法国不同，美国辩诉交易制度中被告虽享有《宪法第六修正案》规定的律师帮助权，但这一权利为被告可以放弃的权利。尽管如此，"被告人通常必须靠律师在答辩协商中代表她，并由律师提出是否认罪的建议。因此，确保她在答辩程序中接受了有效的律师帮助这一宪法权利非常重要"。[1]这就不难理解为什么美国辩诉交易的协商主体通常是检察官和律师。

"他山之石可以攻玉。"如果我们一方面在制度改进上作出努力，另一方面又承认被追诉人有放弃值班律师法律帮助的权利，那么可以预见的是这种制度上的努力必将因为嫌疑人、被告人不明智的权利放弃而付诸东流，认罪认罚从宽试点中引入值班律师制度的初衷也可能会因此而落空。一些公安司法机关利用信息不对称和资源优势，采用各种手段获得虚假认罪或者不公正认罚的情形自然难以避免，值班律师参与认罪认罚从宽制度也就显得尤为必要。[2]

---

〔1〕〔美〕约书亚·德雷斯勒等：《美国刑事诉讼法精解》（第4版），魏晓娜译，北京大学出版社2009年版，第168页。

〔2〕有关值班律师参与认罪认罚从宽案件的必要性问题，参见韩旭："辩护律师在认罪认罚从宽制度中的有效参与"，载《南都学坛》2016年第6期。

第八章

认罪认罚从宽案件中被追诉人获得有效法律帮助权研究

近年来，学界对律师有效辩护问题进行了较为热烈的研究，但是对律师的有效法律帮助权的研究却较为薄弱。个中原因，一方面是学者们试图以有效辩护代替有效法律帮助；另一方面"有效法律帮助"概念提出较晚。伴随着认罪认罚从宽制度实施。2019年10月，两高三部联合发布的《指导意见》不仅增设了"犯罪嫌疑人、被告人辩护权保障"专门部分，而且在第10条第1款明确规定："获得法律帮助权。人民法院、人民检察院、公安机关办理认罪认罚案件，应当保障犯罪嫌疑人、被告人获得有效法律帮助，确保其了解认罪认罚的性质和法律后果，自愿认罪认罚。"值此，"有效法律帮助"被正式写入官方文件。既然我国的值班律师并非辩护人，其提供的服务也非辩护服务，那么就有必要对"有效法律帮助"进行研究。提供辩护尽管是法律帮助的一种形式，但因其具有重要性、核心性和复杂性、专门性，因而具有独立意义，使其可以从法律帮助中独立出来。因法律帮助具有临时性、紧急性和基本性的特点，法律帮助的有效与否会直接影响被追诉人认罪认罚的自愿性。因此，有效辩护理论并不能完全涵盖有效法律帮助，需要我们另辟蹊径，寻找有效法律帮助的独特理论、发展路径，从而为认罪认罚从宽制度的顺利实施提供智识保障和理论支撑。以下，笔者拟就"有效法律帮助"的内涵、特点进行分析，在此基础上指出我国认罪认罚从宽制度实施中"有效法律帮助"存在的问题、实现路径以及违反"有效法律帮助"的程序后果等。

一、"有效法律帮助"内涵分析

第8届联合国预防犯罪和罪犯待遇大会通过的《关于律师作用的基本原则》在阐述其宗旨时指出："要求所有人都能有效地得到独立的法律专业人员

所提供的法律服务。"第 14 届国际刑法大会决议指出："在刑事诉讼的所有阶段，从侦查刚开始时起，每一个人就均有得到律师的有效帮助的权利。"可见，有效法律帮助权是一项最低限度的国际刑事司法准则，为各国所普遍遵守。1970 年，美国联邦最高法院将有效辩护权作为辩诉交易中被告人的一项重要宪法权利加以确认，其有利于保障被告人认罪的自愿、明知、理性。[1]我国建立认罪认罚从宽制度，理应确立被追诉人的"有效法律帮助权"。追本溯源，在美国，律师法律帮助权一开始作为《宪法第六修正案》规定的权利，主要适用于审判阶段。但是，随着情势的发展，美国联邦最高法院的法官们认识到：如果让政府在审前直面没有律师帮助的法律门外汉，政府无疑会获得保证定罪的巨大优势，处于劣势、能力不足的被告人很容易被政府的权力所压倒，或者被智谋打败。因此，被告人要想在审前阶段与政府对抗，必须要拥有律师的平衡化帮助。[2]我国的认罪认罚从宽制度是一种权力型设计，控辩平衡是该项制度正当化的保障。被追诉人获得律师有效的法律帮助是实现控辩平衡的关键。[3]

"有效法律帮助"应当是"法律帮助"+"有效"的组合，即被追诉人不但应获得法律帮助，而且这种帮助应是有实效的，而不是形式化、无实质意义的。根据 2018 年《刑诉法》及其相关司法解释的规定，法律帮助的提供主体主要是值班律师和辩护律师。法律帮助的内容包括下列七项：提供法律咨询，包括告知涉嫌或指控的罪名、相关法律规定，认罪认罚的性质和法律后果等；提出程序适用的建议；帮助申请变更强制措施；对人民检察院认定罪名、量刑建议提出意见；就案件处理向人民法院、人民检察院、公安机关提出意见；引导、帮助犯罪嫌疑人、被告人及其近亲属申请法律援助；法律法规规定的其他事项。从帮助的效果看，有两个方面：一是被追诉人据此可以决定是否认罪认罚；二是司法机关对被追诉人决定从宽处理。由于被追诉人没有阅卷权，且大多处于被羁押状态，在"信息不对称"情况下，其作出准确判断的可能性降低，借助作为法律专业人士的律师提供的法律帮助十分必

---

〔1〕 参见祁建建："美国辩诉交易中的有效辩护权"，载《比较法研究》2015 年第 6 期。

〔2〕 参见〔美〕詹姆斯·J. 汤姆科维兹：《美国宪法上的律师帮助权》，李伟译，中国政法大学出版社 2016 年版，第 81 页。

〔3〕 相关内容参见龙宗智："完善认罪认罚从宽制度的关键是控辩平衡"，载《环球法律评论》2020 年第 2 期。

要；从法律帮助的手段看，主要有以下四种：一是阅卷，由此了解案件信息，为帮助当事人分析案情、权衡利弊提供基础；二是会见被追诉人，为被追诉人正确决策、是否认罪认罚提供参考；三是积极参与控辩协商，对检察官提出从宽的量刑建议施加影响；四是参与加害人与被害人之间的谅解、调解工作，通过促使加害人一方积极赔偿、赔礼道歉，从而取得被害人的谅解，为被追诉人最终获得从宽处理创造条件。

虽然法律帮助者并不提供"出庭辩护"服务，但是从法律帮助的内容来看，它们都是出庭辩护的前期准备工作。法律帮助与刑事辩护的区别主要体现在以下几方面：一是法律帮助并不需要调查取证，但刑事辩护通常需要辩护人开展此项工作；二是辩护未必与检察官进行协商，但法律帮助主体一般需要与检察官进行博弈沟通，以使所提出的意见更具有影响力；三是辩护需要辩护人出庭面向法官发表意见，而法律帮助并不要求有此项内容。由于有效辩护主要判断辩护律师在一审法庭上是否尽职尽责、是否具有基本的辩护能力，因此二审法官是重要的判断主体。而与传统在法庭场域内面向法官的辩护不同，有效法律帮助是在审前程序面向检察官进行，因此检察官是最重要的判断主体。明确了上述不同之处，我们即可以归纳出法律帮助所具有的特点：一是普适性。根据 2018 年《刑诉法》第 36 条之规定，值班律师提供法律帮助的对象不限于认罪认罚案件，所有没有委托辩护人，法律援助机构没有指派律师为其提供辩护的被追诉人都可以获得法律帮助。[1]二是信赖性不足。由于承担法律帮助职能的值班律师系被指派定期轮班，具有较大的随机性，与被追诉人之间并未建立委托关系，因此双方之间的信任程度远低于委托辩护，这就决定了法律帮助的有效性必然低于刑事辩护。这是我们必须要正视的问题，也决定了我们不能套用既有的有效辩护理论来解释有效法律帮助。三是临时性。从域外值班律师的功能来看，无论是现场值守还是电话值班，均是向被羁押人提供一种临时性的法律服务，以缓解其刚进入警察局、人身自由受限之后处于"孤立无援"境地的焦虑、烦躁情绪，使其明白行为

---

〔1〕 2018 年《刑诉法》第 36 条规定："法律援助机构可以在人民法院、看守所等场所派驻值班律师。犯罪嫌疑人、被告人没有委托辩护人，法律援助机构没有指派律师为其提供辩护的，由值班律师为犯罪嫌疑人、被告人提供法律咨询、程序选择建议、申请变更强制措施、对案件处理提出意见等法律帮助。人民法院、人民检察院、看守所应当告知犯罪嫌疑人、被告人有权约见值班律师，并为犯罪嫌疑人、被告人约见值班律师提供便利。"

的性质和可能遭受的处罚。我国设在看守所的值班律师工作站也具有此项功能。在获得值班律师的法律帮助后，其后续仍可通过委托律师或者由法律援助机构指派律师为其提供辩护服务。四是基本性。无论是提供法律咨询还是申请变更强制措施，抑或是告知涉嫌、指控的罪名、性质和法律后果，均是一种基本的法律服务。不进行调查取证和不提供出庭辩护服务，既契合了"值班"的性质，也说明了法律帮助的有限性。法律帮助的上述特点是我们考量有效法律帮助的逻辑起点。因此，有效法律帮助不能按照有效辩护的标准设定，而是应低于有效辩护的标准。

根据《现代汉语词典》对"有效"的解释，"有效"是指"有效果""能实现预期的目的"。[1]作为认罪认罚从宽制度试点引进的值班律师制度，重在保障被追诉人认罪认罚的自愿性、真实性和合法性。从该项制度的实施效果看，作为法律帮助主要提供者的值班律师，并未发挥预期的作用，沦为认罪认罚的"见证人"，为认罪认罚的合法性"背书"，一直为学界所诟病。值班律师未能为被追诉人是否认罪认罚提供帮助，该制度并未对被追诉人认罪认罚的自愿性产生效果、发挥作用，预期目的也未达到。"有效法律帮助"概念的提出，促使我们正视存在的问题，提出法律帮助有效性的改进措施以及达不到有效帮助标准的程序性后果。

律师的有效帮助，是指在刑事案件中认真的、有意义的法律代理，包括律师要就所有权利对被追诉人提出建议，律师根据流行的职业标准合理履行所要求的任务。[2]对律师有效帮助的考察既要关注结果，更要关注行为，也就是进行过程考察。律师在提供法律帮助时是否尽责、尽心、尽力？如果律师积极履职，行为无过错，即便正确的意见未被采纳，也不能认为没有提供有效的法律帮助。在我国当下，司法环境并不单一，案件的处理受多重因素的综合影响，检察官履行客观义务面临诸多困境，法官的独立性、中立性仍有待加强。因此，有效的法律帮助并非有效果的法律帮助。只要律师进行了会见、阅卷和协商，即可推定为提供了"有效法律帮助"。对于值班律师的适格性，通常推定其具备基本的业务技能和专业水平。这有赖于司法行政机关

---

〔1〕 汉语大字典编纂处：《60000 词现代汉语词典》，四川辞书出版社 2014 年版，第 1065 页。

〔2〕 *Black's Law Dictionary*（*Ninth Edition*），Thomson Reuters，2009，pp. 138~139，转引自熊秋红："有效辩护、无效辩护的国际标准和本土化思考"，载《中国刑事法杂志》2014 年第 6 期。

和律师协会的选任和把关。"律师被推定在刑事诉讼中能够为被指控人提供有效的充分的法律帮助，但事实上存在着律师的能力无法胜任所承接的案件以及律师工作不得力等情况。"[1]目前，可以考虑为值班律师设立一定的门槛，如只有具有 3 年以上刑事辩护工作经验者，才可以被选定为值班律师。如果要增强律师投身该项工作的积极性，适当提高值班补贴势在必行。高质量的公共服务产品，需要较高成本的投入，这是国家值得付出的一笔开支。"权利来源于税。"

二、认罪认罚从宽制度实施中被追诉人获得"有效法律帮助"之不足

虽然《指导意见》明确了"有效法律帮助"，但自试点以来，法律帮助的无效化问题仍较为突出。其原因在于值班律师诉讼权利不明确、值班补贴低廉和律师基于未来利益的考量，导致为数众多的律师在既不会见，也不阅卷，更不会进行量刑协商的情况下便在认罪认罚具结书上签字。在缺乏法律帮助手段保障的情况下，预期目的的有效性自然无法实现。具体而言，"有效法律帮助"之不足表现在以下四个方面：

（一）值班律师提供法律帮助不会见

尽管《指导意见》第 12 条第 2 款规定："值班律师可以会见犯罪嫌疑人、被告人，看守所应当为值班律师会见提供便利……"但是由于值班律师并非辩护律师，对普通刑事案件尚无法落实刑事诉讼法规定的辩护律师凭"三证"会见的规定。实践中，值班律师要么是在检察官的陪同下进看守所会见，要么是检察官携"公函"为律师会见"开绿灯"。加之众多值班律师工作站均被设置在看守所监区之外，因此值班律师很难为被羁押的被追诉人提供法律帮助。[2]在见被追诉人如此困难的情况下，值班律师会见的积极性必然不高。两者之间的面谈都十分罕见，值班律师又如何能够提供有效的法律咨询？被追诉人认罪认罚前的必要法律帮助无法得到保障，又如何能实现认罪认罚的自愿性和明智性？

---

[1]　熊秋红："有效辩护、无效辩护的国际标准和本土化思考"，载《中国刑事法杂志》2014 年第 6 期。

[2]　参见韩旭："认罪认罚从宽制度中的值班律师——现状考察、制度局限以及法律帮助全覆盖"，载《政法学刊》2018 年第 2 期。

（二）值班律师基本不阅卷

值班律师的阅卷权是打破"信息不对称"局面，保障认罪认罚自愿性和明智性的前提。《指导意见》发布前，这一问题并不明确。《指导意见》第12条第2款明确赋予了值班律师阅卷权，即"值班律师可以查阅案卷材料、了解案情。人民法院、人民检察院应当为值班律师查阅案卷材料提供便利"。但是，微薄的值班补贴并不能激发值班律师阅卷的动力，由于阅卷耗时费力，值班律师大多不愿阅卷，在值班补贴未相应增加的情况下，给值班律师增加额外的工作量难免会令其产生抵触情绪。不阅卷成了常态，阅卷反而成了例外。如果律师事前并不知道指控犯罪的证据情况，如何评估证据是否确实处分？又如何能准确判断证据与罪名之间是否具有对应关系？更如何预测未来审判被追诉人被定罪的概率，从而为被追诉人认罪认罚提供有效的帮助呢？

（三）控辩量刑协商未开展

尽管《指导意见》规定"人民检察院提出量刑建议前，应当充分听取犯罪嫌疑人、辩护人或者值班律师的意见，尽量协商一致"，但是由于"协商"一词在我国比较敏感，容易与美国的"辩诉交易"联系起来，无论是《试点办法》还是2018年《刑诉法》均未对"协商"问题作出规定，导致我国认罪认罚从宽制度中协商机制不发达。由于没有协商规则，实践中无论是协商的启动还是运行都不规范，协商的主导权在检察院，协商双方地位不平等、协商程序随意性大的问题比较突出。值班律师通过参与协商程序对量刑建议施加积极、有效影响的机会也丧失了。无论是对人民检察院认定罪名、量刑建议提出意见还是就案件处理提出意见，最有效的方式均是贯彻直接言词原则，在协商过程中通过"讨价还价"当面提出。无论是会见还是阅卷，最终都服务于协商，协商的互动性、充分性和直接性决定了其效果远胜一纸书面意见书。基于此，建议最高人民检察院尽快出台协商规则，使实践中的量刑协商有所遵循。

（四）本末倒置的法律帮助

《指导意见》第10条第2款规定："犯罪嫌疑人、被告人自愿认罪认罚，没有辩护人的，人民法院、人民检察院、公安机关（看守所）应当通知值班律师为其提供法律咨询、程序选择建议、申请变更强制措施等法律帮助……"从法律帮助的效果看，提供帮助的时机应当在被追诉人认罪认罚前，而非在认罪认罚后。只有在认罪认罚前提供法律帮助才能促使被追诉人理性选择是否认罪认罚，这样的法律帮助才有效果、有作用。如果在其认罪认罚后才为其提供法律帮助，功能便会大打折扣，无法充分保障被追诉人认罪认罚的自愿性和明智性。道理很简单，作为外行人士，事前并未获得专业律师的指导和帮助。因此，认罪认罚带有很大的盲目性，也必然会提升未来的反悔率。

三、实现被追诉人有效法律帮助权的路径

认罪认罚从宽案件中被追诉人若要获得有效的法律帮助，需要从如下方面努力，改进目前的法律帮助方式：

（一）值班律师应当与被追诉人进行充分秘密的沟通，公安司法机关应当为会见提供便利

2018 年《刑诉法》规定辩护律师会见在押的犯罪嫌疑人、被告人不被监听，并且有核实证据的权利。[1]然而，值班律师并非辩护律师，其会见交流的秘密性无法得到保障。《联合国关于律师作用的基本原则》第 8 条规定："遭逮捕、拘留或监禁的所有的人应有充分机会、时间和便利条件，毫无迟延地、在不被窃听、不经检查和完全保密情况下接受律师来访和与律师联系协商。这种协商可在执法人员能看得见但听不见的范围内进行。"该准则是有关律师执业的最低限度准则，应该为各国所遵守。这里的"律师"并未区分辩护律师和值班律师。因此，值班律师交流的秘密性也应当得到保障。这是值班律师提供有效法律帮助的前提。

根据刑事诉讼法的规定，自审查起诉之日起，辩护律师可以向被追诉人核实证据。这无疑扩大了辩护律师的执业权利，有助于有效辩护的实现。但是，假如值班律师已经阅卷并查阅、摘抄、复制了相关证据，那么他在会见时可否就其有疑问的证据向被追诉人核实？立法上并不明确。从交流的充分性角度看，值班律师也应有核实证据的权利，值班律师自审查起诉之日起可以与被追诉人就指控证据情况进行交流，这是实现有效法律帮助的必要措施。

为了改变目前值班律师提供法律帮助流于形式的现状，应从制度层面明

---

[1]　2018 年《刑诉法》第 39 条第 4 款规定："辩护律师会见在押的犯罪嫌疑人、被告人，可以了解案件有关情况，提供法律咨询；自案件移送审查起诉之日起，可以向犯罪嫌疑人、被告人核实有关证据。辩护律师会见犯罪嫌疑人、被告人时不被监听。"

确，值班律师应当会见被追诉人，双方之间的沟通交流应当是秘密的、充分的。《指导意见》第 12 条第 2 款规定："值班律师可以会见犯罪嫌疑人、被告人，看守所应当为值班律师会见提供便利……"不仅仅是看守所，公安、司法机关均应为律师会见消除障碍、提供便利。一方面，应当将值班律师工作站设置在监区内，使之真正能为被羁押人员提供包括法律咨询在内的法律帮助；另一方面，明确值班律师具有与辩护律师相同的法律地位，同样可以凭律师执业证、律师事务所公函和法律援助函这"三证"进行会见，避免当下值班律师进入看守所"会见难"的问题。

（二）值班律师应当提前阅卷，了解案情

阅卷是律师提供法律帮助的基础性工作。如果律师事先不了解控方的证据情况便相当于不了解案情，何以能提供法律帮助呢？尽管《指导意见》明确了值班律师的阅卷权，但低廉的值班补贴不足以促使值班律师前去阅卷。因此，我们对《指导意见》赋予值班律师阅卷权规定的贯彻落实情况不应盲目乐观。笔者通过调研得知，实践中值班律师阅卷的事例实属罕见。为此，一方面应提高值班律师的补贴，使其有动力去阅卷；另一方面应当明确值班律师在认罪认罚具结书上签字错误的不利后果。例如，事后发现被追诉人系被错误定罪，签字的值班律师亦应承担相应的责任。通过上述规定，使其产生一定的压力，迫使其积极阅卷。

（三）值班律师应当参与量刑协商和谅解协商，对检察机关提出从宽量刑
　　　　建议施加影响

由于认罪认罚案件法院一般应当采纳检察院的量刑建议，且适用速裁程序审理的案件一般不进行法庭调查和法庭辩论。因此，对大多数案件的被追诉人而言，审查起诉阶段即决定了审判阶段的命运。鉴于此，在认罪认罚案件中，律师提供法律帮助的诉讼阶段前移至审查起诉阶段，并由传统的在法官面前辩护向在检察官面前辩护转变。与控方进行量刑协商是提供法律帮助的重要形式。在有被害人的案件中，律师还应与被害人及其家属展开谅解协商，从而为被追诉人争取一个较宽的处理结果。

"在审查起诉环节，由于犯罪嫌疑人通常不具有法律专业知识与谈判能力，所以需要由律师代为进行量刑协商，与检察官就量刑问题进行平等沟通，

故量刑协商应当在检察官与律师之间进行。"〔1〕在协商过程中，律师不得违背被追诉人明示的意思。无论是会见还是阅卷，都服务于协商程序。目前的量刑协商程序均由检察官主导，且大多不开展协商活动，即便律师想参与协商，公权力机关也不会提供机会，从而失去了影响检察官提出从宽量刑建议的机会。可以说，在认罪认罚案件中，协商是最有效的法律帮助方式，如果没有协商机制，程序参与原则便无法在该类案件中实现，认罪认罚从宽制度的程序正当性就会受到质疑。协商应当是认罪认罚从宽制度的精髓，没有协商的认罪认罚从宽制度是没有生命力的制度，也无法体现该制度的优越性。律师参与协商就如同审判阶段参与庭审一样，协商中律师发表的意见犹如庭审中的辩护意见，对从宽的幅度有重要影响。在协商程序中，检察官扮演了法官的角色，但检察官的中立性不足，能否履行客观义务对检察官不啻为是一个较大挑战。在法官不能介入审前程序的情况下，律师只有提出确实充分的证据和理由才能对检察官提出从宽的量刑建议产生积极效用。既然检察官的量刑建议从协商中产生，那么律师就应参与到这一程序之中，否则仅有作为法律外行人士的被追诉人参与，协商只能沦为一场不平等的、徒具形式的游戏。既然检察官主导协商程序乃至认罪认罚从宽制度，那么其就应给予被追诉人及其律师提供协商的机会，以双方面对面的互动交流代替单方面听取书面意见的惯常做法。这是有效法律帮助不可或缺的一环。鉴于实践中协商的启动随意性较大、协商程序不规范等问题，笔者建议最高人民检察院尽快出台协商规则，以规范协商行为，保障律师协商权的实现。

协商的过程和结果应当被记入笔录，有条件的地方还可以进行全程录像。当审判阶段被告人以协商违反自愿原则提出异议时，法院可以调取协商笔录或者录像资料进行审阅。

（四）增进被追诉人与值班律师之间的信任关系，为实现有效法律帮助创造条件

尽管值班律师属于法律援助范畴，并非被追诉人及其家属委托的律师，但是制度上仍预留了增进彼此信任关系的空间。例如，2017 年两高三部联合发布的《关于开展法律援助值班律师工作的意见》第 6 条第 3 款规定："值班律师应当依法保守工作中知晓的国家秘密、商业秘密和当事人隐私，犯罪嫌

---

〔1〕　闵春雷："认罪认罚案件中的有效辩护"，载《当代法学》2017 年第 4 期。

疑人、刑事被告人或者其他人准备或者正在实施危害国家安全、公共安全以及严重危害他人人身安全的犯罪事实和信息除外。"同时，第4条规定："有条件的地方可以组建法律援助值班律师库。"就前者而言，之所以要求律师遵守保密规则，除例外情形，未经被追诉人许可或者同意，不得将双方交流的信息予以披露。这主要是为了维护被追诉人对律师的信任。只有律师不会擅自披露双方交流的信息，被追诉人才会向律师吐露心声，法律帮助才会有效果。只有当事人愿意将那些可能牵连自己或使自己陷入困境的事实告知律师，并相信律师能为自己保密时，律师才能为其提供最有效的帮助。那些认为律师值得信赖的当事人也更容易接受律师的建议进行正确的行为。[1]例如，一位射杀了其丈夫的妇女，之后否认自己实施了射杀行为，她不太愿意告诉律师她的丈夫当时正在用一把匕首攻击她。她认为这样说会证实自己确实朝丈夫射击了，然而她并没有意识到她这样做其实是正当防卫，从而可以免于谋杀罪的指控。[2]可见，当事人对律师全面、如实陈述是取得好的法律帮助效果的前提条件。

尽管值班律师采取流水线式的作业模式，被追诉人与律师之间较难建立信任关系。但是，值班律师库的建立为被追诉人与律师之间信任关系的建立创造了条件。下一步可考虑赋予被追诉人从值班律师库中选任法律帮助人的权利，此时，其选任的律师是其信任的人，双方之间比较容易沟通，值班律师的意见也容易为被追诉人所接受，法律帮助的有效性自然得以实现。

（五）在诉讼过程中尽可能由同一值班律师提供法律帮助

由同一值班律师提供法律帮助，一方面，该律师对案情较为熟悉，在后续阶段法律帮助的质量更高，可以避免由其他律师提供帮助所可能造成的"重复劳动"；另一方面，与其他律师相比，该律师比较容易建立信任关系。对此，《指导意见》第13条规定："对于被羁押的犯罪嫌疑人、被告人，在不同诉讼阶段，可以由派驻看守所的同一值班律师提供法律帮助。对于未被羁押的犯罪嫌疑人、被告人，前一诉讼阶段的值班律师可以在后续诉讼阶段继续为犯罪嫌疑人、被告人提供法律帮助。"值班律师工作的连续性也许会造成"值班律师"的名实不符，但是其优点在于可以增强其责任心，促进法律帮助有

---

〔1〕 参见 [美] 蒙罗·H.弗里德曼、阿贝·史密斯：《律师职业道德的底线》，王卫东译，北京大学出版社2009年版，第135页。

〔2〕 [美] 戴维·鲁本：《律师与正义——一个伦理学研究》，戴锐译，中国政法大学出版社2010年版，第175页。

效性的实现。

　　除上述举措之外，应当将值班律师提供法律帮助的时间前移，可考虑在被追诉人认罪认罚前由值班律师为其提供法律咨询，提出是否认罪认罚的建议供其参考。如此，法律帮助才具有实效性。要知道，在此阶段，被追诉人才最需要律师的帮助。此时的法律帮助乃"雪中送炭"，及时而温暖。

　　实践证明，辩护律师提供的法律帮助比值班律师更为有效，两者除了诉讼权利不尽相同外，委托的值班律师更尽心尽责。"受人之托，忠人之事。"如果被追诉人已经委托了辩护律师，检察机关再安排值班律师签署认罪认罚具结书便属于严重违法行为，有规避辩护律师提供法律帮助之嫌。即使值班律师在具结书上签字也应宣告无效。

四、违反"有效法律帮助"义务的程序后果

　　"在认罪认罚案件中，不仅要有律师参与，而且要求律师尽职尽责、最大程度维护被追诉人的利益。"[1]《指导意见》第 10 条第 1 款明确规定："获得法律帮助权。人民法院、人民检察院、公安机关办理认罪认罚案件，应当保障犯罪嫌疑人、被告人获得有效法律帮助，确保其了解认罪认罚的性质和法律后果，自愿认罪认罚。"我国《宪法》第 130 条规定"被告人有权获得辩护"，公、检、法机关都有保障的义务。虽然没有提供有效法律帮助的主体是律师，但是由于检察机关是国家的法律监督机关，又主导认罪认罚从宽制度，因此被追诉人未获得有效的法律帮助，检察机关难脱干系，应承担主要的程序不利后果。根据《指导意见》上述规定的文义解释，被追诉人获得有效法律帮助权需要包括检察机关在内的公权力机关的保障，这是其应尽的义务。根据法理学的基本原理，权利的实现需要义务的履行。如果公权力机关怠于履行义务，导致被追诉人没有获得"有效法律帮助权"，应当承担什么样的不利后果，也是需要我们思考的问题。如果没有不利后果的保障，所谓"有效法律帮助权"便不可能真正实现。

　　在美国，被追诉人拥有提出"无效辩护"申请的救济权利。一旦律师辩护被认定为"无效辩护"，那么被告人便可能被宣告无罪或者使原审判决被推翻，案件被发回重审。"美国辩诉交易中无效辩护的救济，通常是由法院将案

────────────

〔1〕　闵春雷："认罪认罚案件中的有效辩护"，载《当代法学》2017 年第 4 期。

件发回到无效辩护发生的程序节点之前，以纠正律师的错误，保障被告人获得有效辩护的权利。"[1]陈瑞华教授提出的"程序性制裁理论"主要是针对公权力机关，律师并非公权力机关的主体。[2]且我国法律、司法解释和规范性文件并未强制性地要求律师在提供法律帮助时必须会见、阅卷和协商。因此，很难适用程序性制裁理论。但是，美国的"无效辩护"理论可资借鉴。在我国，针对律师违反被追诉人获得"有效法律帮助权"的不利程序性后果，可考虑根据不同的诉讼阶段分别设置。一是在侦查阶段犯罪嫌疑人虽然认罪认罚，但如果律师未经会见、阅卷，即使犯罪嫌疑人认罪认罚，仍可认定犯罪嫌疑人未获得"有效法律帮助"。案件不能按照认罪认罚从宽制度处理。二是在审查起诉阶段，如果律师未参与协商即同意检察机关的量刑建议，不得在认罪认罚具结书上签字，即使签字，也属无效。三是在审判阶段，对审前程序中犯罪嫌疑人未获得有效法律帮助的案件，法院应驳回起诉，不予审理。四是在一审宣判后，被告人以一审阶段和审前程序中没有获得"有效法律帮助权"为由提起上诉的，二审法院应当裁定撤销原判，发回重审。此种程序性制裁可以促使一审法院切实履行保障义务。2018年《刑诉法》第237条第1款规定："第二审人民法院发回原审人民法院重新审判的案件，除有新的犯罪事实，人民检察院补充起诉的以外，原审人民法院也不得加重被告人的刑罚。"因此，对于发回重审的案件，原审法院不得判处更重的刑罚，且我国没有诉讼行为无效制度，对侦查、审查起诉阶段被追诉人没有获得有效法律帮助的案件，除非检察机关撤回起诉，否则侦查、起诉行为不会失效，也不可能重来，作为补偿，原审法院应当判处比原判刑罚更轻的刑罚。

五、"无效法律帮助"的判断标准及其举证责任分配和证明标准设定

如果没有达到有效法律帮助的标准，将会影响法律帮助的实际效果，最终可能导致法律帮助未能真正发挥作用。[3]违反"有效法律帮助"的程序性后果若要被激活，就必须明确"无效法律帮助"的判断标准和对此事项举证责任的分配以及证明主体应当达到的证明标准。唯有实现这些配套措施的跟

---

〔1〕 闵春雷："认罪认罚案件中的有效辩护"，载《当代法学》2017年第4期。

〔2〕 参见陈瑞华：《程序性制裁理论》（第3版），中国法制出版社2017年版，第101页以下。

〔3〕 参见熊秋红："有效辩护、无效辩护的国际标准和本土化思考"，载《中国刑事法杂志》2014年第6期。

进，被追诉人获得"有效法律帮助权"的规定才能真正得到落实。美国联邦最高法院于 1984 年在"斯特里克诉华盛顿州案"（Strickland v. Washington）中确立了律师无效辩护的标准，以此来判断辩护律师在诉讼活动中的行为是否构成了对被指控人获得律师有效帮助的宪法权利的否定。起初，无效辩护的标准只适用于审判程序，并不适用于辩诉交易，目的是保障对抗式诉讼功能的实现。1985 年，美国联邦最高法院通过"希尔案"（Hill v. Lockhart）将无效辩护的标准适用于辩诉交易。〔1〕根据美国联邦最高法院所确立的标准，被指控人如果主张辩护律师在诉讼中的活动属于无效辩护，则必须证明：①律师的辩护低于合理的客观标准。即根据一般性的职业标准进行衡量，律师在诉讼中的行为明显的"不合理"。②如果律师不犯非专业性错误，将会有诉讼结果不同的合理可能性。〔2〕

　　如上所述，有效法律帮助标准应低于有效辩护标准。根据美国律师协会的标准，在辩诉交易程序中，辩护律师应当开展下列工作：①告知被告人有选择进行辩诉交易或者审判的权利；②告知被告人关于辩诉交易的一般程序以及辩护律师的交易策略；③辩护律师应当告知被告人其与检察官交易的实情，告知其检察官重要的答辩提议、该提议的含义以及对被告人的价值；④辩护律师应当坦诚地告知被告人案件的事实情况和法律适用，包括对于审判可能结果的预测，不应当故意夸大或者回避审判的风险，对被告人施加不适当的影响；⑤告知被告人某一特定答辩后果，包括可能的量刑和对于缓刑、假释资格、移民状况等的影响；⑥告知被告人关于有罪答辩之前的法庭训示；⑦如果被告人选择审判，应告知其审判程序；⑧辩护律师应当尽快展开对案件的调查，寻找有价值的证据和线索；⑨非经对案件及其所适用的法律潜心的适当调查和研究，不得建议被告人接受有罪答辩；⑩如果与被告人在案件辩护策略上有重大分歧，应当做记录并保密；⑪如果法律以及案件允许，辩护律师应当寻求审判之外的其他处理方式。〔3〕我国认罪认罚从宽制度中的有

---

〔1〕　参见祁建建："美国辩诉交易中的有效辩护权"，载《比较法研究》2015 年第 6 期。

〔2〕　参见熊秋红："有效辩护、无效辩护的国际标准和本土化思考"，载《中国刑事法杂志》2014 年第 6 期。

〔3〕　See Annot., Admissibility of Defense Communications Made in Connection with Plea Bargaining, 8, A. L. R. 4th 660; ABA Standards, The Defense Function, Stds, 4-3.8, 4-6 2 (a) (b); RPC Rule 1.4, 转引自祁建建："美国辩诉交易中的有效辩护权"，载《比较法研究》2015 年第 6 期。

效法律帮助标准只需要满足会见、阅卷和协商三项要求即可。我国有学者亦提出：律师没有依法进行会见、阅卷及量刑协商，应作为"无效辩护"的判断标准。这一标准明显低于美国"有效辩护"的上述标准。

循此思路，笔者拟结合认罪认罚从宽制度实施的实际状况，尝试提出"无效法律帮助"标准。被追诉人未能获得"有效法律帮助"即可视为"无效法律帮助"。"无效法律帮助"标准主要有两项：一是"了解案情"标准，这主要通过阅卷和会见实现，如果律师既未阅卷也未会见，可视为没有达到"了解案情"标准；二是"协商"标准，这既包括与被追诉人的"法律帮助协商"，又包括与检察官的"量刑协商"。如果律师既没有与被追诉人进行协商，也没有与检察官进行协商，则视为违反"协商"标准。上述两项标准需同时具备才符合"有效法律帮助"标准，若有其中一项未满足，即可认定为"无效法律帮助"。

"无效法律帮助"的证明责任由被追诉人承担，检察机关作为法律监督机关，同时检察官又承担客观义务，因此检察官应协助被追诉人履行证明责任。当被追诉人及其律师调查取证遇到阻碍时，检察官应负责排除障碍，帮助调取证据。这既符合认罪认罚案件"控辩合意"的精神，也是检察官主导认罪认罚案件的必要要求。在被追诉人承担证明责任时，只需证明其未获得有效的法律帮助（例如律师未行会见、阅卷和协商之职责）即可，无须证明如果律师提供有效的法律帮助，将会有不同的处理结果。由于后者的证明对被追诉人来说较为困难，鉴于美国"无效辩护"中被告人承担较重证明责任的教训，我们不应将此作为证明对象让被追诉人承担证明责任。在美国的司法实践中，被告人对律师无效辩护的证明要达到上述两项标准是非常困难的。在绝大多数涉及无效辩护的案件中，被告人提出的诉讼请求都没有成功，只有极少数辩护质量极端低劣的案件才会因为无效辩护而被撤销原判。[1]

由于被追诉人大多被羁押，辩护律师调查取证能力受限，值班律师并未被赋予调查取证的权利，因此对被追诉人不宜设置较高的证明标准，只需达到"高度盖然性"或者"盖然性占优势"的标准即可。

认罪认罚案件中被追诉人的公正审判权已被克减，例如对于适用速裁程

---

[1] 参见陈瑞华："刑事诉讼中的有效辩护问题"，载《苏州大学学报（哲学社会科学版）》2014年第5期。

序审理的案件，一般不进行法庭调查和法庭辩论，律师辩护的空间被大大压缩。如果在审前程序中被追诉人的获得有效法律帮助权不能得到保障，则认罪认罚从宽制度的正当性基础将不复存在。作为克减获得公正审判权的补偿，律师的法律帮助权应当充实化、有效化。然而，实践中，值班律师法律帮助虚化甚至无效的问题比较突出，不利于认罪认罚从宽制度的正确实施，也降低了该项制度的公信力。以《指导意见》明确规定"有效法律帮助"为契机，认真研究"有效法律帮助"，并在认罪认罚案件中推动实现被追诉人的有效法律帮助权，乃当下的重中之重。唯有如此，认罪认罚从宽制度在我国才可能行稳致远。

　　当然，律师能否提供有效的法律帮助，非律师尽职尽责所能实现。需要合理的诉讼结构和良好的司法环境作为保障。法官的中立性、检察官客观义务的履行、协商机制的建立、有效的程序救济等都会对律师能否提供有效法律帮助产生影响。

第九章

认罪认罚从宽制度实施中检察机关应注意避免的几种倾向

随着 2018 年《刑诉法》的修改，认罪认罚从宽制度在法律层面得以确立。如果说以审判为中心的刑事诉讼制度改革是由法院牵头推动的，那么认罪认罚从宽制度则是由检察机关主导实施的。但从笔者近期的调研情况看，检察机关在推动实施认罪认罚从宽制度过程中有一些苗头性、倾向性问题应当予以重视。主要表现为七个方面：一是检察机关实施动力不足，阻力较大；二是认罪认罚案件均被作为"简案"处理；三是为保障被追诉人认罪认罚自愿性、真实性而建立起来的值班律师制度的作用未得到有效发挥，值班律师在认罪认罚具结书签署过程中"见证"作用明显；四是以认罪认罚具结书代替被追诉人认罪认罚自愿性、真实性的证明；五是基于"消化案件"考虑，检察机关将证据不足案件移送法院起诉；六是"重定罪、轻量刑"问题突出，导致所提的量刑建议不够准确；七是对一审适用认罪认罚从宽制度裁判的案件提出抗诉，导致司法资源浪费、诉讼不经济、不迅速问题。以下，笔者将分述之。

一、实施动力不足、阻力较大

适用认罪认罚从宽制度办理的案件，检察机关需要犯罪嫌疑人签署认罪认罚具结书，还需要由值班律师配合完成具结书签署时的"在场"任务；有时，为了保障犯罪嫌疑人认罪认罚的自愿性和真实性，一些检察院在讯问犯罪嫌疑人时还要进行录音录像。诸如此类的繁琐事务无疑加大了检察官的工作量，导致诉讼效率下降。此外，认罪认罚制度的推进实施仍面临较大阻力。据一些检察官反映，在有些地方，一个县只有一个律师，律师资源的稀缺严重制约了认罪认罚从宽制度的实施。另有部分检察官反映，认罪认罚从宽制度实施必须由值班律师配合，而作为法律援助组成部分的值班律师由当地司法行政部门管理，而一些地方的司法行政部门对认罪认罚从宽制度不熟悉、不理解、不支持，导致值班律师制度不健全，造成该项制度推行困难。在该项制度实施伊始，检察机关适用认罪认罚从宽制度的积极性不高、动力不足、阻力较大的问题已经凸显出来。依笔者之见：第一，既然刑诉法已经确立了认罪认罚从宽制度，就不是检察机关根据自身喜好的"愿不愿实施的问题"，而是必须严格依法实施的问题。虽然在实施过程中会面临这样或者那样的问题，但克服困难、迎难而上是检察机关应有的态度。否则，就是不忠于法律，甚至是怠于行使职权的"玩忽职守"行为。第二，尽管在审查起诉阶段检察机关的工作量可能比此前的"一诉了之"增加了很多，但是由于检察机关是批量起诉，法院是批量审判，且法庭审理一般不再进行法庭调查、法庭辩论，起诉以后的诉讼效率大大提升，检察官省却了举证、质证和辩论工作，检察机关"消化案件"的能力可以得到提升。目前，我国适用认罪认罚从宽制度的案件上诉率比较低，最高人民法院院长周强代表两高向全国人大常委会所作的认罪认罚从宽制度实施中期报告显示：检察机关抗诉率、附带民事诉讼原告人上诉率均不到 0.1%，被告人上诉率仅为 3.6%。二审审理时检察官阅卷和出庭频次也相应减少，可以使上一级检察院的检察官得到"解放"，进而使其得以投入到犯罪嫌疑人不认罪的重大、疑难案件的办理中，从而较好地实现"繁简分流"。因此，从整个诉讼程序来看，认罪认罚从宽制度的实施未必会使检察官的工作量加大、办案效率降低。如果说现在检察官对该项新制度实施动力不足甚至存在某种程度的抵触情绪，那也是因为在制度实施伊始，很多检察官并未品尝到该项制度带来的"甜头"。一旦品尝到"甜头"，检察官在"外在压力"下的被动实施就会转化为"内生动力"下的自觉主动实施。第三，建议由最高人民检察院积极会商司法部，在全国范围内尽快建立、完善值班律师制度。在此之前，各地检察机关可与当地司法行政部门积极协调，争取理解和支持，司法行政部门可通过资源调配等方式保证所需要的值班律师能够"配齐""到位"。第四，在值班律师制度完善之前，可以通过建立从事刑事辩护业务的"律师库"，明确从事刑事辩护业务的律师每年至少在看守所值班一天，并将此项工作纳入对律师年终考评任务之中。

二、认罪认罚案件都按"简案"处理

"简案"和"难案""疑案"都是相对的，被追诉人认罪认罚的情况下可能是"简案",但是被追诉人一旦翻供,因事过境迁,证据可能毁损或者灭失,给调查取证和固定证据带来困难,此时"简案"就会转化为"难案"甚至"疑案",案件审理程序可能会从速裁程序、简易程序转化为普通程序。[1]针对适用认罪认罚从宽制度,学界普遍主张不能降低证明标准,主要原因在于担心侦控方不是将精力用在调查取证上而是用在获取被追诉人的有罪口供上。[2]其实,适用认罪认罚制度在实践中不可避免地存在降低证明标准的问题。虽然效率是认罪认罚从宽制度的重要价值,但在公正与效率的关系上,公正永远是第一位的。我们常说要把每一个案件办成经得起历史检验的"铁案",这其中当然也包括认罪认罚案件。按照"简案快办"的要求,并非"越快越好","欲速则不达",程序运作应当保持适度,以"不拖延"为适当。

为调动检察机关办理认罪认罚案件的积极性,有必要修改内部的绩效考核制度。即不能将认罪认罚案件都当作"简案"对待。正如前述,办理认罪认罚案件的工作量在检察环节"不减反加"。因此,在目标考评上应充分注意到这一情况,不是所有的认罪认罚案件的工作难度都比非认罪认罚案件要小。

为防止认罪认罚案件成为将来冤错案件发生的"重灾区",做到"未雨绸缪""防患于未然",对认罪认罚案件,侦控机关也不能怠于调查取证。在目前翻供率比较高的情况下,司法机关不能仅靠口供定案,无论在法律上还是在实践中,起诉的证明标准与法院的定罪标准均应大体一致,这种极高的证明标准也要求检察机关即使在"零口供"的情况下案件仍能够"诉得出""判得下"。

三、值班律师充当"见证人"角色

值班律师在犯罪嫌疑人签署认罪认罚具结书时"在场"见证遭到了学界的普遍诟病。[3]以致有学者惊呼:如果仅仅是见证具结书签署的真实性,就没有必要浪费极其宝贵的律师资源,由"义工"承担这一角色可能更合适。

---

[1] 关于"简案""难案"的划分,笔者在 2019 年年初就提出过"认罪认罚案件并非都是'简案'"的观点。参见韩旭:"2018 年刑诉法中认罪认罚从宽制度",载《法治研究》2019 年第 1 期。

[2] 参见陈光中、马康:"认罪认罚从宽制度若干重要问题探讨",载《法学》2016 年第 8 期;陈卫东:"认罪认罚从宽制度研究",载《中国法学》2016 年第 2 期。

[3] 参见韩旭:"认罪认罚从宽制度中的值班律师——现状考察、制度局限以及法律帮助全覆盖",载《政法学刊》2018 年第 2 期。

如果值班律师事前既不会见也不阅卷，更不与检察机关就"罪"与"罚"的问题进行协商，而仅仅是在犯罪嫌疑人签署具结书时"在场"，那么值班律师承担的更多的是一种"背书"职能，即为认罪认罚具结书的签署背书。果如此，值班律师参与的形式意义将大于实质意义，这有违值班律师保障被追诉人认罪认罚自愿性和真实性的制度设计初衷。庭审的简化应当以庭前程序的"充实"为前提，这也是庭审程序简化的正当性基础。既然法庭审理"一般不再进行法庭调查、法庭辩论"，那么庭前程序中律师的介入便应当是实质化的。基于此，有必要提出以下几点建议：一是明确值班律师的阅卷权。根据2018年《刑诉法》第173条第1款之规定，检察院审查案件应当听取值班律师关于案件实体问题的意见。第3款同时规定："人民检察院依照前两款规定听取值班律师意见的，应当提前为值班律师了解案件有关情况提供必要的便利。"对于何谓"为值班律师了解案件有关情况提供必要的便利"，此规定语焉不详，缺乏可操作性。因此，建议最高人民检察院在修改《人民检察院刑事诉讼规则（试行）》时，将立法上的规定直接解释为"值班律师可以查阅案卷材料"。其实，在试点阶段，有些地方的检察院已经突破了《试点办法》的规定，赋予值班律师阅卷权。如果律师没有阅卷权，在信息不对称的情况下何以能够为被追诉人提供认罪认罚与否的建议？二是建立值班律师与检察机关之间的"沟通协商"机制，检察机关在制作起诉书以前就拟适用的罪名和量刑建议等事项，应当与犯罪嫌疑人及其值班律师进行协商，并在听取后者意见的基础上对合理的意见和建议予以采纳，并对原拟适用的罪名和量刑建议进行调整。"在协商过程中，检察官应当保证律师充分阅卷并了解案件情况，所提出的协商建议应当遵循罪刑法定原则，符合法律、司法解释的规定。经过若干轮的协商回合，检察官最终与犯罪嫌疑人达成一致协议，检察官在此基础上准备程序适用建议。在此过程中，犯罪嫌疑人可主张撤回认罪认罚的供述。"[1]三是明确值班律师未经历会见、阅卷和协商程序而径直在具结书上签字的，一旦案件出现冤错，值班律师应当承担相应的责任。根据"权责相统一"的原理，值班律师责任重了，权利也应当适度扩大。值班律师的基本职责就是保障被追诉人认罪认罚的自愿性、真实性和明智性。如果其提前不阅卷和会见，怎能向嫌疑人提出是否认罪认罚的意见和建议？又如何能与

---

〔1〕　陈卫东："认罪认罚从宽制度研究"，载《中国法学》2016年第2期。

检察机关进行有价值的协商？此外，我们在设计一项制度时，既要考虑其必要性，也要虑及其可行性。在目前值班补贴非常低廉的情况下，即使赋予律班律师阅卷权、调查取证权甚至出庭辩护权，值班律师会去积极行使吗？当然，这并非检察机关"一家"之力所能解决。除了国家财政的支持外，企业和社会爱心人士的捐助基金也是值班律师制度有效运作的重要保障。

四、以认罪认罚具结书代替被追诉人认罪认罚自愿性、真实性的证明

认罪认罚以被追诉人口供的形态表现出来。如前所述，认罪认罚从宽制度的前提是被追人认罪认罚，因此，认罪认罚案件的诉讼证明当然会紧紧围绕"被追诉人口供"进行。被追诉人认罪认罚集中体现在认罪认罚具结书的签署上。依目前法律之规定，辩护人或者值班律师的"在场"行为可以证明被追诉人认罪认罚的自愿性和真实性。其实，辩护人或者值班律师"在场"只能见证认罪认罚具结书签署时被追诉人没有受到刑讯逼供、诱供等外部力量的影响，难以"担保"认罪认罚过程（即口供取得）的合法性、自愿性和真实性。实践中，仅有认罪认罚具结书而没有口供证据的案件应该不多见。但是，在侦控机关讯问取证过程中并没有辩护人或者值班律师在场，又怎能保障后续的具结书签署不是在之前违法讯问影响下取得的？这也是2017年6月两院三部在《关于严格排除非法证据规定》中确立"重复性供述排除规则"的原因所在。既然在认罪认罚案件中口供的证明力得到了较高评价，就理所当然地更应重视口供尤其是认罪认罚自愿性、真实性和明智性的证明。为了使值班律师的参与更有实质意义，保障被追诉人认罪认罚的自愿性、真实性和明智性势在必行。但需要认识到的是，以口供为中心进行证明有其固有的缺陷，被追诉人一旦翻供，案件转为普通程序审理，控方必须证明口供取得的合法性。因此，在认罪认罚案件中，控方不能仅以一纸具结书来证明认罪认罚的自愿性和真实性。为此，侦控机关需要收集、固定认罪认罚自愿性、真实性和明智性的证据。一是可考虑引入侦查讯问时的律师在场制度。这项制度要求侦查人员在讯问犯罪嫌疑人时要有律师在场，但是受制于目前条件的限制，比如夜间讯问时律师能否在场以及办理刑事案件的律师数量能否支撑该制度的运行等。但是，随着我国律师队伍的庞大和律师制度的改革，上述问题应在将来得到较好的解决。笔者考虑的是，可以值班律师制度的改革完善为契机，借鉴域外经验和做法，将值班律师职能定位为"急诊医生"

式的服务，通过在看守所派驻值班律师，并适当提高其值班补助，律师在侦查讯问时"在场"制度可望实现。二是讯问全程录音录像制度的实现。目前的讯问录音录像制度主要适用于可能被判处无期徒刑、死刑的重罪案件和职务犯罪案件。适用认罪认罚从宽制度的案件多是轻罪案件，在轻罪案件中实行录音录像制度，无疑会加大办案机关的司法成本，这是必须面对的问题。但是，我们要充分认识到"人权保障是要付出代价的"，如要把认罪认罚案件办成经得起历史检验的"铁案"，付出这样的代价也是值得的。否则，犯罪嫌疑人一旦翻供，很难证明其认罪认罚的自愿性和真实性以及侦查机关取证的合法性。三是建立证据开示制度。目前，被追诉人的供述大都是在"信息不对称"的情况下作出的，其认罪认罚的明智性可能会被质疑。最高人民法院院长周强在总结认罪认罚试点工作情况时提出，有些试点地方"探索证据展示制度，确保犯罪嫌疑人、被告人充分知悉法律后果、获得法律帮助、自愿认罪认罚"。[1] 可见，证据展示制度是自愿认罪认罚的前提和基础。没有被追诉人对指控其犯罪证据情况的了解，何谈认罪认罚的自愿性？值班律师如果不了解控诉证据情况，何以向被追诉人提出有价值的认罪认罚建议？又何以能够与检察机关展开协商并提出有针对性的意见？

五、证据不足案件移送起诉

即便是认罪认罚案件，也不能仅凭口供起诉或者定罪。在此类案件中，更应重视"口供补强规则"的运用。2018 年《刑诉法》第 55 条第 1 款规定："对一切案件的判处都要重证据，重调查研究，不轻信口供。只有被告人供述，没有其他证据的，不能认定被告人有罪和处以刑罚；没有被告人供述，证据确实、充分的，可以认定被告人有罪和处以刑罚。"认罪认罚案件为了体现效率导向，倡导"程序从简"，但有时办案机关为了换取犯罪嫌疑人认罪认罚口供，对其也会实行"程序从宽"，即以对犯罪嫌疑人进行取保候审为"诱饵"，换取犯罪嫌疑人的"配合"，从而获取认罪认罚的口供。作为"客观义务"的践行者，检察官不应忽视犯罪嫌疑人认罪认罚是在什么背景下作出的？

---

〔1〕　最高人民法院院长周强代表两高在 2017 年 12 月 23 日在第十二届全国人民代表大会常务委员会第三十一次会议上所作的《关于在部分地区开展刑事案件认罪认罚从宽制度试点工作情况的中期报告》。

我国应加大对侦查机关变更取保候审措施后犯罪嫌疑人认罪认罚案件的监督力度，同时还需要审查独立的"基础事实"是否存在，以及能否与口供相印证或者矛盾之处是否能够得到"合理解释"。随着我国"劳教"制度的废除和"醉驾"入刑，我国的案件结构已经发生较大变化，在三年以下有期徒刑、拘役等轻罪案件占绝大多数的情况下，我们需要特别注意防范轻罪案件中冤错的出现。一旦在检察环节出现冤错，那么"起点错、跟着错、错到底"的问题就难以避免了。由于对于适用速裁程序审理的案件，法院一般不再进行法庭调查和法庭辩论，对检察机关提出的量刑建议，法院原则上应当采纳，因此审判程序对此类案件的纠错能力会大大下降。因此，检察机关在审查起诉环节就应当把好"证据关"和"事实关"。对于犯罪嫌疑人认罪认罚但经审查证据不足的案件，检察机关仍要依法退回公安机关"补充侦查"、退回监察委员会"补充调查"，对于经过两次补充侦查或者调查仍然事实不清、证据不足的案件，要果断作出"存疑不起诉"决定，以保证"证据裁判""疑罪从无"原则能在检察环节得到贯彻落实。

司法公正的底线是防范冤假错案发生。针对轻罪案件领域将来可能是冤假错案高发领域的预测，检察机关应积极履行法律监督和公诉职能。首先，检察机关的侦查监督应将公安机关办理的认罪认罚案件作为监督重点，尤其是在由羁押措施变更为取保候审措施的案件中犯罪嫌疑人认罪认罚的。"考虑到认罪认罚制度的特殊价值导向，检察机关履行监督职能时应当侧重在侦查阶段办案机关可能发生的权力滥用行为，确保案件处理公正。"[1]其次，检察机关不应将犯罪嫌疑人"认罪认罚"作为"社会危险性"条件而不予批捕或者变更采取取保候审措施。虽然《试点办法》第6条规定："人民法院、人民检察院、公安机关应当将犯罪嫌疑人、被告人认罪认罚作为其是否具有社会危害性的重要考虑因素，对于没有社会危险性的犯罪嫌疑人、被告人，应当取保候审、监视居住。"但为防止犯罪嫌疑人为获得"程序从宽"而"假认罪认罚"，在一般情况下，在检察环节不应将原来的羁押措施变更为取保候审措施，更不应以变更为较轻的强制措施来换取犯罪嫌疑人认罪认罚。司法实践中，在审前程序中认罪认罚，然后在一审宣判后又以"量刑过重"为由提起上诉的案例不在少数。且刑事诉讼法在修改时并未将《试点办法》中的上

---

〔1〕 陈卫东："认罪认罚从宽制度研究"，载《中国法学》2016年第2期。

述规定以立法形式确认，检察机关也没有必要按此执行。当前检察机关"捕诉合一"的"大部制"改革为上述建议的推行提供了便利条件。

六、提出较为精准的量刑建议明显不适

2018 年《刑诉法》第 176 条第 2 款规定："犯罪嫌疑人认罪认罚的，人民检察院应当就主刑、附加刑、是否适用缓刑等提出量刑建议，并随案移送认罪认罚具结书等材料。"《试点办法》第 11 条规定："人民检察院向人民法院提起公诉的，应当在起诉书中写明被告人认罪认罚情况，提出量刑建议，并同时移送被告人的认罪认罚具结书等材料。量刑建议一般应当包括主刑、附加刑，并明确刑罚执行方式。可以提出相对明确的量刑幅度，也可以根据案件具体情况，提出确定刑期的量刑建议。建议判处财产刑的，一般应当提出确定的数额。"最高人民检察院副检察长陈国庆提出："建议凡判处五年以下有期徒刑刑罚的，应当提出具体刑种和刑期，五年有期徒刑以上的，可以考虑提出一定幅度的量刑建议。"[1]最高人民检察院领导的初衷是好的，但全国检察官队伍各地不平衡的现状阻碍了该建议的实施。依笔者之见，就目前公诉检察官队伍的现状，即使是"三年以下"量刑建议，也难以提出具体的刑种和刑期。因此，新制度实施后加强对检察官的教育培训势在必行。

由于长期以来检察机关以指控犯罪为其基本职能，因此"重定罪轻量刑"的问题比较突出，对提出较为精准的量刑建议，检察机关显得明显"不适"，法官反映检察机关提出的量刑建议明显偏轻。"试点中，检察机关对认罪认罚案件依法提出从宽量刑建议，其中建议量刑幅度的占 70.6%，建议确定刑期的占 29.4%。"[2]可见，在司法实践中，检察官在大多数情况下提出的量刑建议都是有一定幅度的，而较少提出确定刑期的量刑建议。据笔者调研，当前检察官提出精准量刑建议比较困难表现为两个方面：一是提出确定刑期的量刑建议相对困难，而提出有一定幅度的量刑建议，法院的采纳率较高；二是对附加刑提出较为精准的量刑建议比较困难，对于附加刑中常用的财产刑，

---

〔1〕　陈国庆："刑事诉讼法修改与刑事检察工作的新发展"，载《国家检察官学院学报》2019 年第 1 期。

〔2〕　最高人民法院院长周强在 2017 年 12 月 23 日第十二届全国人民代表大会常务委员会第三十一次会议上代表"两高"所作的《关于在部分地区开展刑事案件认罪认罚从宽制度试点工作情况的中期报告》。

《试点办法》要求提出"确定的数额",不少检察官表现出了为难情绪。其实,这是一种正常现象,不必大惊小怪。究其原因:一是量刑问题一直以来是"法官的事",检察官关心的更多是指控的犯罪(包括罪名)能否成立;二是检察官在量刑方面缺乏足够的经验,在新制度实施伊始需要一个了解法官的裁判思维(尤其是量刑思维)并与法官磨合、不断适应的过程。认罪认罚从宽制度的实施,对检察官不啻为是一个巨大的挑战和考验,需要其尽快从传统的工作内容和工作方式中走出来,以适应新制度实施的需要。

笔者以为,为尽快适应提出量刑建议的需要,当前可考虑采取以下三种方式:一是与法院会商,以"会议纪要"形式提出常见犯罪量刑指导意见。这虽是权宜之计,但具有实用性。从长远看,应通过制度化的努力,让各级检察机关参与到同级法院量刑指导意见的制定过程中。二是开发挖掘"大数据"资源,对一定区域一定时期内同类犯罪的量刑数据进行收集,从中发现量刑的规律和特点以及影响量刑的重要因素及其权重,为提出较为精准的量刑建议提供指导。当前,法院在裁判时要求进行"类案比对",检察机关应积极拥抱"大数据"时代,以"智慧检务""智慧公诉"为契机,运用司法"大数据"和人工智能技术,为认罪认罚案件提出精准的量刑建议服务。三是检察机关可通过召开专题研讨会、培训会等形式,邀请资深刑事法官参加,由其介绍量刑时的裁判规则和影响量刑的因素,通过互动交流,让检察官熟悉法官的量刑思维,从而保证检察官与法官在量刑问题上能够"同频共振"。如果检察官能够掌握量刑技术,那么刑事检察官与刑事法官之间的职业轮换通道将会被打通,"职业壁垒"将会被打破,这也许是未来司法改革的方向。在量刑建议问题上,可采取"分步走"的办法:第一步,在认罪认罚从宽制度实施初期(2019年至2022年),对拟适用速裁程序审理的案件,可提出确定的刑期,对可能判处三年以上有期徒刑刑罚的,提出带有一定幅度的刑期;第二步,从2023年开始对可能判处有期徒刑十年以下刑罚的,均提出确定的刑期。

七、动辄提出抗诉

同时,在认罪认罚从宽制度实施中,出现了一种"试点"期间始料未及的现象:被告人在一审乃至审前程序中认罪认罚,待一审宣判后又以"量刑过重"为由提起上诉,检察院在获悉被告人上诉后也提出抗诉。据笔者调研,对此种抗诉各地二审法院的处理方式也很不一致，除了"二审加刑"之外，也有驳回抗诉和上诉、维持原判的。有学者认为："在这类抗诉中，检察机关对抗的实际上是不诚信的被告人，而非裁决错误的法院。因此此类案件的抗诉实际上并不是现有刑事诉讼理论意义上的抗诉，而是一种针对被告人的特殊上诉。"[1]检察机关抗诉权的行使与内部绩效考核有关，认罪认罚案件检察机关提出的带有一定幅度的量刑建议被法院采纳率比较高，在试点中，法院对检察院量刑建议的采纳率为 92.1%。[2]检察机关抗诉的空间非常有限，这必然会降低检察机关整体的抗诉率。对此，检察机关应当因势而动，在目标考核体系指标的设计上做到科学合理，可否考虑降低"抗诉"指标的权重，从而为认罪认罚从宽制度的实施创造条件。虽然可能基于绩效考核的考虑进行抗诉，但笔者认为，检察机关提出抗诉的最重要动因是防止一审程序中的被告人在二审中"占便宜"，是为了防止"上诉不加刑"原则被认罪认罚"动机不纯"的被告人所利用。从学理上讲，检察机关的抗诉权与被告人的上诉权应当是平等的，但是检察机关毕竟是国家专门的法律监督机关，其抗诉权的行使会导致二审法院开庭审理，上诉权并没有这样的效果。因此，检察机关行使抗诉权一定要慎重，不"打无把握之仗"。

首先，对检察机关指控的罪名和提出的量刑建议，被法院采纳后而作出的判决，检察机关不应提出抗诉。2018 年《刑诉法》第 201 条第 1 款规定："对于认罪认罚案件，人民法院依法作出判决时，一般应当采纳人民检察院指控的罪名和量刑建议，但有下列情形的除外：（一）被告人的行为不构成犯罪或者不应当追究其刑事责任的；（二）被告人违背意愿认罪认罚的；（三）被告人否认指控的犯罪事实的；（四）起诉指控的罪名与审理认定的罪名不一致的；（五）其他可能影响公正审判的情形。"基于此，检察机关在法院采纳其指控罪名和量刑建议的情况下提出抗诉即成了"无源之水""无本之木"。其次，检察官在解释法律时既不能扩大解释也不能限缩解释，更不能"曲意释法"，而应遵循法律字面含义进行"文义解释"。2018 年《刑诉法》第 236 条第 1 款规定："第二审人民法院对不服第一审判决的上诉、抗诉案件，经过审

---

〔1〕　王洋："认罪认罚从宽案件上诉问题研究"，载《中国政法大学学报》2019 年第 2 期。

〔2〕　参见 2017 年 12 月 23 日在第十二届全国人民代表大会常务委员会第三十一次会议上最高人民法院院长周强代表两高所作的《关于在部分地区开展刑事案件认罪认罚从宽制度试点工作情况的中期报告》。

理后，应当按照下列情形分别处理：（一）原判决认定事实和适用法律正确、量刑适当的，应当裁定驳回上诉或者抗诉，维持原判；（二）原判决认定事实没有错误，但适用法律有错误，或者量刑不当的，应当改判；（三）原判决事实不清楚或者证据不足的，可以在查清事实后改判；也可以裁定撤销原判，发回原审人民法院重新审判。"根据上述规定，二审审理的案件范围是"原判决"而非判后上诉的事项，上诉权是被告人的一项基本权利，不能将上诉视为案件出现了"新事实"或者"新证据"。检察官作为法律人，应当依法言法，严格解释法律，这是正确适用法律的前提。最后，应当遵循审判对象规则。根据日本的学说和判例，原判决是控诉审（相当于我国的上诉审）的对象。[1]控诉审不是审查案件本身，而是审查原判决是否适当的程序。因为是审查原判决，所以审查的时间基准是第一审判决作出之前，审查的对象仅限于第一审判决之时的事实。日本最高法院的判决认为，原则上应该以第一审判决为对象，加以事后审查。[2]根据以上分析，在认罪认罚从宽案件中，即便被告人在一审判决后提出上诉，检察机关也不可贸然提出抗诉，而是应当在抗诉前预测二审法院可能的裁判结果，在"确有把握"的情况下再行抗诉。检察机关的抗诉犹如"传导效应"，通常是在被告人上诉的情况下提起的。那么，我们就需要"追根溯源"，发现被告人上诉的真实原因。除一部分被告人是为"留所服刑"拖延时间而进行的"技术性上诉"外，大都是在没有新的事实和证据情况下以"量刑过重"为由上诉的。对此，是否可以考虑改革我国的值班律师制度，即将值班律师的职能进行延伸——从审前程序中的法律帮助延伸至一审宣判后，为被告人提供"判后答疑"服务，使那些处于社会底层请不起律师又不懂法律的人明白"上诉不加刑"的含义及其例外，从而减少上诉、抗诉的发生？前述提及了检察机关轻易不要变更对犯罪嫌疑人的强制措施问题，因为一旦变更为取保候审措施，很多犯罪嫌疑人便都会以为自己"没事"了，但是在法院拟判决实刑的情况下，为了防止被告人脱逃，大都会在宣判前将其"收监"，此时被告人最容易产生"心理落差"，认为"量刑过重"从而上诉。如果被告人一直处于羁押状态，问题可能就不会

---

〔1〕 参见［日］田口守一：《刑事诉讼法》，刘迪等译，法律出版社2000年版，第313页。

〔2〕 参见［日］田口守一："日本刑事诉讼法中控诉审的构造与审判对象"，载陈光中主编：《中国刑事二审程序改革之研究》，北京大学出版社2011年版，第567页以下。

发生。但是，我国目前审前羁押率高是一个不争的事实，2012 年《刑诉法》确立的羁押必要性审查制度并未发挥预期的作用。如果认罪认罚的轻罪案件羁押率比较高，那么将整体羁押率降下来仍比较困难。

　　笔者主张在审查起诉阶段不要轻易将强制措施变更为取保候审措施，主要是为了防止犯罪嫌疑人违心地认罪认罚。最根本的措施是公安机关在侦查一开始就尽量不要适用拘留等羁押措施，而是不采取强制措施或者适用取保候审的强制措施，以体现刑事司法尊重和保障人权的精神。

　　在我国的新一轮司法改革中，检察官与法官遵循相同的逻辑，采取同样的改革措施和步骤，再次证明了检察官的司法官角色。既然检察官是司法官，检察机关是司法机关，那么其内部运作就不仅仅是"上命下从"的，而是应适度保障检察官的独立地位，也就是要体现"让办案者决定，由决定者负责"司法责任制改革的要求。既然认罪认罚从宽案件体现了对效率的追求，那么就要改变传统的"三级审批制"，尽量减少审批的层次，让办案者有职有权，更有尊荣感。我们常讲要"遵循办案规律"，所谓的"办案规律"主要是司法的亲历性，即"直接言词"原则的贯彻。为此，检察机关应尽量减少以书面汇报、开会方式办案，应尊重检察官或者检察官办案组的主体地位。因此，认罪认罚从宽制度的实施，需要优化检察机关内部的运作模式，尽量减少审批和掣肘等"行政化"的工作方式。该类案件能否富有质效地办理，是司法责任制改革能否成功的"试金石"。

第十章

认罪认罚从宽制度实施中的被害人权利保障问题

一、问题的提出

我国刑事诉讼法虽经历多次修正，被害人也获得了当事人地位，但整体上仍是以被追诉人为中心构建起来的，被害人诉讼权利保障不足的问题仍然存在，以致出现了被追诉人权利与被害人权利保障严重失衡的问题。在认罪认罚从宽制度中，这一问题更值得关注。表现在以下三个方面：一是值班律师制度仅适用于被追诉人，对于没有委托辩护律师的被追诉人，值班律师可以为其提供法律帮助，被害人则不享有获得值班律师法律帮助的权利。被害人若想较好地维护自身权利，则需要聘请诉讼代理人（法定代理除外）。在认罪认罚从宽制度中，被害人也需要专业的律师维护其合法权利。例如，赔偿的数额和计算方法、就案件实体问题和程序适用表达意见权的代为行使。二是被害人对是否适用认罪认罚从宽制度并无决定权。无论是两高三部出台的《试点办法》还是 2018 年《刑诉法》，抑或是 2019 年 10 月出台的《指导意见》，被害人对是否适用认罪认罚从宽制度均并无决定权。上述规范性文件虽然规定被害人与被追诉人是否达成和解或者谅解协议是量刑的关键性因素，决定从宽的幅度，但是被害人并无适用该制度的决定权。实践中的问题是，被害人尤其是经济条件比较好的被害人或者"为争一口气"的被害人，并不需要被追诉人及其家属给予经济赔偿，而是希望被追诉人能够被"从重"处罚，这无疑与认罪认罚从宽制度相悖。如此局面，如果对被追诉人适用认罪认罚从宽制度，被害人就会面临"人财两空"的窘境。处理不妥，还会引发"信访""维稳"等事件。三是对于适用速裁程序审理的案件，被害人及其代理人难以发挥作用。长期以来，在我国刑事司法实践中，被害人的当事人地位并未得到重视，其经常被当作证据的来源。在普通程序中，被害人作为当事人出庭的比例就比较低，对于适用速裁程序审理的案件，由于法院原则上应当采纳检察机关的量刑建议，且一般不进行法庭调查和法庭辩论，审理时间被大大缩短，被害人及其代理人更无出庭的积极性和动力。可以说，在此类案件中，被害人的当事人地位如果不是不复存在，那也是名存实亡。四是在是否达成和解或者谅解协议问题上，究竟应以被害人的意见为准还是应以其代理人意见为准？这涉及两种意见的法律地位问题，也是困扰司法实务的一个问题。当前，许多检察官适用认罪认罚从宽制度的积极性不高，在很大程度上与被害人一方权利保障有关。难怪一些地方的检察官明确表示未取得被害人谅解的，不适用认罪认罚从宽制度。他们担心案件办理留有"后遗症"。笔者调研了一些检察院，主导认罪认罚从宽制度实施的具有一定领导职务的高级检察官纷纷表现出了对被害人权利保障的担忧。认罪认罚从宽制度对被追诉人是"福音"，但是却未必能给被害人带来"好运"。最高立法机关和司法机关希冀通过被害人谅解来决定"从宽"幅度大小的善良初衷在实践中遭遇了被害人的"抵制"。无论如何，被害人"人财两空"的局面是立法者和司法者都不愿看到的。

二、被害人权利保障不周的可能原因

"公诉制度的确立克服了私人追诉在收集证据等方面的局限性，但由于过于强调国家利益和公共利益，在很大程度上抑制了被害人的权利，从而使得被害人的地位一落千丈。"[1]被害人权利保障不周在整个刑事诉讼中普遍存在，在认罪认罚从宽制度中尤甚。分析其原因，大概与下列因素相关：一是检察机关作为公益的代表，代表国家处分追诉权。现代刑事理论认为犯罪是对国家公共利益的侵害，即侵害的是"法益"。然而，无论是公共利益还是"法益"，都是比较抽象的概念，而在诸如人身伤害等案件中，具体被侵害人的身体或者精神痛苦只有其自身"感同身受"，其他人是无法感受和体验的。因此，公诉，作为现代诉讼制度发展的产物，既有其优势，又有其局限性。除了"无被害人犯罪"案件外，在其他案件中，检察机关作为"公益"的代表并不能完全代表被害人的利益。因此，被害人参与到追诉活动中来提出自

---

[1]　程滔、封利强、俞亮：《刑事被害人诉权研究》，中国政法大学出版社 2015 年版，第 1 页。

己的诉求、陈述自己不幸的遭遇完全有必要。认罪认罚从宽案件，因其"程序从简"和诉讼的高效而使被害人无法充分参与到诉讼程序中来。二是认罪认罚案件，无论是实体处理还是程序适用，在很大程度上都是控辩双方协商合意的结果，被害人基本被排斥在程序之外，在该程序中并无"话语权"，无论是该制度的适用还是程序的选择均是如此。三是值班律师制度并未给被害人提供相应的法律帮助，在缺乏律师等专业人士作为诉讼代理人的情况下，其诉求带有一定的"盲目性"，他们往往会夸大所造成的损害，甚至出现"漫天要价"的问题。这就决定了被追诉人难以与被害人达成和解或者谅解协议，赔偿无法及时到位，被害人的身体或者心理创伤也难以及时得到抚慰。四是被害人意见虽然对"从宽"幅度有影响，但是检察官更多地关注犯罪嫌疑人的刑罚问题，而对民事赔偿则关注不足，由此导致认罪认罚从宽制度实施中被害人被更进一步地"边缘化"。即便是刑罚问题，在"从宽"幅度的把握上，标准也并不统一，由此可能导致被害人萌生新的不满。五是赔偿并非是保障被害人利益的最佳方式。且不说相当一部分的被追诉人并无经济能力，即便是有经济能力的被追诉人，被害人也未必需要其赔偿，赔偿并不足以减轻被害人的痛苦。刑事诉讼中的被害人应当被区分为侵财类案件的被害人和人身伤害类案件的被害人。不同类型的被害人对赔偿的需求度和感受并不相同。"侵害人身犯罪中，赔偿并不是被害人的首要利益，被害人更愿看到罪犯受罚或防止罪犯再犯。"[1]在侵害人身的认罪认罚从宽案件中，被追诉人赔礼道歉、真诚悔罪可能比赔偿损失更适宜、更有效。但是，如何判断被追诉人是否是真实的悔罪则是一个难题。怎能保证被追诉人不是为了获得"从宽"处罚的量刑优惠而赔偿损失或者"做做样子给人看"地赔礼道歉呢？六是"案多人少"矛盾下的被害人权益保障工作的缺失。员额制改革后，检察院、法院"案多人少"的矛盾愈加突出。检察官既要与被追诉人和值班律师或者辩护人进行认罪认罚协商，又要陪同值班律师到看守所签署认罪认罚具结书。在巨大的案件压力下，很难指望司法官在办理认罪认罚从宽案件时就被害人权益保护做耐心细致的工作，无论是听取被害人及其代理人意见，还是做被追诉人的赔偿工作，都需要花费大量的时间和精力。《指导意见》规定了公安

---

[1] ［瑞士］古尔蒂斯·里恩：《美国和欧洲的检察官——瑞士、法国和德国的比较分析》，王新玥等译，法律出版社 2019 年版，第 149 页。

司法机关有促进和解谅解的义务。第 17 条第 1 款规定："对符合当事人和解程序适用条件的公诉案件，犯罪嫌疑人、被告人认罪认罚的，人民法院、人民检察院、公安机关应当积极促进当事人自愿达成和解。对其他认罪认罚案件，人民法院、人民检察院、公安机关可以促进犯罪嫌疑人、被告人通过向被害方赔偿损失、赔礼道歉等方式获得谅解，被害方出具的谅解意见应当随案移送。"且在"捕诉合一"内设机构改革后，检察官还需承担羁押必要性审查的工作任务，这也分散了其部分精力。从实践中的情况看，速裁程序是适用认罪认罚从宽制度的主要程序。依据刑事诉讼法的相关规定，适用速裁程序的案件审查起诉和审判期限均较短，在短短的 10 天时间内，有如此大量繁重的工作任务需要完成，确实有点勉为其难。这在一定程度上影响了速裁程序的适用。

三、被害人意见与其代理人意见法律地位之分析

在认罪认罚从宽制度实施中，令检察机关感到困惑的是，当被害人意见与其诉讼代理人意见不一致时，究竟以谁的意见为准？这在是否同意认罪认罚从宽制度实施以及达成和解或者谅解协议时尤为重要。有些地方的检察官认为诉讼代理人往往由律师担任，他们更容易作出专业的判断。因此，当被害人与其诉讼代理人意见不一致时，倾向于采纳诉讼代理人的意见。这种认识应当从法理上予以澄清。笔者认为，应当区分法定代理和委托代理两种情形：在被害人系未成年人时，其法定代理人的意见具有夏高的法律地位。因未成年被害人心智发育尚未成熟，对事物的判断不及成年人，此时法定代理人的意见对该未成年人具有约束力。在认罪认罚问题上应当以法定代理人的意见为准。而在委托代理的情形下，如果诉讼代理人向检察机关提出了不同于被害人的意见，例如是否同意适用认罪认罚从宽制度、赔偿数额、是否予以谅解等，此时检察机关应当征求作为被代理人的被害人本人的意见。如果其同意诉讼代理人意见，即意味着其放弃了与之不同的意见。否则，当以被害人的意见为准。根据代理的一般原理，对于诉讼代理人未经授权的代理行为，只有事后取得被代理人的追认，才能对被代理人产生法律效力。毕竟，代理不同于辩护，辩护人具有相对独立的自由意志，而代理必须在被代理人的意志之内行动，否则代理行为无效。套用美国刑事诉讼中被告人与其辩护律师辩护权分配的原理，美国律师协会《职业行为示范规则》区分"目标"

与"手段",将辩护"目标"的决定权交给委托人,而将为达致这一目标所采用"手段"的决定权分配给律师行使。[1]而赔偿数额的确定、是否谅解等事项属于"目标"而非"手段",交由被害人决定,符合基本法理。

四、法治逻辑与政治逻辑的冲突

按照法治逻辑的要求,司法官必须严格执行刑诉法规定的认罪认罚从宽制度。无论是法官还是检察官,都是法治官员,但同时又都是政治官员,这就决定了他们不得不遵照政治的逻辑开展工作。在认罪认罚从宽案件中的"维稳"问题,即是各级司法官员面临的政治问题。如果司法官不能安抚被害人一方,做到"案结事了",有效地解决被害人上访问题,那么认罪认罚从宽制度的实施将面临极大的阻力。司法实践中已经暴露出了这方面的问题,检察机关作为认罪认罚从宽制度的主导单位,检察官实施该制度的积极性并不高,有些地方的检察院明确提出未能取得被害人谅解的案件,不适用认罪认罚从宽制度。为了推进该项制度的实施,检察机关通过目标考核的办法予以推动,实属无奈之举。看来,被害人权益保障工作直接制约着认罪认罚从宽制度的实施。因此,司法官在办案中绝不能忽视被害人权益保护工作。认罪认罚从宽制度以其程序参与性体现出制度优势,被害人绝不能成为"被遗忘的角落",适度加强被害人对诉讼程序的参与势在必行。

当然,法治逻辑与政治逻辑的冲突,在所有案件办理中可能都会存在。但是,在认罪认罚从宽案件办理中会更加突出,其主要体现在对被害人的"维稳"工作上,这将耗费办案人员较大的心力。因此,做好被害人工作,既是法治的要求,也是讲政治的体现。办案人员应当通过具体案件的办理,实现二者的统一。笔者在调研中发现,被害人及其家属关于量刑的意见很少能对量刑建议产生实质影响。两高三部的《指导意见》虽然对"被害人权益保障"作出了规定,但被害人很难在认罪认罚从宽制度中发挥实质性作用,其诉求经常被司法机关所忽略,导致被害人因不满量刑建议和裁判结果而通过信访、媒体炒作等方式表达不满。在 C 市某区人民检察院办理的一起认罪认罚从宽案件中,犯罪嫌疑人认罪认罚并签署具结书,法院根据检察院提出的量刑建议依法判决后,为平息被害人认为"量刑畸轻"的不满情绪,增强被

---

[1] 参见韩旭:"被告人与律师之间的辩护冲突及其解决机制",载《法学研究》2010 年第 6 期。

害人对认罪认罚从宽制度的认可度，该院专门召开公开听证会向被害人阐明制度适用的法律依据，并针对性地评议了案件的事实、证据、程序以及法律适用等问题。可见，如果量刑建议不充分考虑被害人意见，不能充分反映被害人对刑事诉讼的期待和请求，那么一旦裁判结果作出，法院将耗费大量的人力、物力和财力来安抚被害人。

　　要求包括检察官在内的广大公职人员以法治思维和法治方式开展工作，就是强调检察官作为"法律的仆人"，应忠诚于法律。检察官首先是"法律人"，无论是之前的司法资格考试还是现在的法律职业资格考试，其实都是对司法官从业的基本要求，也是其作为法律官员的体现。不过，在笔者看来，政治思维应包含法治思维，法治思维是其重要的构成。因此，政治逻辑与法治逻辑的区分只是一个偏向问题，并不能将二者截然分割对立起来。当然，在具体工作中如何实现二者的统一，对广大检察官也是一个不小的考验。

五、被害人"漫天要价"和被追诉人无赔偿能力的处置

　　被害人作为诉讼的受害一方，基于"复仇"和"趋利"动机，无论其是作为证据信息的来源者还是当事人，都不可避免地存在着夸大损失数额的可能。具体到赔偿事项上，就是"漫天要价"。对此，《指导意见》第18条规定："犯罪嫌疑人、被告人自愿认罪并且愿意积极赔偿损失，但由于被害方赔偿请求明显不合理，未能达成调解或者和解协议的，一般不影响对犯罪嫌疑人、被告人从宽处理。"对此的应对方式是由诉讼代理律师或者值班律师释法说理，告知其合法、合理的赔偿项目和数额，借此使被害人理性提出赔偿请求，同时告知其根据现有规定，即使其未获得赔偿，只要被追诉人认罪认罚，仍不影响认罪认罚从宽制度的适用。这种告知可以解决被害人因不懂法律而导致的"漫天要价"，使其采取务实的态度，理解"半个面包总比没有面包强"的道理。在其作出让步的情况下，也许可以达成和解协议或者谅解协议，从而取得双赢的效果。当然，被追诉人及其辩护人也可指出其请求的不合理之处，通过"协商"实现加害人与被害人新的平衡。有时，即便被害人提出合理的赔偿请求，被追诉人尽了赔偿努力也仍无法满足被害人的要求。此时，可考虑通过被追诉人制定切实可行的赔偿计划来实现，譬如通过在监狱服刑期间获得的劳动改造报酬来弥补自己行为造成的损失，洗刷自己的罪恶。这既有利于罪犯的改造，也有利于赔偿被害人的经济损失。此外，还可考虑采

用以劳务折抵等其他方式弥补被害人的损失。例如，在破坏环境类犯罪中，当前普遍采用的"补种复绿"方式就是一种较好的赔偿或者弥补损失的方法。

六、加强被害人权益保障的若干举措

认罪认罚从宽制度的实施过程中，为了防止被追诉人与被害人权利出现严重失衡，有必要采取以下措施予以矫正。

第一，给被害人提供免费的法律帮助。目前，我国的值班律师制度仅是为犯罪嫌疑人、被告人设立的。作为刑事诉讼的当事人，其有效参与离不开专业人士的法律帮助。被害人因犯罪行为遭受侵害后经济利益可能受到损害，如果再由其花钱聘请律师，以维护自身的合法权益，无疑是"雪上加霜"。基于此，笔者建议值班律师制度能够为被害人所用，被害人可以从值班律师处获得免费的法律帮助，以此减轻其经济负担。日本建立了被害人支援者制度（全国 50 个地方检察厅共配备了 115 名被害人志愿者）和被害人志愿者热线制度。[1]

第二，保障被害人的知情权。知情权中的"情"包括两方面内容：一为指控犯罪的证据，代理律师与辩护律师一样享有阅卷权，但法律并未赋予被害人阅卷权。笔者认为，既然被害人系当事人，且行使控诉职能，理应赋予其了解检察机关指控证据的权利。首先，只有了解指控证据，被害人才能协助检察机关，从而形成控诉合力，指控才能"有力"。其次，检察机关的诉讼行为才能取得被害人的理解，比如检察机关作出"存疑不起诉"决定的理由。笔者始终认为，应当赋予被害人阅卷权，但是对案卷材料中涉及的敏感信息，可以令被害人签署保密协议。以平衡被害人知情权与其他诉讼利益的关系。在日本，不向被害人提供案件处理结果、审判日期、审判地点等案件信息，不仅剥夺了被害人参与程序的机会，而且还会使被害人产生受刑事司法排斥的感觉。[2]二为程序进展，尤其是被追诉人被取保候审或者被释放的信息，目的是防止被害人遭受打击报复，对可能来自被追诉人的人身伤害及早做好防范。

---

〔1〕 参见 ［日］田口守一：《刑事诉讼法》（第 7 版），张凌、于秀峰译，法律出版社 2019 年版，第 210 页。

〔2〕 参见 ［日］田口守一：《刑事诉讼法》（第 7 版），张凌、于秀峰译，法律出版社 2019 年版，第 209 页以下。

第三，强化对酌定不起诉的制约。随着认罪认罚从宽制度的实施，酌定不起诉比例将会有较大提升，其在审前分流中的功能应该得到发挥。为防止检察官自由裁量权的滥用，日本建立了检察审查会制度和准起诉程序，德国建立了强制起诉制度，我国刑事诉讼法规定了"公诉转自诉"制度。从该项制度的实施情况来看，"公诉转自诉"制度并没有给被害人提供有效的权利救济。为此，对于犯罪嫌疑人决定酌定不起诉的，检察机关应当向被害人及时送达不起诉决定书，并说明不起诉的理由，便于被害人向上一级人民检察院申诉或者向人民法院提起自诉。对此，《人民检察院刑事诉讼规则》第 377 条规定："不起诉决定书应当送达被害人或者其近亲属及其诉讼代理人、被不起诉人及其辩护人以及被不起诉人所在单位。送达时，应当告知被害人或者其近亲属及其诉讼代理人，如果对不起诉决定不服，可以自收到不起诉决定书后七日以内向上一级人民检察院申诉；也可以不经申诉，直接向人民法院起诉……"在瑞士，当原告决定提出民事诉求时，检察官无权作出不起诉决定，必须考虑其相关的民事诉求。[1]在法国，"被害人可以通过起诉成为民事当事人，从而制约了检察官的不起诉权力"。[2]

第四，赋予被害人一定的程序选择权。目前的认罪认罚从宽制度，程序选择权是主要被追诉人和检察机关的一项权利。但是正如前述所言，适用速裁程序审理的案件，被害人根本无法参与到程序中来从而对裁判结果施加影响。为此，笔者建议对于被害人提起刑事附带民事诉讼的案件，如果在程序进行中赔偿不到位，或者被害人希望作为当事人参与庭审的，人民法院应当按照普通程序进行审理，以保障被害人的程序参与权。对于拟适用速裁程序审理的案件，法院应提前征求被害人意见，若被害人反对的，不应适用速裁程序进行审理。在瑞士，谈判协议应被送至被害人，被害人应在 10 日内决定是否接受该协议，如果被害人不接受，检察机关必须按普通程序处理。[3]《人民检察院刑事诉讼规则》第 438 条规定："被告人与被害人或者其法定代理人

---

〔1〕[瑞士]古尔蒂斯·里恩：《美国和欧洲的检察官——瑞士、法国和德国的比较分析》，王新玥等译，法律出版社 2019 年版，第 146 页。

〔2〕[瑞士]古尔蒂斯·里恩：《美国和欧洲的检察官——瑞士、法国和德国的比较分析》，王新玥等译，法律出版社 2019 年版，第 226 页。

〔3〕[瑞士]古尔蒂斯·里恩：《美国和欧洲的检察官——瑞士、法国和德国的比较分析》，王新玥等译，法律出版社 2019 年版，第 250 页。

没有就附带民事诉讼赔偿等事项达成调解或者和解协议的，人民检察院不得建议人民法院适用速裁程序。"该规则第 269 条第 1 款规定："犯罪嫌疑人认罪认罚的，人民检察院应当告知其享有的诉讼权利和认罪认罚的法律规定，听取犯罪嫌疑人、辩护人或者值班律师、被害人及其诉讼代理人对下列事项的意见，并记录在案：（一）涉嫌的犯罪事实、罪名及适用的法律规定；（二）从轻、减轻或者免除处罚等从宽处罚的建议；（三）认罪认罚后案件审理适用的程序；（四）其他需要听取意见的事项。"对于程序事项是否属于兜底条款规定的"其他需要听取意见的事项"，我们不得而知。

第五，被害人应当参与到控辩协商程序中，提出主张或要求。《指导意见》第 33 条第 1 款规定："量刑建议的提出。犯罪嫌疑人认罪认罚的，人民检察院应当就主刑、附加刑、是否适用缓刑等提出量刑建议。人民检察院提出量刑建议前，应当充分听取犯罪嫌疑人、辩护人或者值班律师的意见，尽量协商一致。"这意味着控辩协商制度在我国的建立，尽管"协商"并非强制性的，而是鼓励和倡导性的。但是，被害人不能被排除在协商程序之外。既然被害人是当事人，那么就应体现其对程序的处分参与和对裁判结果能产生实质上的影响。被害人参与进来，既可以说明赔偿是否已经到位、自己是否谅解了犯罪嫌疑人，也可以表达对犯罪嫌疑人量刑的意见，从而制约量刑建议的提出。美国辩诉交易中将被害人排除在外，我们的认罪认罚从宽制度不同于辩诉交易，比辩诉交易制度更优越，这应该体现在对被害人程序权利和实体权利的关照上。随着认罪认罚从宽制度的实施，辩护活动前移，被害人的诉讼活动也应随之前移。如果等到审理阶段再让被害人参与，且不说目前即使按照普通程序审理的案件，被害人参与的积极性也不会很高，如果适用认罪认罚从宽制度处理的案件大都适用速裁程序审理，被害人即使参与庭审，在不进行法庭调查和辩论的情况下，他（她）在法庭上又能做什么呢？而被害人是否参与到程序之中，是程序正义的重要因素。如果被害人不能参与协商程序，那么对其无疑是不公正的。另外，既然是否取得谅解和与加害人达成和解协议是影响量刑的重要因素，那么就没有必要将被害人排除在程序之外。且我国在制度上将检察机关定位为司法机关，那么其行为方式就应符合司法的一般规律，即直接言词原则。从这一意义上讲，被害人的参与恰恰体现了该原则。也许被害人参与量刑协商程序可以促使加害人悔过、痛彻前非，尽最大可能弥补被害人遭受的经济损失，从而取得谅解。所以，被害人参与对矛盾的化解也是有利的。这正是"恢复性司法"和"协商性司法"的价值所在。为了提高被害人的协商能力，其不但可以委托律师作为诉讼代理人，而且诉讼代理人也可参与协商程序。经检察机关通知，被害人及其代理人不参加协商程序的，视为权利放弃，不影响控辩协商的进行。

第六，被害人有获得国家经济补偿的权利。在被追诉人的经济能力有限，无法赔偿被害人遭受的经济损失的情况下，可考虑由国家建立专门的保障基金予以补偿，以解被害人的"燃眉之急"。国家代为赔偿后，保留对被追诉人的追偿权。这是认罪认罚从宽制度实施应当付出的代价，也是该项制度的配套措施之一。我国虽然建立了司法救助制度，但是许多被害人因条件所限，并未能获得救助。司法救助范围过窄，难以覆盖刑事被害人群体。[1]

第七，对于被害人既不接受赔偿，又要求对被追诉人从重处罚的，仍然可以适用认罪认罚从宽制度，但是应当赋予被害人及其代理人异议权和协商权。这是因为追诉权奉行"国家保留"原则，不能让渡给被害人，否则认罪认罚从宽制度根本无法得到实施。但是，在此种情况下，司法机关应当考虑被害人的感受，从宽幅度不宜过大。虽然《指导意见》第18条规定："被害人及其诉讼代理人不同意对认罪认罚的犯罪嫌疑人、被告人从宽处理的，不影响认罪认罚从宽制度的适用。犯罪嫌疑人、被告人认罪认罚，但没有退赃退赔、赔偿损失，未能与被害方达成调解或者和解协议的，从宽时应当予以酌减……""从宽酌减"固然能体现对被害人的保护，但是"酌减"的幅度应相对明确，以保障认罪认罚从宽幅度的大致统一。为此，需要制定类似国外"量刑指南"的"量刑规范化意见"作为参考。对此，《人民检察院刑事诉讼规则》第276条第1款规定："办理认罪认罚案件，人民检察院应当将犯罪嫌疑人是否与被害方达成和解或者调解协议，或者赔偿被害方损失，取得

---

〔1〕《中央政法委、财政部、最高人民法院、最高人民检察院、公安部、司法部关于建立完善国家司法救助制度的意见（试行）》规定："国家司法救助的对象为（一）刑事案件被害人受到犯罪侵害，致使重伤或严重残疾，因案件无法侦破造成生活困难的；或者因加害人死亡或没有赔偿能力，无法经过诉讼获得赔偿，造成生活困难的。（二）刑事案件被害人受到犯罪侵害危及生命，急需救治，无力承担医疗救治费用的。（三）刑事案件被害人受到犯罪侵害而死亡，因案件无法侦破造成依靠其收入为主要生活来源的近亲属生活困难的；或者因加害人死亡或没有赔偿能力，依靠被害人收入为主要生活来源的近亲属无法经过诉讼获得赔偿，造成生活困难的。（四）刑事案件被害人受到犯罪侵害，致使财产遭受重大损失，因案件无法侦破造成生活困难的；或者因加害人死亡或没有赔偿能力，无法经过诉讼获得赔偿，造成生活困难的。"

被害方谅解，或者自愿承担公益损害修复、赔偿责任，作为提出量刑建议的重要考虑因素。"但是，如何"考虑"仍然语焉不详。适用认罪认罚从宽制度的案件，裁判（尤其是量刑标准）应当统一，给当事各方以合理预期，否则被害人仍会产生不公平的感觉，从而引发各种社会问题。"在运用起诉裁量主义时，检察官应当考虑被害人的意见。"[1]如果私人起诉者对适用速决程序提出异议，则会导致整个程序失效。[2]"当原告（被害人一方）决定提出民事诉求时，检察官无权作出不起诉决定。"[3]虽然被害人的意见并不能阻止认罪认罚从宽制度的适用，但被害人的意见，检察官应充分考虑。被害人及其代理人对此享有异议权。对此异议权，检察官应予以充分尊重。《指导意见》规定了检察官与被追诉人及其辩护人、值班律师的协商程序。该意见第33条第1款规定："人民检察院提出量刑建议前，应当充分听取犯罪嫌疑人、辩护人或者值班律师的意见，尽量协商一致。"笔者建议，在该协商程序中，被害人及其代理人也应参与其中。一来，被害方的意见可以得到充分表达，尤其是能对检察机关量刑建议的提出施加积极的影响，被害方的权利可以得到更好的维护，这也符合"兼听则明"的精神；二来，体现直接言词原则，当面口头听取意见，比书面听取意见效果更好；三来，检察官可通过案件的集中办理，缓解办案的压力。检察官能一次性地完成工作任务，不应多次进行，从而耽误时间。

第八，司法人员应当切实保障被害人的隐私权，防止其遭受"二次伤害"。被害人在程序参与中很容易遭到"二次伤害"，这种伤害大多来源于办案的司法人员和律师，因此需要倍加警惕。对于办案过程中了解到的被害人不愿公开的信息，司法人员应当予以保密。在性侵案件中，还应当对被害人的身份信息予以保密。针对北京市"李某某强奸案"中被害人杨某的个人信息及其妇科检查记录被曝光带来的教训，刑法修正案专门增加了"泄露不应当公开的案件信息罪"这一新罪名。这意味着泄露案件信息，情节严重的可

---

〔1〕 ［日］田口守一：《刑事诉讼法》（第7版），张凌、于秀峰译，法律出版社2019年版，第206页。

〔2〕 ［瑞士］古尔蒂斯·里恩：《美国和欧洲的检察官——瑞士、法国和德国的比较分析》，王新玥等译，法律出版社2019年版，第185页。

〔3〕 ［瑞士］古尔蒂斯·里恩：《美国和欧洲的检察官——瑞士、法国和德国的比较分析》，王新玥等译，法律出版社2019年版，第146页。

能触犯刑律。司法人员在办案中应当坚守这一底线，对被害人的个人信息予以保护。

　　第九，在未来的制度改进上可考虑引入附条件不起诉制度。目前的附条件不起诉制度，针对的是未成年人，未来可以扩大至成年人。对于法院可能判处罚金、管制、缓刑、拘役和一年以下有期徒刑的轻罪案件，检察官拟作出酌定不起诉决定的，可以规定犯罪嫌疑人应向被害人赔礼道歉、赔偿损失、禁止接触等条件，只有实现了该条件，检察官才可以作出不起诉决定。如果在规定时间内没有履行规定条件中的义务，检察官可以撤销原不起诉决定，予以起诉。以此对犯罪嫌疑人形成威慑，促使其履行对被害人的义务。

第十一章

认罪认罚从宽制度的新发展
——评两高三部《关于适用认罪认罚从宽制度的指导意见》

日前，"两高三部"联合发布了《关于适用认罪认罚从宽制度的指导意见》（以下简称《指导意见》）。与 2018 年《刑诉法》相比，该意见在一些具体问题上更加明确，相关规定较为合理，对认罪认罚从宽制度的正确实施具有积极意义。但是，《指导意见》对实践中的一些问题仍回应不足，相关程序的设置尚欠合理。作为刑事诉讼法的一项新制度，认罪认罚从宽制度仍需继续探索，总结经验，以保障该制度在实现司法公正的前提下，提升诉讼效率。

一、认罪认罚从宽制度的进步

（一）值班律师享有阅卷权

值班律师是否具有阅卷权，直接关乎其在认罪认罚从宽制度实施中作用发挥程度。该问题在实践中存在较大争议，在认罪认罚从宽制度试点期间，一些试点单位赋予了值班律师阅卷权。2018 年《刑诉法》第 173 条第 3 款规定："人民检察院依照前两款规定听取值班律师意见的，应当提前为值班律师了解案件有关情况提供必要的便利。"但何谓"为值班律师了解案件有关情况提供必要的便利"则语焉不详。《指导意见》第 12 条第 2 款明确规定："自人民检察院对案件审查起诉之日起，值班律师可以查阅案卷材料、了解案情。人民法院、人民检察院应当为值班律师查阅案卷材料提供便利。"如此规定，可以解决"信息不对称"问题，保障被追诉人认罪认罚的明智性，也可保障值班律师就案件的实体问题提出有价值的意见。检察机关在提出量刑建议前可以听取到来自辩护方高质量的意见，同时这也是控辩双方进行协商的前提和基础。需要注意的是，不仅值班律师享有阅卷权，被追诉人也被赋予了阅卷权。例如，《指导意见》第 29 条规定了"证据开示"制度，即"人民检察院可以针对案件具体情况，探索证据开示制度，保障犯罪嫌疑人的知情权和认罪认罚的真实性及自愿性"。犯罪嫌疑人知情权的实现依赖于提前对指控证据的了解。为此，赋予被追诉人阅卷权，乃是保障其知情权的有效举措。

（二）控辩双方可以进行协商

无论是认罪认罚从宽制度《试点办法》还是 2018 年《刑诉法》均未规定控辩双方之间可以进行"协商"，"协商"一词似乎成了敏感词。需要注意的是，虽然我国的认罪认罚从宽制度吸收了英美辩诉交易制度的合理精神，但是"协商"并不等同于"交易"。无论在立法上还是在规范性文件中是否规定"协商"一词，实践中认罪认罚从宽制度的实施，其精髓都在于"协商"。正是由于控辩双方之间可以展开协商，"平等武装""控辩平等"等原则才有可能真正实现。正是因为量刑建议是控辩双方协商的结果，该建议才具有"可接受性"，被追诉人才会自愿在认罪认罚具结书上签字。认罪认罚从宽制度之所以具有制度优势，就在于它充分体现了"参与原则"，即被追诉人及其辩护律师、值班律师对程序的有效参与。可以说，没有协商，就没有认罪认罚从宽制度。基于对该项制度的科学认识和合理把握，《指导意见》第 33 条第 1 款规定："人民检察院提出量刑建议前，应当充分听取犯罪嫌疑人、辩护人或者值班律师的意见，尽量协商一致。"应当说，"协商"一词出现在该规范性文件中是《指导意见》的一大亮点，也是我国认罪认罚从宽制度的一大进步。笔者相信，随着辩护方"协商权"的确立，律师在认罪认罚从宽案件中将会"大显身手""大有用武之地"，认罪认罚从宽案件的适用率将会有大幅度提高。

（三）不同程序的法庭审理有章可循

虽然实践中认罪认罚从宽制度多适用于速裁程序，但是简易程序和普通程序也有适用。令司法实务部门感到困惑的是适用认罪认罚从宽制度的简易程序、普通程序与不适用该制度的程序，在法庭审理程序上有何区别？尤其是与被告人不认罪而适用普通程序审理的案件在程序上有哪些不同？由于存在认识上的分歧，不同的司法部门做法各异，导致该项制度的权威性、公信力下降，司法不统一的问题较为突出。《指导意见》第 44～47 条明确了三种不同程序的审理方式，解决了实践中司法实务部门备感困惑的问题，使认罪认罚从宽案件的审理"有章可循"，增强了该项制度的可操作性，真正体现了"繁简分流"的精神。

（四）"从宽"幅度相对明确

如果说认罪认罚是一个程序问题的话，那么"从宽"则是一个实体问题。可以说，认罪认罚从宽制度是程序法与实体法的结合。"认罪认罚"是基础，"从宽"是关键，被追诉人及其家属可能更关心"从宽"的实体问题。如果没有对"从宽"的期盼，很多被追诉人可能就不会认罪认罚。因此，认罪认罚从宽制度中的"从宽"问题也应得到明确。基于此，《指导意见》第三部分规定了"认罪认罚后'从宽'的把握"。该意见第9条第1款规定了从宽的幅度，即"办理认罪认罚案件，应当区别认罪认罚的不同诉讼阶段、对查明案件事实的价值和意义、是否确有悔罪表现，以及罪行严重程度等，综合考量确定从宽的限度和幅度。在刑罚评价上，主动认罪优于被动认罪，早认罪优于晚认罪，彻底认罪优于不彻底认罪，稳定认罪优于不稳定认罪"。虽然该规定比较原则，不同于域外的"量刑指南"，但是也为"从宽"设置了底线，指明了方向，同时也使得辩护方能够产生合理的"心理预期"，防止控辩协商的盲目性，减少无谓的"劳动"。

二、认罪认罚从宽制度的不足

（一）适用速裁程序审理案件"不进行法庭调查和法庭辩论"的"例外"情形有待明确

2018年《刑诉法》第224条第1款规定："适用速裁程序审理案件，不受本章第一节规定的送达期限的限制，一般不进行法庭调查、法庭辩论……""一般"规定通常系原则。有"原则"自然就有"例外"，那么在"例外"情形下仍需要进行法庭调查和法庭辩论。问题是"例外"是什么？哪些情形下哪些案件仍应当进行法庭调查和辩论？对此问题，《指导意见》并未作出规定，实践中仍处于规范不明的状态。就笔者调研了解的情况看，凡是适用速裁程序审理的案件，均是3分钟~5分钟审理完毕，庭审走过场、流于形式的问题比较明显。截至目前，尚未发现一例适用速裁程序审理同时进行法庭调查和辩论的案件。因此，这一问题下一步需要予以明确。

（二）一审宣判后被告人上诉的案件二审处置尚需明确

一审适用认罪认罚从宽制度进行审理并宣判后，被告人提出上诉的案件不在少数。有的被告人在得到"量刑优惠"后仍然置认罪认罚具结书于不顾，以"量刑过重"为由提出上诉，还有一些被告人为"留所服刑"而提出所谓的"技术性上诉"。对于上述情形，哪些检察机关应当抗诉，哪些不应当抗诉，以及与之相伴的二审法院应当如何处置，《指导意见》并不明确。《指导意见》第53条和第54条仅原则性地规定："案件审理过程中，被告人反悔不再认罪认罚的，人民法院应当根据审理查明的事实，依法作出裁判。需要转换程序的，依照本意见的相关规定处理。""完善人民检察院对侦查活动和刑事审判活动的监督机制，加强对认罪认罚案件办理全过程的监督，规范认罪认罚案件的抗诉工作，确保无罪的人不受刑事追究、有罪的人受到公正处罚。"从笔者调研的情况来看，各地做法各异，既有上诉加刑的，也有维持原判的，还有发回重审。作为一项新制度，实施中暴露出的问题应当引起我们的关注，并在制度上予以完善，防止"各行其是"现象的发生。

（三）未成年被追诉人与其法定代理人诉讼权利的配置尚欠科学

《指导意见》第12部分专门规定了"未成年人认罪认罚案件的办理"。其中第56条规定："法定代理人、辩护人对未成年人认罪认罚有异议的，不需要签署认罪认罚具结书。"从该规定我们可以看出，当法定代理人对未成年人认罪认罚有异议时，仅是"不需要签署认罪认罚具结书"，而不是不适用认罪认罚从宽制度。这就涉及在刑事诉讼中未成年人与其法定代理人之间的关系，更关涉法定代理人的职能问题，即在重大程序事项上，究竟"谁说了算"？2018年《刑诉法》第282条第3款规定："未成年犯罪嫌疑人及其法定代理人对人民检察院决定附条件不起诉有异议的，人民检察院应当作出起诉的决定。"由此可以看出，未成年人与其法定代理人在"异议"问题上具有相同的权利。未成年人具有不同于成年人的身心特点，其作出的认罪认罚决定可能是非理性和非明智性的，此时特别需要其法定代理人的协助和支持。因此，在是否认罪认罚上，法定代理人可能具有更大的"发言权"。《指导意见》在未成年人与其法定代理人诉讼权利的分配上是否进行了认真考量不无疑问。

（四）协商程序规范性不足

《指导意见》虽然规定了"协商"事项，但协商程序规范性不足，例如协商程序如何启动？协商的程序要素有哪些？如何进行协商？协商破裂后实体和程序问题如何处理？检察人员拒绝协商是否应当承担不利的程序后果以及承担什么程序后果？这些问题均不清楚。因此，应当重视协商程序的规范性和法治化问题。目前律师普遍反映的协商能力不足，由此制约平等协商乃至控辩平等失衡问题如何解决？仍需要继续探索，总结经验，予以规范和推广。

三、认罪认罚从宽制度的完善

（一）明确"一般不进行法庭调查和辩论"的例外情形

有两种情形应当进行法庭调查和辩论：一是辩护人建议进行法庭调查的。因程序乃法律适用问题，尤其是作为律师的辩护人具有较为丰富的诉讼经验，在法律适用问题上具有较被告人更大的优势，因此将这一判断权交由辩护人行使更为妥帖。二是对于监察委员会调查的职务犯罪案件、国家安全部门侦查的危害国家安全犯罪案件和公安机关侦办的毒品犯罪案件，即便被告人认罪认罚，并且可能判处三年以下有期徒刑的刑罚，仍应进行法庭调查和法庭辩论。主要考虑这三类案件比较重大复杂，社会关注度高，且被告人与办案机关可能存在"私下"交易的情况，不进行法庭调查而径行判决，难以查明案件事实，有违程序公正的底线，也难以提升办案机关的公信力。

除此以外，对不进行法庭调查而适用速裁程序审理的案件，法院开庭审理的重点应当是认罪认罚的自愿性、真实性和检察机关量刑建议的事实依据和法律依据。按照 2018 年《刑诉法》第 224 条第 1 款之规定，在判决宣告前应当听取辩护人的意见和被告人的最后陈述意见。需要注意的是，在被告人没有辩护人的情况下，不仅其应当享有最后陈述权，还应当赋予其发表辩护意见的权利，即进行自行辩护。辩护权作为一个人面对指控时与生俱来的本能和宪法性权利，不容克减。

（二）一审宣判后被告人上诉的案件应当区别情形分别处置

对于"技术性上诉"的，检察机关不应谋求通过抗诉加重刑罚，可以通过法院加速审判进程使被告人为拖延时间、留所服刑的目的落空；对于已经签署认罪认罚具结书在一审判决中获得"量刑折扣"的，在一审宣判后以"量刑过重"为由提起上诉的，检察机关一般不宜提出抗诉。正如最高人民检察院原副检察长朱孝清所言："根据刑事诉讼法规定，检察机关抗诉的对象和理由是'人民法院判决、裁定确有错误'。但检察机关针对被追诉人无正当理由上诉的抗诉，针对的不是'人民法院的判决、裁定'，抗诉的理由也不是'判决、裁定确有错误'。这说明，现行刑事诉讼法尚未考虑到认罪认罚从宽制度需要一种不同于通常情形的抗诉。"〔1〕在相关制度完善之前，检察机关不能动辄运用抗诉权，以遏制被告人的上诉行为，需要在立法上对此类案件的抗诉权予以明确，防止被告人利用"上诉不加刑"原则逃避对其不利的二审结果，也有利于防范司法实践中滥用诉权行为的发生。

（三）未成年人与其法定代理人诉讼权利的配置应当科学合理

未成年人因其心智发育尚未成熟，故需要法定代理人帮助其进行诉讼行为。在事关未成年人认罪认罚以及程序选择问题上，应当发挥法定代理人作为"辅佐人"的功能。我们不能因为法定代理人拒绝在被追诉人签署认罪认罚具结书时到场而放松对未成年人认罪认罚案件的程序要求。笔者认为，对于法定代理人对未成年人认罪认罚有异议的，不应再适用认罪认罚从宽制度，而不仅仅是未成年人可以不签署认罪认罚具结书。《指导意见》如此规定，不利于未成年人在刑事诉讼中利益的保护，法定代理人的诉讼职能亟待明确。在认罪认罚从宽案件中，需要解决"谁说了算"的问题。由法定代理人"说了算"更有利于保护未成年被追诉人的合法权益，防止认罪认罚的盲目性和非理性。

（四）规范协商程序

既然协商是认罪认罚从宽制度的精髓，那么规范协商程序，保障控辩平等，则是认罪认罚从宽制度的题中应有之义。首先，明确协商是辩护方的一项基本权利，对于被追诉人认罪认罚的案件，检察机关应当与被追诉人及其辩护人、值班律师进行协商；对于辩护方提出协商请求的，检察机关不得拒绝。其次，在协商之前，无论是辩护律师还是值班律师均应阅卷，明确未经阅卷不得协商，更不得在认罪认罚具结书上签字。再次，规范协商程序，明确协商为"法定步骤"，未经协商，检察机关不得提出量刑建议。同时，需要对协商的过程进行记录，有条件的地方可以对协商过程进行录像，协商时被追诉人应当在场并可以发表意见；协商记录或者录像资料在起诉时应当随案移送。最后，经协商未能达成一致意见的，明确协商资料不得作为证据使用，也不得据此作出对被追诉人不利的实体处理。如果没有该项规定，来自公权力的胁迫力量就会在被追诉人认罪认罚中发挥作用，被追诉人认罪认罚的自愿性将无法保障。

---

〔1〕　朱孝清："如何对待被追诉人签署认罪认罚具结书后反悔"，载《检察日报》2019 年 8 月 28 日。

（五）适当提高值班律师的待遇

《指导意见》增加了值班律师的职能，同时也加大了值班律师的工作量，"阅卷""协商"都不可避免地增加了值班律师的工作成本。根据"权责利相统一"的原则，适当提高值班律师的补贴，有助于吸引更多优秀律师、资深律师投入其中，认罪认罚从宽案件的办理质量更有保障。值班律师制度作为我国法律援助事业的重要组成，随着我国经济的发展和人权保障水平的提高，法律援助质量也会得到长足进步。在适用认罪认罚从宽制度时，应当加大对值班律师的投入。如果按照目前各地比较低廉的经济保障水平，值班律师沦为"见证人"的角色将不可避免，认罪认罚从宽案件有可能成为冤错案件的"重灾区"。这是我们需要警惕和避免的。

第十二章

认罪认罚从宽制度实施的技术性问题

认罪认罚从宽制度作为一项新制度，正处在新的探索之中。虽然此前的试点工作已经积累了大量经验，但是当作为立法制度全面推开时，仍面临不少新问题，这些问题给该项制度的顺利实施带来了较大的阻碍。其中的以下九对矛盾，在当前尤其要引起重视，并着力予以解决。

一、辩护律师见证具结书签署与进行无罪辩护之间的矛盾

对于辩护律师能否在认罪认罚从宽制度中做无罪辩护，实务界和理论界出现了截然不同的两种观点。

在司法实践中，已有判决将辩护人作无罪辩护视为被追诉人翻供的案例。[1]在该案中，法院认为被告人在庭审中同意辩护人作无罪辩护，视为对如实供述"情节严重、造成严重损失"的主要犯罪事实予以翻供，不宜认定为坦白。显然，在法院看来，辩护人从属于被追诉人，辩护人的无罪辩护应被视为被追诉人的无罪辩解，基于此，不应再认定被追诉人的"如实供述"行为，自然也不能被评价为认罪认罚。对此，有司法实务人员认为，认罪认罚从宽制度的适用范围排斥无罪辩护。理由是：首先，辩护律师在被追诉人签署具结书之前，应充分向其释明其行为是否构成犯罪。而认罪认罚具结书必须在辩护人的见证下签署，已间接明确了辩护人对具结内容的认可。其次，辩护人无罪辩护的观点若成立，表明被告人的行为不构成犯罪或者不应当追究其刑事责任，法院本就不应当采纳人民检察院指控的罪名和量刑建议，也就排斥了认罪认罚从宽制度的适用。最后，认罪认罚从宽制度中若导入无罪

---

〔1〕 福建省闽侯县人民法院［2018］闽 0121 刑初 447 号刑事判决书。

辩护，其提升司法效率的目的不仅会完全落空，反而还会增加适用认罪认罚从宽的工作量，更易引发大规模的享受双重利益式的"效仿"，严重阻碍认罪认罚从宽制度的有效推进。[1]

对此，理论界出现了截然不同的观点。樊崇义教授认为，认罪认罚从宽的刑事案件，即使犯罪嫌疑人、被告人认罪，区分情况，也可以做无罪辩护。理由包括：其一，基于《刑诉法》第16条的规定，即使被告人认罪，作为律师也要区分，对于"犯罪情节显著轻微，危害不大，不认为是犯罪的""犯罪已过追诉时效期限的"等无须追究刑事责任的情况，当然可以做无罪辩护。其二，根据《刑诉法》第200条的规定，即使被告人认罪，但有两种情形必须做无罪辩护。一是依据法律规定，尚未达到刑法规定的犯罪构成要件；二是关于是否达到犯罪的证明标准，即"证据不足，不能认定被告人有罪的"，当然要作无罪辩护。其三，关于"自愿性"的审查为律师做无罪辩护提供了重要的依据和机遇。[2]

笔者认同樊崇义教授的观点。在适用认罪认罚从宽制度的案件中，即使辩护律师见证了具结书的签署，在后续的审判阶段，依然可以做无罪辩护。原因在于：第一，辩护律师在场见证被追诉人签署认罪认罚具结书的目的在于保障其签署时的自愿性和明智性，并不意味着其认可认罪认罚具结书上的内容。同时，基于《刑诉法》第37条的规定，辩护律师自然可以在审判阶段提出被追诉人"无罪、罪轻或者减轻、免除其刑事责任的材料和意见"，这其中当然包括发表无罪辩护的意见。第二，辩护律师是防范刑事冤错案件的重要力量。司法实践证明，辩护律师的坚持不懈对冤假错案的最终纠正起到了至关重要的作用。因此，在认罪认罚从宽制度的推行过程中，更应当充分保障辩护律师发表独立的辩护意见，不宜以辩护律师见证具结书签署为由拒绝其做无罪辩护。而且，通过听取辩护律师的意见更有助于案件事实的查明。第三，以审判为中心的刑事诉讼制度改革也保障了辩护律师发表无罪辩护意见的权利。审判是诉讼的最后一个环节，也是实现司法公正的最后一道防线。[3]《刑诉法》第201条列明了五种法院不宜采纳检察机关指控的罪名和

〔1〕 林国、李含艳："认罪认罚从宽制度之实践审视"，载《中国检察官》2019年第11期。
〔2〕 樊崇义："认罪认罚从宽与无罪辩护"，载《人民法治》2019年第23期。
〔3〕 沈德咏："我们应当如何防范冤假错案"，载《人民法院报》2013年5月6日。

量刑建议的情形，其实质就是要发挥庭审在防范冤假错案方面的作用。听取无罪辩护的意见更是庭审实质化的应有之义。第四，被告人认罪，辩护人作无罪辩护并不会损害被告人的权益。实践中，被告人当庭认罪的原因比较复杂，有的是被告人虽然明知自己无罪，但是基于各种外部压力被迫违心地认罪；有的是为了包庇他人犯罪故意虚假地认罪；有的明知有罪证据不足或者罪与非罪界限不明，但考虑到法院判决无罪的可能性较小，如果认罪还有可能适用缓刑，因此被告人在权衡之后选择认罪；有的是由于对行为的法律性质缺乏正确认知，对此罪与彼罪的界限不甚明了而盲目地承认指控罪名。在上述这些被告人认罪的场合，如果律师不能据理力争，依据事实和法律进行独立的无罪辩护，那么将不能最大限度地维护被告人的合法权益，实现司法的公平正义。《俄罗斯律师法》第 6 条第 4 款第 3 项规定："律师无权在案件中采取违背委托人意志的立场，但是律师相信存在委托人虚假地自证有罪的情形除外。"所谓"虚假地自证有罪"，是指被告人承认自己实施犯罪的全部或者部分罪过，但实际上他并没有实施犯罪。[1]即便律师的无罪辩护意见没有被法院采纳，但因其指出了证据不足或法律上不构成犯罪的问题，按照实践中流行的"疑罪从轻"的判决逻辑，可以促使法官在判决时将定罪问题转化为量刑问题来处理，被告人由此可以获得一个相对有利的判决结果。此外，律师提出的无罪辩护意见也为日后的申诉和再审创造了机会和条件。第五，在认罪认罚案件中，在很多时候，被追诉人都会基于辩护策略的考虑认罪认罚，希望以此获得一个有利的诉讼结果。辩护人并非代理人，具有相对独立性，可以提出有别于被追诉人的辩护意见，且不会损害被追诉人的利益。[2]

二、羁押必要性审查与保障被追诉人认罪认罚自愿性之间的矛盾

随着"捕诉合一"的内设机构改革，羁押必要性审查成了检察机关的一项常态化工作，目的是降低审前羁押率，加强对被追诉人刑事司法人权的保障。然而，这项制度与认罪认罚从宽制度存在一定的张力。由于刑事诉讼是一个动态的变化过程，在审查逮捕时犯罪嫌疑人可能不认罪，也可能没有赔

---

　〔1〕 参见 ［俄］尤·彼·加尔马耶夫：《俄罗斯刑事诉讼律师违法活动面面观》，刘鹏、丛凤玲译，中国政法大学出版社 2013 年版，第 289 页以下。

　〔2〕 韩旭："被告人与律师之间的辩护冲突及其解决机制"，载《法学研究》2010 年第 6 期。

偿被害人的经济损失，然而案件到了审查起诉阶段后，犯罪嫌疑人既可能认罪认罚，也可能因赔偿到位而获得被害人的谅解，此时犯罪嫌疑人已被采取的逮捕措施很有可能被变更为取保候审措施。在诉讼程序上，犯罪嫌疑人可能会通过认罪认罚从宽制度而获得宽大处理，这种宽大处理包括由逮捕的羁押状态变更为取保候审的宽缓状态。但令人担忧的是，犯罪嫌疑人是因为认罪认罚被取保候审还是以取保候审作为交换条件而被迫认罪认罚。这直接关乎嫌疑人认罪认罚的自愿性问题。在"捕诉合一"体制下，办理羁押必要性审查的主体和办理认罪认罚案件的主体可能是统一的，在此种情况下，检察官完全有可能将嫌疑人认罪认罚作为解除羁押的条件，从而使犯罪嫌疑人违心地认罪认罚。如此一来，认罪认罚自愿性的保障将大打折扣。

三、认罪认罚从宽制度适用率与抗诉率之间的矛盾

由于实施认罪认罚从宽制度会增加检察官的工作量，且有可能引发廉政风险，因此检察官实施该项制度的动力不足。最高人民检察院希望通过目标考核予以推进。然而，不容否认的是，在认罪认罚案件中，不仅被追诉人及其律师的辩护空间有限，而且在法院采纳检察机关量刑建议的情况下，检察机关的抗诉空间也被挤压。同时，抗诉率作为检察机关内部的考核指标，一样受到重视。在70%以上的案件均适用认罪认罚从宽制度予以处理时，检察机关的抗诉率必然会降低。如果过分强调抗诉率这一指标，认罪认罚从宽案件中滥用抗诉权的问题将不可避免。认罪认罚从宽制度通过2018年《刑诉法》确认实施后，检察机关滥用抗诉权的问题已初露端倪。认罪认罚从宽案件适用率的提升，在一定程度上会降低抗诉案件的比率，两者之间会呈现出此消彼长的关系。目标考评犹如一根"指挥棒"，对司法官办案发挥着重要作用。如果我们不能清醒地认识到二者之间的关系，一味盲目地强调抗诉率，就必然会导致认罪认罚从宽制度在实施中"扭曲变形"。

四、量刑建议采纳率与刑事诉讼动态变化之间的矛盾

在推进认罪认罚从宽制度实施的过程中，检察机关将量刑建议采纳率也作为重要的考核指标。这一做法的初衷可能是促使检察机关重视量刑问题并尽可能提出精准的量刑建议。但刑事诉讼是一个动态变化的过程，在审查起诉阶段，犯罪嫌疑人可能会拒绝赔偿，而到了法院审判阶段，被告人及其家

属积极退赃退赔，从而获得了被害人的谅解，甚至达成刑事和解协议。法院据此变更检察机关的量刑建议，作出了比量刑建议更低的刑罚，这也无可厚非。我们能据此说检察机关的量刑建议不当吗？虽然《指导意见》第33条第1款要求："人民检察院应当就主刑、附加刑、是否适用缓刑等提出量刑建议……"但实践中检察机关通常不会就"是否适用缓刑"提出量刑建议。他们担心一旦提出适用缓刑的量刑建议，犯罪嫌疑人在庭审中"反悔"，在不认罪认罚的情况下，缓刑自然无适用的余地。除此之外，提出缓刑的量刑建议需要进行社会危险性评估并出具评估报告，而认罪认罚从宽案件审查起诉期限较短，难以开展此项工作，在一定程度上也制约了量刑建议的规范提出。上述问题说明检察官充分考虑到了刑事诉讼的动态发展过程，需要因时而动。因此，考核指标的设置应符合刑事诉讼规律。如果没有认识到刑事诉讼是一个动态变化的过程，盲目以量刑建议采纳率进行考评，只能产生"逼良为娼"的负面效果，检察机关迫于考核的压力，在很多时候可能会与人民法院法官进行"私下沟通"，从而使其量刑建议被采纳。果如是，法检机关之间只有"配合"而无"制约"，又如何防范冤假错案发生呢？

五、被追诉人认罪认罚从宽与被害人权益保障之间的矛盾

认罪认罚案件，检察机关不仅要听取被害人意见，而且被害人意见对被追诉人"从宽"处理的幅度影响甚大。《指导意见》第28条规定："被害人及其诉讼代理人不同意对认罪认罚的犯罪嫌疑人、被告人从宽处理的，不影响认罪认罚从宽制度的适用。犯罪嫌疑人、被告人认罪认罚，但没有退赃退赔、赔偿损失，未能与被害方达成调解或者和解协议的，从宽时应当予以酌减……"实践中比较困惑的是有相当一部分被害人并不要求赔偿，只要求对被追诉人从重处罚，虽然被害人意见并非是否适用认罪认罚从宽制度的决定因素，但是司法机关在办案时不可能不考虑被害人的感受以及案件办理的社会效果。问题是，对这部分被追诉人是否可以适用认罪认罚从宽制度。笔者曾对南方某省会城市的检察院进行调研。据办理认罪认罚案件的检察官讲：赔偿不到位、未取得被害人谅解的案件，均不适用认罪认罚从宽制度。在办理此类案件时，司法人员不可能不考虑办案的社会效果。对那些不要求赔偿，只要求对被追诉人从重处罚的案件，如果适用认罪认罚从宽制度处理，被追诉人在量刑上必然会获得"优惠"，而这是被害人所无法接受的，由此可能导致被害人一方的上访。在调研过程中，一些检察官普遍反映：认罪认罚从宽案件被害人的权益难以保障，被害人作为案件当事人，在刑事诉讼中成了"被遗忘的角落"。看来，在认罪认罚从宽制度的实施过程中，如何平衡被追诉人与被害人之间的权益也是一个需要认真对待的问题。

六、认罪认罚从宽制度规范适用与相关诉讼文书不完善之间的矛盾

一方面，认罪认罚从宽制度需要严格实施、规范适用相关的法律规范；另一方面，现有的诉讼文书并不能适应认罪认罚从宽制度实施的需要。据了解，许多地方的看守所基于安全考虑均将值班律师工作站设在监区外面，这给值班律师与被羁押人之间的交流带来了困难。值班律师进去会见被羁押人员，要么需要检察官陪同前往，要么只能手持检察机关开出的"会见介绍信"。而值班律师并非辩护律师，对一般案件不能凭"三证"会见，检察机关的"会见介绍信"并非专用的诉讼文书，只能是暂时解决问题的权宜之计。值班律师会见被追诉人都如此困难，又何谈提供有效的法律帮助？如果这一问题得不到有效解决，认罪认罚从宽制度的权威性、规范性将受到严重影响。基于此，笔者建议尽快完善与认罪认罚从宽制度配套的诉讼文书，统一文书格式，保障该项制度的规范运行。需要注意的是，《指导意见》将律师与检察官之间的"协商"程序规定为必要的步骤。为此，笔者建议在完善相关诉讼文书格式时，对协商笔录进行补充，制定统一的文书格式，以保障协商程序的规范、有效实施。

七、公、检、法三机关独立办案与诉讼效率之间的矛盾

认罪认罚从宽制度以效率为导向，对于解决司法官员额制改革后"案多人少"的矛盾有一定的助益。在实践中，对于认罪认罚从宽案件，检察机关是集中起诉，法院是集中审理，这对于提高诉讼效率无疑是一个值得称道的举措。效率在很大程度上是"集中"的结果。但是，公安机关向检察院移送起诉案件，并非集中移送，而检察机关办案有时限要求，这必然会制约检察机关的集中起诉，进而影响法院的集中审理，最终导致认罪认罚从宽案件的诉讼效率难以有大幅度的提高。这也是检察官实施认罪认罚从宽制度动力不足、积极性不高的原因。因此，要想让认罪认罚从宽案件的效率价值得以凸显，就需要打破"分段包干、各管一段"的诉讼体制，公、检、法三机关在

办理认罪认罚案件时应当整体联动，积极做好协调沟通工作，做到"起点快、起诉快、审判更快"。

八、被追诉人"反悔"与"上诉不加刑"原则之间的矛盾

审判程序中，被告人认罪认罚，甚至在审前程序中犯罪嫌疑人已经签署认罪认罚具结书，法院也采纳了检察机关提出的量刑建议，但是在一审宣判后被告人却以"量刑过重"为由提出上诉。检察机关为了解决被告人认罪认罚动机不纯，尤其是违反契约精神"出尔反尔"的问题，防止被告人"钻空子"，纷纷提出抗诉。据笔者调研，二审法院对此处理方式不一，有的地方是驳回抗诉、维持原判；另一些地方是发回重审；更多的地方是改判加刑。这一问题是"试点"期间所始料未及的，其主要是在 2018 年《刑诉法》修改确认之后暴露出来的。对于此种情况二审法院究竟应该如何处理，现有规则并不明确，《指导意见》也回避了该问题。由此可能陷入一个两难境地：一方面，立法并未规定认罪认罚从宽案件实行"一审终审制"，上诉乃被告人的基本诉讼权利；另一方面，检察机关若不提出抗诉，难以遏制被告人肆意"反悔"的问题，在审判中会规避"上诉不加刑"原则从而"占便宜"。当前，检察机关在认罪认罚从宽案件中滥用抗诉权的问题仍然存在，对此类案件，检察机关应否行使抗诉权，亟待从制度上予以明确。客观而论，此种抗诉权并非传统意义上针对"原判决"的抗诉权，而是判决以后情势发生变化，目前的抗诉制度设计中并无此种类型的抗诉权。从长远来看，需要立法进行修正完善。对于二审法官而言，应当明白"审判对象"理论，不能稀里糊涂地办案。

九、案件从速审理与被告人获得公正审判权之间的矛盾

对大多数适用速裁程序审理的认罪认罚案件而言，由于"一般不进行法庭调查和法庭辩论"，庭审 3 分钟~5 分钟即可审结。值班律师并不提供出庭辩护服务，轻罪案件的被告人大多认为没有必要聘请律师辩护，适用速裁程序审理的案件基本上都是在没有辩护律师参与的情况下进行的。庭审形式化问题已经暴露出来。被告人有获得公正审判的权利。在认罪认罚从宽案件中，被告人的公正审判权被大大"克减"。根据《指导意见》第 45 条的规定："被告人不服适用速裁程序作出的第一审判决提出上诉的案件，可以不开庭审

理……"如此一来，被告人在整个审判程序中未获得一次公正的审判。然而，一旦被定罪，即便量刑较轻，对其今后工作和生活的影响也都会持续一段时间。在德国，下级法院层面，大量轻罪案件的审理非常迅速，而且大多数案件都没有辩护律师的介入，证言质量随时间的流逝而下降的危险显著降低。因此，仅当一审采用迅速审判的方式时，二审进行完全重复的事实调查才能为查明真相提供更好的保障。在轻罪案件中，二审可以启动一个全新的审判，乍看上去似乎并不符合逻辑。但实证研究表明：这一做法非常有效率，并且为被告和社会公众所欣然接受。同为大陆法系国家，德国的做法具有参考价值，也许会在我国的认罪认罚从宽案件中具有启迪意义。

第十三章
认罪认罚从宽制度中证据开示制度的构建

两高三部出台的《指导意见》第 29 条规定："人民检察院可以针对案件具体情况，探索证据开示制度，保障犯罪嫌疑人的知情权和认罪认罚的真实性及自愿性。"这是我国首次在官方文件中提出"证据开示制度"。关于"证据开示制度"的话题，学界在多年以前已有研究。但是，对于如何针对认罪认罚从宽制度构建我国的证据开示制度，却尚未见有研究成果。虽然是"老话重提"，但意义不同。当前的研究立足于认罪认罚从宽制度实施背景下，被追诉人认罪认罚自愿性和知情权保障，对实现控辩平衡和"审判中心主义"具有重要的促进作用。看来，这一"配套措施"应当尽快予以落实。证据开示（Discovery）是当事人主义或类当事人主义诉讼程序中一个十分重要的概念和制度。证据开示已成为我国刑事诉讼所面临的一个十分突出的、可能妨碍诉讼公正和诉讼效率的迫切问题。[1]

一、认罪认罚从宽制度中构建证据开示制度的必要性

（一）证据开示制度是被追诉人认罪认罚明智性的重要保障

认罪认罚从宽制度强调对被追诉人认罪认罚自愿性的保障。但是，需要明确的是，自愿性建立在"明知且明智"的基础上。"明知性"需要权力主体履行诉讼关照义务，告知被追诉人认罪认罚的权利和相关法律规定；而"明智性"则要求被追诉人认罪认罚建立在理性基础上，反对认罪认罚的盲目性。如此，不仅可以从根本上保障认罪认罚的自愿性，而且可以降低反悔率，以及由此导致的司法资源的浪费。试想，如果被追诉人在决定认罪认罚前不

---

[1] 参见龙宗智："刑事诉讼中的证据开示制度研究（上）"，载《政法论坛》1998 年第 1 期。

知悉指控证据的内容，并以此判断证据是否"确实充分"，那么不仅不利于打破其侥幸心理，而且即便是认罪认罚也带有很大程度的盲目性。因此，明智性是自愿性的重要保障。我国刑诉法并未赋予被追诉人阅卷权，依靠自身并不能做到对控方指控证据的知悉。然而，适用认罪认罚从宽制度的大都是诸如危险驾驶、盗窃、故意伤害等轻罪案件，被追诉人并不委托辩护人为其辩护。即便是有值班律师制度，但长期以来值班律师的阅卷权并未解决，即使《指导意见》赋予了值班律师阅卷权，但微薄的值班补贴和"流水化"的运作模式决定了值班律师并无阅卷的动力。

（二）证据开示制度是实现控辩平衡的重要制度装置

阅卷权作为辩护权的重要内容，是进行有效辩护防御的基础。认罪认罚从宽制度中，侦控方正是利用被追诉人不了解证据内容的"信息不对称"占据优势地位，从而迫使被追诉人认罪认罚的。由于检察官在认罪认罚从宽制度中居于主导地位，控辩不平衡的诉讼格局将进一步强化。基于对效率价值的追求，认罪认罚案件大多适用速裁程序审理，而适用该程序审理的案件一般不进行法庭调查和法庭辩论，举证、质证环节都被取消，被追诉人在庭审中通过控方举证了解证据信息的权利亦被克减。如果审前程序中控方不对被追诉人进行证据开示，那么在整个刑事诉讼程序中被追诉人都不可能知道指控其犯罪的证据有哪些以及这些证据的质量如何。被追诉人在庭前不了解控方证据的范围和内容，是不可能提出有力的质证意见的；被告人不了解控方证言的内容，其也根本无法对控方证人提出有针对性的问题；如果其庭前不了解控方证据的范围和内容，其也无法了解从哪一角度提出本方的证据，更不可能协助辩护律师提出有价值的证据线索。[1]认罪认罚案件中控辩协商不可避免，但被追诉人是否认罪认罚在很多时候依赖于其辩护人或者值班律师的法律帮助，这就需要进行"辩护协商"，以协调双方立场和辩护思路。被追诉人的证据知悉权以及建立在此基础上的"辩护协商"，实乃有效辩护的程序保障。[2]在当前强调辩护权保障的时代背景下，被追诉人知悉指控证据是增强被追诉人辩护防御能力的需要。只有被追诉人事先了解指控证据信息，才能在此后的控辩协商中提升协商能力，利用有瑕疵的证据或者证据不充分的

---

〔1〕 参见陈瑞华："论被告人的阅卷权"，载《当代法学》2013 年第 3 期。
〔2〕 参见陈瑞华："论被告人的阅卷权"，载《当代法学》2013 年第 3 期。

抗辩与检察官"讨价还价"。否则，认罪认罚案件中辩护的空间将更加狭小，被追诉人的程序参与能力和对量刑建议乃至最终裁判结果的影响作用必将难以实现。"在检察官掌握有多数证据的情况下，唯有承认证据开示义务，才能真正实现当事人对等。"[1]从已经建立证据开示制度的实践看，证据开示是控辩实力的平衡装置，是为了弥补辩方在调查取证能力和信息拥有上处于弱势地位的需要。

（三）证据开示制度是认罪认罚从宽制度获得制度公信力的重要配套措施

证据开示制度在《指导意见》中予以规定，说明两高三部已经认识到其是认罪认罚从宽制度重要的配套措施。但在规定该项制度时持一种谨慎的态度，采用"探索"一词即是明证。在当前犯罪率居高不下、侦破犯罪难度加大的情况下，赋予被追诉人证据知悉权可能导致"翻供"，对"翻供"的担忧甚至对定罪困难的顾虑导致文件的制定者不可能一蹴而就，像法治发达国家那样让被追诉人提前了解指控的内容和根据。但是，既然实行认罪认罚从宽制度，又不可能不考虑证据开示问题。我国的认罪认罚从宽制度若要"行稳致远"，获得全社会的认可，尤其是提高裁判结果的可接受度，就必须以证据开示制度为支撑。只有充分保障犯罪嫌疑人在审前程序中的权利，才能使该制度具有公信力，也才有推行的社会基础。

（四）防范冤假错案的需要

综观中外，检察官隐匿无罪证据的现象较为突出。不仅被追诉人认罪认罚的自愿性得不到保障，而且可能导致司法冤错。美国"无辜者计划"的统计数据显示："在检测第一批 250 个 DNA 无罪者的时候，纽约的无辜者计划显示有 19 名无罪者曾经对自己没有实施过的犯罪进行了认罪答辩。塞缪尔·格罗斯和他的同事，在研究美国 1989 年至 2003 年期间的无罪者时，发现重罪中有 20 个错误的辩诉交易，轻罪中多达几十个与警察腐败丑闻相关的错误辩诉交易。"[2]导致无辜者认罪的原因有很多，其中一个重要原因就是检察官故意隐瞒无罪证据。[3]前车之鉴，我们在实施认罪认罚从宽制度时，通过证据开示制度，迫使检察官"交出"无罪证据，就可有效预防和避免司法冤错

---

〔1〕　龙宗智："刑事诉讼中的证据开示制度研究（上）"，载《政法论坛》1998 年第 1 期。

〔2〕　Christopher Sherrin, "Guilty Pleas From The Innocent", *30 Windsor Rev. Legal & Soc. Issues*, 1 (2011).

〔3〕　参见王新清、张瀚文："美国无罪证据开示制度研究"，载《证据科学》2017 年第 3 期。

的发生。

二、认罪认罚从宽案件中被追诉人知情权保障不足问题

（一）被追诉人认罪认罚前并不了解指控其犯罪的证据材料

《指导意见》指出：保障犯罪嫌疑人的知情权。知悉控诉证据是认罪认罚的前提和基础，是最重要的知情权。如前文所述，立法并未规定被追诉人享有阅卷权。按照林钰雄所言：阅卷权的权利主体应该是被告才对，但是，法律文义却将之明定为辩护人，道理何在？理由无他，因为卷宗与证物是认定本案犯罪事实的重要基础，由于被告对于本案的利害关系过大，如果容许被告本人行使阅卷权，难保被告不会篡改或湮灭卷证。相较之下，辩护律师与本案的利害极其有限，辩护律师因为一个案件的辩护利益就篡改或湮灭卷证，概率毕竟较低。[1]如果这一理由能够成立，那么在卷宗材料电子化、数据化的今天，篡改、毁灭卷证的风险将不复存在。以此为理由否定被追诉人的证据知悉权实无必要，也不能成立。"在刑事诉讼程序内，阅卷权向来被认为是一被告有效防御的条件，甚至可以说在被告的防御里，除了证据调查请求权及对质诘问权以外，阅卷权亦居于核心的地位。"就认罪认罚从宽制度而言，证据知悉权乃被追诉人辩护防御权的核心。遗憾的是，这项权利尚未受到立法者和实务部门的重视。据调研，在《指导意见》颁布之前，有的检察院在探索中试行证据清单制度，即一旦被追诉人认罪认罚，检察院会将载有证据名称和证明对象的证据清单送达被追诉人。应当说，这种做法在没有法律授权的情况下尽可能保障了被追诉人的证据知悉权，具有进步意义。但是，其存在的问题也不容忽视：一是被追诉人无法知悉证据的具体内容和细节，无法进行质证抗辩。然而，在刑事诉讼中大量使用的证人证言，其证明力需要经过证人的感知、记忆、表达和诚实性等方面来检验，这些因素都可能影响证人证言的质量和证明力的大小。认罪认罚案件之所以能够高效推进，是建立在控方证据都真实可靠且取得均是合法的假定基础上。一旦建立证据开示制度，被追诉人对控方证据的质疑、抗辩将不可避免。二是被追诉人知悉上述指控证据是在认罪认罚之后，而非之前。这不符合证据开示的旨趣，开示证据是便于被追诉人认罪认罚，是为了保障被追诉人理性认罪而进行的探索，

---

〔1〕 参见林钰雄：《刑事诉讼法》（上册），中国人民大学出版社 2005 年版，第 171 页以下。

而非是对认罪认罚被追诉人的"恩赐"或者"福利"。

（二）值班律师阅卷权并未得到落实

由于值班律师并非辩护律师，不享有辩护律师的权能，长期以来，值班律师在制度层面并没有阅卷权。即便是《指导意见》明确了值班律师的阅卷权，但其实施状况也仍不容乐观。如果是辩护律师，根据刑事诉讼法的规定，其享有核实证据权。尽管目前对核实证据的范围和方式仍存在争议，但是辩护律师在向当事人核实证据时尚可对控方的证据情况进行适当的披露。[1]"从律师辩护实践的角度来看，律师在会见在押嫌疑人、被告人时，将有关案卷材料向后者出示，给予其阅读的机会，并与其就将来的法庭质证交换意见，这几乎已经成为不成文的惯例。"[2]需要注意的是，认罪认罚案件中的被追诉人聘请律师辩护的动力不足，我国的刑事案件律师辩护率本来就比较低，而认罪认罚案件就更低了。这决定了这类案件不能指望辩护律师通过核实证据来间接实现被追诉人的证据知悉权。实践中，值班律师都是批量见证并在认罪认罚具结书上签字的，其属于法律援助的组成部分，与被追诉人并未建立委托关系。由于缺乏信任关系，值班律师在法律帮助效果方面远不如辩护律师。大多数时候，值班律师自己都不了解控方证据情况，又何以能够与被追诉人就证据问题展开交流呢？因此，即便立法上规定了值班律师制度，但实难期望其有多大的效用。对于没有聘请辩护律师或者不符合由法律援助律师提供辩护情形的被追诉人，值班律师在提供法律帮助时一般不会阅卷，更遑论与被追诉人交流证据信息，从而在辩护协商时是否建议被追诉人认罪认罚。"根据中华全国律师协会的统计，刑事案件被告人律师出庭的辩护率不超过30%，也就是70%的刑事案件被告人没有律师辩护。"[3]而轻罪案件中被追诉人及其家属聘请辩护律师的数量更少。由此可以推断，认罪认罚案件中70%以上的案件被追诉人是在不了解控方证据体系的情况下认罪认罚的，这对被

---

〔1〕　根据《刑事诉讼法》第 39 条的规定，在起诉阶段辩护律师可以向嫌疑人"核实证据"。但其核实证据时能否告知人证证明内容，还有较大争议。侦查、检察机关倾向于限制这种庭前告知。这也显示出我国刑事程序对于向当事人告知证据信息的保守态度。参见朱孝清："刑事诉讼法实施中的若干问题研究"，载《中国法学》2014 年第 3 期；龙宗智："辩护律师有权向当事人核实人证"，载《法学》2015 年第 5 期；韩旭："辩护律师核实证据问题研究"，载《法学家》2016 年第 2 期；朱孝清："再论辩护律师向犯罪嫌疑人、被告人核实证据"，载《中国法学》2018 年第 4 期。

〔2〕　陈瑞华："论被告人的阅卷权"，载《当代法学》2013 年第 3 期。

〔3〕　卞建林等：《新刑事诉讼法实施问题研究》，中国法制出版社 2017 年版，第 46 页。

追诉人来说显然是不公平的。

三、域外认罪认罚从宽制度中证据开示制度之镜鉴

我国认罪认罚从宽制度借鉴了美国辩诉交易制度的精神，证据开示作为辩诉交易的配套制度，亦应一并学习借鉴。自 1935 年作出有关证据开示的第一个判例，即"莫尼案"之后，美国联邦最高法院又于 1963 年确立了著名的布雷迪（Brady）规则。此后，美国联邦最高法院通过一系列判例，丰富和完善了布雷迪规则。例如，1972 年的"吉格里奥诉合众国案"（Giglio v. United States）、1976 年的"合众国诉奥古鲁斯案"（United States v. Agurs）、1995 年的"凯乐斯诉怀特里案"（Kyles v. Whitley）。通过上述判例，控方开示证据的范围逐步扩大，证据开示由单向走向双向。除了判例法确立的开示规则之外，美国一系列成文法也都规定了开示制度。除了大家熟悉的《美国联邦刑事诉讼规则》第 16 条和第 26.2 条外，《简克斯法》《美国检察官手册》《美国律师协会职业道德模范规则》等均使美国的证据开示规则更加明确和具有可操作性。[1]控辩双方通过证据开示掌握了对方有可能在庭审中陷己方于尴尬的证据，诉讼的风险意识在个案中得到急速增强。同时，可以预测未来胜诉的可能性大小，掂量着本方的谈判筹码。由于证据开示所具有的上述功效，由此形成控辩合作与协商的和谐环境，由证据开示走向辩诉交易便是一件再自然不过的事情了。反过来说，辩诉交易的成功实践又促进着证据开示制度的成长，因为辩诉交易中所要求的基本诚信是促成控辩双方公平、诚实地进行证据开示的内在动力。[2]可以说，没有证据开示，就不可能产生辩诉交易制度。证据开示使控辩双方能够拥有大致相等的证据信息，从而保证"交易"的自愿性和平等性，最大程度地避免"恃强凌弱"问题，解决了被追诉人认罪的盲目性问题。检察官在辩诉交易中应当进行有关证据的展示，以使有罪答辩的作出具有"明智性"。被追诉人在答辩之前对庭审所可能产生的结果进行有效预测，需要建立在证据展示的基础之上。[3]

作为大陆法系传统代表国家的德国，其于 2009 年修法时引进了协议程序

---

〔1〕 参见王新清、张瀚文："美国无罪证据开示制度研究"，载《证据科学》2017 年第 3 期。

〔2〕 参见汪建成："辩诉交易的理论基础"，载《政法论坛》2002 年第 6 期。

〔3〕 参见卞建林、谢澍："美国检察官是辩诉交易中的主导者"，载《检察日报》2016 年 5 月 31 日。

（Absprache）。目前约有 4 成案件是通过协议程序处理的。[1]虽然德国在引进协议程序时并未同时建立证据开示制度，但是《德国刑事诉讼法典》第 147 条规定了辩护人的阅卷权。在该条第 7 项特别规定："只要为适当的辩护所必要，向无辩护人的被指控人可以依其申请提供案卷讯息和副本。"对于有辩护人的被指控人来说，其不能直接阅卷。但是，德国学界比较允当的见解也认为："辩护人得将并且也必需将其从卷宗中所得之数据，或用口语传达，或用卷宗影印本之方式告知被告，使其得知诉讼程序之发展及助其有效地进行辩护。"[2]

日本在 2016 年修改刑事诉讼法建立合意程序时，对 2004 年入法的证据开示制度作了较大修改，扩大了证据开示的范围。被追诉人及其辩护律师均有权查阅指控证据材料，规定了检察官主动开示和依辩方申请被动开示，检察官承担较重的证据开示责任。日本刑事诉讼法对证据开示制度的修改，既是日本刑事诉讼往当事人主义方向前进一步的标志，也是加强辩护权、实现有效辩护的重要步骤。日本在刑事诉讼审前争点整理程序中导入证据开示制度，是日本刑事诉讼程序的重要变革。提高了被告人及辩护人的诉讼防卫能力，有助于辩护人有效地发挥辩护作用。[3]像美国一样，日本在引入合意制度之前即已经建立了刑事证据开示制度，为合意程序的引入奠定了制度基础。

以上，笔者选取几个有代表性的国家作为参照，可以发现如下特点：一是对抗制国家和"程序转型"国家相继建立证据开示制度，且证据开示制度的建立均早于快速裁判机制的形成。并且一定程度上促进了辩诉交易制度、合意程序的建立，为后者的实行创造了条件。二是传统的大陆法系国家虽未建立证据开示制度，但都赋予了辩护方阅卷权。且阅卷范围逐步扩大，阅卷权的主体由辩护人享有扩大到被追诉人。欧洲人权法院在"Foucher 诉法国政府案"中，于 1995 年作出裁决，认为没有选任辩护人而决定自我防御的被告人亦享有阅卷权。因为得以阅览卷宗以及得到这些卷宗内容的影印本，才能有效地对指控内容加以驳斥。奥地利早在多年前即在其刑事诉讼法中规定了无辩护人之被告，在任何时期均有阅卷权，因为该项权利是被告成为程序主

---

〔1〕　参见〔日〕田口守一：《刑事诉讼法》（第 7 版），张凌、于秀峰译，法律出版社 2019 年版，第 214 页。

〔2〕　〔德〕克劳思·罗科信：《刑事诉讼法》，吴丽琪译，法律出版社 2003 年版，第 171 页。

〔3〕　参见王小光："日本刑事诉讼证据开示制度"，载《人民法院报》2019 年 12 月 6 日。

体的基本要件。[1]即使未赋予有辩护人的被追诉人阅卷权，实务上承认辩护人与当事人可以谈论证据的做法。三是无论是实行证据开示制度还是赋予辩护方阅卷权制度，辩护权均受到重视，不因程序的快速进行而克减被追诉人的辩护权。被追诉人认罪前的证据知悉权得到较好保障，认罪的明智性和自愿性均是建立在"信息对称"而非"信息封锁"的基础之上。

上述国家给我们的启示是：虽然2012年《刑诉法》修改实行"全案卷宗移送"制度，但从整个刑事诉讼程序来看，我国刑事诉讼制度正处于向当事人主义的转型中。随着庭审实质化改革的推进，法庭上的控辩对抗日益激烈，加强辩护权保障的呼声日益高涨。按理说，我们应在辩护权得到充分保障，被追诉人全面了解控诉证据等各项配套制度建立后再推行认罪认罚从宽制度。但为应对案件压力、减轻司法负担而实施的认罪认罚从宽制度"先走一步"，我们就应及时完善包括证据开示在内的相关制度，以支撑和适应认罪认罚从宽制度。因此，中国在当下建立认罪认罚从宽制度具有"补课"性质。在该制度建立之前，有两种做法可解决该问题：一是赋予值班律师如辩护律师一样的"核实证据权"，通过值班律师会见时的"辩护协商"披露指控证据内容。当然，目前比较低廉的补贴使值班律师没有动力去阅卷和会见。可考虑增加值班律师的补贴，从而提升其履行职责的积极性，另外，将"会见"和"核实证据"作为"规定动作"，通过强化其义务来维护被追诉人的合法权益。二是在没有委托律师和指定辩护的案件中，检察院在审查起诉阶段应将与指控犯罪事实相关的证据送达犯罪嫌疑人阅览，而不能仅送达证据清单。该诉讼行为应在犯罪嫌疑人认罪认罚前实施。在侦查阶段已经认罪认罚的案件中，检察机关仍应送达指控证据，以切实保障犯罪嫌疑人在知悉证据后的反悔权。

四、我国建立认罪认罚从宽制度面临的难题

虽然《指导意见》第29条提出了"探索证据开示制度"，但在我国建立该项制度仍要面临体制上、制度上和观念上的诸多难题。

---

〔1〕 参见颜厥安、林钰雄：《人权之跨国性司法实践——欧洲人权裁判研究（一）》，元照出版公司2007年版，第97页以下。

（一）与职权主义诉讼制度的融合问题

从域外已经建立证据开示制度的国家来看，证据开示制度是当事人对抗制模式下"起诉书一本主义"的产物，是为了弥补辩护方取证能力不足，矫治控辩双方在证据信息拥有方面不平衡的制度设置。因此，该项制度体现了辩护权保障和程序正义的理念。但是，我国刑事诉讼以前具有浓厚的职权主义倾向，且检察机关并非一方当事人，而是国家法律监督机关，我国又实行"全案卷宗移送"的起诉方式。由此便产生了该项制度与目前刑事诉讼体制、机制的融合问题。这项"外来制度"会不会因"水土不服"问题而增加移植的难度？对此，我们要充分地估计其是否会引起"牵一发而动全身"的效应。

（二）维持开示秩序问题

证据开示制度的顺畅运行离不开对开示规则的遵守和对开示秩序的维护。例如，由谁判定控辩双方是否遵守了规则？又由谁来维护开示秩序？这就需要一个中立的裁判者，对证据开示的程序事项进行监督和对不遵守规则一方进行惩戒。然而，我国的证据开示主要发生在审查起诉阶段，"分段包干"的诉讼体制决定了法院审判权不可能介入到审前程序当中。这也是我国与已经建立证据开示制度的国家的区别。因此，在我国证据开示中无法避开的问题是，检察机关既是运动员又是裁判员的"角色冲突"难题如何解决。检察机关作为法律监督机关，具有强势的地位，"谁来监督监督者"的难题再次浮现。

（三）与惩治犯罪诉讼目的观冲突问题

我国刑事诉讼目的长期以来以"惩治犯罪、维护社会秩序"为导向，将"安全"作为首要的价值追求。在这一诉讼目的观之下，被追诉人包括阅卷权在内的辩护权受到压抑。侦控机关会利用"信息不对称"的证据优势取得定罪的成功，被追诉人了解证据情况后可能会"翻供"，而"翻供"无疑会增加定罪的难度，不利于实现"安全"的价值目标和"控制犯罪"的诉讼目的。正如陈瑞华教授所言：从保障被告人有效行使辩护权的角度看，被告人获得庭前阅卷权无疑是具有正当性的。但从有效追诉犯罪的角度看，赋予被告人阅卷权却可能带来诸如翻供、串供、提供虚假陈述等一系列消极的后果。由于提前了解了公诉方指控证据的内容和细节，被追诉人会根据这些内容和细节来了解公诉方的证据"底牌"，当发现控方证据不足，或者证据相互间存在矛盾时，还会存在侥幸心理，容易推翻原来所作的有罪供述。[1]实现证据开示后，必将打破侦控方的"证据垄断"或者"证据封锁"，传统的依靠"信息不对称"的办案优势将不复存在，难免会引起公安、检察机关的抵触情绪。

（四）与认罪认罚从宽制度效率导向的调适问题

毋庸置疑，认罪认罚从宽制度重在化解当前"案多人少"的矛盾，实现诉讼效率的提高。检察机关在认罪认罚从宽制度中居于主导地位，体现在安排值班律师、陪同会见、签署认罪认罚具结书、与被害人进行协商沟通等方面。虽然出庭支持公诉的效率大大提高，但在审查起诉阶段，检察官的工作量与非认罪认罚案件相比大大增加了。笔者从调研中了解到：与办理未适用认罪认罚从宽制度的案件相比，检察机关办理认罪认罚简单案件约需增加30%工作量，对复杂案件、多被告或多受害人的案件则至少增加50%甚至翻倍的工作量。这就是检察官适用认罪认罚从宽制度积极性不高、动力不足的原因。由于证据开示发生在被追诉人认罪认罚之前，而该制度适用于所有性质的案件。这便意味着证据开示的范围将涵盖一切案件，无疑进一步加大了审查起诉阶段检察官的工作量。同时，如果证据开示地点设在检察院，无疑也会增加检察官的工作负担。工作量的加大意味着诉讼效率的降低，不免与认罪认罚从宽制度的效率价值产生冲突，如何调适二者之间的关系也是构建证据开示制度需要注意的问题。

该项制度的建立对侦查机关收集证据活动以及维持较高的证明标准都会带来积极影响和"附加效应"。由于被追诉人提前知悉证据，对控方证据中的"薄弱环节"了如指掌，或者认为全案证据不足、难以定案，由此导致认罪认罚案件比例的下降和适用普通程序审理案件比例的上升。为了避免出现上述情况，侦查机关一开始就不能放松证据的收集。只有达到"证据确实、充分"的要求，才有可能最大限度地打破被追诉人的侥幸心理，提高认罪认罚的比例。一旦被追诉人不认罪认罚、案件按照普通程序审理，公诉人在庭审中才不至于陷入被动，疲于应对，指控证据才能经得起审判的检验，从而顺利达至被告人被定罪的目标。

建立证据开示制度虽然面临上述诸多难题，但是此乃"大势所趋"，不可

---

[1]　参见陈瑞华："论被告人的阅卷权"，载《当代法学》2013年第3期。

逆转。2012 年《刑诉法》修改，已经让我们看到了证据开示的雏形。例如，2012 年《刑诉法》第 40 条规定："辩护人收集的有关犯罪嫌疑人不在犯罪现场、未达到刑事责任年龄、属于依法不负刑事责任的精神病人的证据，应当及时告知公安机关、人民检察院。"这体现了证据开示的"双向性"，并非仅仅是具有单向性的辩护律师"阅卷权"。2012 年《刑诉法》修改时我国尚未启动认罪认罚从宽制度试点，对证据开示的基本问题如开示的主体、范围、方式、时间地点、违反开示规则的后果和配套措施等均未作出规定。当下，我们应当以认罪认罚从宽制度实施为契机，完善我国的证据开示制度，使之成为认罪认罚从宽制度一项重要的配套措施和加强辩护权保障的一项具体举措。通过理论支撑和制度完善，使其早日落地生根，并能契合当前正在推进的司法改革。

五、完善我国认罪认罚从宽案件证据开示制度之构想

从域外证据开示制度的实践来看，由于检察官实质上是一方当事人的属性，追求定罪率是其职业目标，在开示对被追诉人辩护有利的无罪、罪轻证据或者削弱控诉力量的证据方面往往是"不得已而为之"。因此，我国的证据开示应当是制度化的程序设置，而不宜是任意化的非正式开示。基于此，我们在探索建立证据开示制度时应当从开示的主体、范围、时间地点、违反证据开示的后果等方面作出规定。

（一）证据开示的主体

在我国，证据开示的主体主要是控辩双方，即以检察官为代表的控方和以被追诉人、辩护人为代表的辩方。但是，在认罪认罚从宽制度中的值班律师虽然是"法律帮助人"而非"辩护律师"，但是根据刑事诉讼中控辩审三大职能划分，值班律师行使的也是辩护职能。只不过这种辩护职能具有基本性、应急性和简单性等特点。因此，值班律师也应当是证据开示的主体。《指导意见》第 12 条第 2 款规定："值班律师可以查阅案卷材料、了解案情。人民法院、人民检察院应当为值班律师查阅案卷材料提供便利。"既然值班律师享有阅卷权，就应当履行开示辩护证据的义务。在少数情形下，法官也可成为证据开示的主体。例如，2018 年《刑诉法》第 196 条规定："法庭审理过程中，合议庭对证据有疑问的，可以宣布休庭，对证据进行调查核实。人民法院调查核实证据，可以进行勘验、检查、查封、扣押、鉴定和查询、冻结。"对法院调查核实获得的证据，也应向控辩双方开示，以便双方进行证据准备。此时，法官就成了证据开示的主体。

之所以应将辩护方作为证据开示的主体，主要是基于以下三个方面的理由：一是符合域外证据开示制度的发展趋势。从域外证据开示制度的发展来看，各国都经历了从检察官的单向开示向控辩双方均向对方开示的双向开示的发展过程。二是为了调动控方证据开示的积极性。控方向辩方开示证据，相当于给了辩方攻击自己的"武器"。辩方向控方开示证据既是实现"武器平等"的需要，也是为了调动控方向辩方开示证据的积极性。控方只有从辩方获得证据信息，才会支付相应的"对价"，证据开示制度才可良性运行。只有相互开示，才可能因手段武装的平等性和相互性而受到检察机关的支持。否则，检察机关势必会难以接受，其反应就是制造障碍，或者将律师查阅的时间和范围尽量予以限制，以免公诉活动受到较大损害。[1]三是我国刑事诉讼法已经有辩方向控方开示无罪证据的规定。证据开示在我国刑事诉讼法中已初露端倪。四是被追诉人羁押率的降低，使其具有收集证据的能力，同时，辩护律师调查取证权逐渐得到保障之后，辩方手中会掌握一定数量的辩护证据。

当然，由于被追诉人大多被羁押，取证能力受限，而辩护律师调查取证也会受到很大限制，值班律师并非被赋予调查取证权，因此辩方拥有的证据数量比较有限，无法与"养之有素、装备精良"的侦查、调查人员的调查取证能力相匹敌。因此，检察官承担更重的证据开示义务。检察官的开示是全面开示，而被追诉人及其辩护人和值班律师的开示是一种有限开示和部分开示。这看似不平等，但符合证据开示制度的通例，目的是实现控辩双方在证据信息方面"实质上的平等"。

（二）证据开示的范围

证据开示的范围是证据开示制度的关键问题。基于此，我国应当明确控辩双方应当开示的证据和不应当开示的证据。各国对证据开示范围均有规定，且呈逐步扩大趋势。例如，1990年《美国联邦刑事诉讼规则》第16条即对证据开示范围作出了明确规定：在诉讼中，政府方应透露的证据有：①被告人陈述；②被告人的先前记录；③文件和有形物品；④检查、实验报告。上述证据，一般应被告人的请求才进行开示，但对部分关键性信息，即使没有

---

〔1〕 参见龙宗智："刑事诉讼中的证据开示制度研究（下）"，载《政法论坛》1998年第2期。

被告方提出要求政府方也有责任透露。另外，对于"继续透露的责任"，《美国联邦刑事诉讼规则》第 16 条还规定："如果在审判前或审判期间，一方当事人发现新的涉及先前请求或命令的证据材料，这些证据或材料属于本规则所规定的应予透露或检查的范围，该当事人应将存在的新证据或材料一律及时通知对方当事人、当事人的律师和法庭。"2009 年 7 月修订的《美国律师职业行为示范规则》第 3.8 条 d 规定："检察官应当及时向辩护方披露那些可能否定或减轻被告人罪名之证据或信息，并向辩护方与法庭开示所有其掌握之无专享特权减罪信息，除非法庭以保护令解除检察官这项责任。"虽然该示范规则没有法律强制力，但具有高度影响力，各州的法院和州权力机关在解读相同或类似的条文时，一般都会引用美国律师协会的解读。[1]该规定的开示范围比《美国联邦刑事诉讼规则》的上述规定范围更大。

就我国而论，控方开示证据需掌握一个基本原则，那就是不能克减现有的辩护律师阅卷权范围。2018 年《刑诉法》第 40 条规定："辩护律师自人民检察院对案件审查起诉之日起，可以查阅、摘抄、复制本案的案卷材料。其他辩护人经人民法院、人民检察院许可，也可以查阅、摘抄、复制上述材料。"辩护律师的阅卷范围为"本案的案卷材料"。也就是说，将来建立证据开示制度，控方开示的证据范围不应小于现有的"案卷材料"范围。但正如龙宗智教授所言，"案卷材料"并非一个明确的概念，且实践中有些对辩护有价值的证据并不会被装订入卷。因此，应以控方庭审中出示的证据为标准，凡是庭审中控方打算出示的证据，均应向辩方开示。这样做的好处是减少争议、简单明了、便于操作。[2]但该论述毕竟是于 20 世纪 90 年代提出的，距今较为久远，我国刑事诉讼制度也发生了一些变化，因此难以适应变化了的情况。第一，我国适用认罪认罚从宽制度的案件大多适用速裁程序审理，而速裁程序审理的案件一般不进行法庭调查和辩论，举证环节被省略了，何以可能以此为标准进行判断？第二，即便是控方举证的情形，公诉人一般只会出示、宣读有罪和罪重，即能支持指控的证据，而对于无罪、罪轻的辩护证据，通常不会出示。而这部分证据恰恰可以增强辩护力量，是最需要开示的证据。对此，我们需要寻找新的标准来规范检察官的证据开示行为。笔者认

---

〔1〕 参见王新清、张瀚文："美国无罪证据开示制度研究"，载《证据科学》2017 年第 3 期。

〔2〕 参见龙宗智："刑事诉讼中的证据开示制度研究（上）"，载《攻法论坛》1998 年第 1 期。

为，对于侦查和调查机关移送的证据材料，包括补充侦查、补充调查的证据材料和检察机关自行收集的证据材料，无论是否成卷，均应向辩护方开示。一方面，这与当前辩护律师阅卷的范围大体相当；另一方面，考虑到我国"检警分离"的体制和监察委员会"位高权重"、检察机关难以监督和调遣的现实，同时也考虑到了加强辩护权保障的需要。不排除侦查、调查机关收集的有利于辩护的证据材料未随案移送，但是，在检察机关取得都有困难的情况下，又何谈向辩护方开示呢？检察机关不应向辩护方开示的证据有：与本案无关的材料；同案人在逃信息；涉及其他案件侦查的证据材料；侦控机关办案人员制作的内部材料。这些材料通常会被装入副卷或内卷。这主要是考虑到制度设计是价值平衡和选择的结果，辩护权保障不是唯一的、绝对的价值。

既然是双向开示，辩护方也是证据开示的主体，那么其开示的范围应如何界定？笔者认为，除应维持目前刑事诉讼法中"三类"无罪证据开示规定外，结合认罪认罚从宽制度实施中控辩协商的需要，尤其是辩护方提出量刑意见的实际，辩护方还应向控方开示赔偿情况、与被害人和解、取得被害人谅解的证据信息和社会调查报告。辩护方不应开示的证据为：律师会见被追诉人制作的会见笔录、辩护协商材料、被追诉人交付律师的文件、物品。

在控方证据开示中，以下几类特定证据尤其应予重视，检察官负有开示义务：一是证人、被害人、被追诉人不一致的陈述。众所周知，侦查、调查机关在办案时，对上述人员的询问（讯问）不止一次，动辄几份笔录，有的案件多达、十几份甚至几十份笔录，在案件细节上会有不一致之处，对于有些不一致之处，检察官有可能会忽视，而这些通常又构成辩护的基础。检察官在庭审中一般会选择最不利被告人的那一份笔录进行宣读，用以指控犯罪。但是，正是那些"不一致"或者"相互矛盾"的笔录，对辩护才最有效用。二是"污点证人"的证言。"污点证人"通常为了自身利益而不惜捏造事实诬陷他人，他们有的会为免受指控或受到较轻指控，有的会为充当警方"线人""领赏"需要而编造不实之词。因此，对于"污点证人"证言的证明力应给予较低评价，否则可能会导致司法冤错。如果侦查、调查机关使用了"污点证人"，这一信息以及"污点证人"的证言应向辩护方开示。在美国的"哈林顿案"中，无辜的哈林顿被定谋杀罪并被判处终身监禁，主要依据的是一名16岁男孩的证言，而该男孩休斯提供证言主要是因为警察告诉他，如果他能帮助警察解决这桩谋杀案，他就不会被控谋杀，在其他犯罪指控上也能得到帮助，并且还可以获得 5000 美元的奖励。休斯果然接受了这一交易。而这份警察记录却没有被开示给被告人，让无辜的哈林顿坐了 25 年的冤狱。[1]这一案例充分说明控方开示"污点证人"证言的重要性，不仅被追诉人可以据此进行辩护，而且可以有效地避免出现司法冤错。三是不具有证据能力的非法证据，尤其是已经被"排除"的非法证据。对于非法证据，控方可能不会作为指控犯罪的证据使用，但是辩方可能会对单个的非法口供提出"重复性自白"排除的申请，或者即便不能排除非法证据，也可降低被追诉人口供、证人证言、被害人陈述的证明力。因此，非法证据的开示对辩方具有较大的帮助。且与"排非"规则目前的规定一致。[2]就当前而言，被排除的非法证据，"应当随案移送"，辩护律师通过阅卷，仍然可以知悉。实行证据开示制度后，辩方的这一权利也不应被克减。四是技术侦查证据。2019 年 12 月颁布的《人民检察院刑事诉讼规则》第 229 条第 2 款沿袭之前的规定，仅规定："采取技术侦查措施收集的材料作为证据使用的，批准采取技术侦查措施的法律文书应当附卷，辩护律师可以依法查阅、摘抄、复制。"而未言明由此获得的"技术侦查材料"可否允许律师查阅、摘抄、复制。然而，根据 2018 年《刑诉法》第 154 条"采取侦查措施收集的材料在刑事诉讼中可以作为证据使用"之规定，辩护律师阅卷权中的"案卷材料"当然包括"技术侦查证据"，律师理应对此行使阅卷权，而不仅仅是查阅批准的法律文书。五是讯问录音录像资料。辩护方提出非法证据排除申请，需要提供非法取证的"线索"或"材料"，这是法院启动证据合法性调查程序的前提。而目前很多检察机关并不向辩护律师提供录音录像资料。根据刑事诉讼法的相关规定，只有在辩护方提出非法证据排除申请的场合下，检察机关才会提供录音录像资料，并非每案必提。这给人以"本末颠倒"之感，按理说，只有事先查看录音录像资料才可能从中发现讯问时可能存在的违法行为，也才有可能提出"排非"申请。因此，提供录音录像资料在先，提出"排非"申请在后，前者是条件，

---

〔1〕　参见［美］吉姆·佩特罗等：《冤案何以发生：导致冤假错案的八大司法迷信》，苑宁宁等译，北京大学出版 2012 年版，第 180~181 页。

〔2〕　两高三部出台的《关于办理刑事案件严格排除非法证据若干问题的规定》第 17 条规定："人民检察院对审查认定的非法证据，应当予以排除，不得作为批准或者决定逮捕、提起公诉的根据。被排除的非法证据应当随案移送，并写明为依法排除的非法证据。"

后者是结果。由此观之，目前的这一制度设计存在问题，需要通过证据开示制度的建立予以纠正。对于侦查、调查机关制作的讯问录音录像资料，无论辩护方是否提出非法证据排除申请，检察机关均应向辩护方开示。目前，监察委员会调查职务犯罪案件进行的讯问和其他重要取证活动的录音录像资料不应"留存备查"，而应"随案移送"。

（三）证据开示的方式

我国的证据开示应当以控辩双方主动开示为主，被动开示或者依申请开示为补充。理由如下：一是我国刑事诉讼职权主义色彩比较浓厚，强调国家公权力运作对刑事诉讼的意义。二是检察官具有客观义务，应秉持客观立场行事。[1] 三是符合当前制度上的阅卷权做法，实践操作不致发生"不适"反应。当前律师阅卷权的实现，以检察机关的保障为前提，检察官将卷宗材料或者扫描卷宗后形成的光盘交予辩护律师，其实就具有单方主动开示的性质。

当然，仅靠主动开示并不能达到证据开示的目的，这就需要依申请的被动开示作为补充。日本的证据开示制度就采用主动开示和被动开示相结合。我国刑事诉讼法还对检察官具有被动开示性质的事项作出规定。例如，《刑诉法》第41条规定："辩护人认为在侦查、审查起诉期间公安机关、人民检察院收集的证明犯罪嫌疑人、被告人无罪或者罪轻的证据材料未提交的，有权申请人民检察院、人民法院调取。"既然辩护人可以提出调取证据的申请，那么对该证据必然具有查阅的权利。问题是犯罪嫌疑人、被告人何以知道公安机关、人民检察院收集有无罪或者罪轻证据？如果将刑事诉讼法中辩护方的申请调查取证、申请调取证据的内容融入证据开示制度，由于双向开示的制度设置，也许能够调动检察机关调查取证、调取证据的积极性，辩护方的申请权能得到较好的保障。

（四）证据开示的时间、地点

从加强辩护权保障的角度看，证据开示时间越早越好。因为证据开示时间越早，辩护方进行证据准备的时间就越充分，辩护效果就会越好。我国从

---

[1] 例如，2018年《刑诉法》第52条规定："审判人员、检察人员、侦查人员必须依照法定程序，收集能够证实犯罪嫌疑人、被告人有罪或者无罪、犯罪情节轻重的各种证据。"修改后的《检察官法》第5条规定："检察官履行职责，应当以事实为根据，以法律为准绳，秉持客观公正的立场。检察官办理刑事案件，应当严格坚持罪刑法定原则，尊重和保障人权，既要追诉犯罪，也要保障无罪的人不受刑事追究。"

侦查阶段即实行认罪认罚从宽制度，理想的状态是在犯罪嫌疑人认罪认罚前开示证据，使其知悉侦查机关证据收集的情况。但是，基于"侦查秘行原则"和侦查效益的考虑，证据尚未完全收集、固定，如果进行证据开示，可能不利于侦查活动的顺利开展。这也是我国未在侦查阶段赋予辩护方阅卷权的原因。同理，尽管侦查阶段有开示证据的现实必要，但是根据利益权衡原则，犯罪嫌疑人及其辩护人的证据知悉权会受到一定的限制。如果在审判阶段（审前程序）进行证据开示，优点是由法院主持、指挥和监督，可以较好地维持开示秩序，但是由于认罪认罚从宽制度由检察机关主导，证据开示制度主要为保障被追诉人认罪认罚的明智性问题，审判阶段再行开示，可能"为时已晚"，也就失去了证据开示制度的旨趣。

关于证据开示的地点，如果在审查起诉阶段进行开示，由于指控犯罪的证据基本处于检察官的控制之下，在检察机关进行开示可以省却证据来回移转的麻烦，实现"诉讼经济"原则。辩护人或者值班律师可以携带应当开示的辩护证据来到检察院。这也符合目前律师阅卷权行使的方式。对认罪认罚案件，可以在证据开示后，由控辩双方进行协商。

（五）违反证据开示规则的后果

证据开示制度若要得到良性运行，必须设置违反规则的不利后果。如此，才能维持证据开示秩序。因此，建立证据开示制度的国家，均对违反开示规则的行为设置了不利后果和制裁措施，这是证据开示制度的必要保障。由于域外法院可以介入审判前的证据开示程序，因此"命令开示"成了常用的制裁手段。但是，我国的诉讼体制决定法院不能对审判前的侦控行为进行监督、指挥，也不能为审前程序中辩护权受侵害的一方提供权利救济。因此，这一"惯常做法"在我国并不适用。比较严厉的制裁措施是"禁止提出未经开示的证据"，也就是使该证据失去可采性或者证据能力。对该措施的借鉴适用，对中国当下实施的认罪认罚从宽制度具有积极意义。可考虑控方具有应当开示而未开示证据的行为，犯罪嫌疑人即使认罪认罚并签署具结书，因违反认罪认罚的明智性，推定该行为不具有自愿性，签署具结书的行为无效，检察机关不得在起诉时将具结书移送法院。第三种制裁措施是延期审理。待该证据被开示，同时给予诉讼对方必要的准备时间后，再开庭审理。最后是对违反证据开示规则造成诉讼拖延的一方进行经济处罚，并让其承担对方和人证的经济损失。对律师违反开示义务的，检察机关还可建议律师协会对其进行惩戒。上述制裁措施应平等适用于控辩双方。

需要注意的是，审查起诉阶段的证据开示，由于无中立第三方的介入，能否顺利开示证据完全靠检察官自觉履行客观义务，但客观义务具有较大的局限性，很难指望检察官能为诉讼对方提供有力的"辩护武器"。[1]针对证据开示的"自发状态"，结合当前以审判为中心的刑事诉讼制度改革，可考虑以此为契机改革现有的诉讼体制，使审判权可以介入到审前程序中进行程序性裁判，并对违反证据开示义务的主体进行惩戒。在该项制度改革之前，我们应充分认识到证据开示实施的局限性，通过织密制裁措施的"笼子"，保障开示制度的顺畅进行。

（六）证据开示的保障措施

建立我国的证据开示制度，需要相关配置措施的支撑。否则，即便建立了该制度，也无法实现制度的预期目标。在笔者看来，配套措施至少有以下两个方面：一是检警关系；二是人证的保护。就前者而言，我国目前实行的是"检警分离"的体制，刑事案件证据的收集者是以公安为代表的侦查机关和监察委员会这一调查机关。收集证据的刑事警察既不对检察机关负责，也不受检察机关指挥，更遑论作为"政治机关"的监察委员会。检察机关能否开示证据以及开示的范围大小均受制于证据收集主体。检察机关仅是证据的"收发机关"，"巧妇难为无米之炊"。纵使检察机关愿意开示，但是证据调查主体不提供，证据开示制度仍难以为继。这是我国与欧陆国家的最大区别。欧陆国家实行"检警一体"的侦查体制，刑事诉讼法上多将检察官称为"侦查主体"。警察的侦查活动受检察官的节制，服从检察官的指挥和调遣。在德国，没有检察机关参与，警察无权独立对案件进行侦查。在最初阶段，侦查一旦开始，警察就必须立即通知检察官并移交侦查记录。在瑞士，侦查程序开始后，检方可指导警方开展进一步的调查工作。警方必须服从检察机关的监督与指导。检方在任何时候均能向警方发布指令、分派任务或者自行主导刑事诉讼程序。[2]因此，我国若要建立证据开示制度，必须改革检警关系，从"检警分离"走向"检警一体"，若不能实行"检警一体"，至少检察机关

---

〔1〕 关于检察官客观义务的局限性，参见韩旭："检察官客观义务：从理论预设走向制度实践"，载《社会科学研究》2013 年第 3 期。

〔2〕 参见［瑞士］古尔蒂斯·里恩：《美国和欧洲的检察官——瑞士、法国和德国的比较分析》，王新玥等译，法律出版社 2019 年版，第 205、143 页。

可以指挥、指导警察的侦查取证活动。当前，检察机关可以通过适度提升不起诉率形成"倒逼"机制，通过宣告侦查活动的失败来提升自身在刑事诉讼中的影响力。

证据开示可能涉及人证的姓名、住址等个人信息和技术侦查措施的方式、方法、手段的暴露。如前文所述，制度设计往往会考量不同的价值和社会利益，根据利益衡量原则进行权衡取舍。这是各国在构建证据开示制度时都关注的问题。在美国，对于控方应当披露的敏感证据，检察官可向法官申请保护令，从而免于开示某项证据。《日本刑事诉讼法》第 299 条之二规定："检察官或者辩护人，在向对方提供知悉证人、鉴定人、口译人或者笔译人的姓名及住居机会的场合，或者在提供阅览证据文书或证物的机会的场合，认为有可能发生加害证人、鉴定人、口译人、笔译人或证据文书或证物记载其姓名的人及以上人的亲属的身体或财产的行为时，或者有可能发生使以上的人感到恐怖或难以应付的行为时，除对于证明犯罪或侦查犯罪有必要或者对于被告人的防御有必要的以外，可以告知对方该项意旨，并要求对方注意不得使关系人（包括被告人）知悉能够特定以上的人的住居、工作场所及其他通常所在场所的事项，以及不得使以上的人的安全受到威胁。"日本 2016 年《刑事诉讼法》修改强化了对上述人员的保护。通过增设第 299 条之四规定的措施，包括只给辩护人知道该证人的姓名和住址的机会，而不让被告人知道；在采取上述措施仍不能防止加害行为的发生，可以采取替代的措施，对于住址，只给住址的替代联系方式，也就是开示替代的措施。以此进一步加强对证人、鉴定人等诉讼参与人的保护。[1]根据《德国刑事诉讼法典》第 147 条第 7 款之规定，如果被告人从卷宗中获得的信息可能会危害侦查或他人的主要权利，那么其证据知悉权应受到限制。我国在建立证据开示制度时也需要注意对被害人、证人、鉴定人、有专门知识的人等人证的保护，防止其遭受侵害、威胁和干预作证。可考虑控方仅向辩护人或者值班律师开示上述人员的姓名、住址、工作单位和作证内容，而不对被追诉人进行开示。同时，在向辩护人和值班律师开示上述证据信息前，应当由其签署"保密承诺书"。承诺对于那些一旦被追诉人知悉可能会影响其他案件的侦破、妨碍证人作证、

---

〔1〕　参见［日］田口守一：《刑事诉讼法》（第 7 版），张凌、于秀峰译，法律出版社 2019 年版，第 351 页。

干扰被害人如实陈述或者可能对证人、被害人及其近亲属进行打击报复的信息材料（例如举报人、被害人、关键证人的姓名、住址、工作单位、电话等资料，同案人在逃情况，等等）辩护律师不得披露给被追诉人。[1]

对于技术侦查证据，其取得的方式、方法可能涉及侦查秘密，在向辩护方开示时，应当注意采取保护性措施，不暴露所采用的手段。对此，2018年《刑事诉讼法》第154条规定："依照本节规定采取侦查措施收集的材料在刑事诉讼中可以作为证据使用。如果使用该证据可能危及有关人员的人身安全，或者可能产生其他严重后果的，应当采取不暴露有关人员身份、技术方法等保护措施，必要的时候，可以由审判人员在庭外对证据进行核实。"《人民检察院刑事诉讼规则》第230条对此又作出强调，[2]如果没有保护性措施，通过技术侦查措施获得的证据不可能向辩护方开示。如果我国建立了证据开示制度，那么目前实行的阅卷制度即可废止。

---

〔1〕 参见韩旭："刑事诉讼中被追诉人及其家属证据知悉权研究"，载《现代法学》2009年第5期。

〔2〕《人民检察院刑事诉讼规则》第230条第2款规定："对于使用技术侦查措施获取的证据材料，如果可能危及特定人员的人身安全、涉及国家秘密或者公开后可能暴露侦查秘密或者严重损害商业秘密、个人隐私的，应当采取不暴露有关人员身份、技术方法等保护措施。必要时，可以建议不在法庭上质证，由审判人员在庭外对证据进行核实。"

第十四章

认罪认罚从宽制度中的协商问题

协商是认罪认罚从宽制度的精髓。无论是量刑建议还是程序适用，均是通过协商完成的。英美辩诉交易制度中的"交易"其实就是控辩之间的一种协商。然而，正如有学者指出的："协商"在我国是一个敏感词。无论是《试点办法》还是 2018 年《刑诉法》，均未对"协商"问题进行规定。《指导意见》第 33 条第 1 款规定："犯罪嫌疑人认罪认罚的，人民检察院应当就主刑、附加刑、是否适用缓刑等提出量刑建议。人民检察院提出量刑建议前，应当充分听取犯罪嫌疑人、辩护人或者值班律师的意见，尽量协商一致。"从此"协商"一词成了官方正式的、权威性的表述。然而，伴随着认罪认罚从宽制度的实施，协商在实践中已在悄悄进行。认罪认罚从宽制度中的协商有三个面向，其中控辩协商是最重要的协商面向。当前的重点是提升被追诉人一方的协商能力，规范协商程序。

一、协商在认罪认罚从宽制度中的重要地位

协商在认罪认罚从宽制度中具有重要地位。协商程序的引入意味着认罪认罚从宽制度由过去的"对抗性司法"转为"协商性司法"。"协商性司法的核心价值在于通过控、被双方的对话、协商，在合意的基础上谋求控辩审三方都乐于接受的司法结果。在维持基本法治底线的框架内，该司法体系尽可能让不同利益诉求的控辩双方在诉讼过程中拥有更多的发言权，相互之间减少不必要的对抗而增加更多的对话与合作机会，力争把多元化的价值目标吸纳到程序之中。"[1]可以说，没有协商就没有认罪认罚从宽制度。从辩护和法

---

[1] 参见马明亮："正义的妥协——协商司法在中国的兴起"，载《中外法学》2004 年第 1 期。

律帮助层面来看，审前程序中的辩护活动主要体现为协商活动，对律师预测预判和协商能力提出了更高的要求。律师建议被追诉人认罪认罚建立在对未来结果的预测基础上，是律师参与协商的前提。对未来的预测是律师的心理预期，协商的目标是尽量争取对被追诉人有利的结果，律师通常会在其心理预期之下寻求解决方案。从作为追诉者的控方角度来看，量刑建议的提出和程序适用均建立在协商基础上，没有协商就不可能有"合意"。认罪认罚从宽制度以"控辩合意"而非"控辩对抗"为其典型特征。认罪认罚具结书其实就是双方合意的结果。2018 年《刑诉法》第 173 条第 2 款规定："犯罪嫌疑人认罪认罚的，人民检察院应当告知其享有的诉讼权利和认罪认罚的法律规定，听取犯罪嫌疑人、辩护人或者值班律师、被害人及其诉讼代理人对下列事项的意见，并记录在案：（一）涉嫌的犯罪事实、罪名及适用的法律规定；（二）从轻、减轻或者免除处罚等从宽处罚的建议；（三）认罪认罚后案件审理适用的程序；（四）其他需要听取意见的事项。"检察机关在听取意见后，如果被追诉人及其辩护人、值班律师的意见被采纳，即意味着双方形成"合意"。如果意见不被采纳，对于被追诉人以及辩护人、值班律师是否可以继续提出新的意见，《刑诉法》则没有规定。如果允许控辩协商，那么辩方提出意见可能不止一轮。检察官对每一轮意见都应当认真听取。这一过程本身即体现了协商精神。如果只允许辩方提出一次意见，那么会给人以"单方性"和职权主义的感觉，而协商则体现了平等性、双向性特征。实际上，认罪认罚案件中没有控辩协商是很难想象的。"根据刑事诉讼法的规定，一方面，犯罪嫌疑人签署认罪认罚具结书的前提是自愿认罪并同意量刑建议；另一方面，人民检察院办理认罪认罚案件应当听取犯罪嫌疑人、辩护人或者值班律师对从宽处罚的建议。因此，在人民检察院正式提出量刑建议前，必然要与犯罪嫌疑人、辩护人或者值班律师进行量刑沟通或者协商，协商一致后，犯罪嫌疑人才会签署认罪认罚具结书。这种沟通与协商既有利于保障最终的控辩合意科学合理，也是对检察官的要求和义务，有利于检察权的正确行使。"[1]"在认罪认罚从宽制度推行过程中，引入控辩双方协商机制几乎是不可回避的

---

[1] 苗生明、周颖："认罪认罚从宽制度适用的基本问题——《关于适用认罪认罚从宽制度的指导意见》的理解和适用"，载《中国刑事法杂志》2019 年第 6 期。

一项改革配套措施。"〔1〕我们可以考虑以认罪认罚从宽制度立法确立为契机，改革我国的值班律师制度。与其让辩护律师提供法律咨询、提出程序适用建议和帮助申请强制措施的变更，不如让值班律师参与协商和在讯问时在场，这比签署认罪认罚具结书时令其在场更能保障被追诉人认罪认罚的自愿性和合法性。

协商还体现在辩护或者法律帮助过程中。被追诉人是否认罪认罚、选择什么程序进行审理都需要与其辩护人或者值班律师进行协商。通过这一程序，既可协调双方的辩护思路和辩护策略，也可保障认罪认罚的自愿性和合法性。未经与其辩护人或者法律帮助者协商，其作出的认罪认罚决定、选择的程序乃至认罪认罚具结书的签署均有一定的盲目性。遗憾的是，一些值班律师在未会见被追诉人的情况下就在场见证认罪认罚具结书的签署并在具结书上签字，以担保被追诉人认罪认罚的自愿性、真实性。被害人的意见对认罪认罚从宽制度的适用虽不具有决定意义，但是对量刑建议的提出有影响，尤其是在加害人与被害人达成和解协议或者取得被害人谅解的情况下，从宽的幅度可能会大一些。为了达成和解协议或者取得被害人谅解，被追诉人一方与被害人进行协商乃不可避免。鼓励被害人积极参与协商，不仅可以体现被害人作为当事人的程序参与，而且能减轻其对被追诉人适用认罪认罚从宽制度的抵触情绪和排斥心理，减少不必要的上访和舆情炒作。

可见，无论是从检察机关的工作职责还是从保障被追诉人认罪认罚的自愿性、真实性和明智性，无论是量刑建议的提出还是将来的程序适用，也无论是被害人对程序的参与还是和解、谅解协议的达成，协商均是必不可少的。

检察官与被追诉人一方的协商是最主要的协商形式。加强双方之间的协商至少有以下三重意义：一是体现程序参与原则，巩固被追诉人在认罪认罚从宽制度中的地位。认罪认罚从宽的制度优势在于各方的参与性，被追诉人参与到协商的过程之中，对量刑建议的提出积极施加影响，有助于调动被追诉人认罪认罚的积极性，同时体现了被追诉人的程序主体地位，增强裁判的可接受性。二是实现律师在审前程序中的有效辩护或者有效法律帮助。认罪认罚从宽制度实施带来的辩护提前以及由法庭上的辩护走向审前阶段面向检察官的辩护，是刑事辩护的一个新动向。协商程序的设置，为律师提供了一个辩护的新舞台。只不过这种辩护是一种协商性辩护，而非对抗性辩护。是

---

〔1〕　陈瑞华："认罪认罚从宽制度的若干争议问题"，载《中国法学》2017 年第 1 期。

一种面对面的辩护，而非书面辩护。显然，通过协商进行的辩护或者法律帮助更加有效。为了取得良好的协商效果，还可以迫使律师积极阅卷、会见，使协商前的准备工作更加充分。三是符合司法规律，有助于提升检察公信力。比较域外的协议、合意程序或者认罪答辩制度，均设置有协商程序。我国在借鉴辩诉交易精神基础上建立的认罪认罚从宽制度，不应"逆潮流而动"，排斥协商程序的建立。同时，我国的检察机关被定位为司法机关，既然是司法机关就应当遵循司法运作规律。直接言词原则是最重要的司法规律。协商程序要求检察官当面口头听取被追诉人一方的意见，这本身即体现了直接言词原则。比起书面听取意见，当面直接听取的方式，检察官的心证更加清晰，也更容易防范冤假错案的发生。当然，对于当前主要是适用速裁程序审理的认罪认罚案件而言，检察机关仅有 10 天的审查起诉期限，如此短的时间内既要安排值班律师又要进行协商，工作任务确实繁重。可考虑在协商完毕后，一旦双方达成认罪认罚合意，就可以签署认罪认罚具结书，对协商成果进行固定。这既有提高办案效率的考虑，又体现出了协商的意义。在 20 世纪 70 年代末期，协商开始被越来越多地运用于德国那些涉及面广泛在证明技术上有困难部分也是因为在法律上有困难的诉讼程序中，以对付经济犯罪、毒品犯罪、环境犯罪和税收犯罪。大型诉讼程序的增加也导致了实践中协商的扩展，与此同时，严重犯罪案件也被包含进来了。最近，协商甚至涉及暴力犯罪和故意杀人犯罪的诉讼程序。[1]"在德国，协商制度主要用在白领犯罪经济犯罪和毒品犯罪中，由于案件涉及复杂的证据与法律争议，协商几乎成为不可避免的事情。"[2]

　　虽然协商在认罪认罚从宽制度中具有如此重要的地位，但其同样面临一系列的现实困境：一是立法上缺乏规定，即便是司法解释性文件中的规定也是鼓励性而非强制性的。二是检察机关提起公诉案件有罪判决率极高。因此，我国的检察官缺乏协商的动力。三是协商程序的引入，无疑增加了检察官的工作负担。现在检察官的工作量本就比较大，如果再要求其进行协商，抵触情绪自然会出现。尽管如此，认罪认罚中的控辩协商已是不可避免，无论是

---

〔1〕 参见［德］约阿希姆·赫尔曼："德国刑事诉讼程序中的协商"，王世洲译，载《环球法律评论》2001 年。

〔2〕 黄河："德国刑事诉讼中协商制度浅析"，载《环球法律评论》2010 年第 1 期。

从减轻案件负荷，还是应对日益增多的新类型犯罪带来的指控困难。从表面上看，协商程序引入可能会降低诉讼效率，但是将安排值班律师、签署认罪认罚具结书和被害人的赔偿、谅解工作都融入协商程序中进行，效率也许比此前更高。面对新型犯罪带来的取证困难，协商在一定程度上可以解决"证据不足"的问题，提高指控的成功率。

二、协商的三种面向

认罪认罚从宽制度中协商不可避免，根据协商主体和协商内容的不同，协商有三种类型：

第一，控辩协商。这是最主要的协商种类，即由检察官与被追诉人及其辩护人、值班律师就量刑建议和程序适用等事项进行的协商。虽然《指导意见》规定"尽量协商一致"，根据法解释学的字义理解，似可认为具有鼓励性和倡导性，"协商"并不具有强制性。但是，现实中听取意见的过程，不免具有协商的性质。从检察官履行客观义务的角度看，应当将"协商"作为办理认罪认罚案件的"常规"行为。笔者通过调研了解到，有律师反映，当律师向检察官提出协商请求时，检察官拒绝协商，如果律师坚持提出，则检察官会威胁律师将提出从重的量刑建议。由此审视，协商的性质是什么？如果是被追诉人一方的权利，检察官就应当予以保障。为了促使控辩协商的实现，笔者倾向于将协商作为被追诉人一方的权利。如果我们承认认罪认罚是被追诉人的一项权利，那么"协商"作为认罪认罚从宽制度的题中应有之义，当然也是被追诉人的一项权利。如果不把协商作为辩方的一项权利，则检察官就没有保障的义务，有权拒绝辩方的协商申请，因此也不必承担责任。

第二，辩护协商。它是在被追诉人与其辩护人或者值班律师之间进行，双方就是否认罪认罚以及在认罪认罚后程序适用所进行的协商。该协商可以保障被追诉人与其辩护人、值班律师的辩护立场一致，避免"自说自话"导致的辩护力量相互"抵消"或者辩护"内耗"问题。被告人与辩护人之间是一个辩护共同体或统一体，对外均代表辩方，发出的都是辩护的声音，如果"各说各话"，一个说"无罪"、一个说"有罪"，不但缺乏统一的辩护焦点或者辩护核心，而且会因自乱阵脚而造成逻辑上的混乱。[1] 辩护协商的实现，

---

[1]　参见韩旭："被告人与律师之间的辩护冲突及其解决机制"，载《法学研究》2010年第6期。

需要从制度上明确辩护人和值班律师进行协商是"规定动作",未经协商,不得在据具结书上签字。值班律师之所以不进行辩护协商,一方面是因为其并非被追诉人及其家属委托为被追诉人提供辩护服务的人员,另一方面是因为值班补贴普遍较低,值班律师也没有提供充分法律帮助的积极性。"在德国刑事诉讼程序中,辩护人有权查阅检察官的案卷,根据对案卷的研究,告知被告人现有的对其不利的罪证材料。辩护人和被告人可以一起评价证据,估计认罪将带来的好处。"〔1〕

第三,赔偿协商。这一协商种类,对于取得被害人及其家属的谅解非常重要。虽然认罪认罚从宽是在检察官和被追诉人之间展开的,但是被害人的意见对被追诉人是否从宽以及从宽的幅度均产生影响。《指导意见》第16条规定:"办理认罪认罚案件,应当听取被害人及其诉讼代理人的意见,并将犯罪嫌疑人、被告人是否与被害方达成和解协议、调解协议或者赔偿被害方损失,取得被害方谅解,作为从宽处罚的重要考虑因素……"第18条进一步规定:"犯罪嫌疑人、被告人认罪认罚,但没有退赃退赔、赔偿损失,未能与被害方达成调解或者和解协议的,从宽时应当予以酌减……"为了使被追诉人获得更大的量刑优惠,辩护人或者值班律师应积极参与与被害人一方的协商,通过释法说理和动员被追诉人积极赔偿让被害人放弃明显不合理的赔偿请求,取得被害人一方的谅解,从而达到良好的辩护或者法律帮助效果。律师代理被追诉人参与协商,可以避免加害人与被害人之间的冲突。同时,被害人应当理解和配合辩护人或者值班律师的工作,律师出面进行协商,表示被追诉人有诚意解决问题。如果协商达成一致,则可以取得"双赢"的效果。如果协商不成、被害人得不到合理赔偿,则被害人一方有可能通过上访解决问题。此时,司法官将会面临法治逻辑与政治逻辑的冲突、依法办案与"维稳"之间的冲突。赔偿协商面临的问题有以下三个方面:一是民事赔偿属于民事代理或者附带民事诉讼的范畴,不属于辩护人的职责范围。2018年《刑诉法》第37条规定:"辩护人的责任是根据事实和法律,提出犯罪嫌疑人、被告人无罪、罪轻或者减轻、免除其刑事责任的材料和意见,维护犯罪嫌疑人、被告人的诉讼权利和其他合法权益。"辩护人完全有理由不参与赔偿协商,除非

---

〔1〕 〔德〕约阿希姆·赫尔曼:"德国刑事诉讼程序中的协商",王世洲译,载《环球法律评论》2001年冬季号。

接受委托同时作为诉讼代理人。二是被害人对被害人有抵触情绪，难以进行有效的协商。在被害人及其家属看来，辩护人是"替犯罪嫌疑人、被告人说话的人"，是被追诉人的"同盟军"，从心理上排斥辩护人的参与。三是部分辩护人和值班律师责任心不强，认为"多一事不如少一事"，重"刑"轻"民"，被动应付，缺乏工作积极性。

从三种协商依次展开的顺序上看，辩护协商是最基础、最需要先行进行的协商，然后是赔偿协商，最后才是控辩协商。控辩协商直接决定着认罪认罚具结书的签署、量刑建议的提出乃至起诉书的内容。我们应当以控辩协商带动辩护协商和赔偿协商。判断认罪认罚从宽制度中被追诉人的权利是否得到了保障，要看上述三种面向的协商被追诉人是否参与，并对协商结果产生积极的影响。

三、协商在认罪认罚从宽制度实践中未受到重视

虽然协商在认罪认罚从宽制度中具有重要地位，但是在实践中并未受到重视，"协商型司法"并未形成。一是控辩协商只是例外，控辩双方协商能力不平等。例如，某基层检察院作为全国第一批速裁程序试点单位，自 2014 年 8 月至 2016 年 6 月共办理速裁案件 547 件，但律师在审查起诉环节参与的律师仅有 28 件，参与率仅为 5.1%。[1]在北京市海淀区的速裁程序试点中，值班律师不参与量刑协商，公诉人也无须征求他们的意见。[2]即便是"听取意见"，大多也是书面听取，而非面对面的口头听取。后者显然比前者效果更好。如果被追诉人一方能够与检察官当面进行协商，辩方不但有被尊重的感觉，而且沟通更充分，有助于化解分歧，形成共识。检察官在听取律师意见时往往只是告知其从宽处罚的建议，并不就量刑内容与律师进行协商。[3]由于检察官未经协商就提出量刑建议，很容易导致被追诉人反悔。一旦反悔，"前功尽弃"，诉讼效率不升反降。"权力型"的认罪认罚从宽制度加剧了控

〔1〕　参见陈重喜、李瑛："认罪协商机制中的律师参与"，载胡卫列等主编：《认罪认罚从宽制度的理论与实践》，中国检察出版社 2017 年版，第 613 页。

〔2〕　参见游涛："认罪认罚从宽制度中量刑规范化的全流程实现——以海淀区全流程刑事案件速裁程序试点为研究视角"，载《法律适用》2016 年第 11 期。

〔3〕　参见许世兰、陈思："认罪认罚从宽制度的基层实践及思考"，载胡卫列等主编：《认罪认罚从宽制度的理论与实践》，中国检察出版社 2017 年版，第 357 页。

辩双方的不平衡性，导致控辩双方协商能力的不平等。在双方身份不平等的情况下能否实现平等协商值得怀疑。"检察机关的主导作用体现在认罪认罚协商过程中。认罪认罚协商过程是在检察机关的主导下进行，对是否与犯罪嫌疑人进行认罪认罚协商，决定权在检察机关。"[1]认罪认罚从宽制度以效率为导向，协商程序的引入无疑降低了办案效率，这是检察官不愿进行协商的主要原因。从律师的角度看，我国审前羁押率比较高，已是一个不争的事实，被追诉人大多处于羁押状态，而检察官又掌控了强制措施的决定权，在一定程度上掌控了"被追诉人的命运"，导致辩方缺乏协商谈判的"筹码"。笔者调研发现，认罪认罚从宽制度主要适用于危险驾驶案件，被告人认罪认罚与否在"从宽"幅度上并没有太大的差异，导致其认罪认罚和参与协商的积极性不高。据统计，认罪认罚的案件平均刑期仅比未认罪案件低 0.31 个月也就是 9 天左右，对被告人从宽的幅度过小，认罪认罚从宽制度对被告人"吸引力"不够。检察实务部门的同志提出："一般来说，量刑建议越具体，犯罪嫌疑人及其辩护律师与检察机关协商的动力越大，达成一致的可能性也越大。因为确定刑的建议更符合犯罪嫌疑人对'罚'的期待，犯罪嫌疑人之所以选择认罪认罚，就是想换取一个比较确定的刑罚预期，让从宽处理的激励变成现实，以避免庭审的不确定性和潜在风险。"[2]对此观点，笔者有异议。从协商的吸引力和有效性方面来看，检察机关提出幅度刑的量刑建议可能更有利于调动被追诉人一方参与协商的积极性。被追诉人的心理预期通常是量刑建议的下限，如果律师通过协商能达至这样一种结果，会油然而生一种"成就感"。且幅度刑给予辩方较大的协商空间。从域外经验来看，德国协商程序中禁止提出确定刑。在德国的协商程序中，法院应当告知辩方可能的最高刑和最低刑。[3]因此，笔者建议检察机关在与辩方协商前尽可能提出幅度刑的量刑建议。

第二，辩护协商未成为律师的"规定动作"。根据笔者的调研，值班律师在认罪认罚具结书上署名之前，基本都不会与被追诉人就是否认罪认罚进行沟通。律师在向被追诉人提供法律帮助时，也只是在和检察官、犯罪嫌疑人

---

〔1〕 "在认罪认罚从宽制度中发挥主导作用"，载《检察日报》2019 年 5 月 20 日。

〔2〕 苗生明、周颖："认罪认罚从宽制度适用的基本问题——《关于适用认罪认罚从宽制度的指导意见》的理解和适用"，载《中国刑事法杂志》2019 年第 6 期。

〔3〕 参见黄河："德国刑事诉讼中协商制度浅析"，载《环球法律评论》2010 年第 1 期。

进行简单交流后，便告知犯罪嫌疑人可以同意量刑建议和程序适用。[1]在日本，"犯罪嫌疑人、被告人在与辩护人商谈并判断利益得失之后，以书面形式达成合意，这是犯罪嫌疑人、被告人'自由作出合理的意思决定'"。[2]在德国，辩护律师对量刑协商而言会是一个关键条件。[3]从实践情况来看，值班律师仅仅是在检察机关电话通知其到场后才与犯罪嫌疑人见面，且时间短暂，交流不充分。[4]有关调研数据显示：在163份对犯罪嫌疑人、被告人的有效问卷中，有51.5%的被追诉人表示"在案件中没有律师的帮助"，其中认为不需要提供法律帮助的被追诉人占50.9%。[5]另一份调研资料显示：犯罪嫌疑人主动咨询值班律师的仅占40%，60%案件的犯罪嫌疑人未咨询值班律师。[6]在没有律师帮助或者未申请律师帮助的情况下，被追诉人只能"孤军奋战"，独自面对强大的控方，何谈"辩护协商"的问题？因此，辩护协商必须以律师的充分参与为前提。

第三，赔偿协商难开展。除了前述的三项理由外，被追诉人的经济能力和赔偿意愿也会影响赔偿协商的进行。就被害人而言，在一些人身伤害类的案件中，被害人并非将赔偿作为首要的考虑因素，而是要求对被追诉人从重处罚。"侵害人身犯罪中，赔偿并不是被害人的首要利益，被害人更愿看到罪犯受罚或防止罪犯再犯。"[7]如此一来，双方自然没有协商的余地，也就无所谓被害人谅解问题了。

四、提升被追诉人一方协商能力

控辩协商，当是一种建立在自愿、平等基础上的协商。双方协商能力大

---

〔1〕 参见许世兰、陈思："认罪认罚从宽制度的基层实践及思考"，载胡卫列等主编：《认罪认罚从宽制度的理论与实践》，中国检察出版社2017年版，第357页。

〔2〕 [日] 田口守一：《刑事诉讼法》（第7版），张凌、于秀峰译，法律出版社2019年版，第216页以下。

〔3〕 参见熊秋红："认罪认罚从宽的理论审视与制度完善"，载《法学》2016年第10期。

〔4〕 检察环节非羁押诉讼程序问题研究课题组："非羁押诉讼公诉环节若干问题研究"，载《人民检察》2019年第16期。

〔5〕 参见李洪杰："认罪认罚自愿性实证考察"，载胡卫列等主编：《认罪认罚从宽制度的理论与实践》，中国检察出版社2017年版，第285页。

〔6〕 参见许世兰、陈思："认罪认罚从宽制度的基层实践及思考"，载胡卫列等主编：《认罪认罚从宽制度的理论与实践》，中国检察出版社2017年版，第355页。

〔7〕 [瑞士] 古尔蒂斯·里恩：《美国和欧洲的检察官——瑞士、法国和德国的比较分析》，王新玥等译，法律出版社2019年版，第149页。

致相当是平等协商的基础。

第一，我国审前羁押率尚高，在被追诉人处于羁押状态且检察官握有强制措施决定权的情况下，被追诉人能与检察官进行平等协商吗？其次，被追诉人并没有阅卷权，对指控犯罪的证据数量和证据质量均"一无所知"，即在所谓的"信息不对称"情况下，此时有可能存在真正的协商吗？最后，认罪认罚案件并不实行强制辩护制度，在没有律师参与的情况下，控辩力量悬殊，能实现平等协商吗？从比较法的视角看，美国实行的辩诉交易制度是由律师代理被追诉人与检察官谈判，德国和日本均建立了指定辩护制度。例如，根据《德国刑事诉讼法》第418条第4款的规定，如果被告人预期刑期为6个月以上，必须为被告人强制性指定一名辩护律师。如果法官考虑批准检察官通过刑事处罚令判处被告人缓刑的申请，则必须为无辩护律师的嫌疑人指定一名辩护律师。[1]日本在近年的司法改革过程中，引入"协议、合意制度"即要求"在达成合意的过程中，必须有辩护人出席，而且合意需要获得辩护人的同意"。[2]在法国和意大利，被追诉人选择认罪答辩时也必须有律师在场。一些国家在类似我国认罪认罚案件的程序中不允许被追诉人放弃律师辩护权。例如，《法国刑事诉讼法典》第495-8条第4款规定："（在庭前认罪答辩程序中）被告不得放弃律师协助权。"律师应在程序的任何阶段现场为被告提供咨询和帮助。[3]

针对以上问题，应围绕被追诉人一方协商能力提高这一中心进行制度完善和实践操作的改善。一是降低认罪认罚从宽案件被追诉人的羁押率，待条件成熟时，可考虑将羁押决定权交由法官行使。如此，可以改变双方地位不平等的问题，化解检察官既是追诉者又是裁判者的职能冲突问题。这是平等协商的基础。

第二，赋予认罪认罚案件被追诉人阅卷权。只有在信息对称基础上辩方才有"讨价还价"的余地。对此，《指导意见》第29条规定："人民检察院可以针对案件具体情况，探索证据开示制度，保障犯罪嫌疑人的知情权和认

---

〔1〕 参见［瑞士］古尔蒂斯·里恩：《美国和欧洲的检察官——瑞士、法国和德国的比较分析》，王新玥等译，法律出版社2019年版，第213页以下。

〔2〕 ［日］田口守一：《刑事诉讼法》（第7版），张凌、于秀峰译，法律出版社2019年版，第217页以下。

〔3〕 参见施鹏鹏：《法律改革，走向新的程序平衡？》，中国政法大学出版社2013年版，第158页。

罪认罚的真实性及自愿性。""在刑事诉讼程序内，阅卷权向来被认为是一被告有效防御的条件，甚至可以说在被告的防御里，除了证据调查请求权及对质诘问权以外，阅卷权亦居于核心的地位。"[1]阅卷权的权利主体应该是被告才对，但是，法律文义却将之明定为辩护人，道理何在？理由无他，因为卷宗与证物是认定本案犯罪事实的重要基础，由于被告对于本案的利害关系过大，如果容许被告本人行使阅卷权，难保被告不会篡改或湮灭卷证。相较之下，辩护律师与本案的利害关系极其有限，在卷证电子化的今天，"篡改或者毁灭卷证的危险"将不复存在。我们完全可以以认罪认罚从宽制度实施为契机，赋予被追诉人在审查起诉阶段和审判阶段的阅卷权。这既是保障被追诉人认罪认罚真实性和自愿性的前提，也是实现平等协商必要的制度装置。

第三，对认罪认罚案件实行律师强制辩护制度，被追诉人不得放弃律师的法律帮助。律师应当参与到协商过程中来，以矫正作为外行人的被追诉人与作为法律专业人士的检察官之间协商力量的悬殊。《试点办法》第5条第3款规定："犯罪嫌疑人、被告人自愿认罪认罚，没有辩护人的，人民法院、人民检察院、公安机关应当通知值班律师为其提供法律咨询、程序选择、申请变更强制措施等法律帮助。"2018年《刑诉法》第36条规定："法律援助机构可以在人民法院、看守所等场所派驻值班律师。犯罪嫌疑人、被告人没有委托辩护人，法律援助机构没有指派律师为其提供辩护的，由值班律师为犯罪嫌疑人、被告人提供法律咨询、程序选择建议、申请变更强制措施、对案件处理提出意见等法律帮助。人民法院、人民检察院、看守所应当告知犯罪嫌疑人、被告人有权约见值班律师，并为犯罪嫌疑人、被告人约见值班律师提供便利。"根据《试点办法》的规定，我们隐约感受到了其中隐含的"强制法律帮助"，遗憾的是2018年《刑诉法》比此前的《试点办法》有所退却，似乎是只有被追诉人提出申请，方可获得值班律师的法律帮助。实践中也是实行"申请制"而非"应当制"。今后可考虑规定，凡是没有辩护人的被追诉人一旦认罪认罚，都应为其指定律师参与控辩协商。

五、规范协商程序

由于控辩协商是最重要的协商种类，在三种协商中具有典型性。实践中，

---

[1] 颜厥安、林钰雄：《人权之跨国性司法实践——欧洲人权裁判研究（一）》，元照出版公司2007年版，第95页。

不愿协商、不协商、协商随意性大、协商不规范等问题比较突出，在很大程度上与协商程序阙如密切相关。为此，协商规则、协商程序的完善应先从控辩协商开始，以为实践操作提供指引。笔者认为，认罪认罚案件均应经过协商程序，没有协商检察机关不应提出认罪认罚具结书，被追诉人及其辩护人、值班律师有权不在具结书上签字。协商程序的引入势必会降低办案效率。但是，公正是司法的生命线，永远是第一位的，效率应当服从于公正。而协商程序是实现认罪认罚从宽制度公正性的基石，也是该制度具有公信力的保障。对此，可以明确，未经协商程序，不得签署认罪认罚具结书。在明确了这一前提的基础上，我们要规范、完善协商程序。

第一，协商前的权利告知。在协商之前，检察官应当告知被追诉人其有权进行协商，也可以拒绝协商，还可以对协商结果反悔。除此之外，如果一审裁判超出合意内容进行判决，被告人可以提出上诉，接受二审法院的审查。

第二，协商的案件范围。协商的案件范围既包括侦查、调查阶段被追诉人不认罪的案件，也包括被追诉人已经认罪的案件。无论属于何种情形，只要被追诉人一方提出协商申请，检察机关都不应拒绝。那种认为辩护方仅有申请权，检察机关才有决定权的观点，有违控辩平衡原则，应当予以摒弃。

第三，协商程序的启动。在程序启动上，应当贯彻控辩平等原则。检察官既可以依职权启动，被追诉人及其辩护人、值班律师也可以申请启动。尤其是当被追诉人一方提出申请时，检察官应给予积极应答，合理安排协商的具体时间、地点，而不能拒绝该申请。

第四，协商的过程、内容和结果应当可追溯、可查阅。一般应当以"协商笔录"形式记载协商的过程、内容和结果，有条件的可以对协商过程进行录像。如此，便于法院审核和监督。德国联邦宪法法院认为，实施与协商有关事项的透明化和记录制度是协商制度受到公众、检察官和上诉法院有效监督的前提，也是《刑事程序中的协商规定》的核心内容。[1]

第五，协商的时间。因为我国实行"分工负责"的诉讼原则，呈现出了"分段包干、各管一段"的特征，检察机关负责审查起诉。因此，协商应主要

---

〔1〕 参见 Judgment of the Federal Constitutional Court of March 19, 2013 [2 BvR2628/10, 2 BvR2883/10；2 BvR2155/11]，para. 80，转引自高通："德国刑事协商制度的新发展及其启示"，载《环球法律评论》2017 年第 3 期。

在审查起诉阶段进行。《指导意见》第 32 条规定："人民检察院向人民法院提起公诉的，应当在起诉书中写明被告人认罪认罚情况，提出量刑建议，并移送认罪认罚具结书等材料。量刑建议书可以另行制作，也可以在起诉书中写明。"即便是在审查起诉阶段进行协商，也应当在起诉书制作之前进行，否则，协商就失去了意义。2018 年《刑诉法》第 201 条第 2 款规定："人民法院经审理认为量刑建议明显不当，或者被告人、辩护人对量刑建议提出异议的，人民检察院可以调整量刑建议。人民检察院不调整量刑建议或者调整量刑建议后仍然明显不当的，人民法院应当依法作出判决。"根据上述规定，在审判阶段，检察机关可能会"调整量刑建议"，在调整之前也存在控辩双方协商的空间。据此，应当允许审判阶段的协商存在。《德国刑事诉讼法》修改增加的"协商程序"中也规定了审判程序中的协商。

第六，协商的参与主体。控辩协商以检察官和被追诉人为协商主体，律师应当参与到协商过程中，与被追诉人一道与检察官进行协商。法院不应加入协商过程，一则不符合其中立裁判者的地位，二则协商的公平性将遭到破坏。因为被追诉人如果不接受法院提出的协商方案，便可能会面临不利的裁判结果，且有可能架空检察官协商主体的地位。"德国刑事协商发生在法官和被告人之间，法官可能会强迫被告人达成协商协议，这将有损法官的中立地位。"当法官与被告及其律师协商一致或协商失败后，法官又被要求在后续程序中中立地对待被告人，就好像协商从未发生以及没有被告人供述那样。这样的角色转换很难保证法官没有偏见。[1]美国联邦法院系统不允许法官参与任何关于辩诉交易的讨论。[2]如果是有被害人的案件，被害人也可参与到协商程序中发表意见。律师参与协商可以矫正控辩力量悬殊的问题，防止协商成为压制性程序。美国辩诉交易制度之所以被认为具有基本的公平性，就是因为交易的双方是检察官和辩护律师，而辩护律师一般都会查阅控方的案卷材料，对公诉方的证据情况了如指掌，了解公诉方的指控根据和理由。由此，检察官才不会利用信息不对称的优势来引诱或欺骗辩方接受某种不公平的方案。如果让检察官面对势单力薄的被追诉人，其在心理上就具有明显优势，便会利用后者不了解案情、不熟悉法律、无法得到及时有效的律师帮助的状况，

---

〔1〕　高通："德国刑事协商制度的新发展及其启示"，载《环球法律评论》2017 年第 3 期。

〔2〕　参见黄河："德国刑事诉讼中协商制度浅析"，载《环球法律评论》2010 年第 1 期。

对其进行威胁、引诱和欺骗，迫使被追诉人接受某一未必公平的量刑方案。[1]可见，律师参与协商具有非常重要的意义。

第七，协商的内容。协商不仅仅是针对量刑问题（包括是否适用缓刑进行），还可以针对案件事实、罪名和程序适用进行。在控辩协商中，最主要的是量刑协商，但不限于此。虽然欧陆的德国、瑞士控辩协商涉及指控、量刑等事项，但美国的辩诉交易制度允许"事实谈判"。[2]涉案事实、罪名和程序适用等也是刑事诉讼法规定的检察官应当听取意见的事项。控辩双方可以就案件事实、罪名进行协商，并不意味着它们可以被任意变更，也不意味着以协商的"形式事实"代替证据证明的事实，而是辩方对控方监督的表现，体现了"权利对权力的制约"。检察官以较轻的量刑建议为"筹码"换取被追诉人的认罪，从而避免指控证据不足的问题，应是认罪认罚从宽制度的题中应有之义。司法机关查明案件事实是在特定的时空内完成的，查个"水落石出"不免"强人所难"。通过该制度取得被追诉人的口供，从而使证据之间能够形成一个完整的链条，可以避免指控不能。例如，在共同故意伤害案件中，被追诉人被证明参与了伤害事件，但是由于其沉默，被追诉人在故意伤害中的地位、作用并不清楚。认罪认罚从宽制度鼓励其开口说话，不但承认自己的行为细节，还指证其他人，使案件事实基本清楚。因此，控辩双方对案件事实进行协商与口供补强规则并不矛盾，仍然需要其他证据证明基础事实存在。控辩双方协商事实并非"篡改"事实。在辩方对控方认定的事实有异议的情况下，有什么理由禁止他们就案件事实问题进行商讨？量刑协商是被追诉人最关心的问题，这涉及"从宽"的幅度问题。"量刑优惠应当控制在一定的限度之内，过大的量刑优惠则会影响到被告人认罪认罚的自愿性。德国协商制度中为防止法院以量刑优惠强迫被告人认罪，规定协商后量刑优惠不得超过三分之一。"[3]协商制度的引进，潜藏着巨大的司法不公风险。[4]对于如何防范此类案件中的司法冤错，我们应该有足够的认识。我国应该尽快制定类似域外的"量刑指南"的"量刑指导意见"，给实践操作中具体的

〔1〕 参见陈瑞华："认罪认罚从宽制度的若干争议问题"，载《中国法学》2017年第1期。

〔2〕 参见［瑞士］古尔蒂斯·里恩：《美国和欧洲的检察官——瑞士、法国和德国的比较分析》，王新玥等译，法律出版社2019年版，第250页。

〔3〕 高通："德国刑事协商制度的新发展及其启示"，载《环球法律评论》2017年第3期。

〔4〕 参见熊秋红："认罪认罚从宽的理论审视与制度完善"，载《法学》2016年第10期。

从宽幅度提供操作指引，也给辩方参与协商提供一定的心理预期。《指导意见》对此虽有规定，但仍显原则，可操作性不强。控辩协商在内容上应当注意不得将在他案中对被追诉人本人或者他人的撤销指控或从轻提出量刑建议作为条件，迫使其在该案中认罪。例如，在职务犯罪案件中，检察机关以不对其亲属指控为条件换取被追诉人认罪认罚。

第八，协商中不同意见的效力。虽然协商以被追诉人为中心展开，认罪认罚以被追诉人意思表示为准，但是律师毕竟是法律专家，比未受过法律训练的作为"外行人"的被追诉人具有专业方面的优势。在协商过程中，被追诉人与其辩护人或者值班律师一般来说立场是一致的，但也会出现不一致的情况。此时，事实、证据和量刑问题应当以被追诉人的意见为准，罪名和法律适用问题则应当遵循辩护人或者值班律师的意见。除了刑事部分的罪与罚可以协商外，控辩双方还可就被追诉人赔礼道歉、赔偿损失等民事事项进行协商。

第九，协商不成的处理。这主要涉及两方面内容：其一，一旦协商失败，尤其是在检察官提出的协商方案不被接受的情况下，在案件适用普通程序进行审理时，检察官应当提出依法合理的量刑建议，不得故意提出一个较重的违反"罪责刑相适应"原则的量刑建议。否则，认罪认罚从宽制度就具有一种压迫性力量，所谓的"平等自愿"只能沦为空谈。其二，被追诉人认罪的口供不得在此后的诉讼中被作为证据提出。由于协商过程中控辩双方都有可能为达成一致而作出妥协，对于认罪认罚之前未承认犯罪的犯罪嫌疑人，当协商失败、案件转入普通程序审理时，其在协商过程中的有罪陈述，不得被作为证据使用。在德国，在协商过程中，如果被告人基于对协商制度本身的信任而做出自白，以期换取宽大量刑，但是事后法院撤销了协商，则被告人在协商中所做的自白在随后的审判程序中不能被作为定罪量刑的证据使用。[1] 这一方面可以解除被追诉人的"后顾之忧"，有助于协商意见的达成，另一方面能够确保定案建立在口供以外的其他证据之上。我国 2018 年《刑诉法》第55 条第 1 款规定："对一切案件的判处都要重证据，重调查研究，不轻信口供。只有被告人供述，没有其他证据的，不能认定被告人有罪和处以刑罚；没有被告人供述，证据确实充分的，可以认定被告人有罪和处以刑罚。"

---

〔1〕　参见黄河："德国刑事诉讼中协商制度浅析"，载《环球法律评论》2010 年第 1 期。

第十，协商内容和过程的公开。对于协商的过程和内容，可否在庭审中公开，目前尚无规定。德国于 2009 年进行法律修改时引进了合意制度，也被称为"协商"。《德国刑事诉讼法》第 234 条第 4 款规定，"公开展示的只有和解协议的基本内容，谈判内容及过程则不会公开。"[1]笔者认为，诸如量刑建议、程序适用等协商结果应当公开。协商的过程不宜公开。但是，当辩方提出控方违反协商规则或者规范时，应当允许辩方提出公开协商过程的申请或者出示协商过程的证据，接受法庭的审查。法官对协商过程中被追诉人认罪认罚的自愿性、合法性有疑问的，同样可以进行公开审查。在德国，达成协商的应当及时在法庭审理中宣布协商的主要内容。

第十一，控辩双方达成的协商意见不被法庭采纳的处理。有时控辩经协商合意的意见不被法庭采纳，主要是检察机关提出的量刑建议。此时，控辩双方有何救济措施？目前，对控方来说，主要是行使抗诉权；对辩方来说，通过行使上诉权启动二审程序，接受更高一级法院的司法审查。在日本，"检察官基于合意提出量刑建议，法院却宣告了较重的刑罚，被告人可以从合意中退出"。[2]显然，协议的内容和结果对裁判具有约束力。我们在协商程序的构建中也需要思考控辩双方的合意结果是否对法院裁判结果有拘束力。笔者认为，原则上有拘束力，在例外情形下法院可以不采纳合意结果。对此例外情形，可适用 2018 年《刑诉法》第 201 条第 1 款之规定。鉴于此，一方面，我们可以赋予被告人在此种情形下的反悔权。被告人反悔后视为协议并不存在，案件适用普通程序进行审理。根据笔者的调研，在法院未采纳检察机关量刑建议的案件中，法院在判决书中将量刑改轻的占多数，也有部分案件法院判处的刑罚重于检察机关的量刑建议。据统计，改轻率为 70%，改重率为 30%。另一方面，被告人也可以提起上诉，请求二审法院予以审查。对被告人以"量刑过重"为由提起上诉的，检察机关不能动辄提出抗诉，应当尊重被告人的上诉权和"上诉不加刑"原则的落实。

第十二，协商的救济。协商的救济主要有两个方面：其一，通过被追诉

---

〔1〕 参见［日］田口守一：《刑事诉讼法》（第 7 版），张凌、于秀峰译，法律出版社 2019 年版，第 214 页；［瑞士］古尔蒂斯·里恩：《美国和欧洲的检察官——瑞士、法国和德国的比较分析》，王新玥等译，法律出版社 2019 年版，第 217 页。

〔2〕 ［日］田口守一：《刑事诉讼法》（第 7 版），张凌、于秀峰译，法律出版社 2019 年版，第 220 页。

人行使反悔权予以救济；其二，通过法院的司法审查予以救济。法院在审查时应当注意是否有基础事实支撑认罪认罚的事实，法院审理认定的罪名与认罪认罚的罪名是否一致，尤其应当着重审查被告人认罪认罚的真实性。证据裁判原则、不得强迫自证其罪原则和口供补强规则、非法证据排除规则等证据原则、规则在认罪认罚案件中同样应当得到强调。我国诉讼目的观奉行"实质真实"的理念，刑事诉讼长期以来呈现出以国家权力运作查明事实真相的"超职权主义"的特征，这不免会与协商程序的引入相冲突。加强法院的司法审查和救济，不失为缓和此种冲突的有效举措。法院不能将有罪裁判建立在协议基础上，还需要对全案卷宗进行审查，并结合庭审形成内心确信的心证，以此才可以对认罪认罚口供进行确认。

需要注意的是，对证据不足的案件可否进行协商？笔者认为，应当区分情况，如果是没有口供或者口供不够具体，可以通过协商解决；如果是口供以外的其他证据不足，检察机关应当通过补充侦查予以完善。如果经过两次补充侦查，仍然事实不清、证据不足，应当作出"存疑不起诉"决定，而不应通过协商"消化案件"。

为了保障协商的诚信性，检察官不得提出"策略性"的量刑建议，即故意提出一个较重的量刑建议，给辩护方一个"讨价还价"的协商空间。这涉及司法诚信这一司法底线的遵守问题，检察官应恪守司法伦理和客观义务，实事求是地提出量刑建议。[1]

---

〔1〕　关于检察官不得提出"策略性"的量刑建议，参见韩旭：《检察官客观义务论》，法律出版社 2013 年版，第 185 页。

第十五章

认罪认罚从宽制度下的诉讼证明

引 言

认罪认罚从宽制度实施是刑事诉讼领域的一场深刻"革命"，它会带来诉讼证明的变革。由于认罪认罚从宽案件的办理坚持"程序从简"，因此防范冤假错案便成了诉讼证明的首要价值。在守住不出冤错这条司法底线的同时，适度强调效率是认罪认罚案件区别于非认罪认罚案件的特点。既要强调司法公正，又要追求诉讼效率，在这样的价值理念下考虑认罪认罚案件的诉讼证明问题，才不至于偏离方向。认罪认罚从宽案件的诉讼证明具有不同于非认罪认罚案件的特点：一是诉讼证明对象紧紧围绕"被追诉人口供"，且控方应当对量刑建议问题进行证明；二是在"认证"不出庭、庭审大大简化的情况下，定罪量刑更倚重证据之间的相互印证性，"印证证明"方式得到控辩审三方的普遍强调；三是控诉方承担证明责任工作将更加繁重，尤其是对认罪认罚自愿性、真实性的证明几乎涉及每一个案件，这就需要有更为丰富的证明手段；四是起诉的证明标准更高，甚至等同于定罪的标准；五是诉讼证明阶段的前移，由于对于大量适用速裁程序审理的案件，法院原则上不再进行法庭调查和法庭辩论，庭审中的集中证明不复存在，诉讼证明前移至审查起诉环节；六是应当重视辩方在诉讼证明中作用的发挥。同时，认罪认罚案件也属于司法案件，应当遵循司法证明的一般规律：坚持"证据裁判原则"；在证明责任的履行上，控方应承担求刑权的证明责任；在证明方式上更加强调"印证证明模式"的运用；重视律师职业权利保障，为其在诉讼证明中实现有效辩护创造条件。当前认罪认罚从宽制度遭到异议最多的是辩护人或者值班律师在犯罪嫌疑人签署认罪认罚具结书时的"在场"证明问题，由于系法律要求的"规定动作"，检察机关一般都会要求辩护人或者值班律师到场并在具结书上签字，在起诉时一并移送认罪认罚具结书，并以此证明被告人认罪认罚的自愿性和真实性。但是，笔者认为，纵然有辩护人或者值班律师签名的具结书，也不足以"担保"认罪认罚具结书上记载内容的真实性或者是在自愿、明智的情况下作出的。这一证明方式实难保障认罪认罚案件不出现冤错。据此，本书拟对下列问题进行探讨：一是认罪认罚从宽制度下诉讼证明的价值追求；二是以"被追诉人口供"为中心进行诉讼证明，在证明对象上不应忽视检察机关量刑建议问题的证明；三是转变证明方式，在认罪认罚具结书基础上，坚持"印证证明模式"的运用；四是在证明标准上坚持起诉证明标准与定罪标准的统一；五是注意发挥辩护人或者值班律师在反向证明中的作用。以下分述之：

一、认罪认罚从宽制度下诉讼证明的价值追求

认罪认罚案件的诉讼证明应当在认罪认罚从宽制度引进和实施的背景下定位，我国引进美国的"辩诉交易"制度并经改造而成的认罪认罚从宽制度，主要是应对检察院、法院普遍存在的"案多人少"矛盾，解决"诉讼爆炸"问题，通过"繁简分流"为以审判为中心的刑事诉讼制度改革创造条件。无疑，认罪认罚从宽制度体现了对效率价值的追求。但是，公正永远是第一位的，是司法的"生命线"。因此，认罪认罚从宽制度下的诉讼证明应当以防范冤假错案和实现诉讼效率为基本价值追求。在此两种价值的指引下，为认罪认罚案件的诉讼证明设定方向、提供指引。

（一）防范冤错案件

实体公正的底线要求是防范冤错案件发生，诉讼证明为实体公正服务，并受程序公正的制约。因此，诉讼证明的基本要求是守住不出冤错案件的司法底线。公正和效率是当代司法的两大主题，在公正与效率的关系上，公正永远是第一位的，应当是公正优先、兼顾效率。如果案件结果出现了错误，导致的必然是无效率或者是负效率。因此，即使是以效率为导向的认罪认罚案件，也不能以牺牲公正为代价来换取诉讼效率。当然，对于冤错问题，我们必须保持足够的理性。按照罗尔斯的正义理论，刑事审判既然是"不完善的程序正义"，那么总会有没有实施犯罪的"好人被冤枉"，也总会有实施了犯罪的"坏人逃之夭夭"，这是任何一个国家、任何一个社会都无法避免的。"即便法律被仔细地遵循，诉讼程序被公正而恰当地贯彻，还是有可能达到错

误的结果。"〔1〕在犯错误不可避免的情况下，其选择是宁可"错放"而不能"错判"。因为"错放"只是犯了一个错误，而"错判"不仅冤枉了一个无辜的"好人"，也放过了真正有罪的"坏人"，是犯了两个错误。"两害相权取其轻"，该作何选择，答案不言自明。认罪认罚案件的办理也是如此，其诉讼证明的原则是"宁可错放而不可错判"，这是人类法治文明的必然选择。"要像防范洪水猛兽一样来防范冤假错案，宁可错放，也不可错判。错放一个真正的罪犯，天塌不下来，错判一个无辜的公民，特别是错杀了一个人，天就塌下来了。"〔2〕"在错放与错判的利益博弈中，我们只能依据利益分析法作出价值选择，宁可错放，不可错判。这是无可奈何的选择，但也是唯一理性的选择。"〔3〕将一个无辜者错判为有罪，比错误释放一个有罪之人要坏。如果让人们对遭受惩罚的人是否是无辜者心存疑问，那么这样的法律程序将会削弱刑事法的道德力量。〔4〕

（二）诉讼效率的适度强调

我国的认罪认罚从宽制度具有美国"辩诉交易"制度的精神，在学习借鉴该制度的基础上改造而成。〔5〕认罪认罚从宽制度的前提是区分被追诉人认罪认罚与否，对于认罪认罚案件，坚持"实体从宽、程序从简"的办案要求，由于"程序从简"，因此使办案效率得到保障。其对于缓解当前员额制改革后检察院、法院"案多人少"的矛盾无疑具有重要意义。因此，认罪认罚案件的诉讼证明也要体现效率的要求，特别是适用速裁和简易程序审理的案件。被追诉人之所以可以获得"实体上从宽"，原因在于其认罪认罚从而为国家节约了宝贵的司法资源，检察机关不再为"有罪"的证明而耗费人力、物力和时间。但是，强调诉讼效率并非"越快越好"，"兵贵神速而法不贵神速"。程序进行的适度"从快"是必要的，"快"是以案件质量的保障为前提的，否则"欲速则不达"，最终必然会损害诉讼效率。从法律文本来看，至少以下方

---

〔1〕 ［美］约翰·罗尔斯：《正义论》（修订版），何怀宏等译，中国社会科学出版社 2009 年版，第 67 页。

〔2〕 沈德咏："我们应当如何防范冤假错案"，载《人民法院报》2013 年 5 月 6 日。

〔3〕 吴蓓："错放与错判的博弈"，载《人民法院报》2013 年 10 月 26 日。

〔4〕 参见 ［美］约书亚·德雷斯勒等：《美国刑事诉讼法精解》（第 4 版），魏晓娜译，北京大学出版社 2009 年版，第 26 页以下。

〔5〕 我国在建立认罪认罚从宽制度之初，中央政法委员会曾组团赴美考察"辩诉交易"制度。因此，我国的认罪认罚从宽制度是在吸收美国"辩诉交易"制度合理精神的基础上改造而成的。

面体现了诉讼证明的效率要求：一是以认罪认罚具结书代替对被追诉人认罪认罚自愿性、真实性的证明；二是适用速裁程序审理的案件一般不再进行法庭调查和法庭辩论；三是法院的裁判原则上应当采纳检察院的量刑建议。

二、紧紧围绕"被追诉人口供"进行证明

认罪认罚以被追诉人口供的形态表现出来。如前所述，认罪认罚从宽制度的前提是被追人认罪认罚，因此，认罪认罚案件的诉讼证明当然会紧紧围绕"被追诉人口供"进行。被追诉人认罪认罚集中体现在认罪认罚具结书的签署上。依目前法律之规定，辩护人或者值班律师的"在场"行为可以证明被追诉人认罪认罚的自愿性和真实性。其实，辩护人或者值班律师"在场"只能见证认罪认罚具结书签署时被追诉人没有受到刑讯逼供、诱供等外部力量的影响，难以"担保"认罪认罚过程，即口供取得的合法性、自愿性和真实性。实践中，仅有认罪认罚具结书而没有口供证据的案件应该不多见。但是，在侦控机关讯问取证过程中并没有辩护人或者值班律师在场，又怎能保障后续的具结书签署不是在之前违法讯问影响下取得的？这也是 2017 年 6 月两院三部在《关于严格排除非法证据规定》中确立"重复性供述排除规则"的原因所在。[1] 既然认罪认罚案件中口供证明力得到了较高评价，就理所当然地更应重视口供尤其是认罪认罚自愿性、真实性和明智性的证明。目前的辩护人或者值班律师"在场"制度具有形式"见证""背书"的功能，已为学界所诟病。[2] 因此，改革该制度使得值班律师的参与更有实质意义，保障被追诉人认罪认罚的自愿性、真实性和明智性势在必行。

但需要认识到的是，以口供为中心进行证明有其固有的缺陷，被追诉人一旦翻供，案件转为普通程序审理，控方必须证明口供取得的合法性。因此，在认罪认罚案件中，控方不能仅以一纸具结书来证明认罪认罚的自愿性和真

---

〔1〕 "重复性供述规则"也称为"重复性自白规则"，见该规定第 5 条规定："采用刑讯逼供方法使犯罪嫌疑人、被告人作出供述，之后犯罪嫌疑人、被告人受该刑讯逼供行为影响而作出的与该供述相同的重复性供述，应当一并排除，但下列情形除外：（一）侦查期间，根据控告、举报或者自己发现等，侦查机关确认或者不能排除以非法方法收集证据而更换侦查人员，其他侦查人员再次讯问时告知诉讼权利和认罪的法律后果，犯罪嫌疑人自愿供述的；（二）审查逮捕、审查起诉和审判期间，检察人员、审判人员讯问时告知诉讼权利和认罪的法律后果，犯罪嫌疑人、被告人自愿供述的。"

〔2〕 参见韩旭："认罪认罚从宽制度中的值班律师——现状考察、制度局限以及法律帮助全覆盖"，载《政法学刊》2018 年第 2 期。

实性。为此，侦控机关需要收集、固定认罪认罚自愿性、真实性和明智性的证据。一是可考虑引入侦查讯问时的律师在场制度。这项制度要求侦查人员在讯问犯罪嫌疑人时要有律师在场，但是受制于目前条件的限制，比如夜间讯问时律师能否在场以及办理刑事案件的律师数量能否支撑该制度的运行等。但是，随着我国律师队伍的庞大和律师制度的改革，上述问题应在将来得到较好的解决。笔者考虑的是，可以值班律师制度的改革完善为契机，借鉴域外经验和做法，将值班律师职能定位为"急诊医生"式的服务，通过在看守所派驻值班律师，并适当提高其值班补助，律师在侦查讯问时"在场"制度可望实现。二是讯问全程录音录像制度的实现。目前的讯问录音录像制度主要适用于可能判处无期徒刑、死刑的重罪案件和职务犯罪案件。适用认罪认罚从宽制度的案件多是轻罪案件，在轻罪案件中实行录音录像制度无疑会加大办案机关的司法成本，这是必须面对的问题。但是，我们要充分认识到"人权保障是要付出代价的"，如要把认罪认罚案件办成经得起历史检验的"铁案"，付出这样的代价也是值得的。否则，犯罪嫌疑人一旦翻供便很难证明其认罪认罚的自愿性和真实性以及侦查机关取证的合法性。三是建立证据开示制度。目前被追诉人认罪认罚大都是在"信息不对称"的情况下作出的，其认罪认罚的明智性基本无法保障。根据 2018 年《刑诉法》第 173 条第 1 款之规定，检察院审查案件应当听取值班律师关于案件实体问题的意见。第 3 款同时规定："人民检察院依照前两款规定听取值班律师意见的，应当提前为值班律师了解案件有关情况提供必要的便利。"何谓"为值班律师了解案件有关情况提供必要的便利"，此规定语焉不详，缺乏可操作性。因此，建议最高人民检察院在修改《人民检察院刑事诉讼规则（试行）》时，将立法上的规定直接解释为"值班律师可以查阅案卷材料"。其实，在试点阶段，有些地方的检察院已经突破了《试点办法》的规定，赋予了值班律师阅卷权。最高人民法院院长周强在总结认罪认罚试点工作情况时提出：有些试点地方"探索证据展示制度，确保犯罪嫌疑人、被告人充分知悉法律后果、获得法律帮助、自愿认罪认罚"。[1]可见，证据展示制度是自愿认罪认罚的前提和基础。没有

---

〔1〕 参见最高人民法院院长周强代表两高在 2017 年 12 月 23 日在第十二届全国人民代表大会常务委员会第三十一次会议上所作的《关于在部分地区开展刑事案件认罪认罚从宽制度试点工作情况的中期报告》。

被追诉人对指控其犯罪的证据情况的了解，何谈认罪认罚的自愿性？值班律师如果不了解控诉证据情况，何以向被追诉人提出有价值的认罪认罚建议？又何以能够与检察机关协商并提出有针对性的意见？

三、证明方式上坚持"印证证明模式"

认罪认罚案件因不举行举证、质证和辩论等活动，证据的审查判断主要靠书面方式进行，这就为"印证证明"提供了便利条件。在这种以印证为最基本要求的证明模式中，证明的关键在于获得相互支持的其他证据。单一的证据是不足以证明的，必须获得更多的具有内含信息同一性的证据来对其进行支持。注重证明的"外部性"而不注重"内省性"。"外部性"，在这里特指一个证据外还要有其他证据。[1]虽然"印证证明"可以提高诉讼效率，且认罪认罚案件的实际处理结果在审查起诉阶段即已基本确定，但需要注意的是，认罪认罚案件不能仅凭被追诉人口供定案，还必须有其他独立来源的"基础证据"与其相互印证。对此，我国2018年《刑诉法》第55条第1款规定："对一切案件的判处都要重证据，重调查研究，不轻信口供。只有被告人供述，没有其他证据的，不能认定被告人有罪和处以刑罚；没有被告人供述，证据确实、充分的，可以认定被告人有罪和处以刑罚。"作为证据法上一项重要规则的"口供补强规则"不能被突破，这也是坚持"证据裁判原则"的体现。在法官职业伦理水准有待提高，人证普遍不出庭作证、通过"察言观色"获得"心证"成为不可能的情况下，为防止司法官员滥用自由心证，认罪认罚案件坚持"印证证明"模式较为适当。一方面，司法官员已经习惯了这一传统的办案方式，通过在办公室阅卷即可判断案件是否达到了"印证证明"的要求；另一方面，其可以较好地保障案件质量，防范冤假错案的出现。进行"印证证明"的优势在于两个方面：一是获得了与口供相互支持的印证证据，通过证据展示，可以打破被追诉人的侥幸心理，促使其早日认罪认罚；二是在被追诉人翻供，案件转入普通程序审理的情况下，公诉人证明其诉讼主张相对容易，不因案件曾经的认罪认罚而陷入举证、质证的被动局面。

当然，进行印证性证明的前提和基础是侦查、调查机关能够收集到印证

---

〔1〕 参见龙宗智："印证与自由心证——我国刑事诉讼证明模式"，载《法学研究》2004年第2期。

性证据。这就要求其调查取证活动合法、规范，不能搞刑讯逼供、威逼、利诱，更不能制造伪证。实践中，曾经出现侦查机关没有组织辨认活动，却在案卷中发现了指认被追诉人是作案人的辨认笔录。[1]辨认笔录具有"锁定"作案人的功能，其证明力通常会被给予较高评价。根据域外教训，"目击者辨认错误成为美国无辜者被定罪的最主要原因"。[2]对印证性证据依法规范进行收集，是为了使侦查或者调查机关收集的证据不至于因辩方提出"排非"申请而在后续的程序中被排除。原则上，除物证、书证等隐蔽性证据是根据犯罪嫌疑人的供述而获取外，其他证据种类原则上应当有独立的证据来源。[3]唯有如此，其证明力才能得到较高评价，"印证证明"质量才能得到保障，"证据链"才相对坚固。需要注意的是，强调证据之间的相互印证，不是要求证据内容完全一致、高度重合，而是证据信息基本一致、证明方向大体相同。如果证据内容高度一致甚至完全重合，则应当予以警惕，因为这很有可能是通过威逼、利诱或者是复制、粘贴形成的。

四、证明标准上坚持起诉标准与定罪标准的统一

认罪认罚案件的证明标准问题，是学界讨论得比较多的一个话题，学界的共识是认罪认罚案件不能降低证明标准。[4]主要是担心一旦降低证明标准，侦查或者调查机关不是将精力用于收集犯罪嫌疑人口供以外的其他证据，而是将精力用在犯罪嫌疑人口供的获取上。"侦查阶段片面追求认罪认罚从宽制度，很可能导致办案机关基于减轻办案压力或其他目的，而采取威胁、引诱等

---

〔1〕 参见张智辉：《刑事非法证据排除规则研究》，北京大学出版社 2006 年版，第 91 页。

〔2〕 龙宗智：《司法改革与中国刑事证据制度的完善》，中国民主法制出版社 2016 年版，第 246 页。

〔3〕 我国在非法证据排除规则构建中，没有建立其"毒树之果"规则，物证、书证不因是"毒树"结出的"果字"而排除。参见韩旭："非法证据排除规定的局限性及其实施面临的问题"，载《刑事法判解》2012 年第 1 期。

〔4〕 参见陈光中、马康："认罪认罚从宽制度若干重要问题探讨"，载《法学》2016 年第 8 期；叶青、吴思远："认罪认罚从宽制度的逻辑展开"，载《国家检察官学院学报》2017 年第 1 期；陈卫东："认罪认罚从宽制度研究"，载《中国法学》2016 年第 2 期；樊崇义、李思远："认罪认罚从宽程序中的三个问题"，载《人民检察》2016 年第 8 期；陈瑞华："认罪认罚从宽制度的若干争议问题"，载《中国法学》2017 年第 1 期；孙远："论认罪认罚案件的证明标准"，载《法律适用》2016 年第 11 期等。

方法迫使犯罪嫌疑人认罪认罚，从而产生冤假错案。"[1]2018 年《刑诉法》修改并没有就认罪认罚案件的证明标准问题作出特别的规定，而是与其他案件一样，仍然适用"事实清楚、证据确实充分"的标准。由于刑事诉讼法规定侦查终结移送起诉、起诉和定罪的证明标准一致，检察机关在起诉时适用的证明标准比较高，通常采用法院定罪的证明标准。这也是我国无罪判决率极低的一个重要原因。大量适用速裁程序审理的认罪认罚案件，由于一般不再进行法庭调查和法庭辩论，法院通常 5 分钟~10 分钟审理一个案件，主要是对认罪认罚自愿性和真实性进行确认，这使庭审中的诉讼证明活动被省略，并使该诉讼证明活动提前至审查起诉阶段。审查起诉阶段认罪认罚具结书的签署，即意味着被告人刑事责任的确定。因为法院原则上应采纳检察机关的量刑建议。虽然此后检察机关仍需向法院进行证明，但这种证明除了移送认罪认罚具结书进行证明外，其他证明活动与公安机关、监察委员会侦查或者调查完毕向检察机关进行的证明无异。既然庭审中的诉讼证明被省略，集中诉讼证明阶段前移，那么为防止冤假错案的发生，审查起诉阶段就要坚持定罪的证明标准。

虽然从理论上和制度上看，认罪认罚案件的证明标准未被降低，但是实践中实际执行的证明标准低于非认罪认罚案件仍不可避免。"很多试点地区的实施细则实际上降低了证明标准。"[2]首先，"口供是证据之王"的观念根深蒂固，短期内难以消除。其次，获得口供比获得外围证据更便捷，也更节约司法资源。再次，许多办案人员均认为，既然被追诉人就已经"招供"了，那么就没有必要花大力气再进行调查取证，放松其他证据的收集较为普遍。复次，检察官员额制改革后，检察机关"案多人少"的矛盾将更加突出，且内部监督制约机制的弱化，在一定程度上会放松对案件的审查。"与简单轻微刑事案件数量增势明显状况相联系，推行法官、检察官员额制改革举措促成司法机关办案力量趋向精简干练，但案多人少的办案压力在一定程度上有增无减。"[3]最后，对内部绩效考评的影响。内部绩效考核像一把"双刃剑"，一方面它有利于调动司法人员办案的积极性，另一方面不科学考核指标的导

---

[1]　陈卫东："认罪认罚从宽制度试点中的几个问题"，载《国家检察官学院学报》2017 年第 1 期。

[2]　孙长永："认罪认罚案件的证明标准"，载《法学研究》2018 年第 1 期。

[3]　陈卫东："认罪认罚从宽制度研究"，载《中国法学》2016 年第 2 期。

向作用将直接影响办案目标和办案方式。例如，将批捕率、起诉率、定罪率等作为正向考核指标，口供对这些比率的实现具有重大作用，出于"政绩"的考虑，获得口供无疑是最便捷的工作方式。根据以上分析，检察机关在审查起诉时要严把"证据关"。对于证据不足的案件，可以退回补充侦查或者调查，经过两次"退查"证据仍然不足的案件，要果断作出"存疑不起诉"的处理，不能"带病"进入审判环节，也不能让犯罪嫌疑人签署认罪认罚具结书。笔者调研发现，一些检察院在证据不足的案件中会以给予犯罪嫌疑人取保候审为诱饵换取认罪认罚，然后移送法院要求从宽处理。对此，应当予以高度警惕。否则，冤假错案将难以防范。"美国的辩诉交易很多是在案件事实有争议或者证据有疑问的情形下，换取被告人的轻罪轻罚认可，我们推行的认罪认罚必须在案件事实清楚证据确实充分的条件下进行，不允许司法机关借认罪认罚之名，让犯罪嫌疑人、被告人承受事实不清证据不足情形下的罪与罚，依此减轻或降低检察机关的证明责任。"〔1〕两高三部出台的《关于推进以审判为中心的刑事诉讼制度改革的意见》第 2 条明确提出：侦查机关侦查终结，人民检察院提起公诉，人民法院作出有罪判决，都应当做到"犯罪事实清楚，证据确实、充分"。

"顶包"案件大多是认罪认罚案件，如果只注重口供和认罪认罚具结书的具备，而忽视其他种类证据的审查，那么此类冤错也将难以避免。因此，检察机关在审查起诉时应当坚持较高的证明标准——定罪标准，注意审查除犯罪嫌疑人口供之外，有无其他独立的证据种类与之相互印证。根据 2018 年《刑诉法》第 55 条第 2 款之规定，"证据确实充分"应当具备以下三个条件：一是定罪量刑的事实都有证据证明；二是据以定案的证据均经法定程序查证属实；三是综合全案证据，对所认定事实已排除合理怀疑。从"证据确实充分"证明标准的本源来看，"确实"是对证据"质"的界定，"充分"是对证据"量"的要求，仅有口供和认罪认罚具结书，尚不能被称为"证据确实充分"。认罪认罚不代表降低案件的办理标准。无论是在哪个诉讼阶段，实施认罪认罚从宽的前提都是案件事实清楚、证据充分。有罪无罪不能仅仅根据被告人认罪与否，而要根据证据来判断，因此办案机关要客观、全面地收集证

---

〔1〕 陈卫东："认罪认罚从宽制度研究"，载《中国法学》2016 年第 2 期。

据。[1]在认罪认罚案件中，"由于被追诉人已经认罪，为了防止'被迫认罪'和'替人顶罪'，特别是冤错案件的发生，必须对犯罪事实已经发生、犯罪分子是谁等主要事实的证明达到确定无疑的程度。尤其是认罪认罚从宽制度的适用范围可扩展至死刑案件，这就要求严格掌握证明标准"。[2]《联合国关于保护死刑犯权利的保障措施》第 4 条规定："只有在对被告的罪行根据明确和令人信服的证据而对事实没有其他解释余地的情况下，才能判处死刑。"[3]

五、证明对象上不应忽视量刑建议问题的证明

长期以来，检察机关以指控犯罪为己任，对求刑权中的量刑问题重视不足，"重定罪、轻量刑"问题突出。现在，刑事诉讼法要求对每一个认罪认罚案件都要提出量刑建议。从试点情况来看，检察机关大多提出具有一定幅度的量刑建议，对提出具体刑罚的量刑建议仍比较少。据法院刑庭法官介绍，检察机关提出的量刑建议偏轻，对提出较为精准的量刑建议明显"不适"。因此，认罪认罚从宽制度实施，对检察机关也是一个巨大挑战。检察机关提出比较准确的量刑建议，有一个与法官不断"磨合"而逐渐适应的过程。在这个过程中，检察官对量刑问题进行证明是必不可少的。检察官之所以会对提出量刑建议问题不适应，在很大程度上与过去不重视量刑问题的证明有关。检察官对量刑问题进行证明的过程，既是对犯罪嫌疑人进行"法制宣传""法律咨询"的过程，能够促使其认罪认罚，同时也是提高自身量刑技术的过程。通过对犯罪嫌疑人应承担刑事责任的证明，使其明白本罪的基准刑、法定或者酌定的从重、从轻情节，最终的量刑建议是如何提出的，具体考量因素有哪些，从而有利于促进犯罪嫌疑人认罪认罚。此外，鉴于值班律师制度徒具形式，对犯罪嫌疑人认罪认罚与否起不到应有的作用，检察官具有客观义务，被认为是一种"实质性辩护"，对"不利"与"有利"犯罪嫌疑人的情况一律注意，在一定程度上可以弥补辩护功能之不足。检察官对量刑建议问题进行证明，可以将"不利"与"有利"情况一律注意的检察官客观义务落到实

---

〔1〕　参见陈卫东："认罪认罚从宽制度试点中的几个问题"，载《国家检察官学院学报》2017 年第 1 期。

〔2〕　陈光中、马康："认罪认罚从宽制度若干重要问题探讨"，载《法学》2016 年第 8 期。

〔3〕　程味秋等：《联合国人权公约和刑事司法文献汇编》，中国法制出版社 2000 年版，第 205 页。

处。[1]

根据无罪推定原则，检察机关承担被追诉人犯罪事实和量刑事实的证明责任。求刑权是"罪"与"罚"的统一。因此，检察机关除了向犯罪嫌疑人证明外，还要承担向法院证明求刑事实的责任。2018年《刑诉法》第201条规定："对于认罪认罚案件，人民法院依法作出判决时，一般应当采纳人民检察院指控的罪名和量刑建议，但有下列情形的除外：（一）被告人的行为不构成犯罪或者不应当追究其刑事责任的；（二）被告人违背意愿认罪认罚的；（三）被告人否认指控的犯罪事实的；（四）起诉指控的罪名与审理认定的罪名不一致的；（五）其他可能影响公正审判的情形。人民法院经审理认为量刑建议明显不当，或者被告人、辩护人对量刑建议提出异议的，人民检察院可以调整量刑建议，人民检察院不调整量刑建议或者调整量刑建议后仍然明显不当的，人民法院应当依法作出判决。"可见，为了使量刑建议更容易被人民法院所采纳，检察机关也应当对量刑事项进行证明。认罪认罚案件不仅可能适用速裁程序审理，也可能适用简易程序或者普通程序审理，而适用后两种程序的案件仍要开庭审理。虽然基于庭审效率的考虑，庭审内容被大大"简化"，从而有别于非认罪认罚案件，但是，检察机关仍需要对量刑事实进行证明。其证明方式不能仅宣读量刑建议书和认罪认罚具结书，而且需要举证证明控辩双方就量刑问题协商的证明材料。尤其是当被告人及其辩护人提出具有上述例外情形时，检察机关应当对不具有上述例外情形的事实承担证明责任。由于认罪认罚从宽制度适用的案件范围并无限制，可能判处十年以上有期徒刑、无期徒刑、死刑的案件都可以适用，针对如此严厉的刑罚，检察院本着对被追诉人负责、对法律负责的精神适当展开"论证说理"也是必要的。2018年《刑诉法》第198条第1款规定："法庭审理过程中，对与定罪、量刑有关的事实、证据都应当进行调查、辩论。"根据两高三部出台的《关于规范量刑程序若干问题的意见（试行）》第7、8条的规定："适用简易程序审理的案件，在确定被告人对起诉书指控的犯罪事实和罪名没有异议，自愿认罪且知悉认罪的法律后果后，法庭审理可以直接围绕量刑问题进行。""对于

---

[1] 2019年4月23日，第13届全国人民代表大会常务委员会第10次会议修订通过的《检察官法》第5条确立了检察官"客观义务"，即"检察官履行职责，应当以事实为根据，以法律为准绳，秉持客观公正的立场。检察官办理刑事案件，应当严格坚持罪刑法定原则，尊重和保障人权，既要追诉犯罪，也要保障无罪的人不受刑事追究"。

适用普通程序审理的被告人认罪案件，在确认被告人了解起诉书指控的犯罪事实和罪名，自愿认罪且知悉认罪的法律后果后，法庭审理主要围绕量刑和其他有争议的问题进行。"两高三部出台的《关于推进以审判为中心的刑事诉讼制度改革的意见》提出，对被告人认罪的案件，主要围绕量刑进行。法庭应当充分听取控辩双方意见，依法保障被告人及其辩护人的辩论辩护权。最高人民法院"三项规程"中的《法庭调查规程》第 11 条第 3 款规定："被告人当庭认罪的案件，法庭核实被告人认罪的自愿性和真实性，确认被告人知悉认罪的法律后果后，可以重点围绕量刑事实和其他有争议的问题进行调查。"根据上述文件的规定，被告人认罪的，量刑问题是控方证明的重点。如今，被告人认罪认罚的，检察机关对量刑问题的证明是否可以省略，尚不得而知。依笔者之见，检察机关仍应对量刑问题进行证明。否则，即使在适用普通程序审理的案件中，庭审虚化的问题仍比较突出。[1]被告人获得公正审判权将无法得到保障。不可否认，对量刑问题进行证明，会导致庭审效率的降低，但是，"被告人有权获得辩护"是宪法原则，包括量刑问题在内的辩护权是公正审判权的题中应有之义。根据"有控诉才会有辩护"的理论，只有在检察机关对量刑问题提出控诉时，被告人一方的辩护意见才具有针对性。基于有效辩护的需要，辩方可以进行回应性证明。

六、注意发挥辩方在反向证明中的作用

由于认罪认罚案件诉讼证明阶段提前，以及在审前程序的证明活动中，检察机关既是证明责任的承担者——诉讼证明主体，同对在审前阶段又是接受证明的主体，其后果可能是放松证明要求，降低证明标准。这就为辩方在反向诉讼证明中作用的发挥提供了空间。控、辩、审之间的三面关系演变为控辩之间的两面关系。[2]这可能会使辩护意见的采纳更加艰难。但认罪认罚案件中无论是"罪"还是"罚"，都是专业性很强的问题，离开了辩护人或

---

[1]　按照"繁简分流"的原则，对被告人认罪认罚的案件，可以适用"普通程序简化审理"，但是否可以简化对量刑建议事项的证明，仍有待探讨。中国刑事庭审虚化问题，是刑事诉讼的"顽疾"，庭审实质化改革不应仅限于被告人不认罪认罚的案件，即使被告人认罪认罚的案件，为了提高法院对检察院量刑建议的采纳率，保障被告人获得公正审判的权利，检察机关仍有必要对量刑建议问题进行举证证明。

[2]　参见林钰雄：《严格证明与刑事证据》，法律出版社 2008 年版，第 170 页以下。

者值班律师的协助，认罪认罚的正当性基础将丧失，冤假错案有可能频发。根据北京大学法学院陈永生教授所作的一项调查，可知在刑事诉讼中，辩护律师提出有利于犯罪嫌疑人、被告人的事实、证据和理由，对于弥补控方调查取证的不足，协助法官正确认定案件事实具有极为重要的意义。但从近年来我国媒体披露出的 20 起冤案来看，我国侦查、起诉和审判机关都非常轻视律师辩护，对辩护律师的合理意见经常不予采纳。这是导致冤案的一个重要原因。〔1〕"认罪认罚从宽制度不是刑事辩护走向衰退的危机，而是契机，因为它能够更加提升辩护律师的地位和作用。"〔2〕在控、辩、审三方的诉讼构造中，值班律师应属于"辩方阵营"的"重要成员"，无论是辩护律师还是值班律师，其职能均是天然对抗和制约公权力，而不是"配合""合作"完成认罪认罚具结书的签署工作。这关涉值班律师的定位问题，也是其发挥作用的前提。当然，值班律师若要在反向证明中发挥作用，还必须保障其会见权、阅卷权等相关权利的实现以及控辩协商机制的畅通。

一是值班律师有权拒绝"在场"并可拒绝在认罪认罚具结书上签字。如果在"在场"和"签字"之前，值班律师的会见权、阅卷权和与检察机关的协商权没有得到保障，值班律师可以对公权力说"不"，有权拒绝到场。二是可以向检察机关申请排除非法证据并终止认罪认罚从宽制度的适用。由于法院的审判权无法介入到审前程序之中，检察官在审前程序中扮演了法官的角色，并对程序争议事项进行处理。辩护人或者值班律师发现犯罪嫌疑人在侦查或者调查阶段的口供是办案机关采用暴力、威胁等非法手段获取的，可以向检察机关提出"排非"申请，并以认罪非自愿性为由申请终止认罪认罚从宽制度的适用。两高三部出台的《关于办理刑事案件严格排除非法证据若干问题的规定》第 14 条第 1 款规定："犯罪嫌疑人及其辩护人在侦查期间可以向人民检察院申请排除非法证据。对犯罪嫌疑人及其辩护人提供相关线索或者材料的，人民检察院应当调查核实。调查结论应当书面告知犯罪嫌疑人及其辩护人。对确有以非法方法收集证据情形的，人民检察院应当向侦查机关提出纠正意见。"三是在辩方内部，被追诉人与辩护人或者值班律师的关系

---

〔1〕 参见陈永生："我国刑事误判问题透视———以 20 起震惊全国的刑事冤案为样本的分析"，载《中国法学》2007 年第 3 期。

〔2〕 陈卫东："认罪认罚从宽制度试点中的几个问题"，载《国家检察官学院学报》2017 年第 1 期。

上，辩护人或者值班律师原则上只有建议权，被追诉人才是认罪认罚的主体，有权决定是否认罪认罚。虽然在我国律师可以独立发表辩护意见，但辩护人是当事人权利的延伸，不可能不受到当事人意志的限制。因此，辩护律师应从"绝对独立"走向"相对独立"。[1]而我国的值班律师被定位为"法律帮助人"，是为帮助被追诉人而存在的，更应以被追诉人为中心提供法律服务。律师在辩护中采用什么样的方式方法更多的属于专业技术性问题，而律师作为具有诉讼经验的专业人士在辩护手段的选择和运用上要比当事人更具优势，因此宜把这一权利交由律师行使。美国律师协会的《职业行为示范规则》区分"目标"与"手段"，将辩护"目标"的决定权交给委托人，而将为达致这一目标所采用"手段"的决定权分配给律师行使。[2]但是，有一个例外，当被追诉人"代人受过""替人顶包"时，即便其认罪认罚，辩护人或者值班律师有权拒绝到场并拒绝在认罪认罚具结书上签字。因为，"不枉"是司法最基本的生命线，律师作为法律人，应当坚守这一底线。由此看来，辩方在审前程序诉讼证明中发挥作用的方式主要是一种"消极不作为"。但是，律师仍然可以"积极作为"的方式进行工作，例如建议被追诉人不要认罪认罚、与检察机关进行协商、审前排除非法证据以及建议终止认罪认罚从宽制度的适用等。

此外，需要明确的是，辩护方对诉讼争点的证明不需要进行严格证明，只需要自由证明即可，证明标准也无须达到"排除合理怀疑"的程度，只需要证明"很有可能"或者"大致相信"便足矣。例如，被追诉人提出刑求抗辩时，由于系争事项乃讯问官员有无使用不正方法之程序争点，因此，仅需自由证明即可。[3]辩护方之所以遵循自由证明方式，一方面是提高诉讼效率的考虑，另一方面与辩护方调查取证能力受限有关。由于证明上的需要，对于因客观原因辩方自身无法取得的证据，可以申请人民法院、人民检察院予以调取。例如，因"排非"需要，申请调取公安机关掌握的录音录像资料、提讯登记、体检记录等，检察官应履行客观义务，积极予以调取。两高三部出台的《关于办理刑事案件严格排除非法证据若干问题的规定》第22条规

---

[1]　参见韩旭："被告人与律师之间的辩护冲突及其解决机制"，载《法学研究》2010年第6期。
[2]　参见韩旭："被告人与律师之间的辩护冲突及其解决机制"，载《法学研究》2010年第6期。
[3]　参见林钰雄：《严格证明与刑事证据》，法律出版社2008年版，第18页。

定："犯罪嫌疑人、被告人及其辩护人向人民法院、人民检察院申请调取公安机关、国家安全机关、人民检察院收集但未提交的讯问录音录像、体检记录等证据材料，人民法院、人民检察院经审查认为犯罪嫌疑人、被告人及其辩护人申请调取的证据材料与证明证据收集的合法性有联系的，应当予以调取；认为与证明证据收集的合法性没有联系的，应当决定不予调取并向犯罪嫌疑人、被告人及其辩护人说明理由。"此外，2012 年《刑诉法》第 37 条第 4 款确立了辩护律师向犯罪嫌疑人、被告人核实证据制度，即"辩护律师会见在押的犯罪嫌疑人、被告人，可以了解案件有关情况，提供法律咨询等；自案件移送审查起诉之日起，可以向犯罪嫌疑人、被告人核实有关证据。辩护律师会见犯罪嫌疑人、被告人时不被监听"。律师通过阅卷，发现犯罪嫌疑人的陈述内容与在案证据不一致的，有权进行调查核实。[1]上述这些保障性措施，不仅可以增强辩方的取证能力，而且能够提高诉讼证明的质量，使控方的求刑权经受辩方更多的检验。

结　语

实行认罪认罚从宽制度，口供的证明力必然会得到提高。"口供是证据之王"在我国司法实践中根深蒂固，实行该项制度，一定要谨防办案人员的"口供情结"死灰复燃。伴随着"程序从简"，诉讼证明也可能会"从简"。认罪认罚从宽案件的证明虽然是围绕口供进行证明，但这不意味着要降低证明标准，"印证证明"仍然是该类案件应当坚持的证明方式，"事实清楚、证据确实充分"也是应当坚持的证明标准。如果检察机关降低起诉的证明标准，在速裁程序中一般不再进行法庭调查、法庭辩论，而适用简易程序、普通程序审理的案件律师辩护率比较低，且在值班律师不提供出庭辩护服务的情况下，冤假错案即难以防范。认罪认罚案件要求检察官每案必须提出量刑建议，在认罪认罚从宽制度实施伊始，检察官对提出较为精准的量刑建议显得有些"不适"，这需要一个与法官不断"磨合"的过程。但是，检察官对量刑建议事项进行证明，既可以使犯罪嫌疑人早日认罪认罚，也可提升自身的量刑建议技术，还可以提高量刑建议被法院裁判的采纳率。在认罪认罚案件诉讼证

---

〔1〕　关于辩护律师核实证据问题，参见韩旭："辩护律师核实证据问题研究"，载《法学家》2016 年第 2 期。

明活动中，应当注意辩护在反向证明中作用的发挥。辩护人或者值班律师的证明主要是向检察官进行证明，证明的事项主要是犯罪嫌疑人认罪认罚是否是自愿的、没有实施犯罪或者其行为构不成犯罪、量刑建议不合理等。值班律师的职责不是"配合"检察机关完成认罪认罚具结书签署时的"见证"工作，而是以保护被追诉人的合法权利为天职。值班律师作用的发挥以会见权、阅卷权以及与检察官的协商权得到保障为前提。辩护人或者值班律师在诉讼证明中发挥作用的方式主要是拒绝在场并拒绝在具结书上签字等"消极不作为"方式，但有时也会以劝说被追诉人不要认罪认罚、申请调取"排非"所需要的证据材料等"积极作为"方式进行。辩方在反向证明中发挥积极作用，也是防范冤假错案发生不可替代的重要力量。

第十六章
认罪认罚从宽案件二审程序研究

引 言

对于认罪认罚从宽案件二审程序问题，笔者此前并不特别关注，关注最多的是审前程序中犯罪嫌疑人认罪认罚的自愿性、真实性问题。然而，近期的一则案例引起了笔者对此问题的兴趣。

据媒体报道，广州市天河区人民检察院提起抗诉、广州市人民检察院支持抗诉的广州市首宗"认罪认罚上诉"案件——"姜某某贩卖毒品案"，经广州市中级人民法院判决，以贩卖毒品罪依法判处姜某某有期徒刑 1 年 3 个月，并处罚金人民币 10 000 元。此前，姜某某被判有期徒刑 9 个月后上诉，引发检方抗诉。2018 年 9 月，广州市天河区人民检察院审查起诉犯罪嫌疑人"姜某某贩卖毒品案"。姜某某从 2014 年开始沾染毒品后，曾因贩卖毒品被判处有期徒刑。刑满释放后，又因吸毒被行政处罚。2018 年 6 月社区戒毒期间，姜某某在将一包晶状体物品贩卖给他人时，被当场抓获归案。到案后，在一系列证据面前，姜某某承认贩卖毒品的事实。鉴于姜某某在侦查、审查起诉阶段都能如实供述自己的犯罪事实，天河区人民检察院依法决定对其适用认罪认罚从宽制度。据此，天河区人民检察院向天河区人民法院提出了对姜某某减轻处罚的量刑建议，并获得一审法院的采纳。天河区人民法院一审以贩卖毒品罪依法判处姜某某有期徒刑 9 个月，并处罚金人民币 2000 元。姜某某收到一审判决后，以量刑过重为由向广州市中级人民法院提起上诉。得知姜某某提起上诉后，天河区人民检察院认为在证据没有发生任何变化的情况下，姜某某以量刑过重为由提起上诉，属于以认罪认罚形式换取较轻刑罚，再利用"上诉不加刑"原则提起上诉，认罪动机不纯，一审时认罪认罚从宽处理不应再适用，应对其处以更重的刑罚，遂依法提起了抗诉。广州市中级人民法院经过审理认为，上诉人姜某某仅以量刑过重为由提起上诉，又没有提供新的证据，对原来协商的量刑表示反悔，认罪但不认罚，已不符合适用认罪认罚从宽处理的条件，抗诉机关、支抗机关的意见有理，应予以采纳。2019 年 3 月 13 日姜某某一审判决刑满当日，广州市中级人民法院对本案公开宣判，以贩卖毒品罪依法判处姜某某有期徒刑 1 年 3 个月，并处罚金人民币10 000 元。

　　据笔者调研得知，此类情形并非个案，但在二审处理结果上各异。在检察院抗诉引发的二审中，大多数二审法院的处理是对原审被告人加刑；也有的法院是将案件发回重审或者驳回抗诉、维持原判。由于 2018 年《刑诉法》对二审程序未作出相应的规定，导致审判实践中存在困惑，对于上述情形的处理也是各行其是，不利于认罪认罚从宽制度的顺利和统一实施。对此，有律师认为此举有违"上诉不加刑"原则，会导致其他认罪认罚案件被告人"不敢上诉"，对上诉权形成变相限制和剥夺。也有司法部门人士认同该做法，认为被告人在签署了认罪认罚具结书并接受了检方量刑建议后，随意反悔并滥用诉权的行为如果得不到惩罚，检方通过公权力作出的量刑承诺将会被"等同儿戏"，有违认罪认罚从宽制度提升司法效率、合理配置司法资源的价值初衷，会导致这一制度失去生命力。被告人反悔违背了契约的诚实信用原则和"禁止反言"精神，检察机关应通过抗诉予以反制，不以认罪认罚从宽处理。[1]鉴于此，对认罪认罚从宽制度二审程序确有研究的必要，其研究成果可以为下一步最高人民法院、最高人民检察院修改刑事诉讼法司法解释乃至刑事诉讼法（再）修改提供智力支持。在本书中，笔者拟对二审程序的启动、二审审理方式、二审中的律师参与、二审审理对象以及二审裁判结论等问题进行研究，希望能对司法上认罪认罚从宽制度的统一实施提供帮助，最大限度地消弭如上所述的"各行其是"现象发生。

一、二审程序的启动：盲动抑或理性？

　　当前认罪认罚从宽案件二审上诉具有盲动性特点，除了一部分被告人希

---

　　〔1〕　朱孝清："如何对待被追诉人签署认罪认罚具结书后反悔"，载《检察日报》2019 年 8 月 28日。

望通过上诉拖延时间进而达到"留所服刑"目的外，[1]其在很大程度上与值班律师制度的设计有关。"认罪认罚案件中，无论是对案件事实进行法律理解还是参与量刑协商，被告人因法律知识欠缺而处于相对弱势的地位。没有律师有效帮助，被告人难以正确理解认罪认罚的后果并作出明智的选择。"[2]有关调研资料显示：认罪认罚案件中的犯罪嫌疑人寻求专业辩护的意愿不强，对自己应享有的诉讼权利重视不够，认为将来法院量刑较轻，聘请律师辩护既耗费金钱，辩护作用又不甚明显，还可能被认为态度不好，因此委托辩护率明显较低。[3]以 A 市 A1 区为例：该区法院自 2016 年 12 月 16 日启动认罪认罚从宽制度试点以来，审结认罪认罚案件共计 560 件 584 人，其中 30 名委托了辩护人。[4]由于委托辩护作用发挥不明显，因此值班律师是认罪认罚从宽制度实施中可以依靠的力量。但是，相关数据显示：在 163 份对犯罪嫌疑人、被告人的有效问卷中，有 51.5% 的被追诉人表示在案件中没有律师的帮助，其中认为不需要法律帮助的被追诉人占 50.9%。[5]另一份调研资料显示：犯罪嫌疑人主动咨询值班律师的仅占 40%，60% 案件的犯罪嫌疑人未咨询值班律师。[6]2018 年《刑诉法》第 36 条第 1 款规定："法律援助机构可以在人民法院、看守所等场所派驻值班律师。犯罪嫌疑人、被告人没有委托辩护人，法律援助机构没有指派律师为其提供辩护的，由值班律师为犯罪嫌疑人、被告人提供法律咨询、程序选择建议、申请变更强制措施、对案件处理提出意见等法律帮助。"通常认为，值班律师为被追诉人提供的法律帮助仅限于以上四项内容。对于"等法律帮助"是否包括一审宣判后的"法律咨询"和"提

---

〔1〕 由于 2012 年《刑诉法》将看守所代为执行的有期徒刑由原先的 1 年改为 3 个月以下，所以大多数速裁案件的上诉都是余刑超过 3 个月的被告人进行无诉求的上诉以期延长羁押期限抵减服刑时间，达到延缓甚至是避免被送到监狱服刑的目的。参见赵恒："刑事速裁程序试点实证研究"，载《中国刑事法杂志》2016 年第 2 期。

〔2〕 臧德胜、杨妮："论认罪认罚从宽制度中被告人上诉权的设置——以诉讼效益原则为依据"，载《人民司法（应用）》2018 年第 34 期。

〔3〕 检察环节非羁押诉讼程序问题研究课题组："非羁押诉讼公诉环节若干问题研究"，载《人民检察》2019 年第 16 期。

〔4〕 周新："认罪认罚从宽制度立法化的重点问题研究"，载《中国法学》2018 年第 6 期。

〔5〕 李洪杰："认罪认罚自愿性实证考察"，载胡卫列等主编：《认罪认罚从宽制度的理论与实践》，中国检察出版社 2017 年版，第 285 页。

〔6〕 参见许世兰、陈思："认罪认罚从宽制度的基层实践及思考"，载胡卫向列等主编：《认罪认罚从宽制度的理论与实践》，中国检察出版社 2017 年版，第 355 页。

出意见"等事项，立法上并未言明。根据实践情况分析，由于值班律师不提供出庭辩护服务，且适用刑事速裁程序审理的案件要求当庭宣判，因此可以预见的是，绝大多数被告人在一审宣判后并无值班律师为其提供法律帮助。认罪认罚从宽案件中的被告人大多是社会的底层人士，对法律多是一知半解，盲目认为"上诉不加刑"，殊不知检察机关抗诉案件并不受"上诉不加刑"原则的限制。

从认罪认罚从宽二审程序的启动规律看，其通常是在一审被告人"反悔"并上诉的情况下由检察机关提起抗诉引发的。因此，被告人上诉与检察机关抗诉具有内在的因果关系，检察机关试图通过抗诉阻止被告人在二审程序中"占便宜"。"实践中如果认罪认罚的被告人没有选择上诉，检察机关就按兵不动，一旦被告人提起上诉，检察机关径行发起抗诉。"[1]这一行为本身体现了检察机关的"当事人化"，笔者在某种程度上对作为"实质上原告"检察机关提出抗诉的行为表示理解，因为抗诉权与上诉权一样，都是诉权的具体行使方式，检察机关行使抗诉权本无可厚非。

其实，在认罪认罚从宽制度试点伊始和实施过程中，主张限制上诉甚至一审终审的观点并不在少数。[2]论者多以域外辩诉交易或者类似辩诉交易的立法和实践作为限制上诉权的理由。然而，在我国，主张对上诉权进行限制不具备正当性基础。正如西南政法大学孙长永教授所言：基于我国认罪认罚从宽制度运行的现实条件，现阶段要对认罪认罚案件被告人的上诉权进行严格的限制，尚存在很大的困难。原因在于：第一，被追诉人的有效法律帮助权尚未得到充分的保障，控辩平等对抗、平等协商的诉讼机制尚未完全得到确立；第二，被追诉人认罪认罚的自愿性、真实性和合法性目前尚难以获得有效保障；第三，检察机关对指控犯罪理由和认罪认罚法律后果的告知尚不够明确、完整，被追诉人难以准确理解认罪认罚的含义及后果；第四，刑事案件庭审实质化进展缓慢，法院对认罪认罚自愿性、真实性和合法性的审查

---

〔1〕　王洋："认罪认罚从宽案件上诉问题研究"，载《中国政法大学学报》2019 年第 2 期。

〔2〕　参见陈光中、马康："认罪认罚从宽制度若干重要问题探讨"，载《法学》2016 年第 8 期；陈卫东："认罪认罚从宽制度研究"，载《中国法学》2016 年第 2 期；叶青："认罪认罚从宽制度的若干程序展开"，载《法治研究》2018 年第 1 期；黄伯青、王明森："认罪认罚从宽的实践演绎与路径探寻"，载《法律适用》2017 年第 19 期；赵恒："论量刑从宽——围绕认罪认罚从宽制度的分析"，载《中国刑事法杂志》2018 年第 4 期；王洋："认罪认罚从宽案件上诉问题研究"，载《中国政法大学学报》2019 年第 2 期。

在很大程度上也是形式化的，难以对不自愿、不真实、不合法的认罪认罚进行实质性的过滤和把关。[1]然而，我国已经签署的《公民权利和政治权利国际公约》第 14 条第 5 项规定："凡被判定有罪者，应有权由一个较高级法庭对其定罪及刑罚依法进行复审。"认罪认罚从宽案件也不例外，因此立法上仍然坚持"权利型上诉"模式，而并未对上诉权进行限制。既然允许被告人进行权利型上诉，且认罪认罚从宽制度以效率价值为导向，对于缓解当下员额制改革后"案多人少"矛盾进一步加剧的司法现状有益，那么尽量减少二审程序从而避免诉讼效率的下降和司法资源的浪费便比较符合立法者和司法者的期待。但需要注意的是："刑事判决是对个人权利最严重、最无情的侵犯，这一特征决定了施加控制的必要性。如果某个人可以肆意专断，如果他的决定事后无法得到约束，那么就无法保证该决定能够符合准确性的公认客观标准。整部人类发展史表明：不受约束的人将演变为不计后果的暴君。"[2]为此，应尽量减少二审程序启动的盲目性。为此，建议将值班律师的法律帮助职能延伸至一审宣判后，通过判后答疑、释法说理避免不必要的上诉发生，从而使二审程序的启动符合理性的要求。"被告人在收到判决书后应当在第一时间得到值班律师的帮助，以判断是否上诉。"[3]笔者曾想，如果上述案例中的姜某某在一审宣判后能由值班律师或者辩护人为其提供包括法律咨询在内的法律帮助，那么也许他就不会上诉，从而就无法引发检察机关的抗诉。

二、二审审理方式：书面审抑或开庭审？

虽然 2018 年《刑诉法》确立了速裁程序，但是二审程序并未发生变化。对审理的认罪认罚从宽制度二审案件适用普通二审程序，即"第二审人民法院对于下列案件，应当组成合议庭，开庭审理：（一）被告人、自诉人及其法定代理人对第一审认定的事实、证据提出异议，可能影响定罪量刑的上诉案件；（二）被告人被判处死刑的上诉案件；（三）人民检察院抗诉的案件；（四）其他应当开庭审理的案件。第二审人民法院决定不开庭审理的，应当讯

---

〔1〕 参见孙长永："比较法视野下认罪认罚案件被告人的上诉权"，载《比较法研究》2019 年第 3 期。

〔2〕 ［德］贝恩德·许乃曼："应当如何设计刑事二审程序？"，初殿清译，载陈光中主编：《中国刑事二审程序改革之研究》，北京大学出版社 2011 年版，第 545 页以下。

〔3〕 王洋："认罪认罚从宽案件上诉问题研究"，载《中国政法大学学报》2019 年第 2 期。

问被告人，听取其他当事人、辩护人、诉讼代理人的意见"。实践中，即便被告人对第一审裁判认定的事实、证据提出异议，二审法官在阅卷后往往也会以"不影响定罪量刑"为由，不开庭审理。书面审理已经成为处理二审上诉案件的惯常方式，这虽然有助于审判效率的提高，但是二审的纠错和救济能力将大大下降。除个别地区外，开庭审理的二审案件只占少数。各地中级人民法院以开庭方式审理的上诉案件一般不会超过全部上诉案件的 30%。[1]基于认罪认罚从宽制度的特点和一审程序的多元性，二审程序的设置也应与其相适应，"书面审理"并非唯一的处理方式。笔者认为，总体上应当区分一审程序的适用情况而区别对待。对于适用普通程序审理的认罪认罚从宽案件，如果一审贯彻庭审实质化的要求，进行了充实审理，对由此作出的裁判不服提起上诉的，宜维持现有状态不变，二审可以采用书面审的方式。理由是，虽然我国二审程序的设置是一种"复审"模式，对事实和法律适用问题进行"全面审查"，但是就事实认定的准确性和可靠性而言，一审有其固有的优势。一是一审距离案发时间比较短，证人、被害人、侦查人员等记忆比较清晰；二是一审进行了实质化的充实审理，证人等相关人员出庭作证，更有利于事实真相的查明。鉴于此，二审就没有必要浪费司法资源开庭进行"复审"，"书面审理"总体上已足矣，但不排除个案中因事实和证据影响定罪量刑而开庭审理的必要性。"刑事诉讼中最为重要的证据仍是通过证言性证明来提供。但是考虑到人的记忆能力有限，证人根据记忆所讲述的事件愈发久远，证言性证据的质量也随之下降。因此，后续每一次重新审判的程序所提供的证据可靠性保障都不及此前的审判程序。"[2]

对于认罪认罚从宽制度实行中大量适用速裁程序审理的一审案件，因被告人不服一审裁判而上诉的案件，二审法院应当进行开庭审理。理由如下：一是开庭审理并不会给二审法院带来较大的案件压力和工作负担。根据最高人民法院周强院长代表两高向全国人大常委会所作的中期报告提供的数据显示：适用速裁程序审结的案件占 68.5%，检察机关抗诉率不到 0.1%，被告人

---

〔1〕 参见陈光中主编：《刑事诉讼法实施问题研究》，中国法制出版社 2000 年版，第 253 页，转引自陈心歌：《中国刑事二审程序问题研究》，中国政法大学出版社 2013 年版，第 25 页。

〔2〕 参见［德］贝恩德·许乃曼："应当如何设计刑事二审程序？"，初殿清译，载陈光中主编：《中国刑事二审程序改革之研究》，北京大学出版社 2011 年版，第 546 页。

上诉率仅为 3.6%。[1] 二是一审审理的不充分，需要二审进行较为充实的审理予以"补偿"。根据 2018 年《刑诉法》的规定，适用速裁程序审理的一审案件，不再进行法庭调查和法庭辩论。笔者通过对某基层法院的调研得知，一个上午的时间，一个独任法官少则开十几个庭，多则开几十个庭。审判效率大大提高，但审判"流于形式"的问题比较突出。因此，有必要进行一次"真正"的审理，以实现程序和实体的公正。在公正与效率关系的问题上，公正永远是第一位的。"'公正为本，效率优先'应当是认罪认罚制度改革的核心价值取向。"[2] 完善刑事诉讼中认罪认罚从宽制度的价值取向就是在坚持根本公正的前提下，最大限度地提高诉讼效率，以便在更高层次上实现惩罚犯罪与保障人权的统一。[3] 在德国学者看来，在下级法院层面，德国大量轻罪案件的审理非常迅速，而且大多数案件并没有辩护律师的介入，证言质量随时间流逝而下降的危险显著降低。因此，当一审仅采用迅速审判的方式时，二审进行完全重复的事实调查才能为查明真相提供更好的保障。在轻罪案件中，可以由此开启一个全新的审判乍看上去似乎并不符合逻辑。但实证研究表明：这一做法非常有效率，并且为被告和社会公众所欣然接受。[4] 三是控辩平等的需要。控辩平等作为刑事诉讼的一项基本原则，要求控辩双方权利平等、机会均等、手段对等。但是，由检察机关抗诉引发的二审案件，法院就应当开庭审理，为什么由被告人上诉引发的二审程序在开庭审理问题上却予以种种限制，以致"书面审理"成为常态，开庭审理成为例外？这显然有违"控辩平等"的现代刑事诉讼理念。四是防范将来的轻罪案件中出现冤假错案。防范冤假错案是司法公平正义的底线，实现司法公正首先应从不发生冤错案件做起。现在媒体披露的冤错案件都是故意杀人、抢劫等重罪案件，且大都发生在 20 世纪 90 年代。而目前认罪认罚从宽制度主要适用于轻罪案件，这从周强院长的中期报告中便可以得到印证，即适用认罪认罚从宽制度

---

〔1〕 参见周强：《关于在部分地区开展刑事案件认罪认罚从宽制度试点工作情况的中期报告》。

〔2〕 陈卫东："认罪认罚从宽制度研究"，载《中国法学》2016 年第 2 期。

〔3〕 参见最高人民法院院长周强于 2016 年 8 月 29 日在第十二届全国人民代表大会常务委员会第二十二次会议上所作的《关于授权在部分地区开展刑事案件认罪认罚从宽制度试点工作的决定（草案）的说明》。

〔4〕 参见［德］贝恩德·许乃曼："应当如何设计刑事二审程序？"，初殿清译，载陈光中主编：《中国刑事二审程序改革之研究》，北京大学出版社 2011 年版，第 547 页、550 页。

"判处三年有期徒刑以下刑罚的占 96.2%"。随着轻罪案件数量的上升，如何防范轻罪案件中冤假错案的发生将成为未来的一项重大新课题。有实务部门人员指出，实践中存在被告人没有实施犯罪行为或者实施的行为不构成犯罪，或者对量刑建议有异议但又担心不认罪认罚会被判处较重的刑罚而违背真实意愿认罪认罚的情形。上述情形增加了错判的风险。[1] 从笔者的调研情况来看，有些检察院将证据不足本应作"存疑不起诉"的案件，也适用认罪认罚从宽制度予以消化处理，以"取保候审"的"程序从宽"换取犯罪嫌疑人的认罪认罚。因此，二审法院对认罪认罚案件并不能"掉以轻心"。从纠错能力和防范冤假错案发生来看，开庭审理无疑比书面审理更具优势。有关调研显示："从二审裁判结果来看，裁定准予撤诉和维持原判的案件占绝大多数，上诉的纠错功能不明显。"[2] 纠错功能不明显在很大程度上与书面审理有关。五是一审法院的量刑会超出检察机关的量刑建议范围，此时被告人往往会通过上诉寻求救济。如果上级法院不能对一审判决进行审查，那么认罪认罚从宽案件中的冤错案件就将难以防范。根据最高人民法院院长周强于 2017 年 12 月 23 日在第十二届全国人民代表大会常务委员会第三十一次会议上所作的《关于在部分地区开展刑事案件认罪认罚从宽制度试点工作情况的中期报告》：法院对量刑建议的采纳率为 92.1%。"刑事诉讼法典的起草者对初级法院刑事案件的审判质量不太信任；因此，他们就使要求地区法院对案件进行新的审判更加容易。任何一方当事人对独任的职业法官或者陪审法庭的判决不服，他只需要在判决宣告后一个星期内提交一封只有一句话的信（'我据此对判决提出上诉'）；就足够使地区法院 3 名法官组成的合议庭对是否有罪及其刑罚开始一个新的审判。"[3] 最后，《试点办法》仅规定对不服一审法院适用速裁程序审理的案件所作出的裁判不服，二审法院可以不于庭审理，并非一概不开庭审理。这为二审法院开庭审理提供了制度空间。

随着以审判为中心刑事诉讼制度改革的推进，法官角色应当进行适当的

〔1〕 参见臧德胜、杨妮："论认罪认罚从宽制度中被告人上诉权的设置——以诉讼效益原则为依据"，载《人民司法（应用）》2018 年第 34 期。

〔2〕 参见臧德胜、杨妮："论认罪认罚从宽制度中被告人上诉权的设置——以诉讼效益原则为依据"，载《人民司法（应用）》2018 年第 34 期。

〔3〕 ［德］托马斯·魏根特：《德国刑事诉讼程序》，岳礼玲、温小洁译，中国政法大学出版社2004 年版，第 220 页。

转型，即从过去的办公室"阅卷"办案转向在法庭开庭办案，要树立法官的工作地点在法庭的理念，开庭审案是法官的基本功。当然，这种转型不可能一蹴而就，需要一个过程，我们期盼各级法院的法官能尽快完成这一转型。

对于适用简易程序审理的认罪认罚从宽案件，虽然"程序上从简"，但不像速裁程序那样法庭调查和法庭辩论环节均被省略掉，因此笔者主张二审原则上实行"书面审理"，在例外情况下也可开庭审理。

如果二审进行书面审理，那么需要从两个方面着力：一方面，应重视一审庭审笔录的准确性、完整性。在俄罗斯，一审审判笔录是法定的证据种类，二审审理可以据此进行。"笔录的内容或者格式不符合要求，将导致认定笔录所记载的信息材料被认定为不可采信的证据。"[1]另一方面，随着科技法庭的建设，一审法院向二审法院移送庭审录像资料并无大碍。如此才能实现上诉程序的安抚、说服功能，甚至可以吸纳不满，让心存不满的被告人的抵触心理得到缓解，提高裁判的可接受度。[2]

三、二审程序之律师参与：有辩护抑或有效辩护?

刑事案件律师辩护全覆盖试点，覆盖至按照普通程序开庭审理的二审案件，从而解决了"有辩护"的问题，但是距离"有效辩护"尚有一定的距离。认罪认罚从宽案件的二审辩护更是如此。一是大量案件二审不开庭审理，这为律师的有效参与造成了极大障碍。律师除了按时间向法院递交一份辩护词之外，在整个二审期间都处于"无所作为"的状态。二是刑事案件律师辩护全覆盖可能带来二审辩护的"平庸化"。"量大面广"的"有辩护"，并不能担保辩护质量提高的"有效辩护"的实现，这在律师资源不足的地区表现得更为突出。三是通知辩护中，被告人与法律援助辩护律师之间并无信任关系，难以保障辩护质量。律师和当事人之间的信赖关系是有效的律师帮助的基础，对这种信赖关系的忠诚是"我们职业的光荣"。只有当事人愿意将那些可能牵连自己或使自己陷入困境的事实告知律师，律师才能为其提供最有效的帮助。那些认为律师值得信赖的当事人也更容易接受律师的建议进行正确的

---

〔1〕 ［俄］К. Ф. 古岑科主编：《俄罗斯刑事诉讼教程》，黄道秀等译，中国人民大学出版社2007年版，第234页。

〔2〕 参见顾永忠：《刑事上诉程序研究》，中国人民公安大学出版社2003年版，第18页。

行为。[1]加拿大律师协会联合会颁布的《职业行为示范守则》甚至规定："如果律师与委托人之间严重失去了信任，则律师可以退出代理。"[2]可见信任关系的重要性。四是在认罪认罚从宽案件中，律师辩护的空间有限。五是通知辩护中的法律援助律师大多可能未参与审前程序和一审程序的辩护，在接受指定前并未阅卷和会见，其对案情并不熟悉，临时匆忙地在二审程序中接手，难免会对案件感到"生疏"，这也影响了二审辩护质量。当前正在推进的以审判为中心的刑事诉讼制度改革，将庭审实质化作为改革的突破口。然而，庭审实质化不但要求"有辩护"，而且强调"有效辩护"。该项改革的重点是一审案件，但不能忽略二审开庭审理的案件。面对"装备精良""养之有素"的检察官，律师不能进行有效辩护，又何谈所谓的"平等武装""控辩平等"呢？从 2018 年《刑诉法》确立认罪认罚从宽制度后实施一年多来的实践来看，一审认罪认罚的案件中被告人的上诉比例极低，二审开庭审理的案件少之又少。在司法资源有限的情况下，完全可以保障该部分案件进行实质化审理。认罪认罚从宽案件二审程序中的有效辩护，不仅可以保障庭审实质化改革的彻底深入推进，而且有助于纠正一审裁判的冤错，加强刑事诉讼中的基本权利保障，最大限度地促进司法公正的实现。

为此，我国需要从以下方面入手，促进二审开庭审理案件从"有辩护"向"有效辩护"的发展。一是对不服一审适用认罪认罚从宽制度作出判决而提起上诉的案件，二审法院尽量开庭审理，如此一来，律师不仅可以在庭前会见、阅卷甚至调查取证，从而为庭审做好准备，而且可以在庭审中行使发问、质证和辩论等权利，为律师辩护提供更为广阔的空间。对此，《试点办法》仅规定对不服一审适用速裁程序审理作出判决的案件不服而提起上诉的，二审法院"可以"不开庭审理，并非"一概"不开庭审理，这为二审法院裁量权的适用提供了空间。二是为了保证全覆盖试点后法律援助律师辩护的质量，《试点办法》规定了律师"应当"会见和阅卷这些"基本动作"，但这不足以保证辩护质量。除此之外，还应当强调律师调查取证的义务。长期以来，律师辩护只是在侦控方精心编制的证据链条中寻找薄弱环节并据此进行辩护，

---

〔1〕　[美] 蒙罗·H. 弗里德曼、阿贝·史密斯：《律师职业道德的底线》，王卫东译，北京大学出版社 2009 年版，第 135 页。

〔2〕　王进喜译：《加拿大律师协会联合会职业行为示范守则》，中国法制出版社 2016 年版，第 157 页。

导致辩护效果不佳，辩护意见难以被采纳。从域外经验来看，律师调查取证是提高辩护质量、实现有效辩护的重要方式。二审中被告人享有反悔权，反悔的理由可能是认罪认罚自愿性、合法性方面存在问题，即便是单纯对一审量刑不服而提起上诉，律师也有调查取证的必要。例如，对非自愿认罪的情况证据（如讯问录像资料、提讯记录、体检记录等）申请法院调取证据，或者对被告人及其亲属退赃退赔、赔偿损失、取得谅解等影响量刑的情节进行调查取证。俗语云："巧妇难为无米之炊。"没有证据支持的辩护意见总显得苍白无力。为了使辩护意见更容易被采纳，律师不能视调查取证为"禁区"，怠于行使职责。对于因律师资源不足导致的辩护效果不佳问题，可以按照《试点办法》的要求，由司法行政机关和律师协会统一调配律师资源。依笔者之见，这里主要是省一级的司法行政机关和律师协会。三是尊重被告人的选择权，优先指定被告人选择的法律援助律师。尊重被告人的选择权，一方面可以保障因贫穷或者其他原因没有聘请辩护人的被告人获得国家免费的法律援助，另一方面可以适当增进被告人与律师之间的信任关系，最终有利于辩护质量的提升。可以考虑由受援助的被告人从"刑事辩护律师库"中选择 1 名~2 名律师作为其辩护人，只有在被告人没有选择的情况下，才由法律援助中心为其指定辩护人。同时，在通知辩护中，应优先考虑指定曾参与过本案审前程序和一审程序的律师担任二审辩护人，包括提供法律帮助的值班律师和提供出庭辩护的律师。由于他们曾参与认罪认罚具结书的签署和一审庭审，对案情比较熟悉，因此由其担任二审辩护人进行辩护效果会更好。四是加强辩护协商，有效解决"辩护冲突"问题。无论是在一审庭审中还是在二审庭审中，被告人与辩护律师就是否认罪认罚"自说自话"，只能抵消辩护效果。为了保证辩护质量，法院应当鼓励和支持辩护律师与被告人之间进行"辩护协商"，使"辩护阵营"能够"按照一个声音说话"。为此，当审判长发现被告人和辩护人的辩护立场不一致时，应当宣布休庭，给予辩护人和被告人进行协商的机会，以此实现一场庭审中辩护立场和辩护策略的统一。[1]

四、二审审理之对象：判后情节抑或原审判决？

域外刑事诉讼大多区分事实审与法律审，一审程序审理的对象是检察机

---

〔1〕 关于辩护冲突和辩护协商问题，参见韩旭："被告人与律师之间的辩护冲突及其解决机制"，载《法学研究》2010 年第 6 期。

关指控的犯罪事实，二审程序的审理对象通常是一审裁判的法律适用问题。我国二审程序不区分事实和法律，奉行"全面审查"原则，且不受上诉理由的限制。2018 年《刑诉法》第 233 条第 1 款规定："第二审人民法院应当就第一审判决认定的事实和适用法律进行全面审查，不受上诉或者抗诉范围的限制。"同时，第 236 条第 1 款规定："第二审人民法院对不服第一审判决的上诉、抗诉案件，经过审理后，应当按照下列情形分别处理：（一）原判决认定事实和适用法律正确、量刑适当的，应当裁定驳回上诉或者抗诉，维持原判；（二）原判决认定事实没有错误，但适用法律有错误，或者量刑不当的，应当改判；（三）原判决事实不清楚或者证据不足的，可以在查清事实后改判；也可以裁定撤销原判，发回原审人民法院重新审判。"根据法条文义解释可知，我国二审审理的对象为"原判决"而非原判决以后的"上诉"或者"反悔"情节。在日本，通说与判例均认为"原判决是控诉审（相当于我国的上诉审）的对象"。[1]"认为控诉审不是审查案件本身，而是审查原判决是否适当的程序。因为是审查原判决，所以审查的时间基准，是第一审判决作出之前，审查的对象，仅限于第一审判决之时的事实。"[2]日本最高法院的判决认为："原则上，审判对象的设定权，应该交于当事人的手中，应当防止对被告人的意外打击。事后审不应该站在与第一审相同的立场，对案件本身进行审理，而应该以第一审判决为对象，加以事后审查。"[3]在德国，"根据多数人的观点，即使（原审）法庭在判决时不可能了解有关加重处罚的情节，就像伤害罪的被害人在判决获得最终效力后因为所受的伤而死亡，这也是正确的"。[4]显然，无论是一审宣判后被告人的对认罪认罚"反悔"还是以"量刑过重"为由提出"上诉"，都不等同于"原判决"，不属于二审审理的对象。二审法院不应将其纳入审判的范围，在作出裁判时也无须考虑该问题。在域外，对二审法院职权调查的范围有着严格的限制，通常将上诉理由中有利于被告人的事实纳入调查的范围。因此，作为二审法官，面对认罪认罚从

---

〔1〕 ［日］田口守一：《刑事诉讼法》，刘迪等译，法律出版社 2000 年版，第 313 页。

〔2〕 ［日］田口守一："日本刑事诉讼法中控诉审的构造与审判对象"，载陈光中主编：《中国刑事二审程序改革之研究》，北京大学出版社 2011 年版，第 567 页。

〔3〕 ［日］田口守一："日本刑事诉讼法中控诉审的构造与审判对象"，载陈光中主编：《中国刑事二审程序改革之研究》，北京大学出版社 2011 年版，第 569 页。

〔4〕 ［德］托马斯·魏根特：《德国刑事诉讼程序》，岳礼玲、温小洁译，中国政法大学出版社 2004 年版，第 218 页。

宽案件，首先需要追问的是二审审理的对象是什么？职权调查的边界在哪里？随着我国刑事司法的规范化和精密化，对上述问题的回答应当是新一轮司法改革中二审特别需要关注的问题。在认罪认罚从宽制度的另一端，以审判为中心的刑事诉讼制度改革正在探索推进，但依笔者之见，该项改革不应仅限于第一审程序，该项改革能否深入推进，尚有赖于法院的独立和中立。

从表面上看，上述案例中二审加刑，似乎是抗诉案件不受"上诉不加刑"原则的限制，但实质是我们的一些法官、检察官并不了解二审审理的对象和二审审查的时间节点。除了司法官知识、能力有待提升外，这大概还与我国长期以来刑事诉讼的职权主义有关。对司法官予以高度信任，因而较少受到规则的约束。如前所述，在得知被告人上诉后，检察机关是为防止被告人"钻空子""占便宜"才提起抗诉的。这种抗诉带有明显的报复性。抗诉固然是检察机关的一项权利，但其行使也要慎重。既然 2018 年《刑诉法》在确认认罪认罚从宽制度时，没有对适用刑事速裁程序作出的裁判实行一审终审，这表明该类案件中的被告人与其他被告人一样享有上诉权利。有学者主张对检察机关的抗诉权进行一定的限制，主张"在这类抗诉中，检察机关对抗的实际上是不诚信的被告人，而非裁决错误的法院判决"。还有学者坦言："根据刑事诉讼法规定，检察机关抗诉的对象和理由是'人民法院判决、裁定确有错误'。但检察机关针对被追诉人无正当理由上诉的抗诉，针对的不是'人民法院的判决、裁定'，抗诉的理由也不是'判决、裁定确有错误'。这说明，现行刑事诉讼法尚未考虑到认罪认罚从宽制度需要一种不同于通常情形的抗诉。"[1]因此，此类案件的抗诉实际上并不是现有刑事诉讼理论意义上的抗诉，而是一种针对被告人的特殊上诉。[2]

五、二审之裁判结论：改判加刑抑或维持原判？

对于前述及其类似案例，尽管全国各地的二审裁判结果各异，但是笔者倾向于驳回抗诉、上诉，维持原判的结果，也希望最高立法机关或者最高司法机关能够尽早发布统一的规则，以解各地司法之困。笔者之所以主张维持

---

〔1〕 朱孝清："如何对待被追诉人签署认罪认罚具结书后反悔"，载《检察日报》2019 年 8 月 28 日。

〔2〕 王洋："认罪认罚从宽案件上诉问题研究"，载《中国政法大学学报》2019 年第 2 期。

原判的结果，其理由除了上述的二审审理对象应当受"原判决"拘束外，另有如下理由：其一，虽然认罪认罚具结书在实质上具有控辩双方合意的性质，但毕竟不同于控辩双方之间的"协议"或者"契约"，因此具有单方法律文件的性质。既然是被追诉人单方面签署的，其就应当有"反悔权"或者"撤回具结"的权利，对此检察机关并无使前述法律行为"归于无效"的权力。其二，借鉴域外之做法，二审法院坚守"上诉不加刑"原则，不得判处比原审更重的刑罚。德国法认为，一审程序中的协商协议在二审程序中虽然具有可采性，但二审法院并不受该协议的约束，二审法院可推翻协商协议。可是，当被告人提起上诉时，二审法院要受到协商协议中量刑上限的约束。德国法中的规定与我国二审全面审查原则和上诉不加刑原则十分类似。在只有被告人一方上诉的情形下，即便认罪认罚从宽协议被推翻，认罪认罚从宽协议中的量刑优惠对于二审法院也仍具有约束力。[1]作为传统大陆法国家代表的德国，其制度与我国具有某种相似性，因此宜作为我国借鉴的对象。其三，一审宣判之后，被告人以"量刑过重"为由提起上诉，这一事实本身不能被视为"新证据"或据此认为原审判决事实不清、证据不足。因此，不能撤销原判、发回重审。其四，保护被告人上诉权和捍卫"上诉不加刑"原则的需要。既然上诉是包括认罪认罚从宽案件在内的被告人的一项救济权利，那么就不应以任何形式进行限制。法治发达国家之所以普遍确立"上诉不加刑"原则，就是要鼓励被告人积极上诉，而无"后顾之忧"。如果对某一判决只从有利于被告人的角度提出一般性上诉，上诉法院不得对被告人作出比被上诉的一审判决更重的处理。这一规定的目的是确保被告人的情况不会在上诉后变得更加恶化，从而鼓励被告人积极上诉而不用担心会出现消极后果。如果检察官认为判决太轻而提出上诉，上诉法院仍然可以减轻被告人的刑罚，甚至可以宣判被告人无罪。[2]如果允许检察机关抗诉后加刑，这无异于在认罪认罚从宽案件中变相剥夺了被告人的上诉权，实质上使这类案件成了"一审终审"，我国刑诉法确立的"二审终审"制将"有名无实"，同时也使"上诉不加刑"原则处于岌岌可危的境地。"由检察院提起抗诉的做法显然是行之有效的，这

---

〔1〕　参见高通："德国刑事协商制度的新发展及其启示"，载《环球法律评论》2017 年第 3 期。

〔2〕　参见［德］托马斯·魏根特：《德国刑事诉讼程序》，岳礼玲、温小洁译，中国政法大学出版社 2004 年版，第 216 页以下。

势必会减少已经获得从宽的认罪认罚被告人上诉的几率。"〔1〕由于法院判决已对被追诉人"认罪""认罚"这两个情节都作了量刑减让，被追诉人提起上诉，等于其已不"认罚"，二审应当收回一审对"认罚"的量刑减让。但法律规定上诉不加刑，二审法院无法主动收回这一量刑减让，因而只能由检察机关提出抗诉。这样，被追诉人的不正当需求和行为才能得到遏制，无正当理由的反悔、上诉之风才不会愈演愈烈。〔2〕其五，根据2018年《刑诉法》的规定，对于检察机关抗诉的案件，法院均应当开庭审理。如此一来，当前法院普遍存在的"案多人少"矛盾会不会进一步加剧？司法资源的优化配置能否实现？仅仅因为量刑轻重问题，法院有无必要非得开庭审理不可？这些问题都需要认真斟酌。其六，检察院作为法律监督机关，通过抗诉，撤回原来的量刑承诺，有失司法诚信，也不利于提升检察机关的司法公信力。检察院作为国家司法机关，如果任意撤回承诺不仅有失诚信，还不利于树立司法权威。检察机关可以撤回的情形除了作出更有利于被追诉人的决定外，只能是发现新的犯罪事实。〔3〕显然，一审判决后被告人上诉的事实不能被视为"新的犯罪事实"。最后，也是比较重要的一点就是，被告人获得值班律师法律帮助的权利并未得到切实保障，尤其是在保障认罪认罚的自愿性、合法性方面作用发挥欠佳，作为一种"程序补偿"，允许被告人上诉进行程序救济，并无不当。值班律师在认罪认罚从宽案件中并未发挥实质性作用，已为学界所普遍诟病。"值班律师通过为被追诉人提供法律帮助，对于维护被追诉人合法权益，保障控辩协商的公平公正，保证认罪认罚的自愿、明智，减少被追诉人无正当理由反悔，具有重要意义。但目前值班律师参与无辩护人的认罪认罚案件的比例还有较大的提升空间。"〔4〕如果限制被告人上诉，即便一审发现冤错，二审的权利救济功能也将无法实现，这不利于防范和纠正冤假错案。在当前认罪认罚从宽案件上诉率极低的情势下，鼓励被告人上诉而不是压制被告人上诉才是理性司法的选择。

---

〔1〕 王洋："认罪认罚从宽案件上诉问题研究"，载《中国政法大学学报》2019年第2期。

〔2〕 参见朱孝清："如何对待被追诉人签署认罪认罚具结书后反悔"，载《检察日报》2019年8月28日。

〔3〕 王洋："认罪认罚从宽案件上诉问题研究"，载《中国政法大学学报》2019年第2期。

〔4〕 朱孝清："如何对待被追诉人签署认罪认罚具结书后反悔"，载《检察日报》2019年8月28日。

　　基于上述理由，笔者对当前普遍存在的二审"改判加刑"做法有异议。那么，检察机关担心的被告人"滥用诉权"问题如何解决呢？被告人难道不必为此付出代价吗？且不说刑事诉讼法确立的"无罪推定""疑罪从无"以及"禁止双重危险""一事不再理"原则等都是有利于被追诉人的程序设置，二审审理对象规则的确立客观上确有可能使被告人"占便宜"，但有助于巩固被告人的诉讼主体地位和诉讼权利的行使。只不过，前者大家已经熟悉和习惯罢了。根据我国刑事诉讼法的规定，检察机关抗诉的案件，二审法院应当开庭审理，被告人应当出庭受审。"出庭受审"甚至聘请律师，对被告人而言都是一种"讼累"，程序本身即是一种惩罚。[1]须知在域外，二审开庭审理并非如同一审一样需要被告人到庭受审，缺席审判是一种常态。例如，《日本刑事诉讼法典》第 390 条规定，控诉审原则上不要求被告人在审判期间到庭。[2]认罪认罚从宽案件，名曰"实体上从宽、程序上从简"，其实在司法实践中也存在"程序从宽"的问题，例如认罪认罚即给办理取保候审。因此，检察机关抗诉之后二审开庭审理和被告人到庭，即体现了"程序从严"的要求，在值班律师帮助下，作为理性人的被告人在上诉前会"三思而后行"，一审乃至审前程序中认罪认罚的被追诉人都会"随意反悔""滥用诉权"的担心大可不必。被告人为了使自己摆脱二审的"讼累"，也不会轻易提出上诉。

结　语

　　由于《试点办法》和 2018 年《刑诉法》对一审程序中认罪认罚的被告人上诉问题未作出规定，司法实践中，检察机关大多以"动机不纯"为由提出抗诉，请求二审法院撤销一审中的量刑"从宽"优惠。有学者对此发出质疑："将抗诉作为威慑和制裁上诉的认罪认罚被告人的正当性基础仍有待进一步明确。"[3]应当说，这是认罪认罚从宽制度实施中一个始料未及的新问题。规则的不明确会给司法实践带来困惑，迫切需要从理论和制度层面作出回答。虽然立法上保留了认罪认罚案件被告人的上诉权，但效率优先的价值考量在该类案件中已经凸显出来，进一步降低上诉率、抗诉率从而减少二审程序的适

---

　　〔1〕　受中国人民大学法学院魏晓娜教授翻译的美国学者马尔科姆·M. 菲利所著《程序即是惩罚——基层刑事法院的案件处理》一书的启示，该书由中国政法大学出版社于 2014 年出版。

　　〔2〕　参见［日］田口守一：《刑事诉讼法》，刘迪等译，法律出版社 2000 年版，第 315 页。

　　〔3〕　王洋："认罪认罚从宽案件上诉问题研究"，载《中国政法大学学报》2019 年第 2 期。

用，应当是立法者、司法者追求的目标之一。为此，一审宣判后，应由值班律师提供法律咨询等帮助，以此保障上诉的正当理性。对于一审适用速裁程序所作的裁判不服，二审法院应当开庭审理。按照2018年《刑诉法》的规定，对于适用速裁程序审理的案件，一般不再进行法庭调查、法庭辩论，被告人在整个审判过程中至少应获得一次公正审判的机会。除此之外，贯彻"控辩平等"的需要以及开庭审理比书面审理具有更优的纠错能力，有助于防范轻罪案件中冤假错案的发生。既然二审开庭审理，那么律师介入参与辩护就显得尤为必要，以审判为中心的刑事诉讼制度改革在二审程序中亦应予以贯彻，刑事案件律师覆盖至二审开庭审理的所有案件，从而实现了"有辩护"，但辩护质量可能难以保障，距离"有效辩护"尚待时日。为此，应当尊重被告人选择法律援助律师的权利，辩护律师应当进行必要的调查取证。二审审理的对象问题应予以特别关注，无论是我国还是日本，均认为二审审理的对象是"原判决"，并不包括一审宣判后被告人以"量刑过重"为由上诉的事实。如果严格遵守"审理对象"规则，那么二审中的"改判加刑"其实并无多少理论和法律依据。检察机关抗诉后二审法院"改判加刑"的做法，无异于限制和变相剥夺了认罪认罚案件中被告人的上诉权，也从根本上动摇了"上诉不加刑"原则。被告人"随意反悔""滥用诉权"的问题，并非想象得那么严重，作为理性人、经济人的被告人不会不考虑上诉后的"讼累"问题。二审开庭后，其出庭受审和聘请律师，是其在二审程序中所付出的成本，被告人在上诉之前也会对此进行权衡，如果能有值班律师的帮助，这种权衡会相对理性一些。

第十七章
认罪认罚从宽案件中被追诉人的反悔权问题[1]

一、认罪认罚案件中关于被追诉人反悔权之概说

（一）认罪认罚案件中反悔权的概念

1. "反悔权"概念溯源

"反悔权"作为一种具有法律意义的权利，最早起源于经济法领域，即《消费者权益保护法》中的规定消费者享有反悔的权利。它是指在消费合同生效后的一定期限内，消费者享有无偿且无条件解除合同的权利。这种"反悔权"的存在看似与私法领域的帝王条款"诚信原则"背道而驰，实则是在市场经济高度发展的背景下，经营者与消费者之间的不对等关系加剧，为保护消费关系中处弱势地位的消费者而赋予其的一种特殊的保护。事实上，认罪认罚从宽制度中被追诉人享有的反悔权与消费者享有的反悔权，在设立的初衷上存在着共通性。刑事诉讼中，被追诉人与公权力机关之间本身实力相差悬殊。而认罪认罚从宽制度的关键恰恰在于控辩平等。若在此过程中不对公权力进行适当限制，并赋予被追诉人一种防守的权利，将很难达成"合意"的协商结果。对此，德国学者许乃曼认为，真正的"合意"只能发生于权利大致相等的主体间，而基于被追诉人和公权力机关间天然的地位悬殊，刑事协商中的"协商"事实上只是一种屈服，无权者只能被迫放弃其本身就微弱的反抗而屈服。[2]在认罪认罚从宽制度中赋予被追诉人反悔的权利就是使其

---

〔1〕 本章是在笔者指导下由四川大学法学院博士研究生李松杰和四川省社会科学院研究生韩钰佳执笔完成的。

〔2〕 参见卞建林、谢澍："职权主义诉讼模式中的认罪认罚从宽———以中德刑事司法理论与实践为线索"，载《比较法研究》2018 年第 3 期。

作出的认罪认罚在不符合法律规定的条件下，自我纠正，起到回转甚至纠错的作用。

2. 认罪认罚制度中被追诉人反悔权的内涵辨析

要厘清认罪认罚制度中被追诉人的反悔权，可以先从字面意思入手，首先明确何为"认罪认罚"。《指导意见》第6条和第7条规定，"认罪"是指犯罪嫌疑人、被告人自愿如实供述自己的罪行，对指控的犯罪事实没有异议，承认指控的主要犯罪事实；"认罚"是指犯罪嫌疑人、被告人真诚悔罪，愿意接受处罚。从《指导意见》的规定中我们能看出被追诉人"认"的对象——"罪"和"罚"是有区别的，前者侧重的是供述罪行、承认被指控的犯罪事实，后者侧重于愿意接受刑罚。也就是说，要符合"认罪认罚"，适用认罪认罚从宽制度，必须同时满足"认罪"和"认罚"，并且对于犯罪事实以及刑罚的供述和接受是自愿的、主动的。至于"反悔"一词的含义，《现代汉语词典》将该词中的"反"定义为"翻转、转换"，即现在与之前的想法相对立，而"悔"则是指"懊悔、后悔"，意为意识到现在的想法与之前的存在出入之后，对自己此前的行为举动感到懊悔。[1]"反悔"在《法律文书大词典》中被定义为："不承认自己以前的允诺。"[2]事实上，学者对于"反悔权"的称谓在理论上并不统一，有的也称其为"撤回权"。正如杨立新教授所说："至于究竟是称其为反悔权、后悔权还是撤回权，其实说的都是一回事。"[3]其实，上述的表述都强调反悔权是双方达成合意之后，其中一方又作出与其原意相反的意思表示。

认罪认罚的反悔就是指被追诉人自愿如实供述自己的罪行，承认指控的主要犯罪事实，愿意受刑罚处罚之后，撤回此前的意思表示的行为。又由于"认罪"和"认罚"的具体内容不同，因而认罪认罚后反悔的对象是包含这两项并列的内容的，更直观地来看，可以根据关于命题逻辑规律的德·摩根定律，即非（P且Q）=（非P）或（非Q），如果说用P和Q分别表示认罪和认罚，那么认罪认罚后的反悔可以拆分开来，除了对认罪和认罚同时表示反悔，还可以单独对认罪或认罚表示反悔。对认罪的反悔就是对自己供述自

---

〔1〕 中国社会科学院语言研究所词典编辑室：《现代汉语词典》，商务印书馆2002年版，第347页。

〔2〕 刘树孝、魏惠仙、杨永奎主编：《法律文书大词典》，陕西人民出版社1991年版，第85页。

〔3〕 杨立新："非传统销售方式购买商品的消费者反悔权及其适用"，载《法学》2014年第2期。

身的罪行和检察机关所指控的犯罪表示否认，或者说撤回其之前的有罪供述；而对认罚的反悔则是指：被追诉人仅对量刑存在异议，对检察机关指控的犯罪事实没有异议。另外，由于认罪认罚具结书签署于审查起诉阶段，其与检察机关提交的起诉书在内容上可能会存有一些差异。在庭审中，被告人对起诉书认定的事实与其承认的犯罪事实有差异而作出的部分辩解，不应当被认定是对认罪认罚的撤回。同时，认罪认罚从宽制度的适用并不能完全剥夺被追诉人的辩护权，仅对部分细节性的非关键性的问题和一些局部的不影响案件基本事实认定的小问题提出异议的，不能被认定为对认罪认罚的反悔，更不影响认罪认罚的成立，自然也不能被称为反悔。

　　上文对认罪认罚中的反悔作了文义解释，但是被追诉人认罪认罚后的反悔或者撤回不仅仅是一种行为，说到底，它是一项权利，是一项在我国被称为"反悔权"的权利。《刑诉法》第 15 条规定，犯罪嫌疑人、被告人自愿如实供述自己的罪行，承认指控的犯罪事实愿意接受处罚的，可以依法从宽处理。这是在法律中明确规定了被追诉人可以通过自愿如实供述自己的罪行，积极认罪认罚，获得国家对于其量刑减让的利益，因此认罪认罚本身也是一项权利。被追诉人可以自愿认罪认罚，意味着其既可以选择认罪认罚，也可以拒绝。一项权利可以在法律框架内自由行使，自然也应包括在一定限度内得以撤回的自由。这种撤回的自由在认罪认罚制度中就被称为"反悔权"。虽然对于认罪认罚后撤回的具体规则是需要思考并且寻求法律规则约束，但这并不影响反悔权这项权利本身的存在。

　　（二）被追诉人反悔权的性质

　　2015 年最高人民法院出台的《关于全面深化人民法院改革的意见》（以下简称《改革意见》）明确指出，认罪认罚从宽是指被追诉人自愿认罪、自愿接受处罚、积极退赃退赔案件的诉讼程序、处罚标准和处理方式，构建被追诉人认罪案件和不认罪案件的分流机制。其后公布的《关于在部分地区开展刑事案件认罪认罚从宽制度试点工作的办法》（以下简称《认罪认罚试点办法》）进一步明确了认罪认罚从宽程序的部分运作细节，其中在涉及刑事速裁程序和简易程序的部分也规定了被追诉人反悔的程序性后果，即转为普通程序审理。而《指导意见》第 51、52、53 条则分别规定了被追诉人在检察机关作出不起诉决定后反悔、在起诉前反悔、在审判阶段反悔后相应的程序性后果。但对于反悔权的性质在上述文件中均未提及。

反悔权的行使在《刑诉法》《指导意见》等各种法律文件中的出现都是以"犯罪嫌疑人""被告人"为主体的。"犯罪嫌疑人""被告人"作为国家公权力机关以外的诉讼主体，其得以有权作出的反悔行为应当是一种诉讼权利。在美国的反悔权机制中，反悔权亦被称为撤回权，对于被追诉人来说，具体包括认罪后撤回认罪答辩和放弃上诉权后又反悔两种情况，而同时还存在检察机关对认罪协议反悔而违约的情况。然而，笔者认为，在我国，反悔权应是专属于被追诉人的诉讼权利。这是因为我国的认罪认罚从宽制度是在职权主义刑事诉讼构造下，与美国辩诉交易的"契约性"相比，认罪认罚中的"从宽"更像是国家对于被追诉人给予的一种额外恩惠，且无论是在认罪认罚从宽制度试点的官方文件中还是在试点地区的探索中，对于认罪认罚从宽中是否存在"交易"或"让步"都予以了回避。同样，赋予被追诉人反悔的权利也正是基于这种职权主义结构。面对国家公权机关与被追诉人之间在"武装"上存在不平等性，有必要给予被追诉人一种在面对强大国家力量时拥有的程序性救济权利。通俗而言，公诉机关在认罪认罚从宽制度中居于主导地位，对于认罪认罚的达成有着更高的支配性。同时，我国审前羁押率比较高，被追诉人通常会被限制或者剥夺人身自由，在封闭环境中作出的意思表示更易因受到外部因素的影响而导致内容失真，而检察机关无论是在专业知识还是在案件信息掌握方面都居于绝对优势。如果说被追诉人在具结书签署时多少还存在妥协、让步，一旦协议达成，除非赋予被追诉人反悔权否则控辩失衡将进一步加剧。

对于被追诉人反悔，《指导意见》也指明了检察机关的应对措施，如在起诉前被追诉人反悔，具结书失效，人民检察院应当在全面审查事实证据的基础上，依法提起公诉；而在宣判之后被追诉人反悔上诉的情况下，通过对S省被追诉人认罪认罚一审宣判后反悔进入二审的案件进行调查，一些检察院会通过抗诉来实现对适用认罪认罚制度的撤回。如在L市中级人民法院审理的［2019］川11刑终162号"何某波、罗某山、何某容留他人吸毒罪案"中，针对被追诉人何某波、何某签署《认罪认罚从宽制度告知书》和《认罪认罚具结书》后，法院采纳检察院量刑建议作出一审判决后，在证据没有发生任何变化的情况下上诉的情况，E县人民检察院以被追诉人何某波、何某提出上诉"动机不纯"为由提起抗诉，而抗诉的行使从严格意义上来说，也是基于被追诉人率先反悔后的应对措施，而并非说明检察院就有了反悔权。

（三）赋予被追诉人反悔权的正当性依据

认罪认罚从宽制度的启动以及适用，需要控辩双方就犯罪事实、罪名、量刑达成合意，被追诉人自愿签署认罪认罚具结书，而在签订具结书之后就被追诉人是否具有反悔权这一问题上，我国 2018 年新修订的《刑诉法》就认罪认罚部分的相关规定，虽然未出现"反悔""撤销"等字眼。但是其中第201 条又规定了人民法院采纳人民检察院指控的罪名和量刑建议的例外情况，其中第 3 款即为"被告人否认指控的犯罪事实的"。这意味着在被追诉人签订认罪认罚具结书之后又否认指控的犯罪事实，法院即可不采纳检察机关的量刑建议。被追诉人认罪认罚反悔权的存在具有正当性，正当性依据如下：

1. 赋予被追诉人反悔权体现了对被追诉人程序处分权利的尊重

所谓被追诉人处分权，就是在刑事诉讼过程中，被追诉人可依其本人的主体意志而放弃一些权利。可以说，被追诉人的处分权背后体现了一定的自我决定权，即个人依其本人意愿自由支配合法个人利益之权利，在现代社会，自我决定权具有深厚的思想根基和宪法依据，[1]我国虽然未规定自我决定权，但《宪法》第 51 条规定，中华人民共和国公民在行使自由和权利的时候，不得损害国家的、社会的、集体的利益和其他公民的合法的自由和权利，其表达的内容实际上与自我决定权的内核有共通之处。[2]陈瑞华教授认为，在涉及个人基本权益的事项上，被追诉人能否积极主动地进行选择、影响诉讼结局，也是衡量他们在诉讼中主体性之强弱、有无基本的人格尊严的标准。[3]因此，当代西方的刑事诉讼实践十分注重对被追诉人主体地位以及其个人处分权利的尊重，他们竭力保障被追诉人享有参与诉讼进程的权利，并认可其对其权利的合法处分，最大限度地满足被追诉人不同的利益偏好。[4]而这种做法对于刑事诉讼程序的顺利推进无疑是有利的。若使被追诉人以诉讼主体的身份主动参与到诉讼之中，而非被置于诉讼程序的"传送带"上，被动地接受公权力的摆布，这不仅需要给予被追诉人充分的程序性处分权利，提高诉讼程序和制度的灵活性，同时还需要公权力机关尽量少地去干涉乃至尊重被追诉人对于自身权利合法处分的自由意愿。我国认罪认罚制度在从形成到

---

[1]　参见车浩："自我决定权与刑法家长主义"，载《中国法学》2012 年第 1 期。

[2]　参见车浩："自我决定权与刑法家长主义"，载《中国法学》2012 年第 1 期。

[3]　陈瑞华：《刑事诉讼的前沿问题》，中国人民大学出版社 2000 年版，第 158 页。

[4]　陈卫东、胡之芳："关于刑事诉讼当事人处分权的思考"，载《政治与法律》2004 年第 4 期。

完善的过程中，也愈加体现了对被追诉人主体地位及自主选择的充分尊重。[1]而认罪认罚制度中的反悔权实际上就是被追诉人自愿认罪认罚这样一种处分性权利的延伸，设置认罪认罚的撤回条件，使被追诉人得以在法律范围内撤回认罪认罚，得以反悔，这无疑是对于被追诉人程序性处分权利的尊重。

2. 赋予被追诉人反悔权实际是对于其辩护权的保护

我国《宪法》第130条和《刑诉法》第11、14条都规定了犯罪嫌疑人、被告人有获得辩护的权利，而辩护权作为犯罪嫌疑人、被告人的防御权之一，是法律赋予其进行自我保护、防止国家公权力对其造成伤害的有力工具，其存在对于保障被追诉人的人权具有重要意义，是被追诉人最低限度的主体性存在。如果连有限的辩护权都不能享有，其他权利便更无从谈起。

认罪认罚制度则是通过被追诉人放弃获得无罪判决的可能，通过自愿认罪认罚、作出有罪供述来换取国家在量刑上做出适当让步，这实际上是被追诉人对于辩护权的自我削减乃至放弃。认罪认罚案件中的辩护空间确实有限，被追诉人及其辩护人大多放弃了定罪和证据辩护。然而，任何一项对于涉及诉讼程序乃至可能影响到实体结果的诉讼权利的自我处置、放弃，都应当设置一定的回转通道。一方面，只有赋予被追诉人反悔权，才能防范被追诉人落入处于弱势地位的条件下因缺乏自愿性和明智性而认罪认罚，从而放弃辩护权的不利处境，使其得以继续行使原来放弃的辩护权以应对公权力机关的攻击；另一方面，反悔权即撤回认罪认罚的行为本身，也可以被看作是一种消极辩护权，因此赋予被追诉人反悔权体现了对被追诉人辩护权的保障。

3. 反悔权是被追诉人认罪认罚自愿性的重要保障

首先，反悔权的设立是在认罪认罚这一制度框架之下。认罪认罚制度设立的逻辑在于，我国当前司法案件数量剧增导致"案多人少"的矛盾在各地各级法院普遍存在，短期内相对有限的司法资源，远远无法应对爆发式增长的案件，尤其是在犯罪结构发生变化的背景下，通过制度设计来达到繁简分流，提高司法效率、节约司法资源的目的是刻不容缓的。而与我国"宽严相济"的刑事政策一脉相承的认罪认罚制度，从出现到不断完善正是在这样一个大背景下展开的。检察机关以较轻的量刑换取被追诉人的认罪认罚，这种在美国被称为"交易"的辩诉交易，在德国被称为"协商"的协商性司法制

---

〔1〕 郭松："被追诉人的权利处分：基础规范与制度构建"，载《法学研究》2019年第1期。

度，都是通过这样一种模式以提升司法效率的。但是，司法效率与司法公正始终具有辩证关系，任何司法制度在追求效率的同时都不能没有约束地以牺牲司法公正为代价，因此认罪认罚达到提升司法效率效果的核心便是确保被追诉人自愿认罪认罚，而任何一项完整的制度体系都需要包含救济途径。正如西方法谚所言："无救济即无权利。"认罪认罚从宽制度的基础是被追诉人拥有是否认罪以及是否反悔的自主选择权，认罪认罚自愿性是程序简化和提升效率的前提和基础，这种自愿性不得被以任何条件变相地限制或予以剥夺。认罪认罚一旦达成，倘若不能反悔、撤回，那么被追诉人在与检察机关达成认罪认罚协议时，必将有"后顾之忧"，导致具结书的签署迟缓，从而损害诉讼效率。

其次，在认罪认罚具结书达成这一签署过程中，部分被追诉人通常处于人身受限制状态，被追诉人大多是"外行人士"且没有阅卷权，检察机关可能会利用"信息不对称"强迫、欺骗、引诱犯罪嫌疑人认罪认罚风险，尤其是在我国被追诉人沉默权和讯问时的律师在场权尚未确立的司法环境下，对被追诉人自愿性保障尚不完善的大背景下，控辩双方交涉能力不平等，控诉方的地位与诉讼能力相对强势，赋予被追诉人反悔权既可以扭转被追诉人在程序中的"被动局面"，也可为精神强迫等非自愿认罪认罚行为提供一种程序回转的救济手段，因而赋予反悔权是被追诉人认罪认罚自愿性的重要保障。

4. 反悔权是防范冤假错案的要求

"实质真实观"是我国长期以来奉行的刑事诉讼理念。以提升诉讼效率为目的的认罪认罚制度，在一定程度上冲击着原本以发现真实为核心价值导向的刑事诉讼制度。在认罪认罚案件中，控辩双方实际都在做出某些妥协与让步，检察官以量刑优惠与和程序上从宽处理的利益换取被追诉人的认罪认罚，这其中对于被追诉人的吸引力是不言而喻的。经济学者对于人的特质曾归纳出两点：理性和自利。尽管人具有理性，但是人在多数时候都是目光短浅的，可能为了眼前的利益而忽视将来更大的利益。[1]而获取被追诉人认罪认罚的口供也可以让侦查机关及检察机关快速、高效地获取直接定罪的证据，但这

---

〔1〕 刘青松："解释论视角下的认罪认罚被追诉人反悔权"，载《昆明学院学报》2019年第4期。

些证据也将成为检察机关决定是否批准或决定逮捕的考虑因素之一。在这样一种对于控辩双方都存在巨大诱惑的制度下，对于案件实体来说，被拘留、逮捕的被追诉人可能会为了尽快获得取保候审以脱离羁押之状态而向公诉机关承认"子虚乌有"的罪名。[1]这些因素综合的结果就是导致冤假错案的产生。而对于案件的诉讼程序来说，认罪认罚从宽制度的适用通常意味着审判程序的简化，庭审趋于形式化，在庭审中对于被追诉人犯罪事实的审查作用较为有限，尤其是在我国被追诉人获得律师辩护的有效性整体堪忧的情况下，这种风险更加突出。被追诉人的反悔权可以保障其在作出决定之后有机会再一次进行理性选择，是防范冤假错案发生的重要屏障。

二、认罪认罚案件中被追诉人反悔的现状考察

（一）反悔案例之运行样态

案例1：被告人毛某于2015年9月在其驾驶证注销的情况下，喝酒后驾驶摩托车从C市的某工业园区行驶至该工业园区职工宿舍附近时不慎摔倒，随后被赶来的民警查获。经鉴定，毛某静脉血样中的乙醇含量为172.6mg/100ml。2017年3月，公诉机关以危险驾驶罪起诉毛某，并作出了拘役3个月~4个月的量刑建议。毛某在侦查、审查起诉阶段的讯问笔录中均承认了犯罪事实，并对检察机关的量刑建议以及适用速裁程序的建议表示无异议。在开庭审理中，毛某翻供，认为自己在酒后没有驾驶摩托车，只是推着摩托车走。鉴于被告人当庭对案件事实及罪名提出异议，该案后来转为普通程序审理。由于本案案发现场地势较偏，交警未发现有监控探头，而证人也表示并没看见毛某驾驶机动车，因此毛某的供述成了定案的关键证据。但在第二次庭审中，毛某表示对于起诉书指控的事实无异议，承认了自己酒后开车的事实。法院最终根据相关证据判决毛某犯危险驾驶罪，拘役3个月，宣告缓刑4个月。[2]

《指导意见》第1条规定："对可能判处三年有期徒刑以下刑罚的认罪认罚案件，要尽量依法从简从快从宽办理，探索相适应的处理原则和办案方式；对因民间矛盾引发的犯罪，犯罪嫌疑人、被告人自愿认罪、真诚悔罪并取得

---

[1] 韩旭："2018年刑诉法中认罪认罚从宽制度"，载《法治研究》2019年第1期。

[2] 杜以静："认罪认罚反悔的处理及救济机制研究"，西南政法大学2018年硕士学位论文。

谅解、达成和解、尚未严重影响人民群众安全感的，要积极适用认罪认罚从宽制度，特别是对其中社会危害不大的初犯、偶犯、过失犯、未成年犯，一般应当体现从宽……"这意味着官方试图以轻微刑事案件作为推广认罪认罚从宽制度的突破口。此类案件由于案情简单、定罪量刑所需要的证据较少，有时通过认罪认罚获取的口供往往会成为定罪的关键证据。在本案中，被追诉人与检察机关达成认罪认罚、签订具结书后，于庭审阶段对于案件事实以及罪名存有异议而翻供。此案给予公安司法机关的警示在于，即使被追诉人在刑事诉讼中主动认罪认罚，也丝毫不能降低证明标准。若在案件办理过程中放松证据的收集，降低证明标准，定案单纯依赖口供的获取，则很容易会因被追诉人的反悔而导致证据不足的情况出现。因此，被追诉人虽已认罪认罚，但司法机关对于案件证据收集、证明标准方面的把握仍不可松懈，应当全面收集证据，达到"确实、充分"的标准，不能依赖口供办案，否则被追诉人认罪认罚后反悔，而其他证据不足，则会影响指控的成立，有时还需要退回补充侦查。

案例 2：2019 年 3 月 20 日 9 时许，被告人吴某在使用被害人何某手机微信帮助被害人何某购买火车票的过程中，记住了被害人何某的微信支付密码，后擅自用被害人何某的微信账户给自己的微信账户转账人民币 1000 元；2019 年 3 月 20 日下午 14 时许，被告人吴某又以借用何某手机为由，再次擅自用被害人的微信账户给自己的微信账户转账人民币 1000 元。原判认为被告人吴某到案后如实供述自己的犯罪事实，承认 H 市人民检察院指控的犯罪事实，自愿认罪，愿意接受处罚，主动退缴违法所得、缴纳罚金，可以依法从宽处罚，据此法院判处以被告人吴某犯盗窃罪，判处拘役 3 个月，缓刑 6 个月，并处罚金人民币 3000 元，退缴的违法所得人民币 2000 元给被害人何某。宣判后吴某提出上诉，其理由是：其与检察机关已签订认罪认罚具结书，检察机关也向一审法院提出了对上诉人单处罚金 4000 元人民币的量刑建议，但一审法院未采纳检察机关的量刑建议，且一审判决书未载明不采纳量刑建议的原因，其认为该案不属于《刑诉法》第 201 条规定中可以不采纳量刑意见的五种情形的任何一种，请求二审法院依法改判。[1]

被追诉人在该案中是否属于"反悔"？其认罪认罚是以自愿同意检察院较

---

〔1〕　参见广安市中级人民法院［2019］川 16 刑终 164 号二审刑事裁定书。

轻的量刑建议换取的，但量刑建议并未被法院采纳，其以法院量刑过重为由上诉。在此值得探讨的是，无论以何原因上诉，是否"上诉"本身都与"认罪认罚"的字面含义相悖，或者至少说其已经偏离了认罪认罚制度的设计初衷，一个本来以认罪认罚程序应该快速审理结案的案件反而因为法院未采纳检察院的量刑建议而进入了二审程序。且在调研中，以此理由上诉的案件为数不少，并非个例。同时，面对上诉或抗诉，不同的案件也最终有着不同的结果。

案例3：2018年11月13日2时许，被告人李某在C市P区用随身携带的T型开锁工具，将被害人向某停放在楼梯单元门附近的一辆价值人民币2300元的威信小力鹰牌电动车盗走。当日，李某在将于C市J区一工地内将藏好并准备销赃的电动车骑出时被民警挡获。该案原审适用速裁程序审理，李某签署的《认罪认罚具结书》表明其已知悉认罪认罚从宽制度及其内容，对公诉机关指控其犯罪的事实、罪名、提出的判处十个月以下有期徒刑并处罚金和适用速裁程序的建议，均知悉和认可，并签名、捺印确认，且有值班律师见证；一审开庭时，亦确认李某系自愿认罪认罚、放弃申请值班律师提供帮助，对速裁程序进行了释明，并在判决宣告前听取了李某的最后陈述。一审采纳了公诉机关的量刑建议，判处李某有期徒刑10个月，且在罚金刑的规定幅度范围内判处相应的罚金。宣判后，原审被告人李某不服，提出上诉，理由是原判量刑过重、罚金过高。[1]

在本案中，李某认罪认罚且同意检察机关的量刑建议，一审法官也根据量刑建议中的刑期和罚金数额判处。宣判后被告人在没有新证据的情况下仅仅以"量刑过重"为由提起上诉，可以说是一种司法不诚信的恶意反悔行为。反悔权作为被追诉人的诉讼权利，其本身应当成为救济、防御性权利，为了防止冤假错案、程序回转而赋予被追诉人。二审法院对于这类案件的处理也不尽相同，被追诉人恶意反悔既不符合"认罪认罚"的本质，也会造成司法资源的浪费，因此有效遏制恶意反悔行为也应是完善反悔权制度的应有之义。

（二）基于S省93份二审裁判文书对于反悔理由之考察

在对反悔理由进行考察前，首先需要对2019年我国适用认罪认罚从宽制度审理案件的相关数据进行分析，对认罪认罚从宽制度的适用情况有一个初

---

〔1〕 参见成都市中级人民法院［2019］川01刑终466号二审刑事裁定书。

步了解。

表1　2019年1月至9月认罪认罚案件办理情况

	认罪认罚从宽制度平均适用率	提出确定刑量刑建议率	量刑建议法院采纳率	被告人上诉率	检察机关抗诉率
全国检察机关办理的刑事案件	40.1%	33.5%	81.6%	3.5%	0.24%

　　此份实证调研的结果清楚地显示，宣判后反悔占据了较大比重。同时考虑到数据收集问题，本书拟以宣判后反悔的案例入手，以S省作为考察样本，试图从中发现当下我国认罪认罚从宽制度中反悔权行使存在的问题，剖析被追诉人反悔之原因所在。

　　S省作为非试点地区，2019年1月至9月认罪认罚从宽案件适用率也已超过50%。为进一步了解认罪认罚案件反悔情况，笔者以"二审、中级人民法院、S省2019年1月至11月、认罪认罚"为检索词，在裁判文书网上检索出了2019年1月至11月，S省全省中级人民法院裁判文书含有"认罪认罚"关键词的203件二审案件，剔除仅在辩护词中提出的认罪认罚理由、多名被告人认罪认罚案件中非认罪认罚被告人上诉等实际上不涉及认罪认罚反悔问题的案件，共收集到有效样本92件，其中包含被告人上诉后检察机关又提起抗诉的案件。在这92件案件中，被追诉人出于不同的理由提起了上诉，而一些上诉理由相似的案件却也有着不同的处理结果。

表2　上诉的理由以及二审法院裁判结果

	认为量刑过重	对罪名存有异议	认为超出量刑建议范围	对证据存有异议	对罪名、刑期、事实均存有异议	没有正当理由	技术性上诉	具结书签署不自愿	有新的立功表现	总计(件数)
驳回上诉，维持原判	54	2	3	4	3	12	2			

续表

	认为量刑过重	对罪名存有异议	认为超出量刑建议范围	对证据存有异议	对罪名、刑期、事实均存有异议	没有正当理由	技术性上诉	具结书签署不自愿	有新的立功表现	总计（件数）
改判	4		2		1	1			1	
发回重审	1		1					1		
总计										92

在这些反悔的案例中，尽管有着不同的反悔原因，但是存在部分有着相同反悔原因而处理结果各异的案件，这固然与每件个案的案情不同有关，但从侧面也可反映出在当前司法实践中反悔后如何处理的规范较为缺乏的现状。

（三）被追诉人反悔之成因探寻

1. 认为量刑过重

在被追诉人上诉的案件中，部分是认为法院裁判量刑过重，具体包含两种情形：一种是法院虽然采纳了检察院的量刑建议，但按照量刑幅度的上限进行了裁判；第二种是未采纳检察院的量刑建议，同时作出了高于量刑建议的量刑。

对于第一种情况，在这92件适用认罪认罚程序的样本案例中，除了有3件明确以"法院未采纳量刑建议"为由上诉外，有54件案例的上诉理由都是"刑罚过重"，占样本总数的58.69%。被追诉人签署完认罪认罚具结书后为何还以量刑过重为由上诉呢？经过分析发现：由于检察院所提出的量刑建议属于幅度刑量刑建议，如果法院按照量刑建议上限判决，即使量刑是在检察院的量刑建议幅度范围内也仍会与被追诉人心理预期存在一定偏差。因为一旦存在幅度刑量刑建议，被追诉人普遍期待下限的量刑建议被法院采纳，否则，被追诉人还是会认为量刑过重。从某种程度上可以说，被追诉人之所以能够接受并签署具结书，是因为其存在渴望得到轻判的心理预期。一旦这个预期被法院打破，被追诉人便会以量刑过重为由上诉。

对于第二种情况——"法院未采纳量刑建议"，在这92件样本案例中，有5个案例，上诉人明确仅以法院未采纳检察院量刑建议为理由而上诉，占

总样本比例为 5.43% ，这 5 个案例的具体情况总结如下：[1]

表 3　以未采纳检察院量刑建议的上诉案件情况

	被追诉人罪名	量刑建议	实际判处	上诉理由	二审裁判文书中针对上诉理由之回应	二审裁判结果
1	盗窃罪	罚金4000元人民币	拘役3个月，缓刑6个月，并处罚金人民币3000元	一审法院未采纳检察机关的量刑意见，且在一审判决书中也并未载明不采纳量刑意见的原因，请求二审法院依法改判，采纳一审检察机关的量刑意见	虽上诉人在审查起诉阶段向检察机关签订了认罪认罚具结书，但其在该阶段并未主动积极退赃并缴纳罚金，而是在一审审理阶段退赃并缴纳罚金，上诉人并未有积极认罚的表现；在审判阶段一审法院结合上诉人的犯罪事实、情节、认罪、认罚、悔罪表现及社会危害程度，认为上诉人不适用检察机关提出的单处罚金4000元的量刑幅度，后遂给检察机关调整量刑建议函，但检察机关在一审庭审中仍未调整量刑建议	
2	寻衅滋事罪	裁判文书未提及	有期徒刑1年6个月	未采纳量刑建议	上诉人虽然在审查起诉阶段签署了认罪认罚具结书，但一审认定的情节与起诉指控的情节不同，因此未采纳公诉机关明确提出的量刑建议并无不当	驳回上诉，维持原判
3	危险驾驶罪	裁判文书未提及	拘役1个月，并处罚金人民币3000元	被告人不服，提出上诉	原判作出判决前既未建议检察院调整量刑建议，也未对不采纳量刑建议的原因进行释明，致使被告人的辩护权未得到充分保障，可能影响公正审判	发回重审

---

[1]　这 5 个案件分别对应的判决书为：广安市中级人民法院［2019］川 16 刑终 164 号二审刑事裁定书；自贡市中级人民法院［2019］川 03 刑终 65 号二审刑事裁定书；宜宾市中级人民法院［2019］川 15 刑终 314 号二审刑事裁定书；成都市中级人民法院［2019］川 01 刑终 594 号二审刑事裁定书；宜宾市中级人参民法院［2019］川 15 刑终 64 号二审刑事裁定书。

续表

	被追诉人罪名	量刑建议	实际判处	上诉理由	二审裁判文书中针对上诉理由之回应	二审裁判结果
4	盗窃罪	9个月至11个月,处罚金人民币2000元至4000元	有期徒刑1年1个月,并处罚金人民币4000元	未采纳量刑建议无任何理由	检察院的量刑建议无明显不当,原审法院应当采纳	
5	交通肇事罪	有期徒刑8个月,缓刑1年	有期徒刑8个月	应采纳原公诉机关的量刑建议,适用缓刑	上诉人对量刑建议无异议,原审在确认指控事实、罪名、情节的前提下,亦未提出原公诉机关的量刑建议明显不当及其理由,故原审不采纳原公诉机关的量刑建议确属不当,应采纳原公诉机关量刑建议	改判(采纳原一审检察院量刑建议)

对于以未采纳量刑建议为上诉理由的 5 个案例,案由包括了盗窃罪、寻衅滋事罪、危险驾驶罪、交通肇事罪。检察院的量刑建议集中在有期徒刑 1 年下以及缓刑和罚金。整体来看,判处刑罚较轻,被追诉人易于接受,而一审法院的裁判结果则是一些将单处罚金的刑罚,增加了拘役,或是将缓刑改为实刑。同时,一审法院对于未采纳量刑建议的原因均未进行释明,也未以量刑建议不当为由要求检察院调整量刑建议,而是自行在量刑建议之外作出了裁判,这使得裁判结果与被追诉人心理预期具有不小落差,进而提起上诉。当然,一审法院未采纳检察院量刑建议并非都没有合理理由,只是未予以说明,其中经二审法院审理,有 2 件认可了一审法院的裁判,并对未采纳量刑建议作出了解释,而剩余 3 件,二审法院则分别作出了驳回上诉和改判(采纳原审检察院量刑建议的裁判)判决。

法院未采纳检察院量刑建议导致认罪认罚案件上诉,一方面,由于我国现行司法体制下法官依然掌握认罪认罚案件的量刑权,具结书作为控辩双方达成的合意对法官而言没有绝对约束力。另一方面,一些法官在审理案件的过程中未严格遵守法律相关规定,在认为量刑建议明显不当时未及时与检察官沟通,而是直接作出较重量刑的裁判。

2. 对罪名存有异议

在 92 个案件样本中，有 2 件仅对罪名存有异议，另有 3 件是既认为量刑过重，同时又对罪名存有异议。但是有 5 件案件的裁判文书显示，被追诉人上诉理由仅提出了对于一审裁判罪名存有异议，但是并未体现检察院在量刑建议书上建议的罪名与法院裁判罪名是否一致的问题，其中只对罪名存有异议的 2 件案件中，[1]法院裁判分别以为强奸罪和贩卖毒品罪定罪，两被告人最终被分别被判处了有期徒刑 3 年 6 个月和 7 年，前者被追诉人上诉认为其不构成强奸罪，后者被追诉人认为其应当构成非法持有毒品罪，案件中被追诉人虽未直接提及量刑问题，但一旦上诉成功，原先较重的罪名变为较轻的罪名，刑期也很可能会随之降低，但 5 件案件二审法院均作出了"驳回上诉、维持原判"的裁定。仔细分析被告人对罪名提出异议的原因，无外乎两种：一种是因为认为裁判罪名说起来很不光彩，不好听；另一种可能是期待较轻罪名可以随之降低刑罚。

3. 认罪认罚不自愿

反悔权设置的核心在于保障被追诉人自愿认罪认罚，为其提供救济，防范冤假错案，而 92 件样本案件也证实了反悔权这一功能的必要性。在"刘某等拒不支付劳动报酬罪案"中，原审被告人刘某不服一审判决，以原判认定事实不清、适用法律错误、违背真实意愿签署了《认罪认罚具结书》为由，提出上诉，后二审法院经审理认定原审违反法律规定的诉讼程序，可能影响公正审判，并撤销原判，发回重审。[2]虽然我们对于该案发回重审后结果如何现在不得而知，但是又不得不反思：审前程序中认罪认罚的自愿性能得到保障吗？被追诉人不在一审庭审中提出认罪认罚不自愿的理由是什么？

4. 技术性上诉

2018 年《刑诉法》第 264 条第 2 款规定："对被判处有期徒刑的罪犯，在被交付执行刑罚前，剩余刑期在三个月以下的，由看守所代为执行……""技术性上诉"是指一些被告人由于不愿去监狱服刑，故意拖延刑罚的执行，使剩余刑期低于 3 个月，进而在看守所服刑而提起上诉的行为。在 92 件案例样

---

〔1〕 参见资阳市中级人民法院［2019］川 20 刑终 40 号二审刑事裁定书；成都市中级人民法院［2019］川 01 刑终 1107 号二审刑事裁定书。

〔2〕 参见达州市中级人民法院［2019］川 17 刑终 194 号二审刑事裁定书。

本中，有 2 件就是因此而提起上诉的。这两件案件的具体诉讼进程时间节点如下：

表 4　技术性上诉案件诉讼进程情况

技术性上诉	案由	刑期	先行羁押之日	一审裁判作出时间	二审裁判作出时间
1	容留他人吸毒罪	有期徒刑6 个月	2019 年6 月 5 日	2019 年8 月 2 日	2019 年 9 月18 日
2	容留他人吸毒罪	有期徒刑1 年 2 个月	2019 年4 月 30 日	2019 年8 月 1 日	2019 年 11月 4 日

在上述案件中，被告人上诉后检察院都提起了抗诉，随后两案件的被告人都承认自己是为了拖延刑罚执行而上诉并非不认罪认罚，最终又选择撤诉。在上述第一个案件中，检察院抗诉称：何某一、何某二在侦查、审查起诉阶段均如实供述自己的犯罪事实，对其适用认罪认罚从宽制度，签署了《认罪认罚从宽制度告知书》和《认罪认罚具结书》。在证据没有发生任何变化的情况下，二人以认罪认罚形式换取较轻刑罚，再利用"上诉不加刑"原则提出上诉，动机不纯，系认罪不认罚，已不符合认罪认罚从宽制度适用条件。应当对二上诉人加重处罚。后被告人及其辩护人在庭审中提出，被告人实际对原判定罪量刑无异议，只是因不懂法，为了拖延时间以达到留看守所服刑目的而提出上诉。[1]因此，该案件最后以二审法院准许上诉人撤回上诉、驳回抗诉、维持原判而结案。

该案被告人即使在二审中因检察院抗诉而撤回上诉，在二审裁判作出之时，其剩余刑期确实也已降至 3 个月以下，符合留所服刑的条件。面对此种"技术性上诉"，二审法院可以通过快审快结使被告人的"如意算盘"不能实现。最高人民检察院有关负责人也表示，对"技术性上诉"的案件，检察机关一般不提出抗诉。

5. 恶意反悔

据笔者统计，在 92 个案例样本中，有 12 个案件的被追诉人在没有提出正当理由的情况下提出上诉，上诉比例高达 13.04%。这说明了在完善反悔权制度时，充分保障确有需要行使反悔权的被追诉人，通过正当行使反悔权达

---

〔1〕　参见乐山市中级人民法院［2019］川 11 刑终 162 号二审刑事裁定书。

到其诉讼目，也要注意到不恪守诚信的恶意反悔者。其不仅浪费了司法资源，且其行为本身就是对于"认罪认罚"内涵的违背，因此需要设置前置程序防止被追诉人恶意反悔，同时需要通过惩罚性措施对恶意反悔者作出相应的惩戒。这 12 个案件的裁判结果不大相同，其中只有 1 个案件的检察院提起抗诉，要求不再适用认罪认罚制度，请求二审法院加重处罚，最终二审法院确实也加重了上诉人的刑期。[1]可以说，这对于被告人恶意反悔的行为具有一定惩戒效果，而其余 11 个案件，检察院没有因此而抗诉，二审法院只是驳回上诉，维持了原判。

三、被追诉人行使反悔权存在的问题

（一）行使反悔权缺乏必要的制度规制

主要表现在真正需要行使反悔权之人怕轻易反悔遭受不利审判，而恶意反悔之人却又毫无顾忌地肆意反悔，造成这两种困境的原因都在于对于反悔权行使缺乏必要的制度规则制约。

认罪认罚具结书签署后，被追诉人在庭审前、庭审中、宣判后的反悔，反悔权的如何设置既可以救济、防范冤假错案，又能最大限度地不阻碍认罪认罚制度对于诉讼效率的提升作用值得探究。然而，根据现行刑事诉讼法的规定，其显然已无法满足认罪认罚制度的实践需要。该制度设置的初衷是实现认罪与不认罪案件的分流，针对认罪案件，进一步压缩诉讼程序，彰显诉讼效率。但是如果过于强调效率，这种诉讼制度的改革有可能会对案件审判质量和错案防控机制产生负面影响，因而在制度设计与保障措施方面，应更注重保障认罪认罚的自愿性、充分性和明智性。同时，认罪认罚还涉及被追诉人认罪问题、量刑协商问题，而协商的达成本身是一种合意，应该具有法律拘束。我国的量刑协商是控辩双方就量刑问题相互博弈并达成一致意见的结果，虽然目前辩护方的协商空间不大，但如何保障裁判标准的统一并实现"同案同判"仍是需要研究的问题。

另外，认罪认罚反悔案件中一审宣判后反悔的比例也相对较高，宣判后反悔的一个重要标志即为上诉，而前述笔者对于 S 省 2019 年 1 月至 11 月 92 件认罪认罚上诉案件的上诉原因作出了分析，其中认为量刑过重和无正当理

---

〔1〕　参见成都市中级人民法院［2019］川 01 刑终 820 号二审刑事裁定书。

由上诉的分别高居第一位和第二位。在认为量刑过重的案件中，一部分是因为检察院量刑建议未做到精准化，法院采纳了量刑建议的上限，导致判决结果依然超过被追诉人预期而无法接受，另一部分在于法院未采纳检察院量刑建议；而无正当理由上诉者往往因为法律对于上诉未作一定的限制，对于无正当理由上诉者没有明确的惩戒措施，上诉最坏的结果是维持原判，其自身利益不会受到损失。但对于国家却不然，上诉本是寻求救济的一种应然途径，其不合理使用就是对于司法资源的浪费，认罪认罚制度也不能发挥应有的效果。因此，有必要对于认罪认罚案件的上诉权作出相应的规制。

（二）证据问题

1. 反悔后原有证据是否继续适用

被追诉人一旦认罪认罚，公诉机关即能获取口供和以此为线索获取的其他有罪证据在内的"认罪证据"。需要研究的是，对于被追诉人反悔后之前认罪认罚的口供是否能够继续适用的问题，我国在立法上并未明确规定。但在现实中，被追诉人反悔之前所收集的口供在此后的诉讼过程中被使用几乎不受限制。[1]之所以如此，一是我国在司法实践中还存在深厚的"口供情结"，刑事诉讼程序中各项工作的开展也多围绕口供进行，甚至形成了"口供中心主义"的诉讼证明方式；二是我国刑事诉讼的侦查中心主义结构强化了这种以获取被追诉人供述为中心的取供机制；[2]三是侦查技术的相对落后使侦查机关更加注重对被追诉人口供的获得，否则仅靠单纯侦查获取的零散的间接证据可能存在难以形成闭合证据链条的情况，最终导致难以定案。

然而，被追诉人反悔后继续使用原有口供的做法减弱了被追诉人认罪认罚的动力，且在控辩协商中的被追诉人口供可能是妥协的产物，并非"客观真实"的反映。从比较法研究来看，域外均否认被追诉人反悔后口供的证据能力，值得我国学习借鉴。此种"反悔"不同于"翻供"，因此相关的证据采信规则并无适用余地。

2. 存在降低认罪认罚案件证明标准的情况

因被追诉人反悔导致口供不能使用，其对证明标准的影响不容忽视。针

---

〔1〕 马明亮、张宏宇："认罪认罚从宽制度中被追诉人反悔问题研究"，载《中国人民公安大学学报（社会科学版）》2018 年第 4 期。

〔2〕 李艳飞："试论速裁程序中的被追诉人反悔权"，载《行政与法》2018 年第 11 期。

对认罪认罚案件证明标准的问题，当前我国学界存在不同看法，主要包括
"证明标准降低说"和"证明标准维持说"。前者认为这种降低并非抛弃发现
实体真实，也并非罔顾基本权利，仅仅是在保证公正的前提下通过差异化的
机制将证明标准的适当降低。而后者则认为，在刑事诉讼中，所有案件都
应当具有统一的证明标准，认罪认罚案件也不例外。2016 年中国政法大学
课题组就刑事速裁程序试点效果所进行的问卷调查结果显示：有 73% 的法
官、68% 的检察官和 86% 的警察都对在刑事速裁程序中降低证明标准问题持
赞同态度。[1]认罪认罚案件中被追诉人反悔后定罪证明标准降低有其合理
性：一是口供无法使用，导致定案缺乏关键证据和直接证据；二是有利于惩
治犯罪、维护社会秩序；三是可以防止被追诉人恶意反悔，从而逃避法律的
惩罚。

（三）检察机关量刑建议问题

1. 量刑建议精准度和科学性不够

关于量刑精准度问题，在认罪认罚案件中，幅度量刑建议大量存在，这
也是被追诉人在宣判后反悔的一个重要原因。如果说被追诉人认罪认罚后反
悔是由于检察机关量刑建议不精准，那么精准的量刑建议要想得以落地还同
时有赖于量刑建议的精准化，因为精准化的量刑建议若要得到落实，还需要
受到法官的认可。

第一，部分检察官对量刑建议的重视不够，没有将量刑建议当作求刑权
的重要组成部分，存在"重定罪，轻量刑"的倾向。另外，部分基层检察机
关将量刑建议的采纳与否作为考评指标，为使量刑建议更易被法官采纳，最
便捷的办法便是幅度量刑的大量适用。[2]第二，一旦被追诉人签订具结书，
庭审中量刑问题便会存在法庭调查、辩论不充分的情况。第三，量刑建议精
准、科学、规范的前提是缩减各地量刑建议方式和结果的差异化，这也是同
案得以同判的基础，但由于量刑建议重要性一度被忽视，量刑建议的提出存
在一定的恣意性，缺乏客观性和统一性。[3]因此，需要对认罪认罚案件中公
诉机关量刑建议的提出方式、决定权限（是否从宽以及从宽幅度）等问题作

---

〔1〕　陈瑞华："认罪认罚从宽制度的若干争议问题"，载《中国法学》2017 年第 1 期。

〔2〕　陈国庆："量刑建议的若干问题"，载《中国刑事法杂志》2019 年第 5 期。

〔3〕　钟政："认罪认罚案件量刑建议工作机制研究——以构建大数据量刑建议系统为视角"，载
《贵州警官职业学院学报》2018 年第 6 期。

统一规范化的要求，以此弥补检察官量刑建议经验不足的问题。第四，关于量刑建议提出后，在发生客观上的情况变化的情况下如何对于量刑建议进行合理调整也缺乏明确的规范，例如是否需要重新进行控辩协商以及是否需要重新签订认罪认罚具结书等。

2. 如何看待认罪认罚具结书书效力

被追诉人接受了检察机关提出的从宽处理建议和案件审理适用的程序，签署认罪认罚具结书，这被认为是认罪认罚制度在司法实践中适用的标志。而被追诉人之所以签署认罪认罚具结书，在很大程度上是因为其对具结书中所包含的量刑建议的认同。这实际上是在被追诉人和检察官之间达成了一个合意，与传统的私法协议有相似之处，但是与英美法系的辩诉交易制度相比较，我国认罪认罚具结书的契约性质又有强烈的职权主义色彩，具结书不能充分满足"契约自由"的要求。虽然我国立法注重对于公权力的控制与辩方权利的保障，但现实与理想状态仍有较大差距。具结书不能完全套用平等私法主体之间的合同理论来解释，因为具结书并不是一种私法上绝对平等的双方缔结的合同，而是检察官和被追诉人就诉讼事项所达成的司法合同，因此行政契约理论对于具结书的性质具有较强的解释力。对此，我们既应承认具结书是契约，需遵循契约的基本原理（如被追诉人签署具结书应基于自愿，并确保其了解案情的机会及对结果的充分认知），也要看到具结书的公法契约属性，在理解契约自由的时候，应考虑其特殊性。在考虑是否允许被追诉人反悔、能在多大程度上反悔、反悔可能带来的后果时，需要在遵循契约基本原理与尊重具结书作为公法契约的特殊性之间进行平衡。

但是，事实上，在我国的司法实践中，具结书的签署也不同于一般合同的达成即生效，从某种角度上讲，它是一种附生效条件的合同。"合同"之所以能达成的关键在于量刑，而"合同"能否生效的关键也是量刑问题——法院通过实质性审查来确认量刑建议能否被采纳，而量刑建议不被采纳还会给认罪认罚案件在程序上的推进带来一定障碍，带来的问题是部分被追诉人的反悔——宣判后因具结书中量刑建议未被采纳的上诉行为，同时检察院与法院之间对于量刑认知存在差异，使被追诉人对国家公权力机关的司法信任感降低，影响其在案件后续程序中的积极性，从长期来看，被追诉人认罪认罚的积极性会受到影响。

（四）被追诉人认罪认罚过程中权利保障问题

1. 反悔前被追诉人权利告知和辩护权保障不充分

如前文分析，在被追诉人反悔时，由于认罪认罚不自愿而导致的反悔，体现了在诉讼程序中被追诉人权利保障不充分问题。虽然《指导意见》第四章专章规定了"犯罪嫌疑人、被告人辩护权保障"问题，但是这对于切实保障被追诉人认罪认罚的自愿性、保障被追诉人的权利还是不充足、不完善，尤其是辩护权与知情权。

即便是目前运行的值班律师制度也备受诟病。主要表现为未能发挥实质性作用，"见证"化问题突出，被追诉人的法律帮助人沦为认罪认罚具结书签署的合法性"背书"。

2. 反悔后被追诉人存在"从重处罚"的风险的问题

当被告人反悔后，可以将本应适用的速裁、简易程序转为普通程序。除此之外，在实体方面，反悔人面临着"从重处罚"的风险。从检察官办案实际的视角看，被追诉人无论出于什么原因反悔，其反悔行为都会使案件发生程序倒流，在相当程度上推翻侦查机关、检察机关此前所做的各种工作。在检察官本身就面临较大工作压力的情况下，被追诉人的反悔将导致检察官前期为促成认罪认罚而付出的努力前功尽弃，接下来的证据重新收集与固定以及可能存在的证据不足问题无疑将使本应快速结案的认罪认罚案件反而耗费了更多的时间，徒增了检察官个案的工作量。这种情绪上的不满是否会转移到被追诉人身上？再从法官的视角来看，被追诉人反悔对法官的审判工作也会造成较大影响。针对反悔后的案件由之前的合议庭继续审理还是需要更换合议庭成员，目前的相关规范性文件中并无明确的规定，但若不更换合议庭成员而由之前的法官继续负责该案，其会因之前已接触过相关证据而使中立立场受到影响。

在认罪认罚从宽制度中，认罪认罚是手段，从宽是目的。既然认罪认罚一般会导致从宽处罚，那么，对认罪认罚的反悔也必然会对量刑产生影响。同时，由于司法实践中反悔大多发生在审判阶段，要么发生在受理后开庭前，要么发生在开庭后宣判前，所以应重点讨论受理后开庭前反悔后量刑建议的变化和开庭后宣判前反悔后的量刑。

第一，案件受理后开庭前反悔后量刑建议的变化。

一般来说，被追诉人在案件被法院受理后开庭前反悔，检察机关会调整量刑建议，并在此前的基础上加重。典型案例如"常某学危险驾驶案"[1]、"李某危险驾驶案"。[2]下面，笔者将简要介绍后一案，对这一期间内反悔对量刑建议的变化作一说明。

案情如下：被追诉人李某涉嫌危险驾驶罪，在审查起诉阶段认罪认罚，被检察机关以危险驾驶罪公诉至法院，量刑建议为判决拘役2个月，并处罚金3000元。法院受理案件后，被追诉人反悔，对量刑建议表示了异议。案件由速裁程序转为普通程序审理，并组成合议庭。之后，检察机关将量刑建议调整为判处拘役3个月，并处罚金5000元。而后法院支持了检察机关的全部量刑建议。

笔者认为，这种量刑建议的调整是适当的。被追诉人表示的是对量刑建议的异议，也就是对认罪认罚具结书上认罚的反悔，如果不相应调整量刑建议，将无法体现出认罪认罚从宽制度作为一个独立的量刑情节的价值。同时，又考虑到被追诉人仅是对认罚的反悔，不涉及对认罪的反悔，因此将认罪作为其他量刑情节进行考虑也体现了罪刑法定原则。

第二，开庭后宣判前反悔的量刑。

司法实践中，有些案件被追诉人的反悔发生在一审开庭后宣判前。对此情况的处理，一般的做法是，一审案件中反悔后对量刑的影响。一般而言，会在此前量刑建议的基础上予以加重。典型案例如："陈某峰、伍某、温某三人非法拘禁案""伍某容留他人吸毒案"。[3]

案情如下：被追诉人陈某峰、伍某、温某三人涉嫌非法拘禁罪，伍某涉嫌容留他人吸毒罪。因被追诉人温某自愿认罪认罚，并签署了认罪认罚具结书，检察机关所提量刑建议为有期徒刑6个月。开庭后，被追诉人温某提出在检察院签署认罪认罚具结书的事实，但请求对其适用缓刑。法院经审理认为："被告人温某在检察院审查案件时，在辩护人在场的情况下，自愿签署认罪认罚具结书后同意量刑建议，庭审中又反悔要求对其适用缓刑，本院不予支持并在量刑中予以体现。"而后法院判处被追诉人温某犯非法拘禁罪，判处有期徒刑7个月。

---

〔1〕 云南省石林彝族自治县人民法院［2019］云0126刑初262号刑事判决书。
〔2〕 云南省玉溪市红塔区人民法院［2019］云0402刑初364号刑事判决书。
〔3〕 浙江省诸暨市人民法院［2019］浙0681刑初1010号刑事判决书。

本案仍为对量刑建议的反悔，但不包括对认罪的反悔。因此，在原先量刑建议基础上再加1个月的做法较为适当。

第三，"反复认罪认罚又反复反悔"的量刑。

在反悔对量刑的影响中，比较棘手的要数"反复认罪认罚又反复反悔"的量刑。一般而言，在此情况下，法院可能会在原先量刑建议的基础上加重处罚。相关案例如："黄某健猥亵儿童案"。[1]

案情如下：被追诉人黄某健涉嫌猥亵儿童罪，自愿认罪认罚，在审查起诉阶段签署了认罪认罚具结书，检察机关的量刑建议是判处有期徒刑1年6个月至2年。一审法院改变量刑建议，判处被追诉人有期徒刑1年。而后检察机关抗诉，被追诉人上诉。上诉的理由是认为原判认定犯罪的证据不足。二审审理期间，被追诉人又申请撤回上诉，同时对认罪认罚的明智性提出了异议，认为"其签署认罪认罚具结书时没戴老花镜，看得模模糊糊的，相信办案机关签了字"。被追诉人的辩护人认为："二审庭审中上诉人对细节部分提出的辩解，不应认定为翻供，建议二审法院认定上诉人具有认罪悔罪的从轻量刑情节。"对此，二审法院认为："其不认罪、不认罚，其撤诉的请求并非其真实意思表示。"因此不予准许撤诉。同时认定："上诉人黄某健在二审庭审中无正当理由翻供，该行为系对认罪认罚的反悔，对其依法不再适用从宽处理。"最终，二审法院认定被追诉人犯猥亵儿童罪，判处有期徒刑2年。

上述案例是一个较为典型的"反复认罪认罚又反复反悔"的案例。被追诉人在审查起诉期间认罪认罚，一审宣判后又反悔，进行了上诉。二审审理期间撤诉，又重新主张适用认罪认罚。这种"反复认罪认罚又反复反悔"导致最终法院决定不再适用认罪认罚。

以上几种情况就是反悔对量刑的影响。正如前文分析的那样，除了少数恶意反悔者之外，引发被追诉人反悔的因素往往在于裁判结果与控辩双方的量刑协商结果存在一定出入，其反悔行为往往出于对其预期利益的争取和对自身权利的维护，因此被追诉人反悔后如若没有一套切实可行的救济机制，反悔权的作用将很难充分发挥。在此，考虑到反悔后对量刑的不利影响，特别是为了避免反悔后可能面临的从重的"不公正处罚"，我国可以从以下两个方面完善相应的制度。

---

[1]　安徽省安庆市人民法院［2019］皖08刑终106号刑事判决书。

其一，从长远来看，以《量刑指导意见》为基础，参考域外相关经验，制定我国的《认罪认罚量刑指南》。对于认罪认罚的被追诉人而言，最关心的问题莫过于量刑。出于保障被追诉人认罪认罚明智性的考虑，同时也为了加强控辩双方的协商能力，有必要制定我国的《认罪认罚量刑指南》。在其中明确认罪认罚达到何种程度可以从轻、减轻和免除刑事处罚。同时还要梳理认罪认罚作为一个独立量刑情节，与坦白、立功等制度的衔接。从短期来看，可以考虑针对常见罪名建立一个量刑幅度的指南。以故意杀人罪的量刑幅度为例，明确认罪认罚达到何种程度可以获得从轻、减轻和免除的从宽处理结果。

同时，在《认罪认罚量刑指南》的附件上单独规定反悔后的量刑。为了避免反悔后可能出现的从重处罚，可以考虑针对反悔单独规定行使的次数和量刑的幅度。

其二，从短期来看，首先可以通过发布司法文件或者司法解释的形式明确反悔后"从重"幅度的区间，将其作为禁止性规定，在一般情况下不得适用。其次可以考虑通过出台相关指导性案例的方式明确反悔后量刑的幅度，提高反悔后量刑的科学性。

四、关于被追诉人反悔权机制建构的设想

（一）降低被追诉人反悔率

反悔权作为保障被追诉人权利不被侵犯的最后一道防线具有重要作用，但是，在认罪认罚案件中，被追诉人一旦行使反悔权，认罪认罚从宽制度设立的节约司法资源、提升诉讼效率的初衷便将无法实现。调研数据显示："正常认罪认罚案件平均审查起诉时间是 5 天，而反悔案件则是 30 天，被追诉人认罪认罚后一旦反悔，司法进程将被严重阻滞。"[1]被追诉人认罪认罚后反悔往往是由诉讼过程对其权利保障不充分或者量刑建议与裁判结果有差异造成的，因此，降低反悔率并非提高反悔的标准与条件，而是通过提高量刑建议采纳率、强化被追诉人认罪认罚自愿性保障等举措实现。

1. 实现量刑建议精准化

量刑建议精准化可以使犯罪嫌疑人对裁结果的预期更加明确，使其更容

---

〔1〕 马明亮、张宏宇："认罪认罚从宽制度中被追诉人反悔问题研究"，载《中国人民公安大学学报（社会科学版）》2018 年第 4 期。

易与检察机关达成量刑协议，签具认罪认罚具结书，让被告人对于自己认的"罚"是什么有准确的心理预期，从而产生激励，最终提升其对于法院裁判结果的接受程度。同时，检察官在证据充分时，精准化量刑建议也可以为法官案件裁判节省了时间。《指导意见》第 33 条第 2 款也作出了"人民检察院一般应当提出确定刑量刑建议"的规定，并列举了诸如"新类型、不常见犯罪案件，量刑情节复杂的重罪案件"可提出幅度量刑建议的例外情况。但是，"应当量刑建议精准化"与"如何实现量刑建议精准化"实则是两个命题，因此有必要探究该命题应如何落实。我国目前检察机关提出精准量刑建议的比例较低主要受制于以下要素：一是长期以来"重定罪、轻量刑"的倾向根深蒂固；二是检察官专业素质有待提高；三是精准量刑缺乏相应的依据。

对此，首先，应扭转当下检察官普遍存在的"重定罪、轻量刑"的思维定式，在思想上提升检察官对量刑重要性的认识；其次，提升检察官量刑专业素养，一方面在日常加强对检察官的业务培训，定期与法院之间组织学习交流，派有丰富量刑经验的法官传授量刑专业知识，另一方面办理案件的检察官在量刑协商中就专业问题存有疑虑时应与法官进行适当沟通；最后，为检察官量刑建议精准化提供客观依据，前期可以积极促成其与法院共同研究出台量刑规则指导意见，为以后的量刑标准统一化提供尺度。从长远来看，可以运用"大数据"技术建立统一的量刑建议指导平台，数据系统需要录入法律规范数据和案件资料数据信息，前者通过整合相关法条和规范为系统最终作出量刑评估提供法律标准，而后者无疑是最为重要的，其应当包含认罪认罚制度开展试点工作以来的全部案件，便于平台挖掘数据案件的各种量刑情节和量刑建议结果的相关关系。[1]

2. 反悔后的认罪认罚案件坚持法定证明标准不降低

对于认罪认罚案件的证明标准问题，一些司法实务人员认为认罪认罚案件中尤其在法庭采纳检察官量刑建议时，庭审形式化倾向明显，一味坚持"案件事实清楚，证据确实充分"的证明标准，不符合以提升诉讼效率为改革目的的认罪认罚制度要求。还有人认为，德国在引入协商程序后放宽了证明标准，并将协商程序更多地用在一些取证困难的案件上，适当放宽的证明标

---

〔1〕　钟政："认罪认罚案件量刑建议工作机制研究——以构建大数据量刑建议系统为视角"，载《贵州警官职业技术学院学报》2018 年第 6 期。

准将会成为认罪认罚制度发展的大趋势，法院对认罪认罚案件的审查关注点只需放在控辩双方达成合意的犯罪事实是否清楚、是否有相应的证据支持上。[1]而学术界的主流意见并不赞同降低现行认罪认罚案件的证明标准，顶多可以适当简化证据规则。对于认罪认罚案件的证明标准问题，英美法系和大陆法系均强调被追诉人的认罪认罚应具备必要的事实基础，只是各国对于"事实基础"的具体审查内容以及严格程度不同。英美法系国家的法官对"事实基础"偏向形式性审查，这导致原有的"排除合理怀疑"证明标准被大幅度降低，甚至造成冤案。加利福尼亚州大学尔湾分校等三所大学联合项目组的调查显示：从1989年根据DNA证据纠正第一例冤案以来，美国有370人因作出不真实的有罪答辩而获刑，但这些案件最终幸运地得以平反。[2]而大陆法系国家在认罪认罚案件的处理上仍强调法官需依职权查明案件事实真相，包括调查与被告人有罪供述中所包含的事实和证据。[3]例如，在德国认罪协商制度下证明标准并未降低，在被追诉人作出有罪供述，只能适当简化法庭上的证据调查和言词辩论程序，并能不影响法官对事实与证据的事实审查。[4]

我国最高检副检察长孙谦在《"刑事案件认罪认罚从宽制度"试点工作这九大问题要注意》中也表明，我国《刑诉法》规定的"事实清楚、证据确实充分"这一证明标准贯穿于侦查机关侦查终结、人民检察院提起公诉、人民法院作出有罪判决的诉讼全过程。但是，"事实清楚、证据确实充分"的证明标准无法孤立实现，其严格遵守需要相应程序予以配合保障，由此，效率导向下的"程序从简"将导致认罪认罚案件法定证明标准在事实上降低。因此，对认罪认罚案件有必要适当降低证明标准。"适当降低"具体是指：一方面，降低对象不能涵盖所有的认罪认罚案件，而是仅限于那些情节轻微、可能判处刑罚较轻的案件，可以适当减少取证投入。另一方面，"适当"的限度在于不会出现因被追诉人反悔导致定罪不能，使恶意反悔者"钻空子""占便宜"的情况发生。这就需要增强认罪认罚案件中口供的证明力，"顾及现实中认罪认罚案件不可避免的有被追诉人反悔的情况，反之如果仅靠被追诉人的口供

---

〔1〕 参见山东省高级人民法院刑三庭课题组傅国庆："关于完善刑事诉讼中认罪认罚从宽制度的调研报告"，载《山东审判》2016年第3期。

〔2〕 孙长永："认罪认罚案件的证明标准"，载《法学研究》2018年第1期。

〔3〕 黄河："德国刑事诉讼中协商制度浅析"，载《环球法律评论》2010年第1期。

〔4〕 孙长永："认罪认罚案件的证明标准"，载《法学研究》2018年第1期。

定案，反悔后由于时间的推进相关证人的记忆会渐进模糊，而口供外证据的获取难度加大，况且一旦被追诉人恶意反悔，在没有其他相关证据有力支撑的条件下，可能会使有罪之人有逃脱法律制裁的可能。因此，适当降低只能发生在案件除了口供之外就有一定证据予以支持，并且检察官有充足的被追诉人有罪的"内心确认"。如果本身就证据不足或者证据存疑，应当只能通过补充侦查来完善。另外，对于被追诉人反悔后适用普通程序审理的案件应当坚持法定证明标准不降低，这是因为适用认罪认罚制度办理的案件诉讼程序已经被简化了，被追诉人无论因何种原因反悔，都需要严把证明标准关。如果被追诉人真的是出于不自愿或者有冤情也好及时查清，使反悔权真正发挥防范冤假错案的救济性作用。

3. 强化值班律师权利

降低被追诉人的反悔率还应充分保障被追诉人在认罪认罚诉讼过程中享有的各项诉讼权利，这就需要充分发挥值班律师的作用。《指导意见》第11～14条较为详细地规定了值班律师的职权，较以往的《刑诉法》和其他法条，值班律师的职权有所扩大：一是明确了法律援助机构可以在检察院派驻的问题。这是基于认罪认罚从宽制度的正式启动是在审查起诉阶段，且轻罪案件犯罪嫌疑人非羁押的比例较高、人数多，有需要值班律师提供法律帮助的需求；二是将《刑诉法》第36条规定的值班律师职权具体细化成为七项；三是明确赋予值班律师阅卷权，但与一般阅卷权不同的是，值班律师仅能"查阅案卷材料"，不能"摘抄、复制"；四是明确了值班律师可以在不同诉讼阶段为犯罪嫌疑人、被告人提供法律帮助；五是规定了犯罪嫌疑人、被告人可拒绝值班律师帮助，但是在签署具结书时，值班律师应当在场。《指导意见》对于值班律师的相关规定进行了完善，但是依然需要强化值班律师的权利，增强其作用。

第一，落实值班律师的阅卷权和会见权。从保障被追诉人认罪认罚自愿性角度来讲，值班律师的职责之一便是保障其自愿性，而自愿性须以明智性为基础，只有这样才能弥补控辩双方协商中的"信息不对称"问题，因此必须赋予值班律师充分的阅卷权，以使其了解控方手中掌握的案件证据信息，而《指导意见》规定的不许"摘抄、复制"必定会影响阅卷效果，从而影响被追诉人对案件情况的了解程度。从值班律师突破原先在认罪认罚过程中的"见证人"身份来讲，值班律师只有充分阅卷并且与被追诉人会见，才能了解案件事实情况与被追诉人的真实想法，进而在之后的控辩协商过程中提出有价值的建议，而非仅仅起到"见证"认罪认罚具结书的签署的形式性作用。为了督促值班律师积极行使阅卷权与会见权，应当明确值班律师如果径直在具结书上签字甚至事后补签，一旦出现冤假错案，值班律师应当承担部分责任。

第二，增强值班律师的协商权。当下值班律师因为种种缘由，不参与控辩协商或者参与度不够，虽然签署具结书时要求值班律师在场，但是往往只是形式上看似有人"监督""见证"这一过程的公正性，实则作用不大。因此，有必要使值班律师更深入地介入到控辩协商的过程中，这需要通过其"中间人"身份完成，架起控辩双方的桥梁。这意味着值班律师的协商可以细化为两类，即与被追诉人的和与公权力机关的。一方面，基于值班律师的职责在于维护被追诉人的诉讼权利，与被追诉人是利益共同体，被追诉人对其的信任程度要远高于公诉机关，值班律师对于案件信息的传达以及对认罪认罚制度的详细解读和对案件走势的分析，使被追诉人认罪认罚决定的作出不是盲目的、被动的，同时还能使被追诉人更加没有顾虑地与值班律师分享自己的想法、请值班律师解消疑虑。另一方面，通过与被追诉人的"通气"，值班律师作为专业法律人能更准确地传达被追诉人的想法，并理性应对检方提出的量刑方案和予以回应，改变以往控辩协商本质上倾向于"单向（控方/辩方）"的被动接受，所谓的"协商"与"合意"并不能真正反映被追诉人的意志状况，真正实现"双向"的协商与交流。这就需要值班律师不仅见证具结书的签署，还要参与前期的讯问与控辩协商。

第三，通过各种方式提升值班律师覆盖率。上述两点落实的前提是必须解决当下法律援助资源覆盖率不足的问题，由于我国不同区域的经济发展水平差异较大，一些落后地区的法律援助资源更是稀缺，值班律师不足。对此，可鼓励各地因地制宜地采取多种形式的派驻解决，如让值班律师定期值班或轮流值班，充分利用互联网，在"线上"给予帮助，探索现场值班和电话、网络值班相结合，在检察院和法院毗邻处设置联合工作站，便于省内和市内统筹调配律师资源，建立政府购买值班律师服务机制，保障法律援助值班律师工作的有序开展。

第四，认罪认罚案件实行律师强制辩护制度。值班律师的帮助不应当止步于审判阶段之前，目前我国认罪认罚案件在庭审阶段辩护率较低，一些被追诉人为了表现自己认罪认罚的诚意甚至拒绝法律援助，加之当下庭审中认罪认罚自愿性审查流于形式，认罪认罚案件依然有着一定比例的上诉率。这些都需要值班律师发挥作用，而当下值班律师的定位依然存有较大争议，对此有必要尽快赋予值班律师"准辩护人"身份，并对认罪认罚案件的被追诉人实施强制辩护，以充分保障被追诉人的诉讼权利，同时考虑到认罪认罚案件多为轻微刑事案件，大多当庭宣判，其还能在宣判后就被追诉人上诉与否进行沟通，解释其中利弊，减少被追诉人无益上诉的发生。

而上述建议在扩大值班律师权利的同时也增加了其责任。基于调动值班律师的积极性，使其有能力、有动力地参与到办理认罪认罚案件过程中的目的，应出台值班律师制度的配套机制，为值班律师切实可行地行使各项职权提供细化的法律保障，建立有序的值班律师选任、分配、轮换等用人制度。应制定值班律师的考核办法，可以将律师定级制度与值班律师相结合，将值班律师的办案数量、能力作为定级的一项内容督促其尽职尽责。应解决值班律师经费不足的问题，增加资金投入，建设值班律师的办公场所、提高办案补贴标准，使值班律师有动力去从事工作。

4. 完善认罪认罚自愿性审查机制

所谓的自愿性审查，就是法官负有审查被追诉人认罪认罚是否出于自愿自主的责任，这需要在庭审中审核具结书的内容、是否有值班律师的帮助释明以确保被追诉人对认罪认罚是明知且明智的。由于认罪认罚案件诉讼程序以及庭审程序的简化，对认罪认罚自愿性的审查替代事实性审查应成为庭审的重点，但反观当下适用认罪认罚制度的案件在庭审中的自愿性审查却十分简单且过程流于形式。尤其是在省略法庭调查和辩论的速裁程序以及对被追诉人缺乏强制性辩护的情况下，法院的自愿性审查应当担负起防止被追诉人认罪认罚不自愿、保障其明智性的最后一道防线的任务。即使在审判程序以前认罪认罚协商的达成存在种种问题，有效的自愿性审查机制也应当发挥甄别、过滤的功用，将这些违背追诉人意志的被动认罪认罚拦下来。而事实上，审判阶段的形式化自愿性审查并没有保护好被追诉人，一些法官也没有通过自愿性审查发现异样，我们有必要对此予以完善。

图 2　保障被追诉人认罪认罚自愿性结构

第一，形式性审查与实质性审查相结合。一方面，经过初步的形式性审查之后更加注重实质性审查，除了基本的询问其关于认罪认罚的基本事项是否知晓或存有异议外，还应当通过向被告人就认罪认罚后量刑以及案件审理程序上的对比与解释，进一步确保其认罪认罚的明智性，而被追诉人对于这些问题的回答以及事项听取中的神态和语气也应当被纳入法官的观察范围，并且需要结合案宗形成内心确信，在被告人面对问题回答含糊不清时甚至可以可以通过调取认罪协商全程的录像的方式进一步确认。另一方面，要求参与量刑协商的值班律师强制出庭，在庭审全过程中协助被追诉人配合法官展开自愿性审查。第二，建立统一的自愿性审查标准。规范且有效的自愿性审查需要有具有可操作性的规则与标准来约束，否则这种审查机制是否能发挥作用只能寄托于个案中法官的个人专业素养与责任感。而当下形式化的自愿性审查也是因为现有规定没有明确审查的具体步骤、方式和内容，加之量刑协商阶段尚存在一些不规范的现象，如讯问笔录中缺乏量刑协商的具体过程的记录、值班律师不在场情况下签署具结书、具结书签署中律师未标明身份等问题。这些都加剧了法官展开有效的自愿性审查的难度。下一步，我们需要继续细化自愿性审查的内容、完善自愿性审查程序，使其充分地发挥应有作用。

5. 探索被追诉人可自愿放弃上诉权

认罪认罚案件的上诉从本质上可被视为一种对于认罪认罚协商的反悔，只是时间发生于案件宣判之后，认罪认罚案件随着程序的推进，导致一些不可逆转的（诸如证据的保存、证人记忆的准确性因素）变化。同时，反观域外，各国的协商制度均对被追诉人的上诉权作出了一定的限制。英美法系严格限制了认罪的被告人就定罪问题的上诉权，但对其不服量刑的上诉权仍然给予保障；而大陆法系则通过立法或者实践对认罪协商案件中的上诉权进行了限制。具体如下：

表5　域外国家（地区）的有限上诉权

	英美法系辩诉交易制度中的有限上诉权		大陆法系认罪协商制度中的有限上诉权
英国	第一，关于定罪的上诉：无权对定罪提出上诉，但有例外情形：①被告人所作的有罪答辩"含糊不清"，指被告人在作出有罪答辩的同时又作出其他表明其没有犯罪的额外陈述；②有罪答辩是被迫的；③有罪答辩所针对的指控系已裁案件；④刑事案件审查委员会依法向刑事法院移送了的案件。第二，可就量刑提起上诉。	德国	要求充分保障协商判决被告人的上诉权，不能剥夺其救济权，但司法实践中被告人通常在协商过程中放弃上诉权，同时律师也会劝说被追诉人放弃上诉。
美国	关于定罪的上诉：原则上作出有罪答辩的被追诉人不允许就定罪提起上诉。但有三种例外情形：①有些侵犯宪法权利的行为虽然发生在有罪答辩以前，但是它直接影响到政府有无权力对被告人提出指控；②协商程序中有违反宪法权利的情形；③部分州法律明文规定允许作出有罪答辩的被告人可以在法院作出裁判后对答辩前驳回排除非法证据申请的裁定提出上诉。第二，关于量刑的上诉：大部分州允许被追诉人与检察官之间的辩诉交易中要求被追诉人放弃对量刑的上诉权。		

　　但是，也有一些学者考虑到我国先行的认罪认罚制度尚不完善，认罪认罚案件中被追诉人的诉讼权利保障尚不充分，而盲目借鉴域外一些做法。本书认为，上诉权作为一项诉讼权利当然不宜轻易剥夺，但是我们依然可以探索在《刑诉法》的框架之下，在保障被追诉人基本权利、诉讼权利的同时适当体现诉讼效率的提升，"被追诉人可自愿放弃上诉权"也要守好底线，为被追诉人提供充分的救济。

　　首先，对于自身上诉权的处分可以交由被追诉人自己决定，但必须以有效的法律帮助为前提，即需要值班律师斟酌后同意方可。上诉权可作为控辩双方谈判结果的影响因素，是否愿意放弃上诉可依其个人选择，若被告人愿意明确放弃上诉权，便可获得检察机关在追诉上的一些让步；若其不愿意放弃上诉权，便仍按照常规的认罪认罚案件进行，在案件宣判后仍可自行上诉。但需要明确两点：第一，此处所说的放弃的"上诉权"的内涵与普通上诉权应当还是有一定区别的，认罪认罚制度作为刑事诉讼程序中的一项制度，如果说提高诉讼效率是让被追诉人放弃上诉权的理由，那么其所放弃的上诉权便应当是与"认罪认罚"相关的上诉权，即围绕认罪认罚制度启动、达成认罪认罚具结书、认罪认罚制度有关程序适用等方面所作出的上诉是可以放弃的，而对于以与认罪认罚制度无关的理由提起的，符合一般案件上诉条件的还是可以提起上诉的。第二，被追诉人放弃上诉权的作出与启动认罪认罚制度一样，其在作出放弃的表达之前需要确保被追诉人对于其放弃行为作出的意义以及后果有充分认识，因此，这也需要检察官的告知说明以及值班律师的协助。其次，要保障被追诉人在放弃上诉权后同样具有反悔的权利，对于这部分内容，笔者在后文会有较详细的论述。

6. 减少技术性上诉

被追诉人之所以会技术性上诉，一方面只是单纯地想在较好的环境下服刑，另一方面也是因为缺乏法律知识，只考虑在"上诉不加刑"的零风险下拖延刑期带来的绝对利益，却不清楚无正当理由的上诉可能面临检察院的"报复性"抗诉，进而导致二审从重处罚。因此，减少被追诉人的技术性上诉可以从以下几点入手：第一，逐步缩小看守所和监狱服刑的待遇和差别。被追诉人之所以想要留所服刑往往是因为看守所与监狱的待遇不同。看守所管理较监狱而言相对宽松、劳动强度较低、食宿条件也较好，这自然会吸引一些被追诉人通过上诉获得上述"好处"。因此，看守所应更加注重对于已决犯的教育改造功能的提升，使看守所与监狱的服刑条件以及管理制度大体相当。第二，可以在诉讼程序中（尤其是裁判生效后），由法官、检察官对服刑地点问题进行释法说理，以消除、减小被追诉人对于服刑地点的忧虑，同时将值班律师的职能延伸至案件宣判之后，告知其盲目上诉可能带来的风险，劝阻无正当理由或者试图通过技术性上诉拖延刑期。第三，在必要情况下，对于所剩刑期大于3个月不满6个月者，法院和检察院可以根据被追诉人的个人意愿、个人表现以及案件具体情况，共同决定被追诉人的最终服刑场所，即赋予法检机关共同决定被追诉人的服刑地点的权利。第四，在认罪认罚具结书中写明检察机关抗诉不受"上诉不加刑"原则的限制。

（二）被追诉人行使反悔权的限度

1. 行使反悔权的事由

为防止恶意反悔浪费司法资源、损害诉讼效率，应该对行使反悔权的事由作出规定。在事由的规定上，应注意区别不同的诉讼阶段。

在人民法院审查具结书和量刑建议之前，被告人可以自由行使认罪认罚反悔权，并且不提供任何反悔缘由。首先，此时人民法院尚未完全介入认罪认罚从宽制度，被告人行使反悔权所造成的法律后果并没有对审判机关的工作造成重大影响。其次，虽然被告人与控方签署的认罪认罚协议在形式上已经成立，但未经人民法院依法审核和确认，该认罪认罚协议实质上尚处于未生效阶段。此时协议对双方当事人并没有产生绝对的拘束力，被告人也没能从未生效协议中获得量刑"优惠"。因此，此阶段被追诉人可自由地行使认罪认罚反悔权。

人民法院审查认罪认罚协议后至一审宣判之前的阶段，随着审判程序的不断深入，人民法院介入认罪认罚从宽制度的程度也越来越深，倘若此时被告人可以随意行使反悔权，使人民法院所作的有关被告人认罪认罚的工作归于无效，不仅会对审判机关的工作产生重大影响，而且会造成司法资源的极度浪费，这不利于诉讼程序的有序进行和司法资源的合理配置。因此，应当对认罪认罚反悔权进行严格限制，被告人须向人民法院提供正当、合理的反悔缘由才能够行使认罪认罚反悔权。

那么，何谓"正当、合理"的缘由？一般认为，凡是涉及被告人有效认罪的构成因素都能够作为被告人反悔的缘由。在美国，被告人认罪后可以基于以下几种理由反悔并撤回认罪答辩：①认罪是由于疏忽和无知而作出的，并且没有经过适当的考虑；②认罪是由于对事实或法律的误解；③律师、国家律师或其他权威人士存在错误陈述；④法院对其有罪产生怀疑；⑤被告人的任何辩护有值得陪审团考虑之处；⑥如果将案件提交陪审团最有利于实现司法目的。其中第1~3项属于被告人基于各种原因对于认罪理解的重大错误，如果概括为我国学界对于认罪认罚自愿性的三重含义，这三项是对于明智性的违背。而第4项其实是法院对于控辩双方达成协议的否认和拒接采纳。那么，我国应该如何界定"合理、正当"呢？借鉴美国辩诉交易制度中被告人反悔的规定：第一，认罪认罚具结书的达成违背自愿性，如受到办案机关的刑讯逼供、威胁、欺骗、引诱，迫不得已认罪认罚等，并需要提供相应的证据予以证明；第二，被告人对于认罪认罚存在重大误解，包括由公诉机关、律师未准确及时告知造成的误解；第三，出现新的事实或证据；第四，被告人的认知能力存在缺陷。

2. 反悔权行使的主体

认罪认罚反悔权的行使主体应仅限于被告人本人。有部分学者认为，为了扩宽被告人的救济途径，认罪认罚反悔权的行使主体不应该仅限于被告人本人，被告人的近亲属和辩护人也可以成为反悔权的行使主体，但其行使反悔权必须事先征得被告人的同意。[1]本书认为，这种观点是值得商榷的。一方面，若将辩护人和近亲属纳入行使反悔权的主体，实际上是扩大了主体范围，这无非是想使被追诉人不会错过任何有可能需要反悔的机会，拓宽被告人的救济途径。但是，亲属对于案情以及诉讼程序中发生的事情的了解不会比被追诉人多，如果被告人有向其亲属反映的机会，其完全可以自己提出，而辩护人在诉讼中从某种程度上而言与被告人的利益是一致的，其是为被告人的利益服务的。我国《刑诉法》第 201 条第 1 款第 3 项明确规定"被告人否认指控的犯罪事实的"，也就是说，只有被告人才能通过"否认指控的犯罪事实"来行使反悔权，与他人的意志无关。另外，辩护人提出反悔以及近亲属要最终提出反悔，还要取决于被追诉人的态度。因此，归根结底，这项权利的行使与否只能由被告人决定，其他主体的意思表示仅是一种外在行为。另一方面，认罪认罚反悔权在设立本质上是对于认罪认罚自愿性保障的延伸以及对自愿性的救济，那么被告人自愿与否的主观问题只有被追诉人本人才是最佳回答者，也只能由被追诉人予以回答。因此，被追诉人反悔权的行使主体只能是被追诉人，是否行使以被追诉人的意思为准。

3. 反悔权告知与行使的方式

反悔权的告知应当是在被追诉人与检察官进行协商并达成具结书的过程中完成的，并且需要告知其反悔的时间和事由限制，以便于其可以在了解之后根据自己真实的意思来进行程序选择，告知时应当有值班律师在场。对于反悔权的告知应当是在口头告知的同时有相应的书面告知书，书面告知书除

---

〔1〕 张全印："刑事诉讼中被告人认罪认罚撤回权的立法探究"，载《理论导刊》2017 年第 11 期。

了需要被追诉人签字外，还需要值班律师予以签字确认。在审判过程中，法官在告知被追诉人所具有的诉讼权利时，应再次向其重申其具有反悔权以及反悔权的行使条件与最终的截止时间。

对于反悔权的行使方式、形式要件问题，我国《刑诉法》并未有具体规定，因此反悔权的行使方式作为被告人反悔意愿的外在表达形式，不需要有太多限制，以便利被追诉人行使为标准设置，被追诉人既可以口头方式提出反悔，亦可以书面方式行使反悔权。如在庭审前，被追诉人可以通过书面的方式表明反悔的态度。亦可，以通过口头的方式向办案机关表明此态度。此时，办案机关应当记录在案。在庭审中，可以通过口头的方式表明指控的犯罪事实不存在，或者对量刑建议存有异议，从而行使反悔权。总之，在《刑诉法》没有规定的情况下，为了便于被告人有效地行使认罪认罚反悔权，反悔权的行使方式应该是灵活多样的。

4. 行使反悔权的时间

对于反悔权行使的时间，虽然法律未有规定，但《指导意见》第5条第1款规定，认罪认罚从宽制度贯穿刑事诉讼全过程，适用于侦查、起诉、审判各个阶段。据此，很多人认为，反悔权既然是对于认罪认罚的反悔，那么无论在任何诉讼阶段，只要是在认罪认罚之后就都相应地存在反悔权。这一观点值得商榷。在S省2019年二审的包含"认罪认罚"关键字的案件中，有2件就存在这样的情况，被告人以应适用认罪认罚从宽制度规定从轻处罚为由，请求二审法院减刑，但法院以被告人未与检察机关签署认罪认罚具结书，被告人只是单纯认罪认罚，检察机关并未启动认罪认罚程序为由，驳回了上诉人的诉讼请求。例如，M市中院作出的［2019］川07刑终87号的裁判写道："根据《中华人民共和国刑事诉讼法》中对认罪认罚从宽制度的相关规定，该程序的启动机关是人民检察院，上诉人林某及其辩护人在上诉理由和辩护意见中所引用的《中华人民共和国刑事诉讼法》第176、190、222条的法律条文中也明确规定了该制度所必经的程序及需具备的相关法律文书。经查，本案案卷材料中没有认罪认罚具结书及量刑建议书等相关法律文书，认罪认罚从宽程序并未启动。"这意味着被告人承认罪行以及犯罪事实、真诚悔罪与《刑诉法》规定认罪认罚制度是两回事，被告人认罪认罚，但检察院未启动认罪认罚程序，其并不能严格适用《刑诉法》上认罪认罚制度的相关法条，本文所论述的反悔权问题，是指具结书签署后反悔的问题，因此反悔权并不存在于侦查阶段，而是存在于签署认罪认罚具结书之后。

对于反悔权行使的截止时间，即宣判后是否可以反悔的问题，学界存在不同的观点。一种观点认为，"在法院判决生效之前，犯罪嫌疑人、被告人可以行使反悔权，撤回认罪认罚的答辩"；另一种观点主张，"原则上，被告人在法院判决生效之后申请撤销认罪认罚协议是不允许的。只有在被告人可以证明认罪认罚协议导致'明显不正义'的特殊情形下，法院才有可能准许其撤回。被告人提出撤回的方式是向人民法院或人民检察院提出申诉"，[1]等到判决生效后再提出申诉，会造成司法资源的浪费。本书更赞成后者，即使法院可以通过规范认罪认罚自愿性审查，有能力纠正所有之前程序中可能发生的错误案件，给被追诉人提供一个能够充分反悔的机会，这也只是一种应然性假设。实际上，通过完善机制保证做到不漏掉一件"问题案件"，发现每一个被迫认罪认罚的被告人是不现实的。无论再完善的制度都要考虑到突破常规的例外情况和"漏网之鱼"，因此宣判之后被追诉人应当具有反悔的权利，但是同样需要满足反悔的事由。另外，对于提出不涉及认罪认罚具结书理由的上诉，应当将其视为普通的上诉，因为其上诉并非针对认罪认罚从宽制度或者具结书的内容。

5. 防止恶意反悔

任何权利都有其行使的界限，权利的合理行使需要正当的理由。恶意反悔应当是在一审法院完全采纳检察机关的量刑建议或虽未采纳但作出更轻刑罚判决的情况下，被追诉人在没有新的事实和新的证据的情况下以量刑过重等原因为由提起上诉。一方面，由于在庭审前或庭审中恶意反悔对于被追诉人而言没有任何益处，甚至直接面临从重处罚的风险，在庭审结束前随意反悔的情况也较为少见；另一方面，认罪认罚具结书的达成是双方合意的结果，而其合意一旦达成，被追诉人作为合意一方当事人，应当被赋予不需要具体理由而撤回的权利。但是，在宣判之后，证据没有发生任何变化的情况下，没有正当理由，被追诉人又无端上诉的，检察院应该提起抗诉，被追诉人滥用认罪认罚权利换取较轻刑罚后又上诉的，完全可以认定其认罪认罚动机不纯，是否真诚认罪认罚也会被打上问号。此时，二审法院可以不再适用一审检察院量刑建议，不再从轻处罚，而是按照事实与法律直接作出相应的

---

〔1〕 孔冠颖："认罪认罚自愿性判断标准及其保障"，载《国家检察官学院学报》2017 年第 1 期。

裁判。

对于恶意反悔的规制，应当包含三个方面：正面规定反悔权的规范使用、设置上诉的前置性上诉理由审查机制和设置对于事实上的恶意上诉反悔者的惩戒。具体如下：一是设置反悔权的规范性行使规则，此举的目的在于凡是不符合反悔条件的上诉者，其行使的反悔权均不能发生其期待的效果，因此规范的设置对恶意反悔者来说已具有一定的拘束作用，可以使其不能毫无顾忌地行使；二是对于适用认罪认罚制度的上诉案件可以设置前置性的审查机制，目的在于对于那些表面上似乎满足反悔条件的被追诉人，对于其一审案件的情况和上诉理由进行进一步的深入审查，进行再次筛查，一旦发现其并非法定理由、不满足条件，将不允许其提起上诉；三是对于事实上提起上诉的恶意反悔者进行惩戒，一旦发现被追诉人的上诉是没有正当理由的，且属于单方违背具结书的不诚信行为，检察院可以启动抗诉程序，同时对上诉人不能再适用量刑折扣。

（三）对被追诉人认罪认罚反悔后的处理与救济

1. 对于被追诉人撤回认罪认罚答辩的处理

对被追诉人签署量刑具结书后至一审程序结束前要求撤回认罪认罚答辩的，此时应尊重被追诉人的自主选择权，并在认罪认罚中确立"程序回转"机制。对于被追诉人确实要求撤回认罪认罚答辩的，检察机关应当了解其反悔的原因，并且负有告知释明的义务，告知其反悔后程序的适用以及实体上的后果。若被追诉人坚持反悔，应当由检察机关将反悔的事由及反悔事实记录在案，随后通过证据展示等方式引导其正确行使反悔权，但这个过程应该有值班律师在场。撤回后，对于案件的后续审理在程序上的变更要根据被追诉人具体的反悔内容来区别对待：第一，对于"认罪"后反悔的处理（包含同时对罪名和量刑存有异议的）。对认罪的反悔是指对于罪名、犯罪的事实和证据认定等有关案件的证据和事实等案件实体问题有异议，因此应当适用普通程序，以便于在庭审中进行充分的举证、质证，进行法庭调查。此时检察官的起诉书变更可以在庭审中口头调整并记录于庭审笔录。第二，若是对于"认罚"后的反悔，法院可以建议检察院调整量刑建议，检方若不同意调整或调整后被追诉人及其辩护人仍存有异议的，则依法作出判决。但对于仅针对量刑存有异议，对于定罪有关的事实没有异议的，未必需要转换为普通程序进行审理。

被追诉人一旦对于定罪或量刑存有异议，行使了认罪认罚制度中的反悔权，那么检察院与被告人之间签署的认罪认罚具结书便归于无效，检察官需要根据案件事实与证据对案件展开重新调查。另外，对于被追诉人反悔后是否可以再次认罪认罚的问题，本书认为，对于被追诉人的反悔，在其提出撤回请求、检察机关告知释明后，应当设置一定的考虑时间，时间不宜过长（如1~2日），当然被追诉人也可以放弃考虑时间直接作出最终的撤回决定。被追诉人经考虑表示不反悔继续认罪认罚程序的，具结书效力没有改变，继续之前程序即可。但其一旦作出撤回的决定，就不宜设定再次反复认罪。认罪认罚从根本上而言就是内心上的一种悔悟，若反复认罪再撤回再认罪，其认罪认罚的动机以及内心的反复犹豫决定了对其不宜再适用认罪认罚从宽制度，反复的认罪和反悔带来的只能是诉讼资源的浪费。其与一次性的认罪认罚在量刑"从宽"幅度上如何体现区别，也是值得研究的问题。

对宣判后反悔的有正当理由的上诉人，基于认罪认罚制度对于诉讼效率追求的初衷，可以适当简化二审程序，避免由此带来的程序讼累。例如，若被追诉人有新的事实或新的证据，二审法院可以不开庭审理，但是应当提讯被追诉人，了解其提起上诉的原因，在确保诉讼效率的同时避免可能发生的认罪认罚制度的错误适用问题。若被追诉人上诉是因为一审法院未采纳其与检察机关的量刑合意，对于此种情况，二审法院应当开庭审理，着重审查一审法院未采纳量刑建议的原因，并作出相应的处理，以确保认罪认罚制度的准确适用，同时维护司法公信力。

2. 反悔后案件排除原有"认罪证据"的使用

对于认罪认罚后被追诉人反悔后的口供，域外普遍的做法是，反悔相当于谈判失败，因此认罪谈判所得的口供不得作为证据使用。在美国的辩诉交易中，若有罪答辩作出后又被撤回，那么在辩诉交易过程中作出有罪答辩的要约、有罪答辩的协议以及有关的陈述都是不被接受的。有学者甚至作出了更广泛的解释，对象不限于陈述，禁止适用的程序也不限于刑事指控，认为被追诉人在认罪后又撤销的有罪答辩中所提供的证据，在任何民事和刑事诉讼中都不得作为对其不利的证据进行适用，其在认罪过程中所作出的陈述也不得作为指控其犯罪的证据。另外，法国也有相似规定。域外的这些做法为我国对于反悔后案件中"认罪证据"的适用问题提供了思路。在制度完善时，应明确认罪认罚案件中被告人反悔撤回认罪认罚后，在撤回认罪认罚之前所收集的犯罪嫌疑人、被告人的认罪供述，不得再继续用作对其不利的指控。相反，如果对其有利，则可以继续使用。

3. 反悔后案件审理需要原有审判、检察人员回避

在被追诉人反悔的案件中，应该更换相应的司法人员。因为被追诉人一旦反悔，如果由原有检察官、法官再重新调查、审理案件会产生被追诉人认罪态度不好的偏见，并且原先控辩双方的协商结果对于他们也会产生一些影响，这些因素不利于后续诉讼程序的公正开展。因此，当被追诉人依照法律规定行使反悔权之后，原有检察官和法官应当申请自行回避，更换检察官负责案件的公诉工作。负责该反悔案件的新的检察官除非出现新的事实和理由能证明确实存在可以加重指控的情节，否则不得加重对被告人的指控。而法院也应当更换法官依法审理，此前审理案件的法官不得再作为承办人或合议庭成员。同时法院应当履行发现真实的义务，保障被告人认罪认罚的自愿性、真实性及其他合法权益。

4. 完善被追诉人放弃上诉权后的权利救济

被追诉人放弃上诉权的，其在取得幅度更大的量刑优惠的同时失去了通过上诉纠正关于认罪认罚有关错误的机会，因此也需要赋予被追诉人撤回放弃上诉的权利，即其在符合条件的情况下可以撤回放弃上诉。正如美国第八巡回法院所明确的，放弃上诉权是被告与控诉方所达成的合同协议，不应当轻易被撤销；但如果需要撤销是可被允许的，只是这种撤销的例外情形是狭隘的，不是作为一般规则的。[1]因此，可以尝试设立包含放弃上诉不自愿、有新的事实证明提出的撤回放弃上诉权的事由，并且只能在庭审开始前提出，以便被追诉人在庭审时有充足的机会阐述。而对于放弃上诉权的案件，法官亦需在庭审时对于包含自愿放弃上诉权在内的认罪认罚自愿性进行审查，以确保程序正当。从我国认罪认罚从宽制度的运行发展方向来看，对认罪认罚被告人的上诉权进行一定的限制，既是完善刑事诉讼中认罪认罚从宽制度的内在要求，也符合以审判为中心的刑事诉讼制度改革的趋势和刑事司法的规律，因此是必要的。

---

〔1〕 孙长永："比较法视野下认罪认罚案件被告人的上诉权"，载《比较法研究》2019 年第 3 期。

第十八章
认罪认罚案件审判环节实证研究 [1]

2018 年新修订的《刑诉法》确立了认罪认罚从宽制度，从刑事案件繁简分流、优化司法资源配置、提升刑事审判效能等方面构建了更加科学、完善的刑事诉讼体系。这是国家治理体系和治理能力现代化在刑事诉讼领域的体现，也是不断深化刑事诉讼制度改革，推进审判体系和审判能力现代化的重要举措。成都法院近一年多来在刑事审判中切实贯彻认罪认罚从宽制度，积极探索审判实践经验，制度落实初见成效。然而，在目前的基本制度框架下，认罪认罚从宽制度在司法实践中总体适用率偏低。本书以成都法院 2018 年至 2019 年审理的共计 3076 个适用认罪认罚从宽制度的案件为分析样本，紧扣相关法律司法解释规定，重点关注制度运行中的审判情况，以全样本实证研究法观察新制度的适用偏差，以一域窥全貌的视角为整个认罪认罚从宽制度的细化完善和有效实施提出有针对性的对策建议。

一、认罪认罚案件审判现状的基本特点描述

成都市下辖 21 个区市县，分属中心城区、近郊、远郊三个层次的经济社会发展定位，本次调查选取的案件样本覆盖了成都市所辖的全部区域，以 21 个基层法院 2018 年至 2019 年适用认罪认罚从宽制度的案件数为统计口径，以犯罪嫌疑人签署具结书为制度适用判断标准，对共计 3076 个案件展开全样本分析。同时，将其中因上诉进入二审程序的 43 个案件纳入分析范围，体现实证研究的全面性、代表性、准确性。庭审实施情况调查是本次认罪认罚从宽制度适用情况的主要调研方向，考虑到庭审是控辩双方展示证据、发表观

---

[1] 本章是在笔者具体指导下，由成都市中级人民法院研究室副主任郝廷婷博士、蒋芝玉法官、陶妍宇法官执笔完成的。

点，法官调查事实的集中场所，本书研究考察对象除庭审证据、程序、审理期限之外，还包括量刑情况、共犯情况、上诉情况、改判情况等多方面有关庭审的内容，力求调查具有全面性。

（一）从适用率看，不均衡现象较为突出

（1）总体适用率大幅低于试点期间。认罪认罚从宽制度正式实施一年来，成都市 21 个基层法院共计 3076 件案件适用该制度，所有基层法院均适用了该制度，总体适用比率为 18.78%，在 20% 以下，居于试点期间全国试点法院总体适用比率 53.68% 的一半以内，高于该制度正式运行后一年来全国基层法院 10.47% 和四川省基层法院 8.98% 近一倍。其中，辖区基层法院最高适用率为 40% 左右，分别是城区成华法院、近郊简阳法院、远郊大邑法院，相对接近试点期间全国法院总体适用比率，是全国基层法院总体适用率的 2 倍多。最低适用率仅为 1.8% 左右，不到 2%，分别是近郊温江法院、远郊金堂法院。辖区 21 家基层法院对认罪认罚从宽制度的适用率呈现出不均衡状态。

表 1　成都基层法院认罪认罚从宽制度总体适用情况统计表

序号	地区	法院	地区常住人口数	地区 GDP 总量	刑事案件总数	适用数	适用率
1	城区	高新	74.86 万	1877.8 亿元	1021 件	132 件	12.92%
2		锦江	70.83 万	1034.8 亿元	881 件	68 件	7.71%
3		青羊	84.41 万	1190.1 亿元	1317 件	77 件	5.84%
4		金牛	121.43 万	1196.9 亿元	1042 件	121 件	11.61%
5		武侯	108.7 万	1091.4 亿元	1114 件	112 件	10.05%
6		成华	95.36 万	948.9 亿元	913 件	338 件	37.02%
7	近郊	龙泉	91.42 万	1302.8 亿元	687 件	214 件	31.14%
8		青白江	41.79 万	475.1 亿元	441 件	43 件	9.75%
9		新都	90.6 万	799.2 亿元	999 件	232 件	23.22%
10		温江	52.26 万	545 亿元	707 件	14 件	1.98%
11		双流	146.5 万	829.4 亿元	1609 件	346 件	21.50%
12		郫都	85.71 万	580.2 亿元	984 件	318 件	32.31%
13		简阳	106.5 万	453.8 亿元	520 件	227 件	43.65%

序号	地区	法院	地区常住人口数	地区GDP总量	刑事案件总数	适用数	适用率
14	远郊	都江堰	69.69万	384.8亿元	713件	196件	27.48%
15		彭州	77.8万	411.6亿元	544件	118件	21.69%
16		邛崃	61.89万	298.7亿元	696件	35件	5.02%
17		崇州	66.51万	340亿元	738件	214件	28.99%
18		金堂	70.76万	424.1亿元	499件	9件	1.80%
19		新津	39万	337.4亿元	303件	69件	22.77%
20		大邑	51.11万	260.1亿元	401件	179件	44.63%
21		蒲江	25.87万	151.9亿元	244件	14件	5.73%
		合计	1633万	14934亿元	16373件	3076件	18.78%

（2）地区经济发展水平与适用率没有显著相关性。适用数量最多即300件以上的法院有2家，分别是双流法院、成华法院。适用数量最少即15件以下的法院有3家，分别是温江法院、蒲江法院、金堂法院。城区、近郊、远郊基层法院平均适用分别为14.19%、23.87%、18.66%。辖区经济较发达地区的城区法院适用率反而最低，像锦江、青羊等老中心城区法院，适用率低至8%以下，甚至仅与邛崃、蒲江等远郊法院相当。辖区近郊法院适用率最高，高于全国平均水平近1/2，适用数合计为1590件，占总数的一半。远郊法院适用率虽低于近郊法院，但高于城区法院，也略高于全国平均水平。可见，认罪认罚从宽制度的适用与地区经济发展水平、地区人口数量、法院刑事案件受案数并没有显著相关性，比如人口相对较少约50万至60万、GDP总量相对较低约250亿至350亿元、同期刑事案件总数仅200件左右的大邑、崇州地区的适用率却远高于人口100万以上、GDP总量1000亿元以上、同期刑事案件总数1000件以上的高新、武侯、金牛地区。

（3）常见多发类犯罪的适用率较高。从犯罪类型来看，同期同类适用该制度比率在8%以上的犯罪有9类，分别是危险驾驶罪、掩饰隐瞒犯罪所得罪、盗窃罪、妨害公务罪、毒品类犯罪、赌博类犯罪、非法持枪罪、故意伤害罪、非法拘禁罪，9类罪合计适用该制度2871件，占同期所有适用该制度数的93.33%，占同期9类罪总数的21.97%。从适用数量看，危险驾驶罪、盗窃罪、毒品类犯罪 3 类常见多发犯罪适用数最高，合计 2693 件，占同期所有适用该制度数的 87.55%，但仅占同期 3 类罪总数的 23.74%。从单个罪名适用率看，危险驾驶罪适用率遥遥领先，为 1808 件，占同期该罪总数的 36.54%，其余有 8 个罪在 10% 左右，有 5 个罪在 5% 左右。认罪认罚从宽制度在特定几类常见多发犯罪中应用得相对较多，在大部分罪名中适用较少。

表 2　成都基层法院适用认罪认罚从宽制度案件的罪名统计表

	1 危驾	2 掩饰	3 盗窃	4 公务	5 毒品	6 赌博	7 持枪	8 伤害	9 拘禁	合计
适用数	1808 件	18 件	635 件	38 件	250 件	33 件	19 件	61 件	9 件	2871 件
同期同类	4948 件	105 件	4051 件	302 件	2343 件	333 件	199 件	680 件	105 件	13 066 件
适用率	36.54%	17.14%	15.67%	12.58%	10.67%	9.9%	9.54%	8.97%	8.57%	21.97%

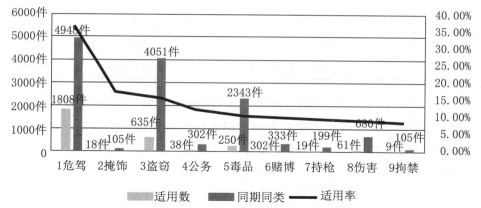

图 1　成都基层法院适用认罪认罚从宽制度案件的罪名统计图

（4）刑事简案的适用率较高。从案件的繁简难易程度看，共计 37 个（类）罪名适用认罪认罚从宽制度，多为常见简单犯罪。主要涉及我国刑法分则中的危害公共安全罪、破坏社会主义市场经济秩序罪、侵犯公民人身权利、民主权利罪、侵犯财产罪、妨害社会管理秩序罪五章的罪名，而在危害国家安全罪、危害国防利益罪、贪污贿赂等重罪中基本没有适用认罪认罚从宽制度。危险驾驶、盗窃、非法持有毒品等手段单一、被判处一罪的案件适用率较高。在 3076 件适用认罪认罚从宽制度的案件中，仅有 8 件是一被告犯数罪的案件，且各数罪也主要是盗窃罪、容留他人吸毒罪等事实情节较为简单的犯罪。

（二）从适用程序看，简案快审效果比较显著

（1）速裁程序为主，其他程序兼而有之。除速裁程序、简易程序、普通程序外，实践中还存在速裁转简易、简易转普通、速裁转普通三种转化型程序。速裁程序是制度适用中的主要程序，为2231件，占72.53%，其次是简易程序为777件，占25.26%。这两类简式审判程序合计占比高达97.98%，普通程序占比仅为1.17%，转化型程序仅有32件，程序转化率仅为1.04%，分别是速转简20件、速转普3件、简转普9件。程序简化效果基本符合制度设计的初衷。

表3　成都基层法院认罪认罚案件适用程序统计表

程序	速裁	简易	普通	速转简	简转普	速转普	合计
件数	2231件	777件	36件	20件	9件	3件	3076件
占比	72.53%	25.26%	1.17%	1.04%			100%
平均审限	6.7天	10.19天	40.65天	30.58天			8.13天

（2）各程序适用率依案件类型呈梯度性差别。在共计14类适用认罪认罚从宽制度的类型化案件中，速裁程序适用率均在80%以下。越是不常见、多发的犯罪类型，其速裁程序适用率越低，危险驾驶罪、掩饰隐瞒犯罪所得罪、盗窃罪3类罪，与妨害公务罪、毒品犯罪、非法持枪罪3类罪，与故意伤害罪、赌博类犯罪、性侵害犯罪3类罪呈70%~80%、60%~70%、50%~60%的梯度性递减，其中危险驾驶罪适用速裁程序的数量最多，为1780件，是盗窃罪的2.8倍，是毒品犯罪的7.2倍。诈骗罪、非法拘禁罪、抢夺抢劫罪、寻衅滋事罪、职务侵占罪5类既不属于简单多发案件，也不属于疑难复杂案件的一般性犯罪，速裁程序平均适用率只有37.27%，但是简易程序平均适用率却超过了50%。在普通程序中，职务侵占罪占比最高，为21.43%，与其相对，疑难复杂的程度基本匹配。在转化型程序中，危险驾驶罪数量最多，为17件，其中主要是速裁转简易或普通。

表 4 成都基层法院认罪认罚从宽制度中各类罪适用程序统计表（单位：件）

序号	罪名	合计	速裁程序	同类占比	简易程序	同类占比	普通程序	速转简	简转普	速转普
1	危驾	1808	1422	78.65%	366	20.24%	3	13	2	2
14	掩饰	18	14	77.78%	3	16，67%	1	0	0	0
2	盗窃	635	445	70.08%	172	27.09%	11	5	1	1
6	公务	38	25	65.79%	9	25.71%	2	1	1	0
11	持枪	19	13	68.42%	5	26.31%	1	0	0	0
3	毒品	250	167	66.8%	81	32.4%	1	0	1	0
5	伤害	61	35	57.38%	23	37.7%	2	0	1	0
9	赌博	33	18	54.55%	15	45.45%	0	0	0	0
8	性侵	48	24	50%	19	39.58%	2	0	3	0
4	诈骗	34	16	47.06%	17	50%	1	0	0	0
10	拘禁	9	4	44.45%	4	44.45%	1	0	0	0
7	两抢	23	9	39.13%	14	60.87%	0	0	0	0
13	滋事	35	12	34.28%	19	54.28%	3	1	0	0
12	侵占	14	3	21.43%	8	57.14%	3	0	0	0
15	其他	51	24	47.06%	22	43.14%	5	0	0	0
	合计	3076	2231	72.53%	777	25.26%	36	20	9	3

（3）审判效率明显提高，但速裁与简易的效率差不大。在 3076 件适用认罪认罚从宽制度的案件中，平均审理天数为 8.13 天，较 2019 年成都基层法院刑事案件平均审理天数快了近 20 天，审判效率提高了 70.86%。其中，适用该制度的速裁、简易、普通、转化型程序的平均审理天数分别为 6.7 天、10.19 天、40.65 天、30.58 天。速裁与简易程序的审限差仅为 3.5 天，即使是转化型程序，其审判效率也高于普通程序。在速裁程序中，审理天数最短的仅为 1 天，最长的为 36 天，超 10 天法定审限的案件有 85 件，超法定审限率为 3.81%。

表5 成都基层法院认罪认罚案件平均审理天数统计表

2019 年平均审理天数	2018 年平均审理天数	认罪认罚案件平均审理天数	认罪案件中速裁程序平均审理天数	认罪案件中简易程序平均审理天数	认罪案件中普通程序平均审理天数	认罪案件中转化型程序平均审理天数
27.90 天	27.88 天	8.13 天	6.7 天	10.19 天	40.65 天	30.58 天

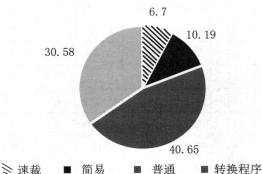

图3 成都基层法院认罪认罚案件平均审限分布图（单位：天）

（4）各基层法院对程序具有选择性偏好。第一种是基本适用速裁程序。双流、蒲江2家法院适用该制度的案件绝大部分都适用速裁程序，适用率接近100%。第二种是基本适用简易程序。龙泉、青白江、邛崃、金堂4家法院基本适用简易程序，简易程序平均适用率达90%以上。第三种是速裁为主，简易为辅。青羊、武侯、成华、新都、温江、郫都、简阳、都江堰、彭州、崇州、大邑11家法院主要适用速裁程序，速裁和简易程序的平均占比分别为82.23%、16.91%，其中有7家法院仅使用速裁和简易程序，没有使用普通程序。第四种是速裁和简易两种简式审判程序均等使用，包括高新、锦江、金牛、新津4家法院。此外，双流、简阳法院偏好使用转化型程序，在仅有的32件转化型程序案件中，两家法院合计占比超过一半，为17件。在21家基层法院中，约50%适用了普通程序，但适用普通程序的案件只有36件，普通程序适用率仅为1.17%。

（三）从庭审情况看，简化审特色突出

（1）庭审方式最简化的是多案联审。成华、新都、温江、崇州、郫都等法院对认罪认罚案件的速裁程序创新使用多案联审方式，尤其对危险驾驶罪等特定类型案件使用较多，多案联审主要有以下步骤：①公诉机关在审查起诉阶段讯问被告人时，先行就起诉犯罪的事实、罪名按照要素式进行讯问、核实；②公诉机关尽可能集中移送起诉；③开庭前法官充分庭前阅卷，通过书面审查，分析案件事实、证据、量刑建议、适用程序，确保在庭前案件各种材料具备完整性、证据具备确实充分性，并按要素式方法草拟判决书。郫都法院对被告人可能被判处非监禁刑的，要求公诉机关在庭前移送社会调查评估报告；④开庭前书记员集中批量核实被告人身份信息、前科情况、强制措施情况，并在送达起诉书时告知权利义务；⑤庭审中对多个案件的被告人统一告知诉讼权利、逐一审查认罪认罚自愿性合法性、各被告人依次最后陈述、集中宣判。"多案联审"一次开庭可同时审理多达几十个案件，较之"一案一审"，其庭审时间由平均每件 20 分钟优化到平均每件最快 5 分钟审完，庭审效率显著提高。

（2）庭审中大量省略法庭调查和法庭辩论环节。庭审笔录反映，有 90%以上的法院在速裁程序中会省略法庭调查和法庭辩论环节，保留宣读起诉书和被告人最后陈述环节。在简易程序中，40%的法院各庭审环节均未省略，其余法院或省略法庭调查或省略法庭辩论或两者都省略。

（3）大量使用简化举证方式。调研座谈反映，部分基层法院对证据收集标准问题参照要素式审判要求，将某类案件所需证据名称以清单方式予以固定，侦查、起诉、审判都严格按照证据清单审查，确保案件不因认罪认罚而降低证据标准。在庭审中，很多简单案件不再举证、质证，对需要举证的公诉人可仅就证据的名称及所证明的事项作出说明，不再详细宣读或出示证据内容。对控辩双方无异议的证据一般简要出示、概括举证。

（4）庭审的重点不在于调查犯罪事实，而是审查认罪认罚的自愿性、真实性、合法性。庭审中公诉人需要概述起诉书指控内容并简要宣读被告人签署的具结书；审判员询问被告人具结书是否是在律师的见证下由其本人签署，是否是其真实意思表示，并将公诉机关的量刑建议予以特别释明，然后核实其是否自愿认罪认罚并告知认罪认罚的法律后果。庭审的目的在于确保被告人知悉并清楚将会被判处的刑罚，确保认罪认罚是被告人真实的意思表示，最大限度地实现服判息诉。

（5）当庭宣判率基本达到 100%。样本案件中使用了速裁程序的案件当庭宣判率为 100%，符合《刑诉法》第 224 条关于"应当当庭宣判"的要求。

刑事诉讼法对简易程序当庭宣判没有要求，但在认罪认罚从宽制度适用实践中，简易程序当庭宣判率依然达到100%，普通程序当庭宣判率为77.78%。

表6　成都基层法院适用认罪认罚从宽制度中危险驾驶罪案件庭审简化情况表

庭审方式	省略法庭调查、法庭辩论	省略法庭调查	省略法庭辩论	均未省略	多案联审	其他情况
速裁程序	高新、锦江、武侯、成华、龙泉、新都、温江、双流、简阳、都江堰、彭州、崇州、新津、蒲江、郫都	成华、大邑	青羊	金牛	成华、新都、温江、崇州、郫都、大邑	
简易程序	武侯、都江堰、彭州、崇州、郫都	成华、大邑	青白江	高新、锦江、金牛、龙泉、双流、简阳、新津		金堂庭审直播
普通程序	成华			除成华外其他法院		

（四）从量刑情况来看，操作模式呈现多样化

（1）量刑建议的精准性具有本地化特色。根据检察院对主刑和附加刑的量刑建议幅度，可将量刑建议分为四个档次：主刑和附加刑均为准确数值的为精准性，如"拘役3个月，缓刑5个月，罚金2000元"；主刑为准确数值、附加刑为幅度数值或没有数值的为半精准刑，如"有期徒刑5个月，罚金"；主刑是幅度数值、附加刑也是幅度数值或没有数值的为幅度刑，如"有期徒刑6个月到8个月，罚金，适用缓刑"；主刑为幅度数值，附加刑为准确数值的为半幅度刑，如"拘役1个月到2个月，罚金4000元"。其中，精准刑和幅度刑是主要方式，数量基本均衡，分别是1389件、1170件，占比分别为45.15%、38.03%。同时，认罪认罚案件中亦有约15%的半精准刑、半幅度刑。依提起公诉的检察院不同，量刑建议的模式相对固定。纵观成都辖区21个区、市、县检察院的量刑建议，四种方式均用的占少数，仅有3家，分别是金牛、龙泉、都江堰。大部分检察院都有其相对固定的模式，其中习惯使用精准刑的占多数，有9家检察院，习惯使用幅度刑的次之，有5家检察院，

精准刑、幅度刑兼用的有 3 家检察院。此外，新都检察院是唯一一家习惯使用半精准刑的检察院。在幅度刑中，量刑建议的幅度大小不均，幅度大者如郫都，不仅跨刑种，具体幅度值也多达数个月；幅度小者如崇州市，幅度值仅为 15 天。

表 7　成都基层检察院量刑建议精准情况统计表

量刑建议	精准刑	半精准刑	幅度刑	半幅度刑	合计
件数	1389 件	434 件	1170 件	83 件	3076 件
	1823 件		1253 件		
采纳数	1265 件	341 件	1066 件	74 件	2746 件
	1606 件		1140 件		
采纳率	91.07%	78.57%	91.11%	89.16%	89.27%
	88.09%		90.98%		

表 8　成都基层检察院惯用量刑建议方式统计表

	9 家检察院		5 家检察院		3 家检察院		1 家检察院		3 家检察院
方式一惯用精准刑	高新 118 件 青羊 65 件 温江 14 件 双流 346 件 简阳 194 件 彭州 118 件 金堂 6 件 大邑 178 件 蒲江 14 件	方式二惯用幅度刑	武侯 77 件 成华 281 件 郫都 311 件 邛崃 34 件 崇州 186 件	方式三精准刑幅度刑	锦江 37 件/29 件 新津 21 件/43 件 青白江 30/11	方式四惯用半精准刑	新都 183 件	方式五几种方式均用	金牛 52/39/ 18/12 件 龙泉 25/93/ 92/4 件 都江堰 91/39/ 37/29 件

（2）大部分量刑建议未考虑被害人谅解问题。只有简阳法院的 3 件案件在量刑建议时对此予以更加从宽的幅度性考虑，比如建议判处有期徒刑 1 年至 1 年 3 个月，若取得被害人谅解则建议判处有期徒刑 10 个月。大部分案件都没有调整量刑建议，仅有简阳法院的 2 件案件进行了调整，均调重了量刑。一件是将公诉时的"拘役 2 个月，缓刑 3 年，罚金 4000 元"，以单独的量刑

建议书形式在法院审理阶段调整为"拘役 2 个月 15 日以上 3 个月以下，并处罚金。"另一件是在提起公诉前将量刑建议由"有期徒刑 3 年以上 3 年 6 个月以下"调整为"有期徒刑 4 年 6 个月以上 5 年以下"，犯罪嫌疑人先后签署了两份内容不同的认罪认罚具结书。

（3）四种刑罚兼而有之，拘役和有期徒刑为主，缓刑适用率不高，并处罚金比率较高。3076 件样本案件中共有被告人 3203 人。量刑建议中共有四种主刑刑种，分别是管制、拘役、有期徒刑、单处罚金刑，占 3203 名被告人的比例分别是 0.69%、55.88%、43.08%、0.34%，拘役和有期徒刑是认罪认罚从宽案件中主要的量刑建议刑种，其中，拘役的运用比例高于有期徒刑。缓刑适用率总体不高，为 39.71%，但速裁程序的总体缓刑适用率高于简易程序 3 倍。在附加刑中，并处罚金占比较高，为 89.92%。在样本案件中 99.64% 量刑建议的主刑刑种为一种，仅有 11 件量刑建议为两种主刑，比如建议判处"一年以下有期徒刑或拘役"。

表 9　成都基层检察院量刑建议刑种统计表

主刑刑种（3203 人）				附加刑	缓刑
管制	拘役	有期徒刑	单处罚金	并处罚金	
22 人	1790 人	1380 人	11 人	2880 人	1272 人
0.69%	55.88%	43.08%	0.34%	89.92%	39.71%

（4）刑罚幅度以低刑期、低罚金为主，速裁程序的刑期大大低于简易程序。在样本案件中，刑期最短的仅为拘役 1 个月，刑期最长的为有期徒刑 10 年。主刑为拘役和有期徒刑的量刑建议中，精准刑平均刑期分别约为 2 个月、10 个月，幅度刑平均约为 1.8 个月到 3 个月、13 个月到 16 个月。在罚金刑中，精准刑平均为 3500 元，幅度刑则为 3500 元至 6000 元。同统计口径全国基层法院认罪认罚案件的平均刑期仅为 7.19 个月，集中量刑区间为 1 个月，平均罚金为 6187 元。可见，认罪认罚案件的刑罚以低刑期为主，拘役一般在 3 个月以内，有期徒刑一般在一年半以内。此外，适用速裁程序案件的刑期大大低于简易程序。在拘役刑中，速裁程序与简易程序差别不大，平均刑期均为 2 个月左右；在有期徒刑中，速裁程序平均刑期为 7 个月，是简易程序 11 个月的 60%；在罚金刑中，速裁程序平均为 3600 元，是简易程序 7200 元的

1/2。综合计算，简易程序的刑期和罚金数额基本是速裁程序的 1.5 倍~2 倍。

表 10　成都基层检察院量刑建议幅度统计表

	拘役	有期徒刑	罚金
精准刑	60.39 天	10.59 月	3565 元
幅度刑	54 天至 95.15 天	13.34 月至 16.54 月	3492 元至 6033 元
速裁程序	58.18 天	7.17 月	3662 元
简易程序	65 天	11.82 月	7204 元
共犯速裁	82.73 天	7.75 月	3913 元
共犯简易	73.85 天	13.24 月	10 491 元

（5）量刑建议文书模式多样化。起诉书、量刑建议书、认罪认罚从宽具结书三种文书是量刑建议的载体，根据各基层法院在哪种文书里提出量刑建议、量刑建议是否包含适用程序、是否在不同的载体中重复提出量刑建议等情况，实践中，量刑建议的文书有八种模式：第一种是以郫都检察院为代表的没有单独的量刑建议书，在起诉书"本院认为"部分提出量刑建议；第二种是以都江堰检察院为代表的在起诉中一并包含量刑建议和适用程序建议；第三种是以金堂检察院为代表的有单独的量刑建议书，在起诉书中只提出追究刑事责任，不再提出量刑建议；第四种是以金牛检察院为代表的除起诉书和量刑建议书外，还有单独地适用程序建议书；第五种是以武侯检察院为代表的在起诉书中只提出刑事责任，在单独的量刑建议书中提出量刑建议，在认罪认罚具结书中载明适用程序；第六种是以高新检察院为代表的在起诉书中提出量刑建议，在量刑建议书中再重复提出量刑建议，同时在认罪认罚具结书中载明适用程序建议；第七种是以龙泉检察院为代表的在起诉书中提出量刑建议，同时在认罪认罚具结书中载明适用程序建议；第八种是以简阳检察院为代表的在起诉书中包含量刑建议，并有单独适用程序建议书。

表 11　成都 21 家基层检察院量刑建议文书模式统计表

	模式一	模式二	模式三	模式四	模式五	模式六	模式七	模式八
模式	起诉书中包含量刑建议	起诉书中包含量刑建议适用程序建议	起诉书+量刑建议书	起诉书+量刑建议书+适用程序建议书	起诉书+量刑建议书+认罪认罚具结书中的适用程序	起诉书中包含量刑建议+量刑建议书+认罪认罚具结书中的适用程序	起诉书中包含量刑建议+认罪认罚具结书中的适用程序	起诉书中包含量刑建议+适用程序建议书
单位	郫都 青白江	都江堰 锦江 成华	金堂 崇州 新津 邛崃	金牛 青羊 温江	武侯 新都	高新 大邑	龙泉 双流 彭州 蒲江	简阳
数量	2 家	3 家	4 家	3 家	2 家	2 家	4 家	1 家

（6）近 90% 的量刑建议被采纳，未采纳的以改轻为主。在 3076 件样本案件中，法院采纳量刑建议的有 2746 件，采纳率近 90%。其中，龙泉和邛崃两家检察院的量刑建议采纳率最低，只有 50% 多一点，有 4 家法院的采纳率为 70% 左右，有 6 家法院的采纳率为 100%。在未采纳量刑建议的案件中，法院在判决书中将量刑改轻的占多数，有 238 件，改重的为 92 件，改轻率超过 70%。在未采纳量刑建议的共同犯罪案件中，并非全案改轻或改重，存在少量对同案犯有的改重、有的改轻的情形，也存在少量只对其中部分被告人改轻或重的情形。就检察院量刑建议被调整的具体情形来看，大部分案件均是对主刑的刑期进行调整，但也存在少量主刑不改、只改附加刑的情形，刑期不改、只改主刑刑种的情形，主刑附加刑均不改但增加适用缓刑的情形。

表 12　成都基层法院采纳量刑建议情况统计表

	法院	采纳数	量刑建议数	采纳率
7	龙泉	109 个	214 件	50.93%
16	邛崃	20 个	35 件	57.14%
19	新津	47 个	69 件	68.11%

续表

	法院	采纳数	量刑建议数	采纳率
3	青羊	53 个	77 件	68.83%
2	锦江	48 个	68 件	70.58%
8	青白江	31 个	43 件	72.09%
18	金堂	7 个	9 件	77.78%
17	崇州	174 个	214 件	81.31%
9	新都	191 个	232 件	82.33%
1	高新	126 个	132 件	95.45%
5	武侯	99 个	112 件	88.39%
13	简阳	214 个	227 件	94.27%
11	双流	334 个	346 件	96.53%
4	金牛	118 个	121 件	97.52%
15	彭州	116 个	118 件	98.31%
6	成华	338 个	338 件	100%
10	温江	14 个	14 件	100%
12	郫都	318 个	318 件	100%
14	都江堰	196 个	196 件	100%
20	大邑	179 个	179 件	100%
21	蒲江	14 个	14 件	100%
	合计	2746 个	3076 件	89.27%

（五）从辩护情况来看，值班律师主要是形式性见证，出庭律师辩护率较低

（1）所有具结书上均有值班律师签字，大部分签字为现场见证签字。大部分被告人都会在自行委托律师或值班律师在场的情况下签署《认罪认罚具结书》。认罪认罚的具体内容主要载明三件事项：一是对犯罪行为的定性即罪名，二是量刑刑种和刑期包括主刑和附加刑，三是适用程序。值班律师签字的功能在于见证，通过亲眼所见来证明犯罪嫌疑人、被告人已经阅读了《认罪认罚具结书》及《认罪认罚从宽制度告知书》，并对签署的自愿性予以证

明，同时载明"根据本人所掌握和知晓的情况，犯罪嫌疑人、被告人系自愿签署了上述《认罪认罚具结书》"。部分值班律师在签字时只是签了自己的名字，并未明确其系辩护人或值班律师，也未明确所属的律师事务所，亦未明确签字时间。同时，存在个别值班律师的签字是事后补签的情形。调研座谈反映，邛崃法院一被告人在签署认罪认罚具结书时，虽为其真实意思表示，但无律师在场，通过事后补签的形式来补正认罪认罚具结书的效力。

（2）律师出庭辩护率较低。对于犯罪嫌疑人、被告人没有委托辩护人，法律援助机构没有指派律师为其辩护的，由值班律师为其提供法律帮助。所有认罪认罚案件均进行了开庭审理。在开庭审理的认罪认罚案件中，有辩护律师的被告人有 344 人，律师一审出庭辩护率仅为 11.18%，且主要集中在共同犯罪案件、判处一年以上有期徒刑的案件、适用普通程序的案件。上诉案件被告人的辩护率稍高，为 36%。简单案件被告人在开庭审理阶段拒绝辩护的情况较为普遍。比如，在武侯法院适用认罪认罚制度的 112 件案件中，有 42 件的被告人及其家属自行委托律师辩护，其余一半以上案件的被告人均拒绝法律帮助，拒绝律师在开庭审理中为其提供辩护服务。

（六）从共犯情况看，认罪认罚的共犯案件主要是低刑期简单案件

（1）共同犯罪案件适用认罪认罚从宽制度的比例较低。在 3076 件样本案件中，共同犯罪案件有 213 件，占比为 6.92%，涉及共同犯罪被告人 340 人，其中判处有期徒刑 286 人、占 84.11%，拘役 37 人、占 10.88%，管制 12 人、占 3.52%，另外还包括单处罚金 2 人、未认罪 3 人。可见，在目前适用认罪认罚从宽制度的案件很少涉及重罪案件的情况下，共同犯罪案件即属于适用该制度的复杂案件，主要集中在盗窃罪、容留吸毒罪、贩卖吸毒罪、组织卖淫罪、寻衅滋事罪等需要多人合作完成的犯罪行为中。

（2）适用该制度的共同犯罪案件仍然属于简单案件。在该制度整体刑种适用率拘役高于有期徒刑 12.69% 的情况下，共同犯罪案件中的有期徒刑适用率大大高于拘役，是拘役的 7 倍之多。从刑期来看，共同犯罪中的有期徒刑刑期基本与适用该制度的有期徒刑平均刑期持平；共同犯罪刑期的加重主要体现在速裁程序的拘役刑和简易程序的有期徒刑中，分别加重了约 1 个月，以及简易程序的罚金刑中，加重了约 3200 元。可见，在适用认罪认罚从宽制度的案件中，即使是共同犯罪案件，刑期和罚金仍然属于低档位刑罚幅度。

（3）部分法院将共犯中不认罪被告人进行分案处理。比如，简阳法院审

理的 4 起涉案人数众多的组织卖淫案件，将不认罪与认罪认罚同案人分案起诉，在"被告人高某等 14 人犯组织卖淫、协助组织卖淫案"中，检察院将 9 名认罪认罚并自愿签署具结书的协助组织卖淫被告人分案起诉，适用简易程序快速、高效地作出判决后，9 名被告人均服判息诉。

（七）从上诉情况看，服判息诉率较高

（1）上诉率低、撤诉率高。在 3076 件样本案件中，共有 43 件上诉案件，上诉率仅为 1.39%，低于同统计口径的全国基层法院 3.62% 的上诉率。而同统计口径不认罪认罚案件的上诉率则高达 99.37%。相较可知，认罪认罚案件的服判息诉率极高。其中，撤回上诉 22 件，撤诉率为 51.16%，基本与同统计口径全国基层法院 55.5% 的撤诉率持平；维持原判 15 件，维持率为 34.88%，低于全国 40.64% 的维持率；改判 4 件，发回重审 2 件。全国法院与成都法院的撤诉率和维持率两项相加分别为 96.14%、86.04%。可见，认罪认罚案件中，有超过 85% 的上诉案件最终结果是维持原判刑罚。

表 13　全国与成都基层法院适用认罪认罚从宽制度案件上诉抗诉情况表

	适用数	上诉数	撤诉数	维持原判数	改判数	发回重审数	抗诉数
成都基层		43 件	22 件	15 件	4 件	2 件	6 件
	3076 件	上诉率	撤诉率	维持原判率	改判率	发回重审率	抗诉率
		1.39%	51.16%	34.88%	9.3%	4.65%	13.95%
	适用数	上诉数	撤诉数	维持原判数	改判数	发回重审数	抗诉数
全国基层		2948 件	1636 件	1198 件	92 件	22 件	132 件
	81470 件	上诉率	撤诉率	维持原判率	改判率	发回重审率	抗诉率
		3.62%	55.5%	40.64%	3.12%	0.75%	0.162%

（2）上诉理由主要是量刑过重。量刑过重的具体理由主要有罚金过重、未适用缓刑、未认定自首情节、未准确认定犯罪情节严、未准确认定犯罪数额、未区分共同犯罪中的地位作用等多种情形。上诉后在二审过程中又撤诉的，上诉理由则主要是笼统地提出量刑过重，不说明具体理由；或者对原判并处的低数额罚金一般是 2000 元～4000 元，也以无经济来源为由提出罚金过重。

（3）样本地区检察院抗诉率较高。在进入二审的 43 件样本案件中，检察院抗诉 6 件，抗诉率 13.95%，大大高于同统计口径全国区市县检察院 0.162%的抗诉率。其中，被告人上诉与检察院抗诉同时提起的有 3 件。首先，"技术性上诉"引发的检察院以量刑偏轻为由的技术性抗诉，由于被告人"留所服刑"目的已经达到，在二审期间撤回上诉，二审法院对检察院的抗诉则是依法裁定驳回抗诉，维持原判。其次，影响上抗诉率的一个重要因素是对被告人是否适用了缓刑。如果认罪认罚具结书中载明适用缓刑，而法院未采纳量刑建议，被告人一般都会上诉。此时，检察院一般不同时抗诉，则二审法院一般改判增加适用缓刑，或以程序违法为由发回重审。如果认罪认罚具结书中未载明适用缓刑，法院也采纳了量刑建议，部分被告人会以未适用缓刑为由上诉，此时检察院一般会同时以被告认罪不认罚为由提起抗诉，则二审法院一般认为被告人退出了认罪认罚从宽机制，遂不受上诉不加刑的限制，进行全案审查，不再考虑因认罪认罚而产生的从宽情节，改判加重刑罚。再次，以事实不清、法律适用错误为由提起的上诉或抗诉，主要体现在共同犯罪和聚众型犯罪中被告人地位作用的区分问题、自首情节认定问题等。对于此种情形，二审法院维持原判的较多。最后，检察院仅以违法所得评价不当为由提起的抗诉，法院一般采纳抗诉意见进行部分改判，即在不改变刑期的同时，对违法所得的不当处理予以纠正。

二、认罪认罚案件审判中存在的问题

（一）总体适用率较低，与简案的可适用空间不匹配

（1）适用率有较大的提升空间。刑事简单案件主要集中在危险驾驶罪、盗窃罪、掩饰隐瞒犯罪所得罪、妨害公务罪、毒品犯罪、赌博类犯罪、非法持枪罪、故意伤害罪、非法拘禁罪等 14 类犯罪。在本研究统计数据口径内，成都这 14 类犯罪总数为 15 447 件，占同期刑事犯罪总数 16 373 件的 94.34%。在理想状态下，所有简单案件都可以适用认罪认罚从宽制度。但该制度实施一年来的数据显示：成都地区的适用率仅为 18.78%，全国基层法院适用率更低，仅为 10.56%。目前适用比例远低于制度设计预期，与试点期间平均 53.68%的适用率也相差甚远。按照目前绝大部分适用该制度的案件均为简单案件的实证研究结论，即使达不到 100%简单案件都适用的要求，按照 80%左右的简单案件适用该制度的预期，总体适用率为 75%左右具有合理性。如此计算，目前已有适用率确实较低，应还有 50%~60%的提升空间。

（2）各类型化案件适用率不均衡。2019 年 12 月，成都市检察院将认罪认罚从宽制度适用率纳入检察院目标考核中。据调研反映，为完成考核目标，成都某区检察院在 2019 年 12 月通过与公安机关协调的方式，在该月集中办理危险驾驶罪、交通肇事罪、盗窃罪等简单案件，对于案情复杂的案件，则延迟至 2020 年移送法院，按此方法，该检察院于 2019 年 12 月实现了 93.75% 的适用率。可见，高适用率目标的完成主要还是依靠危险驾驶罪、盗窃罪等几类案件，并没有达到均衡适用的状态。

（3）重罪案件较少适用认罪认罚从宽制度。2019 年 10 月，最高人民法院、最高人民检察院、公安部、国家安全部、司法部发布的《关于适用认罪认罚从宽制度的指导意见》（以下简称《指导意见》）明确所有案件均可适用认罪认罚从宽制度。从认罪认罚从宽制度的试点情况来看，大多试点法院主要针对轻罪简案予以适用，如北京、济南、青岛等地的法院认为认罪认罚从宽制度适用范围虽然不受案件难易、刑罚轻重限制，但也应有所侧重，要求着重抓好三年以下轻罪案件的试点工作，尽量将符合条件的轻罪案件纳入试点范围。成都法院作为非试点法院，从制度施行后一年的情况来看，共有 37 个罪名适用认罪认罚从宽制度，基本未涉及国家安全、贪污受贿、暴力犯罪等案件。即使有个别案件涉及重罪罪名也属于未遂犯罪，比如郫都法院适用了认罪认罚从宽制度审理的故意杀人罪案件，因犯罪形态是未遂，被害人的损害结果为轻伤，量刑依然是"三年以下刑期"。可以说，在司法实践中，重罪案件基本未被纳入适用范围。

（二）速裁与简易程序的简化梯度不明显，简案的分层效果不明显

（1）大量本应适用速裁程序的案件适用了简易程序。样本案件中可能判处有期徒刑三年以下刑罚的案件占 97.63%，这部分案件均可适用速裁程序。而样本案件速裁程序的适用率为 72.53%，其中占比最高的危险驾驶罪速裁程序的适用率也不到 80%。调研座谈反映，大量本可适用速裁程序的案件用了简易程序或普通程序，导致速裁程序与简易程序之间未体现出明显的递减梯度。有的法院对位于中间梯度的简易程序适用率远高于速裁程序，形成了速裁、普通程序两边小，简易程序中间大的模式；还有的法院甚至对包括危险驾驶罪在内的所有认罪认罚案件均不适用速裁程序，这一现实情况与审判程序分流、优化司法资源的立法目标尚有差距。

表 14 　认罪认罚从宽制度实际适用速裁程序与可能适用速裁程序对比表

类别		危驾	盗窃	毒品	合计	样本总计
实际适用速裁程序	件数	1422	445	167	2034	2231
	占比	78.65%	70.08%	66.8%	75.52%	72.52%
可能判处有期徒刑 3 年以下刑罚	件数	1793	629	235	2657	3003
	占比	99.17%	99.05%	94%	98.66%	97.63%

（2）程序转化规则缺乏明确性。法律规定，在出现不宜适用速裁程序审理的几类情形时，应当转化为由简易或者普通程序审理，但未对速裁转简易或速裁转为普通的适用条件进行区别和明确。导致基层检察院和法院对于程序的选择带有较大的主观性、习惯性和地方性，并未根据案件情况和被告人、被害人的要求进行选择，甚至会因审限需求转换程序。如某基层法院同时期有两个危险驾驶案件，在适用速裁程序过程中均出现了被告人不同意适用该程序情形，而最终的程序转换结果却并不相同。一个转为简易程序，判决拘役 2 个月并处罚金 3000 元，审理期限为 39 天；另一个则转为普通程序，判决拘役 1 个月并处罚金 3000 元，审理期限为 88 天。《指导意见》第 48 条对法律规定作出了补充，明确不构成犯罪、不应追究刑事责任、被告人违背意愿认罪认罚、被告人否认指控的犯罪事实，应当适用普通程序审理，其他不宜适用速裁程序情形的转为简易程序。虽然《指导意见》降低了程序转换情形混淆的判断困难，但对上述几种情形也只是概而言之，仅"否认指控的犯罪事实"这一项就可能出现多种情况，如否定有罪供述、认罪但否定罪名、认罪但否定具体情节、否认不影响定罪的部分事实等。是否都应统一转为普通程序审理值得进一步研究。

（三）庭审程序的具体简化规则不明确

（1）速裁程序庭审简化并未达到全流程工作量减少的效果。刑事诉讼法规定速裁程序审理案件，一般不进行法庭调查、法庭辩论，以体现从快从简。但法官出于对案件事实认定的需要，将案件审查前移至庭前阶段，庭审程序的简化并未达到案件办理全流程工作量减少的效果。部分基层法院基于上述考虑，仍然开展法庭调查及辩论，有的只省略辩论环节，还有甚者（比如龙泉法院）直接放弃适用速裁程序审理认罪认罚案件。形式上完成整个庭审流程，在某种程度上也是法官在寻求制度改革下的"安全感"。即使是成华等部分法院积极探索出的多案联审经验，由于缺乏制度和政策支持也并未在本地区得到全面推广。

（2）认罪认罚案件没有独特的证据规则可供适用。认罪认罚从宽制度在程序上从宽的重要体现之一是庭审程序从简，而庭审从简必然要求证据规则简化。在庭审调查中，出示证据、质证等方式与不适用该制度的案件均应有所区别，然而实践中却并非如此。因速裁程序的法定适用范围限定于认罪认罚案件，此问题还不算突出。一方面，对于适用简易程序、普通程序审理的认罪认罚制度案件，基层法院多是按照各自对制度的理解进行一定程度的简化，部分法院实际上与未适用制度的案件在证据规则上无明显区别，唯一的区别是简易程序审理的案件增加了对被告人认罪认罚自愿性的形式审查，而大部分适用普通程序审理的案件甚至并未核实具结书签署情况。另一方面，未认罪认罚案件的普通程序理应严格实行庭审实质化审理，贯彻直接言词原则，体现更为严格、规范的庭审调查程序。但目前我国"以审判为中心"的诉讼制度尚未完全贯彻落实，多数普通程序审理的刑事案件均未实现庭审实质化。简言之，实践中适用认罪认罚从宽制度的普通程序案件与未认罪认罚案件在证据规则适用上一致，未适用制度的普通程序案件又未实行庭审实质化，最终使得二者在庭审程序、证据规则上趋于相似，未体现出繁简分流的效果。

（3）对法定证明标准的把握存在困难。在制度试点运行过程中，认罪认罚案件的证明标准引起了较大争议。但是，2018 年修订的《刑诉法》已经对此作出了明确规定，适用认罪认罚从宽制度的案件仍然应当坚持"案件事实清楚，证据确实、充分"的严格证明标准。但在实践中，证明标准的准确把握实际上是一个极其技术化的司法适用过程，除了案件事实及证据的外在表现形式，更重要的是法官自身的心证逻辑，即法定证明标准的落实依赖于法官对"怀疑"以及"合理"的判定。一方面，立法上对适用制度的案件要求程序从简，法庭对案件事实证据的审查功能在一定程度上有所弱化，法官普遍感到基础事实审查上难免会带来证明标准的实际降低，由此对制度的适用产生困惑；另一方面，因为被告人对于基础事实的自认，在某种程度上不再需要对事实进行全面化的证明，法官在确认被告人认罪认罚自愿性的情况下，会因为被告人对事实及证据的自认而形成另一套符合逻辑体系的心证链条，从而对客观上的证明标准形成一种隐形降低，有的法官为了证明标准不降低，将法庭审判重心仍然放在犯罪事实的证明上，使得认罪认罚案件与不认罪认罚案件的庭审内容没有实质差别。

（四）认罪认罚案件的量刑缺乏规范性

（1）量刑建议精准化引发审判权让渡质疑。《指导意见》第33条第2款规定，检察院应当提出确定的量刑建议。其在实践中被称为精准量刑建议。但对于何为确定，《指导意见》第33条第1款并未给予详细说明，实践中存在多种理解：一是明确主刑刑种、附加刑刑种以及是否适用缓刑，同时明确主刑刑期、附加刑的具体内容；二是明确主刑刑种、附加刑刑种以及是否适用缓刑，无须明确具体刑期或具体内容；三是明确主刑刑种、刑期，附加刑刑种以及是否适用缓刑，可视情况决定是否建议附加刑具体内容。由此，精准刑之外还存在半精准刑、幅度刑、半幅度刑等情况。无论是样本案件还是全国各地的实践，四种量刑建议均存在。《刑诉法》第201条第1款对量刑建议的采纳作了规定，第2款则明确了量刑建议的调整，虽然是否采纳量刑建议仍需人民法院依法审理后作出裁判决定，但基本确立了"原则采纳，例外调整"的原则。各省、市人民检察院亦提出了精准量刑建议的要求。由于量刑建议是求刑权，实践中存在"确定刑期量刑基本排除了法院量刑的自由裁量空间，审判中的量刑权变成确认权，求刑权变成裁决权"的质疑，而理论界亦对量刑建议精准化及其决定性效力持有异议。在访谈中，不少法官均表示，除幅度较大的量刑建议外，虽然采纳了建议，但判决结果与其自由心证得出的结果或多或少地存在差异，法官行使裁判权的尊荣感有一定损害，还存在偏离"审判中心主义"的担忧。

（2）量刑建议幅度过大或过小均触及制度难点。第一，幅度过小的量刑建议基本等同于精准量刑。部分检察院为显示量刑建议的"求刑权"属性，虽采取幅度量刑，但幅度非常小。例如，崇州市人民检察院的量刑建议幅度以天计算，如"拘役1个月至1个月15天，缓刑2月15天，罚金3000元"，这种幅度过小的量刑建议也变相等于精准量刑建议，法官基本没有自由裁量的空间，或自由裁量的价值不大。第二，幅度过大的量刑建议难以体现制度价值。在样本案件中，幅度量刑建议的幅度大多在2个月到6个月之间，有的则超过6个月或1年，还有的会跨刑种。如郫都区人民检察院"有期徒刑2年至3年""8个月以下有期徒刑或拘役，罚金4000元至7000元"的幅度刑建议。在实践中，适用认罪认罚从宽制度的案件有期徒刑平均刑期在一年半以内的情况下，幅度过大的量刑建议基本无法发挥其价值：犯罪嫌疑人难以对可能面临的刑罚作出相对准确的预期，可能朝着有利于自己的方向理解，从而产生错误认识，这显然不符合自愿性、真实性和明智性的要求。在审判阶段，法院要重新对相关情节作实质审理后才能作出裁判，与提升司法效率、高效审结认罪认罚从宽案件的制度目的不符。

（3）精准或幅度量刑建议与采纳率并没有显著相关性。座谈情况反映，当案件事实清楚，证据确实、充分，且不具备《刑诉法》第 201 条第 1 款规定的五种禁止采纳的法定情形时，即使量刑建议与法官自由心证拟判决的量刑存在一定的出入，法官在审理阶段也会根据"一般应当采纳量刑建议"的规定，通过判决认可检察院的量刑建议，这与 90% 的高采纳率相吻合。从一般逻辑来讲，精准刑比幅度刑量刑建议的采纳率更高，然而样本案件的反映情况却是采纳率，与是精准刑还是幅度刑并无太大关系。在未采纳量刑建议的 330 件案件中，并非只是对精准刑（含半精准刑）未予采纳，其中有 1/3 的案件是幅度刑（含半幅度刑）。在 3076 件样本案件中，精准刑、半精准刑、幅度刑、半幅度刑的采纳率分别是 91.07%、78.57%、91.11%、89.16%。可见，半精准刑的采纳率最低，不到 80%，其余三种量刑建议的采纳率差别不大，均为 90% 左右。如果分精准与幅度两大类来看，则精准刑与幅度刑的采纳率相差不到 3%，幅度刑的采纳率并不比精准刑高多少。

（4）量刑建议对被害人意见考虑不足。调研座谈反映，被害人及其家属关于量刑的意见对制度的顺畅运行具有重要影响。《指导意见》对听取被害人意见作出明确规定，但实践中被害人很难在认罪认罚从宽制度中起实质作用，导致被害人因不满量刑建议和判决结果而通过信访、媒体炒作等方式表达不满。在青白江区人民检察院办理的一起认罪认罚从宽案件中，犯罪嫌疑人认罪认罚并签署具结书，法院根据检察院提出的量刑建议依法判决后，为平息被害人认为量刑畸轻的不满情绪、增强被害人对认罪认罚从宽制度的接受度，专门召开了公开听证会，向被害人阐明制度适用的法律依据，并有针对性地评议了案件的事实、证据、程序以及法律适用等问题。可见，如果量刑建议不充分考虑被害人的意见，便不能充分反映被害人对刑事诉讼的期待和请求，那么一旦裁判结果作出，法院将耗费大量精力平复被害人情绪。

（五）认罪认罚的自愿性、明智性保障不充分

（1）自愿性审查流于形式，明智性审查亦不充分。《刑诉法》第 190 条第 2 款规定被告人认罪认罚的案件，应当"审查认罪认罚的自愿性和认罪认罚具结书内容的真实性、合法性"，《指导意见》对此予以进一步明确。认罪认罚自愿性的保障是认罪认罚从宽制度的程序正当性基础，对确保案件公正处理具有重要意义。样本案件庭审笔录反映，庭审自愿性审查环节极为简单，审查内容所占篇幅较少，多则三言两语，少则一问一答。其中，简易程序、普通程序基本未体现认罪认罚自愿性以及具结书签署情况的审查，部分进行了审查的简易程序案件庭审过程与速裁程序几乎没有区别。相比之下，速裁程序对于自愿性审查的内容反而较多，这与其庭审程序简化，事实审查功能弱化，被告人认罪认罚自愿性审查即为庭审重点的庭审方式有关。大部分法院的审查过程主要由两句话构成："被告人对起诉书指控的事实及罪名是否清楚，有无异议？""认罪认罚具结书及证据清单是否为本人自愿签署？"审查相对更为充分的法院会增加"相应法律后果是否清楚？""签署时有没有值班律师在场？"两个问题。被告人一般只回答"是""没有异议"。整个审查过程基本流于形式。

更为重要的是，认罪认罚自愿性审查包括自愿性、明知性以及明智性的判断。即使大部分被告人对自己签署具结书的行为具备明知性，从而推断其具有自愿性，然而对于被告人是否充分认识认罪认罚的性质和法律后果（即是否具有明智性）则难以通过形式审查方式予以查明。当然，也有个别基层法院积极探索创新，通过对被告人进行量刑上的对比和解释，在一定程度上确保了被告人认罪认罚的明智性，但暂未得到普遍推广。总而言之，仍有一些法院在自愿性和明智性审查上不充分。

（2）律师的参与程度有限，未能提供有效的法律帮助。犯罪嫌疑人、被告人获得有效的法律帮助是制度正确实施和程序正当性的必要前提。但在实践中，被告人并未获得有效的法律帮助。一方面，适用认罪认罚从宽制度的案件辩护率极低，尤其是轻微罪案件，几乎很少有律师参与到案件庭审中，控辩失衡致使包括明智性在内的自愿性难以得到保障。另一方面，值班律师制度的作用极其有限。实践中，值班律师不能阅卷、不能会见甚至难以与被告人进行沟通，其参与案件的广度和深度有限，且许多值班律师都由没有刑事辩护经验的初任律师担任，对于刑事案件无法提供实质性的法律意见，仅

仅充当"哑巴"见证的角色。在个别稍偏远的地区，律师资源有限甚至无法保障值班律师的见证，从而影响了制度的适用率。而当被告人所获得的法律帮助有限时，其认罪认罚自愿性（尤其是明智性）将难以得到保证，会给整个制度的正当性带来冲击，这也是制度适用受阻的一个重要方面。

（六）"技术性上诉""技术性抗诉"问题比较突出

我国《刑诉法》第227条赋予了被告人只要不服即可提起上诉的权利，以"认罪"为前提，并通过检察院与犯罪嫌疑人或被告人协商促成"认罚"，被告人认罪认罚系其自愿，理论上讲不应再主动提起上诉。然而，在实践中仍然有不少被告人以"量刑过重"为由上诉。

（1）以"留所服刑"为真实目的的"技术性上诉"居多。《刑诉法》第264条规定，判决时被告人剩余刑期在3个月以下的，由看守所代为执行。因认罪认罚从宽制度主要被适用于简单案件，判决刑期本身不长，部分被告人为规避监狱服刑，在一审判决后故意上诉拖延诉讼时间，使二审判决作出时剩余刑期在3个月以内，或在上诉后剩余刑期低于3个月时撤回上诉。因此，不管是全国法院还是作为样本地区的成都法院，被告人撤回上诉率都很高，达到50%以上。这种"上诉"并非基于对判决结果不服，而是被告人另有目的的应对技巧，在实践中被称为"技术性上诉"，此类被告人在二审程序中往往仍会表示认罪认罚。

（2）"技术性上诉"引发检察院"技术性抗诉"。刑事诉讼中被告人享有法定上诉权，且根据刑事诉讼"上诉不加刑"原则，适用认罪认罚从宽制度的案件即使上诉也不得增加被告人刑罚，被告人以量刑过重为由的上诉行为从表面上看否认了其与检察院达成的合意，且检察院从宽的量刑建议不再具有适用条件。为了纠正错误，检察院往往会通过抗诉为二审法院避开"上诉不加刑"的限制。如果被告人不提起"技术性上诉"，检察院一般也不会提起"技术性抗诉"。样本中共3件被告人上诉与检察院抗诉司时提起的案件，均为"技术性上诉"和"技术性抗诉"。这一问题反映了部分被告人在享受了该制度带来的量刑从宽、程序从简的利益后，利用法律规定进一步谋求其他利益，导致司法资源被不当耗用。

（七）相关法律文书缺乏简化的规范性

（1）量刑建议方式缺乏统一规范性。仅在成都21家区县检察院中，量刑建议方式就有八种之多。检察院提出量刑建议至少需要三个要素：一是对犯罪行为定性（即确定罪名）的文书，通常为起诉书；二是在确定罪名下的量刑情节说明，通常为量刑建议书；三是对案件适用程序的建议。这三个要素也是检察院与被告人就"认罪认罚""从宽"协商一致需要明确的要素，因此检察院在制作具结书、量刑建议时，在无规范性文件要求的情况下易出现一定程度的混乱，即起诉书、量刑建议书、适用程序建议书无序合并，而各个检察院制作的具结书中包含前述三个要素的情况也不尽相同。大部分具结书均包含犯罪嫌疑人信息、认罪认罚从宽制度相关权利告知、认罪认罚内容（如罪名、刑期）犯罪嫌疑人自愿签署的声明以及值班律师声明。存在差异化的地方主要在于是否就案件适用程序与被告人达成一致，以及在值班律师声明处签字的律师身份究竟是"辩护人"还是"值班律师"等。

（2）裁判文书缺乏统一规范性。虽然有裁判文书可以简化的相关规定，但几乎所有的法院都未根据案件适用程序区分裁判文书格式，总体可分为两种模式：刑事案件一般文书和刑事案件要素式文书。在采用一般文书的法院中，部分法院在检察院指控事实中同时列明量刑建议，并通过独立的段落简要介绍被告人的认罪认罚情况，如双流法院。也存在部分法院在裁判文书中既无被告人认罪认罚情况介绍，也无检察院量刑建议，单从裁判文书根本无法体现案件适用了认罪认罚从宽制度，如都江堰法院。在采用要素式文书的法院中，大部分包括被告人的基本情况，公诉机关的指控意见（犯罪事实）、判决理由、法律依据、判决结果、权利告知等基本要素，但对于公诉机关基本情况（如公诉机关、公诉人和起诉书文号等内容），载入判决书的情况不一致，同时部分法院还专门设置了被告人辩解意见、辩护人意见以及被告人认罪认罚情况等要素以保障认罪认罚从宽制度在文书中的全面展示。此外，还有的法院同时适用一般文书、要素式文书两种模式，且因法官不同，裁判文书所包含的内容不尽相同。

（3）文书简化的方式缺乏统一规范性。认罪认罚案件的文书种类实际上比不认罪认罚的案件更多，在侦查、审查起诉和审理环节中都涉及不同种类文书。《指导意见》在速裁案件审理程序、简易程序、普通程序相关规定中明确适用速裁、简易程序的案件"裁判文书可以简化"，适用普通程序的案件"裁判文书可以适当简化"，而针对"简化"与"适当简化"的差别、具体简化的方式和简化的程度等仍未出台规范性文件或指导意见，实践中，检察院和法院大多作自主探索，缺乏规范性、统一性。

（4）案件系统与文书生成不匹配。据受访检察官反映，在审查起诉阶段，办案系统中目前未添加建议适用速裁程序文书样本，也无相应文号，检察官多通过修改"适用简易程序建议书"标题的形式制作相关文书，而文号则只能根据各检察院规定自行编号。进入审理阶段后，若因案件情况发生变化，量刑建议和适用程序建议需要修改，此时也无统一的更改文书格式，检察官只能根据自身工作习惯制作相应文书或直接在庭审过程中口头向被告人、法官告知。据受访法官反映，在审理认罪认罚案件的过程中，在检察院提出的量刑建议畸高或畸低时，目前没有关于"修改量刑建议提示书"等文书格式，部分法官通过口头沟通或庭审中提示的方式提示，有的法官通过法院公函的方式与检察院协商，还有部分法官表示，因缺乏沟通渠道于是省略沟通环节，在裁判文书中不采纳检察院量刑建议而自行判决。

三、认罪认罚案件审判中存在问题的原因分析

（一）司法机关对制度价值认识不充分

（1）制度价值认识不到位。关于制度的价值定位，理论界和实务界不乏各种解读和界定，多数学者认为制度的设立是为了提高司法效率，缓解"案多人少"矛盾。但也有学者对此提出疑问，认为制度更重要的考虑是要实体性地给予被告人优待，使案件处理结果获得被告人的实际认同，从而达到通过司法程序平复社会矛盾的效果。事实上，最高人民法院周强院长在代表两高向全国人大常委会就开展认罪认罚从宽制度试点作说明时，对此问题已经作出解答。他指出，实施认罪认罚从宽制度首要目的是"及时有效惩治犯罪、维护社会和谐稳定"。可见，该项制度寻求从"对抗性司法"到"协商性司法"的转变，促使被追诉人认罪认罚，以谋求国家对其适度从宽处理，以及被害人的谅解，从而实现惩治犯罪目的，同时有利于社会和谐稳定。程序的价值并非简单的程序简化。然而，在实践应用中，无论是侦查机关、公诉机关还是审判机关，均将制度价值局限于司法效率提升，未认识到该制度对诉讼结构、刑事诉讼目的、程序价值的重要意义，未充分重视认罪认罚从宽制度促使控辩由对抗走向协商的意义。从调研中反馈的意见来看，制度运用过程中一些司法机关过于看重制度的效率价值，当效率提升作用不显著时便消极怠用，致使适用率低于预期。

（2）适用动力不足。检察院作为控诉方所承担的证明责任，并不因犯罪

嫌疑人认罪认罚后发生转移，相应的证明标准也不会因协商而降低。在此种情况下，犯罪嫌疑人认罪认罚虽然减少了对抗性，但公诉机并未减少审查起诉的工作量，还要花大量时间与犯罪嫌疑人、被害人进行沟通，明显增加了检察院的工作量，导致其适用动力不足。从基层检察院反馈的意见看，与办理未适用认罪认罚从宽制度的案件相比，公诉机关对简单案件约需增加30%工作量，对复杂案件、多被告或多受害人的案件则至少要增加50%甚至翻倍的工作量。因此，检察院适用认罪认罚从宽制度的主动性、积极性普遍不强。就法院层面而言，目前刑事审判工作绩效考核并未将认罪认罚从宽制度的适用情况纳入考核项目，未体现出对制度适用的重视，从而影响了适用率。为稳妥起见，部分地区检察院、法院对适用案件范围控制过严，仅适用于危险驾驶罪等犯罪行为单一、犯罪情节简单的案件，造成了各类犯罪案件在适用比例上的不均衡性。

（3）各主体之间协同性不足。认罪认罚从宽制度是一项系统性改革，并非是凭检察院或法院一家之力可完成之事。制度的参与主体包括法官、检察官、侦查人员、被告人、被害人、看守所、律师等多个方面，可以说是刑事领域中参与主体最广泛的一项制度。因此，制度的顺畅运行依赖于侦查、检察、审判机关以及辩护律师和看守所等各个司法机关的协同推进、共同发力。结合样本分析和走访座谈笔者发现，若某一地区公、检、法对制度适用达成共识，就制度具体实施细则进行会商形成统一意见，则该地区的制度适用率便会相对较高，反之，适用率则较低。从目前的整体实践情况来看，各主体在制度适用上的协同性仍具有较大的提升空间。此外，据座谈反馈的意见，看守所关于会见或提讯在押犯人的程序繁琐，律师基于经费保障不足、协商空间较小等原因参与积极性不高，侦查机关不愿意减少适用或变更羁押措施，诸如此类原因都限制了各主体的相互协作，增加了在司法实践中适用认罪认罚从宽制度的难度。

（二）简式审判程序分流功能不足

（1）速裁程序与简易程序的差别不明显。其一，速裁程序与简易程序没有实质区别。就适用范围而言，两者相互交叉且有所重合，都包含了"基层法院管辖的可能判处三年有期徒刑以下刑罚的案件"；在证明标准上，两者均为"案件事实清楚、证据充分"；在适用条件上，都要求被告人认罪且对程序的适用没有异议；庭审流程上，虽然速裁程序明确可以省略法庭调查和法庭辩论环节，但简易程序同样规定不受法庭调查以及法庭辩论的限制。如此规定导致司法实践中法院在程序选择上随意性较大，法定适用范围内的案件在程序适用上无明显区分。有的法院速裁程序和简易程序均省略法庭调查和法庭辩论，有的法院则两种程序均未省略，两种程序的庭审流程并无明显差别，未实质构建多层次的程序分流体系。其二，简化规则不够细化。关于诉讼程序的简化设计包括多个方面，如庭审方式是书面审理还是开庭审理、公诉人是否出庭、起诉书是否全文宣读、庭审调查与法庭辩论在省略之外应如何简化等。然而，目前无论是速裁程序还是简易程序，在简化规则设计上都未对上述内容进行细化规定，导致法院在适用中无统一操作规范。同时，适用普通程序的案件也未普遍实现庭审实质化，更多的属于"普通程序简化审"，各程序之间未体现出各自的简化差异，未形成明显的递减梯度。其三，现行两种简式审判程序不能满足大量刑事简案的分流需求。数据显示：制度适用一年来，我国判处拘役、管制、免予刑事处罚的案件数为 43 292 件，占全国基层法院认罪认罚案件总数的 52.94%。对于占认罪认罚总量一半以上的轻微罪案件，依然要全部通过速裁或简易程序开庭审理，且公诉人也均需出庭，并没有显示出程序简化的递减优势。

（2）程序简化未及于整个诉讼流程。首先，速裁程序已规定可省略法庭调查和法庭辩论环节，审理期限也缩减到 10 天至 15 天，单纯从审判周期和庭审内容来看，速裁程序已经没有太多可进一步简化的空间了。然而，对于法官来说，处理一个案件所需的精力和时间并非仅限于庭审，还包括庭前庭后的多个环节。但从适用速裁程序案件的整个诉讼流程来看，其与简易程序并无明显差异，甚至在某些环节与普通程序也无太大差异。按照现行的规定，三种程序一般都要经过送达起诉书、阅卷、庭审排期、通知公诉人及其他诉讼参与人、传唤被告人、送达出庭通知书、开庭审理、制作校对并送达裁判文书、变更强制措施、送监执行、移转执行、寄送判决书、送社区矫正文书等。其中，速裁程序及简易程序不受法定送达期限的限制，除速裁程序应当当庭宣判外，三种诉讼流程基本没有差异。其次，为了证明标准的不降低，认罪认罚案件速裁程序和简易程序的庭审过程虽然缩短，但庭审简化导致庭前审查证据非常重要，法官的审判重心由庭审转移到庭前，审判工作量并未实际减少，由于增加了对认罪认罚具结书自愿性、合法性的审查，单位期间工作量反而增加了。最后，认罪认罚从宽制度的适用并未实际降低被告人的羁押率，审判前的羁押仍然是实践常态，认罪认罚从宽制度扩大非监禁刑适用比例的效果尚未达到。而现行规定中速裁、简易、普通的换押手续并无区别。即使是未被羁押的被告人，在诉讼阶段发生变化时也需要重新办理取保候审、监视居住的手续，未体现审前程序上从宽的差异。

（3）被告人不具有充分的程序选择权。2018 年修订后的《刑诉法》更加注重对被告人在程序选择上的权利保障，其第 222 条明确规定速裁程序的适用应获得被告人的同意。但在程序的主动适用上，决定权仍然在于法院，检察院有建议权，犯罪嫌疑人、被告人无法自主、自由地选择适用程序。程序的选择决定了庭审的方式和内容，庭审方式和内容又在一定程度上决定了被告人诉讼权利的保障程度，但我们不能因此而判断程序的简化程度与被告人所期待的权利保障成反比，因为被告人也有尽早脱离诉讼、完成服刑、重返社会的期待和需求，自然也有权作出自己认为更有利的选择。而实践中，司法机关主要基于自身需求选择程序适用，导致一些本应得到更为快速处理的案件最终却适用了审理期限更长的程序，在程序简化上未将"从宽"及于被告人。

（三）认罪认罚案件庭审功能未予明确

（1）简案庭审内容要求不明确。对于疑难复杂案件的庭审已有庭审实质化要求，庭审功能在于查明事实、形成心证，然而，对于简单案件其庭审功能是否依然是查明事实，此问题在实践中比较困惑。一方面，2018 年《刑诉法》修订时，仅原则性地规定速裁程序、简易程序案件可以不经过法庭调查和法庭辩论，但对于庭审应当做什么，规定则不明确。就法官而言，开庭审理最重要的工作就是组织法庭调查和法庭辩论，这也是查明案件事实必须采用的程序方法。调研座谈反映，法官们普遍比较迷惑的问题是庭审如果不调查、不辩论，那么庭审应该干什么？庭审应该如何调查事实？由此引发了简案庭审功能和必要性的争议；另一方面，适用认罪认罚从宽制度的简单案件，《指导意见》又在总体原则中规定不能降低证明标准，仍然要求法官查明事实，并没有明确庭审对自愿性、明智性进行调查或审查的方式方法。对此，实践中很多法官为稳妥起见还是不敢在庭审中省略法庭调查和法庭辩论环节，即使流于形式，走走过场，也要保障被告人的诉讼权利，避免法官错案追究的责任。由此便产生了另一种庭审虚化现象，即对于简单案件究竟该如何开庭审理，法官们反而无所适从：按照实质化要求开展庭审，既没有必要性，也不符合诉讼法效率价值的追求，而且，法官们迫于案多人少的压力也做不到；按照简式方法开展庭审，即使庭审各环节齐全，也基本流于形式；按照省略关键环节的方式开展庭审，庭审又缺乏内容，且法官还要承担事实查明不清的风险。最终，大部分法官的选择路径是不管是速裁程序、简易程序还是普通程序，均走一遍完整的庭审环节流程，从而又导致了各审判程序除审限外差别不明显。《指导意见》虽然规定适用速裁程序审理的案件可以集中开庭，逐案审理，但对如何具体操作缺乏进一步规定。法律对简单案件庭审功能的规定不明确，反而导致了实践中简案庭审功能发挥不充分。

（2）认罪认罚案件证明要求的认识不一致。《指导意见》已经在证据规则适用的简化上作出了较《刑诉法》更为明确的规定，但实践应用仍不够理想，究其原因主要是仍有许多法官或因审判经验不足担忧对案件质量把控不准，或陷于庭审方式固化思维，囿于传统庭审习惯而未严格适用规定。同时，实践中，即使法律已有明确规定，部分法官在证明标准的把握上也未统一认识，认为省略庭审调查与严格证明标准在实践中难以并存，庭审简化会带来证明标准的降低，从而产生了认罪认罚从宽制度中证明标准降低的认识。故而在适用范围上，检察院和法院共同的操作方式是，只对案情比较简单的低刑期案件适用认罪认罚从宽制度，这些案件的事实认定一般不致出错。在研究样本中，适用普通程序审理的案件仅有 36 个，除一件案件判处有期徒刑 10 年外，其他均在 10 年以下。这种现象也印证了检察院和法院对重罪案件适用认罪认罚在案件质量上的担心。

（四）量刑建议的具体方法尚无明确规定

（1）对认罪认罚案件量刑建议的规定不具体。2010 年 10 月，两高三部出台的《关于规范量刑程序若干问题的意见（试行）》确定了检察院的量刑建议权。认罪认罚从宽制度建立后，检察院针对认罪案件与不认罪案件的量刑建议，既有共性又存在差异。共性在于在两类案件中的量刑建议性质均为"求刑权"，差异在于认罪认罚案件中的量刑建议具有一定的法律效力，经过犯罪嫌疑人签署具结书同意的量刑建议，除法定情形外，法院一般应当采纳。不认罪案件中的量刑建议则不具有这样的法律效力。检察院在认罪认罚案件中量刑建议权扩大，相应的权力监督也存在一定的缺位。无论是确立认罪认罚从宽制度的刑事诉讼法还是随之出台的司法解释性文件，规定均不具体，仅有"人民检察院应当就主刑、附加刑、是否适用缓刑等提出量刑建议"的原则性规定。而法院、检察院对量刑建议有不同意见，法院通过制度试点一般认为量刑建议应当"幅度刑为原则，确定刑为例外"，而检察院则倡导精准刑量刑建议理念，法院与检察院的理解不一致。

（2）检察院、法院对量刑建议精准化或幅度化未形成共识。无论是检察院倡导的精准刑理念，还是法院认可的幅度刑倾向，在经历了认罪认罚从宽制度试点后，在全国全面适用该制度时，各地检察院、法院通过协商或不协商，就量刑建议的采纳或调整、量刑建议的精准或幅度均未形成共识。从检察院的角度来看，样本案件中提出量刑建议的模式包含精准刑、半精准刑、幅度刑和半幅度刑，而这四种定义系课题组对样本案件的归纳总结，作出相应量刑建议的检察院对其建议类型具有不同观点，即在检察院内部，精准刑、幅度刑定义不明确，在最高人民检察院提出量刑建议精准化的顶层设计下，检察官在实践操作中仍出现了跨主刑刑种或大幅度量刑建议。访谈中，检察官们表示，精准量刑建议在实践中工作量大且价值不大，与精准量刑初衷不符。从检察院与法院衔接的角度来看，双方关于量刑建议的标准、类型倾向总体上未达成共识，检察院提出量刑建议的规则与法院作出判决的思路存在差异且暂未建立畅通、有效的协商或沟通机制。

（五）审查标准不统一与辩护制度不完善共同影响认罪认罚自愿性的保障效果

（1）自愿性审查缺乏具体规范和认定标准。《指导意见》细化了审判阶段审查认罪认罚自愿性、合法性的具体内容，但对审查的方法却没有作出明确。现阶段法官对被告人自愿性的审查较为简单，基本不具备实质意义上的审查。同时，部分案件中侦查机关、检察院在讯问笔录中没有记录量刑告知或协商的具体过程，被告人认罪认罚程序的操作规范也未细化，这也为法官在庭审中审查被告人认罪认罚的自愿性带来了困难。因此，需要更为具体的程序设计，确保被告人对认罪认罚的性质、法律后果的知悉，保障认罪认罚的自愿性、明智性是实质性的、有效的审查。

（2）值班律师法律地位不够清晰。尽管《指导意见》细化了值班律师的职责，赋予了其提供法律咨询、程序适用建议、申请变更强制措施等职责，但并未赋予值班律师辩护人身份及辩护人职责，使得值班律师法律地位有别于辩护人，不能将庭前阶段对被告人认罪认罚的法律帮助延续于庭审之中，也无法在法官审查被告人认罪认罚自愿性时发表意见。对于值班律师在认罪认罚从宽案件中的地位是法律帮助还是见证认罪认罚自愿性，《刑诉法》和《指导意见》并没有明确规定。解读《指导意见》第15条规定，犯罪嫌疑人、被告人如果要获得辩护帮助，则需在值班律师之外另行委托辩护人，并且辩护人还需在案件全过程中就认罪认罚问题提供咨询帮助。辩护人与值班律师的职责交叉更加模糊了值班律师的法律地位。与此相关的是，实践中，认罪认罚案件的辩护率极低，尤其是对于危险驾驶类的轻微犯罪，辩护率更低。如此一来，被告人在庭审中常常处于法律帮助的缺位状态，法律规定的"辩护权保障"未能体现，"有效的法律帮助"也难以落实。同时，虽有《指导意见》的一些规定，但刑事诉讼法并未明确值班律师的会见、阅卷等权利，导致值班律师见证认罪认罚自愿性流于形式。此外，值班律师制度相应的配套机制尚未健全。就值班律师参与认罪认罚案件经费保障、律师选任、办公场所等实际问题，司法行政部门尚未有效解决。调研座谈反馈意见表明，正是基于上述原因，一些律师才会怠于履行值班律师职责，一些律师事务所现阶段都是因不得不完成司法行政部门交办的硬性任务而被迫参与，难免敷衍了事，更无从谈对被告人提供实质、有效的法律帮助。

（六）对反悔权的规定不够全面

《指导意见》第51～53条分不起诉后、起诉前、审判阶段三个阶段规定了犯罪嫌疑人、被告人认罪认罚的反悔问题，样本案件中还没有出现在法院判决前犯罪嫌疑人、被告人反悔的案例。但是，对于一审判决后被告人以量刑过重或不服为由提起的上诉，是否可以被认定为是对上一阶段认罪认罚的反悔与否认，《指导意见》没有规定，由此便产生了两种超出制度预期的后果：第一，被告人为规避认罪认罚又反悔后带来的不利法律后果，往往要等一审法院判决后再评估所受刑罚是否符合其心理预期，一般是在没有判处缓刑、同案犯刑罚区分不明显的情况下提起上诉的。由于缺乏相关法律规定，同时受上诉不加刑原则的限制，被告人通过认罪认罚获得的量刑"从宽"不会因上诉而被排除，在检察院不抗诉的情况下，很难对被告人的此类上诉行为予以规制，二审法院对此的处理结果也不统一。第二，如果检察院不抗诉，那么认罪认罚后的上诉对被告人而言并没有什么不利法律后果，相反，被告人还可以随时行使撤诉权，很容易就能以耗费司法资源为代价实现其"留所服刑"的目的。检察院则以同时提起抗诉的方式规制被告人的前述行为，反而增加了司法资源在简单案件上的无端耗费。可见，认罪认罚后被告人上诉与反悔权的关系不明确，是被告人轻易即可利用认罪认罚从宽制度的一个重要原因。

（七）各种文书的简化规范缺乏相关规定

文书简化的相关规定过于笼统。速裁程序、简易程序是梯度性审理程序构建的重要举措，通过省略法庭调查和辩论等方式简化程序，但无论是速裁程序还是简易程序，与普通程序相比，除了处理被追诉人认罪认罚和诉讼程序的期限缩短之外，在诉讼材料、案卷移送等诉讼文书方面几乎都是相似的。也就是说，在简化程序、大大缩短诉讼期限的情况下，文书等诉讼工作量几乎没有减少，程序简化与文书工作简化衔接不够，导致配套工作与认罪认罚从宽制度主要目的脱节。实践中，检察官、法官反映文书工作占认罪认罚案件办理工作量的50%以上，若能在文书简化工作上降低工作量、提升效率，无疑将促进整个程序效率的提升。而《刑诉法》和《指导意见》中着重探讨关于程序适用、量刑建议、被告人权利保障等，对文书简化仅一笔带过，随后也未出台专门规定，导致检察院、法院文书类型不统一，文书模式各异，文书内容亦不规范。

四、完善认罪认罚从宽制度审判程序的对策建议

（一）分阶段、分类型提升认罪认罚从宽制度适用率

最高人民检察院对认罪认罚从宽制度提出了70%的适用率，与刑事案件繁简分流客观规律、制度设计初衷基本一致，但因认罪认罚从宽制度系一项理论研究起步较晚、实践基础较为薄弱的新制度，因此不宜通过笼统的考核标准强行在短期内实现适用率的翻倍增长，应分阶段、分类型、分步骤实施。

第一阶段，制度运行初期，总体适用率达到55%目标。可预计1年~2年为制度适用初期，挖掘简单案件适用认罪认罚从宽制度的空间。重点提升多发型简单类案的适用率，如危险驾驶罪、交通肇事罪、盗窃罪、毒品类犯罪等简单案件。从同期全国基层法院的刑事案件构成看，这四类案件占比为67%左右，可见，四类主要刑事简案的适用率将对认罪认罚从宽制度整体适用率起到决定性作用。应在全国范围内将这四类案件的适用率由目前的20%~30%提升至80%，由此在制度运行初期将总体适用率提升至55%左右。

第二阶段，制度运行中期，总体适用率达到65%。制度运行初期目标实现后1年~2年时间内，大幅提高掩饰隐瞒犯罪所得罪、妨害公务罪、赌博类

犯罪、非法持枪罪、故意伤害罪、非法拘禁罪等几类简单案件。这是目前适用率为 10% 左右的案件类型，这些案件与前述四类案件共同构成了刑事案件中的简单案件，在全国基层法院刑事案件中占比约为 85%。将这些案件的适用率由目前的 10% 提升至 65%，可以实现制度运行中期 65% 的适用率目标。

第三阶段，制度运行成熟期，总体适用率达到 70% 以上目标。当认罪认罚从宽制度在简单案件中全面推广适用后，再用 1 年~2 年探索该制度在疑难复杂案件、重罪案件中的适用。对事实清楚、证据充分、当事人认罪认罚的难案也适用认罪认罚从宽制度，真正实现制度规定的"所有刑事案件都可以适用"的要求。将难案适用率从现在的极少数量提高到 30%，由此最终实现认罪认罚从宽制度在所有刑事案件中 70% 的适用率目标。

表 15　认罪认罚从宽制度适用率目标进度表

案件类型	占比	当前适用率	目标适用率	总体适用率	总体适用率计算方式	目标阶段	时间阶段
四类简案	67%	20%~30%	80%	55%	67%×80%+18%×10%	初期	第1~2年
其他简案	18%	10%	65%	65%	67%~80%+18%×65%	中期	第3~4年
难案	15%	0%	30%	>70%	67%×80%+18%×65%+15%×30%	成熟期	第5~6年

（二）在认罪认罚危险驾驶罪案件中试点书面审理机制

纵观域外法治国家，在普通程序之外都设计了三种以上的速决程序，以形成多层次分流体系。比如，"意大利设置了简易审判、依当事人要求适用刑罚、快速审判、立即审判、处罚令五种简易程序；日本有略式程序、简易公审、快速裁判、交通案件即决裁判四种程序；德国在原有处罚令程序和快速审判程序之外，又引入了辩诉交易程序，等等"。我国目前仅有速裁和简易两种简化诉讼程序，为适应当前及未来我国刑事轻罪案件占比不断上升的趋势，建议适当借鉴域外经验，在现有速裁、简易程序之外，对某些被告人认罪认罚案件增设其他速决程序，满足各类简单案件快速审理的需求。参考德国处罚令程序，对认罪认罚的轻罪刑事案件实行书面审理与开庭审理相结合的审判方式。同时，为了避免书面审理无法保证案件质量的问题，应当对书面审理的适用范围进行严格限定，并辅以配套的救济程序，以保障被告人的合法权益。在现行阶段，可仅对危险驾驶罪认罪认罚案件试点适用书面审理机制。

首先，该类犯罪的特点使得书面审理具有可行性。一是实践中多为醉酒型危险驾驶，绝大部分案件因临检、违章以及事故案发，事故多为单车事故，造成他人人身损害和财产损失较轻；二是案件事实清楚，证据确实充分，基本没有犯罪事实争议；三是涉案人员主观态度较好，认罪服法积极且希望尽早结束诉讼程序；四是审前强制措施多采取取保候审，判决结果实刑率较低且刑期较短。在样本统计期间，成都基层法院判处拘役 3 个月以下刑罚的案件中，危险驾驶罪占了 93.72%，；在适用缓刑的案件中，危险驾驶罪占了 64.22%。综合以上特点，危险驾驶罪案件在查明犯罪事实、审查认罪认罚自愿性、审查量刑情节等方面对开庭审理的需求不大，法官一般仅需考虑对被告人的刑罚惩戒。

其次，该类犯罪发案数量使得书面审理具有必要性。2011 年《刑法修正案（八）》及 2015 年《刑法修正案（九）》将醉驾、追逐竞驶、严重超载等原本适用行政处罚的危险驾驶行为纳入刑法的调整范畴。此后，危险驾驶罪案件数不断攀升，已超过盗窃罪跃居刑事犯罪数首位。全国基层法院刑事案件中，危险驾驶罪占比由 2018 年的 21.86% 上升至 2019 年的 27.08%。可以说，危险驾驶罪案件的办理对提升整个刑事审判的质量和效率起着关键作用。若有更为简化、科学的速决程序对危险驾驶罪等微罪案件进行快速处理，无疑可实现更为多层的案件分流，进一步提升司法效率。因此，现阶段对危险驾驶罪借鉴德国处罚令申请程序进行书面审理意义重大。

最后，确立书面审理主要步骤：①检察院在审查起诉阶段依法充分保障被告人的相关权利，提出精准、合理的量刑建议并与被告人达成量刑协议；②被告人经过程序选择及许可，可以向法庭提交有关量刑的证据材料，该材料与现在的卷宗材料基本一致，包括被告人的犯罪事实证明材料、认罪认罚具结书、记录协商过程、值班律师意见等书面材料；③法官依据卷宗材料进行书面审理，若对材料有疑问，可视情况通知值班律师、被告人、检察官进行询问，若认为该案存在较明显问题，形成准确判断有障碍的，可以直接通知检察院及被告人转为速裁程序开庭审理；④法官书面审理案件后，选择采纳或不采纳量刑建议，采纳的可直接作出相应刑罚裁判，不予采纳的转为速裁程序开庭审理；⑤裁判结果送达被告人及检察院，被告人不服该结果的，应在收到处罚令1周内向法庭提出异议，1周届满未提出异议的处罚令即生效，由法院通知公安机关或社区执行刑罚。

（三）构建多层次刑事诉讼简案程序分流体系

第一，以精细化规则构建多级递简程序格局。进一步明确认罪认罚案件适用各程序的条件及范围，并可将其分为六个层次：①犯罪嫌疑人、被告人认罪认罚，且同意适用本程序的危险驾驶罪案件，应当由审查起诉机关向法院申请处罚令，法院依法进行书面审理；②认罪认罚且犯罪情节较轻微，依法可能判处有期徒刑1年以下、拘役、管制的除适用书面审理以外的案件，以及属于书面审理适用范围但被告人不同意书面审理的案件，应当适用速裁程序审理；③认罪认罚且可能判处有期徒刑1年~3年的案件，可以适用速裁程序或简易程序审理；④认罪认罚但可能判处有期徒刑3年以上的，应当优先适用简易程序审理；⑤对于严重危害国家安全、公共安全犯罪，严重暴力犯罪，以及社会影响较大或可能判处无期、死刑的案件，即使认罪认罚也应当适用普通程序审理，同时应注意慎重把握量刑从宽；⑥对于不认罪认罚的重大案件、重罪案件进行庭审实质化审理，并依法从严把握量刑。此外，对于认罪但不认罚的，可以根据案件性质及证据情况等综合判断，选择适用简易或普通程序；对于不认罪的案件，只能依法适用普通程序审理。在梳理了各程序适用的区分标准之后，还应按照常见类案性质、案件数量等情况，对各程序分类分档提出相应比例要求，并以此设置合理的质效考评指标，推动各程序的规范适用。

第二，细化速裁程序与其他程序的转换规则。①对于检察院移送起诉但被告人不构成犯罪的案件，一般属于争议较大的案件，实践中，基层法院普遍会报送审判委员会讨论，应转为普通程序进行实质化审理；②对于不应当追究刑事责任的案件，法官可依据现有证据以及"免处"情节程度进行判断，应转为简易程序审理，需要报送审判委员会讨论的应转为普通程序；③关于被告人"违背意愿认罪认罚"，应明确是指受刑讯逼供、欺骗、诱导、无值班律师等程序违法导致的违背意愿，应当转为普通程序审理，认罪但不认罚的案件转为简易程序；④对于"否认指控的犯罪事实"，若否定有罪供述、认罪但否定涉及影响定性的具体情节应当转为普通程序，若对指控事实和证据无异议，仅对罪名提出异议的应当转为简易程序；⑤对于经法院审查认为量刑建议不当或被告人、辩护人对量性建议提出异议的案件，应由法院建议公诉机关调整，公诉机关不同意或调整后法院仍认为明显不当的，以及调整后被告人、辩护人无法达成新的量刑协商的，可进行程序转换，案件转为简易程序审理；⑥辩方对量刑建议有异议、产生或发现足以影响量刑的情节，被追诉人一方能与控方达成新的量刑协议的，应继续适用速裁程序。

第三，提高速裁程序的全流程速度。如前所述，适用速裁程序审理的案件，与适用简易程序、普通程序审理的案件在整体诉讼流程上并无明显的简化差异。而各程序的递简梯度并非仅靠庭审内容来体现，还应当对速裁程序的整体流程作必要的"全程简化"。其一，尽可能缩短侦查、起诉的周期，依据犯罪嫌疑人认罪时间不同，对轻罪案件层层分流，探索"侦查→起诉→速裁→执行"的无缝衔接，减少案件流转在途时间，如借鉴北京法院试点期间形成的"公安机关执法办案管理中心+检察院派驻检察室+法院派驻速裁法庭"的工作模式，在侦查机关或看守所设立专门的办案组织，对于轻微刑事案件推行"一站式办理"机制。

（四）完善认罪认罚案件庭审功能

第一，明确不同程序庭审功能的差异化。速裁程序庭审的重点在于审查被告人认罪认罚的自愿性、合法性、真实性，应将其明确为一个重要的庭审环节，赋予更充分的审查时间；简易程序应以基础事实与自愿性审查并重，不能因为被告人已经认罪认罚就放松对事实审查的标准，当然，具体审查方式可以参照《指导意见》简化行之；而对于普通程序，其庭审程序必须坚持更为严格规范的要求。考虑到普通程序审理范围已被限定为严重危害国家安全、公共安全犯罪，严重暴力犯罪以及社会影响较大或可能判处无期、死刑的认罪认罚案件。这类案件的性质严重性决定了被告人认罪认罚主要体现在实体从宽上，即庭审方式不应再进行简化，而应按照庭审实质化的要求进行审理，在事实清楚、证据确实充分的情况下，再将认罪认罚作为量刑情节进行审查，以防法官基于被告人的认罪认罚先入为主，隐形降低证明标准，影响案件实质化审理。

第二，建立符合简案特点的证据规则。首先，建立简单案件证据开示规则。对于实行书面、速裁程序审理的案件而言，庭审程序的简化使被告人在庭审过程中基本不会了解到证明自己犯罪的证据内容，在侦查、审查起诉以及庭前阶段对犯罪嫌疑人进行证据开示，有利于实现其证据知悉权。现行庭审中告知或确认证据目录的普遍做法仅具有形式意义，被告人的特殊身份导致其很少能清楚证据目录中证据归纳项下的具体含义和内容，因此应明确简单案件证据开示的具体规则。其次，建立简单刑事类案证据标准指引规范。明确常见、多发简单案件的主要证据类别及标准，认罪认罚案件还应当进一步统一附卷的被告人认罪认罚印证材料，以便于立案法官或法官助理在受理案件后第一时间对适用速裁程序的案件在犯罪事实，被告人认罪认罚自愿性、合法性、真实性、量刑情节等方面的基础证据是否充分进行初审，以判定是否符合速裁程序适用条件，最大限度地避免庭审中途转换程序。对于被告人同意适用且法官审查后确实符合速裁程序适用条件的案件，应严格限定被告人庭审中随意要求变更程序，以避免被告人恶意拖延诉讼时间、浪费司法资源。

第三，充实认罪认罚案件庭审内容。对庭审中认罪认罚自愿性的审查方式和认定标准进行统一，明确自愿性审查环节启动方式。关于自愿性审查，法官应询问具体问题，由被告人自行陈述认罪认罚量刑协商过程、具结书的签署情况、其所知晓的法律后果等，听取辩护人当庭发表的意见。关于明智性审查，可以由法庭以类案裁判结果向被告人进行量刑对比和解释，明确其是否认可。与此同时，强化基本事实审查，可由被告人自行陈述犯罪情况、犯罪情节及后果。此外，可针对制度特点进行取证规范，如在签署具结书时同步录音录像，以加强庭审时自愿性的证明效果。

第四，推广速裁程序"多案联审"方式。对于《指导意见》规定的集中开庭、逐案审理进行明确定义，统一具体操作方式。由法官助理在庭前集中核实被告人及其辩护人身份、告知并释明诉讼权利义务、说明庭审流程，公诉人集中简要宣读指控罪名、指控主要犯罪事实、量刑建议，法官逐一对被告人进行自愿性和基础事实审查，并集中进行宣判。同时，加强信息化支撑，在视频声音及画面等技术保障到位的情况下，试行远程提讯以及视频开庭。

（五）建立类型化、规范化、确定化的量刑建议模式

第一，根据案件类型作出不同模式的量刑建议。考察样本案件，结合与检察官、法官的座谈意见，认罪认罚案件不宜全部适用精准的量刑建议，应分情形、分种类提出量刑建议，明确定义精准刑、半精准刑、幅度刑、半幅度刑。对量刑建议的四种分类均明确主刑刑种，并根据主刑刑期是否确定划分精准与幅度，根据附加刑和缓刑的确定程度划分精准和半精准、幅度与半

幅度。这样的划分方式与多样化实践模式和办案检察官、法官的预期吻合，在主刑刑种层面保障犯罪嫌疑人或在被告人认罪认罚过程中对将要承担刑事责任的基本预期与检察院"确定的量刑建议"意图大致相符，也将避免跨刑种量刑建议和幅度过大的量刑建议。

表16　四种量刑建议模式表

建议类型	量刑建议内容						示例（以有期徒刑为例）
	主刑		附加刑		缓刑		
	刑种	刑期	种类	内容	是否适用	刑期	
精准刑	确定	确定	确定	确定	确定	确定	有期徒刑5个月，缓刑6个月，罚金3000元
半精准刑	确定	确定	确定	/	确定	/	有期徒刑5个月，缓刑6个月~8个月，罚金3000元~5000元
幅度刑	确定	/	确定	/	/	/	有期徒刑5~8个月，缓刑6个月~8个月，罚金3000元~5000元
半幅度刑	确定	/	确定	确定	确定	/	有期徒刑5~8个月，缓刑6个月，罚金3000元

　　针对危险驾驶罪案件，可适用半精准刑建议，由检察院根据犯罪事实和量刑情节作出确定建议，同时根据个案的认罪认罚进程决定是否适用罚金等附加刑。对于危险驾驶罪以外的其他案件，以幅度刑为主要量刑建议模式，检察院根据犯罪事实、量刑情节、被害人谅解情况和认罪认罚情况，提出科学的主刑刑种和幅度刑期建议，对于能够明确财产损失或人身损害赔偿金额的案件，可适用半幅度刑即在提出幅度主刑建议的同时提出确定的罚金。在前述以确定主刑为前提，分类适用量刑建议的总体框架下，可考虑以省为单位，由省高级人民法院、省人民检察院结合本地实际，对适用认罪认罚从宽制度的案件，制定类似域外"量刑指南"的量刑细则，明确"从宽"幅度，保证"同案同判"，至少实现省内量刑建议的科学性和一致性。

　　第二，建立量刑建议类案检索机制。为确保量刑建议尺度统一，青白江区人民检察院建立的量刑建议类案检索机制可以推广使用。首先是检索省外基层法院类案量刑建议，其次是检索省内但本市外基层法院类案量刑建议，最后是检索市内其他基层法院类案量刑建议。可建立量刑建议数据库，并根据适用认罪认罚从宽制度案件的量刑情节等要素确立检索点位，以实现省内或全国范围内的量刑建议尺度的一致性，提高量刑建议的合理性和采纳率，保障犯罪嫌疑人、被告人在"认罚"时的刑罚可预期性，增强其自愿性、明智性，最终保障制度的公正性。

第三，将被害人的意见纳入量刑建议之中。对于存在被害人的认罪认罚案件，可将一定比例（如5%）的量刑建议幅度决定权交由被害人自由处分，按照"积极赔偿+获得被害人谅解"＞"未赔偿+被害人谅解"＞"积极赔偿+被害人不谅解"＞"未赔偿+被害人不谅解"的顺序，量刑的从宽幅度应当呈递减趋势，以此充分保障被害人参与诉讼的权利，积极促使犯罪嫌疑人、被告人对被害人的物质、精神赔偿。

（五）充分尊重被告人的权利自主处分权

第一，尊重犯罪嫌疑人、被告人程序选择权。认罪认罚制度带来的是我国刑事诉讼从"对抗"走向"合作协商"的转变，体现了对被告人诉讼主体地位的尊重，"从宽"不仅体现在实体上，也体现在程序上。在程序适用要取得被告人同意的基础上，还应当赋予被告人充分的程序选择权，这不仅促使其通过不同审判模式的利益权衡作出对自己最有利的制度安排，也体现了法律对被告人诉讼主体地位的尊重以及控辩双方参与诉讼的平等性。充分的程序选择权既包括选择适用更快脱离诉讼的速决程序，也包括认可程序权益减损后合理范围内的实体权益减让。首先，被告人主动选择程序，应当与辩护人或者值班律师进行"辩护协商"，在值班律师或辩护人的帮助下进行选择，且应在检察院起诉前作出。其意见应当被听取且记录在案，检察院进行审查后不同意被告人程序适用意见的，应当作出说明并记录在卷。其次，如果被告人程序适用的意见被检察院采纳，法院经审查按照该程序审理的案件，除法定程序转换情形外，被告人不得无理由否定该程序。再次，将程序选择纳入量刑从宽的考虑范畴，选择速裁程序的量刑理论上更应从宽，因为其节省了更多的司法资源。最后，被告人与其辩护人在是否认罪或案件程序适用方面产生分歧时，应当以被告人选择作为最终标准，若辩护人反对适用速裁程序或反对认罪认罚，被告人仍然坚持的，可以适用速裁程序。

第二，在保护被告人上诉权的同时承认其反悔权。虽然被告人"技术性上诉"浪费了司法资源、降低了司法效率，但不能为了提高效率而限制被告人上诉权。在被告人自愿、明智的情形下，签署具结书即表明与检察院就

"定罪量刑"达成"合意"，对自己可能受到的刑罚已有合理预期。签署认罪认罚具结书后，法院判决采纳量刑建议的，被告人仍以量刑过重提起上诉，表明其对自己之前可能受到刑罚的合理预期进行了反悔，应将这种上诉行为认定为被告人行使了反悔权。换言之，"技术性上诉"属于一种反悔行为。检察院在因"技术性上诉"提起的"技术性抗诉"中，也认为是被告人违反了之前认罪认罚的承诺。虽然《指导意见》没有明确将一审判决宣告后被告人的上诉行为纳入反悔权，但从《指导意见》第52、53条的规定内容来看，被告人反悔的法律后果是具结书失效、排除认罪认罚因素、依法裁判。因此，应将反悔权的适用阶段扩大到一审判决后、裁判生效前的上诉和二审阶段。在二审法院审理过程中，应认可被告人反悔所产生的法律后果，同时仍应坚持上诉不加刑原则，按普通程序依法审查，根据案件事实、量刑情节依法维持原判或改判，若依法应当加重原判刑罚，视为有新的犯罪事实，应当发回重审。在二审审理过程中，被告人申请撤回上诉的，应严格审查是否符合《最高人民法院关于适用中华人民共和国刑事诉讼法的解释》第305条有关撤诉的规定，若法院认为不符合刑事诉讼法司法解释有关撤诉规定的，应不予准许，继续按照上诉案件审理。

第三，充分行使释明权促使被追诉人理性处分自己权利。"为确保被追诉人权利处分的明知、自愿以及决策的理性化，必须充分满足被追诉人的知情权，让其尽可能获知与自己利益相关的各种信息。鉴于公权力主体与被追诉人之间存在较大的实力差距与资讯落差，保障被追诉人知情权的基本策略是课以公权力主体相应的告知义务。"就告知义务的实现途径而言，检察官、法官均可以通过行使释明权告知被追人有哪些权利可以自主处分，自主处分的法律后果等，从而帮助被追人作出理性选择。除目前已经做的送达或宣读权利义务告知书、介绍认罪认罚从宽制度以外，应重点释明法律后果和相应的法律程序，包括自愿同意被指控的所有犯罪事实和相关罪名，愿意接受量刑建议的刑罚，签署具结书的法律效力，认罪认罚后从宽的幅度，反悔权的行使和法律后果，选择各种诉讼程序所带来的法律效益等。

（六）不断完善值班律师制度

律师的全程参与有利于保持控辩之间的平衡，帮助犯罪嫌疑人、被告人正确行使诉讼权利，实现认罪认罚的自愿性、明智性，确保认罪认罚从宽制度具有程序正当性。首先，明确值班律师的法律地位，转"见证人"为"准辩护人"，赋予其与辩护律师同等的权利，对于适用速裁程序开庭审理的案件，值班律师可以转任辩护人参加庭审发表意见；对于适用普通程序开庭审理的案件，依被告人意愿可以由值班律师担任其辩护人，也可另行聘请辩护人。应保证值班律师从指派之始到审判阶段的全程参与，促进值班律师制度与庭审实质化辩护要求紧密衔接，实现刑事诉讼程序的辩护全覆盖。其次，将《指导意见》中规定的值班律师阅卷权、会见权予以落实。值班律师如果不能进行充分的阅卷和会见沟通，也无法实质性参与量刑协商，则难以保障犯罪嫌疑人、被告人认罪认罚的明智性。因此，有必要由公、检、法司几家司法机关联合出台值班律师权利保障的细化规定，为值班律师提供必要的诉讼条件。最后，完善值班律师配套机制。明确值班律师的资质，限定其从业年限、刑事辩护经历等；将值班律师费用纳入地方财政预算，明确值班律师办案补助标准，增强值班律师的工作积极性。

（七）规范相关法律文书的种类、格式和内容

首先，在全国公安机关、检察院、法院范围内就认罪认罚从宽制度所需文书种类作需求调查，至少分阶段确定认罪认罚从宽制度在侦查阶段、审查起诉阶段以及审理阶段所需的文书种类，通过列举方式固定文书种类，并建立动态增补、删减机制，结合制度实施动态变化情况，按一定周期在办案系统中增添新文书种类、删除无用文书种类。其次，统一相关文书格式。统一认罪认罚从宽具结书格式，具结书至少应当包括认罪认罚从宽制度适用权利义务告知、犯罪嫌疑人基本信息、认罪认罚基本情况、犯罪嫌疑人自愿签署声明、值班律师声明等；统一裁判文书格式，至少应当包括被告人基本情况、公诉机关、公诉人、起诉文书、指控事实、量刑建议、辩护人基本情况、辩护意见、被告人辩解意见、认罪认罚情况及值班律师情况，判决理由、判决结果和权利义务告知情况等。

（八）充分体现认罪认罚案件中的从宽精神

一是将认罪认罚从宽制度中"从宽"的内涵从量刑扩大到程序性事项，在侦查阶段、审查起诉和审理阶段的从宽幅度应当呈递减趋势。同时，认罪认罚与当前法定的量刑情节坦白、自首存在一定的重复评价，建议将认罪认罚纳入自首、坦白量刑情节进行综合评判，同时考虑到上述几个量刑情节之间的内在关系，三者对于犯罪嫌疑人、被告人量刑优惠幅度应为：自首且认罪认罚＞仅自首＞坦白且认罪认罚＞仅坦白＞当庭认罪；二是在缓刑上体现

从宽，提高缓刑适用率，将缓刑作为法定刑内"从宽"的手段，特别在危险驾驶罪等轻罪案件中应大幅提高缓刑适用率；三是建立检察院暂缓起诉制度，为犯罪嫌疑人设定一定的考察期，考察期内犯罪嫌疑人需进行社区矫正，对其权利也要作一定限制（如限制高消费），考察期内犯罪嫌疑人认罪认罚良好、悔罪、改正行为明显，可在考察期结束后不予起诉而适用行政处罚，反之则重新启动诉讼程序。同时，扩大酌定不起诉适用范围，在审查起诉阶段实现案件的繁简分流。

结　语

我国确立的认罪认罚从宽制度符合刑事诉讼法发展的国际潮流，体现了程序分流精神和对诉讼效率的追求，是我国刑事司法的重大进步。然而，该制度实施一年来的实证研究考察显示，目前适用状况是总体适用率较低，程序递减分流效果不显著，量刑建议缺乏规范性，庭审功能发挥不充分，值班律师保障自愿性、明智性作用不明显，从宽幅度体现不明显，文书简化不到位等。在立足司法实践，紧扣制度精神的基础上，本书提出了更为精细化、更具有针对性的对策建议，以期促使认罪认罚从宽制度在实践中切实发挥其"两个和解""两个参与""两个节约""两个减少"的制度价值。

第十九章
涉"疫"犯罪案件认罪认罚从宽制度的适用

新型冠状病毒肺炎疫情爆发以来，国家提出了"依法科学有序防控"的方针。在 2020 年 2 月 5 日召开的中央全面依法治国委员会第三次会议上又通过了《中央全面依法治国委员会关于依法防控新型冠状病毒感染肺炎疫情、切实保障人民群众生命健康安全的意见》，会议同时指出，"要加大对危害疫情防控行为执法司法力度"；"要加强治安管理、市场监管等执法工作，加大对暴力伤害医务人员的违法行为打击力度，严厉查处各类哄抬防疫用品和民生商品价格的违法行为，依法严厉打击抗拒疫情防控、暴力伤医、制假售假、造谣传谣等破坏疫情防控的违法犯罪行为，保障社会安定有序"。随后的 2 月 6 日，最高人民法院、最高人民检察院、公安部、司法部联合发布了《关于依法惩治妨害新型冠状病毒感染肺炎疫情防控违法犯罪的意见》（以下简称《惩治涉"疫"犯罪的意见》）。[1]

在该意见发布后不久，各地纷纷宣判了本地区第一起涉"疫"犯罪的案例。与此同时，最高人民检察院和最高人民法院也分别发布了典型案例。如截至今年 3 月 4 日，最高人民检察院发布了 4 批妨害新冠肺炎疫情防控犯罪的典型案例。其中不少案例是通过适用认罪认罚从宽制度，选择速裁程序进行快速审理。[2]

---

〔1〕 通过该意见的发布机关之一（公安部）和该意见的名称可知，该意见其实针对的是违反《治安管理处罚法》和违反《刑法》的行为，因此称之为"违法"和"犯罪"。但通过阅读该意见可知，在该意见所列十项妨害疫情防控的违法犯罪行为中有九项涉及"犯罪"，仅第十项涉及"违法"，同时考虑到本书的讨论主题，涉"疫"犯罪，所以就将该意见简称为《惩治涉"疫"犯罪的意见》。

〔2〕 涉"疫"犯罪适用认罪认罚从宽制度在某种程度上已成为一种司法政策。如最高人民检察院副检察长陈国庆在 2 月 26 日国务院就联防联控机制新闻发布会上表示，办理涉企案件尽可能适用认罪认罚从宽制度。参见戴佳："办理涉企案件尽可能适用认罪认罚从宽制度"，载《检察日报》2020年 2 月 27 日。

这种快速审判的做法一方面通过惩治犯罪，维护了社会稳定；另一方面也提升了被追诉人对国家法律认可的程度。同时考虑到，2019年10月最高人民法院、最高人民检察院、公安部、国家安全部、司法部联合发布的《关于适用认罪认罚从宽制度的指导意见》（以下简称《指导意见》）第25条"探索在执法办案管理中心设置速裁法庭"的规定。可以此次涉"疫"犯罪的快速审判为契机，推进刑事速裁法庭的建设。

一、涉"疫"犯罪的特点及审理方式

刑事速裁法庭之所以能够承接涉"疫"犯罪案件的审理，原因不仅在于涉"疫"犯罪的特点，还在于涉"疫"犯罪的审理方式。

（一）涉"疫"犯罪的特点

根据《惩治涉"疫"犯罪的意见》，结合司法实践中的案例，[1]涉"疫"犯罪有如下特点：

1. 涉"疫"犯罪的类型较为多样

涉"疫"犯罪类型的多样既体现在涉"疫"犯罪的行为方式多样上，也体现在涉"疫"犯罪涉及的罪名多样上。

首先，涉"疫"犯罪的行为多样。《惩治涉"疫"犯罪的意见》中共总结出了九种犯罪形态，包括抗拒疫情防控措施的犯罪，暴力伤医的犯罪，制假售假的犯罪，哄抬物价的犯罪，诈骗、聚众哄抢的犯罪，造谣传谣的犯罪，疫情防控失职渎职、贪污挪用的犯罪，破坏交通设施的犯罪，破坏野生动物资源的犯罪。

其次，涉"疫"犯罪涉及的罪名多样。《惩治涉"疫"犯罪的意见》中不仅总结出了九种涉疫犯罪形态，也列举出了每种涉疫犯罪行为所涉及的罪名。其中，抗拒疫情防控措施的犯罪涉及3个罪名（以危险方法危害公共安全罪、妨碍传染病防治罪、妨害公务罪），暴力伤医犯罪涉及4个罪名（故意伤害罪、寻衅滋事罪、侮辱罪、非法拘禁罪），制假售假犯罪涉及4个罪名（生产、销售伪劣产品罪，生产、销售假药罪，生产、销售劣药罪，生产、销售不符合标准的医用器材罪），哄抬物价犯罪涉及1个罪名（非法经营罪），

---

〔1〕 提前说明，下文中提及的最高人民检察院所发布的4批典型案例的内容均来自最高人民检察院官网，载 https://www.spp.gov.cn/spp/wsfbt/index.shtml，最后浏览日期：2020年3月7日。

诈骗、聚众哄抢犯罪涉及 3 个罪名（诈骗罪、虚假广告罪、聚众哄抢罪），造谣传谣犯罪涉及 5 个罪名（编造、故意传播虚假信息罪，寻衅滋事罪，煽动分裂国家罪，煽动颠覆国家政权罪，拒不履行信息网络安全管理义务罪），疫情防控失职渎职、贪污挪用犯罪涉及 9 个罪名（滥用职权罪、玩忽职守罪、传染病防治失职罪、传染病毒种扩散罪、贪污罪、职务侵占罪、挪用公款罪、挪用资金罪、挪用特定款物罪），破坏交通设施犯罪涉及 1 个罪名（破坏交通设施罪），破坏野生动物资源犯罪涉及 5 个罪名（非法猎捕、杀害珍贵、濒危野生动物罪，非法收购、运输、出售珍贵、濒危野生动物、珍贵、濒危野生动物制品罪，非法狩猎罪，非法经营罪，掩饰、隐瞒犯罪所得、犯罪所得收益罪）。

最后，这种多样性还体现在涉"疫"犯罪中所涉的罪名大部分存有多个量刑幅度。典型的如诈骗罪，有 3 个量刑幅度，根据数额大小和情节的轻重，从低到高可以判处："三年以下有期徒刑、拘役或者管制，并处或者单处罚金"；"三年以上十年以下有期徒刑，并处罚金"；"十年以上有期徒刑或者无期徒刑，并处罚金或者没收财产"。这种多样的量刑幅度既能为认罪认罚"从宽"中的从轻处罚提供依据，也能为减轻或者免除处罚提供依据。

2. 涉"疫"犯罪中的大部分案件取证较为便捷

涉"疫"犯罪中除少部分案件外，绝大部分案件取证较为便捷。取证的便捷体现在证据的搜集和固定上。

首先，涉"疫"犯罪的大部分案件证据搜集较为便捷。

试举一例，在 2 月 19 日最高人民检察院发布的办理妨碍疫情防控犯罪第二批典型案例中有个"江苏省南通市张某诈骗案"。案情简介如下：

被告人张某曾因犯盗窃罪于 2013 年 11 月 20 日被安徽省蚌埠市怀远县人民法院判处有期徒刑 3 年 6 个月，并处罚金人民币 30 000 元，于 2016 年 6 月 7 日刑满释放。疫情防控期间，被告人张某利用被害人急于购买口罩的心理，于 2020 年 1 月 28 日至 30 日，在微信、QQ 群内发布有大量口罩出售的虚假信息，骗取被害人陆某某、骆某、徐某某定金共计人民币 9520 元。该案由江苏省南通市公安局港闸分局侦查终结，于 2 月 4 日向南通市港闸区人民检察院移送审查起诉。南通市港闸区人民检察院审查认为，被告人张某以非法占有为目的，在疫情防控期间虚构事实，利用网络骗取他人财物，数额较大，其行为已触犯《中华人民共和国刑法》第 266 条，犯罪事实清楚，证据确实、充分，应当以诈骗罪追究其刑事责任，于 2 月 5 日向南通市港闸区人民法院提起公诉。同时，鉴于被告人张某自愿认罪，检察机关建议判处其有期徒刑 1 年 6 个月，并处罚金人民币 10 000 元。2 月 7 日，南通市港闸区人民法院适用速裁程序，通过远程视频方式依法公开审理此案，对被告人张某判处有期徒刑 1 年 6 个月，并处罚金人民币 10 000 元。

从该案中可知，涉"疫"犯罪中的诈骗罪主要的作案方式是通过微信或者 QQ 等即时聊天工具，发布虚假信息，骗取他人财物。类似的案件还包括最高人民检察院于 2 月 11 日发布的第一批典型案例中的"浙江宁波应某某诈骗案"、[1]"广东揭阳蔡某涉嫌诈骗案"，[2]最高人民检察院于 3 月 4 日发布的第四批典型案例中的"浙江省兰溪市姜某某涉嫌销售伪劣产品案"。[3]利用微信等即时聊天工具从事犯罪活动的不止包括诈骗犯罪，如最高人民检察院发布的第一批典型案例中的"浙江义乌邵某某、毛某某涉嫌伪劣产品案"，在此案中，犯罪嫌疑人是通过"微信"发布买卖口罩的消息，而后贩卖"问题口罩"。

由此可知，在上述犯罪中，被追诉人进行犯罪活动主要是通过微信等社交软件进行的，此类以电子数据类证据为作案工具的犯罪活动中的证据搜集较为便捷。

其次，涉"疫"犯罪的大部分案件证据固定较为便捷。

试举一例，在 2 月 26 日最高人民检察院发布的第三批典型案例中有个"山东省济南市莱芜区邓某某妨害公务案"。案情如下：

被告人邓某某系莱芜某食品有限公司职工。2020 年 2 月 3 日上午 8 时许，邓某某饮酒后未戴口罩去公司上班，因公司规定酒后不能上岗以及在防控新冠肺炎疫情期间出入公司必须佩戴口罩，故防控人员不准许其进入公司院内，

---

〔1〕 在此案中，被追诉人应某某是通过"微信""社交软件"等聊天工具结识被害人，并进一步通过微信从事犯罪活动的。

〔2〕 在此案中，被追诉人蔡某是通过注册名为"武汉市慈善会"的微信公众号从事诈骗活动的。部分群众通过该公众号的对话功能咨询捐款事宜时，蔡某在微信对话中欺骗咨询群众说公众号的捐款功能还在完善中，暂时无法直接捐款，并误导群众通过扫描其本人提供的微信支付"二维码"进行捐款。

〔3〕 在此案中，被追诉人姜某某以非法获利为目的，将其 2009 年创办的兰溪某工艺厂（之前该厂主要生产口罩，后因经营不善注销）生产的、堆放在仓库里的口罩以不合格产品冒充合格产品通过微信朋友圈推销，卖给多家药店，销售金额达 10 万余元。

对其进行劝说阻止。邓某某不听劝阻，强行从电动伸缩门跳入公司，在防控人员再次阻止时邓某某情绪更加激动，并上前击打防控人员面部，进而与防控人员发生厮打。公司报警后，杨庄派出所民警徐某某与辅警立即出警处置，赶到现场后看到邓某某与一名男子在厮打，民警徐某某上前制止时，邓某某击打民警徐某某左侧面部一巴掌，致徐某某右肩肩章处的执法记录仪滑落，另一名辅警拉着邓某某不让其进入公司时，邓某某又要抬手击打辅警，辅警躲开没被打到，后民警徐某某将执法记录仪转交辅警，再次制止时邓某某又打了徐某某的左侧脸部两巴掌，民警徐某某及辅警随即将邓某某控制并带至派出所。邓某某殴打民警视频在网络上传播后，造成十分恶劣影响。

在此案中，固定邓某某妨害公务犯罪行为的证据既包括"邓某某殴打民警视频"，也可能包括民警的执法记录仪。[1]类似的案件还包括最高人民检察院第一批典型案例中的"广东廉江谭某某涉嫌非法经营案"。[2]

因此，总的来看，涉"疫"犯罪中的证据固定较为便捷。

3. 涉"疫"犯罪中的大部分案件事实较为清楚

涉"疫"犯罪中大部分案件事实较为清楚，主要体现在：

第一，上下游犯罪较少。根据《惩治涉"疫"犯罪的意见》，并结合实践中的案例，涉"疫"犯罪中上下游犯罪较少。涉及上下游犯罪的主要包括制假售假的犯罪和破坏野生动物资源的犯罪。

制假售假犯罪的典型案例如最高人民检察院第一批典型案例中的"浙江义乌邵某某、毛某某涉嫌销售伪劣产品案"。在该案中，邵某某从被另案处理的田某某处购得口罩，又将其卖给下家毛某某。

破坏野生动物资源犯罪的典型案例如最高人民检察院第三批典型案例中的"河北省玉田县刘某某、王某某等五人涉嫌非法收购、出售珍贵野生动物案"。在该案中，犯罪嫌疑人王某某非法在辽宁省凌源等地以及从尹某某手中大量收购草兔、豹猫、雕鸮、苍鹰等野生动物，其中从尹某某手中收购雕鸮4

---

〔1〕　关于本案的介绍中并未提及执法记录仪是否拍摄到了邓某某殴打民警的内容，所以此处用"可能"一词。

〔2〕　在此案中，被追诉人于武汉爆发新冠肺炎疫情期间，在天猫平台将平时销售价格为人民币50元一盒（50个独立包装）的一次性医疗口罩，提高销售价格至人民币600元一盒，价格是平时的12倍。在公安机关侦查期间，检察机关提前介入，从该罪的犯罪构成要件以及固定涉案金额证据等方面提出侦查意见，要求公安机关及时调取相关销售口罩的天猫订单信息及物流快递信息等证据材料。

只、草兔 200 余只，雉鸡 15 对。随后，将收购的野生动物销售给玉田县犯罪嫌疑人袁某某并从中获利。2019 年 11 月至 2020 年 1 月间，袁某某、刘某某夫妇先后两次非法向单某某出售凤头蜂鹰、苍鹰、雕鸮等野生动物冷冻死体，并从中获利。此外，公安机关还在袁某某、单某某处搜查出大量野生动物死体。经鉴定，雕鸮、凤头蜂鹰、苍鹰等为国家二级保护动物；豹猫、草兔、雉鸡均为《国家保护的重要生态、科学、社会价值的陆生野生动物名录》中的保护动物。

第二，团伙犯罪较少。此处的"团伙"仅包括通常意义上的团伙，即犯罪集团，不包括刑法理论上的共同犯罪。前者在涉"疫"犯罪中较为少见。其一，《惩治涉"疫"犯罪的意见》中仅列举了一个聚众犯罪，即《刑法》第 268 条"聚众哄抢罪"；其二，有一个旁证，在最高人民检察院所发布的四批典型案例中还未包括聚众哄抢犯罪的案例。

（二）涉"疫"犯罪的审理方式现状及反思

1. 涉"疫"犯罪的审理方式

由于检察院和法院均发布了各自的疫情防控的典型案例，所以为了分析的全面性，对于涉"疫"犯罪审理方式的论述就有必要从检法两方面进行。同时，为了论述焦点的集中性，下文的论述主要聚焦于审理的方式，即案件是否适用了认罪认罚从宽制度，以及适用认罪认罚从宽制度后的具体内容，包括速裁程序的适用、审理期间等。

第一，检察机关发布的涉"疫"犯罪典型案例的审理方式。以最高人民检察院发布的四批典型案例为分析样本，首先是第一批典型案例：

案件名称	是否审结	所涉罪名	是否认罪认罚	是否适用速裁程序	审限	判决
四川南充孙某某涉嫌妨害传染病防治案	否					
湖北竹山刘某某涉嫌妨害公务案	否					
浙江南浔王某某妨害公务案	是	妨害公务罪	是	是	2月9日公诉，当天宣判	有期徒刑9个月

续表

案件名称	是否审结	所涉罪名	是否认罪认罚	是否适用速裁程序	审限	判决
湖北武汉柯某某涉嫌寻衅滋事案	否					
浙江义乌邵某某、毛某某销售伪劣产品案	否					
广东廉江谭某某涉嫌非法经营案	否					
浙江宁波应某某诈骗案	是	诈骗罪	是	是	2月7日公诉，当天宣判	有期徒刑9个月，罚金1000元
广东揭阳蔡某某涉嫌诈骗案	否					
广东韶关市刘某某涉嫌非法收购珍贵、濒危野生动物罪案	否					
湖北通城毛某某、胡某某抢劫案	是	抢劫罪	否	否	2月6日公诉，7日开庭，当庭宣判	有期徒刑4年，罚金3000元

　　最高人民检察院第一批典型案例共10起，于2月11日发布，其中未审结7起，审结3起。审结的3起中有2起适用认罪认罚从宽制度，选择速裁程序进行审理，均为公诉当天宣判。而明确未适用认罪认罚从宽制度的1起案件，在公诉的次日开庭，当庭宣判。

　　第二批典型案例的情况如下：

案件名称	是否审结	所涉罪名	是否认罪认罚	是否适用速裁程序	审限	判决
湖北省嘉鱼县尹某某妨害传染病防治案	是	妨害传染病防治罪	是	是	2月11日起诉，当庭宣判	有期徒刑1年

案件名称	是否审结	所涉罪名	是否认罪认罚	是否适用速裁程序	审限	判决
四川省仁寿县王某妨害公务案	是	妨害公务罪	是	是	2月10日公诉，11日开庭，当庭宣判	拘役4个月
江苏省南通市张某诈骗案	是	诈骗罪	是	是	2月5日公诉，7日宣判	有期徒刑1年6个月，罚金10 000元
辽宁省鞍山市赵某某涉嫌编造、故意传播虚假信息案	否					
福建省武夷山市陈某某涉嫌非法猎捕、杀害国家重点保护的珍贵、濒危野生动物罪案	否					
河北省隆尧县赵某某寻衅滋事案	是	寻衅滋事罪	是	是	2月10日公诉，12日开庭，当庭宣判	有期徒刑6个月

最高人民检察院第二批典型案例共6起，于2月19日发布，其中未审结2起，审结4起。审结的4起全部适用认罪认罚从宽制度，选择速裁程序进行审理，2起案件从检察院公诉到最后法院宣判花费3天，另外2起为公诉当天宣判。

第三批典型案例的情况如下：

案件名称	是否审结	涉嫌罪名	是否认罪认罚	是否适用速裁程序	审限	判决
河北省内丘县梁某某、任某军、任某辉等人涉嫌妨害传染病防治案	否					
广西壮族自治区来宾市韦某某涉嫌妨害传染病防治案	否					

案件名称	是否审结	涉嫌罪名	是否认罪认罚	是否适用速裁程序	审限	判决
上海市金山区李某某涉嫌妨害传染病防治案	否					
山东省济南市莱芜区邓某某妨害公务案	是	妨害公务罪	是	是	2月7日公诉,12日开庭,当庭宣判	有期徒刑10个月
河北省玉田县刘某某等五人涉嫌非法收购、出售珍贵野生动物案	否					

最高人民检察院第三批典型案例共 5 起,于 2 月 26 日发布,其中未审结 4 起,审结 1 起。审结的 1 起适用认罪认罚从宽制度,选择速裁程序进行审理,2 月 7 日公诉,12 日开庭,当庭宣判。

第四批典型案例的情况如下:

案件名称	是否审结	涉嫌罪名	是否认罪认罚	是否适用速裁程序	审限	备注
浙江省仙居县方某某销售伪劣产品案	是	销售伪劣产品罪	是	是	2月13日公诉,14日开庭,当天宣判	有期徒刑2年8个月,并处罚金35万元,追缴违法所得53 700元
湖北省孝感市桂某等涉嫌销售伪劣产品案	否					
浙江省兰溪市姜某某涉嫌销售伪劣产品案	否					
江苏省扬州市纪某某涉嫌销售不符合标准的医用器材案	否	销售不符合标准的医用器材罪	是	是	2月22日公安机关移送起诉,24日开庭,仍在审理(截至3月4日)	

续表

案件名称	是否审结	涉嫌罪名	是否认罪认罚	是否适用速裁程序	审限	备注
江苏省南京市程某某销售假冒注册商标的商品案	是	销售假冒注册商标的商品罪	否	否	2月21日公诉，3月2日开庭，当天宣判	程某某有期徒刑3年2个月，罚金人民币16万元
天津市津南区张某等人涉嫌非法经营案	否					

最高人民检察院第四批典型案例共6起，于3月4日发布，其中未审结4起，审结2起。审结的2起中有1起适用认罪认罚从宽制度，选择速裁程序进行审理，该起案件公诉的第二日即开庭，当天宣判。已审结的另一起案件，未适用认罪认罚从宽制度，于2月21日公诉，3月2日开庭，当天宣判。在未审结的案件中有1起适用认罪认罚从宽制度，已处于审判阶段，还未宣判。

通过整理最高人民检察院所发布的4批典型案例，可知，4批典型案例共有27件，其中已审结10起，未审结17起。在已审结的10起案件中，适用认罪认罚从宽制度和速裁程序的有8起。在已审结的案件中，认罪认罚从宽制度的适用率较高。当然，仅凭这几起典型案例就论证涉"疫"犯罪中认罪认罚从宽制度适用率较高必然是不充分的。笔者整理这4批典型案例的目的在于：第一，用来说明速裁程序是能够处理涉"疫"犯罪的；第二，用来说明速裁法庭处理涉"疫"犯罪是有可能性的。为了强化前述的论证，笔者在接下来将整理法院处理涉疫犯罪的审理方式。

第二，法院发布的涉"疫"犯罪典型案例中的审理方式。3月10日，最高人民法院发布了涉"疫"犯罪典型案例。笔者做了如下整理：

案件名称	是否审结	所涉罪名	是否认罪认罚	判决	备注
田某某妨害传染病防治案	审结	妨害传染病防治罪	是	有期徒刑10个月	
马某某故意杀人案	审结	故意杀人罪	否	死刑	

续表

案件名称	是否审结	所涉罪名	是否认罪认罚	判决	备注
业某某抢劫案	审结	抢劫罪	是	有期徒刑 11 年，并处罚金 40 000 元，剥夺政治权利 2 年	持刀入户抢劫
刘某某编造、故意传播虚假信息案	审结	编造、故意传播虚假信息罪	是	有期徒刑 8 个月	
赵某某诈骗案	审结	诈骗罪	否	有期徒刑 7 年 9 个月，并处罚金 40 万元	
孙某某、蒋某诈骗案	审结	诈骗罪	否	有期徒刑 10 个月，并处罚金 1 万元	
叶某妨害公务案	审结	妨害公务罪	是	有期徒刑 1 年 3 个月	
唐某某寻衅滋事案	审结	寻衅滋事罪	否	有期徒刑 1 年	
黄某某非法制造枪支、非法猎捕、杀害珍贵、濒危野生动物、非法持有枪支案	审结	非法制造枪支罪、非法猎捕、杀害珍贵、濒危野生动物罪、非法持有枪支罪	是	有期徒刑 4 年，并处罚金 1 万元	
陈某某非法收购珍贵、濒危野生动物案	审结	非法收购珍贵、濒危野生动物罪	否	有期徒刑 8 个月，并处罚金 5 万元	

以上 10 起案件现已全部审结。其中，适用认罪认罚从宽制度审理的案件有 5 起，占审理案件总数的一半。

2. 对涉"疫"犯罪审理方式的反思

通过快速审理涉"疫"犯罪能够起到有效打击犯罪，维护社会正常秩序的作用。结合前述最高人民检察院和最高人民法院发布的典型案例，以及各地检法发布的典型案例可知，当下涉"疫"犯罪的审理方式还存在如下亟待完善之处：

第一，要着重保障被追诉人认罪认罚的自愿性。由于认罪认罚从宽制度相关配套机制亟待完善，被追诉人存在"虚假认罪"的可能性。同时，又因为当前处理涉"疫"犯罪的从快从重理念，在很大程度上可能导致被追诉人认罪认罚并非出于真实意思的表示。因此，对于涉"疫"犯罪适用认罪认罚从宽制度首要应当保障被追诉人认罪认罚的自愿性。

第二，要着重保障被追诉人举证质证的权利。对于适用普通程序和简易程序审理的认罪认罚案件而言：一方面，近年来，法院信息化建设步伐加快，探索采用多媒体示证的方式进行法庭审理，示意证据大量出现，这本身就会影响被追诉人的举证质证；另一方面，加之当前疫情防控的工作需要，各地保障被追诉人庭审在场权的做法不一。在有的案件中，被追诉人到庭，而在有的案件中，被追诉人通过视频远程出庭。"实物证据不到庭"叠加上"被追诉人不到庭"，这两重因素必然会对被追诉人充分行使举证质证的权利产生影响，直接言词原则的贯彻将大打折扣。

第三，要着重保障被追诉人的辩护权。在涉"疫"犯罪中保障被追诉人的辩护权，不仅应当保障其自身的自行辩护权，还应当保障其辩护律师的辩护权，首当其冲的就是保障被追诉人与辩护律师的会见权。由于疫情的影响，辩护律师在通过视频远程出庭的同时，也可能通过视频远程会见被追诉人。且不说当前羁押场所信息化建设的程度能否满足被追诉人与辩护律师会见交流的需要，这种远距离交流的效果远不如"眼球对眼球"交流的效果。

二、审理涉"疫"犯罪，速裁法庭何以可能？

刑事速裁法庭设置在公安机关执法办案管理中心，附随配置有检察机关的检察室。如此，不但被追诉人的庭审在场权能够得到解决，证据出示的方式等问题也可一并解决。同时，还可从必要性和可行性两方面对刑事速裁法庭处理涉"疫"犯罪进行论证。

（一）速裁法庭审理涉"疫"犯罪的必要性分析

刑事速裁法庭审理涉"疫"犯罪有三个层面的必要性，分别是审理的及时性、公正性和有效性。接下来笔者将分而述之。

1. 刑事速裁法庭的快速审理机制能够适应高效打击犯罪的需要

处于疫情防控的重要时期，快速审理涉"疫"案件是有效打击涉疫情犯罪的关键。这就要求审理涉"疫"犯罪要在依法的前提下，尽可能迅速地审结案件。而刑事速裁法庭的快速审理机制刚好契合了这一要求。

刑事速裁法庭的快速审理体现在以下几个方面：第一，根据《指导意见》第 25 条的规定，刑事速裁法庭设置在公安机关的执法办案管理中心，同时还附随设置有检察机关的检察室。这种"一站式"办案方式必然能加快案件的审理速度。第二，刑事速裁法庭针对的是适用速裁程序审理的案件。根据《刑诉法》第 224 条第 1 款的规定，适用速裁程序审理案件，不受送达期限的限制，一般不进行法庭调查和法庭辩论……相较于普通程序和简易程序，速裁程序本身就加快了审判的速度，而刑事速裁法庭更为适用速裁程序办理案件提供了一种专门的通道，这无疑是一种"快上加快"的方式。

在审理涉"疫"犯罪中，无论被追诉人是否被羁押，从初查到立案，再到侦查，其都需要到公安机关的办案场所开展诉讼活动。这种办案模式为刑事速裁法庭的建立和有效运行提供了契机。如若案件事实清楚，证据确实充分，同时证据的收集和固定合法迅速，加之被追诉人认罪认罚，对适用速裁程序没有异议，完全可以在公安机关的执法办案管理中心将审查起诉和审判程序进行完毕。在审理涉"疫"犯罪的方式选择上，这种将侦查机关、检察机关、审判机关进行"物理"集中的方式无疑将加快审理的效率，降低了庭审时将被告人从看守所提押至法院审判庭的往返时间损耗。

2. 刑事速裁法庭对司法公正的维护能够保障涉"疫"犯罪的依法审理

公正是司法的生命线。刑事速裁法庭审理的快速性不是无原则性的快，而应当是在遵循法律原则之上的快速审理。

因为刑事速裁法庭是针对刑事速裁程序建立的，因此刑事速裁法庭的公正是与速裁程序的公正联系在一起的。首先，速裁程序的基本公正性是经过司法实践检验的。虽然刑事速裁程序正式被写入《刑诉法》是在 2018 年，但早在 2014 年就开展了刑事速裁程序的试点，2016 年又进行了认罪认罚从宽制度的试点工作。2017 年 10 月，中国政法大学课题组对认罪认罚从宽制度的试点情况进行第三方评估，共有 1516 名律师、被告人、办案人员参加问卷调查，对试点效果总体评价较高，其中律师满意度为 97.3%，被告人满意度为 94.3%。[1]

---

〔1〕　相关数据来自 2017 年 12 月 23 日，最高人民法院周强院长在第十二届全国人民代表大会常务委员会第三十一次会议上所做的《关于在部分地区开展刑事案件认罪认罚从宽制度试点工作情况的中期报告》。

同时，根据18个城市的问卷调查可以得出以下结论：刑事速裁程序试点较大幅度地提高了试点地区的刑事案件办理的诉讼效率，特别是在提高非羁押性替代措施适用率、非监禁刑的适用率和降低上诉率、抗诉率，推动案件繁简分流，有效缓解试点地区案多人少矛盾等方面成效显著。当然，根据调查问卷，刑事速裁程序试点过程中在案件适用范围、证据证明、认罪审查、控辩协商和庭审方式等方面还存在许多深层次问题亟待解决。[1]其次，被追诉人在速裁程序的适用上具有主动权。虽说以检察官为代表的控诉方处于刑事程序的主导地位，如果缺乏相应的平衡机制，控诉方就可能利用信息不对称以及其他资源优势，压制被追诉人，迫使、诱使其接受协商条件，使协商性司法异变为压制型司法。[2]但在速裁程序的适用时，一方面将"被告人认罪认罚并同意适用速裁程序的"作为适用速裁程序的必要条件之一，另一方面又在第223条列举了几种不适用速裁程序的情形，特别是在第4种和第5种情形的适用上，被追诉人具有较大的决定权。

同时，适用速裁程序审理的案件具有一系列的救济措施。第一，速裁程序不是一审终审，可以上诉和申请再审。第二，根据《刑诉法》第225条的规定，适用速裁程序的案件法院原则上应当在受理后10天内审结。这一红线的设置要求与被追诉人一方进行充分、有效的协商。第三，根据《刑诉法》第226条的规定，在被告人否认指控的犯罪事实时，应当按照普通程序或者简易程序的规定重新审理。

在公安机关的办案管理中心建设速裁法庭，最值得警惕的是司法受制于侦查。本来公、检、法三机关就"配合有余，制约不足"，现在进行速裁法庭的探索，似乎会加剧这种现象。这就要求适用案件要注意收集和固定直接证据，如在妨害公务的案件中，有执法记录仪直接拍摄到被追诉人进行了妨害公务的活动，否则不宜通过刑事速裁法庭进行审理。

3. 刑事速裁法庭审理案件的有效性能够维护办理涉"疫"案件裁判的权威

公正不仅要实现，而且要以看得见的方式实现。刑事速裁法庭的理论与实践之所以会产生并持续发展，归根到底在于该制度的有效性。具体到涉

---

〔1〕 李本森："刑事速裁程序试点研究报告——基于18个试点城市的调查问卷分析"，载《法学家》2018年第1期。

〔2〕 龙宗智："完善认罪认罚从宽制度的关键是控辩平衡"，载《环球法律评论》2020年第2期。

"疫"案件的审理上，这种有效性体现在能够通过依法快速审理案件维护裁判结果的权威。

长期以来，我国刑事司法实践中存在"重打击、轻保护"的现象。在打击犯罪的过程中，在一定程度上过度强调了严惩犯罪分子，而忽视了对其合法权益的保护。特别是在刑事程序中长期将其作为"诉公客体"对待，这也导致"案结事了"的效果不佳。在速裁程序中，将被追诉人作为诉讼主体，注重其意志的表达，特别是《指导意见》的第33条第1款明确指出："人民检察院提出量刑建议前，应当充分听取犯罪嫌疑人、辩护人或者值班律师的意见，尽量协商一致。"这就决定了较之以往，被追诉人在速裁程序中获得了较充分的自主性和主动权。

换言之，认罪认罚从宽制度集恢复性司法和协商性司法于一身，致力于调动犯罪嫌疑人、被告人的程序参与权，提升裁判结果的可接受性。认罪认罚从宽制度之所以能够提升裁判结果的可接受性，原因在于协商性司法所特有的司法决策民主特性。协商性司法所承载的价值远远不止是效率的提升，这正是帮助我们重构其价值立场的关键。跳出刑事诉讼法的场域，这种全新的司法范式实际上是对国家与公民之间关系所作的根本性调整。被追诉人与国家司法机关通过协商达成合意，解决犯罪行为的方案被确立了下来，这就意味着刑事司法程序之运作不再由国家主导，被追诉人也不再是服从者，只能默默接受国家对其诉讼命运作出的决定。其能够创造性地参与到定罪和量刑的过程之中。从这个角度来看，协商引入刑事诉讼领域有助于进一步推进司法决策的民主化与科学化。[1]

同时，在审理涉"疫"犯罪时，通过速裁程序的适用还可以达到轻刑化的目的。一方面，在"全民防疫"的口号下，难免将感情色彩带入涉"疫"犯罪的处理，使之呈现出了一种重刑化的现象；另一方面，疫情防控期间刑事治理的案件，无论是以危险方法危害公共安全类犯罪，还是以其他犯罪处理的案件，其矛头都是针对普通公民，尤其是一些轻微违法犯罪行为的入罪化，在打击范围上存在着扩大化。[2]通过速裁程序的适用，以法治化的方式

---

〔1〕 吴思远："论协商性司法的价值立场"，载《当代法学》2018年第2期。

〔2〕 刘艳红："治理能力现代化语境下疫情防控中的刑法适用研究"，载《比较法研究》2020年第2期。

将此种过度情绪化的重刑倾向进行冷却处理。

（二）速裁法庭审理涉"疫"犯罪的可行性分析

1. 关于速裁程序运行的理论较为发达

当前，对于刑事速裁程序研究的理论成果较多，为刑事速裁法庭的实践运行提供了理论上的支撑。这些理论主要包括：

第一，分析刑事速裁程序的理论基础。对此，有观点认为，价值问题是刑事速裁程序的理论基础。效率价值、程序公正价值及实体公正价值构成了刑事速裁程序的多元价值体系。审前程序的整合、审判程序的简化以及诉讼期限的缩短是效率价值的具体表现。被告人程序选择权的充分尊重以及诉讼当事人的实质参与是程序公正价值的具体表现。控辩双方不可围绕特定罪名进行协商以及量刑协商不可突破法定范围是该程序实体公正价值的具体表现。[1]

第二，刑事速裁程序相关配套措施的构建。如被害人参与，在刑事速裁程序中，被害人可以通过影响程序启动、提出量刑意见、接受道歉并获得赔偿、请求抗诉等方式参与速裁程序。[2]

第三，刑事速裁程序救济机制的构建。对此，有观点认为，被告人认罪认罚自愿性与真实性是刑事速裁程序的救济对象。理论上，程序回转机制能够保障被告人的程序选择权与反悔权，使得速裁程序失效、普通程序重启，形成对认罪认罚自愿性的救济；上诉机制能够保障被告人的程序及实体权利，制裁程序性违法、纠正实体性错误，形成对认罪认罚自愿性与真实性的双重救济。[3]

2. 关于速裁法庭建设的实践较为充足

虽然刑事速裁法庭的建设正式出现在 2019 年出台的《指导意见》中，但实践中，部分地区早在此前就设立了刑事速裁法庭，这就为处理涉"疫"刑事速裁法庭的建立完善提供了实践上的经验。

---

〔1〕 孔令勇："刑事速裁程序价值的理论阐释与冲突衡平"，载《烟台大学学报（哲学社会科学版）》2019 年第 4 期。

〔2〕 孔令勇："刑事速裁程序中的被害人参与模式：方式、问题与制度完善"，载《西部法学评论》2018 年第 2 期。

〔3〕 孔令勇："刑事速裁程序救济机制的反思与重构"，载《安徽大学学报（哲学社会科学版）》2019 年第 2 期。

如 2015 年 10 月，北京市海淀区公安分局执法办案中心投入运行。海淀区公、检、法、司四部门于 2017 年 2 月中旬在执法办案中心设立新的速裁办公区，检察院、法院分别设立速裁办公室和速裁法庭，司法局设立值班律师，均派人值守。

2017 年 11 月，陕西省西安市灞桥区人民法院在区看守所设立的刑事速裁法庭正式启用。

2018 年 5 月，山东省济南市章丘区人民法院在章丘区看守所刑事执法办案中心设立的刑事速裁法庭正式启用。根据章丘区人民法院、区人民检察院、区公安分局、区司法局共同制定的《关于适用"认罪认罚从宽"案件工作实施细则》的要求，区人民法院、区人民检察院、区公安分局、区司法局在看守所联合建立刑事执法办案中心，同时在该办案中心设立刑事速裁法庭。

2018 年 8 月，天津市南开区人民法院在南开区看守所设立了刑事速裁法庭。

2019 年年初，浙江省温州市苍南县在苍南县公安局一体化办案中心设立速裁法庭。速裁法庭配备远程审判系统，通过专网与县法院、检察院相连，法官和检察官可通过现场视音频进行远程审判。

2019 年 10 月，江苏省张家港市法院在市公安局执法办案中心设立的刑事速裁法庭正式投入使用。根据张家港市人民法院、市人民检察院、市公安局、市司法局共同签署的《关于"一站式"办理刑拘直诉案件的工作意见》，针对"刑拘直诉"等轻微刑事犯罪适用速裁程序。

2019 年 11 月，根据海南省万宁市人民法院、人民检察院、公安局、司法局共同会签的《万宁市刑事案件认罪认罚速裁程序实施细则（试行）》，万宁市人民法院在万宁市公安局设立认罪认罚刑事案件速裁法庭。据悉，这是海南省首家派驻公安局速裁法庭。

2019 年 12 月，河南省商丘市永城市人民法院在永城市公安局执法办案管理中心设立刑事速裁法庭。

2020 年年初，广东省广州市黄埔区人民法院在区公安分局执法办案中心设立了广东省首个刑事速裁法庭。黄埔区人民检察院在执法办案中心设立派驻检察室，黄埔区司法局安排法律服务工作站驻点律师为认罪认罚的犯罪嫌疑人、被告人提供法律服务。

同时，各地在处理涉"疫"犯罪的过程中，纷纷对刑事速裁法庭的建设进行试水。如山西省太原市万柏林区人民法院于2020年3月25日下午适用速裁程序1个小时审结康某诈骗案及薛某盗窃案2件认罪认罚刑事案件。由于疫情防控，案件采用网上远程开庭方式"无接触"审理，在法院刑事法庭设审理主场，驻万柏林区执法办案中心速裁法庭、检察室设分场，公诉人、被告人及其辩护人通过远程视频参与了庭审，案件当庭宣判，并启用表格式判决书当庭送达。案件从公安机关立案侦查完毕移送检察机关审查起诉，到法院审理当庭宣判，仅历时1天。[1]

以上全国各地种种针对刑事速裁法庭的实践，在丰富了刑事速裁法庭理论的同时，也为审理涉"疫"犯罪提供了有益经验。

3. 刑事速裁法庭自身的优势

刑事速裁程序理论阐释和实践运行中的智力支持和经验积累，聚焦到涉"疫"犯罪的审理方式上就体现为如下优势：

第一，从对涉"疫"犯罪案件进行审理的价值上来看：一方面，快速审理是效率价值的体现；另一方面，确保被追诉人以及值班律师、辩护律师实质参与则是程序公正价值的体现。在通过刑事速裁法庭对涉"疫"犯罪进行审理时，不但要快速审理，确保实现效率价值，更要确保被追诉人一方实质参与，实现程序价值。如若两种价值发生冲突，要优先选择程序公正价值。

第二，在刑事速裁法庭的选址上，以看守所为最佳选择，这主要是基于速裁法庭设置的效率价值考虑。当然，这一选择建立在被追诉人辩护权得到充分保障的基础之上。必要时还可以考虑巡回审判。司法实践中也存在类似的案例。如山西省高平市人民法院在适用简易程序审理案件时，考虑到最大限度地减少人员聚集及频繁押解嫌犯带来的交叉感染风险，经请示院长同意，并与市人民检察院、看守所多次沟通协调，于3月17日在高平市人民检察院远程提讯室开庭审理案件。[2]

---

〔1〕 参见山西省高级人民法院微信公众号"山西高院"，3月28日，《刑事速裁"一站式"办案，审出新速度!》。据了解，万柏林区执法办案中心是全山西省首家执法办案中心。万柏林法院与万柏林区公安分局、检察院、司法局联合出台了《万柏林区执法办案中心速裁案件工作流程（试行）》，并按照"物理集中、规范管理、功能聚合、服务实战"的思路，建成太原市公安局万柏林分局执法办案中心。其中，万柏林法院驻办案中心刑事速裁法庭、区检察院驻办案中心检察室均已建成并投入使用。

〔2〕 详情请参见山西省高平市人民法院微信公众号："高平市人民法院"，3月18日，《在检察院开庭?! 没错，你的眼睛没有花!》。

第三，刑事速裁法庭建立的最大特点在于通过"一站式"办案的方式，缩短办案的时间，提升办案的效率。既然如此，可以适度扩大案件审理的范围，尝试将简易程序审理的案件纳入其中。目前，刑事速裁法庭还仅针对适用速裁程序审理的案件。下一步可以通过试点的方式探索在刑事速裁法庭中适用简易程序审理案件。

三、完善速裁法庭审理涉"疫"犯罪的几点建议

尽管前述论证了刑事速裁法庭审理涉"疫"犯罪存在诸多优势，但为充分保障被追诉人的权利，达到公正审判的效果，还需从以下三个方面进行完善：

（一）辩护权保障

基于疫情防控的需要，法官、检察官、值班律师或者辩护律师、被追诉人等几方可能都无法进行面对面的交流，无论是在法庭上还是在庭下。这就要求提升被追诉人自行辩护的能力，此外，检察机关要积极履行客观义务，法院要主动做好相关法律问题的释明工作。

第一，提升被追诉人自行辩护的能力。在适用速裁程序审理的案件中，保障被追诉人自行辩护的关键一招是赋予被追诉人阅卷权。尤其是《指导意见》第29条明确规定："人民检察院可以针对案件具体情况，探索证据开示制度，保障犯罪嫌疑人的知情权和认罪认罚的真实性及自愿性。"这不仅体现了被追诉人的诉讼主体地位，还能达到有效果辩护的目的。[1]

第二，扩大司法机关释明的范围。司法机关也应当为保障被追诉人的辩护权作出努力，这主要体现在扩大司法机关释明的范围上。囿于被追诉人本人的经历，可能对某些法律术语或者司法惯例不甚了解，特别是在值班律师、辩护律师不在场的情况下，其就更显得势单力薄。在这种情况下，司法机关应当主动作为，扩大释明的范围，针对被追诉人主动提出的法律疑问，给予及时、准确的答复。

（二）涉"疫"犯罪证据的收集和固定

要做到对涉"疫"犯罪的快速审理，证据的收集和固定是关键。

第一，发挥"大数据"等新型科技在发现和固定证据中的作用。当下，

---

〔1〕　陈学权："论被追诉人本人的阅卷权"，载《法商研究》2019年第4期。

依靠"大数据"证明案件事实已经成为一种客观需要。当前，各地推行的"健康码"即是通过"大数据"技术实现防控的需要。证据收集也要因应这一变化，利用"大数据"技术进行证据收集乃大势所趋。这首先是由案件专业化、巨型化的演变态势所决定的。在越来越专业、复杂的案件中，用于证明案件事实的证据也必然趋于专业化和复杂化。其次，这符合降低司法证明难度的导向。证据是一种稀缺的资源，证明短缺是人类司法的永恒规律。千百年来，人类一直在寻找有效化解证明难题的方法，其中包括对新型证明方法的探索与推广。最后，"大数据"用作证据具有独到的价值。每一份具体的传统证据反映的都是案件中具体的人、事、物、时、空等信息。与之不同的是，"大数据"反映的是案件整体或作为其很大一部分的人、事、物、时、空等信息。[1]具体到涉"疫"犯罪证据的收集上，以妨害传染病防治罪为例，通过"大数据"分析其行动轨迹，能够有效地收集和固定其涉嫌犯罪的证据。

第二，要注意对主观故意证据和客观行为证据的收集和固定。注重外围客观证据的提取，通过客观证据证明犯罪嫌疑人对新冠病毒传染性的认知、对新冠肺炎症状的认知以及对防控要求的认知等，进而准确判断犯罪嫌疑人的主观故意。客观行为证据的取证重点是被确定为新冠肺炎病人、病原携带者或新冠肺炎疑似病人后，进入哪些公共场所、搭乘过哪些公共交通工具、在公共场所或公共交通工具上停留的时间、是否采取防护措施、有哪些行为表现等。随着侦查取证的深入，犯罪嫌疑人所涉嫌的罪名可能会发生转换，因此取证应具有前瞻性，在取证过程中发现犯罪嫌疑人其他违反疫情防控要求的行为也应及时收集、固定证据。[2]强调外围证据的收集固定，既是认罪认罚从宽制度适用的前提，也是保障被追诉人意志自由的基础。

（三）律师会见、阅卷权的保障

要保障被追诉人的公正审判权，还应当保障值班律师或者辩护律师的会见权和阅卷权。

第一，保障律师会见权。由于疫情防控的需要，被追诉人与值班律师或者辩护律师可能无法进行面对面的交流，因此，需要借助科技的力量来保障

---

〔1〕 刘品新："论大数据证据"，载《环球法律评论》2019 年第 1 期。

〔2〕 陈敬慧："认定'涉疫'危害公共安全犯罪尤应注重引导取证"，载《检察日报》2020 年 3 月 31 日。

律师的会见权。如可在刑事速裁法庭建设单独的会见室，不仅能满足被追诉人与律师面对面沟通交流的需要，还应当配备远程视频系统，以应对类似新冠肺炎疫情等紧急情况。同时，被追诉人与律师之间通过视频进行交流的内容也属于《刑诉法》第39条第4款"不被监听"保护的对象。

需要说明的是，笔者倾向于将被追诉人与律师通过视频交流沟通的方式解释为"会见权"，而非"通信权"。理由如下：第一，刑事诉讼法上的"通信"应当被理解为通过书信进行交流，通过视频交流的方式应为"通讯"，"通信"无法涵盖这种方式。第二，"通信"的内容会被检查。而"会见"的内容被法律明确"不被监听"，自然也就无法作为反对被追诉人的证据出示。第三，会见是一种见面的方式，不仅包括线下面对面的见面，也包括线上的视频交流。也就是说，"会见"能够将视频交流包含在内。因此，从更充分保障被追诉人权利的角度出发，将通过视频进行交流的方式解释为"会见"更为适宜。

第二，保障律师阅卷权。通过刑事速裁法庭审理案件，在保障律师阅卷权的问题上有两点值得注意：首先，由于检察机关在执法办案中心设置有检察室，同时，在涉重大疫情犯罪案件的侦查阶段，检察机关可能会提前介入，引导公安机关依法侦查、规范取证、固定证据。[1]这种办案模式决定了检察机关会比律师提前接触案情。又由于刑事速裁法庭快速审理的特点，两相比较，难免律师在阅卷的准备工作上显得匆忙。因此，有必要赋予律师与检察机关审查起诉相同的阅卷时间。其次，律师核实证据的问题。如若在刑事速裁程序中开展证据开示则不存在证据核实的问题。但在证据开示制度建立并实行之前，律师还应有必要核实证据。辩护律师核实证据的过程是律师与当事人之间信息互动交流的过程。核实证据建立在当事人对现有证据内容知情的基础上，唯有知悉证据内容方可对其真实性、相关性乃至合法性予以确认或者提出反驳意见。[2]疫情防控期间，在辩护律师普遍通过远程视频方式会见、出庭的新形势下，辩护律师通过与当事人核实证据，使得当事人知悉指控的证据，也有助于保障认罪认罚的自愿性和真实性，更能有助于保障刑事速裁法庭的持续健康发展。

---

〔1〕 林竹静："检察机关应积极参与疫情综合治理"，载《检察日报》2020年2月9日。
〔2〕 韩旭："辩护律师核实证据问题研究"，载《法学家》2016年第2期。

第二十章

认罪认罚具结书的效力及其完善

——从"余某平交通肇事案"二审加刑谈起

一、问题的提出

近日，一份交通肇事案的二审判决书在网络上广泛传播，引发热议。案情是：被告人余某平涉嫌交通肇事罪，因认罪认罚，认可了检察机关提出的判处有期徒刑 3 年，缓刑 4 年的量刑建议之后，案件被提起公诉。一审法院北京市门头沟区人民法院以被告人主观恶性较大，判处缓刑不足以惩戒犯罪为由，未采纳检察机关的量刑建议，改判为有期徒刑 2 年。宣判后，门头沟区人民检察院提起抗诉，被告人也以原判认定事实不清，证据不足，量刑过重等理由提出上诉。二审法院开庭审理了此案，最终判决被告人有期徒刑 3 年 6 个月（以下简称"余案"）。[1]

观察"余案"，既可从自首的认定、缓刑的适用、交通肇事后逃逸等实体法角度进行研究，也能从"上诉不加刑"等程序法角度进行研究。为了使研究焦点更集中，本书拟结合该案，对认罪认罚具结书的效力尝试作一分析。

对于此案被告人而言，从审查起诉，到一审，再到二审，出现了多个量刑建议和量刑结果。如此之多的量刑结果想必是被告人在审查起诉阶段签署认罪认罚具结书时所不曾预料到的。其实，这正反映出当前认罪认罚具结书内容过于简单化的窘境。以此案为例：一方面，被告人在审查起诉阶段签署

---

[1] 本书中所提及的"余某平案"二审判决书为北京市第一中级人民法院［2019］京 01 刑终 628 号刑事判决书，一审判决书为北京市门头沟区人民法院［2019］京 0109 刑初 138 号刑事判决书。

具结书，大概会以为法院也会依照此量刑建议定罪量刑；另一方面，检察机关抗诉后，被告人大概会认为二审法院会遵循"上诉不加刑"原则判决。类似的情形还包括，有的被告人提出"技术性上诉"，企图拖延时间，达到"留所服刑"的目的，但却忽略了检察机关的抗诉权。上述情况如果在犯罪嫌疑人签署具结书前，检察机关向其讲清楚，或者在具结书中标明相关内容，完全可以避免。因此，有必要以"余案"为样本，并结合其他案件，对认罪认罚具结书的内容和效力进行全面检讨，并提出完善建议。

二、对当前认罪认罚具结书的检讨

（一）对"余案"所涉具结书的检讨

"余案"是一件被追诉人认罪认罚案件，余某平签署认罪认罚具结书符合法律要求。但是仍有以下问题可探讨。首先，在具结书效力上，一审具结书是否对二审判决产生拘束力？其次，目前具结书中所载的内容过少，特别是在关涉被追诉人权利保障问题上，具结书究竟该记载哪些内容？

1. 具结书对法院的二审判决是否具有约束力？

从理论上讲，具结书对一审判决具有拘束力。原因在于，根据《刑诉法》第 201 条第 1 款的规定，对于检察机关指控的罪名和量刑建议，法院"一般应当采纳"。而无论是指控的罪名抑或是量刑建议，均能够在具结书上体现出来，因此自然可以推导出具结书对一审判决具有约束力。这仅是从一般意义上来讲，但也有例外情况。

就"余案"而论，如果一审法院经过审理发现不存在《刑诉法》第 201 条第 1 款规定的法定情节，"应当采纳"检察机关的量刑建议。如果法院认为量刑建议"明显不当"，可以建议检察机关进行调整，不得直接作出判决。从二审判决书发现，一审法院在变更量刑之前是建议检察机关调整量刑建议的。因此从程序上看，一审法院在调整量刑建议上的做法是合乎程序的。

本案争议的焦点在于二审法院能否加重刑罚？也就是具结书对二审判决是否具有约束力？

根据《刑诉法》第 237 条第 1 款的规定，被告人上诉的案件，法院不得加重刑罚。第 2 款规定，检察机关提出抗诉的，不受前款规定的限制。结合"余案"的案情可知，二审的启动既存在被告人的上诉，也存在检察机关的抗诉，因此从形式上看似乎法院加重刑罚合乎法律规定。但本案的特别之处在于检察机关是为被告人利益而提出抗诉的，从这一点来看，似乎又与传统的"抗诉加刑"情形不相符。

当前认罪认罚具结书主要写明的是检察机关指控的罪名和量刑建议。因此，探讨具结书能否对二审判决产生约束力，其实是分析前述两项内容能否对二审判决产生约束力。笔者认为，检察机关指控的罪名和量刑建议当然能够对一审法院的判决产生拘束力。理由如下：

第一，从法律规范上来看，《刑诉法》第 201 条第 1 款规定，对于检察机关指控的罪名和量刑建议，法院"一般应当采纳"。当然，该条第 2 款还列举了五种例外情形，仔细推敲可以发现，这五种例外情形其实主要是否定了认罪认罚从宽制度的适用，如"被告人的行为不构成犯罪或者不应当追究其刑事责任的"是对认罪认罚明智性的否定，又如"被告人违背意愿认罪认罚的"是对认罪认罚自愿性的否定。法院拥有对是否符合认罪认罚条件的审查权，这种审查权属于审判权的范畴。但这种审查权是有界限的。首先，对于发现存在例外情形的案件，法院应当否定认罪认罚从宽制度的适用，直接作出判决。如果是二审程序的话，则可能需要发回重审。其次，对于不存在例外情形的案件，原则上法院应当采纳检察机关指控的罪名和量刑建议，如果法院认为量刑建议明显不当，应当建议检察机关进行调整而不得直接予以改判。这也就是说，只要案件符合认罪认罚从宽制度的适用条件，法院判决原则上必须受限于具结书。毕竟，该具结书上记载的罪名和提出的量刑建议是控辩双方"合意"的结果，法院应当予以充分尊重。

第二，从诉讼原理来看，审判对象和"诉"的理论缺失，导致法院裁判犹如"脱缰的野马"。2018 年《刑诉法》第 186 条规定："人民法院对提起公诉的案件进行审查后，对于起诉书中有明确的指控犯罪事实的，应当决定开庭审判。"根据文义解释，一方面表明法院应当开庭审判，另一方面也表明审判范围应当是"起诉书中有明确的指控犯罪事实"。对于起诉书中未载明的犯罪事实自然不能对其进行审判。法院审判的对象应当与起诉指控的事实保持一致，即"诉判同一"，否则有违"不告不理"原则。当控辩双方在上诉、抗诉时均未要求二审法院对一审认定的"自首"问题进行审理的情况下，二审本着查明事实的态度任意扩大审判范围，脱离"诉"的限制进行裁判，有违基本的诉讼法理。[1]

第三，"全面审查"的规定既不符合基本法理，也与域外关于二审设置的普遍做法不一致。2018 年《刑诉法》第 233 条第 1 款的规定，二审法院对于一审判决认定的事实和适用的法律进行全面审查，不受上诉或者抗诉范围的限制。此条规定体现的是发现真相的"实质真实"观，但却容易忽视对被追诉人权益的保护，使"上诉不加刑"原则大打折扣。从域外二审程序的设置看，二审针对控辩双方的上诉主张及其理由展开，通常不进行事实审，因为在事实发现方面，一审比二审更具优势。二审大多是法律审。以"余案"为契机，可否考虑未来刑诉法修改时，将我国的二审程序改造为法理审。本案二审判决不妥之处在于二审法院未否定认罪认罚从宽制度的适用，而径行加重了上诉人的刑罚。根据《指导意见》第 9 条第 2 款的规定："认罪认罚与自首、坦白不作重复评价。"在"余案"中，上诉人自首的情节已被认罪认罚所吸收，而不再单独评价。现在的问题是，有利于上诉人的认罪供述依然有效，但基于认罪认罚所给予的一审量刑优惠却被法院否定，同时，上诉人也无法对此获得救济。

2. 虽然实践中适用认罪认罚从宽制度的案件，被追诉人均享有上诉权利，
   但具结书中却缺少相关的规定

对于具结书，实践中一方面存在简单化、片面化的理解，突出表现就是具结书内容仅有"一张纸"，最多"两张纸"，虽说不能用字数或者纸张多少来衡量具结书的价值，但寥寥数句很可能无法表达一些重要问题；另一方面具结书承载了太多无法承受的重托，为了确保被追诉人认罪认罚的自愿性和明智性，还要求值班律师或者辩护人在上面签字。总之，当前具结书上载明的内容无法承载立法者所给予的厚望。

从司法实践中具结书内容来看，主要记载：被追诉人的个人信息、认罪认罚情况、量刑建议、程序适用等。仅仅记载上述内容通常无法反映认罪认罚的全貌。例如，假设某个被追诉人在审查起诉阶段认罪认罚后又翻供，而后又认罪认罚，这些情况很难通过一纸文书准确地反映出来。特别是在司法机关行使释明权的问题上，目前具结书的内容更是无法承载。大概基于此，

---

[1]　龙宗智："龙宗智评余金平交通肇事案终审判决"，载《中国法律评论》微信公众号 2020 年 4 月 17 日。

宁夏在推行认罪认罚从宽制度过程中，又额外制作了认罪认罚告知书，与具结书一并使用。司法机关释明的内容，例如被追诉人的权利义务等均可在"告知书"中记载。如此较好地保障了被追诉人认罪认罚的明智性。

3. 对具结书性质认识错误，出现了要求法院判决应当依照具结书的

实践中有人主张法院判决应当依据具结书中记载的罪名和量刑建议作出，不仅检察机关和被追诉人的诉讼行为要受到具结书的约束，而且法院也应当依照具结书所载明的罪名和量刑建议进行。这无疑剥夺了法院的审判权。提出量刑建议仅是检察机关求刑权的体现，不能以求刑权代替审判权，使法院的审判权受到过分侵蚀。在某种意义上讲，"余案"是刑事司法中审判权对检察机关日益扩张的求刑权的一种"反击"，具体表现就是法院不但不采纳检察机关的量刑建议，而且加重刑罚。当然，从法院依法独立行使审判权角度看，可喜可贺。该案改变了过去法院被侦查机关、检察机关"牵着鼻子走"的做法，体现了以审判为中心刑事诉讼制度改革的成果。之所以产生这个错误观点，在于对 2018 年《刑诉法》第 201 条的理解不准确。如前所述，检察机关提出的量刑建议，法院"一般应当采纳"，除非案件具有五种例外情形。至于案件中是否存在这些例外情形，则需要法院通过审理进行查明。这一对案件进行查明的过程本身就是一种审判活动。虽然检察机关应发挥在认罪认罚从宽制度中的主导责任，但并不意味着法院不享有对案件进行审判的权力，毕竟法官也要对冤假错案负责。

（二）对具结书相关问题的检讨

通过对司法实践的观察和调研可知，在当前司法实务中对认罪认罚具结书的使用还存在以下误区：

（1）具结书在庭审中成了证明手段，而非证明对象。无论是从具结书的内容还是定位等方面来看，具结书仅是证明被追诉人认罪认罚情况的一份诉讼文书。但在司法实践中，具结书演变为证明被追诉人有罪的证据，而非证明的对象。准确地讲，具结书应当是证明认罪认罚签署真实性的材料。换言之，具结书与认罪认罚的适用相伴而生，适用认罪认罚从宽制度，须签署具结书。如果不适用认罪认罚从宽制度，则已经签署的具结书当归于无效。自然，具结书上记载的被追诉人有罪供述也不能够被当作不利证据使用。

对具结书的性质认识不到位，还产生了禁止辩护律师作无罪辩护的做法。在实践中有判决认为，庭审中被追诉人同意辩护人作无罪辩护，视为翻供，

不构成坦白。典型案例是，**杨某、林某忠涉嫌聚众扰乱社会秩序案**。[1]法院认为，被告人杨某在庭审中同意辩护人作无罪辩护，视为对如实供述"情节严重、造成严重损失"的主要犯罪事实予以翻供，不宜认定为坦白。显然在法院看来，辩护人从属于被追诉人，辩护人作无罪辩护应视为被追诉人的无罪辩解，基于此，不应认定被追诉人的"如实供述"行为。

对此，笔者认为，在认罪认罚案件中，辩护律师有权作无罪辩护。同时，不应将辩护律师的无罪辩护视为被追诉人的无罪辩解，从而不认定被追诉人系认罪认罚。理由如下：第一，根据《刑诉法》第37条的规定："辩护人的责任是根据事实和法律，提出犯罪嫌疑人、被告人无罪、罪轻或者减轻、免除其刑事责任的材料和意见，维护犯罪嫌疑人、被告人的诉讼权利和其他合法权益。"据此可知，辩护律师应当根据事实和法律独立发表辩护意见，当然包括发表无罪辩护的意见。第二，人都有趋利避害的本能。被追诉人认罪认罚，而辩护律师发表无罪辩护意见可能是双方协商一致的辩护策略。在推进以审判为中心的刑事诉讼制度改革的大背景下，要求证据质证在法庭、案件事实查明在法庭、诉辩意见发表在法庭、裁判理由发表在法庭。辩护律师独立发表意见，更有助于事实真相的查明，同时也更有助于庭审实质化的推进。第三，被告人认罪，辩护人作无罪辩护并不会损害被告人的权益。实践中被告人当庭认罪的原因比较复杂，有的是被告人虽然明知自己无罪，但是基于各种外部压力被迫违心地认罪；有的是为了包庇他人犯罪故意虚假地认罪；有的明知有罪证据不足或者罪与非罪界限不明，但考虑到法院判决无罪的可能性较小，如果认罪还有可能适用缓刑，因此被告人在权衡之后选择认罪；有的是由于对行为的法律性质缺乏正确认知，对此罪与彼罪的界限不甚明了而盲目地承认指控罪名。在上述这些被告人认罪的场合，如果律师不能据理力争，依据事实和法律进行独立的无罪辩护或者罪轻辩护，那么将不能最大限度地维护被告人的合法权益，实现司法的公平正义。即便律师的无罪辩护意见没有被法院采纳，但因其指出了证据不足或法律上不构成犯罪的问题，按照实践中流行的"疑罪从轻"的判决逻辑，可以促使法官在判决时将定罪问题转化为量刑问题来处理，被告人由此可以获得一个相对有利的判决结果。此外，律师提出的无罪辩护意见也为日后的申诉和再审创造了机会和

---

[1] 福建省闽侯县人民法院［2018］闽0121刑初447号刑事判决书。

条件。[1]当前认罪认罚案件有相当一部分属于危险驾驶案件，替人"顶包"现象大多发生在此类案件中。为了防范司法冤错，辩护人作无罪辩护具有合理性。

辩护律师在认罪认罚具结书上签名的行为也不代表辩护律师不可以作无罪辩护。原因在于：第一，尽管辩护律师在认罪认罚具结书上签字，但他不是认罪认罚案件的当事人，不必受到认罪认罚具结书的约束。第二，司法实践中，被追诉人的其中一位辩护律师在认罪认罚具结书上签名后，被追诉人可能会另行聘请一位律师为自己作无罪辩护。与其让后一位辩护律师对前一位辩护律师在具结书上签名的效力不予承认，还不如允许后一位律师作无罪辩护。第三，辩护人或者值班律师签名，仅是对犯罪嫌疑人签署认罪认罚具结书的真实性负责，并不意味着其当然同意犯罪嫌疑人认罪认罚。即便犯罪嫌疑人认罪认罚，因辩护人并非代理人，有相对独立的辩护权，可以依据其对证据的认识和法律的理解作出辩护。

（2）具结书中值班律师定位不清，导致值班律师的权利与义务错位。目前值班律师权利过轻，而义务过重，难免会造成"不能承受之重"。值班律师本是认罪认罚从宽制度重要的参与者，特别是在保障被追诉人认罪认罚自愿性、明智性、防范冤假错案等方面。但从实践来看，值班律师难以发挥实质性作用。其原因如下：第一，值班律师相关的权利不明确，配套制度未跟上改革的步伐。例如，假如适用认罪认罚从宽制度的案件出现冤假错案的话，值班律师应否承担责任以及承担何种责任。第二，有关权利的规定在具体落实中"变形走样"。《指导意见》第12条明确了值班律师享有阅卷权和会见权。但根据笔者走访调研的情况发现：一些地方，因为值班律师并非辩护律师，其前往看守所会见当事人仅凭"三证"难以会见，实践中的做法是由检察官陪同前往看守所会见，一些地方自行发明出用"介绍信"的公函形式给看守所，解决"会见难"问题。第三，被追诉人自愿性的保障是一个制度性的问题，而值班律师或者辩护人在具结书上签名却是一个技术性问题，试图依靠技术性的操作解决制度性问题无疑是值得反思的。事实证明，值班律师制度的引入，在保障被追诉人认罪认罚的自愿性方面并未发挥应有的作用。与其让辩护人或者值班律师在具结书上签名这样的形式要求，以担保认罪认罚的自愿性、真实性，不如赋予律师讯问时的在场权，可能更具实质意义。

---

[1] 韩旭："被告人与律师之间的辩护冲突及其解决机制"，载《法学研究》2010年第6期。

（3）被追诉人在签署认罪认罚具结书后翻供或者在认罪认罚后反悔，此前其签署的认罪认罚具结书是否归于无效？对此，无论是2018年《刑诉法》还是《指导意见》均未予以明确。实践中争议较大，做法不一。一些地方的法院、检察院认为，既然犯罪嫌疑人已经签署了具结书，表明其认罪认罚的意愿，即使其后来翻供否认犯罪事实，仍然可以具结书为准。否则，是对有限的司法资源的浪费。且具结书以书面化方式呈现，要求值班律师或者辩护人在场并在具结书上签字，比较正式，也更严肃，因此效力也更高。但是，另一种观点与此针锋相对，认为被追诉人在翻供后具结书便丧失法律效力，应以具结书签署后被追诉人的实际态度为准。笔者认为，刑事诉讼是一个动态发展过程，犯罪嫌疑人在审查起诉阶段签署认罪认罚具结书并不代表其在一审、二审程序中必然认罪认罚。即便是具结书在起诉时已经移送法院，如果被告人在庭审前翻供，公诉人也不能宣读该具结书并以此证明其在审判阶段认罪认罚。该具结书只能证明被告人在审查起诉阶段曾经认罪认罚。

三、认罪认罚具结书的性质与功能

若要准确适用认罪认罚具结书，需要明晰具结书的性质和功能。对此，可从微观和宏观两方面着手进行分析。

（一）微观层面的具结书

所谓微观层面的分析，指的是从认罪认罚具结书上记载的内容着手，重点考察具结书的签署对象和所载内容。首先，具结书的签署主体。《刑诉法》第174条第1款规定："犯罪嫌疑人自愿认罪，同意量刑建议和程序适用的，应当在辩护人或者值班律师在场的情况下签署认罪认罚具结书。"随后发布的《人民检察院刑事诉讼规则》第272条对此进行了细化。该条第1款规定，犯罪嫌疑人签署认罪认罚具结书时辩护人或者值班律师应当在场，同时，具结书应当由犯罪嫌疑人及其辩护人或者值班律师签名。换言之，具结书上的签署主体为被追诉人本人及其值班律师或者辩护人。其次，具结书中所载明的内容。根据《刑诉法》第174条和《人民检察院刑事诉讼规则》第272条的规定："具结书应当包括犯罪嫌疑人如实供述罪行、同意量刑建议和程序适用等内容。"对此，有必要通过考察司法实践中各地出台的认罪认罚具结书对"等"字进行分析。为了保证认罪认罚从宽制度的准确有效实施，一些地方通过联合制定实施细则，将刑诉法的有关规定予以细化。例如，宁夏回族自治区监察委、区高级法院、区检察院、区公安厅、区国家安全厅 2018 年 8 月联合印发了《关于开展刑事案件适用认罪认罚从宽制度工作实施细则（试行）》。[1]该细则专门就具结书的格式作出明确、统一的规定。整体来看，该地颁发的《认罪认罚具结书》有上下两部分内容，上部分内容依次为犯罪嫌疑人的身份信息、权利知悉、认罪认罚内容、自愿签署声明等四项，接下来就是犯罪嫌疑人的本人签名。下部分是辩护人、值班律师签字确认的内容。从中可知，第一，《认罪认罚具结书》是与《认罪认罚从宽制度告知书》一体使用的，在《认罪认罚从宽制度告知书》中详尽列明了被追诉人的权利，其中包括签署具结书后撤回的问题、撤回后的具结书在后续的诉讼活动中如何使用的问题等。第二，在《认罪认罚具结书》中，除了有犯罪嫌疑人自愿性的声明外，还有认罪认罚的内容，其中包括承认犯罪和认可检察机关提出的量刑建议等。第三，辩护人、值班律师签字确认的内容。为更好地说明值班律师或者辩护人在认罪认罚具结书中所扮演的角色，有必要将辩护人或者值班律师签署的文书原文摘录于此：

本人是犯罪嫌疑人、被告人＿＿＿＿＿＿的辩护人/值班律师。本人证明，犯罪嫌疑人、被告人＿＿＿＿＿＿已经阅读并理解了《认罪认罚具结书》及《认罪认罚从宽制度告知书》，根据本人所掌握和知晓的情况，犯罪嫌疑人、被告人＿＿＿＿＿＿系自愿签署上述《认罪认罚具结书》。

本人对检察机关指控该犯罪嫌疑人的罪名、适用法律条款、从宽处罚的建议及适用程序等的意见：

签名：

律师执业证号：

年　月　日

通过分析"本人证明""犯罪嫌疑人、被告人已经阅读并理解""自愿"等表述可知，辩护人、值班律师在被追诉人签署认罪认罚具结书的过程中起三个作用：第一个作用是保障当事人认罪认罚的明智性，即证明被追诉人"阅读并理解"《认罪认罚具结书》；第二个作用是作为被追诉人自愿认罪认罚

---

[1] 《宁夏回族自治区监察委员会、自治区高级人民法院、自治区人民检察院、自治区公安厅、自治区司法厅、自治区国家安全厅关于开展刑事案件适用认罪认罚从宽制度工作实施细则（试行）》。

的见证人，即"本人证明，犯罪嫌疑人、被告人系自愿签署《认罪认罚具结书》"；第三个作用是量刑协商，为了维护当事人的权利，辩护人或者只把律师凭借专业知识，与检察机关就指控的罪名、适用的法律、量刑建议、适用的程序进行协商。

综上可知，单从认罪认罚具结书中的内容来看，具结书仅是被追诉人认罪认罚的书面凭证，至多表明其同意检察机关的量刑建议和程序适用。不能因为被追诉人签署了具结书，在此后的诉讼中就必然受其约束，特别是在翻供或者反悔后，还将认罪认罚具结书作为证明被追诉人有罪的证据材料，这一做法极为不妥。其实，具结书与检察机关记载的犯罪嫌疑人供述笔录没有什么二致。理由如下：一是如果我们承认被追诉人有反悔权，就必须否认具结书在被追诉人翻供后的效力。反悔权是保障被追诉人认罪认罚自愿性的权利设计。被追诉人既有认罪认罚的权利，也有不认罪或者不认罚抑或不认罪认罚的权利。如果被追诉人在翻供后仍然以具结书为据认定其认罪认罚，那么其意志自由的自愿性将无法得到保障。二是被追诉人签署认罪认罚具结书的自愿性并未得到真正有效的保障。尽管制度设计上有值班律师制度，但是值班律师在既不阅卷又不进行"辩护协商"的情况下，何以保障被追诉人签署具结书是明智和理性的。实践中，律师仅在具结书签署时在场并在上面签字，实际上是一种不负责任的表现。值班律师的无效化，表明被追诉人在审前程序乃至整个诉讼中，并未获得有效的法律帮助。在法律帮助缺失的情况下，被追诉人签署具结书后翻供乃正常现象，是对法律帮助不充分、不完善的一种补偿。三是检察机关的量刑建议通常是在非正式的"讨价还价"或者正式的"量刑协商"后提出的，犯罪嫌疑人之所以签署具结书可能是妥协的产物。从域外立法例看，认罪协商中的口供，在被追诉人翻供或者反悔后，案件按照普通程序进行审理时，均不得作为证据使用。在德国协商过程中，如果被告人基于对协商制度本身的信任而做出自白，以期换取宽大量刑，但是事后法院撤销了协商，则被告人在协商中所做的自白在随后的审判程序中不能作为定罪量刑的证据使用。[1]四是只有明确具结书在被追诉人翻供或者反悔后不得作为指控犯罪的证据使用，才能解除其"后顾之忧"，为认罪认罚从宽制度的实施排除阻力、扫清障碍。同时，也可以保障被追诉人积极行使反悔权。

---

〔1〕　黄河："德国刑事诉讼中协商制度浅析"，载《环球法律评论》2010年第1期。

（二）宏观层面的具结书

所谓宏观层面的分析，指的是将具结书置于整个认罪认罚从宽制度体系中进行考察，观察其在当中所扮演的角色和所起的作用。

其一，认罪认罚具结书的签署与否不影响认罪认罚的成立。原因在于，第一，根据《刑诉法》第15条对认罪认罚从宽制度的定义，其中并不包括认罪认罚具结书的签署，换句话说，不签署具结书并不必然意味着认罪认罚归于无效。

其二，根据刑诉法对认罪认罚具结书的相关规定可以推知，被追诉人签署具结书是对检察机关所提量刑建议和程序适用在审查起诉及审判阶段的认可，但并不代表其在后续的诉讼阶段中无权撤回这种认可。当然，审查起诉阶段签署具结书，继而在审判阶段认可全部内容，必然会提高诉讼效率。简言之，具结书仅是被追诉人认罪认罚的一种证明，不对被追诉人产生任何效力。被追诉人认可具结书内容将使案件进入快速审理的通道。

其三，既然刑诉法和《指导意见》认可了被追诉人在认罪认罚案件中享有反悔权和撤回权，从法理上讲，就不应当认定认罪认罚具结书在被追诉人翻供或者反悔后的效力。刑诉法和《指导意见》将对认罪认罚反悔和撤回的权利均赋予了被追诉人本人行使，目的在于让他们"为权利而斗争"。被追诉人一旦行使反悔权或者撤回认罪认罚，便是期待通过程序的回转撤销此前适用认罪认罚所作出的全部供述，使得程序回到原初状态。倘若司法机关一方面允许被追诉人反悔或者撤回认罪认罚，另一方面又拿着认罪认罚具结书"说事"，采信具结书上的有罪供述，这无疑使得被追诉人的努力变为一种徒劳，也有悖被追诉人有权获得公正审判权的国际准则。

其四，从域外经验看，为了保障被追诉人认罪的自愿性，一些国家甚至专门设置了被追诉人认罪认罚后提出异议的期间。如德国的刑事处罚令程序。德国刑事诉讼法并未赋予被追诉人刑事处罚令程序启动申请权，亦未赋予被追诉人参与处罚令签发过程的权利。采用处罚令程序，法院无须事先听取被追诉人的意见。如果被追诉人在收到法官签发的处罚令后对处罚令不服，那么被追诉人在收到处罚令的14日内有权以书状或口述书记处制成笔录的方式向签发处罚令的法院提出异议，并请求法官对案件进行正式审判，被追诉人提出异议不需要任何理由。又如日本的刑事命令程序。日本刑事命令程序以检察官提出申请的方式启动，但检察官在向简易法院提出申请之前，须向被追诉人说明有关刑事命令程序的必要事项，并告知被追诉人可以要求法官依照正式审判程序审理案件，如果被追诉人对刑事命令程序的适用没有异议，检察官应记入案卷，之后方可提出申请。检察官的申请即在其向简易法院提起公诉时，在起诉状中写明"提起公诉、请求略式命令"字样。如果被追诉人对处罚令不服，则有权在收到处罚令的 14 日内提出异议，并要求以正式审判程序对案件进行审判。反之，则处罚令如期生效。再如法国的刑事处罚令程序。法国的刑事处罚令程序又被称为简易审判程序，于 1971 年写入《法国刑事诉讼法典》。其中，刑事处罚令应载明被追诉人信息（姓名、出生地和住址）、被指控的犯罪行为发生的日期和地点、适用的法律原文、罚金数额等，法官无须对处罚令中的违警罪处罚说明理由。如果检察官不服法官作出的判决，则有权在违警罪处罚宣告后的 10 日内向法庭书记官提出异议。如果检察官逾期未提出异议或者对判决无异议的，处罚令即以含附回执要求的挂号函的形式送达被追诉人。被追诉人有权在该挂号函寄出之日起的 30 日内对处罚令提出异议。在检察官或者被追诉人对处罚令提出异议的情况下，案件将由违警罪法庭依正式审判程序进行审理。在正式审判程序开始之前，被追诉人可以明示撤回异议，处罚令即将生效。如果被追诉人逾期未提出异议，处罚令立即生效，并按照法律规定予以执行。[1]

综上，通过微观和宏观两方面的考察可知，在认罪认罚从宽制度中，具结书仅是证明被追诉人曾经认罪认罚情况发生的诉讼文书。因此，立足于证明被追诉人认罪认罚的情况，具结书不仅应当写明认罪认罚的结果，还应当将认罪认罚协商过程载入其中。

四、完善认罪认罚具结书的建议

（一）具结书的价值目标

虽然具结书仅是证明被追诉人认罪认罚的一纸文书，不对被追诉人后续的诉讼行为产生拘束力，但其仍有存在的必要。原因无他，第一，我们既要考虑到翻供的被追诉人诉讼权益的保障，也应当关注自始至终认罪认罚的被追诉人的权益保护问题。在涉及后者的案件中，理应根据具结书选择的程序进行审判。第二，完善认罪认罚从宽制度的关键在于实现控辩平等。但控辩

---

〔1〕　李晓丽："程序法视野下的认罪制度研究"，中国社科院研究生院 2017 年博士学位论文。

的不平等在现实当中的确存在，如何解决？特别是如何维护认罪认罚被追诉人的权利？将检察机关所提的量刑建议，拟适用的程序白纸黑字写在具结书上是一个较好的办法。如此，被追诉人至少能获得一种内心的安定感。第三，具结书的存在，尤其是值班律师或者辩护人在其上签字确认的手续，必将督促值班律师或者辩护人认真对待案件。

但上述只是一种理想状态下的目标，在司法实践中，具结书能够达到的目标包括：第一，证明被追诉人在审查起诉阶段曾经认罪认罚，为审判阶段的从宽量刑和程序适用提供证据支持。第二，约束检察机关按照具结书上载明的罪名提起公诉并提出量刑建议。第三，能够让被追诉人对后续的诉讼进程和实体处理有一个相对稳定的心理预期，被追诉人在量刑协商程序中的程序参与权得以实现，程序主体地位得以凸显。

同时，还需要明确被追诉人翻供、反悔或者撤回认罪认罚后，如何对待具结书。翻供，作为刑事诉讼中的一种现象，大量存在于司法实践中。一旦被追诉人在具结书签署后翻供，在程序处理上，不应再适用认罪认罚从宽制度中的速裁程序或者简易程序进行审理，案件应当按照普通程序进行审理。检察机关不应再以具结书作为指控犯罪的证据，而应通过法庭调查中的举证环节履行证明责任。在对被追诉人的实体处理上，不能以被追诉人浪费了极其宝贵的司法资源为由或者以"抗拒"为由而"从重"或"从严"处理。人民法院仍应遵循"罪责刑相一致"的刑法原则进行处理。

在此，尚需注意的是，被追诉人在不同诉讼阶段翻供的处理。一是犯罪嫌疑人在审查起诉阶段翻供后又认罪认罚的，是否仍需签署具结书？对此，笔者的观点是，可以继续签署认罪认罚具结书，同时对本案的处理可以适用认罪认罚从宽制度。二是被追诉人翻供后在庭审前或者庭审中又认罪认罚的，不必签署具结书，公诉人在庭审中可以提出"从宽"的量刑建议，此建议的量刑从宽幅度应小于稳定的持续的认罪认罚。对此，《指导意见》第9条在"从宽"的把握上明确提出刑罚评价问题，"稳定认罪优于不稳定认罪"。如此处理也符合《指导意见》的规定。三是在一审宣判后被告人翻供的处理。一审宣判后，被告人以"量刑过重"为由上诉的，其实是推翻了之前签署的认罪认罚具结书。但是，我国刑诉法对认罪认罚案件仍然适用二审终审制度和"上诉不加刑"原则，检察机关不能因为被告人上诉而提起抗诉，只能以原判决罪名和量刑不当为由提起抗诉。此类案件的抗诉并非刑诉法规定的

"原判不当"的抗诉。[1]二审审理的对象是"原审判决"而非一审判决后的情况。在立法修改增设新的抗诉类型之前，被告人"钻空子""占便宜"，获取司法利益，是一种无奈之举。可以通过未来立法的修改和完善解决这一问题。在当前检察官履行客观义务的立法要求下，检察机关提出有利于被告人的抗诉即使其客观义务的体现。此种情况下的抗诉与上诉具有一致性，二审法院不得作类似"余案"一样的不利变更。[2]事实真相的查明一定要让位于程序正义的追求，这或许是我国实现法治化的重要路径。

（二）完善具结书所记载事项的内容

第一，应当载明控辩双方的权利和义务。部分案件中出现被追诉人"技术性上诉"的原因主要在于其不清楚检察机关还有提出抗诉的权利，而以拒我国法律规定抗诉不受"上诉不加刑"原则的限制。因此，对被追诉人而言，在具结书中应当明确其有与控方进行量刑协商的权利。就检察机关而言，既要明晰其在后续诉讼活动中按照具结书载明的罪名和量刑建议提起公诉，也要明确其具有抗诉的权力。宁夏推行认罪认罚告知书与具结书一并使用的做法值得提倡，可考虑将告知书的内容融入具结书中。

第二，明确被追诉人享有救济权利。从域外来看，"协商性司法"异变存在的主要问题是，控方利用资源优势压制被追诉人。这一点在我国就表现得尤为突出。由于制度初创以及我国刑事诉讼结构的内在缺陷与程序不完善，控辩失衡更为突出，"协商性司法"的异变也存在更大风险。完善我国认罪认罚从宽制度的关键，在于国家权力与公民权利的相对平衡，即控辩平衡。[3]认罪认罚从宽制度设计中过多关注了被追诉人虚假认罪、"忽悠"司法机关行为的认定与处理，无意中忽略了司法机关"忽悠"被追诉人行为的认定与救济。这也是目前"余案"的难点。余某平自愿认罪认罚，符合认罪认罚从宽制度的规定，只因检察机关与审判机关在自首问题上的看法不一致，经历了从建议缓刑到实刑，从有期徒刑2年到有期徒刑3年6个月的突变。在被追诉人角度来看，难免产生被国家"忽悠"的感觉。如果说量刑的权力属于一种

〔1〕　朱孝清："如何对待被追诉人签署认罪认罚具结书后反悔"，载《检察日报》2019年8月28日。

〔2〕　韩旭："检察机关为被告人利益抗诉，法院能否作不利变更?"，载《中国法律评论》微信公众号2020年4月22日。

〔3〕　龙宗智："完善认罪认罚从宽制度的关键是控辩平衡"，载《环球法律评论》2020年第2期。

主动出击的权力，此时的救济更类似一种消极防守的权利。赋予被追诉人包括反悔权在内的救济权，通过推翻其之前认罪认罚具结书来达到实现公正审判的目的。

第三，量刑协商过程应当在具结书中写明。对有罪的被追诉人而言，认罪认罚仅是手段，目的是获得一个较轻的刑罚。因此，仅在具结书中写明量刑建议是不够的，还应当载明量刑建议的达成过程。《指导意见》第33条明确检察机关就量刑建议应当尽量与被追诉人一方协商一致。如果双方进行协商，是否应当予以记载？如何记载？在提起公诉时应否与具结书一并提交法院？等等，目前制度上并不清楚。既然被追诉人一方针对检察机关所提的量刑建议可以进行"讨价还价"式的"协商"。也就有必要将此过程如实记录到具结书中，一方面明确了控辩双方的权利义务，另一方面以备法官审查被追诉人认罪认罚的自愿性。

第四，应当在具结书中载明某些权利的放弃。认罪认罚从宽制度的本质是，被追诉人通过让渡某些权利，获得国家的量刑优惠。因此，对于书面审理、上诉权等诉讼权利，被追诉人可以声明放弃，但上述内容需在具结书中载明。

第五，重新定位值班律师在具结书签署中的功能。根据刑诉法和《指导意见》第12条的规定，值班律师主要是为被追诉人提供法律意见，确保被追诉人认罪认罚的明智性。但现在却在具结书中被强行附加了确保认罪认罚自愿性的职责，这种做法无疑是不妥的。第一，暂且不论值班律师有无能力确保认罪认罚的自愿性，追求"客观真实"、恪守客观义务本身就是控诉方的职责，也即检察机关应当采取措施确保被追诉人自愿认罪认罚。第二，在不享有调查取证权和阅卷权保障不足、值班律师阅卷积极性不高的情况下，值班律师保障被追诉人认罪认罚自愿性的动力和能力明显不足。因此，目前尚不宜要求值班律师为认罪认罚的自愿性"背书"，否则就是"强人所难"，其结果就是实施的形式化。在值班补贴提高的情况下，值班律师可以通过会见被追诉人进行"辩护协商"，查看讯问同步录音录像，积极阅卷，研读相关证据和诉讼文书，等等，以此提高参与的实效性。

第六，认罪认罚具结书与证据开示制度的探索。《指导意见》第29条规定了检察机关针对案件具体情况，探索证据开示制度，保障犯罪嫌疑人的知情权和认罪认罚的真实性及自愿性。因此，可以证据开示制度的探索为契机，将证据开示的范围、方式等内容写入具结书。如此，在探索证据开示的同时，也完善了具结书的内容。

第七，要载明被害人一方异议的处理。被害人权利的保障在刑事诉讼中一直处于被遗忘的角落。对被追诉人因认罪认罚而获得的处理结果，被害方最有发言权。认罪认罚从宽制度作为"协商性司法"的体现，应当考虑被害方的意见。同时，《指导意见》第16条规定："办理认罪认罚案件，应当充分听取被害人及其诉讼代理人的意见，并将犯罪嫌疑人、被告人是否与被害方达成和解协议、调解协议或者赔偿被害方损失，取得被害方谅解，作为从宽处罚的重要考虑因素……"因此，基于被害方的重要地位，以及取得被害方谅解作为从宽处罚的重要考虑因素，有必要将被追诉人对被害方赔偿、取得谅解等情况载入具结书中。

第八，社会调查评估情况。认罪认罚后，被追诉人最关心的莫过于量刑，而是否判处缓刑则是量刑中的关键。"余案"争议的焦点之一便是被追诉人是否能够适用缓刑。进行社会调查评估是影响能否适用缓刑的重要考虑因素，自然应当将社会调查评估过程和结果纳入具结书中。

（三）具结书为何要记载如此众多的内容

认罪认罚从宽制度是一种以追求诉讼效率为导向的新制度，具结书需要记载上述如此众多的内容，是否会与认罪认罚从宽制度的效率价值发生冲突？增加检察机关的工作负荷？对此，也有研究的必要。

其一，认罪认罚从宽制度固然以追求诉讼效率为导向，但司法公正乃首要目标，公正永远不能也不会让位于效率。检察机关在办理认罪认罚案件过程中，必将产生许多诉讼文书，具结书在某种意义上能够充当一份汇总表，如前述的认罪认罚情况、证据开示情况、被害方的态度、社会调查评估情况等，将其统一于具结书中，有助于法官进行综合审查判断。

其二，从具结书的制作来看，具结书中的各项内容已在其他诉讼文书中有所体现，因此，制作的效率较高，必然不会影响正常的诉讼进度。当然，制作具结书也要讲究方式方法。对于一项内容最好用几句话概括。以是否取得被害方的谅解为例，可在具结书中写明是否取得谅解，赔偿数额等重要情节，并标明相关内容参见案卷的页码。

当然，最终的解决之道在于两高三部应尽快出台统一的具结书格式文书。

（四）当前需要注意的三个问题

其一，可否以替代措施代替具结书的签署？具结书作为控辩双方合意的结果，在实践中可以尝试不拘泥于特定的书面形式。例如，将协商过程全程录像，并将该录像资料随案移送至法院。

其二，检察机关调整量刑建议后是否需要重新签订具结书？鉴于刑事诉讼是一个动态发展过程，之前具结书上记载的量刑建议和程序适用可能会发生变化，此时具结书也应当随之进行调整。以量刑建议的调整为例，由于被追诉人直到审判阶段才进行赔偿并取得了被害人一方的谅解，因此原来提出的量刑建议并未反映这一情况，可能有违"罪责刑相一致"的刑法原则，在此种情况下，需要重新签署具结书。在此需要把握的原则的就是，任何足以影响量刑和程序适用的因素发生了变动，都需要重新签署具结书。

其三，法院是否应当参与到具结书制作过程中来？司法实践中检察机关为了提高量刑建议的采纳率，事前与法院进行沟通的做法，值得商榷。如果法官在审前接触案件，难免导致"先入为主"，不利于庭审实质化的实现。同时，有违"自然正义"的基本要求，即法官不得单方面接触一方当事人。在刑事诉讼审查起诉阶段，检察官乃实质上的一方当事人。提高量刑建议的采纳率，一方面有赖于对检察官加强培训，提高量刑技术；另一方面，检察机关可以依赖"大数据"等信息手段，建立健全类案检索制度，逐步提高量刑建议的科学性和合理化。

结　语

我国正在推行以审判为中心的刑事诉讼制度改革，完善认罪认罚从宽制度乃基础工作和最重要的配套措施，由此形成了"两种刑事诉讼制度"并驾齐驱的格局。如果说前者追求的是"繁者更繁"，后者追求的则是"简者更简"，认罪认罚从宽制度的效率导向可谓不言而喻。将认罪认罚从宽制度放置于古今中外相关制度的纵横坐标体系中加以审视，我们能够清晰地发现该制度的优势与风险、共性与特色；认识到妥善处理公正与效率之间的关系、维护公众对刑事司法的信任，是该制度在未来发展中需要考虑的关键问题；认识到作为一项新的、充满争议的制度，它将在不断总结经验教训的过程中逐步走向成熟。[1]

---

〔1〕　熊秋红："比较法视野下的认罪认罚从宽制度——兼论刑事诉讼'第四范式'"，载《比较法研究》2019 年第 5 期。

在认罪认罚从宽制度中，保障被追诉人认罪认罚的自愿性是该制度的生命线所在。这也意味着应当通过一系列配套制度的完善来最终达到保障自愿性的目标，期望被追诉人、值班律师或者辩护人在具结书上签字确认自愿性的做法是值得检讨的。一方面，值班律师在认罪认罚中的权利有限，很多时候尚不足以保障与被追诉人进行"辩护协商"，更遑论维护认罪认罚的自愿性；另一方面，保障被追诉人认罪认罚的自愿性应由检察机关来负责。这是检察机关在刑事诉讼中负有主导责任和客观义务的体现。因检察官具有控诉者的职能，为防止检察官过分当事人化、监督和制约检察权的正当行使，必须坚持客观义务。[1]因此，检察机关不应当因值班律师在具结书上签字而放弃"客观公正义务"。

无论是刑诉法还是《指导意见》，对值班律师职责的规定都将其定位为一个提供法律咨询意见的专家。如《指导意见》第 12 条第 1 款规定，值班律师应当为认罪认罚的犯罪嫌疑人、被告人提供诸如法律咨询，包括告知涉嫌或指控的罪名、相关法律规定，认罪认罚的性质和法律后果等，提出程序适用的建议等。同时，从法理上讲，被追诉人反悔抑或翻供、撤回认罪认罚是保障其认罪认罚自愿性的救济措施。如果检察机关仍以被追诉人已签署具结书为由，限制这一救济权利的行使，无疑将从根本上削弱认罪认罚从宽制度的根基。由于被追诉人翻供，在导致具结书失效的同时，也会带来相应的程序和实体问题。程序上，被追诉人在签署具结书后翻供，具结书上载明的程序不再当然适用，案件可以按照被追诉人选择的程序进行审理。实体上，检察机关不应以被追诉人翻供、浪费司法资源为由，提出从重处罚的量刑建议，法院也不应以此为由对被告人从重处罚。

刑事司法的运行是一个动态的过程，具结书作为控辩双方"合意"的结果，适用认罪认罚从宽制度，被追诉人认罪认罚达成"合意"可以不局限于书面形式，在值班律师资源有限、签署具结书困难的情况下，可以采用全程同步录像措施对协商过程予以记载，以此来担保被追诉人认罪认罚和控辩双方"合意"的真实性、有效性。

---

〔1〕　韩旭："检察官客观义务：从理论预设走向制度实践"，载《社会科学研究》2013 年第 3 期。

参考文献

一、中文著作

1. 卞建林等：《新刑事诉讼法实施问题研究》，中国法制出版社 2017 年版。

2. 蔡墩铭：《刑事审判程序》，五南图书出版公司年版。

3. 陈光中主编：《刑事诉讼法实施问题研究》，中国法制出版社 2000 年版。

4. 陈瑞华：《刑事诉讼的前沿问题》，中国人民大学出版社 2000 年版。

5. 陈瑞华：《程序性制裁理论》（第 3 版），中国法制出版社 2017 年版。

6. 陈心歌：《中国刑事二审程序问题研究》，中国政法大学出版社 2013 年版。

7. 程味秋等：《联合国人权公约和刑事司法文献汇编》，中国法制出版社 2000 年版。

8. 程滔、封利强、俞亮：《刑事被害人诉权研究》，中国政法大学出版社 2015 年版。

9. 顾永忠：《刑事上诉程序研究》，中国人民公安大学出版社 2003 年版。

10. 韩旭：《检察官客观义务论》，法律出版社 2013 年版。

11. 胡云腾主编：《认罪认罚从宽制度的理解与适用》，人民法院出版社 2018 年版。

12. 林钰雄：《刑事诉讼法》（上册），中国人民大学出版社 2005 年版。

13. 林钰雄：《严格证明与刑事证据》，法律出版社 2008 年版。

14. 刘树孝、魏惠仙、杨永奎主编：《法律文书大词典》，陕西人民出版社 1991 年版。

15. 龙宗智：《司法改革与中国刑事证据制度的完善》，中国民主法制出版社 2016 年版。

16. 施鹏鹏：《法律改革，走向新的程序平衡?》，中国政法大学出版社 2013 年版。

17. 王进喜译：《加拿大律师协会联合会职业行为示范守则》，中国法制出版社 2016 年版。

18. 王兆鹏：《新刑诉·新思维》，中国检察出版社 2016 年版。

19. 熊选国：《刑法刑事诉讼法实施中的疑难问题》，中国人民公安大学出版社 2005 年版。

20. 张智辉主编：《刑事非法证据排除规则研究》，北京大学出版社 2006 年版。

21. 宗玉琨译注：《德国刑事诉讼法典》，知识产权出版社 2013 年版。

22. 中共中央纪律检查委员会、中华人民共和国国家监察委员会法规室编写：《〈中华人民共和国监察法〉释义》，中国方正出版社 2018 年版。

23. 中国社会科学院语言研究所词典编辑室：《现代汉语词典》，商务印书馆 2002 年版。

24. 汉语大字典编纂处：《60000 词现代汉语词典》，四川辞书出版社 2014 年版。

25. ［德］克劳思·罗科信：《刑事诉讼法》，吴丽琪译，法律出版社 2003 年版。

26. ［德］托马斯·魏根特：《德国刑事诉讼程序》，岳礼玲、温小洁译，中国政法大学出版社 2004 年版。

27. ［美］戴维·鲁本：《律师与正义——一个伦理学研究》，戴锐译，中国政法大学出版社 2010 年版。

28. ［美］德沃金：《法律帝国》，李常青译，中国大百科全书出版社 1996 年版。

29. ［美］吉姆·佩特罗、南希·佩特罗：《冤案何以发生：导致冤假错案的八大司法迷信》，苑宁宁等译，北京大学出版 2012 年版。

30. ［美］蒙罗·H. 弗里德曼、阿贝·史密斯：《律师职业道德的底线》，王卫东译，北京大学出版社 2009 年版。

31. ［美］斯蒂芬诺斯·毕贝斯：《庭审之外的辩诉交易》，杨先德、廖钰译，中国法制出版社 2018 年版。

32. ［美］伟恩·R. 拉费弗等：《刑事诉讼法》（下册），卞建林、沙丽金等译，中国政法大学出版社 2003 年版。

33. ［美］约翰·罗尔斯：《正义论》（修订版），何怀宏等译，中国社会科学出版社 2009 年版。

34. ［美］约书亚·德雷斯勒等：《美国刑事诉讼法精解》（第 4 版），魏晓娜译，北京大学出版社 2009 年版。

35. ［美］詹姆斯·J. 汤姆科维兹：《美国宪法上的律师帮助权》，李伟译，中国政法大学出版社 2016 年版。

36. ［日］松尾浩也：《日本刑事诉讼法》（新版·上卷），丁相顺译，中国人民大学出版社 2005 年版。

37. ［日］田口守一：《刑事诉讼法》，刘迪等译，法律出版社 2000 年版。

38. ［日］田口守一：《刑事诉讼法》（第 7 版），张凌、于秀峰译，法律出版社 2019 年版。

39. ［英］约翰·斯普莱克：《英国刑事诉讼程序》，徐美君、杨立涛译，中国人民大学出版社 2006 年版。

40. ［瑞士］古尔蒂斯·里恩：《美国和欧洲的检察官——瑞士、法国和德国的比较分析》，王新玥等译，法律出版社 2019 年版。

41. ［美］K. Φ. 古岑科主编：《俄罗斯刑事诉讼教程》，黄道秀等译，中国人民大学出版社 2007 年版。

42. 马克昌主编：《犯罪通论》，武汉大学出版社 2000 年版。

43. ［俄］尤·彼·加尔马耶夫：《俄罗斯刑事诉讼律师违法活动面面观》，刘鹏、丛凤玲译，中国政法大学出版社 2013 年版。

二、中文论文

1. 卞建林、谢澍："职权主义诉讼模式中的认罪认罚从宽——以中德刑事司法理论与实践为线索"，载《比较法研究》2018 年第 3 期。

2. 卞建林、谢澍："美国检察官是辩诉交易中的主导者"，载《检察日报》2016 年 5 月 31 日。

3. 车浩："自我决定权与刑法家长主义"，载《中国法学》2012 年第 1 期。

4. 车浩："基本犯自首、认罪认罚的合指控性与抗诉求刑轻重不明"，载《中国法律评论》微信公众号。

5. 陈重喜、李瑛："认罪协商机制中的律师参与"，载胡卫列等主编：《认罪认罚从宽制度的理论与实践——第十三届国家高级检察官论坛论文集》，中国检察出版社 2017 年版。

6. 陈光中、马康："认罪认罚从宽制度若干重要问题探讨"，载《法学》2016 年第 8 期。

7. 陈国庆："刑事诉讼法修改与刑事检察工作的新发展"，载《国家检察官学院学报》2019 年第 1 期。

8. 陈国庆："量刑建议的若干问题"，载《中国刑事法杂志》2019 年第 5 期。

9. 蒋安杰："认罪认罚从宽制度若干争议问题解析（上）"，载《法制日报》2020 年 4 月 29 日。

10. 蒋安杰："认罪认罚从宽制度若干争议问题解析（下）"，载《法制日报》2020 年 5 月 13 日。

11. 陈敬慧："认定'涉疫'危害公共安全犯罪尤应注重引导取证"，载《检察日报》2020 年 3 月 31 日。

12. 陈瑞华："论被告人的阅卷权"，载《当代法学》2013 年第 3 期。

13. 陈瑞华："刑事诉讼中的有效辩护问题"，载《苏州大学学报（哲学社会科学版）》2014 年第 5 期。

14. 陈瑞华："'认罪认罚从宽'改革的理论反思——基于刑事速裁程序运行经验的考察"，载《当代法学》2016 年第 4 期。

15. 陈瑞华："认罪认罚从宽制度的若干争议问题"，载《中国法学》2017 年第 1 期。

16. 陈卫东："认罪认罚从宽制度研究"，载《中国法学》2016 年第 2 期。

17. 陈卫东："认罪认罚从宽制度试点中的几个问题"，载《国家检察官学院学报》2017 年第 1 期。

18. 陈卫东、胡之芳："关于刑事诉讼当事人处分权的思考"，载《政治与法律》2004 年第 4 期。

19. 陈学权："论被追诉人本人的阅卷权"，载《法商研究》2019 年第 4 期。

20. 陈永生："我国刑事误判问题透视——以 20 起震惊全国的刑事冤案为样本的分析"，载《中国法学》2007 年第 3 期。

21. 戴佳："办理涉企案件尽可能适用认罪认罚从宽制度"，载《检察日报》2020 年 2 月 27 日。

22. 樊崇义、李思远："认罪认罚从宽程序中的三个问题"，载《人民检察》2016 年第 8 期。

23. 樊崇义："认罪认罚从宽与自首坦白"，载《人民法治》2019 年第 1 期。

24. 樊崇义："认罪认罚从宽与无罪辩护"，载《人民法治》2019 年第 23 期。

25. 付金、于妍："检视与构建：刑事速裁程序中被追诉人的权利保障"，载《尊重司法规律与刑事法律适用研究——全国法院第 27 届学术讨论会获奖论文集》，人民法院出版社 2016 年版。

26. 高通："德国刑事协商制度的新发展及其启示"，载《环球法律评论》2017 年第 3 期。

27. 顾永忠、李逍遥："论我国值班律师的应然定位"，载《湖南科技大学学报（社会科学版）》2017 年第 4 期。

28. 管宇："刑事诉讼视角下辩护权界说"，载《政法论坛》2007 年第 6 期。

29. 郭婕："法律援助值班律师制度比较研究"，载《中国司法》2008 年第 2 期。

30. 郭松："被追诉人的权利处分：基础规范与制度构建"，载《法学研究》2019 年第 1 期。

31. 韩旭："刑事诉讼中被追诉人及其家属证据知悉权研究"，载《现代法学》2009 年第 5 期。

32. 韩旭："被告人与律师之间的辩护冲突及其解决机制"，载《法学研究》2010 年第 6 期。

33. 韩旭："非法证据排除规定的局限性及其实施面临的问题"，载《刑事法判解》2012 年第 1 期。

34. 韩旭："检察官客观义务：从理论预设走向制度实践"，载《社会科学研究》2013 年第 3 期。

35. 韩旭："新《刑事诉讼法》实施以来律师辩护难问题实证研究——以 S 省为例的分析"，载《法学论坛》2015 年第 3 期。

36. 韩旭："辩护律师核实证据问题研究"，载《法学家》2016 年第 2 期。

37. 韩旭："辩护律师在认罪认罚从宽制度中的有效参与"，载《南都学坛》2016 年第 6 期。

38. 韩旭："认罪认罚从宽制度中的值班律师——现状考察、制度局限以及法律帮助全覆盖"，载《政法学刊》2018 年第 2 期。

39. 韩旭："2018 年刑诉法中认罪认罚从宽制度"，载《法治研究》2019 年第 1 期。

40. 韩旭："监察委员会办理职务犯罪案件程序问题研究——以 768 份裁判文书为例"，载《浙江工商大学学报》2020 年第 3 期。

41. 黄伯青、王明森："认罪认罚从宽的实践演绎与路径探寻"，载《法律适用》2017 年第 19 期。

42. 黄河："德国刑事诉讼中协商制度浅析"，载《环球法律评论》2010 年第 1 期。

43. 检察环节非羁押诉讼程序问题研究课题组，张树壮、韩旭："非羁押诉讼公诉环节若干问题研究"，载《人民检察》2019 年第 16 期。

44. 孔冠颖："认罪认罚自愿性判断标准及其保障"，载《国家检察官学院学报》2017 年第 1 期。

45. 孔令勇："论刑事诉讼中的认罪认罚从宽制度——一种针对内在逻辑与完善进路的探讨"，载《安徽大学学报（哲学社会科学版）》2016 年第 2 期。

46. 孔令勇："教义分析与案例解说：读解刑事诉讼中的'认罪'、'认罚'与'从宽'"，载《法制与社会发展》2018 年第 1 期。

47. 孔令勇："刑事速裁程序中的被害人参与模式：方式、问题与制度完善"，载《西部法学评论》2018 年第 2 期。

48. 孔令勇："刑事速裁程序救济机制的反思与重构"，载《安徽大学学报（哲学社会科学版）》2019 年第 2 期。

49. 孔令勇："刑事速裁程序价值的理论阐释与冲突衡平"，载《烟台大学学报（哲学社会科学版）》2019 年第 4 期。

50. 蓝向东、王然："认罪认罚从宽制度中权利保障机制的构建"，载胡卫列等主编：《认罪认罚从宽制度的理论与实践——第十三届国家高级检察官论坛论文集》，中国检察出版社 2017 年版。

51. 李本森："刑事速裁程序试点研究报告——基于 18 个试点城市的调查问卷分析"，载《法学家》2018 年第 1 期。

52. 李洪杰："认罪认罚自愿性实证考察"，载胡卫列等主编：《认罪认罚从宽制度的理论与实践——第十三届国家高级检察官论坛论文集》，中国检察出版社 2017 年版。

53. 李牁禛："认罪认罚从宽制度的实践分析"，载胡卫列等主编：《认罪认罚从宽制度的理论与实践——第十三届国家高级检察官论坛论文集》，中国检察出版社 2017 年版。

54. 李艳飞："试论速裁程序中的被追诉人反悔权"，载《行政与法》2018 年第 11 期。

55. 李勇："认罪认罚与自首、坦白之界分"，载《检察日报》2020 年 2 月 15 日。

56. 林国、李含艳："认罪认罚从宽制度之实践审视"，载《中国检察官》2019 年第 11 期。

57. 林竹静："检察机关应积极参与疫情综合治理"，载《检察日报》2020 年 2 月 9 日。

58. 刘青松："解释论视角下的认罪认罚被追诉人反悔权"，载《昆明学院学报》2019 年第

4 期。

59. 刘品新："论大数据证据"，载《环球法律评论》2019 年第 1 期。

60. 刘艳红："治理能力现代化语境下疫情防控中的刑法适用研究"，载《比较法研究》2020 年第 2 期。

61. 龙宗智："刑事诉讼中的证据开示制度研究（上）"，载《政法论坛》1998 年第 1 期。

62. 龙宗智："印证与自由心证——我国刑事诉讼证明模式"，载《法学研究》2004 年第 2 期。

63. 龙宗智："检察官客观义务与司法伦理建设"，载《国家检察官学院学报》2015 年第 3 期。

64. 龙宗智："辩护律师有权向当事人核实人证"，载《法学》2015 年第 5 期。

65. 龙宗智："完善认罪认罚从宽制度的关键是控辩平衡"，载《环球法律评论》2020 年第 2 期。

66. 龙宗智："龙宗智评余金平交通肇事案终审判决"，载《中国法律评论》微信公众号。

67. 马明亮："正义的妥协——协商性司法在中国的兴起"，载《中外法学》2004 年第 1 期。

68. 马明亮、张宏宇："认罪认罚从宽制度中被追诉人反悔问题研究"，载《中国人民公安大学学报》2018 年第 4 期。

69. 苗生明、周颖："认罪认罚从宽制度适用的基本问题——《关于适用认罪认罚从宽制度的指导意见》的理解和适用"，载《中国刑事法杂志》2019 年第 6 期。

70. 闵春雷："认罪认罚案件中的有效辩护"，载《当代法学》2017 年第 4 期。

71. 彭章波、王晖："认罪认罚从宽制度试点情况介绍——以广东省为例"，载胡卫列等主编：《认罪认罚从宽制度的理论与实践——第十三届国家高级检察官论坛论文集》，中国检察出版社 2017 年版。

72. 祁建建："美国辩诉交易中的有效辩护权"，载《比较法研究》2015 年第 6 期。

73. 山东省高级人民法院刑三庭课题组："关于完善刑事诉讼中认罪认罚从宽制度的调研报告"，载《山东审判》2016 年第 3 期。

74. 上海市杨浦区人民检察院课题组："认罪认罚从宽制度下的简化审理模式"，载胡卫列等主编：《认罪认罚从宽制度的理论与实践——第十三届国家高级检察官论坛论文集》，中国检察出版社 2017 年版。

75. 沈德咏："我们应当如何防范冤假错案"，载《人民法院报》2013 年 5 月 6 日。

76. 孙长永："认罪认罚案件的证明标准"，载《法学研究》2018 年第 1 期。

77. 孙长永："比较法视野下认罪认罚案件被告人的上诉权"，载《比较法研究》2019 年第 3 期。

78. 孙长永："认罪认罚从宽制度的基本内涵"，载《中国法学》2019 年第 3 期。

79. 孙军、樊华中："认罪认罚从宽制度中值班律师的职责定位——以上海市工作开展情况为基础"，载胡卫列等主编：《认罪认罚从宽制度的理论与实践——第十三届国家高级检察官论坛论文集》，中国检察出版社 2017 年版。

80. 李晓军："认罪认罚从宽贯穿整个刑诉程序"，载《法制日报》2018 年 12 月 13 日。

81. 孙远："论认罪认罚案件的证明标准"，载《法律适用》2016 年第 11 期。

82. 宋英辉、杨光："日本刑事诉讼的新发展"，载陈光中、江伟主编《诉讼法论丛》（第 1 卷），法律出版社 1998 年版。

83. 谭世贵、赖建平：" '刑事诉讼制度改革背景下值班律师制度的构建' 研讨会综述"，载《中国司法》2017 年第 6 期。

84. 汪建成："辩诉交易的理论基础"，载《政法论坛》2002 年第 6 期。

85. 汪海燕："职务犯罪案件认罪认罚从宽制度研究"，载《环球法律评论》2020 年第 2 期。

86. 王敏远、顾永忠、孙长永："刑事诉讼法三人谈：认罪认罚从宽制度中的刑事辩护"，载《中国法律评论》2020 年第 1 期。

87. 王伟等："认罪认罚从宽制度改革试点的实证考察和理论思考"，载胡卫列等主编：《认罪认罚从宽制度的理论与实践——第十三届国家高级检察官论坛论文集》，中国检察出版社 2017 年版。

88. 王小光："日本刑事诉讼证据开示制度"，载《人民法院报》2019 年 12 月 6 日。

89. 王新清 、张瀚文："美国无罪证据开示制度研究"，载《证据科学》2017 年第 3 期。

90. 王洋："认罪认罚从宽案件上诉问题研究"，载《中国政法大学学报》2019 年第 2 期。

91. 王迎龙："认罪认罚从宽制度下轻罪冤假错案的防范"，载《人民法院报》2019 年 2 月 14 日。

92. 王志祥、融昊："认罪认罚从宽制度的体系性反思与建构"，载《法学杂志》2020 年第 5 期。

93. 魏晓娜："完善认罪认罚从宽制度：中国语境下的关键词展开"，载《法学研究》2016 年第 4 期。

94. 吴蓓："错放与错判的博弈"，载《人民法院报》2013 年 10 月 26 日。

95. 吴思远："论协商性司法的价值立场"，载《当代法学》2018 年第 2 期。

96. 熊秋红："有效辩护、无效辩护的国际标准和本土化思考"，载《中国刑事法杂志》2014 年第 6 期。

97. 熊秋红："认罪认罚从宽的理论审视与制度完善"，载《法学》2016 年第 10 期。

98. 熊秋红："审判中心视野下的律师有效辩护"，载《当代法学》2017 年第 6 期。

99. 许世兰、陈思："认罪认罚从宽制度的基层实践及思考"，载胡卫列等主编：《认罪认罚从宽制度的理论与实践——第十三届国家高级检察官论坛论文集》，中国检察出版社

2017 年版。

100. 杨立新："非传统销售方式购买商品的消费者反悔权及其适用"，载《法学》2014 年第 2 期。

101. 杨立新："认罪认罚从宽制度理解与适用"，载《国家检察官学院学报》2019 年第 1 期。

102. 叶青、吴思远："认罪认罚从宽制度的逻辑展开"，载《国家检察官学院学报》2017 年第 1 期。

103. 叶青："认罪认罚从宽制度的若干程序展开"，载《法治研究》2018 年第 1 期。

104. 游涛："认罪认罚从宽制度中量刑规范化的全流程实现——以海淀区全流程刑事案件速裁程序试点为研究视角"，载《法律适用》2016 年第 11 期。

105. "在认罪认罚从宽制度中发挥主导作用"，载《检察日报》2019 年 5 月 20 日。

106. 臧德胜、杨妮："论认罪认罚从宽制度中被告人上诉权的设置——以诉讼效益原则为依据"，载《人民司法（应用）》2018 年第 34 期。

107. 詹建红："认罪认罚从宽制度在职务犯罪案件中的适用困境及其化解"，载《四川大学学报（哲学社会科学版）》2019 年第 2 期。

108. 张军："最高人民检察院工作报告——2019 年 3 月 12 日在第 13 届全国人民代表大会第 2 次会议上"，载《人民日报》2019 年 3 月 20 日。

109. 张全印："刑事诉讼中被告人认罪认罚撤回权的立法探究"，载《理论导刊》2017 年第 11 期。

110. 赵恒："刑事速裁程序试点实证研究"，载《中国刑事法杂志》2016 年第 2 期。

111. 赵恒："论量刑从宽——围绕认罪认罚从宽制度的分析"，载《中国刑事法杂志》2018 年第 4 期；

112. 赵恒："'认罪认罚从宽'内涵再辨析"，载《法学评论》2019 年第 4 期。

113. 钟政："认罪认罚案件量刑建议工作机制研究——以构建大数据量刑建议系统为视角"，载《贵州警官职业学院学报》2018 年第 6 期。

114. 周光权："论刑法与认罪认罚从宽制度的衔接"，载《清华法学》2019 年第 3 期。

115. 周新："认罪认罚从宽制度立法化的重点问题研究"，载《中国法学》2018 年第 6 期。

116. 朱朝亮："检察官在刑事诉讼之定位"，载《东海大学法学研究》2000 年第 15 期。

117. 朱孝清："刑事诉讼法实施中的若干问题研究"，载《中国法学》2014 年第 3 期。

118. 朱孝清："认罪认罚从宽制度的几个问题"，载《法治研究》2016 年第 5 期。

119. 朱孝清："侦查阶段是否可以适用认罪认罚从宽制度"，载《中国刑事法杂志》2018 年第 1 期。

120. 朱孝清："再论辩护律师向犯罪嫌疑人、被告人核实证据"，载《中国法学》2018 年第 4 期。

121. 朱孝清：“如何对待被追诉人签署认罪认罚具结书后反悔”，载《检察日报》2019 年 8 月 28 日。

122. 左卫民、吕国凡：“完善被告人认罪认罚从宽处理制度的若干思考”，载《理论视野》2015 年第 4 期。

123. ［德］贝恩德·许乃曼：“应当如何设计刑事二审程序?”，初殿清译，载陈光中主编：《中国刑事二审程序改革之研究》，北京大学出版社 2011 年版。

124. ［德］约阿希姆·赫尔曼：“德国刑事诉讼程序中的协商”，王世洲译，载《环球法律评论》2001 年。

125. John H. Blume, Rebecca K. Helm：“‘认假罪’：那些事实无罪的有罪答辩人”，郭烁、刘欢译，载《中国刑事法杂志》2017 年第 5 期。

126. ［日］松本一郎：“检察官的客观义务”，郭布、罗润麒译，载《环球法律评论》1980 年第 2 期。

127. ［日］田口守一：“日本刑事诉讼法中控诉审的构造与审判对象”，载陈光中主编：《中国刑事二审程序改革之研究》，北京大学出版社 2011 年版。

三、其他资料

1. 《全国人大常委会关于授权最高人民法院、最高人民检察院在部分地区开展刑事案件认罪认罚从宽制度试点工作的决定》。

2. 《人民检察院刑事诉讼规则》。

3. 《中华人民共和国检察官法》。

4. 《中华人民共和国刑事诉讼法》。

5. 《中央政法委、财政部、最高人民法院、最高人民检察院、公安部、司法部关于建立完善国家司法救助制度的意见（试行）》。

6. 周强：《关于授权在部分地区开展刑事案件认罪认罚从宽制度试点工作的决定（草案）的说明》。

7. 周强：《关于在部分地区开展刑事案件认罪认罚从宽制度试点工作情况的中期报告》。

8. 《最高人民法院关于适用〈中华人民共和国刑事诉讼法〉的解释》。

9. 最高人民法院、最高人民检察院、公安部、国家安全部、司法部《关于开展法律援助值班律师工作的意见》。

10. 最高人民法院、最高人民检察院、公安部、国家安全部、司法部《关于办理刑事案件严格排除非法证据的规定》。

11. Christopher Sherrin, "Guilty Pleas From The Innocent", *30 Windsor Rev. Legal & Soc. Issues*, 1（2011）.

后 记

"诉讼爆炸"不仅为中国所独有，也是世界各国普遍面临的共同问题。英美以"辩诉交易"予以应对，欧陆国家则在借鉴"辩诉交易"制度基础上发展出各具特色的本土化的类"辩诉交易"制度，典型的如刑事处刑令等替代措施。司法员额制改革后，法院、检察院"案多人少"的矛盾更加突出，为化解这一冲突、减轻司法负荷、提升诉讼效率，我国在既有的刑事政策基础上建立并逐步完善认罪认罚从宽制度。完善认罪认罚从宽制度，已经成为当前司法改革的重大课题之一。

基于投身司法改革的热情和研究兴趣，近年来我将目光投向认罪认罚从宽制度领域。为此，我带领博士生、硕士生到当地的法院、检察院和律师协会、律师事务所，通过调研、访谈了解该制度的运行状况以及存在的问题等。感性认识、经验研究加上理论思辨，使我下笔"如有神"，完成了一个专题又一个专题的写作。从保障被追诉人认罪认罚的自愿性到加强被害人权益保障，从检察机关主导认罪认罚从宽制度应避免的倾向性问题到提升辩护方协商能力，从而实现控辩平衡，从审前程序值班律师作用的发挥到二审的程序设置、审理对象，等等，本书均有专题探讨。本人将所能想到的有关该主题的主要方面写成文字，与读者进行交流。有些内容，学术期刊也较少看到。因此，涵盖面广构成了本书的一大特点。由于认罪认罚从宽制度意味着我国刑事诉讼由控辩对抗走向控辩合意，不啻为一场刑事诉讼的"革命"。伴随着该制度的实施，将有越来越多的问题进入研究者的视野。因此，本书的论述内容是著者"自以为是"的"成果"。

认罪认罚从宽制度对我犹如一座"富矿"，其中有许多"稀缺金属"值得挖掘、提炼。虽然有一些常见"物质"，例如"证据开示""控辩平衡"

等，但是放在认罪认罚从宽制度的视野下进行考察，仍不失新意。认罪认罚从宽制度实施当前在检察机关和律师群体中遇到一定的阻力，这是需要关注的一种现象，值得认真研究。同时，适用速裁程序处理大多数的认罪认罚案件，如何在此类轻罪案件中防范司法冤错以及提升审判的纠错能力，也需关注。说到底还是公正与效率的关系问题，孰轻孰重，个中的价值判断，我们不能动摇。

感谢中国刑事诉讼法学研究会副会长、四川大学法学院龙宗智教授腾出宝贵时间，慷慨为本书作序！在本书写作过程中，我指导的博士研究生李松杰和成都市中级人民法院研究室副主任郝廷婷博士、蒋芝玉法官、陶妍宇法官、四川省社会科学院硕士研究生韩钰佳在我指导下完成了少量专题的写作。借此机会，一并表示感谢！

正值新冠病毒全球大流行之际，防控疫情成为世界各国首要的任务。本书的最后两章分别是"涉'疫'犯罪案件认罪认罚从宽制度的适用"与从"余某平交通肇事"案思考认罪认罚具结书的效力及其完善，算是"应景之作"，既与本主题相契合，也体现了该书的时效性。"躲进小楼成一统"，不知不觉已到"人间四月天"。春天来了，秋天就不远了。"一分耕耘一分收获"，期待春华秋实的日子！

"为什么我的眼中常含泪水，因为我对这土地爱得深沉！"这既是我写作的动因，也是我身心的真实写照。

不负青春不负韶华不负时代

——港澳台学生获奖征文集

BUFU QINGCHUN BUFU SHAOHUA BUFU SHIDAI
——GANGAOTAI XUESHENG HUOJIANG ZHENGWENJI

马怀德主编

中国政法大学出版社

2022·北京

图书在版编目（ＣＩＰ）数据

不负青春不负韶华不负时代：港澳台学生获奖征文集/马怀德主编. —北京：中国政法大学出版社，2022.7

ISBN 978-7-5764-0334-3

Ⅰ.①不⋯　Ⅱ.①马⋯　Ⅲ.①大学生－爱国主义教育－中国－文集　Ⅳ.①G641.4-53

中国版本图书馆CIP数据核字(2022)第021156号

出 版 者　　中国政法大学出版社

地　　址　　北京市海淀区西土城路 25 号

邮寄地址　　北京 100088 信箱 8034 分箱　邮编 100088

网　　址　　http://www.cuplpress.com (网络实名：中国政法大学出版社)

电　　话　　010-58908289(编辑部) 58908334(邮购部)

承　　印　　固安华明印业有限公司

开　　本　　720mm×960mm　1/16

印　　张　　21

字　　数　　390 千字

版　　次　　2022 年 7 月第 1 版

印　　次　　2022 年 7 月第 1 次印刷

定　　价　　89.00 元

序 言
PREFACE

　　受教育部港澳台事务办公室的委托，中国政法大学承办了"不负青春不负韶华不负时代"港澳台学生主题征文活动。征文活动收到来自内地（大陆）190所高校港澳台学生的2788篇征文，征文各具特色、感情真挚向上、文字生动活泼，体现了当代港澳台学子对青春拼搏话题的时代感悟、对家庭家乡的深情厚爱和与国家同呼吸共命运的庄严宣誓。中国政法大学组织专家学者对征文进行认真评选，100篇获奖征文脱颖而出。获奖作品选题新颖、内容丰富，表达了作者的真情实感。有的作品聚焦新冠肺炎疫情防控期间各国人民携手抗疫的故事，歌颂医护工作者的任劳任怨、无私奉献；有的作品描写了自己眼中家乡的变化，书写对祖国腾飞的感慨；有的作品记录自己成长的点点滴滴，写下自己勇于担当的誓言；有的作品写到自己身边亲人的离愁别绪，抒发了对祖国深深的眷恋。这些作品或集中于国事家事，或记录悲欢离合，主题鲜明、文笔流畅，从不同角度反映了当代港澳台学子对"不负青春不负韶华不负时代"的感悟，对"一国两制"的积极拥护，对祖国富强的热切期盼，传递出当代港澳台学子以青春之"小我"融入强国之"大我"的家国情怀。

　　2021年是中国共产党成立100周年。一百年前，一批伟大的新青年追随着马克思主义的脚步，高举社会主义旗帜，建立了中国共产党。忆往昔峥嵘岁月，一百年来，一代代革命先烈不怕牺牲，英勇斗争，穿越风雨，取得了不平凡的成就。历史的车轮滚滚向前，时代的浪潮翻涌不止，"地球即成白首，吾人尚在青春"，从一百年前的新青年，到一百年后的新时代青年，一代人有一代人的责任，一代人有一代人的使命，新时代的港澳台青年应传承民族精神，续写宏图伟业，为建设社会主义现代化强国接续奋斗。

　　当代大学生将是实现民族复兴第二个"百年目标"责无旁贷的中坚力量，也必将是在人生最丰美时期享有实现第一个"百年目标"硕果的幸运儿。同时，当代大学生的成长成才将与实现第二个"百年目标"同步。人生能有与国家、民族的重大飞跃合拍共振，这在时间上或许是幸运和偶然，在实践中则意味着必然的责任与神圣的使命。对于人生画卷初展的当代港澳台青年而言，理应深刻认识并切实珍惜这两次与"百年目标"相遇同行的人生机遇，让自己的青春和人生在中华民族伟大复兴的壮丽事业中出彩。我衷心希望同学们始终牢记习近平总书记"不负青春、不负韶华、不负时代"的寄语，踔厉奋发，笃行不怠，把国家所需要的转换为自己所热爱的，把国家所缺乏的转换为自己所奋斗的，将个人发展融入国家发展中，将个人理想融入民族复兴事业中，以梦为马，以汗为泉，不驰于空想，不骛于虚声，致知力行，踵事增华，承前辈之志，启新程之始，与同胞共奋斗、与祖国共命运，在矢志报国和服务人民中书写绚烂无悔的青春篇章，为实现中华民族伟大复兴的中国梦添砖加瓦。

获奖征文集的顺利出版离不开教育部的指导，离不开为保证征文活动顺利开展而辛苦付出的每一位参与征文活动的同仁。在此，我代表中国政法大学，向教育部及各位同仁表示由衷感谢！祝愿各位读者品读愉快！

中国政法大学校长　马怀德

2022 年 3 月

目　录
CONTENTS

二 等 奖

三 等 奖

一等奖

建设美丽中国，我的责任与担当

同济大学　建筑与城市规划学院　建筑学　2019 级　台湾　林莹珊

我是一个来自台湾的姑娘，因为父亲的工作地点在上海，所以在大陆学习和生活已经二十余年。我目睹了上海经济发展和浦东新区的开发建设，见证了祖国的改革开放之后的飞速发展，也亲身经历了实现全面小康的脱贫攻坚工作。无论是 2008 年的汶川大地震，还是 2020 年的新冠肺炎疫情，祖国都能够把人民的利益放在首位。在充满挑战与机遇的当下，祖国人民与政府团结一心，共克时艰，创造了举世瞩目的成就。二十余年的大陆生活里，祖国带给我的不仅仅是惊喜，更是一种感动。这种感动来自两岸同根的民族认同，也是我内心对于祖国统一的深切期盼。

在高中毕业之后，我报考了哈尔滨工业大学的建筑学专业，希望能够学习掌握设计能力，为祖国的建设助力。经过本科阶段的学习，我认识到了自己的能力需要继续提高，因此选择了报考并攻读同济大学的建筑学硕士研究生。我十分赞同马克思提出的"理论与实践的统一"原则，我不仅努力学习建筑设计的理论知识，也积极参与学校和导师组织的实践项目。通过理论与实践的结合，我的设计能力得到了很大的提升；但是，我更深刻地认识到，建设美丽中国，不仅需要较强的工作能力，更需要有为民族复兴和祖国富强而工作的奉献精神。这是时代赋予我们这一代人的使命，也是我们作为中华民族后裔的责任与担当。

参与美丽乡村建设，助力乡村振兴

2017 年 10 月，习近平总书记在十九大报告中提出了乡村振兴战略，这一年是我在哈尔滨工业大学就读的第三年。我在上海这座国际大都市长大，但是对于祖国广大的农村社会并不了解。时任学院党委书记孙澄老师响应国家号召，带队调研广西，选定了规划设计帮扶试点——金秀瑶族自治县滴水村。出于好奇，在得知这一消息之后，我报名参加了为期一周的调研与设计工作。

图 1

对于乡村，我的印象是《桃花源记》中阡陌交通、鸡犬相闻的和谐景象，但是现实情况无疑给了我极大的震撼。该地区深处大山谷地之中，气候潮湿多雨，当地居住人口以瑶族为主，经济较落后。村民的房屋年久失修、漏风漏雨；村民的耕作方式原始传统，生产效率较低；村民的文化素质和科学素养也远远低于城市居民。但是，村民们热情淳朴的品质和他们对于美好生活的向往，给我留下了深刻的印象；我觉得我可以为他们做一些什么，我也应该帮助他们。

为了更好地了解村民的意愿，为他们的生产生活做一些微小的改善。我们实地考察，踏勘绘制了村落的建筑布局平面图和各个建筑的图纸；也参与了到村民种植采摘茶叶、油菜花的工作中，熟悉他们的工作模式。我们组织了与村民的互动参与设计活动，通过容易理解的手绘与图片的方式，与村民们沟通交流，畅想如何建设美丽乡村。

我选定了以旅游开发作为出发点的乡村振兴模式，旨在通过旅游业的发展带动乡村的基础设施建设，进而推动乡村的农产品对外销售，激活乡村的农业加工产业。作为项目的启动步骤，我完成了如下一份设计方案：

根据"无山不成瑶"的特点，对山中瑶族干栏式吊脚楼的结构进行改造。为施工经济简便和增加村民参与感，设计中依据山势固定七个主要结构体，承载大空间功能，其余部分通过主要结构体的横梁进行承重，可由村民自行经营建造，使用竹等轻质经济结构。整个建筑经济简便，使用自然材料，与山势完美融合。具有独特风情的瑶族游客服务中心不仅能够让来到此地的游客感受到瑶族人"敬山"的精神，更能够让瑶乡的游客体会到瑶族与自然共生共存和谐发展的价值理念，响应国家美丽乡村号召。

虽然只是一份"纸上方案"，但在设计的过程中，我设身处地为村民们思考，发自内心地想为这里解决问题。在那一刻，我已经完全融入到了这一片土地和这一群村民中，滴水村壮观神秘的山景和秀丽温馨的油菜花海成了我念念不忘的"乡愁"。

参与浦东国际机场评估设计，打造上海精品名片

2019年的9月，我步入了同济大学的校园。我的导师接到了上海机场集团的委托：浦东国际机场卫星厅开航在即，但是其导向标识的设计仍然存在一些瑕疵，导致了试运行期间大批量旅客迷路。为了解决上述问题，导师开发了虚拟现实实验平台，对浦东国际机场卫星厅的室内环境进行等比例还原，并组织了三千多人次的寻路实验。在此过程中，我也参与了浦东机场卫星厅室内模型的三维复建、寻路实验的数据整理与分析、导向标识优化设计导则的编写等工作。

浦东机场卫星厅导向标识评估项目的工作一直持续到了2019年的12月。在这一时间段内，我也有大量的课程任务，但是我充分利用了课余的时间，在导师的指导和实验室师兄师姐的帮助下，不仅完成了项目拟定的工作，也针对性地拟定了自己的硕士研究课题——交通建筑中导向标识系统的自动生成方法研究。

图2

随着国家的发展，浦东国际机场这样的大型交通枢纽建筑必然会出现在各个城市。交通建筑的首要目标就是清晰明确地指明路径，方便旅客能够快速到达目的地。导向标识系统的设计包含了大量可以被计算机语言描述的操作步骤，如果能够将上述步骤交给计算机程序实现，就可以节省设计师大量的时间和精力。出于这一考虑，我开始了自己的研究。

目前，我的研究进展取得了较好的成果，发表了一篇期刊论文和两篇会议论文，其中一篇会议论文为国际性学术会议，我做了线上的汇报讲演。同时，我作为导师的助教，也在本科生的"数字化设计方法"这一门课堂上分享了自己的研究进展，希望自己的工作能够听取更多的意见和建议。我也希望在改进和完善自己的研究成果后，将其发布为一款免费的产品提供给建筑师，为他们的设计工作助力。

寻踪丝绸之路，期盼国家富强、民族复兴

2020年6月，我利用假期时间游览了祖国的大西北。丝绸之路、敦煌、莫高窟、阳关、玉门关……这些我曾在课本上无数次看到的地理坐标，都呈现在了我的眼前，我沿着无数先人曾经走过的古道，探寻中华民族的璀璨文化。

图3

中华民族的勤劳勇敢，凝聚为玉门关的汉代边塞；中华民族的开放包容，刻画在莫高窟的飞天壁画；中华民族的智慧结晶，留存为"黄河远上白云间，一片孤城万仞山"这样代代相传的千古绝唱。这是中华文明源远流长的象征，是中华民族的集体记忆，也是中华民族的文化认同。

大西北不仅有汉唐盛气的遗存，也见证了新中国的成长与发展。从戈壁滩上的蘑菇云，到荒漠绿化与治理，再到如今的光伏发电、风力发电。大西北给我留下的印象不仅仅是大漠孤烟，还有现代化的高速铁路与基础设施建设。习近平总书记高瞻远瞩，提出了"一带一路"倡议，高举和平发展的旗帜，积极发展与沿线国家的经济合作伙伴关系，共同打造政治互信、经济融合、文化包容的命运共同体。"一带一路"体现了祖国和平发展的愿望，也是实现国家富强和民族复兴的重要举措。

西北之行，追随着先人的履迹，作为一名中华民族的儿女，我的民族自豪感也油然而生。自古以来，中华民族追求团结、向往和平，这是我们的民族初心。当今纷繁复杂的世界格局之下，我们中华民族更要团结起来，共同谋求发展，共同对抗新冠肺炎疫情和经济低迷的挑战。

漫漫历史长河中，七十余年不过是短暂一瞬，但对于中国、对于中国人民来说，新中国成立这一个甲子以来的不平凡历程，充满奇迹，充满辉煌。作为一名台湾姑娘，我有幸能在大陆学习和生活、见证祖国的发展。我希望能够将自己的所学用于美丽中国的建设，为实现国家富强和民族复兴贡献自己的一份力量。我也希望两岸人民能够团结，祖国早日实现统一，因为我们两岸人民都是伟大的中华民族的后裔。

争做爱国、爱港的新时代青年

中国政法大学　光明新闻传播学院　新闻学　2018级　香港　陈嘉诚

我叫陈嘉诚，是一名来自中国政法大学的大三年级本科生，就读于我校新闻学专业。我的父亲是土生土长的香港人，由于他长期在内地工作，所以我一直在内地读书，也正是在我18岁那年，有幸考入了中国政法大学。最初我报考的是国际商务专业，认为这一专业适合我的未来发展。但过了几个月后，突然发觉我并不是非常适合这个专业，而新闻学才是我梦寐以求的专业，于是心里很是纠结，思前想后，经过与父母及老师的商量，决定要尽快转专业，这也是我做过的非常重要且正确的决定，改变了我人生前进的方向。

一、不负青春

大学第一年，我加入了学校的学生会与各种社团组织，曾主持学校各种大型活动与演出，也作为学校男子篮球队的一员为校出征。这一年，我感受到了学校文化的包容性与多元性，深刻认识到了来到中国政法大学对我而言是多么的适合，有一种天高任鸟飞的感觉，也让我认识到了在内地高校学习，是多么正确的选择。

图1

2019 年 6 月，香港的"修例风波"导致不法分子煽动暴乱。动乱持续了几个月，直到《国安法》的出台，才在真正意义上扭转了乾坤。回溯当时，香港的治安很不好，在我一再要求下，父母同意我一个人在假期回到了香港。期间，我看到大量有预谋的蒙面黑衣人在铜锣湾街上走动，看到民众只要与他们有不同意见就会被他们殴打，看到交通、商铺等众公共设施被严重破坏，等等。晚上回家看到电视中各种暴力事件，画面呈现的虽然恐怖，但只有在现场冒着危险看到真实画面，你才会被震撼，被震惊到——他们就是无法无天地在破坏国家与社会的安宁。反观国外政客无所不用其极，露出了真面目；西方媒体在报道香港暴乱事件方面，根本没有被其所推崇的新闻专业主义所约束，置新闻真实性、客观性和其公众知情权于不顾，丢掉了新闻人的职业伦理，无底线地持双重标准，美化暴徒的行为，丑化香港警察的执法行为。作为一名在内地求学的港人，站在香港的街头，感觉真的不可思议，法治历来是香港最引以为傲的城市基石，但是，连过马路闯红灯都会被罚款的香港怎么会变成这样，香港的法治精神何在！但也正是这次"回家之旅"，也让我不负青春，身体力行，在最前线考察实践。

二、不负韶华

大学第二年，是在香港之行结束后开始的。作为香港学生代表，我参加了新华社、中新网组织的对于香港学生的采访活动，甚至有幸被央视采访，登上了 2019 年 8 月 30 日的新闻联播。

图2

回到北京，我决定转到新闻学专业进行学习。几经努力，终于转系成功。之后，我便开始恶补新闻学专业第一年落下的科目。功夫不负有心人，我不但全部补上，并且成绩优秀，在全系范围内拿到专业课前三的成绩。在中国法学最高学府学习新闻，不仅让我具有法学背景与法治精神，让我将真实、客观作为人生准绳；作为新闻人，必须要用自己的新闻理想和热忱去回馈社会。而我的梦想是在毕业后去外交部或中央电视台工作，学以致用，利用国际化视野更为开阔的优势，不断学习进修，要加倍努力，才能不断充实自己，为我的奋斗目标、为实现中国梦做好准备。

回溯不法分子竟公然亵渎国旗国徽，让我气愤不已。于是，我毅然决然地参加了学校国旗护卫队的面试，我将用我自己的方式证明：国旗的威严不容任何人践踏！终于，我顺利成为我校建校后第一名港生护旗手，这在整个港澳台范围内史无前例。在最好的年纪，最好的时光，作为一名爱国、爱港的香港学生，我必须做出贡献。

图 3

为庆祝新中国成立 70 周年，学校举办了"携手奋进七十载·同心筑梦新时代"主题文艺汇演。我的特长是朗诵与主持，于是，我在汇演上用纯正、流利的普通话为观众带来了诗朗诵《吕梁颂》，讴歌革命精神，牢记身为中华儿女的理想信念，永远薪火相传。

2020 年 1 月中旬，新冠肺炎突然暴发，由于疫情原因，大二下学期波澜又曲折。春节后至开学前，我每天都在家里上网课。现在回想在疫情的几个月里，也有了更多的时间思考，包括对国家的，也包括对自己未来的不负韶华，在时代的洪流中发出自己的呐喊！

从 2020 年 1 月 23 日武汉开始封城，疫情持续到了 4 月份才开始稳定。国家在疫情防控方面做得非常到位，堪称国际上的典范。在中国人民的努力下，中国成为世界上最安全的地方，而其他国家的疫情逐渐失控。且在今年 7 月 1 日——国安法实施以来，暴乱的次数屈指可数且规模很小，大部分香港市民都支持这项立法，我父母更是举双手赞成。他们曾多次对我说："作为中国人，你不能忘了根！在我小时候香港还未回归，我从未感到过自己是真正的自由，因为没有归属感。"香港回归后，作为具有强烈爱国心的香港人，父亲选择长期在内地工作，他了解内地和香港的情况，希望香港能够长期保持繁荣稳定，更希望中国可以发展迅速，在国际上占据越来越重要的地位。

三、不负时代

大学第三年，也就是自 2020 年 9 月开始的学年，正值习近平总书记在湖南大学岳麓书院考察前后。回校几个月以来，我努力学习的热情依旧没有减少半分。学习之余，我还参加了中联办举行的"与国同兴 2020"活动，参观了军事博物馆抗美援朝展览，也参观了大兴机场、新冠疫苗生产医药基地，参加了在协和医院学术会堂举办的"援鄂抗疫英雄代表分享交流会"，这些活动都让我对于新时代、新使命和新征程有了新的认识。

图 4

　　下学期，我将有 4 个月的时间外出实习，真心希望能够更好地充实自己，为未来发展打好基础。见证了去年香港地区的暴乱，看到了有关媒体的失实报道，从我的学习专业的角度出发，我希望将来能够做个客观公正的新闻人，为国发声，让更多香港人了解国家，希望更多香港年轻人能够融入国家发展的蓝图伟业。我生长在中国，我热爱我的祖国，面对新时代，我要实现我的梦想！我必须努力学习，发展自身独特优势，好好掌握新闻专业的核心科目，提升法学素养与英语能力，做一个爱国的香港人！我始终坚定认为：无论走到哪里，都不要忘记你从哪里来，尽心尽力为国家做更多贡献！不负时代，不负国家！

不负青春与韶华，同心共圆中国梦

中国人民大学　商学院　工商管理　2018级　澳门　刘炜雯

在阐述新时代中国共产党的历史使命时，习近平总书记指出，实现中华民族的伟大复兴，是全体中国人共同的梦想。包括港澳台同胞、海外侨胞在内的全体中华儿女应顺应历史大势、共担民族大义，而身为人大人，更应该在求知中弘扬爱国情怀，在笃行中砥砺强国志向，在记录中追溯人大精神，在奋进中展望时代未来。

3年来，作为人大澳生的一员，在学校的组织和领导下，我们牢记习近平总书记教导，高举爱国主义、社会主义旗帜，围绕实现中华民族伟大复兴的中国梦这一时代主题，不断增进思想共识，密切交流交往，推动融入发展。同时作为人大网络新闻社的一员，我也不忘举起相机，记录着校园内外有温度与深度的一切。

一、用民族大义唤醒时代担当，在求知中弘扬爱国情怀

今年年初，突如其来的新冠肺炎疫情牵动着亿万全国人民的心。在党中央的统一部署下，港澳台青年秉持民族大义，心系国家安危，积极响应、主动作为，在这场没有硝烟的疫情防控阻击战中，通过批驳谬论、讲述中国抗疫故事等不同方式贡献着自己的力量。班级组织的多次线上相关主题班会以及由中国人民大学和北京市港澳台侨学生教育管理研究分会主办的线上港澳台侨学生国情教育"求是云讲堂"，提升了我对国情社情的认知，更感受到了民族大义呼唤的时代担当。

在新中国成立70周年、五四运动100周年、香港回归20周年、澳门回归20周年等重要时间节点，人大港澳台办组织了一系列主题鲜明、形式多样的教育实践活动，虽然今年由于课程安排未能参加延安、西安体验"重走人大烽火路"之旅，但我由衷地为党和国家取得的伟大成就感到自豪，记录北京古都的时代剪影，对中国特色社会主义的道路自信、理论自信、制度自信、文化自信更加

坚定。

图1　2020年港澳台迎新现场

图2　在京图像记录

二、用复兴梦想凝聚爱国力量，在笃行中砥砺强国志向

在澳门回归20周年之际，人大港澳台办组织了"同心笃行"系列活动之通州城市副中心参访活动。通州作为京杭大运河的北起点，地处长安街延长线东端，如今作为北京城市的副中心，其贯通南北、穿越古今的悠悠运河，为城市副中心留下了宝贵文脉，也带来了浓厚的文化气息。在第一站展览馆的参访中，我了解到了在通州有因水而生的张家湾设计小镇、疏解腾退的工业厂房、一个个充

满现代化气息和艺术气质的设计空间。在聆听解说员的详细讲解中，我与同伴一同感受充满文艺范儿的通州，感悟过去的历史积淀，畅想充满朝气的未来愿景。

在第二站探游通州"城市绿心"——大运河森林公园中，漫步观景台，眺望远处运河对岸，一排排整齐的楼宇与精心设计的绿化工程映入眼帘。最令人印象深刻的是，该公园生态功能完善、文化底蕴深厚。正如习近平总书记在中共中央政治局会议上对北京城市副中心规划建设的重要指示中强调的："规划建设北京城市副中心，疏解北京非首都功能、推动京津冀协同发展是历史性工程，必须一件一件事去做，一茬接一茬地干，发扬'工匠'精神，精心推进，不留历史遗憾。"我相信，正在建设的中国人民大学通州校区，未来将成为北京城市副中心的一张文化名片！

图3　北京城市副中心通州参访

三、用交流共赢增进血脉亲情，在记录中追溯人大精神

在社会实践活动方面，2019年度中国人民大学的"街巷中国"社会调研，我来到了父母的家乡——广东省中山市，踏寻伟人的足迹，探寻当前中国的城市化与城市治理创新过程。在街巷调研的过程中，我有幸采访到当地一名美术家协会会员画家。心归自然，敬畏自然的态度使他坚信着习近平总书记曾提到的"绿水青山就是金山银山"，街道百姓只有树立正确的环境保护意识，才能共同维护街道环境的安全，保持街道的卫生。谈到梦想，他说他想继续在离天最近的地方画画，"离物质最远的地方，就是离精神最近的地方。写生是画家对自然之美的心灵诠释，是画者静观世界，从客观世界中寻找造型图式、形态符号、色彩语言

之旅"。我想，"逐梦云山追大雅，灵犀通悟写精神"这两句诗便是对他最贴近的写照。

在校园活动方面，过去三年的一二·九合唱都被我用手中的相机记录了下来，2018年以习近平新时代中国特色社会主义思想和党的十九大精神为指引，2019年以"讲好一个故事，唱好一支歌曲，砥砺一种精神"立足，2020年以"壮阔百年路，奋斗新征程"为主题，各参赛队伍唱响了人大青年的时代新声，共同纪念伟大的一二·九运动。看到人大学子以奋进的凯歌、昂扬的精神、青春的活力相聚于这场艺术的盛会、青春的嘉节，许下了"不负青春、不负韶华、不负时代"的青春誓言，以始终奋进在时代前列的姿态共同献礼中国共产党成立100周年，作为记录者的我也深受鼓舞，在记录中追溯人大精神。

图4　2019年中国人民大学的"街巷中国"社会调研

图5　2020年中国人民大学一二·九合唱活动

四、用务实探索助推融入发展，在奋进中展望时代未来

2019年5月在河北石家庄灵寿县开展了"百年青春梦·美好新生活"五四专项社会实践活动，我在学院的带领下实地调查了当地生活水平，为深入贯彻落实习近平新时代中国特色社会主义思想和党的十九大精神，巩固提升脱贫攻坚成

果，压茬推进乡村振兴，针对脱贫攻坚方面的问题进行实地采访。那次蹲点调研也是我第一次深入内陆，与内地的学生一起，走进乡村，深度研究村庄产业升级的历史进程、有益经验和存在问题。同时作为活动记录者，有幸通过相机记录的方式留下了许多珍贵的剪影，为对下一步高质量推进实施乡村振兴战略提出了政策建议，贡献一己之力。

图6　2019年"百年青春梦·美好新生活"五四专项社会实践

图7　北京冬奥会首钢园区参访

2020年11月在北京冬奥会首钢园区的参访，我看到首钢园区为2022年冬奥会的蜕变，工业遗存和现代元素在这片改造区域完美融合，我感受到了祖国科技发展的无穷力量；通过讲解员对首钢发展变迁的讲述，我更感受到了为此做出无私贡献的人们为党为国的坚定信念。在参观三高炉的过程中，脑海里依旧还能想象出钢花四溅、钢水奔流的场景；漫步在首钢空中步道，映入眼帘的群名湖西岸、冷却塔东南的首钢滑雪大跳台更是令人震撼。筒仓料仓变身为现代办公空间，工业风貌与奥运元素完美结合的石景山首钢园区，正书写着奥运推动城市发展、工业遗产再利用的可持续发展的"冰与火之歌"与由文化、产业、生态、活力复兴计划带来新生的生动画卷。可以看到，首钢园正在加速崛起，未来可期。

时光匆匆，百代过客七十余载，这七十几年的变化少不了一代又一代中国人的努力建设。在接下来的数十年里，我也将成为为祖国建设做贡献的新一代耕耘者，将不负使命，不负青春与韶华，同心共圆中国梦。

区弱冠，百般变

北京化工大学　化学学院　化学　2019 级　台湾　郭昱昊

　　二十年朝夕光阴变换，光景更替不似当年。百般光景千般变化，记心间，留心念。二十年光阴，国与我皆似襁褓之幼婴，逐步成长，拓展着自己的躯干，启迪、丰富着自己的思想。因为家庭原因，我生于宝岛长于大陆，所以我相较于别的同龄人见识并接触过更多不同的城市和文化，今日我想以我这二十年来的所见所闻所思为脉络，为大家展示一个在我心中不断壮大的祖国的形象。

　　首先，注目于祖国东南隅，潮起潮落间坐落着我生活了最久的城市——"鹭岛"厦门，我从小学一直到高二的生活都是在厦门度过的，我见证了厦门"成功大道"的建成、BRT 的开通、高崎机场 T4 的竣工、厦门地铁一号线的开通、厦门地标建筑"双子塔"的建成。随着时间的推移，这一个个项目完成竣工并出现在我的生活中，从小时候出门开车，为抵达目的地而七拐八弯到走上高速快速到达，高一每天还需乘坐一个小时的公车去学校上学，到高二的每天只需要乘坐 20 分钟的地铁即可抵达学校，我的生活因为他们的一个个出现变得更加的方便与快捷了起来。对于这个占据了我生活绝大多数时间的城市，我在与它一起成长着，相互伴随着对方，一同经历年岁的变化，从襁褓至少年，这些变化是时光流逝、万物生长的必然，却带来了意料之外的惊喜与感动，相较于其他时代的人们，又有哪个时代能与今时的我们相比，逐年感受到自身居所的变化呢？生于这个时代的我们是意义非凡且幸运的，随着时代与科技的发展，变化所需要的时间成本在减少，在我们这一代所见证的社会变迁是过往的任何时代所无法比拟的，我也相信这些剧变同样是未来的人们无法感受的。于我看来，我们用个体的生命见证了一个大国如何一步步摆脱过去的束缚，向新的朝阳迈步，沉睡的雄狮如何重新睁开双眼，傲立于世界之林。大国之崛起，雄狮之复苏，又有什么是比这更令人感动的事情呢？

　　目光顺着蜿蜒的海岸线向北望去，视野里是另一座与我有着不解之缘的城市——上海。因为我母亲的原因，从8岁起我每年暑假都会去上海，年少懵懂的我踏出家门去探索这个城市。感受这个城市的变化多是在母亲的车上，看窗外的建筑逐年变高，看城市的灯光变得愈发绚烂。然而每年居住的时间也不过堪堪一个月，于我而言城市的变化并不是令我感受最深的，让我感觉到变化的是母亲的生活，从初来时的出租屋，到自己买好第一套小房子，再到后来换了一套更大的房子。母亲孤身一人来到上海打拼了12年，我从与她相处的日子中所体会到的，不仅是生活质量的改善，更是这个时代的宽容和开放。它在予人以机会，给予所有人向上向善的机会。这个时代的观念芥蒂不再像往昔那般深，时代看中的是每个人的能力而无关其他。随着祖国的发展，这个时代相较于往昔，在变得愈发公平，在这个时代拘束着我们的不再是时代的偏见与文化的糟粕，拘束着我们的只有我们自己。在这个社会里，时代能向你许诺，只要你愿努力生活，时代就愿善待于你。或许这是在如今的我们看来再稀松平常不过的事情，可当你把目光看向其他国家时，或许你的心中便会明白你生于这个时代、这个国家是一件多么幸运的事情。

上海之上，着眼于雄鸡心脏的北京，是我如今生活的城市。我小时候曾经来过一次北京，虽然记忆早已斑驳，可是当我用我仅剩不多的回忆与今时的北京对比时，我竟也看不出有什么变化。为此我还去问了长年居住在北京的朋友，北京这些年有什么变化吗？她的回答是好像真没有，真要说有的话，就是空气变好了。我不禁哑然失笑，不过当我们提到去一些历史古迹的时候，我笑问她，你是不是早就已经逛腻了这些地方？她说，没有啊，我倒是挺想再去几次的，每次和不同的人参观都有不同的感觉。话语至此，我或许也从和她的对话中得到了我所追寻的答案，众所周知，北京作为一个历史古都，市中心不似其他城市那样林立着高楼大厦，而是聚集着数量众多的历史名胜古迹，古迹需要被保护、被留存，城市中心地带的样貌变化也因此被按下暂停键，给人以永恒不变的视觉感受。而于我看来，物质的生活或许确实没有太大的变化，可是文化和精神呢？在如今这个事物迭代更新愈发快速的时代，是否也应有着一些超脱于物质变化的事物存在呢？这座城市的文化与精神的传承我看来便是这完全超脱于物质变化的事物。就像是故宫，不管你去过几次，你总是能有着不同的体验，这般厚重深沉的文化与精神有别于那些瞬息万变的事物，它是值得人们去品味的。这个时代的人们会不时发出感叹，我们时代发展得太快了，真的太快了，快到物质跟上了享受，精神却落后于文明。而在这一众迅速发展的城市之中，北京又是如此的特别，她岿然不动，不随波逐流。在这时代的洪流中，她有着自己的坚守，坚守着自己独特的历史蕴息。精神文化的孕育需要时间的沉淀，这个过程就好似酿酒一般，任凭你的原材料、酿制的工具发展得如何先进，完成了一切前期工作后，仍需要等待其自身靠时间去发酵。时代所承担的责任不仅是改善提升百姓的生活品质，也是传承历代的文化成就和精神瑰宝。我们有别于古人的不仅是科技，更应是在时间沉淀下萌芽出的那一簇簇的智慧之花。

最后，眺望江南，杭州是珍藏在我心灵深处的一座城市，它承载着我童年的纯真与美好。当时家旁边的武林广场于我而言还是一片一望无垠的旷野，广场旁的商城也不似现在这般繁华，西湖旁的音乐喷泉表演时的灯光也不似现在这般耀目。童年于我而言是恬静且美好的，那时的记忆蒙着一层淡粉色的纱，看起来是那么的朦胧且美好。后来因为家庭原因我离开了杭州，即使每年暑假回来看看我的外婆外公，停留的日子也不过一天甚至是半天。而在多年之后，2017 年，G20 峰会结束后的那一年，我有幸重新回到杭州，重新回到我心心念念的地方。故地重游之后，我却发现一切都有了巨大的变化，武林广场下面已经建起了地下商场，人长大了，广场也不再是一望无垠，相较于往昔的印象而言，原本巨大的广场上矗立起了许多新的建筑，儿时常去的平价餐厅被一个个奢侈品商店取而代之，建筑的外墙也变了颜色。这个城市的变化太大了，他不像我长住的厦门，至少我是随着其一起长大的；也不像上海，至少我能从车窗外的景色去了解其之丝毫。他变了，而我就好似恍然隔世，物是人非，山长水阔，触处思量遍。这个城市的街景与我记忆中的印象不再匹配，那种怅然若失的感觉，它的发展是无可避免地在意料之外，也在情理之中，令人诧异又欣喜。我在我的脑海里追寻着童年时的点滴，尽管物是人非，可是否就如帝都那般仍旧有着不曾改变的事物存在着，而在我追寻的终点所看到的是旧梦里奏响的荷塘月色，是刻入骨髓此生不忘的桂花香，尽管光阴穿梭，时代变迁，在这个物欲横流的时代，不管事物如何变化，不变的是刻在我心中父母长辈的教诲，去过各个城市所沾染上的气息。即使城市的变化再大，我们的初心仍不会改变，这就如同我们的国，发展至今并且越来越好的原因绝不仅仅是制度与改革所带来的，究其根本是埋藏在所有人心里的那一份让国家越来越好的初心，从始至终从未改变。予以这个时代去提升、去改变、去传承之原动力是这个时代来自每个人民内心最深处的声音，这些声音汇聚成了这个时代的初心，我从个体的精神与思想映射出国家之灵魂。国魂起之于民，高之于民，而又为之于民，在如今的神州大地上，炎黄子孙埋藏于心底最深处的声音就是让吾之国繁荣！富强！

这个时代是城市现代化愈发迅猛的时代，是给积极上进者以机会的时代，是需要有人在追求物质改变的同时不忘坚守文化传统、传承精神遗产的时代。我享受着城市发展带来的方便与快捷，欣喜着这个首肯你努力的时代，感受着城市中不变的历史古韵。在我的耳畔回响着的是稚嫩的童声读出的诗句，"孤山不孤，断桥不断，长桥不长……"或许容颜易老，江山易变，但在这百般变化的世界中，不变的是灵魂中回荡着的，我们的初心。吾辈之初心从未更改，吾国之昌盛，势在必得！

如今的我虽仅是弱冠之年，可我在这片土地上见证了太多的感动。我曾认为这个时代人人精致利己，一度无法理解为什么会有人愿意去无私奉献自己的一切。可是随着年月的增长，我见证了太多太多的感动，我或许仍是个平平无奇、碌碌于生活的普通人，但我的祖国，这个创造了如此多奇迹与感动的国度，却让我愿意献出自己的全部。我只愿这个国家的人民明天的生活更美好，这片宽厚的土地上明日的朝阳更绚烂，愿这个在过去二十年间经历了百般变化的国家，在未来的百年、千年里越变越好，越变越强！

与时间赛跑，与病毒抢时间

华中科技大学　公共卫生学院　预防医学　2018 级　香港　秦阳

2020 年 9 月 17 日，习近平总书记在湖南大学岳麓书院考察时深情寄语：新时代是一个英雄辈出的时代，青年人正逢其时。希望同学们不负青春、不负韶华、不负时代，珍惜时光好好学习，掌握知识本领，树立正确的世界观、人生观、价值观，系好人生第一粒扣子，走好人生道路，为实现中华民族伟大复兴贡献聪明才智。

谈到这个，就说到了我们作为一名青年学子的责任和使命。

青春，是生命的春天；青春如火，如梦；青春是一面旗帜，号召我们奋勇向前。的确，青春是美好的，但奋斗的青春才是最精彩的。如果能把握好这个阶段，我们的人生就能实现飞跃。另一方面，国家的未来、民族的命运、人民的幸福，是包含港澳台青年在内的所有中国青年必须和必将承担的重任。祖国呼唤青年担当，时代赋予青年重任，时代的光荣属于青年，每一代青年人都有自己的长征和使命。自古英雄出少年，从精忠报国的岳飞，到驱逐鞑虏的孙中山；从振兴中华的周恩来到漂洋过海的钱学森；从五四运动的青年学生到援鄂医疗队。

2020 年，新冠肺炎疫情突如其来，席卷全国，严重影响着广大人民群众的生命安全和正常生活。以疫情为令，全国总动员，全党全国人民坚决按照以习近平同志为核心的党中央的部署抗击疫情，在新冠肺炎疫情防控斗争中，以"90 后"为代表的青年一代挺身而出、担当奉献、不畏艰险、冲锋在前、舍生忘死。其中，像北京大学援鄂医疗队中的"90 后"党员们，更是切实发挥了党员先锋模范作用，为疫情防控打头阵、做表率，在抗疫一线守护了人民安全，践行了党的宗旨——全心全意为人民服务。

华中大师生也在校党委领导下，步调一致，按照各级防控要求，坚决打赢疫情防控的人民战争。作为其中的一分子，我响应使命的召唤，主动担当，努力作为，做出了自己的最大努力。

一、挺身而出，不辱使命

疫情突起，猝不及防，骤然间武汉市乃至全国的大多地方，防疫抗疫物资的调配遇到了很大困难，我校各附属医院也未能幸免。防护物资缺少一分钟，第一线抗疫英雄们就多一分钟的暴露风险，就有可能身陷感染致命病毒。作为学校新媒体中心微博部的一员见此紧急情况，我挺身而出，与老师协力于1月23日傍晚在官博中向全国、全社会发出了我校的第一条物资需求的求助信息。在学校领导的关心指导下，依靠我校新媒体中心这个平台，我尽一切最大努力，通宵调研，核实信息，废寝忘食，每天争取以最快速度发出我校各附属医院的抗疫物资的需求和调配信息。在此期间，成功整合了我校校友总会和9所附属医院的相关信息，单条微博到了1098万的阅读量，引发社会大量关注。为缓解抗疫初期严重的物资短缺做出了自己的贡献，在争取社会资源、助力抗疫方面发挥了自己的作用。

图1　单条微博达到1098万的阅读量

首战告捷，越战越勇。依靠老师同学的帮助，我继续每天长时间在线工作，及时向全社会发布我校、同济医学院和各附属医院的最新抗疫消息，特别是关于抗疫一线医生的正面宣传，也使我校的防疫抗疫工作得到了全社会更多的肯定和正面评价，在宣传动员助力抗疫方面发挥了自己的作用。我明白，在实现中华民族伟大复兴的历史征程上，应对重大挑战、抵御重大风险、克服重大阻力、解决重大矛盾，迫切需要当代中国青年具备迎难而上、挺身而出的担当。

二、勇于担当，奋战一线

在充分运用新媒体进行抗疫动员宣传以外，作为一名努力向党组织靠拢的医学生，我积极响应组织的号召，我主动请缨争取深入抗疫第一线，立志投身于抗击疫情的实战之中。经过我不下十次的不断努力争取，广州市番禺区疾控中心终于同意我作为一名志愿者，参加一线抗疫工作。每日的任务从录入新冠肺炎密切接触者资料、对密接人员进行告知，到外出对新冠患者密切接触者咽拭子采样、对新冠患者住所进行消杀，我终于可以战斗在第一线，我感到无比自豪、无比光荣。我竭尽所能，主动请缨加班、增加志愿服务时长、望能分担工作压力、为防疫工作贡献自己的一份力量。

让我印象最深刻的经历是作为应急先头部队的一员去到当地冷冻品市场处理冻品样品新冠可疑阳性事件。8月的广州正值盛夏，为切断疫情输入途径，每日都需在户外身穿密不透气的防护服工作，穿着10分钟身体就仿佛置身在蒸笼里，然而，基本每出动一次就需要四个小时。脱下防护服后，手指已经皱皮，衣裤全都湿透，防护服里层也尽是水珠。为扑灭疫情，我几度脱水，在所不辞。

图2　炎炎夏日下的我和疾控工作人员

在 5 个多星期的志愿工作中，我被同事们视为真正的抗疫战士、勇敢的斗士、可信赖的伙伴，是疾控中心科长口中的"优秀的同济师弟"。在志愿工作期间，我深切感受到，我们青年人，就应该有"把握社会脉搏，破解社会难题"的勇气，要勇于担当，争做表率，无愧于时代的重托。

三、团结一致，共同抗疫

作为武汉高校香港学生联合会主席，我积极与香港特区政府驻武汉经济贸易办事处联络，为香港学生分发防疫物资，服务武汉高校香港学生，同心抗疫，为存在返校困难的香港学生排忧解难，向教育部、特区政府教育局建言献策，团结所有香港学生，防疫抗疫，努力奋斗。

同时，团结香港学生为武汉抗击疫情加油，联合各高校港澳学生代表与"体坛新声代"大学生媒体，共同制作了《众志成城，抗击疫情》视频，为武汉、全国抗击疫情摇旗呐喊，助威加油。

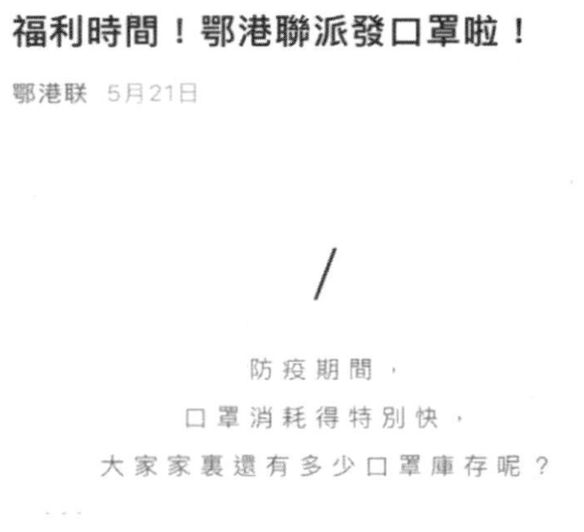

福利時間！鄂港聯派發口罩啦！

鄂港联 5月21日

/

防疫期間，

口罩消耗得特別快，

大家家裏還有多少口罩庫存呢？

图 3　分发防疫物资的推文

一个时代有一个时代的主题，每一代人都有不同的使命。我们所处的新时代，既是近代以来中华民族发展的最佳时代，也是实现中华民族伟大复兴的最关键时代。我们是"两个一百年"奋斗目标的参与者和见证人。我们既是有着施展才华广阔舞台的追梦者，也是实现梦想的人，肩负着时代赋予的伟大使命，要用自己的青春和奋斗，为祖国的建设贡献力量，为民族的复兴铺平道路。作为内地港生的我们更是如此，我们还应该从自己做起，从影响身边的人开始，鼓舞伙伴一同投入到中华民族伟大复兴的事业中来，并以实现中华民族伟大复兴为己任，把自身需求与社会需求相统一、把个人发展与社会发展相结合、把个人命运与国家命运相联系、把家国情怀落实到实际行动中，在实现中华民族伟大复兴的中国梦过程中实现个人的价值，将个人成长成才更好地融入国家的发展大局。

　　青年们，一起动起来吧！让我们以梦为马、以汗为泉，勇于探索、勇于突破，与人民同奋斗，与祖国共命运，不断开辟新领域、建立新功业，在矢志报国和服务人民中书写绚烂无悔的青春华章。

勇毅朴诚，无问西东

武汉大学　经济与管理学院　财务管理　2017 级　香港　丁合怡

今天武汉下了今年的第一场雪，我走在汉街赴朋友的约，周围人群熙攘，每一个人都戴着口罩。不禁想起年初那空无一人的汉街，鼻子一酸。这一年的故事快要结束了，原来小时候作文里畅想的 2020 就这样走到最后了。这一年，我们和祖国经历了太多的无奈与困惑，太多的心酸与感动，还有太多的震撼与醒悟。

忘却，不能，永远不能。希望我的文字，能给我的 2020——和所有人一样不凡的 2020，一个有力量与温度的记录。

勇　　毅

——在抗击新冠肺炎疫情中彰显青春风采

长江水般的关切和思量

时时变幻的数字

我们把日月揽在胸怀

我们把期盼扛在双肩

爱的桥梁

承载着我们牵挂和思念

诉说着我们的敬意和祝愿

春天会来

这本该是一个百业皆息、万家团圆的春节，而这个春节少了春晚的吐槽，少了往年该吃汤圆还是元宵的争论，新型冠状病毒肺炎疫情牵动着全国数亿人的心，"疫情就是命令，防控就是责任"成为最强音。

屈原在《天问》里写道："蜂蛾微命，力何固？"蜂蛾微贱，自卫之力为何如此牢固？——同处低微，同担悲苦。一人力贱，万人力勃。疫情期间，我看到"不计报酬、不计生死"的凛然大义，一批批护士为了争分夺秒地救人将秀发剪短；看到一个个不惧风雨的身影在火神山、雷神山医院施工现场不舍昼夜；看到放下口罩在派出所就离开的爱心之举；看到很多提前开工赶制口罩的普通工人，笑脸憨厚，诚恳朴实；看到拉着盒饭送去医护人员下榻酒店的夫妻，泡沫纸箱盖着棉被，自己却被冻僵……

"出入相友，守望相助，疾病相扶持，则百姓亲睦"，中国绵延数千年的生活方式，不仅塑造了中华民族共同的价值基础，也在时间的积淀下形成了团结一心的民族。84 岁的钟南山院士曾眼含热泪地说："武汉是一座英雄的城市。"然而，世上哪有什么从天而降的英雄，不过是一群挺身而出的平凡人，逆行而上。

我们的校友李文亮、张继先、黄文军、刘智明、张笑春……他们用职业素养与德行责任，构成了抗疫风暴中一幅独特的英雄群像。第二故乡武汉一日日剧增的确诊人数，我深感远方的哭声与我息息相关，第一时间申请加入了志愿服务一线医护人员子女团队，四个月来一直在辅导一位武汉大学人民医院呼吸科护士的孩子语文学习，隔天辅导阅读与写作。仍记得她告诉我已经两个月没有见过妈妈时眼里的泪花，也记得她告诉我每天打开窗户透口气是她的娱乐活动，更记得我们俩探讨折柳和明月意象时的欢欣雀跃。6 月份志愿辅导结束，章妹妹送了我一副她的画作，我们都知道，武汉的春天不远了。

今年 9 月份我们线下见面，妹妹向我跑来，喊着丁姐姐，我终于见到这个可爱的小朋友。

图 1

（画者：章婧潇 四年级）

也由于疫情，我今年没法前往我们学校定点扶贫对象陈云小学进行支教，便组织我校港澳台同学联合北京大学港澳台同学面向陈云小学149名同学展开线上课程，并寄送了150本适龄课外书，和孩子们如期相见。这两年前后三次的支教，每次离开时孩子们都会抱着志愿者不舍地流泪，看着孩子们的眼睛，纯粹明亮，我深知我总会给他们留下些什么吧。

图2

如今，图书馆满座，教学楼匆匆脚步。正如今年春分时，在学校官方公众号发布的由我作词、主唱的《爱之间》MV里的约定一般："我们像樱花开在海角天涯，虽千里之隔却怀着同一个牵挂。逆着光前行，任由风吹雨打。熬过寒冬，珞珈相见。"

作为港澳台青年，我愿彰显青春风采，勇毅攻克时艰！

朴厚——那份红的传承

从小，我的老党员爷爷坚持言传身教帮我扣好人生"第一粒扣子"，为我立下人生坐标。他11岁时便参与东江纵队游击队。新中国成立后，绝大多数地区按照生产队辖域直接过渡到村民小组，爷爷先是生产队的财经队长，后来担任党支部书记。2014年，中共广东省委为优秀老党员颁发"南粤七一纪念奖章"，爷爷正是其中一位。作为一个在内地读书的香港学生，我深知一代人有一代人的担当，一代人有一代人的使命，却始终初心未变。

在去年香港的"修例风波"中，维多利亚港的上空弥漫着迷雾。仍记得当时每天出门，母亲都会提醒我不要穿黑衣服，在地铁遇到状况要保护好自己。看到这样的香港，很心痛、很心痛。究其原因，是爱国主义、家国情怀教育的缺失，是立法和执法的不足。

2020 年，在香港回归祖国 23 周年纪念日前夕，《中华人民共和国香港特别行政区维护国家安全法》获得通过并颁布实施，开启了香港"一国两制"实践的新征程。国安法为的是堵塞香港地区法律的漏洞，建立健全香港地区维护国家安全的法律制度和执行机制，是我们的共同心愿。这有利于坚持和完善"一国两制"制度，维护国家主权、安全、发展利益。

我们可以看到党中央在加速港澳地区与祖国内地融合的进程上做出了许多努力，如居住证的落实、港珠澳大桥的建设、粤港澳大湾区的建设等。香港回归祖国已 23 年，内地和特区的经济、社会、政治，特别是民众的心理都发生了较大变化，因此，需要与时俱进地调整、完善和制定与之相适应的制度规则体系和管理办法。当然，在这个创新的探索中，作为港澳青年要充分认识到"两制"的前提是"一国"。

展现青年风采
- 作为港生代表参与筹备、录制武汉大学庆祝中华人民共和国成立70周年视频《今天是你的生日》。
- 作为代表录制庆祝澳门回归20周年MV视频。
- 作为学生代表录制武汉大学港澳台招生官方宣传片。

图 3

2020 年，对于伟大祖国来说并不太平。诚然，我们依旧有可预见和不可预见的困难。港澳青年应当心中有阳光、有热血，脚下有力量、有方向。凡益之道，与时偕行，珍重那份心中最深处的红的传承！

真诚——不负青春，不负时代

从大一时沿海到内陆求学的不适应与迷茫，到今年大四获评了学院"榜样经管"年度人物"实践之星"荣誉，站在这样的路口，我也有了契机去回顾自己四年来的成长与收获。四年来，我用力地去撕掉身上的差异化标签，用情搭建内地同学和港澳台同学之间的桥梁，用心丈量脚下这片热爱的土地。

图 4

　　全面发展，不负青春。在大学期间，为了加深对国情的了解以及提高自身思想水平，我主动选修了所有思政课程，我认识到社会主义制度的发展和完善是一个漫长的历史发展过程，在学习中我厚植爱国主义情怀，把爱国情、强国志、报国行自觉融入个人发展实践中。参与多次国情调研实践，我进西柏坡读懂了十九大背后的"西柏坡精神"，读懂了两个"务必"，读懂了"中国从这里走来"；走进粤港澳大湾区了解机遇与挑战；走进北京国家博物馆改革开放四十周年特别展览，感受祖国发展的"日日新"；也走进偏僻的山区支教，深刻明白了党的十八大以来习近平总书记站在全面建成小康社会、实现中华民族伟大复兴中国梦的战略高度，把脱贫攻坚摆到治国理政突出位置的重要性……跳出舒适区，提高自身科研创新能力，我先后参与了软体机器人、智能电力检修系统、潮流能发电等科研项目，并在全国"互联网+"比赛中获得佳绩。

行走祖国大地
讲好中国故事

图 5

　　我深知，当代大学生将是实现民族复兴第一个"百年目标"责无旁贷的中坚力量，也毫无疑问地将是在人生最丰美时期享有实现第一个"百年目标"硕果的幸运儿。第二个"百年目标"将实现于本世纪中叶，这意味着，当代大学生的成长成才将无可例外地与第二个"百年目标"同步，与中华民族伟大复兴的冲刺阶段合拍的历史标记。

人生能有与国家、民族的重大飞跃合拍共振，这在时间上或许是幸运和偶然，在实践中则意味着必然的责任与神圣的使命。对于人生画卷初展的当代港澳台青年而言，理应深刻认识并切实珍惜这两次与"百年目标"相遇同行的人生机遇，让自己的青春和人生在中华民族伟大复兴的壮丽事业中出彩。

武大的校训从"朴诚勇"到"明诚弘毅"再到如今的"自强，弘毅，求是，拓新"，兜兜转转，蕴藏的珞珈风骨却不会消散。而其中爱国、勇敢、深情、善良都源于我们内心的真实，真实自有千钧之力！

勇毅朴诚，无问西东！不负青春，不负韶华，不负时代！

我乘六月风，明珠耀我行

华东政法大学　文伯书院　法学　2020级　台湾　韩承淳

序

当我还是一个稚童时，对于大陆的印象仅仅只是模糊的轮廓，我也未曾想到会与大陆有如此深刻的羁绊，但是直到 2020 年一场突如其来的疫情，将我的人生轨迹和大陆紧紧地联系在了一起。

作为一名对法律有着憧憬和热情的应届高三生，我终于下定了决心，只身前往大陆，开启了我人生未知的新篇章。

缘起疫情

2019 年的冬天，疫情伴随雪花悄然而至，起初，我以为这就只是一场稀松平常的流行性感冒，但令我始料未及的是，病毒持续地蔓延着，这一片片雪花终究酿成了雪崩，恐慌蔓延到了全球各地，死亡以及离别的恐惧让各地的人们几乎失去了理智。看着新闻报道中不断攀升的感染人数，我无比挂念远在大陆的外婆和亲戚们，我会担心他们买不到医用口罩，我甚至担心他们的餐桌上没有新鲜的蔬菜。

但是这种种的焦虑，都在我与外婆通话之后释然了。和新闻报道的混乱不一样，外婆用和蔼的声音告诉我，在疫情暴发之后，虽然不能外出，但随着志愿者的脚步踏入小区，完备的生活物资也进入了家中。虽然疫情对他们的生活方式造成了不可抹灭的影响，但是在这寒冷的冬天，随着人们无私的帮助，这一切却带给他们无与伦比的安心感。

秋承新篇

通过在这场疫情中的经历，再加上我心中对法律的诚挚之情，我开始着手准备于大陆高校的面试，我在网上搜集了无数的资料，阅览了无数篇相关的新闻，我获得到越来越多信息却越发地感受到焦虑。在那些文字中，我感受到了前所未有的震撼，我更多看到的是大陆正在飞速发展、现代化程度日益提高的、人民的幸福感不断提升。但总有一些刺耳的声音存在，而我毅然决然地相信最大的那个声音。在准备的过程中，我曾经无数次设想过面试官会问到的问题，我的固有印象让我认为，在面试中，我可能会被问到一些较难回答的问题。为了让这些问题的答案使考官满意，我曾十分纠结，因为我不知道要怎么样去做出一个恰当的回应，因此，我在脑中构想了无数个回答，但正式的面试中，气氛十分轻松以及舒适。我放下心来，因为我将去的那片土地，有着无尽的包容性，而这份包容将最大限度地容许我展开翅膀，向着理想的方向翱翔。

图1

寒暖心转，白驹过隙，转眼之间，随着广富林路上一排排的梧桐树叶由绿转黄再随风缓缓飘落，我才惊觉自己在上海已经生活了小半个年头我已习惯运用手机支付来取代现金交易，我习惯了运用微信作为最主要的通讯软件，我也不会因为看不懂简体字而询问同学。

在这里，我的生活有了极大的改变，我也切身地体会到了之前我看到的诋毁的话语是多么的险恶和荒谬可笑。但是如同每一个漂泊在异乡的学子一样，总有时候，当我看着万家灯火却没有一盏为我留下时，会有一种孤寂之感。

图 2

就像是 12 月 13 日那天时，我发现同学们都停止了娱乐活动并且换上灰色的头像，在经过一番了解后我才知道，原来这天是南京大屠杀死难者国家公祭日，我从室友那借阅了《南京大屠杀：第二次世界大战中被遗忘的大浩劫》，看着张纯如笔下的那些文字，眼前的白纸黑字，仿若变成一幕幕真实场景在我面前发生，我仿佛站在当年南京的街道上，我身临其境仿佛成了逃难者中的一员，绝望像是一张细密而无尽的网向我袭来，将我笼罩缠绕而又无处可逃。我的眼前是一片红色，是血、是火、是怒和不甘。而我却只能眼睁睁地看着而又无力改变。

我感到愤怒，既愤怒于那没有基本法律道德而只有弱肉强食的侵略；我也感到悲伤，在没有法律的束缚之下，人类竟然会做出如此行径。这让我更加坚定了自己内心的理想，也确认了我的前进道路是正确的。过去发生的悲剧固然不能改变，但是我依旧想利用自己的学识去发光发热，坚决杜绝惨剧重演。

我默默地翻回前几天那些被我一扫而过的文字，再次见到"南京大屠杀"这五个鲜红的大字时，我突然理解了同学们那天的行动，也终于心领神会。作为同一个民族，我们共享着同一种情感，那是对侵略者的恨更是对同胞者的爱，那是血脉之间，也许会淡化但是却永远不会消失的通感，对于当时被害的南京同胞、也对于我们现在整个中华民族。

我真正地觉得自己融入了这里，伫在我身周的围墙轰然倒塌。后来有同学问我，在大陆孤身一人过得如何，我却释然一笑，回答到，此心安处是吾乡。

明珠为伴

现在我已经半只脚踏入了法律的殿堂，当初面试时，考官随口问了我一句："你为什么要赴大陆攻读法律？"我曾经以为那些让我成功录取的回答是客套而官方的，但是现在我发现，这些话竟是来自我内心深处的挚诚之言，关于为人类的幸福而奋斗终生、关于为法治社会建设的前景添砖加瓦、也关于为我云霄之上，这是我至高也至上的理想。

有人曾说过我们出生在这个时代是幸运的，但是我所理解的幸运和他人眼中的幸运定然是不同的，在别人眼中，幸运可能只是，有前辈们提供的那些美好物质生活。但是在我的眼中，我的幸运是能够站在时代的浪潮尖口上，我可以竭尽自己所能，参与并且创造一个更加理想化的社会，而我倍感幸运。

望着明珠楼彻夜不熄的读书灯火，我如是想到，于是内心涌起一股热流，便更有了砥砺前行的动力。

图3

我是这样一直认为的，中华民族是一个经历万千磨难，却仍坚忍不拔像石榴子一般，紧紧团结在一起的民族；是在历经无数战乱后，仍能众志成城的民族；是在改革开放时，能万众一心争时间、拼效率的民族；是在疫情时，一方有难八方支援的守望相助的民族。

现在我想补充一句，中华民族是始终充满希望面向未来，并且不惧困难去创造未来的民族。希望未来的我，能够不辜负现在的我的美好希望，真真实实地以我所学，服务社会，创造幸福的未来。

做好新时代的"传递者"

复旦大学　新闻学院　传播学　2020 级　台湾　李景怡

庚子年岁末，美国著名"中国通"傅高义先生逝世，他生前花费十年时间撰写的《邓小平改变中国》（亦称《邓小平时代》），是以一名外国人的身份为中国书写了一段历史，向世界展露了中国飞速崛起的故事，是了解现代中国社会和经济发展的重要材料。而于我个人而言，此书是我开始认识大陆的一块敲门砖，那时尚未踏上这片土地的我，在大学课堂跟随教授逐周阅读完此书后，除了对一代领导人满怀钦佩之外，更是对祖辈口中的故乡有了丰富多彩的畅想。那之后，我跟随学校研习营队到北京参观走访，见识到了曾经只存在于语文、历史、地理等课本里的大好山河。我无法忘记第一次走进故宫时的震撼，仿佛过去多年来不断在教科书里看到的平面图像一下转化为实体跃入眼前，心中产生了强烈的连接和亲密感。时隔多年，我仍记得那天与友人在结冰的未名湖上溜冰，遥想蔡元培、鲁迅、胡适等大家亦可能在另一个时空与我们同般游经此处；当时在王府井大街上被冻僵的冰糖葫芦，南锣鼓巷的热闹喧腾，后海的文化气息，甚至是冬日北方清晨独有的清冽，一切掺杂着新鲜与熟悉，都成为日后我爱上这片土地的养分。

秉持着对大陆的好奇心理，怀着青年渴望踏出舒适圈的无畏精神，大学毕业后我来到了上海寻找职涯发展的更多可能。作为能够媲美纽约、伦敦等大都市的上海，这里的吸引力是不言而喻的，静安寺的熙熙攘攘，老南市的市井韵味，街头巷弄日夜发生着各种精彩的故事，令人目不暇接。然而，这并不是让我钟情于上海的唯一原因。作为一个港口城市，上海对人才的海纳百川，是全世界有目共睹的。在上海生活，我感受到自己被这座城市包容着，在食衣住行各方面被照顾着，如同第二个家乡被关怀着。除此之外，在大都市快节奏的督促鞭策下，"苟日新、日日新、又日新"化为了我人生的哲理，每天都有新的期待，每天都有新的收获。而在长时间的省思下，我变得更了解自己，更知道自己的长处与短板，也更清晰自己对人生的追求。有鉴于此，我决心回到校园攻读硕士学位，怀抱着在工作及生活中看到的疑问，希望能够在高校里加固自身知识功底，沉淀出更清澈的洞见。

图 1

（2016 年 7 月摄于苏州）

从了解到认同

2021 年，是我"登陆"的第五年。有朋友问，如果让我再重新选择一次，还是会到上海工作吗？我想，答案是肯定的。在到大陆生活之前，或因信息的不流通、媒体传话角色的偏颇，我和家乡多数朋友一般，对这儿的"情况"是充满困惑的。即便当时修习了大学里与大陆经济、社会、文化等有关的课程，透过专家学者撰写的书籍或多或少地解答了我的疑问，但事实证明，那都不如近几年在大陆生活、工作的亲身体验更启发我。人们说"眼见为凭"，若不是走过北京的庄严、上海的繁华、广深的创新、川渝的泼辣，我或许不能明白在一个国家里各地区的人民、生活等方面差异会如此之大，也不能理解治理如此多样化城乡的困难性及当今政体的必要性。若不是在工作中接触了形形色色的人群，我亦不能认知到改革开放对中国社会和经济有着多剧烈的影响，亦无法认识到这隔着一抹海峡的庞大商业实体和其伴随的机会。

在过去五年里，我成了第三方支付便捷服务的惯用者，经历了微信公众号的蓬勃发展和短视频的崛起兴盛，共享经济、直播带货，各种新的事业体和商业模式层出不穷，再次展现了中国市场的有机性。如此充满活力的经济体，自然吸引着全球青年来此筑梦。在 2020 年新冠疫情之前，大陆的商业环境已经吸引了全球华人在此新时代大量归乡，而在疫情暴发之后，中国政府抗击疫情的方式，更是凸显了政府在面对市场压力时的话语权和侧重点，及时止损、以人为本的手腕，展现了胸怀和体制的理想性，使人们对制度产生了认同感。尽管我们都知道，疫情会给许多行业带来极具破坏性的影响，但将健康、全民福祉放在第一位的管理方式，着实感动了世界人民，更增添了海内外中华儿女对自身文化及制度的自信心。

新时代青年使命

我们生长的这个时代，没有了枪林弹雨的残酷，没有了帝国侵略的无情；在改革开放之后，大陆的社经条件欣欣向荣，庞大的经济体令人趋之若鹜，这些种种造就了近代中华民族发展最好的时代来临。而作为此新时代的青年，我们掌握着高新即时的传播科技，可以极容易地将话语传达到地球的另一端，因此，我们每个人都应该是这一时代的"传递者"，传递着属于我们的时代故事。在故事里，我们既是逐梦者，亦是圆梦人；我们既承载着对自身的期许，亦肩负着民族发展前行的使命。

基于自身经验，我发现许多的误解都是出自不完全的信息及肤浅片面的认识，因此我认为当下我们能做的便是透过信息传递，让对话的双方相互拥有更多理解，无论是海峡两岸，又或是中国、中华民族之于其他国家和族群，都是如此。遥想过去、端视现在、畅享未来，21世纪刚刚开始，尽管一场疫情打乱了多数人的步伐，但这何尝不是让我们重新审视生长在此时代使命的最佳契机？未来，无论从事什么行业，在哪个城市工作生活，我都期盼自己能牢记新时代使命砥砺前行，不辜负作为炎黄子孙所传承的深厚文化传统，并纵情书写绚烂无悔的年华。

青春的底色是一抹红

华东师范大学　大夏书院　英语　2020 级　澳门　吴家谦

风花万盏，秋风吹不进明月；礼炮千声，祭酒祭不完英雄。横卧九百六十万里的土地，纵跨五千年的漫长岁月，细数着繁华、吟诵着昔日，一切皆徜徉在历史的长河里。忆周郎丹心枕剑寄热心，看今朝女排夺冠国旗飘；弹指一挥间，沧桑巨万变。当五星红旗在破晓时分光芒万丈，冉冉升起的是骄傲、是辉煌、是百花齐放中最耀眼的一抹红；当国歌在东方的第一缕阳光下高声奏响，十四亿颗心脏跳动成同样的旋律，是热泪、是澎湃、是辽阔天边最灿烂的永恒。

祖国，我爱你。

我爱你：爱你旖旎的江山，如诗如画如华章。北有黄河气势磅礴、有长城巍峨万里，寻觅长白山，一路连绵的雪峰洁白无瑕；南有漓江水伴微风飘过；东有秀丽苏杭、幽巷深处有人家，轻瞥西子湖畔，蒙蒙烟雨惹人醉，细数足迹，每一块方砖都记载了无数个美丽的故事与传说；西有巍巍昆仑、广袤的大漠，还有雪的故乡——喜马拉雅。

我爱你：爱你源远流长的万年文化，颂你的传统得以发扬。两指间转动的灵魂，一笔一划一墨是汉字间的撇捺、一丝一线一缕是汉服的风雅。远望佳作，《诗经》里有淳朴与真情，《离骚》里有浪漫与飘逸：是什么悄悄蔓延？拿起一本《古诗词鉴赏》，静静品之、深深味之。感受游子思乡的百般感慨；设身战争昂扬奋进的时代气氛；品味那些归帆点点的幽奇；赏读桃花流水斜风细雨的山水风情。或是看看诗人笔下倾下的红烛罗帐、衣碎荷疏，或是僻远的桃花园林、西桥湖畔……阙阙唐诗宋词风韵无穷，元曲清小说篇篇惹人肠断；吱吱呀呀的戏剧如今又走上舞台，二胡羌笛的声音传遍世界每个角落。

我爱你：爱你今日飞一样的发展，一扫往昔阴霾。七十多年来拼搏的汗水，化成天空中最亮眼的星星；多少年来华丽的梦想，插上翅膀尽情翱翔。当中国的科技步足在巅峰，移动支付的力量震惊了全球，仿佛告诉了世界："没有中国人想不到，更没有中国人做不到。"当奥运健儿站上世界的舞台，为祖国夺得无数的辉煌，他们刷新着一次又一次的纪录，令世界刮目相看、令全国人民沸腾呐喊；当航空母舰横空出世、火箭飞船发射成功、水利工程突破纪录、桥梁建筑沸腾全球。七十年前的种种经历，使七十年后的夜晚更比白昼绚丽。而今年，在澳门回归踏过二十一周年之际，我忆起了冼星海——"是澳门人，也是中国人"，纵使当时前方的光明已被斫得无影无踪，但是仍时刻记着"他们掠走的是我的肉体，我依然保留最真的灵魂"。这是青春、是时代、是炎黄子孙对祖国母亲与生俱来的点点情怀。

我爱你：爱你给了我庇护的翅膀，给了我栖息的港湾。如今，我伫立在这和平的土地上，我可以踏遍千山万水，欣赏无限的江山；我可以尽情享受那博大精深的传统文化，感受那让人魂牵梦绕的源头之水；我更可以乘上新世纪的快车，享受今日飞速发展的经济。因为你，我们足够幸福快乐，足够如鹏鹰展翅；因为你，我闯过了氤氲的烟雾，骑着我的金戈铁马，以青春为名，为你所向披靡。

图1

　　我爱你：爱你给予我所向披靡的机会。青春的底色是爱国的一抹红，当有重任在肩的担当。不戚年往，忧世不治。庚子年初，新冠肆虐，中华青年们请缨而出，以绚烂青春之名，作一只中国结：心相通、情相连，于盛世硝烟处奔赴前线。多少人说当今青年是"垮掉的一代"，可他们早已在偏见的声音中默默担起了时代的重任，成为我们的国之脊梁。他们用鲜血歌谱青春、用生命诠释社会责任；这种精神，叫作担当，是吾辈青年向阳而生的担当。

　　风雨兼程一甲子，春华秋实七十年，至今我仍自豪地哼着："你可知Macao不是我真姓，我离开你太久了母亲。"历经七十载披荆斩棘、二十年惊涛拍岸，而今九万里风鹏正举，新时代扬帆起航。私以为，嫦娥长袖善舞上九天揽月、深海探测仪志探龙宫下五洋捉鳖。任何发展成就的取得都不是一蹴而就的，而是靠着亿万中华儿女滴水石穿出来的。恰似"风有约，花不负，岁岁如此，永不相负"，又有如"天地之功不可仓卒，艰难之业当累日月"。十四亿中华儿女千言万语的思绪化为红色，燃起了时代的圣火，渲染了世界的色彩，流芳在万众瞩目的鼎盛之中；它化为永恒，饱含着情深似海，雕刻在每一块神州大地的根基里。家国是一个无坚不摧的同心圆，我愿将足迹踏遍你的大好河山，我愿用热血染透你的旗帜，我愿同十四亿同胞一样，承先辈之善行，扬时代之风帆。

大风起，云飞扬

南京农业大学　动物医学院　动物医学　2016级　台湾　张沁莹

忽然间，我想起了台湾的玉山，印象中的玉山似浪卷涛翻，翠峰叠连间郁郁葱葱。若是你在山上，抬头便可见到天空中的云朵，跟随着一阵又一阵的大风，朝着远方飞扬而去，风驰云卷，流云奔涌，则群山浮动。风越是强劲有力，云能到达的地方也就越远，而云越是昂扬向前，更显得风是那样的气势磅礴。我也想像那云一样，乘着盛风去往我心中的远方。

风　起

每每介绍自己，我总是会开玩笑说，我其实是半个广州人。我们一家人刚到广州的时候，是改革开放的第二十五个年头。当时父亲经常去广州做生意，不常有空回家，后来他决定带着我们待在广州，这一待到如今便是十八年之久。我在这里成长求学，从当初那个不谙世事的天真小丫头，变成了现在大家眼中知书达理的文静姑娘。

这十几年间，我们国家的变化可以说是翻天覆地的程度，改革开放的春风已经吹遍了神州大地，祖国真正富强起来了，发展崛起之势有如磅礴的盛风，一阵又一阵吹向远洋，告知世人我们所取得的辉煌成就和凛然不可侵犯。而在广州，你可以见到千姿百态的楼宇大厦拔地而起，一条条纵横交错的沥青道路上皆是车水马龙，每一个角落都能听见人们的欢声笑语，一切都是那么热闹。每当夜幕降临，这整座城市便是一片灯火辉煌，连天上的星星都黯然失色。

还记得小时候，我家附近开始修建地铁，建设施工导致经常会发生堵车，所以我经常要早早起床，才能按时赶到学校上课。睡眼惺忪的我每次都忍不住和母亲抱怨，母亲却只是摇了摇头，笑道："以后等地铁修好了，你要去哪都会很方便了！"

到我上大学的时候，我乘着这条地铁去往高铁站，一个人拎着沉沉的行李箱前往南京。在这段旅程中，我想到自己的人生马上就要开启一段崭新的征程，心中满是激昂却又有一丝对未来的不确定，毕竟那对我来说是一个陌生的新城市。带着这种心情，我终于抵达南京，到了学校便有学长学姐热情迎接。同学们给了我很多帮助，还给我介绍各地的美景，我也结识了很多要好的朋友，学习生活都还算如意。

前年国庆节，是新中国成立的七十周年纪念日，我和朋友去看了当时大热的《我和我的祖国》这部电影，它以普通百姓的视角讲述了这七十年间，国家与人民经历的无数个历史性经典瞬间。令我印象最深的是《前夜》这部分，讲的是开国大典前夜，为能确保让五星红旗在典礼上顺利升起，"小人物"们在背后默默统筹付出的故事。当影片里国歌奏响的那一刻，忽然间我的内心有一阵无以名状的感动与热血翻涌而出，等回过神来，泪水早已划过了我的双颊，再看身旁的朋友，眼里也是泪光闪烁。我们的国家走过了七十年风雨历程，从站起来、富起来再到强起来，一路上可以说是披荆斩棘却一往无前，这一段峥嵘岁月，所有人都铭记在心。

然而2020年却是极不平凡的一年，一场新冠疫情突如其来，让我们措手不及。许多企业被迫停工停产，餐饮业和娱乐行业受到巨大冲击，昔日里熙熙攘攘的大街小巷，再听不见人们的语笑喧阗，家家户户大门紧闭。当时我们家没有提前做好准备，家里所剩的口罩寥寥无几，所以父亲和母亲都是非必要不出门。药店的口罩早已被一扫而空，连网购平台上的口罩也需要定点抢购，可惜一般都是"秒无"。

但自从疫情暴发后，我所见到的是这片广袤土地上的炎黄子孙们在守望相助；国家投入大量的人力物力；无数的医护人员和人民士兵主动请缨前往疫情重灾区，在最前线与病毒抗争；口罩生产工厂的流水线从未有一刻停歇；来自四面八方的物资千里驰援送往疫区。他们争分夺秒，他们无私奉献，正是因为有了国家和他们的付出，现在我们的生活和学习终于回归正轨，也完全实现了"口罩自由"。除此之外，在本国疫情形势逐渐缓和的同时，我们国家还对疫情严重的别国捐赠物资，积极分享经验并派遣专业医疗团队前往支援，以实际行动充分诠释了人类命运共同体的理念，向世人展示了一个真正大国应有的责任与担当！

2020年的最后一天，我在学校食堂吃着晚餐，电视上正在播放新闻联播，国家主席习近平发表了新年贺词，他用洪亮坚定的声音，与我们回顾了这一年来国家的辉煌成就以及对未来的展望，"'十三五'圆满收官，'十四五'全面擘画……全面建成小康社会取得伟大历史性成就……全面建设社会主义现代化国家新征程即将开启，征途漫漫，惟有奋斗"，贺词的内容不多，但却声声入耳，句句入心。

我想，当时在影院里，那一刻内心里澎湃与热血，泪水与感动，都只源于：我们这一代青年人正在见证着祖国的辉煌。

云　扬

还记得新生入学讲座中，提到最多的便是学习和梦想，学习的重要性我早已烂熟于心。但真正进入大学生活，第一次觉得"梦想"不仅仅是概念，它突然离我们很近很近，高中时候的梦想大概就是想考上理想的大学，但是考上大学后，却感觉梦想又变得模糊。我的专业是动物医学，当初选择它只是因为我喜欢接触动物，也并不是源于梦想一说。

直到 2018 年 8 月，非洲猪瘟疫情首次在国内暴发，而我国生猪储量高居世界第一，但行业内整体饲养管理水平不规范，疾病本身又是一种高致死的急性烈性传染病，有效的商品化疫苗还未研发上市。种种原因之下，非洲猪瘟在我国肆虐横行，短短一年不到的时间内几乎导致全国沦陷，存栏量极大幅度减少，猪肉价格飞涨，老百姓逐渐吃不起猪肉，整个行业都受到了巨大的冲击和影响。

回想那日，老师在课堂上凝重的面色还记忆犹新，他语重心长地说："同学们，现在我们整个行业都面临着前所未有的挑战，这是我们这一代人，我们这一代兽医工作者义不容辞的责任与使命。现在你们的学习条件都很好了，你们也很聪明。一定要好好学习来完善自我，将来完成属于你们的责任和使命，不要辜负了国家和人民对你们的期望！"

那时老师说的这番话强而有力地叩击着我的内心，激昂的心情和迸发的力量吹散了心中的迷雾，梦想的身影如此清晰地出现在我眼前，我要尽自己所能成为一名优秀的兽医工作者。我不禁想到在这次新冠疫情中，有多少与我同龄的青年奋不顾身冲往一线，夜以继日投身工作，甚至处于耄耋之年的钟南山院士在疫情最为严重的时候义无反顾前往武汉，让我们深深知晓什么才是使命担当。虽然我知道自己只是这芸芸众生中的一人，是这 14 亿茫茫人海中一名再普通不过的青年人，但我却也是一名新时代的见证者、开创者、建设者。现在我们快毕业了，同学问我以后是不是要回台湾发展，我说我想在留在这边读研深造，还说我有信心我一定能完成自己的梦想。

如今国家的发展日新月异，为我们提供了良好的学习平台与环境，作为青年人的我们在这样的新时代下，更应当努力，一往无前地追逐自己的梦想。新时代焕发出新兴气象，正是由于每一个人做出的点滴努力汇聚成了磅礴伟力，"大鹏之动，非一羽之轻也；骐骥之速，非一足之力也"。若要将祖国比作气势磅礴的大风，我们便是那跟随着大风飞扬的云朵，与时代共同踏上征程，去往美好的远方。

我想，当时在课堂上，那一刻内心的激昂与力量，都只源于：我愿不负青春韶华，不负时代使命，追逐梦想，砥砺奋进，以我之力，奏响时代之强音！

"疫"起同行

北方工业大学　文法学院　广告学　2018级　台湾　陈薇宇

　　2020年的春节，一场疫情将我们一家分隔两地，我和姐姐、妹妹在北京，而爸爸妈妈因为工作原因留在了上海，本来准备来北京游玩的姑姑阿姨们也因为疫情原因就留在台湾过年了。

　　新冠疫情刚刚暴发的时候，口罩数量稀少，我和姐姐每天都定闹钟，掐着点去盒马、多点、京东等APP进行口罩采购，但是很难抢到。没有口罩不敢出门，家里的粮食也越来越少了。我的父母非常担忧，我们的心情也很紧张。

　　当时我们每天都会守在电视机旁观看疫情动态，时刻盯着感染人群的数字的变化。渐渐地，我发现了更为吸引我的是一篇篇真实事件报道：90后女医生甘如意，靠着骑自行车与搭车的方式，花了4天3夜的时间赶回医院投入抗疫工作；26岁的护士王珲将自己的婚礼推迟，前往湖北前线，脱下了婚纱，披上了"战袍"；无数护士小姐姐将自己的飘飘长发剪短，为了佩戴防护帽更方便……在这个阖家团圆的日子，他们没有在家里自保，没有陪伴在自己亲人身边，他们选择奔赴武汉，与病魔抗争。这些人昨天还是父母眼中的孩子，今天就冲向了第一线战场，他们的父母想必会更加担忧吧？我的内心渐渐平稳下来，正是因为他们的义无反顾，让我看到了希望，让我获得了安全感，也让我坚定了与他们共同抗疫的信念。此刻的我首先应该做到不聚集，不乱跑，非必要不出门，在家按时上课，管好自己不给社会添乱。

　　后来远在台湾的姑姑给我们打电话时，发现我们几个"小朋友"独自在家，也没买到什么防疫用品，立马叫表姐买了几盒口罩给我们寄过来，解决了我们的燃眉之急。姑姑从2月底开始，基本上每隔一段时间就会给我们寄一次口罩，有时候寄一盒，有时候寄两盒。姑姑还告诉我台湾的红十字会和台湾民众也在给大陆捐赠防疫用品。很快，大陆的疫情被控制住了，在政府调控下，各地口罩产能也迅速提高，老百姓的安全都得到了保障。我们的心情也轻松多了，在家的时候练练厨艺，偶尔在小区里散散步。

但是在 4、5 月份的时候，台湾的疫情也暴发了，每人每天限量购买口罩。在我们最危险的时候姑姑一直不间断地给我们寄口罩，即使他们家几口人每天都需要上班，每天都需要更换新的口罩，姑姑也没有停止过给我们寄这些防疫用品。我在北京的同学们听说了这件事，帮我们找到了一些口罩和消毒液，我把这些一起寄给了姑姑，我还给他们讲述抗疫英雄们的故事，同时也将我们的抗疫心得告诉了姑姑，希望姑姑一家人也能平平安安的。

看着台湾的亲人们和北京的朋友们互帮互助，让我深深感受到了海峡两岸浓浓的骨肉亲情。林肯曾经说过："每一个人都应该有这样的信心，人所能负的责任，我能负，人所不能负的责任，我亦能负，如此，你才能磨炼自己。"这句话激励我在大学开学的时候主动竞选了班长，希望可以服务班级，服务同学们。

经历了这段艰难的疫情时期，我深刻体会到了有一个强大的国家是何其幸福，在我们需要国家的时候，国家永远站在我们身后默默支持我们，保护我们。习近平总书记在党的十九大报告中指出："青年兴则国家兴，青年强则国家强。"作为国家的一份子，我们青年人应该肩扛社会大任。此刻，这个责任已经递交到我们手上，我们应该竭尽所能为抗疫贡献一份力量。即便我不能参与一线抗疫行动，可是我能将我所学为抗疫宣传所用。这才是我们能做的对于国家以及社会最有利的事。因此作为班长，我带领同学们参加学院组织的防疫征文竞赛，大家的积极性和参与度都非常高，大部分同学都交上了优秀的作品；在防疫海报活动中我们班的同学共制作了 12 副作品，并在校园内展出，全校师生深受鼓舞；在全国大学生广告艺术大赛时，我参与了战"疫"微博赛，上传微博的作品浏览量达到 2000 多次，希望我们的作品可以激励更多人。班级里的每个同学都很配合我的工作，每天上报自身情况，我会详细记录同学们每周的各项活动，帮助同学们调整心情，按时上课。虽然这些事情对于国家建设来说微不足道，但是每个人都是从小事做起，天下大事必作于细，从个人到班级，从集体到社会，从社会到国家，一点一滴都是需要我们共同去发展，去改进的！

图 1　我与同学们设计的防疫海报

　　我国的疫情逐渐稳定下来，好消息频频传出：多地保持零感染，全民进行核酸检测，新冠疫苗成功接种，在疫情防控常态化基础上实现全面复工复产……此次抗疫大战让全世界看到了中国人的团结。将来我们还会遇到更多的挑战，作为中国的希望，我们一定要从细微处做起，发挥自己的光和热，挥洒青春与热血，尽我们最大的努力成为一个对社会发展有益的人。不忘初心，牢记使命！振兴国家，不负韶华！

吾当急起而趋之

杭州电子科技大学　电子信息学院　电子信息工程　2017 级　香港　黄重捷

回首二十二年前的 7 月 1 日，香港在历经殖民式统治后回到中华母亲的怀抱，中央人民政府把一座寓意着团圆、活力与吉祥的紫荆花铜像赠予香港。在会议展览中心，永恒绽放的紫荆花雕像与"香港回归祖国纪念碑"相互辉映，见证了二十多年来每日的旗升旗落，也见证了回归后香港社会经济的飞跃式发展。

然而，一阵电闪雷鸣打破了这里的宁静，风波起源于一起发生在台湾的香港居民犯罪案件。为弥补现有的法制缺陷，香港特区政府决定对《逃犯条例》进行修订，此举旨在完善区际司法协助的法律界定，却成为不法分子开启无端暴乱行径的导火索。隐藏在角落的乱港势力借《逃犯条例》的修订开始谋划暴乱，对相关条例断章取义，散布各种谣言和错误信息来迷惑香港群众。更有甚者，在部分国外社交媒体上散播大量危言耸听的不实信息。

自此，香港的上空逐渐乌云密布。"修例风波"以来，不法分子以示威游行作掩饰，公然对公共设施以及私人财产进行破坏，香港已然成为这些不法分子发泄所谓不满的"游乐园"。不法分子对香港各处进行了不同程度的洗劫，地铁车站、商铺在反复示威游行中遭受了重大的破坏与损失。

在此期间，不法分子以莫须有的证据指责政府，他们在商场、在政府大楼前、在地铁站，甚至在高校，企图摧毁香港的正常运转，想借此转嫁矛盾，将所有问题的矛头都引向政府。可笑的是，不法分子追求的"自由与民主"造就了此次香港"自由与民主"的坍塌。香港的上空的"雨"很大，整个香港被淹没在雷雨的深渊中。

紫荆花暂失芬芳，那时的我，走在紫荆广场，浸染着辛酸与无助，似乎要一直走到尽头……

《建党伟业》中的场景直至今天还历历在目。在巴黎和会上由于国民政府的软弱，外交收回山东失败，中华儿女义愤填膺，在全国上下掀起罢工潮、上街游行，最终使得政府放弃签订丧权辱国的条约。日军策划"七七事变"以图在三个月内消灭中国，华夏子孙以血肉之躯筑起新的长城，用不屈的意志顽抗日军，团结奋发，将日军困在人民战争的汪洋大海里，最终取得了抗日战争的全面胜利。具有先进思想的莘莘学子受任于国家危难之中，书生意气、挥斥方遒，挽狂澜于既倒，扶大厦之将倾，将中国人民从危亡的尽头带到了繁荣富强的光明之路。先辈们满怀斗志，抛洒一腔热血在建设新中国的道路上，为了天下苍生而甘愿牺牲小我，这些无不让人动容。

对于出生在和平年代的我们，随着社会的不断发展和进步，国民物质生活愈发丰裕。我们似乎把当初的五四精神、长征精神、雷锋精神等抛诸脑后。尽管我们已经远离了炮火连天的战争，尽管我们已不用忍受饥寒交迫，尽管我们已经踏入了物质条件充足的现代化新时代，但是作为有理想有抱负有能力的新青年，在这个充满机遇与挑战的时代，我们应该牢记历史带给我们沉痛的教训，必须明确自己的目标，不断提升自己的综合素质，与时俱进。时刻准备着背负历史的使命，勇于担起建设新时代特色社会主义的大梁。

小时候，我经常到海港城那边玩，那时的天很蓝，水很清。我坐在摩天轮上，远远望去，看见了轮渡港口上往来的海船，在迷蒙中看见对岸，当时就幻想长大后能够亲自去对岸看看，寻找对岸的玄妙。盼望着、盼望着，总以为自己长不大，但也是在盼望中，我渐渐地成长为今天的自己。在这过程中，我攀登过高山，也经历过低谷，两者都让我受益良多。青春如同在海中漂泊的帆船，在暴风雨中，承受着每一颗雨点的打击，抵抗着每一次呼啸的风，我拼尽全力去迎接每一次的海浪。海浪的尽头，云层中放射出缕缕阳光，那股温暖的舒适感包裹着我们的全身。年初的疫情正好比这场大风浪，呼啸而来，在我意识到它的严重性时，它已经来到了我的身边。支付宝等 app 开始播报新型冠状肺炎疫情的情况，小区也开始封闭起来严格限制人员往来。

我和父母居住的福建小城在疫情中有疑似病例出现，因此那段时间管理得十分严格。某天父亲不经意提起楼层分配蔬菜的人手不够，需要志愿者无偿参与时，我的内心顿时激扬了起来，这不就是我梦寐以求的时刻吗：当国家陷入困境时，我辈自当奋勇向前。于是我踊跃地报名，父亲与母亲起初对我的行为表示担忧，因为在分发蔬菜的过程中可能会感染病毒，但在我的坚持下只好默默支持。现实总是比想象得更加严峻，为了保持高度的警惕性，我暂时不能回家住宿，只能在楼层提供的地下室休息睡觉。我并没有放弃，反而明白身上的任务是如此艰巨。每天一大早，我都要早早起来，对小区购买的蔬菜进行分拣，然后分配到各个楼道去。在此期间，我不能摘下口罩，厚重的口罩常常让我感到闷热与呼吸困难，但是我从来没想过在工作期间短暂地摘下来透气，因为每一次摘取都会有感染的风险。累与孤独常常陪伴着我，我也想过回家休息，但是每当我想到坚守在一线的医护人员时，就重新燃起斗志鼓励自己不能放弃。这不就是我当初所追求的吗，我怎么可以就此倒下。一个月后，当小城的危险警报解除，人们可以自主出去购买蔬菜的时候，我终于"下岗"了。当我拖着疲惫的身体回到家里，脑海中浮现出当初先辈们为追求民主自由的国家而奋斗的场面，或许我的行为，也是涓涓细流，可以汇入为争取社会美好而奔流的大江大河吧。

2020 年初，新冠肺炎疫情也使香港遭到重创。香港抗疫形势严峻之时，中央政府应香港特区政府的请求派出了"内地核酸检测支援队"和"内地方舱医院支援队"，让香港医务界备受鼓舞。中央对香港社会的关心为香港的防疫工作打了一剂"强心针"，不仅让大家见识到了中央政府抗击疫情的决心，感受到中央政府是为人民服务的好政府，更是极大地鼓舞了香港市民，香港迎来了疫情暴发以来的第一束曙光。

图 1

《国安法》不仅给"港人治港"提供了法律的依据，还更进一步地肯定了"一国两制"制度。

近年来，中国正在高速发展，随着航母、"天宫"空间实验室系列、"神舟"飞船、隐形战机、核聚变、精密加工、"北斗"卫星导航系统等国之重器不断研制成功，这些高端技术又引发了民用技术的变革，我们的社会正大踏步地迈向新时代社会主义强国阶段。而香港地区在非法"占中事件"之后，经济的发展步伐一再放缓，香港唯一的机遇就是紧随国家这艘顺风航行的巨轮。夫子奔逸绝尘，吾当急起而趋之。

携奋斗前行，报家国天下

华南师范大学　文学院　汉语言文学　2020 级　澳门　梁观婷

浃浃大国，巍巍华夏，屹立世界。百年牺牲与奋斗，换来如今盛世繁华。历史之绵延，传千古之咏颂，人生之短暂，唯须臾数十年，如何于有限的岁月通过锲而不舍的奋斗做出无限贡献，是给予我辈新时代青年的命题。

囊纳青书，剑指远方

时值阳春，谷吐青苗，燕语莺歌，锦程万里。梓里辞亲友，孤身至花城，余辞乡求学，算来已有半载春秋。学府崇文，黉宫之内，汇集四海学子，化育五湖雅士。一声金钟，三山五岳同润；一击木铎，七宿九州清芳。

翻阅书卷，汲取知识，醉乎此间深处，不由神怡心旷。朝沐晨光而赋，暮倚夕霞而读；静听风起云涌，廖观斗转星移。虚心修业，慕求圣训，志学扬若兰之香芬。我辈也，当有上青天、揽明月之逸志，挥斥方遒、指点江山之意气。一纸瘦墨，激扬文字，浑然不拘冰与火；一言几许，傲骨浩然，百家争鸣辟新天。

皆言，丈夫志，当景盛，耻疏闲。世间中，终不变者为士者之姿；史碑上，终清之为士者之步。我辈也，青年俊杰，当承继前风导后进；披荆斩棘，开石踏荒。将白驹轻踏，寻山海作诗。克己好学，勤体多思，升华自我，初心不折。守身之心思自，展志之深与广。无俟来者矣，惟以来之佳；以高阳志气，绣如绮风华。

青年者，人生之春，人生之华也。蕴生机，充斥未知力，伏着无限可。当以涵养穷索，致知力行，承上启下。古有囊萤映雪，凿壁偷光，亦有儿宽带经而锄，文当投斧求学。然则仰高山而往至，慕景行而行之。只争朝夕，不负青春，不负韶华，不负时代。

曾子曰：士不可以不弘毅，任重而道远。我辈青年，必不得自鸣得意之浮气，应怀汲汲前行之恒心：怀孝悌仁爱之心，载精忠家国之义；行则笃敬而果毅；言则忠恕而谨信；好学近思，内外兼修，风清气正，可养浩然之气。弘毅而荷责，焚膏以继晷，犹恐学不甚勤，惟患业不能精，方足以当天降之大任也。

生逢其时，使命在肩

庚子年，九州疫。党凝民心急召唤，举国防，齐奋斗。众志成城，宛如星火万千点，援四海，挽狂澜；援军红帜，燃向神州一片天，克时艰，历难关。欢也悲乎，医患同心，天降三神来护国；愁哉喜尔，军民共命，国凭壮士去撑天。举国同歼疫，百姓共献爱。瘟神败于晴明，龙魂傲于风雨。

迎辛丑，度菁年。神州回暖气象新，歌愿景，颂春天。经济焕发，佳音已报十三五，小康胜，脱贫捷；科研腾飞，好梦定圆双百年，求创新，造重器。海阔云长，开乾坤光景，山高天远，襟日月情怀。天意美，党恩深，轻歌一曲，牛踏三更；牵万户，利千秋，梅开五福，雨沾七叶。僻壤无贫困，穷乡有小康。绿水吟歌春谱曲，青山作画柳题诗；日丽风和，人康物阜。领新潮，弘国势，遵古训，振家声；华夏复兴逢盛世，中华崛起展宏图。

百年维度，生逢其时，我欣喜于祖国发展之迅速。今年，将迎来脱贫攻坚战大捷、实现第一个百年奋斗目标、全面建成小康社会、"十三五"规划圆满收官、完成首次火星探测任务、北斗导航覆盖全球、5G网络即将覆盖所有地级市……颗颗成就的果实凝结着新时代奋斗者的心血和汗水，彰显了不同凡响的中国风采、中国力量。中国深谙对外开放的重要性，主办了第二届"一带一路"国际合作高峰论坛、北京世界园艺博览会等，向世界展示了一个文明、开放、包容的中国。中国于他国人民陷入危难之时主动伸出援手，大量的物资与医疗技术由中国送往世界各地，于世界之林中塑造了一个友好大国的形象。中国在时代浪潮里稳健前行，我们时代青年也会和国家一同成长，开阔国际视野，不惧艰难而奋勇向前。

春华秋实，夏蝉冬雪。祖国伴我走过数载春秋，我与祖国共成长。1921年，承载历史的红船扬帆启航，2021年，中华民族的巨轮乘风破浪。百年潮回，如今的我们身处最好的时代节点。

正当盛世，山河无恙，繁荣昌盛，国泰民安。为保这盛世光景，青年当自强，今日之责任，全在我辈青年身上。尘雾之微亦能补益山海，萤烛末光尚可增辉日月。长路漫漫，而一思尚存，此志不懈。时代浪潮奔腾不息，中国顺势高速发展，我辈青年亦将奋斗不止。

熟悉之地，已成美景

独倚窗前，晨风微凉，俯瞰，映入眼帘是整齐清洁的早餐店。上早班的人们忙碌的身影映在地上，早餐的香气在老街上荡漾着。这熟悉的身影和炊烟是晨雾弥漫之时的风景。

漫步街边，天空泛起鱼肚白，遇见，上学的小朋友总是哼着小歌谣，踏着轻快的步子，像兔子一样蹦蹦跳跳地，又像风一样，从我身边窜过。这熟悉的问候是朝阳初上之时的风景。

穿过街头，风和日暖，天边的云彩镶上了金边，听见，寻声望去一群白发长者在公园打太极，架着马步，手跟着音乐柔和平稳的节奏慢慢挥动。一掌，气沉丹田，一"哈！"，声如洪钟。沉在呼吸间，与自然一体。这熟悉的衣服和动作是旭日当空之时的风景。

回忆从前，街道脏乱，房屋败破，人们因贫穷而无法接受教育，或居无定所颠沛流离；或因常年劳累，以致落下一身病根……现在，眼前，此情此景，令我感触至深。整洁有序的环境、欢快上学去的小童、健身的长者……熟悉之地，已成美景。

祖国的历史高光，恰为每个人的生活追光。万丈高楼平地起，科技创新融入民生；医疗、教育、交通等系统不断完善，通过多样化的方式出行，触目便是整洁道路，湛蓝的天穹，秀美的绿水青山。文化繁荣，政治民主。社会文明有序，生活和谐美好，人民的幸福指数高涨……这些正是因为有党的正确领导。祖国的发展日新月异，亦是身在其中的我们成长的印记。

绽放青春，奋斗有我

家国情怀贯穿今古，赓续前行。我甘愿满载青春行囊，于星野下奋斗前行，将学识化作祖国繁荣富强的力量，建设大湾区，建设祖国，令中国声音响彻寰宇。

前有革命先辈"为中华之崛起而读书"的呐喊震耳发聩，五四青年于"风雨如磐暗故园"的山河破碎、民族罹难之际，高举"爱国、进步、民主、科学"旗帜冲锋在前，誓死捍卫国家主权。现有秦玥飞在耶鲁大学深造回国后致力于精准扶贫；感动中国人物张玉滚，学成后还乡，担起乡村未来的教育，执教十七载；疫情之下，无数逆行者奔赴抗疫一线，与病魔斗争，与时间赛跑；凉山大火之际英雄奔赴火海义无反顾……他们便是时代楷模，便是青年榜样，他们发奋向上，在青春路上一路奋斗，奉献归真。我们当代青年亦当与国家、与时代同频共振，点燃中国发展引擎。

无论是天安门前五四青年如一声平地惊雷，一百年前红船上骤起中国革命精神之源，抑或是而今抗疫战场上年轻却宽厚的臂膀，都将以涓涓细流汇成磅礴之力，劈开如磐铁幕，点燃人间闪电，创造盛大辉煌。

青春之花因家国情怀而馥郁芬芳。历代青年与国家携手，时代同奋斗齐飞，将青春、国家、时代、奋斗、梦想共同绽放光彩。于个人，青春是一段朝阳初升，万物皆可探寻的风茂年华；于国家，青年是奋勇趋前的机杼，是创新改革的主力军；于时代，青年是致力于开拓创新，力撼国家的中流砥柱。

当如是，辗转乾坤馈社稷，淘洗精魂报家国。青年才俊，当趁风华正茂，立鸿鹄之志，锻雄鹰之翼，行千里路程，翱万丈长空。不负青春，不负韶华，不负时代。用奋斗与爱国为青春涂抹一层最亮丽的底色，携奋斗前行，报家国天下！

璀璨光辉，共"颖"未来

清华大学　公共管理学院　公共管理　2020级　台湾　陈冠颖

一个时代有一个时代的主题，一代人有一代人的使命。我们所处的新时代，既是近代以来中华民族发展最好的时代，也是实现中华民族伟大复兴最关键的时代。2020年是极不平凡的一年，这是第一个百年奋斗目标要实现的关键节点，也是向第二个百年奋斗目标进军的坐标节点。面对突如其来的新冠肺炎疫情，全国人民共同努力，克服了新冠肺炎疫情影响，坚决夺取脱贫攻坚全面胜利，完成了对中华民族、对人类具有重大意义的伟业。作为台湾人，我很荣幸可以全程参与和见证"两个一百年"的奋斗目标变为现实。

为农村脱贫，百村千人行

从台北到北京的航程只需要三个半小时，而我却足足用了22年才走到。祖国大陆是爷爷奶奶口中回不去的家，是我心心念念想一亲芳泽的故土。

我永远记得第一次参与农村脱贫工作的时光。起初，我只是为了增加自己申请外国大学的软实力，而奔赴第一线参加乡村扶贫工作。随着与村民日渐频繁的互动，看着同在第一线的大学生村干部夜以继日地劳动，我亲眼见证勤奋的中国同胞如何坚守在每一个祖国需要他的角落里，不求回报，只为让14亿的中华儿女都能一起过上小康生活，此刻我深深地为身为一个中国人感到无比的骄傲与自豪。

下党村宣布成功脱贫的当天，同在一线工作的我们共同种下一棵茶树，约订好每十年要一起再回来这里相聚。茶树不仅住在下党村的土壤里，也深深扎根在我的心里。后来，我组织了"百村千人行"的活动，用五年的时间，组织一千名港澳台的学生，走访一百个偏远村落。期望通过港澳台同胞的力量，为村民们带来真正有需要的帮助。很荣幸的是，在今年底我们成功帮助七个村完成脱贫工作，为第一个一百年目标，贡献自己的微薄之力。

非洲经验，中国故事

去年，为了帮助中国企业不再受到外国媒体所谓的栽赃、抹黑，我踏上非洲的土地，到了埃塞俄比亚东方工业园。在这个过程中，遇到的挑战远比我预期得更棘手，每一天都在承受放弃继续完成目标的想法，但随着新时代的到来，一代人的出现不但标示着走在前人的肩膀上，也要承担起前人的责任。一定要让全世界知道，我们中国人如何在非洲土地上种出了可以养活整个村落的粮食；如何带领当地最穷的村落，成为埃塞俄比亚工业最发达的聚落。

向世界说好中国故事这个信念成了我最大的力量，我希望为祖国同胞贡献我的努力，我的坚持，我的成果，让外国媒体不再抹黑、忽略中国为世界和人类文明所做出的巨大贡献。

非洲之旅后，我选择为理想奋斗，继续提升自己，期许自己可以让世界更加认识中国。因此，我从金融专业转到公共管理领域，把个人情怀与公共精神相互融合，为中华崛起而更加努力学习。

两岸一家亲，共圆中国梦

我怀着理想，进入清华大学，开启研究生生涯。在清华园的日子里，每天都有新期待，每天都有新收获。珍惜青春，把握当下，积蓄前进能量，锻炼过硬本领，为迈向更高的学术科研领域打好基础，把自己打造成富有创新力的专业性人才，以面对未来的挑战。

时代成就机遇，奋斗成就明天。作为台湾青年的我们，在这千年一遇的时刻，要紧跟国家的发展，展现台湾同胞的力量，肩负时代赋予我们的伟大使命，必须以青春之我、奋斗之我为祖国建设添砖加瓦，为民族复兴铺路架桥，一同开创属于我们的中国。

"不负青春、不负韶华、不负时代"，习近平总书记的寄语，带给我们青年学子现在以及未来的展望。我必将以梦为马、以汗为泉，勇于探索、勇于突破，与同胞共奋斗、与祖国共命运，在矢志报国和服务人民中书写绚烂无悔的青春篇章。与此同时，我将继续向世界说好中国故事，肩负起身为中国一份子的责任和使命，继续和台湾同胞们一起共圆我们的中国梦。

化一渊碧虚，连两岸川岩

重庆大学　经济与工商管理学院　市场营销　2018级　台湾　吕羿辰

　　亘古如一，我是一渊碧虚，再小一点，我是一汪水。从前是，现在是。我连着两岸川岩，从前他们风华一体，现在他们仍同心同德一戎衣。又或许，你称我为中国人，一名有志青年。

　　从前那头，满目萧条；这边，风生水起。雄关漫道真如铁，国土所历经的磨难便是于水深火热中唤醒炽热的民族意识。现今的华夏坤舆早已从二万五千里长征的艰难坎坷中走来，从战火频催、鲜血肆溅的道路中走来，到今天中国四通八达、星罗棋布的大道。现在这头那边，纲维有序、民康物阜。是万千子民赓续着这两岸辉煌，贯以一生来书写有关两岸的动人长篇。我们青年人生长在荫蔽下，我们的羽翼已然丰满，亟待振翅高飞。

　　在台湾一些媒体的长期渲染下，出现了不少对大陆的谬误之词。不赶什么浪潮，也不搭什么船，我自己便有海，走的方向也一定是大道。有心之人诋毁的行径之可讽，我们两岸同文同种，血脉一统。鼓吹对立之阴谋终归难以实现，处心积虑炮制的妄言也纯属游谈无根。作为在祖国大陆就读的一名大学生，我亲眼窥见这一片土地带给我的惊喜——大数据时代下的我们充分自由，"互联网+"时代让我们支付简易、消费简易、交流简易。这是科技带来的中国大变革，这是发生在每家每户的真情实况。这就是中国，无数人为之奋斗的中国。

　　庚子鼠年，疫情肆虐，白衣执甲，烈烈风华。这是一场没有硝烟的硬仗，这是关乎整个世界的大事件。我们要知道没有人是一座孤岛，也没有人能够独善其身。我们从来，就与这个世界休戚与共。青年中医朱斌逆行支援武汉方舱医院，95后女医生甘如意为赴武抗疫骑行了整整三百公里……他们"向死而生"，这是青年一代的国与家，责与担。而作为中国台湾的一名青年，我也自愿隔离在家，这是祖国教会我的使命担当。为一国之民，承国之重任。在新冠疫情下，青年好比微渺的火星，能燃起炬火，也能拨开靡靡，这不朽的精神之火将于任何危难中爆发，也将催发无数人为之奋力。冀以尘雾之微补益山海，荧烛末光增辉日月。

当代青年，无论中国怎样，请记得：你所站立的地方，就是你的中国；你怎么样，中国便怎么样；你是什么，中国便是什么；你有光明，中国便不再黑暗。

现今"佛系青年"火爆全网，人们称当代青年人自甘堕落。青年这一代垮掉了吗？诚然不是的，佛系只是他们的保护色，他们佛系着，下一秒又持续奋斗着。这短暂的佛系时间是留于他们缓冲的余地，缓冲之后便全力以赴，这就是青年人。正如李大钊先生所言："青年之字典，无'困难'之字，青年之口头，无'障碍'之语。"

青年之任，在于恪守家国情怀。家国情怀是对自己国家一种高度认同感和归属感、责任感和使命感，是生命自觉和家教传承。中国一脉相承的家国情怀，是联系中国人民得以荣辱与共、患难同当的决定性因素。作为中国的鲜活的血液，我们中国青年更应秉持为国的拳拳赤子心，将国家情怀融刻进身体的每一处经脉。

青年之任，在于以知识之剑、科技之刃振兴中华。回想若没有科技为基底、知识为保障，中国如何挣脱屈辱的掠杀生活？挣脱不了草芥般的生活，高喊的强国如何变为现实？青年是立所之本，强所之基，总是要有一行人要负重前行，用责任来引领使命担当。以此找到中国科技的核心坐标，才能迈向属于中国的新纪元。

我是一名中国青年，我的家在这边、也在那头。所以我愿化为两岸中一渊碧虚，连两岸的川岩，扛起时代大任，负起强国重任。

心存信念，永远在路上

——不负青春不负韶华不负时代

华南师范大学　文学院　汉语言文学　2020级　香港　李坚毅

习近平总书记深刻指出，人民有信仰，民族有希望，国家有力量。作为一名香港青年、作为一名师范大学生，我时常感慨系之，心潮澎湃，思绪万千。

一、我的青春、我的命运、我的国运

"第一个一百年"时，我19岁，香港回归祖国24周年；到2035年基本实现社会主义现代化时，我33岁，香港回归祖国38周年；到"第二个一百年"我国建成富强民主文明和谐美丽的社会主义现代化强国时，我47岁，香港回归52周年。我是多么的幸运啊：中华民族伟大复兴的辉煌，我亲眼见证、我积极参与、我倾力奉献。"为什么我的眼里常含泪水？因为我对这土地爱得深沉"（艾青语）。

作为一个香港青年，我的青春梦有香港底色；作为一个师范生，我的育人梦有香江涟漪；作为一个中国人，文化自信常常注入我心底；作为一个中国香港公民，我"一国两制"的诗篇散发着道路自信、制度自信迷人气息。

是啊，如果我们每一名青年都有信仰，那么我们民族的背影该有多么巍峨！我们国家的力量该是多么雄强！"少年强则国家强"，让我们"撸起袖子加油干"，把"如果"拿掉，到"中流击水"，让香港更香，让大湾区更美！

二、不负青春，青春是用来拼搏的，我看到了他们

"见贤而思齐"，但对于青春而言，单有"思"还不行，心动不如行动；但单有行动还不行，还要有奋力拼搏。

2020年极不平凡，在疫情肆虐、共克时艰的日子里，我看到了到武汉抗疫前线坚毅逆行的年轻人。他们还是孩子，但穿上了白大褂他们就是一往无前的抗

疫勇士；在"可上九天揽月"的嫦娥奔月团队中，我看到了"嫦娥五号"指挥大厅中一张张年轻面孔，甚至有不少 90 后也参与其中；我还看到了文学院到雪域高原支教的学长们……大事难事见担当，危难时刻显本色。我的青春，就应该向他们看齐，因为他们都只长我几岁啊。再过几年，在另一个场地上的拼搏的接力棒就交了我的手里……

2020 年 1 月 25 日，香港将新型冠状病毒感染疫情应变级别从"严重"升级到了最高的"紧急"：中央政府派出核酸检测支援队抵港实行全民检测；医管局内部的"中央指挥委员会"每天召开防控会议；市民也众志成城，共克疫情。

在守望相助的日子里，少不了到前线去的新青年，少不了以生命赴使命的逆行者。是的，拼搏是青春最亮丽的底色，唯有从心出发，坚定信念，到祖国最需要的地方去，才能不负青春。

当别人用青春、用奉献为你遮风挡雨，让你的青春和风细雨，比如祖国的核酸检测支队抵达香港为我们服务时，你的青春字典里就要有"感恩"二字，你的话语体系里就要有"感恩"二字。记得 2003 年全香港人投票选出的最喜欢唐诗是哪一首吗？为什么会是《游子吟》呢？它是感恩之作啊。背靠大树好乘凉，我们要感恩祖国，不能做对不起祖国的事，还要毅然决然地和乱港分子作坚决斗争。

是的，作为当代的香港青年，要且感恩且拼搏，因为几年以后，"他、他们"就变成"我、我们"。祖国需要我，香港需要我，香港教育需要我，"一国两制"再创辉煌必定有我！唯有拼搏，方不蹉跎。

三、不负韶华，一寸光阴一寸金，我要学习他们

青春须早为，岂能长少年？韶华易逝，流年似水，心存报国报民信念、求仁得仁志向，显尽"舍我其谁"青春担当。

梅花香自苦寒来，我要向梅学习。"我生来就是高山而非溪流"，把大山女孩送进大学，让她们的命运改变的同时，改变三代人的命运。从张桂梅老师身上，我看到了信仰的力量，看到了国家担当与使命情怀。把香港的孩子教育好，正是我的国家担当与使命情怀。

"喜看稻菽千重浪"，我要像"杂交水稻之父"袁隆平爷爷那样敢于质疑权威、敢于突破著名的孟德尔定律，大胆实践创新；袁隆平爷爷不要专利费免费让人们使用他的科研成果，让十几亿中国人民不复有饥馁之虞，还为非洲等国免费培养水稻种植人才。

我要向解决国家疑难的钟南山院士学习，学习他的学艺必精湛精神、精忠报

国情怀、为国赴难坚决……从非典到新冠疫情，都有钟南山院士的身影。

我细致看过，发现他们都在青春之时，就立下报效国民大志；然后，在青春之时就打下了良好的学习基础、养成了良好的科研习惯和求真精神，他们的"第一粒扣子"都扣得很好，所以后来的"孕穗拔节"成绩突出。这一点，很值得我们深入思考、认真学习：单有爱国之心还不行，还要有爱国之技、爱国之行、爱国之韧，青春时就要播种它们、让它们萌芽；"孕穗拔节"也不可能一蹴而就，所以要抓住每一分每一秒的"光合作用"向上成长、向善成长、向优成长，所谓的"知行合一"，久久为功。我不禁想起刚刚学过的一首陶诗："盛年不重来，一日难再晨，及时当勉励，岁月不待人。"

他们求仁得仁，生活得朴素，单纯且执着，就像金庸小说中，少林寺藏经阁那位扫地僧，不炫不矜，却拥有一份舍我其谁的国家担当，拥有一股信仰的力量。这与网络上的各种"凡尔赛"网红、借呗花呗"时尚"理念，形成很大反差。他们是我的青春指南，是我的北斗导航系统，让我这个香港青年在灯红酒绿的都市之中依然明确拼搏的方向。

如今，作为一名华南师范大学的师范生，作为一个站在新时代交汇点新青年，我要认真学习师范知识、技能，我要成为新时代的在香江执教"学高为师，身正为范"的张桂梅。我要好好学习，要像袁隆平爷爷那样用"杂交"理念服务国民，让古今文化、中西文化在香港这块特殊的试验田上"杂交"，从而生产出具有中国特色中国风格中国气派文化产品，真正做到"不忘本来，吸收外来，面向未来"。我要像钟南山院士那样大医医国，坚定信念，国有疑难可问我，尽显"舍我其谁"的国家担当。

历史是最好的老师。一盘散沙，就任人欺凌；积弱积贫，落后就要挨打，这是不争的事实。因此香港回归祖国38周年、47周年一定要热烈庆祝，因为这是爱国爱港的高光时刻。希望那时的我，能主持某一场庆典活动。

我们有理想、有信仰，我们的民族才有希望，国家才有力量，作为个体我们就要有爱国之心且要有久久为功的"行动"。这些行动要共同指向大的那颗五角星，就像国旗上面所展示的那样。

四、不负时代，所有日子都来吧，我要成为他们

士不可以不弘毅，任重而道远。撸起袖子加油，适逢其时。

心存信念，殚精竭虑，我将成为香港学生灵魂的工程师。我相信毕业后用五年到十年的时间，我一定会成为香江某间中学的骨干教师，教室里有我立德树人、传经布道的声音。

与此同时，我还将成为另一座港珠澳大桥的工程师：我想为大湾区的学生创造更多的交流、接触机会，让粤港澳文化互相学习、集成发展，为大湾区的长足发展提供强力支撑。

作为一个中国人，我还想成为"一辈子，一口锅，一生只做一件事"年轻南仁东，我要给香港学生一只文化"天眼"，让他们看得见中国"四个自信"的美丽风景与十足底气。

你走来，他走来，大家走到一起来，让香港成为宁静港湾、安居乐业港湾、彰显"一国两制"特色港湾，这不是口号而是青春拼搏的动力。不负青春、不负韶华、不负时代，香江的海浪也会为我们的青春鼓掌。

2021 年，我站在"两个一百年"的历史交汇点，充满机遇和挑战的新征程即将开启。征途漫漫，唯有奋斗。前瞻来日，我必须心存信念，永远在路上。通过奋斗，不负青春；从心出发，不负韶华；牢记使命，不负时代。

19 岁的我、33 岁的我、47 岁的我，共同的心声是：所有的日子都来吧，让我编织你们！

"下五洋捉鳖，上九天揽月"

——于西昌扎根的民族理想与抱负

北京师范大学　文学院　汉语言文学　2018级　澳门　甘坤霞

今年11月27日，我有幸参与到学校组织的西昌社会实践活动。我们一行二十余人，踏上了由北京前往西昌的路途。那时候的我们还不知道接下来的行程会这样精彩充实。

在这合共几千多公里的旅途中，我们见识了地下最深的地方——暗物质实验室，也登上了世界最高的拱坝——雅砻江锦屏水电站，更是见到了中国航天梦想驻扎的基地——西昌卫星发射基地，几天之内上天入地，"下五洋捉鳖，上九天揽月"。

一、"乌云中的一束光"——要揭开宇宙神秘面纱的"暗物质实验室"

汽车在盘曲的山间公路穿行，隧道不知道过了几个又几个。终于，一座写着"17.5千米"的牌子出现在我的眼前。我知道，传说中的锦屏山隧道到了，而锦屏暗物质实验室就在那个长达17.5千米的隧道里。

这是世界上最深的地下暗物质探测实验室。在这个锦屏山地表以下2400米深的实验室中，极厚的岩体阻挡了高能宇宙线，使得这里成为一个绝佳的实验环境，意味着我们在寻找暗物质的路上有着得天独厚的优势。

有科学家这样说过，21世纪的物理学大厦上已经不只是两朵乌云了，基本上可以说全是乌云，一眼望去都看不到头；但如果能发现暗物质，那这一进步大概会是云层里透下来的一束光。所以现在全世界的科学家们"上天入地加对撞"，用尽可以想到的办法来寻找暗物质，而我们也在这个地方与世界一同"竞赛"。

从讲解员口中所听到的复杂名词加上自己肉眼所见的各种大型专业设备，我了解到寻找暗物质这件事情非常艰难，要在成千上万的信号中分辨暗物质带来的那一点闪光，并屏蔽宇宙射线噪声的干扰，是很不容易的。但还是有很多科研工作者在孜孜不倦地分辨着暗物质的闪光，寻找着物理学的突破口。或许我不懂探寻暗物质于科研人员的真正意义，但我能理解这个行为的意义。

在我们人类头顶上的那片浩瀚灿烂的星空，一直是我们怀揣着无限想象的神秘之地，是我们愈探索、愈孤独、愈仰望、愈敬畏的存在。还记得当哈勃望远镜传回来它在宇宙里拍到的星云照片时，所有人都觉得那就是宇宙艺术家的永恒艺术品，它们在宇宙里的亿万年间静静伫立，等待有朝一日有人惊鸿一瞥。但却有人告诉我们，我们所"看见"的那些璀璨星星，美妙绝伦的星云仅占宇宙总质量的百分之五，这让我不禁发问究竟宇宙的全貌会是何等广阔壮美。而我们正在探测的暗物质则占了宇宙总质量的26%，可见确定暗物质的存在并了解其性质对了解我们的宇宙有着激动人心的作用。目前，我国已经成为航天大国，并要向航天强国转变。我国要想实现创新驱动发展，必须要有创新的能力。我们不能只是学习别人，这样只能跟在别人后面走，只有引领才能开创我们自己的方向和视野，而暗物质探测就是一个突破口。

暗物质时常伸展开来，流动、翻滚、翱翔，把舞姿填满宇宙中的每一个角落。她时而调皮捣蛋，把空间尘埃捏成一团球，让它们释放璀璨的光芒；她时而集中注意力，像个玩陀螺的小孩，调皮地转动着星团里的某个行星，加速着行星的运转。她等待着能发现和欣赏她美妙图景的人出现，不枉她，100多亿年的展现与等待。总有一天，我们中国科研人员会赴她之约，用我们的光谱探测器以双眼观赏，光漫反射产生，她曼妙的轮廓；用我们的分子探测器以鼻子察觉，阳光沐浴过后，她淡淡的清香；用我们的振动探测器以耳朵聆听，月夜丛林之中，她引吭的高歌。

二、"征服自然的国之重物"——穿山引水的雅砻江拱坝

从实验室出来，我们驱车前往雅砻江锦屏水电站。北望海溟蒙，蜃气晓团云白色，蛟龙昼激雨千峰，奇景幻无穷。雅砻江、锦屏大坝，一个奔腾如箭，一个稳重如山。身处于剑林一般的横断山脉，如此景致不禁让人感叹天地之瑰丽。

在水电业内一直有"三峡最大、锦屏最难"的说法，有多难呢，在20世纪60年代我国提出锦屏截弯取直的开发方案后，就有外国专家说，这是个天才的设想。因为这设想已经是当时世界技术的极限，人类探索的禁区。但我们毅然决然地选择挑战"不可能"，只为不跟在国外技术屁股后面爬行，坚持要走出一条中国水电人自己的路！于是有了下面这一句在锦屏人人皆知的话"第一批人爬着进去，第二批人走着进去，第三批人坐车进去"。建造初期，在那个几乎与世隔

绝的彝族山区，小到生活物资，大到施工设备，都靠人背马驮送上山。晚上就在悬崖上那仅用木棒支撑的吊脚棚上睡觉，施工者怕掉下来还得抱着石头睡。而且在建造的过程中，像岩爆、塌方、突涌高压水等危险也时有发生。

但是，终于，在北京奥运会开幕的日子，锦屏水电站引水隧道贯通了。困扰世界水电建设的几个难题，在中国这永远成为了历史，世界水电从此进入了锦屏时代。还记得 80 年代，建二滩我们跟着外国人走；21 世纪，建锦屏我们自己跑；新时代，中国水电人已经成为世界的领跑者。我们的锦屏一级水电站是世界第一高拱坝，我们的锦屏二级水电站则是打破"不可能"，将巨大的锦屏山山体用隧洞打穿，使原本奔腾绕过锦屏山的雅砻江直接从山洞中穿过，而这个隧道呢，就是那个长达 17.5 千米、暗物质实验室坐落的那个隧道。

而我们参观的是一级站，下面两张照片可以一窥这座水坝的霸气。

图 1   图 2

我们在水坝上看到上游一望无际的水面，在阳光下成为洒满碎金的广阔光渊。蓝天碧海间，高峡出平湖。而在我们看不见的锦屏山东侧山底，二级站巨大的水电机组正轰轰作响，迎接山体西侧 300 米高水头的猛烈冲击，并将其冲击力转化为电能输出给川渝和华东电网。

"天门中断楚江开，碧水东流至此回。"雅砻江拱坝横跨在崇山峻岭之间，展示着人类征服自然的力量。

三、"上九天揽月"——中国航天梦想驻扎的西昌卫星发射基地

相信很多人跟我一样都有过想当宇航员的梦想，这种愿望仿佛是刻在基因里一样，看到浩渺无尽的未知世界就希望飞到里面一探究竟。正是这样的意愿驱使人类发明各种上天入地的交通工具，在世界各处播撒人类文明的火种。而我如今

就来到一个航天梦想驻扎的地方——西昌卫星发射基地，一个离我的童年梦最近的地方。

"靠山、分散、隐蔽"的优势使其成为我国重要的卫星发射基地，西昌也因此成为"中国航天城"。一入内，我就感受到基地里浓厚的军事化气息，有很多军车进进出出，站岗的军人们全副武装，周遭挂着红色的标语海报，上面写有："颗颗螺钉连着航天事业，小小按钮维系民族尊严"。基地时而会有警报和演练的声音传出，处处展现着严谨的态度和奋斗的精神，而当中传递出来的航天强国梦更令我心生敬畏和自豪。

2020年是特殊的一年，在疫情影响以及两场高密度发射任务的双重挑战下，西昌卫星发射中心还是完美地完成了"天问一号"火星探测器、嫦娥五号探月工程收官等国字号重大任务。而且，在我们前去参观的今年，刚好是西昌卫星发射中心成立50周年。50年来，西昌航天人为祖国航天事业的腾飞架起"通天梯"，顶风云，举北斗，托嫦娥，铸天链……半个世纪来，取得一个又一个中国航天"第一"，创造一个又一个世界航天"首次"。这是求真务实的中国特色体现，也记载了中国航天从一穷二白到跻身世界先进的发展历程。

出基地的时候，我看到尾焰舔舐的山头上一丛丛的蜡梅，这和我之前一直以为的"火箭发射地的周围理应是寸草不生的荒漠百里"不一样，在农庄的袅袅炊烟中，蜡梅显示出一种仙境般的美丽与从容，如同我国航天人一样坚韧坚强。

不管是卫星基地、锦屏水电站，还是暗物质实验室，这些坐落在祖国西南的大山深处的工程，都毫无疑问代表着人类最先进最有力的科学手段和施工力量。这样的力量，也毫无疑问只能掌握在最坚强的人手中。所以真正"下五洋"和"上九天"的，是锦屏地下守着探测器的科研人员、是雅砻江大坝里排除万难的工程师、是西昌基地里的航天人。

图3

图4

　　我希望锦屏地下，高纯锗探测器中一闪而过的微光中，有暗物质努力留下的印记；希望崇山峻岭间的雅砻江上，水利工程源源不断地输出电能滋养多方；希望西昌卫星基地里，火箭带着卫星安全升空，飞向星辰大海的征途；希望那些扎根苍茫大地的科研人员与工程师们，都能于自己的岗位上，实现自己人生的理想与抱负。

展时代风采　看青春担当

上海交通大学　医学院　药学　2020级　澳门　张兆康

青春，是一首嘹亮的歌，用轻快的节奏装点忙碌的人生；青春，是一幅壮丽的画，用浓厚的笔墨书写经历的风雨。在青春时光中，我们需要有目标；在时代的冲击中，我们需要有坚守。在不断追逐梦想的过程中，不负青春，是我们的选择；不负韶华，是我们的态度；不负时代，是我们的担当。

澳门回归之后的历程，是不断与祖国同频共振的过程。在这个过程中出生、长大的我们，成为了历史的见证者、发展的受益者。在家人的讲述中、在历史的记述里，我看到了我们所处的环境，是如何发生了变化，我们所追逐的目标，又是如何有了更明确的方向。

记得小时候，我们总是会唱起《七子之歌》，那时候觉得这首歌很好听，但却不了解歌词里的深意。但唱着唱着，我们便长大了，它也成为我们童年的一部分，如今再想起这首歌的旋律、歌词，却有了不一样的感受。在我看来，它已经成为我们这一代新澳门人命运的底色，也是让我们感到骄傲的标志。

对于澳门来说，祖国是多么沉甸甸的一个词语。风雨飘摇的400年，在一代又一代澳门人的心里，留下了一道不流血的伤痕。越到近代，回归的心便越炽热。幸运的是，在世纪之交的1999年，澳门回到了祖国的怀抱，也开启了发展的新纪元。

虽然在很长时间里，澳门一直与祖国分离，但我们依然感念。翻开祖国的近现代史，我们能够看到无数先辈前仆后继地为中国革命和建设事业奉献终身，也能够感受到国家富强、民族复兴最强音背后所有人的努力付出。作为中国人，我在学习历史的过程中，不仅了解了国家发展的历程，同时也摆正了自己的历史观。我看到，在风云变化的历史中，中国社会和中国人民选择了中国共产党，并最终突出了重围，开创了祖国发展的全新纪元。我们在现实中遇到问题，然后在历史中找到答案。在这个过程中，我对澳门的发展有了更大的信心，也对祖国历史有了更多的了解。

我们不间断地学习历史，并不只为回头看，而是为了能够更清晰地看到前方。如今的世界，正经历着百年未有之大变局，祖国的发展，面临着机遇，同时也遭遇着挑战。作为新时代青年，面对这样的情况，我们更需要投入到新时代的发展中去，去搏击风浪，去披荆斩棘，只有这样，才能够不负青春时光的斗志与梦想。

刚刚过去的 2020 年，是不确定也不平凡的一年。新冠肺炎疫情的全球性暴发，如同给快速发展的世界"列车"踩下了一脚刹车。在响应国家号召、落实防疫政策的过程中，澳门防疫取得了突出的成绩，让我们感受到了强烈的安全感和自豪感。我们自豪于在防疫工作中有祖国这个强大的后盾，我们自豪于澳门在新时代里展现出的新面貌。我在学习国家历史的过程中，看到过很多英雄的事迹，英雄们抛头颅洒热血，开创了国家发展的局面。而在过去的一年里，依然有那么多令人感动的人和事，在他们的身上，我看到了一种精神在传承，也感受到了一股力量在涌动。

也正是在这样的所见所闻所感中，我更加强化了对祖国的归属感，同时也意识到了自己作为新时代中国青年的使命感。在现实给我们布下的重重难关中，我们不断激发自己的斗志。身处新时代，我们注定要面临各种新形势、新挑战，我们未来的成长也不会一直都是坦途。但在中国共产党的带领下，我们都有了持续探索、不停奋进的信念，也都有了不怕失败、不惧挑战的态度，所以，我相信我们经受得了考验，也担当得了大任。

2020 年，注定是转折之年。在贺一诚特首所作的施政报告中，我深刻感受到了"强基固本，迎难而进"这八个字的分量，也感受到了作为新时代青年需要承担起的重任。在过去的成长中，我们是祖国支持和澳门发展的受益者，所以，在未来的征程中，我们更应该成为国家富强和澳门发展的助力者。

"一带一路"和粤港澳大湾区建设，为我们这一代青年人提供了奋斗的广阔天地，也给我们提供了磨炼自己、展示自己的大舞台。只有不断练好内功，明确内心的目标，才能够让自己更好地顺应时代潮流、更好地响应国家号召，不断在未来的时光中，实现自己的理想、展现青年的力量。

对于我们来说，发展就是不断迎接挑战、不断冲出困境的过程。面对种种难题和考验，新时代的我们，不能做旁观者和啦啦队，而是要以参与者的身份去解答那些关乎自身成长、关乎时代发展的命题。

立足当下，紧迫的形势给我们营造了不一样的成长氛围。如今，澳门已经进入开启多元发展的新征程之中，作为新时代青年，我们只有跟得上节奏，才有机会去贡献、去开创，从而确保在面对困难与挑战时，自己能够更加从容不迫、更加游刃有余。

展望未来，挑战与困难同在，但同时，我们也能够在习近平总书记对广大青年的寄语中，不断找准方向、不断贡献力量。

习近平总书记从多个角度，对广大青年提出了要求与期望，也为广大青年提供了道路与支撑。习近平总书记平实的语言和真挚的感情，让我们能够更加深刻地理解总书记的嘱托，也让我们对形势发展、对社会进步有更多切合实际的看法。

2020年的最后两个月，博鳌亚洲论坛国际科技与创新论坛首届大会、第11届国际基础设施投资与建设高峰论坛先后在澳门举行，彰显了澳门会展业方兴未艾的发展势头，也展现了澳门良好的发展前景。在澳门发展不断融入国家发展大局的过程中，我们一直都能够看到国家和澳门的共同努力。在横琴口岸，粤澳携手发展的蓝图已经开篇，一项又一项合作、一个又一个项目，成为澳门未来发展的主基调，也为新时代的我们提供了更大的平台、更多的机会。

对于我们来说，要做到不负青春、不负时代、不负韶华，就要树立远大理想，更要热爱伟大祖国。作为新时代青年，我们不仅仅需要不断提升自己的思想认识，同时也需要在成长过程中提升本领。

从习近平总书记的讲话中，我能够深刻地感受到青年所应具备的品质与力量。要敢于接受时代带来的新挑战，以开拓创新的意识和敢为人先的精神，争做时代先锋。未来的澳门发展，需要青年一代的我们迎风破浪，这些都是时代给我们提出的命题，需要我们在行动中做出解答。

图1

图2

　　在我们这个时代，国家为我们提供了最耀眼的舞台，让我们有机会去接受鲜花和奖赏，但在这个过程中，我们需要默默成长、蓄积力量，从而更好地发挥自己的潜力，让青春不断闪耀独特的光彩。让青春的力量，在新时代的澳门绽放。我将把对祖国的热爱放在心间，将责任担在肩头，从而承担起独属于我们这一代人的责任，用日复一日的努力与付出，去争取未来的辉煌，在这样的征程中，我们的青春，必将释放社会发展亟需的能量！

我与祖国风华正茂

中国传媒大学　文化产业管理学院　文化产业管理　2020级　香港　范西莎

　　岁月不居，时节如流，中国正以惊人的速度发展着。迈入21世纪这个新时代，我知道，隶属于吾辈青年的奋斗青春时代已悄然来临。中国梦愈发鲜明，我们青年的梦也不断发光发热，汇聚到一起便成了熊熊燃烧的火炬，足以照亮前途无限的未来。

　　回首多灾多难的2020年，一切都仿若流矢般，那样不真切却又是那样历历在目。可以说，刚刚过去的一年是21世纪的一个重大转折点，但也正是这个转折点，让我更切身体会到了祖国的强大。中国，正处于其成长期中朝气蓬勃的"年纪"，而我身为一名中国人，更是无比自豪——我与祖国，风华正茂。

逆风翻盘，是"龙"的底气

　　2020年1月，疫情暴发，随着这场大流行病而来的还有我国经济的严重受损。从旅游业到餐饮业再到影院院线，各行各业无不受其深刻影响，第一季度的GDP更是同比下滑6.8%，是几十年来的首次负增长。放眼望去，当时的报道无不围绕着"损失""打击""前景不明朗"等令人忧心忡忡的关键词。

　　然而谁能预料，2020年尾声的中国——11月中国出口增速14.9%，贸易顺差754亿美元，创下了1981年以来最高的历史水平，同时也是40年以来单月的最高水平；义乌发往欧洲的班列，从2020年底到2021年1月份全部满舱……在疫情肆虐于世界之时，中国上演逆风大翻盘，让奄奄一息的众多企业重返生机勃勃；让每一个想看笑话的西方国家目瞪口呆；更是让每一个炎黄子孙都无比自豪。

　　大风泱泱，大潮滂滂。回首百年，无论面对多大的困难，中国哪一次不是挺起胸膛，以惊人的凝聚力和团结力逆风翻盘的？20世纪30年代，面对入侵神圣国土的残酷敌人，四万万同胞团结一心，用"小米和推车"战胜了精兵良炮；

20 世纪 50 年代，美国对中国采取政治上孤立、经济上封锁、军事上包围的战略，但正所谓"得道者多助，自助者天助"，新中国成立初期人民同政府坚定地站到以苏联为首的社会主义阵营一边，最终打破了封锁局面；2008 年汶川大地震，血与泪的回忆深深刻印在了厚重的历史里，但举国上下无不伸出援手，救同胞于水深火热中，让汶川恢复了其美丽面貌。回到现在，同样也是一声令下，14 亿人民一齐响应，众志成城共战"疫"，我们终将取得胜利！

图 1　物资捐赠卡

2020 年的前半段，我正紧张又积极地备战联考，受疫情影响每天"宅"在家里埋头苦读，好似和外界毫无联系。但并非如此，每天的新闻联播都在告诉我，祖国的土地上每时每刻都有动人心弦的暖心故事发生，而我也贡献出了自己的一份力量——在疫情最严重时，我作为班长联合班级同学筹募捐款 2 万多元，最终给湖北荆门市沙洋县人民医院和湖北十堰市太和医院捐赠了 2000 个 KN95 口罩。无他原因，只因我是一名中国人，一方有难八方支援本就是我们的传统美德。

我们坚信中国这条巨龙会逆风翻盘，也最终见证了其完美翻盘！

向阳而生，是"龙"的精神

作为四大文明古国之一，我们拥有上下五千年的悠久历史；作为刚刚过完 71 岁生日的"新中国"，我们奔涌的血液依然无比新鲜。中国这头雄狮已然睡醒，并创造了一个又一个奇迹。

图2　令人惊叹的中国工程

宏伟的港珠澳大桥让"三地从此无东西",不仅令国人肃然起敬,也创下了世界第一长跨海大桥的记录;壮丽的三峡大坝就像一条巨龙横卧长江上,把滚滚长江水节节阻挡,保护人民的安全;天眼工程从设计到技术,从材料到建造,"国产化"贯穿始终,谁人看了不啧啧称奇?更不必说最近引发热烈讨论的嫦娥五号,其取回的月球土壤样本让中国航天事业又迈进一大步,从此"上九天揽月"不再是梦。

中国从来便是如此,也一直将会如此——向阳而生,朝气蓬勃,积极乐观地一步一脚印在这大千世界中走出属于自己的康庄大道。

我与祖国,风华正茂

身为一名香港青年,我深知香港命运和祖国发展是分割不开的。犹如当初抗击非典一样,当新冠疫情侵袭香港的时候,内地与香港守望相助,携手抗疫,中央政府给予了香港特区全力的支持,祖国内地成为香港战胜疫情的坚强后盾。而2020年于我来说,也是无比特殊又幸运的一年,因为在这一年我如愿以偿考入中国传媒大学——这个位于祖国首都,且是全国乃至世界传媒界顶尖的高等学府。

图3　我与中传

　　从小我就对我国历史文化有非常浓厚的兴趣，且受家庭环境熏陶醉心于研究古代文物，更对博物馆、拍卖行等机构有所向往，因此来到中国传媒大学后，我毅然选择了文化产业管理这一专业。如今的中国国力提升，正处太平盛世，人们对文化类的精神食粮愈发重视，未来文化产业也必然会成为备受瞩目的行业。为祖国贡献出自己的一份力，是我，也是无数香港同胞的愿望。

　　走在新时代里，风华正茂如中国，在世界的舞台上越发重要，巍然屹立于东方；风华正茂如我，在祖国的心脏地带与祖国脉搏一齐跳动，如鲁迅先生所言，有一分热便发一分光，不负青春，不负韶华，不负时代。

　　此时的神州大地正闪耀着光辉，因为我，千千万万个我，与祖国，风华正茂！

歌颂祖国，唱响青春

中央音乐学院　声歌系　女高音　2018 级　澳门　杜千芳

"我离开你太久了，母亲！我要回来，回来！"魂牵梦萦，伴随着五星红旗和绣着莲花图案区旗的缓缓升起，伴随着铿锵有力、高亢嘹亮的国歌奏起，伴随着比亲人还亲的两地同胞眼眶中激动地直打转的泪珠，澳门终于终于在 1999 年 12 月 20 日回归了。在祖国母亲无比宽广又温暖的怀抱中，澳门开始茁壮地成长。

与众多澳门的同学相比，可能我的成长背景有那么一点特殊。我在澳门出生，由于母亲是辽宁人，所以从一出生便被抱回大连生活。跟所有小朋友一样，我的家人发掘了我在音乐方面的天赋，于是便引导我在"有一技之长"与"快乐童年"二者间成长。懵懂的童年总是过得飞快，到了快小学毕业时，由于父亲工作的原因，妈妈决定将我和弟弟带回澳门读书。怀着对未来的一点点恐惧与欢喜，小小的我回到了小小的澳门，开始我小而又丰富的生活。

爱是积累，是沉淀，是成长。我对祖国的感情也是。也许在我漫长的生命中有无数重要的事，但在我长大成人期间，有三件让我感触万千乃至终生难忘的事。

一、七子之歌，眷恋祖国与家乡

第一件便是跟随合唱团，在庆祝澳门回归祖国十五周年文艺晚会上为全中国人民演唱了开幕歌曲"七子之歌"。即便我以前听过这首歌曲，但真正拿到歌词时，担心出错于是反反复复读诵。为了理顺词意，我便特地去查询了这首歌曲的创作背景。不查不知道，原来短短的几句歌词，居然包含了那么那么多沉重的情感，这其中有着屈辱，有不甘，有隐忍，有着万千中华儿女的期盼……不负众望，演出十分成功，伴随着如雷贯耳的掌声，最吸引我目光的是习近平主席以及在场所有人们脸上洋溢着的笑容，看着看着，我不禁也笑了起来，澳门过去受到的屈辱和伤痛，都在有了祖国母亲这个强而有力的后盾下被轻轻抚平。我热爱祖国，也无比无比的感激她，那年我十四岁，在心中立下了"要做对国家有用的人"这个誓言。

图1　参演庆祝澳门回归祖国十五周年文艺晚会

二、守护家园，歌颂最可爱的人

第二件事发生在 2017 年夏，那是一场我不愿回忆的可怕灾害。本不该出现在陆地上的 16 级台风天鸽席卷了整片天与海，更不幸的是，澳门这个小城处在灾害的最中心——风眼。大自然总是最多情也最无情，它能呵护一颗种子直到它长成参天大树，也能把它连根拔起。愤怒而四处宣泄的风吹走了工地上的铁皮围墙，吹烂了许多居民的房子，吹断了水和电，吹来了倒灌部分城区一米多高的海水，风破坏了所有，那一刻全澳居民无比恐惧惊慌，人们自发地集结恢复城市，但没有工具的他们面对那横卧小城马路中间的大树和障碍束手无措。就在这时，一群群士兵第一时间到达灾难最前线。他们是那么有条有序，那么温暖，那么让人安心。有路人问他们是谁来自哪里，士兵中有人回答他：我们来自祖国，我们的名字叫"驻澳部队"。看着他们，我真的充满无法言语的感动，祖国和祖国的每一个人都用着他们最真诚最温暖的心去呵护澳门这座小城，那城中小小的我真的唯有努力学习、努力成长才能加以回报。

三、歌声飞扬，祖国我为你自豪

没辜负祖国、学校和家人的培养，我有幸通过保送考试进入了中央音乐学院深造。尤记得在大一结束的暑假，我得知大一大二级的内地学生可以参加祖国七十周年国庆合唱队列，可以唱响天安门广场以此歌颂祖国后，根本无法按捺自己兴奋又激动的心情，一溜烟跑去跟辅导员老师自荐说我一定要去，老师笑眯眯地问我能不能吃苦，因为整个暑假乃至九月份都要一直排练。其实我也有点怕吃苦，但一想这是特别特别光荣的事情，就坚定地点点头。带着激动紧张的心情训练了很久，全国大庆的那个日子终于要到来了，跟随整齐的队伍走到广场上的我觉得那一天天空格外的蓝，雄伟的天安门与城墙像画一样铺开在我面前，我无比激动！只觉得唱出的歌曲与前面军乐团慷慨激昂的交响伴奏，与飞机机翼如闪电般划破天空带来的轰鸣，与坦克履带在地上缓慢而坚定的前进着的声音全部都交织在了一起，唱着唱着，仿佛怦怦的心跳都跟着有了节奏，它在告诉我，它是我的一颗中国心。

图 2　参加国庆阅兵合唱

印象最深刻的一句歌词不是外婆哼的儿歌，不是上专业课唱的歌剧，而是2008年奥运会其中一首主题曲《国家》中的一句：一玉口中国，一瓦撑起家；有了强的国，才有富的家。是啊，有了强大的祖国，我们才会有家，才能成家。在成长的过程中我也参加了许多大大小小的比赛和演出，得到优异的成绩，得到了政府的赞赏与鼓励，也有了很多感悟。

图3　参加第一届新加坡国际合唱节比赛并荣获金奖

图4　参加韩国釜山国际合唱节并获得第三名

图 5　参加澳门合唱世博大赛

图 6　2016 年参加在俄罗斯索契举办的世界合唱比赛并获得三个组别的金奖

图 7　几乎每年都参与澳门政府总部开放日的演出

　　我想，在未来，我始终都会像 14 岁那个晚上的我一样努力，不忘初衷，不负青春，筑梦未来。也许我只是一个小小的人，但是许许多多小小的人在自己岗位上做好，在自己岗位上发光发热，那这亿万小小的人团结起来就会变得无比强大，就能保护得了我们最爱的国家和最爱的人。

二 等 奖

百年征程的扬帆与启航

——记下这座城

上海外国语大学　新闻传播学院　新闻传播学　2020 级　台湾　简泽熙

百年的风雨兼程，泥泞小路已成康庄大道；百年的辛勤浇灌，一棵棵幼小树苗已成莽莽苍苍的云林。"十年树木，百年树人"这话不假。中华民族在百余年的时间里培育了多少棵参天大树，在名为华夏的血脉中得以延存，在名为中国的城墙下茁壮成长。累累硕果绝不愿就此蒙尘。身处崭新时代的我仰望面前那片交错成荫的林，心中暗许：我愿做一根笔杆，一张张相片，用切实的文字回味往事，谱写自己的未来，也记录祖国的明天。

不负青春

我愿作那根笔杆，笔尖锐利，针砭时事；出墨圆滑，抚慰苍生。成为一名新闻人，是我的梦想。在未来媒体实验室的实践中，我与小伙伴们以 ECFA 为基础，共同探究海峡两岸的经济贸易事例。从议程设置理论开始确定选题，样本分析、再嵌入框架理论作为其强有力的后盾……一次不起眼的报道，背后竟能深挖出如此之多的信息。从中我所看到的是祖国的强大以及海峡两岸紧密不可分割的关系。以华夏子孙的血脉为联系的纽带定比贸易数额的增长更加牢固。尝试做一名新闻人，一双锐利的眼，一支锋利的笔，这是我所不断练习的；成为一名新闻人，有着天下为己任的胸襟、明今辩古的情怀，这是我所敬仰已久的。我热爱这样的祖国，渴求于寻觅已久的文化归属感，更想将她的一颦一笑保留下来。"不负青春"，我暗暗对自己说，因为待到垂垂老矣时，关于梦想斗志的焰火也许会被一盘残羹冷炙熄灭。因为我知道，人生的路很长，而属于我自己的才刚刚开始；每个人有不同的舞台，而我的定也是精彩万分、无比宽广。

不负韶华

从未想过手中的一张相片，能将百年前的北京城与如今的武汉城连接起来。往有周恩来先生掷地有声的"为中华之崛起而读书"已足够让一代又一代的青年人为之震颤，而就在去年的今天，全国上下万众一心坚决抗疫足够使青年战士留名。我们青年人从不会吝啬在历史的舞台上显现耀眼的光芒。百年前的青年运动仿佛历历在目，无数同我年龄相仿的大学生们怒吼着冲向北京城和平街，以血书的横幅作为枪炮，彰显着中华民族不屈的气节。时间淌过一个世纪，这样的佳话仍在流传。突如其来的疫情包围了武汉城，席卷了祖国大地，多所高校组成了志愿者团队，在社区中响应国家的号召进行宣传，为抗疫献出了自己的力量。24岁的护士面对镜头"不要播我的名字，妈妈看了会担心"的哽咽；洛杉矶毕业生在给武汉捐赠的医疗物资上无声的署名"中华儿女"；26岁的男护士毅然前往防疫一线，给出的理由竟是"我还有个哥哥替我照看父母，况且我还是单身"……家国有难，理应奋勇当先；韶华易逝，我们所能做的便只有把握时光，肩扛大任。时代的一粒灰，落在个人头上，可能就是一座山。肩负起这个时代赋予我们的重任，我们的样子，就是民族的样子。是北京城中的先烈勇士们用鲜血赋予我们舍我其谁的勇气与坚忍不拔的意志，呐喊："为国之兴旺，民族之兴旺。"我依稀记得那相片中的场景：一张张印满口罩勒痕，因长时间暴露在闷热的环境中而蜡黄发胀的脸，一件件繁琐沉闷的防护服与不知带了几层的蓝色橡胶手套。当我拿起相机记录下他们的笑脸，每个人都能笑着面对镜头说："愿我们归来时，仍是少年。"

不负时代

从小便生活在苏州的我，自认为经历过家乡经济腾飞的时代。印象中外婆家附近那一片片的田埂连同上面的油菜花早已不见，取而代之的是一座座四层自建别墅，西湖花苑社区将它们一一环抱起来。辛苦了大半辈子的老人们终于可以趁着夕阳还未落下的余晖照耀下，泡一壶热茶，听一曲黄梅，半卧在宽大的藤编椅中，同街坊的老伯伯老奶奶们侃家常。在我还未上幼儿园时，那儿还曾是一片空地，是周末放风筝、喂鸽子的好去处。随着年龄的增长，它也渐渐被我遗忘在了心底。只是如今想来，荒芜的草地早已变了个样。高端商场、五星酒店、数十层的写字楼……那儿有着大陆第一家诚品书店，那儿是金鸡湖景区，同时也是苏州工业园区——中国改革开放的重要窗口，国际合作的成功典范。我想好好写写这样一个神奇的地方，一个能将中外文化融合得如此恰到好处，却同时给人以归属感的地方。我更想好好记录下这样的祖国，全中国定有无数个"苏州城"，各有各的风韵，各有各不同的姿态，只是当这些厚重的城墙连结在了一起，便成了一个中国。于是，千年前便被山水走向而固定在既定土地上的人们的血脉渗进泥土里、江海中，顺着每一丝黄土的缝隙而游走，沉入长江黄河，不断地接连成片。走在苏州的街道上，每一砖瓦都沉淀着历史遗留的厚重，为的便是如此吧。这种厚重源于名为"姑苏"的召唤；走在街道上，每一栋拔地而起的高楼都迎着初升的旭日，以蓬勃迸发的生命力来迎接属于它们的时代。

我不惧风浪也不惜夕阳，因为身后的城墙永远是我的护佑。我不慌也不忙，岁月不蹉跎，志向不能忘。因为我知道，属于青年人的时代已悄悄开启，征程就在我们脚下。

屋子和远行

南开大学　文学院　汉语言文学　2020 级　香港　吴淇弘

一

是从什么时候开始呢？爷爷老了。或者说，我觉得爷爷老了。

我的祖籍在福建泉州的一个小乡村。这是一个侨乡，五六十年前，村里的男人们都会"下南洋"打工、创业。我的太爷爷也是其中的一份子，他在菲律宾打零工、开洗衣房，用一点点逐渐积攒起来的小钱，养活了我爷爷他们三兄弟。"太苦了，当时"，爷爷奶奶常常这样同我讲。

这似乎是闽南人的宿命，爷爷在他三十几岁的时候，走海路到香港去打工。在异乡的谋生是无比艰辛的。七八十年代的香港无比繁荣，从内地过去的爷爷被这色彩斑斓的摩登社会所震撼，在餐馆打工、在零售店当店员、搬货……在各种艰辛的历程后，爷爷终于取得了香港永久居民身份证，终于在香港有了自己的一套房子。

但爷爷的心中，始终对故乡有着牵挂，在 1998 年，他和另一个兄弟将故乡的房子翻新，完成了身为闽南人光宗耀祖的夙愿。对比村中其他人，以及整个县级市其他地区，我们家在当时也算是相对富裕的家庭。

我不是在香港出生长大的。第一次去香港，是在我小学二年级的时候。当时，我在内地生活的小县城，小车都还没有普及，到处都是摩托。而现代化的香港在当时给我留下了深刻的印象：二三十层楼高的房屋，每个市区中心有着琳琅满目商品的商场，各种路段的天桥，还有我之前从未见过的四通八达的地铁。对比内地的生活，这里确实充满着各种繁华多样的现代元素，我的心中隐隐有了在香港生活的想法。这是在 2008 年，那年，中国经历了汶川大地震，成功举办了奥运会，神舟七号成功飞天；一切都好像离我那么远。

但爷爷的想法始终和我不一样，他每年都要回到内地过年。他会坐在房子的南门口，抽着水烟，读《故事会》，时不时起来欣赏一下这个他靠自己的努力建起来的房子。当时的我，十分不理解。

从二年级开始，每年的暑假我都会去香港，香港似乎就在我的眼皮底下成长。但是，是什么时候呢？香港在我的眼中不再那么伟大迷人，不再是最现代化的象征。

也许真的是内地发展得太快了吧。我在福建生活的城市，现在几乎见不到电动车了，小车遍地在跑；马路在五六年内逐渐铺上了沥青；过两年，高铁站也要在这里落户。

二

至少是从初中开始吧，家里人就问我想在香港还是内地读大学。毫无疑问，刚开始的我肯定是想待在香港的；时不时，我还会幻想自己在香港大学深造、研究学习的画面。但在香港和内地两地往返久了，我的想法也逐渐改变了。

我在香港、广州、泉州的都有过长时间的生活。我便是在这三所城市中学习了许许多多的人情世故，了解了社会的风貌与现状。

太繁华了，太惊人了——这是我最真实与朴素的想法。至少是在 2012 年之后吧，那时候"中国梦"刚刚提出，国际社会的风评转向。但是，这无所谓了，因为在这之后的时间里我见证了什么叫作"执行力"，什么叫作"说到做到"："一带一路""世界第二经济大国""一亿人口脱贫"，还有"疫情攻坚战"，无数奇迹在这片土地上演。

这些，都是两个百年目标路上的脚步。第一个一百年，是在中国共产党成立 100 年时全面建成小康社会；第二个一百年，是在新中国成立 100 年时建成富强民主文明和谐美丽的社会主义现代化强国。

我相信，我在内地读大学深造，是我一生中做过的最好的选择之一。在教育上，党和国家是投入了大量的资源的。科教兴国，在这两个百年的宏伟目标的计划里，在这百年未有之大变局，我自是愿意离乡数千里求学！

三

我也启程远行了，离开了那座让爷爷无比自豪的房子。当时，爷爷也从香港回来。没有什么对话，也许，本就不需要什么对话。

这是什么呢？我内心扎根着的东西，这驱使我们一代代人远行的动力，它不应该只是简单的物质因素。

下了飞机，踏上这片对我来说陌生的土地，我的心中才隐隐有了些感受，那是学校的生活与学习给我的启迪。

我与不同的思想进行着碰撞，我融入，也尝试着超然。当观览西南联大的历史，读到那一句"中兴业，须人杰"的校歌歌词；当品读着习近平总书记"将小我融入大我"；当看着课本上"担当民族复兴大任的时代新人"。

应该说，我终于寻找到了之前的问题的答案。其实都是一样的，我们拥有着、牵挂着我们的屋子，而终究都需要远行。

回头审视我自己，我为什么想学习汉语？也不是为了什么传承文脉的高大上理想，我仅仅只是想当个老师，无论是中学老师还是大学教授；教书育人，不也是一个伟大事业吗？我知道，人才是无比重要的，我想成为人才，我更希望培养人才，为我的家，为我的国。

这是所有人心中的扎根着的东西，"不忘初心，继续前行"，是了，这不正也是中国的两个百年目标的缩影吗？党和国家的战略措施，都是紧紧围绕着为人民服务这个宗旨。我的初心，在我的远行间实现。党的初心，在两个一百年目标间实现。

我们都在远行，这是一代代人的远行，一个国家的远行。两个百年的奋斗目标，是我们所有人的远行，而一切也是为了我们的屋子的兴建、辉煌。就像习近平总书记在2021年新年贺词中说的，"每个人都了不起！"是每一个奋斗的人的努力，才让神州大地上奏起了这自信激昂、爱我中华的主旋律！

爷爷老了，我发现了。每一个为共和国而奋斗过的人都会老去，但共和国不老，这大好山河，灿烂文化，繁华都会都不会老去；这是所有人奋斗的成果，在这百年目标实现的过程中，正在由我们的双手不断创造。我也愿意，投身于这时代的大江大河，在党的领导下，不负使命，不负韶华！

战"疫"少年说

——风雨之后，倾城花开

中央美术学院　建筑学院　建筑　2019级　香港　高祯迎

　　二零二零庚子年，注定是不平凡的一年。新年伊始，一场战役的号角声伴着钟声一起打响。在这段特殊的日子里，见证了许多人事，那是00后的我从未经历过的。一个国家，十四亿努力，这是我第一次看到一个国家所有人民可以为了一件事一起努力的样子，我前所未有地感受到，我们的祖国，是如此强大和令人感到骄傲。同时，我也意识到我们在祖国的危难时刻，可以站在最前线，和其他伟大的抗疫战士一起，为战疫贡献一份自己的力量。

　　"为中华之崛起而读书！""少年强，则国强！"……这些句子相信很多人儿时就已经朗朗上口，民族责任感的意识也是在那时悄悄种下。童年时期的我，知其句而不知其意，可以说是直至经历了这次疫情，我才对这些以前只是觉得振奋人心的句子和民族责任感一词，有了切身的体会。其实这不是我们这一代人第一次经历类似的难关：2003年，非典——一个同样可怕的传染病也曾在全球蔓延，国人也有近一千人在该病毒的折磨下失去生命。我出生于2001年，非典盛行时也就两三岁，即使是我身边年纪稍长的朋友，回忆起那段日子也是朦胧缥渺的感觉。可这回不一样，在新型冠状病毒肺炎发展初期，在很多人都没意识到事情的严重性时，我们这些互联网的原住民，就通过网络捕捉到了危机的苗头，并开始鼓动身边的长辈做好防疫措施。记得当时"劝父母戴口罩有多难"一度成为网上热议的话题，很多年轻网友直呼"这比父母让我们穿秋裤还难！"，当时我们同学之间还互相交流过经验，比如用央视新闻等权威媒体的话来旁敲侧击比自己对着父母苦口婆心劝说半天要有用得多，还有同学玩起了父母爱看的"震惊体"，用一些带有夸张句式的图片来让父母意识到这次新冠肺炎的严重性。这些事情现在回想起来还感觉有点好笑，但在当时确实起到了明显的效果，长辈们听了我们的劝说纷纷戴好口罩，留在家里，这些也在一定程度上抑制了疫情的扩散。

当初的那群孩子，长大了。驰援湖北的医护人员中，有近三分之一是90后、00后，他们成了当时抗疫的主力军。其中广东医疗队护士，97年的年轻女孩朱海秀，因为工作强度和压力脸上带着重重的黑眼圈，她说来的时候没告诉父母，但是前几天被父母知道了，她说："那是我22年以来第一次看到我爸哭。"她不想对着镜头向爸妈报平安，因为她说："我不想哭，哭花了护目镜没法做事。"当时在网上看到这个事例的我深受感动，昨日父母眼中的孩子，如今已经成为新时代国家的脊梁，从这些年轻"战士"身上，我们看到了责任和担当，也看到了未来和希望。在这次的战"疫"场上，这样的年轻身影处处可见，主动接送医护人员的快递小哥汪勇，赶回家乡和父亲并肩作战的北大学子黄雨佳，还有自我隔离38天未感染一人的大学生郭岳。他们的事迹在网上被疯传，但其实这样的例子身边就有很多，就比如无数奔走在社区街道路口的青年志愿者，还有发挥自己的封闭力量的所有大学生，立志憋死病毒的宅男宅女们。我们学校是2020年10月份才组织的返校，之前有一个学期都是在家学习。云课堂、云考试、云交流……感觉大半年都在云上"飘来飘去"，虽然确实会有很多不方便的地方，但在抗疫面前，这些小困难都是值得去克服和忍受的。在家学习能让人更静得下心去构思创新，就像我，在家期间也没有"白忙活"，我学的专业是建筑设计，2020年中，我们小组设计了一系列适用于疫情的小型休憩装置，并将我们的方案真正地做了出来。我做的是一个单人野餐空间，一个老爷爷看了很喜欢，把它摆到了他家门前的池塘边，就在上面一个人喝喝茶，看看风景，看着他在其中怡然自得的舒服样，成就感在我心中油然而生。

图1　文中提到的小组部分设计展示

一直以来，00 后在某些人眼中总是贴着 "娇生惯养" "脆弱" 的标签，但就在这场看不到敌人、看不到硝烟，却要直面生死的战场上，他们惊讶地发现，平时的嘻嘻哈哈不影响我们在危难时刻冲锋陷阵，恐惧也不影响我们勇敢，我们能够在崩溃完后又马上投入战场，防护服也挡不住我们年轻跳动的心。而支持着我们的，正是对祖国的热爱和责任。毛主席曾经说过："世界是你们的，也是我们的，但归根结底是你们的，你们年轻人朝气蓬勃，好像早晨八、九点钟太阳，希望就寄托在你们身上!" 一个民族有一群仰望星空的人，才有希望。青年传承的是根脉，面向的是未来。在全球战疫的考验中，中国青年在大风大浪袭来时那一声声响亮的 "我上! 我可以!" "加油! 我在!" 就这样高亢在时代的旋律中。其实定义我们每个人的从来不是年龄，而是努力过、奋斗过，给自己和社会带来了些什么。年龄不是标签，真正能在你身上打上烙印的，是你用自己的努力去亲历、去参与时代变迁，而不是错过了在事后唏嘘时过境迁，恰同学少年，风华正茂，90 后、00 后不是娇滴滴的一代，也不是时代的观众和看客，因为我们已经迎来了自己的时代。

村上春树曾说过，"当你独自穿过了暴风雨，你就不是原来那个人了。" 你看呀，这次是我们一群人一起穿过了暴风雨，这次以后，我们还是我们，但是看到了不一样的我们。风里的人渴望平静，雨中的人渴望归家，但无论怎样，风雨会过去，我们也必将一起拥有春暖花开。相信风雨过后，中国青年也将以崭新的风貌，面向这个世界，面向国家更美好的未来!

港澳青春书写时代之歌

河海大学　力学与材料学院　材料科学与工程　2019 级　香港　郭仕程

有人说，这是一个布满荆棘的时代；有人说，这是一个相信梦想的时代；还有人说，这是一个机遇与挑战并存的时代。我说，无论是怎样的时代，无论前方的路是布满荆棘还是机遇良多。我们都要坚定地执好手中的青春之笔，绘出一幅不负青春的时代蓝图。让我们以梦为马，不负韶华，在青葱岁月中留下浓墨重彩的一笔。

21 世纪，是科学技术与信息时代，也是更容易使人迷失自我的时代。面对错综复杂且日益严峻的国际形势，作为当代港澳青年，我们应当认清当下国内外社会环境，从爱国爱港爱澳的基本角度出发，坚决维护党中央权威和集中统一领导，为全力推动党中央决策部署贯彻落实贡献出自己的港澳力量。2019 年，对香港这座城市来说无疑是灾难性的一年。一些不法分子，假借反对《逃犯条例》为由，进行游行，实际上却是实施一系列乱港暴力活动。在港府多次表示已停止修订《逃犯条例》后，不法分子却依旧没有因此停手，反而变本加厉，得寸进尺，违法暴力手段不断升级。这些不法分子中有部分青年大学生，他们冲击中央政府驻港机构，公然挑战国家主权和"一国两制"的原则底线，其气焰之嚣张，行径之恶劣，令人发指，令人寒心，令人深思。

是何种诱惑使某些香港青年沦为不法势力的工具？在我个人看来，这些青年被某些不法势力的糖衣炮弹禁锢了思想，失去了原有的判断力，才会做出如此恶劣行径。究其根本，是心中的伟大社会主义理想信念不够坚定。在思想上，没有将祖国利益放在自身利益之上；在行动上，没有审视自己的所作所为是否符合当代新青年的形象。当代新青年不仅需要刻苦钻研学习先进的科学技术理论知识，更需要重视且坚定不移地学习中国特色社会主义基础理论，了解中国特色社会主义道路。到 2047 年，我们作为目前的香港新一代青年将成为建设香港的中坚力量。今天的中国已不是百年前的中国，今天的世界也不是百年前的世界。新中国成立短短七十余载，各方面所取得的璀璨成就无不令世界瞩目、令世界惊叹。现在某些不法势力想利用那些被区区糖衣炮弹暂时蒙蔽了双眼的青年来挑战中国主权，无疑是痴人说梦，无稽之谈。我相信，在不久的将来，香港经过一系列教育改革及加强香港青少年国家观念及认同的教育之后，这些青年们一定会增强民族认同感，迷途知返。我也期待在不久的将来，香港及香港的新青年交出历史答卷的那一天。吾辈当有凌云志，当为祖国的繁荣昌盛贡献出自己的力量。

作为一名在内地读大学的香港青年，我亲身感受到种种温暖。这些温暖体现在各种方面，无论是生活上，还是学习上。在内地生活多年，我深深感受到内地发展迅猛，发展潜力巨大。令我印象最深刻的是大湾区的开发建设，港珠澳大桥的开通，为后续的港珠澳三地联动提供基本保障，在后续的大湾区经济合作建设发展起到关键的连接作用。港珠澳大桥不仅是简单的香港、澳门、珠海三地的连接桥，更是港澳居民与内地居民相通的人心桥。近年来，中国被国际社会美誉为"基建之王"，充分体现出中国基建这张名片已成功走出国门，走向世界。中国高铁的建设在拉近城市与城市、人与人之间的距离的同时，也向世界展现出"中国速度"。2020 年 12 月 19 日，嫦娥五号成功从月球带回 1731 克月壤，标志着我国航天事业更上一层楼，走在世界的第一梯队，处领先位置。就我个人而言，我越发觉得祖国的繁荣昌盛离不开每个人的艰苦奋斗，所有的美好幸福生活都是奋斗出来的，我为我身为中华儿女而感到无比骄傲与自豪。

我们当代港澳新青年更是要不负青春，不负时代，不负韶华，不负祖国的期望，要在最美好的年岁放飞最美好人生理想，将理想充分融入祖国发展大局，为祖国建设添砖加瓦，在为中华民族的伟大复兴中贡献自我，贡献出属于当代港澳新青年的港澳力量。愿国运昌盛，吾辈自强！

我爱着，也被爱着

湖南师范大学　新闻与传播学院　网络与新媒体　2018级　香港　金美超

> 我不是在寻找根，而是在扎根，我知道我的家是960万平方公里，我是14亿分之一，我正在母亲温暖的怀抱里长成良木，她给我阳光和雨露，她从未在意过我从哪儿来，也没有问过我的归处。她呀，只是默不作声地给予我无限的爱。
>
> ——题记

今年暑假有幸参加了广州南沙区港澳学生"百企千人"计划，成为广州南沙区南沙供电局港澳实习生中的一员，进行了为期6周的实习生活。"百企千人"计划是中央为了促进在内地就读的港澳学生对大湾区深入了解的一个项目，6周的时间虽短，但让我深入地了解了祖国的繁荣富强，也感受到了祖国对我们的殷切期盼。

在实习中，我被安排在供电局的营销部门，这是一个需要跟很多南沙居民用户交流的岗位，但同时也是能最直接了解南沙民生的岗位。南沙的居民很热情，我还记得有一个老人因为所属片区要拆迁了过来销户，是我接待的，他十分高兴地跟我说："年轻的时候这里就是广州最偏远的渔村，环境也不好，没有人来哦。现在好了，变靓啦。"看他高兴得像个小孩儿，我也笑眯眯的跟他说："恭喜你啊，阿伯。""不是恭喜我啊，是恭喜你们这群后生啊，我们脖子都埋进土里了，以后享受这么好的环境的是你们啊。"老人说的话看似随意，却又蕴含深意，前人栽树后人乘凉，现在前辈们所做的努力都是为了后代也就是我们年轻人以后能过得更好。一代人保护一代人，一代人为一代人留下越来越多的财富，这种传承令我深深动容。

南沙就像是祖国进步和富强的一个缩影，荒凉的涂滩变成了现代化的港区，一个广州的边陲小渔村经过年岁的打磨和国家不懈的努力成为现在粤港澳大湾区的地理几何中心，要是几十年前说出来谁又能相信呢？应该是不敢相信。突然想起来 1979 年邓小平在南海边画了个圈，深圳就像一夜之间崛起。中国人的血液里就是有这样一种魄力，让世界为之惊讶，中国完成了太多别人眼里不可能的事。

图 1

图 2

在实习期间，领队组织我们去南沙海盾文化局，其实我早已了解祖国的力量，但是走近之后我更加被这种力量所震撼："向南向世界，为国为海权！"我看到墙上醒目的大字并为之震撼，这是中国如今作为大国的使命，也是为 14 亿人民！巡航舰在我面前时我心生一种尊敬，它就像古书中所提到的玄武"北方壬癸水，卦主坎，其象玄武，水神也"，它巍巍然地停靠在港边，看起来严肃不可侵犯，不管我怎么踮脚仰望它也看不到它的顶部。讲解员在说到说"保一方平安"时，我骄傲地在心里说着："你看，这就是中国人的尊严和底气，中国人民永远被保护着被爱着。"

我还记得放假回到香港时，扰乱社会的行为仍未彻底停止，我们辅导员不定时地就会发信息问我："你们家附近安全吗？要注意安全呀。"我当时真实感受到最真诚的温暖和关心。当时楼下的地铁被破坏，爸妈在上班必经之路也经常遇见破坏行为，没有人是不害怕的，那种近距离的绝对威胁和伤害有着想象不到的恐怖。辅导员的关心让我又再一次感受到被爱，大爱和小爱让我有更加强烈的归属感。

祖国之强盛在为民，作为一个学传媒的学生，我无时无刻不感受到祖国对人民的关怀。"靶向精准扶贫，坚决打赢脱贫攻坚战"，初心不改，国家始终以人为本，为民服务，解决民生问题，行动迅速又态度坚定。在新闻中听到颁布的一项又一项扶贫计划和政策时，我又再次被国家感动。"父母之爱子，则为之计深远"，不就恰似如此吗？计深远，计深远！每一个人民都被国家惦记着，祖国都牵挂着。她在努力着，就像一个母亲爱着每一个孩子，他记得每一个孩子，不曾忘记也不曾放弃。

我有一次旅游乘火车拿出我的身份证时，检票员说"你怎么拿的香港身份证啊"，我说"香港身份证也是中国身份证，我在哪儿都是中国人"，她面红耳赤。我为自己说的话骄傲，我在哪儿都是中国人。

是啊，我在哪儿都是中国人，我被哺育被养育被教育，我在广阔的 960 万平方公里的土地上不过渺小如一粟，但我绝不辜负祖国的培养，"我仍认为，我们接受高等教育的目的，是为了帮助我们的家乡摆脱贫困，而不是为了摆脱我们贫困的家乡，生如蝼蚁，当有鸿鹄之志，为天地立心，为生民立命，为往圣继绝学，为万世开太平"。我把这段话当作我的人生目标，我可能无法达到这样的高度，但我始终认为当代年轻人应该保持绝对的理想，周恩来总理少年时代曾说为中华之崛起而读书，但数风流人物还看今朝，作为祖国新一代的受过高等教育的年轻人，要有扛起国家发展大旗的觉悟！

"不负青春不负韶华不负时代"，我们生活在最好的时代，正值最好的年华，让我们在一代又一代人谆谆教诲下学会在飘摇的世界里做不辜负时代和国家的人吧，让自己成为能被时间记住的人吧，少年终要成为大人，那就做一个顶天立地的大人吧。

"我会长成大树，待您赞我一声良木。"

奉献青春，不负韶华

——云南施甸县支教有感

西安交通大学　管理学院　工商管理　2019 级　香港　郭宇腾

青春虚度无所成，白首衔悲补何及！

好青年志在四方，高校学生要把视线投向国家发展的航程，把汗水洒在艰苦创业的舞台，到基层去、到西部去、到祖国最需要的地方去，做成一番事业、做好一番事业。习近平总书记的一番话点醒了还在浑浑噩噩生活的我。

2020 年初我们还沉浸在要过年的喜庆氛围中，新冠疫情的暴发打破了这一切。疫情来得迅速，打得我们措手不及。那些不断跳动的数字，不断闪现的镜头，不断更新的推送……无一不刺激着我脆弱的神经。那时候的我只能待在家中，不给国家添乱是我唯一能做的事情。与此同时看着全国各地的医护人员成批地进入武汉，无数的普通人在以自己的方式帮助着武汉。那时我就深深地受到感触，作为大学生的我，却无力回报生我养我的祖国，我实在是愧疚难当。当时我便在内心深处暗自发誓：我也要为国家做点什么，我也要以自己的方式贡献出自己的一份力量。

今年 7 月疫情大幅度好转，同时正值学校的暑期社会实践，我想着践行当初诺言的时候到了，于是我组织并带领 9 个和我同样热心同样想要为祖国的教育事业奉献的同学，一起来到了云南施甸县进行了为期 9 天的支教活动。

还未去到云南时，我们就已经全都振奋不已，几乎是每当一个人提出新的观点与见解时，我们全部人都拍掌大呼："好好好！我怎么没有想到。"每个人都恨不得把自己的毕生所学全部教授给那里的孩子，都恨不得把外面世界的繁华带给那里的孩子看。只可惜我们水平有限，只能起到一个引领的作用。

图 1

云南也是我自己从小到大去过最远的地方，因为施甸县相对贫困，我们先要坐飞机去昆明，再从昆明转机到保山市，然后再从保山市坐大巴车到施甸县。一路颠簸，到达目的地十分不容易，可以说身心俱疲。但是到达施甸县城的时候，我就被蔚蓝的天空、厚重的云彩深深地吸引了，群山与白云相间，看着这美丽的景色，什么烦恼都抛诸脑后。我意识到，为期9天的支教之旅此刻起正式拉开帷幕。

我们的实践内容包括：5天的初升高学生短期支教，3天半的小学六年级学生短期支教和家访调研。

对于初升高学生的5天短期支教，考虑到现实情况，大部分学生都是要去市里面的学校进行学习。大部分学生进入高中可能都是第一次住宿，所以我们临时决定在教学中添加一些关于校园生活方面的内容，让同学们更好地适应高中生活。

在支教第一天的时候我们指导学生们写了一个自己的未来规划，让学生们对自己的未来有一个较准确的目标，也同时了解了同学们的情况，为后面的家访调研做准备。之后我们发挥所长，给同学们讲一些高中课程学习方法，我主要就给学生们讲了一些高中物理的学习方法，比如讲解了物理做题模板，介绍了高中物理学整个轮廓、高中力学知识，让同学们听有所得，在高中学习过程中能够学好物理这一门课程。接着我们又给学生们上了一节趣味化学课，为同学们打开了高中化学的大门。让他们相信，高中化学虽然难度大但是并不是完全枯燥的。

我还教了一门课叫作"疫情下的中美关系"，这个课最让我体会到做老师的辛苦与不易。

在上这门课的前一天，我和一位同学私下聊天，问他们喜欢的上课方式以完善教学方式。又因为是结合时事的课，在我进行教学之前中美又发生了新的摩擦——继美国关闭中国驻休斯敦总领事馆后，中国以关闭美国驻成都总领事馆作为回应。以至于课件需要临时修改，课也要重新备。忙活到深夜一两点，第二天还要早起去学校，切身体验了一把做老师的"累"。但在上课时看着每一位同学认真的眼神，没有一位同学打盹走神，让我很感动。

图2

在施甸一中的最后一天，我给学生们上了一节诗词课，讲了李白和杜甫两位诗人，打破了学生们的刻板印象。学生们都认为李白只是浪漫主义，杜甫只是现实主义，但其实一个人总是多元化的，李白也会写一些反映现实的诗歌，杜甫也会写一些浪漫充满豪情的诗歌。我上这节课的目的其实不只是讲李白、杜甫，更多的是想用我浅薄的人生经历告诉这些弟弟妹妹们一点哲学思想，不要带着有色眼镜看人，人是多面的，事情也是，我们要透过现象看本质，要以发展的眼光看世界。

这短短的5天中，我每节课都在场，我能感受到这些学生对学习的热情、对知识的热爱。也感受到了他们读书的不易与艰辛，这也让我深感惭愧。我的读书环境比他们好多了，但是我却不及弟弟妹妹们努力。通过对比，我更加深刻地懂得我们这些环境比较优越的年轻人更应该要好好珍惜教育资源。

图 3

3 天半的小学六年级短期支教的教学地点是在村中的小学，这里环境会比县城再稍微差一点，出了校门一个超市都没有，到处都是耕田。但是学校里的环境比县城支教的学校好一点，有较为完善的体育设施，还是足球重点学校，有一个专业的学生足球场。学生们是五年级升六年级的，存在部分留守儿童，这个学校比较重视红色教育，所以同学们对这些都比较了解，但是对外面的事物还比较陌生，我们了解到，出过县城的学生屈指可数，不少同学甚至连北京在中国的哪个位置都不知道。了解到这些之后我们决定临时修改课程，添加了关于团队队员各自家乡的介绍课，帮助学生们开阔视野，鼓励学生们走出农村。

图 4

在初中支教的同时我们也在课余时间进行了家访调研，我们分组到学生们的家中进行调研，同时也给家长解答这个年龄段孩子的困惑。开始我们实行的是自愿家访，但一天过去了就只有一个学生愿意。

后来我们就给家长打电话说我们的目的，通话过程中能感受到家长的朴实与想让孩子出人头地为祖国做贡献的期望。但时间却是有限的，最后这五天内就调查了十几个家庭，我参与调查了其中的五个家庭，虽然每个家庭的情况都不太一样，但是都令我印象深刻。在我参与的这几个调查中，我也能感受到，学习成绩较好的孩子家中一般都不会特别困难，孩子都有较强的上进心，有比较好的学习能力，而贫困家庭则对教育不够重视。我认为是贫困地区的教育压力比较大，小学的孩子们都很热爱学习，但是到了初中慢慢会因为种种情况失去了读书的兴趣，或者因为家庭等因素没有能力继续读下去。所以我认为贫困地区还是需要对家长加以引导，对贫困学生适当资助，让更多的孩子走出县城，使更多的家庭摆脱贫困。只有掌握了技术，才可以真正脱贫。如果有机会我愿意奉献青春进行更长期支教，给更多的学生带来正确的价值观，正确的发展方向，为国家的脱贫战略尽一份力。

这次支教，我体验到了老师半夜修改教案的辛苦；体验到了在讲台上挥洒汗水激情带动学生的不易；体验到了学生认真上课时的感动。但同时，我与我所教授的孩子们都成为亦师亦友的关系，平常他们向我咨询学习或生活上的难题，我也会竭尽我所能去开导和帮助他们。

云南的支教之行更加坚定了我要为祖国添砖加瓦的决心。在我这个年纪，既然无法在工作岗位上回报祖国，那么我唯一能做的便也只有在自己的学业上尽可能地投入，提高自己的研究或者工作能力，使得自己能够在未来工作中发挥出更强大的力量，为祖国为社会奉献自己。

同时我也想号召和我一样的广大青年学子，虽然我们无法像父辈一样，奋斗在祖国的一线，在岗位上兢兢业业做好自己平凡但又伟大的工作，但是我们现在的积累，可以让以后的贡献更加卓越，以此来回报祖国。

青春并不是我们偷懒不努力的借口，我们并不可以假装自己还小，以此来逃避自己的责任。青春的大好年华、旺盛的活力、充沛的体力以及脑细胞的活跃度，都证明着青春是我们好好学习好好奋斗的最佳时机！

燃青春之韶光，奉灼灼之国华

中南大学　湘雅医学院　临床医学　2020 级　澳门　陈奕骏

　　"让我们只争朝夕，不负韶华……" 2020 年伊始，习主席的新年贺词为我们带来充满奋斗力量的期许。青春是最美好的时光，因梦想而激昂，因奉献而厚重，因拼搏而精彩。中国正经历着时代变革，经济复兴，作为中华民族的全新一代，接好历史的接力棒，是我们的机遇，更是沉甸甸的使命。忠于祖国，立鸿鹄志；知行合一，做实干家。把握青春，不负韶华，为澳门发展的火炬助燃，为大湾区建设的快船扬帆，为实现中华民族伟大复兴的中国梦添砖加瓦。

图 1　2003 年摄于拱北口岸

图2　2019年摄于拱北口岸

　　一代人有一代人的使命，每一代人都要经历自己的成长。澳门为了回归祖国母亲怀抱，饱经风霜。这二十余载，澳门焕发着时代活力，我们在蓬勃的时代里演绎青春。"一国两制"的基本国策，是这个时代的稳定基石，粤港澳大湾区的国家战略，是时代的肥沃土壤，它们共同为我们铸就了广阔舞台。澳人治澳，高度自治，但这绝不意味着闭门造车。澳门始终是中国的澳门，澳门的发展必须依托内地的腾飞，契合大湾区的整体构建理念，丰富经济结构，发挥自身独特优势，找到属于自己的闪光点。伶仃洋上大桥飞架，天堑变通途；大地上城际铁路延伸，一小时生活圈初具条件，世界级的城市群逐渐浮现。"一年之计，莫如树谷；十年之计，莫如树木；终身之计，莫如树人"，如果宽松的政策是发展机器的润滑油，那人才就是地区发展的第一动力，人才驱动创新，创新驱动经济。依靠吃人口红利的时代一去不返，经济转型全速进行。擦亮双眼，把握机遇，把大湾区所需要的转换为自己所热爱的，把中国所缺乏的转换为自己所奋斗的，将个人发展融入地区的发展中去，将个人理想融入中国梦里。

图3　位于澳门拱北口岸旁的珠海城轨站

　　正如梁启超在《少年中国说》中所比喻的，少年之人如朝阳、如乳虎、如春前之草、如长江之出发源。我们澎湃地向前迈进，但我们的奔跑为了什么，意义又在何方？无论是内地从开拓奋进的改革开放到吹响全面小康的决胜号角，还是澳门向昂扬上进的社会发展，青年始终活跃在一线，将自己的年华奉献国家，用自己的活力感染社会。通过学习党史，我惊奇地发现1921年党一大的参会者平均仅有28岁，最小的还不满20岁，齐聚南湖一叶小舟，令中国革命面貌焕然一新。在《把一切献给党》中，青年吴运铎不堪压迫，毅然加入新四军，将自己的青春乃至一生与共和国的枪炮制造紧密联系，"把一切献给党"是在战争中浴血奋战的共产党青年的心声。艰苦的革命年代，广大青年以青春之我，创建青春之家庭，建设青春之国家，复兴青春之民族。

　　担当，是青春挑着的扁担，轻则挑起的一个家的温饱，重则关乎国家的安危。懂得承担，敢于承担，是青年必需的宝贵品质，担子虽令你压力倍增，但也让你迈出的每一步都更加踏实，为日后运筹帷幄埋下种子。磨砺，是青春的必经之路，从磨难中走出来，在精神上强大起来，是青年必经的精神成长，是一个民族焕发青春活力的心路历程。不畏惧每一次挑战，饱含着家国情怀，像早晨六七点钟的太阳一样绽放光芒，大胆拥抱未来，这是青春的意义，更是书写韶华的如椽巨笔。

图 4　澳门著名景点大三巴牌坊为祖国诞辰 70 周年献上祝福

图 5　澳门关闸边检大楼前的巨大 70 周年花灯

　　大江入海并非笔直奔流，飞瀑而下，九曲回肠，才有浩荡的壮观。要成为世界湾区的领头羊，粤港澳大湾区仍需跨越许多樽颈。一国、两制、三关税区，独特的政治经济结构下完善内地与港澳的制度对接、公共服务的衔接机制是头等大事，办事舒心，交易顺心，经济才能踏上高速路。我的舅舅是一名赌场员工，他常念叨，光靠观光发牌赚钱的日子过着不安稳。澳门经济结构相对单一，抗风险能力有待提高，医疗水平相对落后，土地、发展资源有限，急需慧眼寻得新的经济切入点。香港经济发展缺乏稳定的支撑，高昂的地价、不法分子的搅局，无不在影响经济和民生。湾区腹地经济发展不平衡，资源结构配置仍需调整。大湾区生态环境压力日益增大，能源约束趋于紧张……知不足然后能改，这些都不足以让我们悲观唱衰，我们和大湾区一样，都还年轻，都渴望上路，有凹必有凸，换位思考，差异性带来的还有互补性，取其所长，克己所短，优劣互补，刀柄刀锋就能组成利刃，形成世界独一无二的竞争力，披荆斩棘，拼出一条民生经济协同发展的康庄大道。

图6　我身后即为港珠澳大桥珠海公路口岸

　　今年，我很荣幸成为一名湘雅人。习主席曾勉励青年人，"中国梦是我们这一代的，更是青年一代的"。赓续时代华章，作为一名湘雅人，承担时代使命是责任，与时代同行是方法，将这猎猎飘扬了七十多年的五星红旗举得更高更远是传承的力量。良好的医疗条件是人民幸福感的重要来源，作为一名医生，若能治好百姓的疾病，看到他重新昂扬向上，重新热爱生活，我想我就是个有价值的给予者。新生课上，湘雅二医院党委副书记杨一峰为我们介绍了医院发展和人才需求，高层次医疗人才是第一资源，创新是第一动力，发展是第一要务。唯有成为一名高水平的医生才能对得起百年湘雅的大名，才能不负十载韶华。大湾区的飞速发展必伴随着医疗规模的扩大和医疗水平的提高。湘雅人与大湾区的渊源颇深，早在大湾区概念提出的 2003 年，湘雅 60 级校友谢金魁在河源市最早发现、最先报告非典型肺炎病例。我想学湘雅医术之精华，投身公共医疗卫生事业，尽微薄之力，为大湾区医疗水平的提升提速。

图 7　湘雅红楼前毛主席题词：救死扶伤，实行革命的人道主义

　　而今，我正在从一名最普通的湘雅学生做起，从一名懵懂少年向懂得为国家医疗事业付出的青年成长。在教育文化卫生体育领域专家代表座谈会上，习近平总书记要求集中力量开展关键核心技术攻关，解决一批药品、医疗器械、疫苗等领域"卡脖子"问题。这正是湘雅人所擅长的、所追求的，更是我想学习、想进步的。公勇勤慎，诚爱谦廉，求真求确，必邃必专，我会怀揣着老湘雅人的期许前进，牢记着自己来到内地求学的初衷，用优异的成绩证明自己青春的意义，用高超的医术回馈社会的关怀。

今天的青年处于一个百年未遇大变革的伟大时代，这个时代给青年带来更高的门槛，也给予他们足够的信任、更大的舞台。2021 年已经到来，正如习主席在全新一年的贺词中所说："我们还要继续奋斗，勇往直前，创造更加灿烂的辉煌！"让青春与时代主题同心同向，把无悔的青春刻在中华民族伟大复兴的历史丰碑上。"冀以尘雾之微益补山河，荧烛末光增辉日月"，我同每个追梦人的力量必将汇聚成漫天星光，让中华民族闪耀于世界民族之林。

寸心寄华夏，岁月赠山河

武汉大学　经济与管理学院　经济学　2019级　香港　王彧森

风云变幻，流年更迭。过往与现在，历史与未来，无数个时代季风，正交汇一起，吹遍整个华夏大地，拂过每一位青年儿女的脸颊。习近平总书记曾指出："历史车轮滚滚向前，时代潮流浩浩荡荡。历史只会眷顾坚定者、奋进者、搏击者，而不会等待犹豫者、懈怠者、畏难者。"一代人有一代人的歌，每个时代有每个时代专属的主旋律，身处时代的浪潮之上，作为新时代青年的你我，当反思着、奋斗着，且将新火试新茶，诗酒趁年华。

正如狄更斯所言："这是最好的时代，也是最坏的时代。"我们生在一个总是在给我们制造感叹号的时代：从机耕泥路到公路成网、铁路密布；从资源稀缺到南水北调、西气东输；今天的中国，高铁奔驰、飞机翱翔，天堑变通途；今天的中国，脱贫攻坚，全面小康，引领"一带一路"。我们闲坐于家，轻滑手机，关注国事荣昌；我们端坐课堂，心中暗许，护华夏泱泱……中国奇迹日新月异，中国梦永不停歇，中国风采镌刻在每位儿女的眉宇与心田。

然而，在这个繁荣安乐的时代里，我们依然能看到它也潜藏着的许多问号，仍能看到繁荣下的暗流涌动：国际局势风云莫测，贸易保护主义和逆全球化言论甚嚣尘上，各种势力粉墨登场、纵横捭阖；国内结构性矛盾突出，创新转变发展模式势在必行；疫情下人心惶惶，国际关系剑拔弩张，怎样同舟共济共克难关亦迫在眉睫……

我们从来不应该忽视问题所在。问号和感叹号在每一个时代都应该是相辅相成的，面对时代的发问，我们唯有交出自己的答案。

不忘初心，吾辈应永怀赤子情怀。

"苟利国家生死以，岂因祸福避趋之。"峥嵘岁月中，革命先驱不忍山河受难，于黯淡世间振臂呐喊，喋血沙场。纵观我国的革命史，五四运动的呐喊犹如一把利剑，刺破了中国近代的漫长黑暗；西南联大学子"学术救国"的信仰犹如晨钟暮鼓，唤醒了军民救亡图存的决心。和平年代，同为青年学子的我们亦应为法制发声，为发展和稳定正名。然而令人遗憾的是，在香港，我的家乡，却有一群与我年龄相仿的香港青年在街头大肆呼喊着所谓民主的抗议，他们破坏着一切可以破坏的公共设施，他们对着打抱不平的路人大打出手，而这一切，荒谬到可笑到就是为了他们所谓的法治、所谓的民主。作为东方之珠，作为曾经我国最大的全球性贸易中心城市，身为香港的一份子，亦是华夏大地的一份子，吾辈青年理应有家国情怀，在这场可笑的闹剧中，劝那部分被混淆视听的同龄人们迷途知返，回头是岸。制度和文化的差异不应该成为暴力的始作俑者，街上随意放火点燃的不是希望，而是在践踏法治和焚烧自己的未来。

我辈是新时代青年，安定与祥和是时代的主旋律，唯有如此方能使香港与内地将发展之路走的愈发清晰。

专注当下，吾辈当勇担社会重任

"羡子年少正得路，有如扶桑初日升。"在 2020 年我们的所见更让人"哀吾生之须臾"，然而我们所做的有限并不代表我们什么都做不到。我可以看到来自祖国四面八方的援鄂医疗队里，90 后医护人员占据了很大比例；我可以看见许许多多与我同龄的人民子弟兵的身影第一时间出现在需要他们的地方；我可以看到无数人在借助群众的力量点燃那些黑暗中看不到光的角落；我可以看到我的同龄人们为了发往武汉的防疫物资而积极奔走；我可以看见我的同学们为了疫情后湖北经济的恢复积极献言建策；我还可以看见的是无数满腔热忱的有志青年无论何时何刻都对祖国包含着热爱。我们青年从来不是大时代的被动接受者，正是每一个人的参与和行动，汇成了大时代的洪流。

图1

展望前路，吾辈当拥抱变化，勇于变革

"户枢不蠹，流水不腐。"当历史的指针拨向 2020 年，百年未有之大变局正在主动迎接着我们。祖国母亲正向来自港澳台的青年们张开怀抱——大湾区战略的提出，港珠澳大桥的建成为更多港澳台青年提供了更多展示自我的平台与机遇；无论是地方乃至中央，越来越多的工作岗位都逐渐向来自港澳台地区的青年才俊们开放。在这样的大背景下，无论是庙堂抑或者是江湖都将有我们的一席之地，拼搏与敢为人先都理应成为我们港澳台青年生活的主旋律。

审慎自身，吾辈当践行理想，不忘初心

千千万万的中华青年都在为着伟大复兴中国梦的实现贡献着自己的一份力量；在这个时代里，身为青年群体的我们，比任何人都更应该成为以梦为马的奋斗者，那些光荣与梦想，那些理想与使命，都使得我们没有理由不站在时代的浪潮前，当时代的弄潮儿。这是最好的时代，亦是属于我们的最好的时代。我们同样是特殊的，伴随着改革的钟声敲响，祖国给了吾辈更多施展抱负的机遇与平台，我们装点着中国梦，华夏大地同样滋养着我们的梦想。然而仍有些民众对内地抱有一种轻视、质疑的态度。作为在内地求学的港澳台青年一份子，我们更有理由作为海峡两岸及内地与港澳地区沟通的桥梁，我们更有理由去到香港，去到澳门，去到台湾，告诉那些质疑的人们，告诉那些不自信的人们，告诉他们国家多富强，生活多多彩，制度多优越，将最最真实的一面如实地向他们展示。

祖国发展的繁荣画卷正徐徐展开，这其中的每一幕每一刻都凝聚着无数先行者的汗水与鲜血，我也深深地知道如今历史的接力棒将由我们接过。如今的大学生活，"内卷"这个词语甚嚣尘上，许多同学包括我自身都对前途的未来充满着未知和迷茫。"我们作为青年一代，都应该把自己的小我融入祖国的大我、人民的大我之中，与时代同步伐，与人类同命运。"这是无数先行者践行的一句话，我作为一名来自香港的大学生，和所有的青年们一样都有着共同的国、共同的家，当祖国在需要我们的时候，我们作为民族作为国家的中坚力量，理应站在时代的最前线，去到那最需要我们的地方。

"桐花万里丹山路，雏凤清于老凤声。"习近平总书记曾多次动情地对我们青年一代寄予希望："青年的人生之路很长，前进途中，有平川也有高山，有缓流也有险滩，有丽日也有风雨，有喜悦也有哀伤。心中有阳光，脚下有力量，为

了理想能坚持、不懈怠，才能创造无愧于时代的人生。"每一片落叶之所以不同，就是因为点缀其中的希望与梦想有所差异。面对时代的发问，我们不驰于空想，不骛于虚声，致知力行，踵事增华，承前辈之志，启新程之始。

我怒斥那光明的消逝

浙江传媒学院　播音主持艺术学院　播音与主持艺术　2019 级　香港　杨雨欣

　　去年四月初，我在家里上着网课。许久不见的朋友联系上了我，开始家长里短的问候。

　　她在香港读着高中，小我两岁。我的妈妈和她的妈妈是亲戚，所以我们小时候就认识了，从那之后联系也没有断过。时常电话交流各自的近况，偶尔我回到香港她也会出来与我结伴玩耍，虽她不经常回内地，但这样的友情还是一直维系到了现在，让我觉得弥足珍贵。

　　交谈不久我就感觉到她有些奇怪，东支西吾，在闪烁其词。我便笑着打趣道你是怎么了，有话直说。她愣了一会，好似下定决心的开口问道："武汉现在的情况怎么样了？"我还以为是什么事，随即有些感慨她这也算"位远未敢忘忧国"，随即将武汉不久前就已解封的消息告诉了她，还随口叮嘱了她一番："虽然内地疫情已经被控制，但你在香港还是要小心哦，口罩一定要带。"她的声音有些紧张："不是哦，我指的是武汉的真实情况。"我还在纳闷着她平时不关注新闻吗，武汉解封这么大的事为什么不知道，但紧接着便被她的问题震惊的张口结舌。我只好笑着解释道不是的，武汉真的已经康复了，还列举了一些武汉人如今的日常生活。我想告诉她并没有什么所谓的事实被掩盖，最大的事实就是已经开始了复工复产。

　　我开始明白了一些事，我想到了那些被洗脑的香港年轻人。她似乎察觉到了我的沉默，小心翼翼地补充道："我知道你是志愿者，我想你应该能知道得多一些，新闻和大家都在说武汉的疫情早就失控了……"

　　好似打开了她的话匣子，她还在电话那边说着些什么，但我完全没有听进去，这时我意识到了我们之间不同的环境，我想到了奔赴武汉的医护人员，想到了连日不休的志愿者，想到了英雄的人民。她的语言似是在忽略，在嘲笑着这些弥足珍贵的东西，这一切化作了柴薪，被愤怒点燃，将我的灵魂烧得滋啦作响。

"够了!"我对着电话怒吼,她被突然大声的我吓得缄默无言。我察觉到了自己的失态,我想说点什么,但千言万语堵在了心头,这些话是徒劳无功的。我明白我无法唤醒一个装睡的人,只能无力地说上一句"不是这样的"。她察觉到了我的低沉,匆匆致歉,就挂了电话。

四月的深圳赶上了春的时节,鳞次栉比的大厦下是碧草茵茵,来往的人们虽戴着口罩,眼里却藏不住对未来的热忱,行色匆匆地前进在这个时代上。我坐在窗前,茫然地望着这一切,神色游离。我无法理解是什么让我的朋友捂住了耳朵,我很想做点什么,告诉她,告诉他们这是错的。我想去宣扬值得被人铭记的义举,可我知道我什么也做不了,我只是一个普通的学生,连从小一起长大的朋友都无法说服。

桌上放着我最喜欢的诗集,是巫宁坤先生的译本合集。我随手翻开,映入眼帘的便是我抄在扉页上狄兰的诗。

"不要温顺的走进那个良夜。"

"怒斥,怒斥那光明的消逝。"

每每读到,便能感受到蕴含在字里行间澎湃的力量感,我呢喃地读着一遍又一遍。有些泛黄的书页被穿过树叶的暖阳照亮,婆娑的树影与我的字迹交错在了一起,有些迷离的,困惑不解的青春被时间拉向了远方。

四月底,深圳援鄂医疗队当中的医生,被我们社区请来讲述抗疫事迹,活动现场需要志愿者维持秩序,我报了名。活动开始前,大家在一起分配任务和听注意事项,我被分配了派发饮用水的任务。清点数目后,我拿着水到了后台给工作人员,随后便见到了前来演讲的医生。这位医生年轻得让我有些吃惊,医生看着手中的演讲稿,临近上台的她似乎有些紧张,这样看来和年轻我好像并无什么不同。

医生看到了来送水的我,抬头表示感谢。这时我才看清她脸上淡淡的痕迹,那是长期佩戴口罩和防毒面罩留下的勒痕,这时我才明白,她和我并不一样。虽然她可能大不了我几岁,可她已经和名为新冠的死神战斗过了,她没有享受她的青春,而是奉献于武汉抗疫工作,如今带着功勋凯旋。我不由得发问:"您当时害怕吗?"医生怔了一下,随即明白过来我在问什么,不由得莞尔一笑,"当然害怕,可我是医生,也是党员,医生该救死扶伤,党员该带头向前,这不是理所当然的嘛。"她平淡地陈述着并不慷慨激昂的话,仅仅只是因为她是医生,她是党员,所以她所认为的这些事是理所应当。

也许我一生都无法忘记这一刻,她在说着这些话的时候,平静的眼眸下涌动的是让人感佩的力量,仿佛能够战胜一切。这是人们在做自己认为正确的事,付出了韶华，贯彻了信念，将之进行到底所迸发出的神采。我直到这时才明白到底是什么才让武汉战胜了疫情，我敬佩这样的力量，从这一刻起，我深深向往。我急忙向医生致谢，医生有些羞涩地摇手，便离开了，去帮助场外维持秩序。但在这时，我好似看清了前进的道路。

"不因虚度年华而悔恨，也不因碌碌无为而羞耻。"

我想起了我报播音专业的初衷，是对主持的憧憬。可我现在明白了我的声音要播到哪里。我要让那些被甲由洗脑的年轻人听到我的声音，我要怒斥被他们歪曲的事实。我将投身向人类史上最壮丽的事业，我决定入党，并让社会主义继续伟大。

年底我报名了全国港澳台大学生中华文化知识大赛，朝着主持梦出发，不断努力尝试。我们选的文章是有关中华传统文化的现代诗朗诵，主题是抨击崇洋媚外，重振民族文化自信。练习了好几遍，可结果都不尽人意。因为我的气息不太足，不适合朗诵这一类慷慨激昂的文章。指导老师思索一阵，建议我试着注入感情。我回想起了当时的情绪，回想起了思索时的迷茫，回想起了那让人憧憬的伟力。看着镜子前坚毅的自己，我将这一切饱满的情感交织于灵魂，我缓缓开口。

......

时间来到了现在，比赛结果出来了，我们获得了一等奖。这个一等奖的意义或许是对我这段时间的一种肯定，但我更愿意将它视为一个里程碑，告诫我要行进的路在何方。我会在这个时代发出我的声音，我将为此付出我的青春，如此方能不负韶华。

终有一天，我必将站在属于我们的舞台上向那些真正被蒙蔽的人发声，让他们知道自由不被约束，但有底线。至于那些麻木不仁的暴徒，我将大声怒斥——

正如我怒斥那光明的消逝。

不负青春所望，做时代奔跑者

华中农业大学　经济管理学院　经济学　2005级　台湾　黄谊宣

"心中有梦，以梦为马。志存远方，不负韶华。光芒万丈，奔跑四方。路在足下，心怀远方。"中国历史源远流长，在那历史长河中，在那细数的岁月里，中华民族经历过强盛，也经历过衰落；经历过繁华盛世，也经历过血雨腥风。那段惨痛的历史给了我们深刻而沉重的教训，它不断地警示着我们，没有大国崛起，何来小民尊严？没有复兴之路，哪来美好生活？以史为鉴，可以知兴替。中华民族从未放弃复兴中华的历史使命，朝着自己的目标坚定地走下去。实现中华民族伟大复兴的中国梦，一直以来都是我们的宏伟蓝图和美好愿景，并为之不断地努力奋斗与前进。如今，新时代的中国正在日益走近世界舞台的中央，中华民族距离伟大的民族复兴梦也越来越近——中国正处于百年未有之大变局！身为新时代的中国青年学子，在这"大变局"之中，我们应不负青春，不负韶华，不负时代，争做时代的奔跑者。

一、不负青春——坚定理想信念，保持赤诚之心

高尔基曾说，世界上没有再比青春更美好的了，没有再比青春更珍贵的了！青春，正如一轮初升的太阳，热情洋溢，朝气蓬勃。青春是我们最好的一张名片，是我们那懵懂岁月里最美好的诗情画意。我青春中最好的年华，便是在祖国大陆书写属于自己的青春诗篇。

虽身为台湾人，但我自小便在浙江省舟山市的外婆家生活，接受着当地的知识教育和文化熏陶。自我戴上红领巾的那一刻起，伟大的民族精神与爱国主义精神便开始在我心中埋下了一粒种子。随着时间的推移，在不断的学习与成长的过程中，这粒种子从萌芽到不断地发展壮大。祖国是我成长的摇篮，在这十二年间，我已从开始的懵懂孩童，成长为了一名光荣的共青团员。在这成长过程中，我有了自己的理想，有了自己的目标，并怀揣着一颗赤诚之心努力朝着自己的梦

想奋斗。这个历程是艰苦，是心酸，不可能是一帆风顺的，也会有挫折，会有坎坷。面对困难的我迷茫过，失望过，但是青春就是这样，青春就是经历过风雨的洗礼，才能够绽放出美丽的光彩。坚定自己的理想信念，怀抱着赤诚之心是青春旅途中重要的精神指标。

周围的人都会对我台胞这个身份表示惊讶或疑问，不过我认为在大陆的十多年间，我除了多了一个身份，没有什么不一样的地方，大家都是一样的中国青年，我们接受着一样的教育，一样的文化，经历着一样的社会变革和时代发展。我们都一样，怀揣着实现祖国伟大复兴的中国梦！作为祖国的年轻一代，爱国主义精神和坚定的理想信念已成为我们的基准，我们正处于风华正茂，意气风发的阶段，正处于挥洒青春，努力奋斗的美好阶段！

毛主席说过，世界是你们的，也是我们的，但归根到底是你们的，你们年轻人朝气蓬勃，好像早晨八九点钟的太阳，期望就寄托在你们身上！不负青春，不负好时光。我们要在现有的阶段，坚定自己的理想信念，不动摇不受影响，保持着一颗赤诚之心，向着自己的追求与梦想不断努力，为实现中华民族伟大复兴的中国梦而努力。

二、不负韶华——献身志愿服务，提升自我价值

"青春虚度无所成，白首衔悲亦何及。"流年易逝，韶华莫负，我们正当年轻时代，要在有限的时间里做有意义的事。雷锋说过，人的生命是有限的，可是，为人民服务是无限的，我要把有限的生命投入到无限的为人民服务中去。人生是伟大的宝藏，我们要从丰富的宝藏中选取最珍贵的珠宝。时光转瞬即逝，在短暂的一生中，能够提升自我价值是何其宝贵的事情。

在不同阶段的各个时代，都有那些为了祖国建设而无私奉献的人。他们是历史长河中最灿烂耀眼的星辰，他们以微小的身躯，绽放无限的时代光彩。在当今新时代，如此致力于公益事业，为国家献身之士也大有人在。我校的徐本禹先生便是这样的人物。从繁华的城市走进大山的深处，用他那瘦弱的身躯扛起了贫困与孤独，扛起了山区孩子们的希望。他放弃公费读研，毅然决然地投入到他所热爱的志愿事业，没有怨言。因为他的坚持与付出，他所支教的地区有了与众不同的活力，他所服务的事业也得到了世人的重视。他，在新时代点亮了爱的火把，并将这份爱延续了下去。

学校有这样一支队伍，是以徐本禹名字命名的一支志愿服务团队，这便是"本禹志愿服务队"。"本禹志愿服务队"成立以来，人数超过45 000，公益项目涵盖了支教、扶贫、环保、关爱特殊群体……他们的事迹被人们所看到，也给大

家做了榜样。在习近平总书记给"本禹志愿服务队"的回信中有这样一句话：用知识和爱心热情服务需要帮助的困难群众，坚持高扬理想、脚踏实地、甘于奉献，在服务他人、奉献社会中收获了成长和进步，找到了青春方向和人生目标。总书记的回信，不仅是对"本禹志愿服务队"的勉励，同时也是对华中农业大学全体师生的鼓舞。

学校的牵挂剧社有这样一部演出，便是以徐本禹先生为原型来创作的。在观看这部演出之后，我的内心深受触动。在潸然泪下的同时，便下定决心自己也要积极投入到公益服务事业中去。在我们学校，志愿服务队许许多多，不管加入哪个志愿服务队，都能够为志愿者服务事业贡献自己的一份力量。在了解到徐本禹的事迹后，我加入了学校的志愿服务队，成为一名光荣的志愿者，在志愿服务的过程中，我真正感受到了"被需要是一种幸福"的成就感。也希望自己以后能够继续坚持志愿服务社会实践，为志愿服务尽自己的一份绵薄之力。志愿服务已经不是一种工作，更不是一种任务，而是一种自觉的人生追求，是人生价值的表现。

青春如同夜空中转瞬即逝的流星，虽时光短暂，但也用尽最后的一丝力量发光发热，带给人们无限的震撼与遐想。"人生应该如蜡烛一样，从顶燃到底，一直都是光明的"。一个人的价值，全取决于他自己，我们要在有限的青春里，造就无悔的人生。不负韶华，将自己投入到志愿服务中去，在这过程中实现自我的人生价值追求。

三、不负时代——努力奋发进取，贡献时代力量

现在我们所处的新时代，是一次伟大的历史性变革。如今，我国进入新发展阶段，这是中华民族伟大复兴历史进程的大跨越。但是，新机遇与新挑战是并存的。在"两个一百年"的历史交汇点上，我们要战胜前进道路上的各种风险与挑战，为实现"两个一百年"的奋斗目标共同努力。新时代的中国青年，在这一发展阶段也有着重要的作用，我们正以一种不可忽视的力量，展现着我们的风采。

2020年是辛苦的一年。突如其来的新冠疫情，给我们带来了前所未有的巨大挑战。恐慌、混乱席卷整个世界。但在这次疫情中，我们伟大的祖国体现出了中国力量！有效的防控和管制，带给了世界人民重要的解决方案，也彰显出了中华民族的大国风范。中国行动彰显担当！就在这场没有硝烟的战争中，在生死一线的紧急关头，我们能够发现，在直面生死的战场上，涌现出许多中国青年的身影。他们不再是人们口中所形容的手无缚鸡之力，他们的勇敢与无畏，向世人证

明了——我们可以！

　　新时代的发展，依靠我们这一代来发扬壮大。"历史和现实都告诉我们，青年一代有理想、有担当，国家就有前途，民族就有希望，实现中华民族伟大复兴就有源源不断的强大力量。"不管是内地学生还是港澳台学生，都是新时代年轻的力量，都是新时代中国发展的坚实基础。我们青年学子，要树立远大理想，热爱伟大祖国；要勇于砥砺奋斗，担当时代责任；要练就过硬本领，锤炼品德修为；要努力奋斗进取，贡献时代力量！

　　不负青春、不负韶华、不负时代，中国青年定能不负时代所托，为祖国发展贡献自己的力量。不负青春所望，做时代奔跑者！

最好的年纪给最好的时代

济南大学　外国语学院　法语　2018级　台湾　邱柏勋

1919年的5月4日，在那个长夜漫漫、黑暗无际的年代，那一天，第一束黎明的曙光如惊雷般劈开了旧中国的如磐铁幕，那一天，光明第一次照耀在了这片古老枯朽的大地上，久经苦难的人民在田埂之上第一次抬头望见了太阳。1919年5月4日，三千多名慷慨激昂的青年学生高举着旗帜，冲破层层军警的阻挠，振臂呼喊"外争主权，内惩国贼"，他们以前所未有的历史姿态，为中华民族艰难的复兴征程拉开了新的篇章。

没错，这就是伟大的五四运动。一百年后的我，站在这同一片古老的土地上不禁在心中思索：这场划时代的历史运动，其参与者不过是如我一般二十有余的青年大学生。本该在校园的象牙塔中感受知识美好的年纪，却在民族危难存亡之际毅然挺身，勇敢发声，他们真正地做到了不负青春，不负韶华。

惊风飘白日，光景西迟流。转眼间，这已经是我来到大陆的第三年。光阴似箭，岁月如梭，初入济南大学的那天恍若昨日，转眼间，我已经大三了，我已经不再是那个刚刚步入大学懵懂的少年，不得不告别年少的青涩和稚气，而是要学会为自己的人生规划做好打算。

在大陆生活的这三年，注定是我人生中不凡的三年，在这三年里，我作为十四亿人民中平凡渺小的一员，我有幸用我自己的双眼，见证了这三年里，我们祖国在历史航程中每一次骄傲扬帆，也见证了身边每一个普普通通的人他们平凡生活中细小又美好的变化。

在这三年里，我见证了新中国成立七十周年，我红了眼睛，湿了眼眶，我的心为大街小巷每一面鲜红的旗帜，每一张由衷的笑脸而沸腾。我见证了2020年这沉重又感动的一年，突如其来的疫情下，千千万万的中国青年如萤火般点亮了这黑暗长夜。我亲历了"两个一百年"，全面建成小康社会的重要节点，我见证了澳门回归祖国怀抱二十周年……正是在这三年中，我见证着祖国的成长，也和他一同成长着。

前年金秋十月，祖国已历经七十年风风雨雨，在这个不平凡的日子中，我了解到了这七十年我们的国家从一穷二白、百废待兴发展起来是怎样艰难的历程，我对祖国感情之深切又加之一分，我心中对投身建设祖国的期盼更迫切一分。在今后的人生中，我更加真挚地希望贡献自己的力量，将自己的青春的汗水挥洒在建设祖国之中，在实现中华民族伟大复兴之中，真正做到不负青春，不负韶华。

去年初春，天寒地冻中全民抗疫、万众一心。我再一次看到了、听到了、感受到了这个国家的人民的伟大。无数年轻的医护人员，身着白衣，让人民撤退到安全的地方，自己却只身奔赴抗疫前线，用自己的专业知识与勇气拯救每一位感染者。耄耋之年的钟南山院士，继2003年非典后再度出征。君不见大批有志青年为了报效国家，写下了"不计报酬，无论生死"的请战书。那些白衣天使，其实也是一群在父母膝下承欢的孩子，不过换了一身衣服，便毅然决然的和前辈们并肩，与时间赛跑，与死神抢人。同为青年人，他们让我看到了理想的模样。不负青春，不负韶华，便是如此。

去年年末，正值大三的我脑子满溢着考研、考公与就业等诸多疑窦，在考研与就业的问题中徘徊不定，自己做了各种职业评估和风险测评都无法得出结论。正当我为这件事踌躇不前时，我收到了由山东省海峡两岸经济文化发展促进协会、鲁网文旅频道、中国文化大学和聚匠网组织的云上山东网路课堂的活动邀约，仿佛一道希望的曙光，照亮了彷徨无助的我。

我与另一位台湾同学在收到邀请之际兴奋不已，觉得苦恼已久的问题终于有人可以替我们指点迷津。我们受邀参与云上山东网路课堂中的一期节目——三言两语话创就业。在这期节目中，我们与山东梦想谷创业帮扶中心的刘雍主任、团中央中国青年创业导师团副秘书长解鹏主任，以及中国双创委特聘导师岑文姣老师，一同针对大学生毕业、就业和创业等问题进行深度交流，以直播节目的形式，面向海峡两岸的所有大学生，一同参与讨论，围绕国家大力扶持和鼓励的创业议题作为主题，从考研与就业的利弊分析，乃至职业趋势和走向，进行全方位地探讨。从这次活动中我深刻体会到那句老话：机会永远留给准备好的人。在这个瞬息万变的世代，各种新兴产业层出不穷，我们时常感慨自己没能把握时运，导致自己错失一次次为这个社会贡献的机会，而这些机会往往稍纵即逝，当我们对他人事业的成功称羡不已时，往往忽略他们除了在运气的帮衬下，曾经付出的巨大努力，尤其是为自己的兴趣、爱好和目标，奋勇向前、砥砺前行、不忘初心、牢记使命，此种专心致志的精神，流淌着中华民族刻苦拼搏的传统美德，也是作为新时代青年不可或缺的基本素养，我想这也是不负青春，不负韶华的最佳体现。

图 1

图 2

孙中山曾言："惟愿诸君将振兴中华之责任，置之于己身"。一代新人换旧人，一代人有一代人的使命，一代人有一代人的担当。作为新时代的外国语专业大学生，我也要为国家贡献一份自己的力量，运用自己的外语专业知识，把握住时代机遇，在风云变幻的国际形势下，无论是在留在国内就业，抑或是在国外投身于"一带一路"的建设，在国家四年的教育下，都应养成正确的价值观，为社会主义现代化建设服务。随着文化的涵养、社会的磨砺、阅历的丰富、榜样的引领，90后和00后青年一代正逐步成长起来、价值观逐步形成，接过老一代的接力棒继续奋斗，成为推动国家发展的后备军和中坚力量。

"世界是你们的，也是我们的，但归根结底是你们的，你们青年人朝气蓬勃，正在兴旺时期，好像早晨八九点钟的太阳，希望寄托在你们身上。"这是六十多年前，毛主席在莫斯科大学发表的讲话。"希望同学们不负青春、不负韶华、不负时代。"2020年9月17日，习近平总书记来到湘江之畔、岳麓山下，走进"千年学府"湖南大学岳麓书院，考察加强和创新高校思想政治工作、传承弘扬优秀历史文化情况，临别时对青年学子深情寄语。一个时代有一个时代的主题，一代人有一代人的使命，但无论何时何地，作为中国青年的使命和责任是一样的。

鲁迅曾说过："愿中国青年都摆脱冷气，只是向上走，不必听自暴自弃者流的话，能做事的做事，能发声的发声，有一分热，发一分光，就令萤火一般，也可以在黑暗里发一点光，不必等候炬火，此后如竟没有炬火，我便是唯一的光。"我们如今所处的时代，是中华民族伟大复兴最好的时代，而我也在自己最好的年纪中，我们作为新时代的中国青年，要毫不畏惧，面对一切艰难惊险，在劈波斩浪中，开拓前进，在披荆斩棘中开辟天地。就像黄庭坚所说："我欲穿花寻路，直入白云深处，浩气展虹霓。"我们要用青春与汗水创造出让世界刮目相看的新奇迹。

何惜金缕衣

吉林大学　考古学院　考古学　2017级　台湾　陈暐杰

2017年10月18日，中国共产党第十九次全国代表大会在北京开幕。十九大报告提出了中国发展新的历史方位——中国特色社会主义进入了新时代。那么，处于新时代的我们——新一代港澳台青年应该何去何从？

正如朗费多所言："青年是多么美丽！发光发热，充满了彩色与梦幻，青春是书的第一章，是永远无终结的故事。"青春，张扬似火，万象如新，是拼搏和进取的代名词。是无数人回望过去的首站，亦是最充满不确定性的阶段。是的，不确定可能是积极的、阳光的，是为中华之崛起而读书的那种奋发向上的力量，也有可能是反其道而行之的叛逆。怎样去把握这种不确定的存在，树立正确的发展方向，正是我们新一代青年需要努力思考和学习的。

我是中国台湾人。这是我父母从小对我的教诲。他们告诉我，我是中国人，我的根深深根植于数千年厚重的文化血脉中。虽然周围一直有些不和谐的声音，但我知道我是谁。因缘际会，在我小学五年级的时候，从台湾来到了大陆读书。起初，蛮不适应当时的环境。乡音难遇，书本也从繁体字变成了简体字，台湾的那种文化混杂的氛围也消失不见。虽然大连和台湾都有那股来自海洋的潮气，但昔日的一切种种已是过去。刚转学到新小学的时候，班上的同学曾经问我你为什么会来这边，从台湾那么远的地方来到东北。我笑了笑，但年幼的我不知道如何去回答。父母的工作？追寻之旅？或许只是缘分使然。慢慢地，经过初中、高中、大学，我不断学习各种各样的知识，接触形形色色的人。领略过繁华的风景，亦见到万象人间。遇到过酗酒辍学无所事事的浪子，亦望见无数拼搏的影子挣扎伫立。到了即将大学毕业的年纪，想起刘同在《谁的青春不迷茫》中的一句话："过自己想过的生活，不用羡慕任何一个人。"我才懂得，我来到这里的意义，不仅仅是上述的原因，亦是要过我自己的生活，实现我自己的人生价值。

正值青春，有无数辽阔的未来。可以探寻自己想过的生活。但怎样去做，却是需要我们去探究的。

古希腊哲人苏格拉底曾经说过，"不经过思考的人生不值得一过。"青春，虽然奔流如火，但更需要审慎的思考加持。面对新时代的浪潮，尤其是2020年的全球疫情的情况下，作为新一代青年的我们应该更加理性，用知识武装大脑，不要被轻易蒙蔽，亦要对自己的国家意识有一个更加清晰的界定。知识使人敬畏，亦使人无畏，我们要用理智武装自己，不被谣言左右。

除了例行思考，我们在这似火的年纪，更应该艰苦奋斗，珍惜这段拼搏的时光，利用好筑基的美好岁月，更好地为未来奋斗，为祖国的建设添砖加瓦。大学，是一座试炼场。有些人高考过后，度过了四年"狂欢"而后一阵空虚。有些人在这四年破茧成蝶，达成了一项又一项的成就，让自己变得越来越优秀。我们都想成为第二种人，成为别人歆羡的"别人家的孩子"，但诀窍又是什么呢？我觉得无外乎进取奋斗。当然，这个词表面看来很空，近似于一个口号，但若仔细思考进取和奋斗的内涵，我们会发现，究其根本，就是要惜取韶光。

惜取韶光，不要因为一些没有意义的事情而浪费自己的时间，比如无用社交、过度游戏。忙里偷闲、劳逸结合是应有之义，但青年的我们应该知道什么才是最重要的，抓住核心的，与我们未来认识息息相关的东西，它是我们安身立命的根本，也是未来我们成为自己心目中的理想型的基础。充分利用好每一分每一秒，学习自己想学和需要的技能，努力提高自己的效率。在保证自己学业的基础上开展有意义的社交。努力提升双商，积极参加社团活动。青春仅有一次，绚烂多姿的体验和单调乏味的人生，你会如何选择呢？

思考和拼搏固然重要，但有一样大前提，就是对国家的热爱和时代的关怀。曾经拜读过所罗门·罗伯特的《大问题——简明哲学导论》，其中专章探讨了爱国主义的相关问题：我们怎样去界定爱国主义——国家还是世界。我想，可以从我国的"一国两制"中窥见一种智慧。以国家公民的角度去爱国家，又以国家角度爱世界，而又以世界的视角去思考国家，由国家的视角去审慎个体。以国家为基础，兼容并包，求同存异，吸取借鉴优秀外来文化成果，强化本国文化，以我为主，为我所用。在新冠疫情中，我国的防控和对人民的积极负责，更让我们体会到国家对每个人的关怀之情。诚然我们的国家还有不完美，但就是这种不完美促使我们迈出追求完美的步伐，成为我们不竭奋斗的动力。

劝君莫惜眼前寸金。着眼当下未来，让自己的人生更加富足多彩。让那颗生命之树，绽放鲜花朵朵，凭君采撷，无悔此生。少年郎，青年魂，莫负韶光，挥斥方遒，肩抗崛起大旗，为祖国的统一而不懈奋斗，为祖国的未来而积极进取，共同谱写一曲民族之歌，让这场一生一次的绚烂烟火照耀四方。你我皆是行路人，望自珍摄！

让青春在奋斗中无悔

中山大学　社会学与人类学学院　社会工作　2020 级　香港　陈添辉

天生我材必有用，发挥自身优势

"世界上没有两片完全相同的树叶"，这是一句我们都耳熟能详的谚语，在我们的生活中，的确没有两个人是一样的。每个人来到这个世界都有不同的使命，需要走不同的路。

图 1　积极参加祖国不同地区的越野跑比赛，用脚丈量祖国大地

图2　组织同学参与中山大学校运会

　　对我们学生而言，首要的任务就是学习。在学校里，身边有许多"学霸"，也有"学渣"。然而，学习上的差异并不是衡量成功的唯一标准。学业表现不太出色的同学也许只是将精力放在其他喜欢的事情上，比如唱歌、绘画、跑步等。如果你喜欢唱歌，你可以成为一名歌手；如果你喜欢绘画，你可以成为一名画家；如果你喜欢跑步，你可以成为一名运动员。这些都可以是成功，每个人都有自己成功的不同模式。而我觉得自己的成功很大部分来自"体育运动"。

　　我们每个人都有自己的路要走，有自己的梦想要追寻。每个人都有自己的成长轨迹，无需过多与他人比较。只要我们尽力去做自己觉得有价值的事情就足够了。那么什么是"有价值"呢？我认为"有价值"不仅仅是自己喜欢，而是要发挥自己的优势与能力，去做一些帮助他人、对社会有用，同时又能促进自己成长的事情。我们生来就是背负着责任的。国家建设、社会发展都需要我们学以致用。为此，我们应该不负青春，不负韶华，不负时代！为实现人生理想、助力国家发展贡献自己的力量！

谈理想

　　年轻人只有把自身的理想与国家前途、民族命运结合起来，才有价值。只有当一个人的追求符合社会的需要和人民的利益时，才有意义。青年也只有关心国家和人民，热爱国家和人民，才能准确定位人生目标，找到奋斗方向。

图3　2020年12月24日晚新闻联播截图

图4　在粤高校港生贵州扶贫体验活动

三學者膺「科學探索獎」各獲300萬資助科研

香港文匯報訊（記者 郭虹宇）政府 首全投入以十億元計的「科學探索獎」資助 近日公布第一屆的獲獎名單，今年獲資助的大灣區地區域頂尖學者，三名分別有 台城市大學、科技大學及中文大學的資料科學家，於1200名參賽者中脫穎而出並獲頒發獎項。他們分別專注於生醫藥等領域，有機會踏進世界一流及跨領域的科技研究領域中，每人將在未來五年獲得總額300萬元（人民幣，下同）主要開展獨特研究。

「90後」港青黔創業　帶動貧戶致富

助當地人樹立自力更生信心　鮮活故事啟悟港生後輩

▲「在黔高校學生貴州扶貧體驗活動」邀請25名港生參加。 師誠 攝

▶港生忘了腳中藥材種植。 師誠 攝

感黔環境優美　立志種花創業

創造就業崗位　改善居民生活

參觀大數據中心　讚國家科研頂尖

黔條件優越　成企業首選

港企獻力兼扶貧　助中藥材「走出去」

成品流程組織嚴謹

港青感言

中山大學2020級研究生薛添輝

廣東財經大學2018級生藍艾琳

臺南師範大學2018級生鄧蔚霖

廣州中醫藥大學2019級生楊卓怡

留守老人重獲新生

整理：香港文匯報記者 師誠

图5　香港文汇报报道

了解祖国从农村开始

本人有幸在"粤高校港生贵州扶贫体验活动"交流团中担任团长，与来自广东10所高校的香港同学深入了解我国西部大开发的发展成果，增强自己的国家认同感和民族自豪感。我希望今后能有越来越多香港青年像梁安莉师姐一样，到内地乡村地区看看，像许多青年扶贫干部一样为祖国发展出力。

通过参加这次"粤高校港生贵州扶贫体验活动"活动，我体会到我们香港作为祖国不可分割的一部分，背靠祖国，我们香港青年未来的选择和机会是非常多的。在这次活动中我接触了很多香港同学，尤其是今年快要大学毕业的同学，他们对未来的就业感到迷茫焦虑，有同学投了很多简历都没有得到回应。在此，特别想谈谈我对农村的一些看法。我觉得我们不应该小看农村，因为不了解农村，就无法真正读懂中国；作为香港学子，我们不应该把目光局限于香港。当我们北望神州时，我们的选择是非常多元化的。

图6　走访云南澄江六中

我希望将来自己学有所成的时候，好好报效祖国，期望能有更多的机会深入农村，了解农村，建设农村！

谈责任与担当

一代人有一代的责任与担当，青年兴则国家兴，青年强则国家强。战争年代，在毛泽东和周恩来等老一辈领导人的带领下，千百万有抱负的中国青年投身革命，洒下鲜血。新中国成立之初，华罗庚、钱学森等一批青年学者冲破重重困难，回到祖国，为国铸重器。

图 7　参与纪念五四运动 100 周年学习交流团
与故宫博物院前院长单霁翔、香港学生于北京故宫合影

图 8　跟随伟大领袖毛主席的步伐

　　如今，我们正处在中华民族伟大复兴的关键时刻，我认为青年要武装好自己，让我们的青春在祖国最需要的地方绽放。有人可能认为只有大城市才有更多的机会，才能实现更好的发展。但在我看来，农村和基层的舞台更广阔。随着国家乡村振兴战略的全面实施，乡村振兴的号角已经吹响，现在正是有理想、有能力、有远见的年轻人建功立业的时候。青年们，奋斗吧！让我们一起舞动青春，不负韶华！

在追梦的路上看我的祖国

福建师范大学　　文学院　　汉语言文学　　2020 级　　香港　　尚浩然

当斑斓的织锦从东方飘起，我怀着最美好的希望、最虔诚的心意，看美丽的中国，看一泓金黄的河水流向大地，在追梦的路上，我以生命中最优美的姿势，奔赴你。

——题记

历史无数次证明，伟大的中华民族是在风雨中发展进步的，但越是伟大的民族，越要经历更多的沧桑。这么多年来，中国从没有拒绝过拥抱世界，从来没有停滞过改革的脚步，在追梦的路上，我看到的是一个日益强盛的祖国。

一、和平与发展是时代的主题

说起对这个时代的感受，想必我们最能直接联想到的词语就是"和平年代"了。但现实恐怕并不是这样，除中国外，已有好几个大国卷入战争，我们没有生活在一个和平的年代，只是生活在一个和平的国家。

在《开讲啦》的一期节目中，吴建民大使问：当前世界与 20 世纪最大的不同在哪里？有同学说是互联网，有同学说是世界的距离缩小了，但这些回答都不能让他满意。

之后吴建民大使总结说：当前世界最大的不同，是人类从战争时代走到了以和平发展为主线的时代。和平发展成了当前这个时代的主线。

这期节目令我印象深刻，让我对以往的一些认识有了全新的看法，更让我眼中的祖国更加伟大了。二战结束后，人类对战争有了血的认识。战争没有真正的赢家，各国都明白，平民是最大的受害者，战乱之中，流离失所，人群在危急存亡中苦苦挣扎，和平是全人类内心深处最大的祈盼。无论未来的历史将会导向何处，我们都会毅然决然去探索这条和平的道路，以和平与发展为主题的时代将占据人类的未来。

在和平发展的框架下，各国大力发展经济建设、科技竞争、能源开采。在各大新模式中扩大自己的国家实力，以期能控制新的世界脉搏，而永立于不败之地。在国与国的竞争中，少不了会有各种各样的摩擦。

那么，在这样的局势中，中国是如何从改革开放到现今，短短数十年间，在这个变幻莫测的世界中把握住时代脉搏，取得如此辉煌耀眼的成就的呢？

国家的经济政策和总体布局在其中有着密切的关系。可最为根本的是，中国一直秉持着和平发展、互利共赢、人类命运共同体的外交政策，在保卫国家主权和领土完整前提下，大力发展对外贸易。大力开发海湾港口建设，形成了珠三角，长三角区域经济一体化的繁荣，从而促进经济一体化的繁荣。并能在屡次的外交挑衅中不卑不亢，沉稳回击，体现了新时代的大国气度。

这，是中国能成为世界第二大经济体的一个主要的原因。

而在以和平与发展为主题的今天，挑战仍然存在。911事件、2008年的金融危机、局部地域战争、新冠病毒之类的问题对当前的世界仍然带来很多挑战。那么，在这样的新时代中，中国能维持好大国风度，并能在新冠肆虐下屹立不倒，这与当前中国共产党的领导息息相关。

在党的十八大以来，以习近平同志为核心的党中央，在新时代多变的局面中坚强领导，为祖国的现代化各方面建设指明了方向。在2021年的新年贺词中，习总书记说全国有832个贫困县摘帽，全国有一亿人口全面脱贫。这是多么振奋中华儿女的消息，在新冠肆虐下，中国仍然能挺住，完成时代任务。这是一个古老民族的脉搏在顽强跳动；这是一个民族伟大复兴的壮丽画卷；这是一份中国发展带来的令人满意的答卷；这是中国实力的证明。

在这个以和平与发展为主题的时代中，中国在日益强盛，在我眼中，追梦路上的中国能行稳致远。

二、在香港续写更多"春天的故事"

改革开放以来，香港与祖国唇齿相依，"祖国好，香港好；香港好，祖国更好"是改革开放所成就的"中国故事"的精彩篇章。对于很多人而言，小平爷爷是位非常伟大的人，于我，更是如此。正是他，提出改革开放，实行"一国两制"，让中国穿破阴霾，以更坚定的步伐步入到世界中央。有人说走得太快了，得缓缓的时候，他说步子可以迈大些，胆子更大一点，步子更快一点。中国的大门不仅没有关上，反而打得更开了。深圳特区的建设成为香港与内地沟通的完美桥梁，使香港与祖国的关系更近了。

在面对复杂的香港问题，他创造性地提出"一国两制""港人治港，高度自治"的方针，为香港回归创造了另一种可能。在与撒切尔夫人的谈话中，他始终坚守底线，决不让步，一再申明香港是中国的领土，绝不同意英国延长租期的要求。

小平爷爷为实现香港回归及长期繁荣稳定，迈出了最有力的一步。同时，也可以让香港为祖国贡献一份力量。

在《会见香港特别行政区基本法起草委员会委员时的讲话》中，小平爷爷强调："就是说，香港在 1997 年到祖国以后五十年政策不变，包括我们写的基本法，至少要管五十年。我还要说，五十年以后更没有变的必要。香港的地位不变，对香港的政策不变，对澳门的政策也不变，对台湾的政策按照'一国两制'方针解决统一问题后五十年也不变，我们对内开放和对外开放政策也不变。"这是承诺，是保证。

从今天中国的全局的角度来看，小平爷爷目光深远、胆略过人。改革开放以来，我们的发展取得了累累硕果。"香港因素"是国家改革开放取得成功的重要原因，改革开放则是香港繁荣稳定的"内地因素"；国家的发展需要香港，香港的发展离不开国家。习近平总书记在视察香港时，曾深情地说："香港同胞一直积极参与国家改革开放和现代化建设，做出了重大贡献。对此，中央政府和全国人民从未忘记。"

然而，对于"黑衣人"的状况，我认为，无论是什么诉求，都应该有更好的方法，这种"暴动"是不可取的。这样的破坏，只会给香港带来很多的损失。看着这样的香港，我感到非常难过，因为敲地砖、砸玻璃、交通瘫痪、立法会被砸等，是在我身边切实发生的。但阴霾终将会过去，春天终究会到来，"春天的故事"还能在香港继续谱写。

现如今，在乱局中的香港，能恢复平静，是在《中华人民共和国国家安全法》的有力实施下才有的局面。不管是哪个国家的，只要从事危害中国国家安全相关活动，一律按照《中华人民共和国国家安全法》进行严惩！在中国这片土地上，国家安全有保障，就是我们最"稳"的幸福。

三、我的心很小但装满了中国

在联考之前我就认定将来是要回内地的，我常常问自己："为什么不去内地读书呢？"于是在大考的诸多选择中，我选择了内地。在我内心深处，我渴望能与祖国一同追梦。我的心很小，却装满了中国。

我的祖国叫中国！每当国家有好的发展和伟大成就的时候，我都会很开心。

看着中国在世界之林中日益强盛，我以自己是一个中国人而骄傲自豪，可能这就民族自豪感吧。

奋斗者不舍昼夜，实干者步伐铿锵，沿着习近平总书记指引的方向，相信我会成为奋进者，以永不停歇的脚步与大家一同为实现伟大中国梦而奋斗！

很荣幸能来内地读书，在这个美好的时刻。

探　索

广东白云学院　社会与公共管理学院　应用心理学　2019 级　香港　黄欣燕

　　路漫漫其修远兮，吾将上下而求索。这句话出自《离骚》，我们自古以来都在探索：夏朝探索出"公天下"变成"家天下"，禅让制变成世袭制；秦朝探索出第一个统一的多民族国家；到如今，探索出属于我们国家自己的中国特色社会主义道路，还探索出抗疫之路。

　　回望国家探索之路，充满艰辛与坎坷。新中国成立初期，美国等国家对我们采取政治上的孤立、经济上的封锁和军事上的包围。随着中国恢复在联合国的合法席位，孤立政策才被打破。这一过程非常艰辛，我们不断试错，不断探索，在党的领导下我们才探索出正确的道路。我们在科学领域起点低，但是发展速度快，短短七十载，我们的成就硕果累累：两弹一星、神舟五号、天宫一号、中国天眼等，这都是很难实现的工程，而我们做到了。冰心说："成功的花，人们只惊羡她现时的明艳！然而当初她的芽儿，浸透了奋斗的泪泉，洒遍了牺牲的血雨。"我觉得这句话来描述国家探索的道路并不为过。

　　回顾抗疫之路，有突然亦有坚定。2020 年，是我们国家全面建成小康社会的收官之年，也是脱贫攻坚战的决胜之年。当我们满怀期待 2020 年的到来时，新冠肺炎疫情的暴发使我们不得不按下了暂停键。因为疫情，本该开开心心回老家过年的医护人员们又开始了他们的战斗；本该停工的工厂因为口罩的供量不足而开始生产；本该安享晚年的钟南山院士临危受命，奔赴武汉，在列车里闭眼休息的照片感动了所有人。照片中他眉头锁紧，在思考如何应对这来势汹汹的疫情。过了一会，他说了一句"我想到了！"又起身继续工作。院士这么拼，为的是人民的健康！他们拯救新冠肺炎患者，从死神手里把他们救回来；我们响应国家号召，不出门、不串门、戴口罩、不添乱。为了防止传播，工作者在家工作，学生实行网络学习。十天建成的"火神山医院"，让外国网友惊叹和羡慕"中国速度"。其中美国著名脱口秀主持人特雷弗·诺亚表示："十天，建一所医院，没有任何其他国家能这么神速。比如在美国十天时间连有线电视都安装不好，我的经验，在美国订购有线电视你不是订给自己看的，而是给孙子看的，就是这么回事。"他以幽默的方式表达中国和美国在速度方面的差异有多大。随着新冠在国外的发展和他国应对新冠的疏忽，它在国外变异了，感染性更强。有人说，在疫情的影响下，中国现在是最安全的国家。2021 年的新年，英美的跨年夜冷清得大街上连苍蝇的声音都可以听见。在跨年结束后，美英两国人民发现，武汉的新年夜非常热闹！2020 年初，武汉采取管控措施，人民群众积极配合防疫，并积极参与抗疫工作。我们跨年夜的欢庆，是我们听从国家安排得到的，抗疫的成功是社会各界和普通民众一起努力的成果。想要全球和武汉一样"重启"，需要各个国家还有人民的配合和努力。流行病学首席专家吴尊友表示，新冠病毒不可能短时间消失，将与人类长期共存。即使我们守好国门，病毒也会依附在冷产品传播开来，非常"狡猾"，去年可能只有零零碎碎的无症状感染者，而现在很多都是无症状感染者。只要一个地方出现病例，政府会立即采取有效的应对措施。我在网上有看到一些很令人感动的新闻，年过古稀的老爷爷确诊却不肯治疗，怕自己占用后年轻人就排不上号，坚决不让医护人员帮助，在许多人劝解后才同意治疗；一位抗战老兵带着一大笔现金去当地公安局给警察，说这是给武汉的，当警察说武汉缺的是物资而拒绝了老兵的现金后，老爷爷急哭了，警察给他解释，他却认为是骗他的，最后警察只收了 200 元便送老爷爷回家了。在武汉刚开始非常缺乏物资的时候人们纷纷拿出自己屯的口罩寄往武汉。当时在家里天天守着网络等待武汉的消息，一直关注着武汉疫情，我记得有一位网友说："原来疫情暴发才过了 11 天，我感觉过了一个月那么久，真的很难过。"而现在，经过人民群众的努力，我们可以正常工作、上学、出门。这是国家全员对疫情的探索之路。

回顾疫苗研发之路，我们自信而团结。疫情暴发后国家就在研究疫苗了，研发疫苗的国家不少，其中中美英的疫苗最为瞩目，用一年时间来研发疫苗，是前所未有的情况，但是新冠不等我们，我们只能与它赛跑，经过陈薇院士团队的努力，我们国家的疫苗成功研发并开始上市，陈薇院士本是满头黑发，疫苗研发成功后我们发现她的黑发中已有白发，我的感受是：为了人民，为了对抗新冠病毒，她付出了很多心血，而疫苗也成功了！与美英的疫苗相比，我们的疫苗不仅易保存产量大，还实现了安全性、有效性、可及性、可负担性的统一。疫苗的研制是耗费人力、物力和财力的一项大工程，研发的成本也很高，但我们接种是免费的，因为对于我们中国来说，生命是无价的，生命并不会被"价格"所衡量。

无论是回首国家探索之路、国家抗疫之路还是疫苗研发之路，感人的一幕幕让我看到了民族凝聚力的强大，一方有难，八方支援。正值年轻的我们，应该树立自己的人生目标，形成正确的三观，用自己学到的知识来回报祖国，这样才不辜负国家对我们的期望！就像抗疫医护人员一样，他们主动请愿前往武汉救援，其中90后是主力军，昔日他们被说是垮掉的一代，现在也扛起了担子。泰戈尔曾说："只有经历过地狱般的磨砺，才能练就创造天堂的力量；只有流过血的手指，才能弹出世间的绝响。"疫情暴发需要封城隔离，这肯定会打击经济，但是面对经济和人民的健康，国家选择了人民的健康，国家宁愿让经济发展放缓，也不让人民的健康受到威胁，我可以非常自豪地说，这就是中国！其他国家可以做到吗？可以完完全全不在乎经济的损失只为人民的健康吗？

风雨过后，才能看见彩虹；走出荆棘，才能看见花丛；登上山顶，才能看见脚下的空蒙山色。如果没有国家和所有社会成员的努力，我们的抗疫探索之路不会那么快速。此生无悔入华夏，来生还在种花家。

青年中国梦

中国人民大学　财政金融学院　税收学　2019 级　台湾　梁晴玟

一、引言

"红日初升，其道大光。河出伏流，一泻汪洋。""青年兴则国家兴，青年强则国家强"，中国青年像冉冉升起的一轮红日，使中国未来发展的道路充满光辉，中国青年像地底的伏流，经过渴望知识的教育阶段，终成为浩浩荡荡奔腾入海的洪流。中国青年永远是祖国的脊梁，永远有义务不断壮大自己的能力使祖国更加强大，在新时代中熠熠生辉、欣欣向荣。身为中国人、身为中华民族的一份子、身为中国新时代的有志青年，我有义务肩负起时代责任，成为有理想、有道德、有文化、有纪律的青年，要更加勤奋的学习、加强自身能力，更要不负自身在中国人民大学所思所学，在维护祖国统一方面促进两岸的和平交流，争取家乡台湾同胞对"和平统一、一国两制"方针的认同与支持。

二、永记陕北公学不忘初心，毋忘来时艰苦不负时代使命

去年 11 月，我怀着敬仰的心跟随学校举办的"同心笃行"活动前往西安与延安，"重走人大烽火路"，参观革命与抗日旧址。其中参观的陕北公学是抗日战争时期中共中央领导创办的大学，是中国人民大学的前身，以"坚持抗战，坚持持久战，坚持统一战线，实行国防教育，培养抗战干部"为方针，在艰难困苦、硝烟四起的抗日背景下，陕北公学学生不畏风雪在露天的广场中坐着小凳子认真听讲学习，他们为着民族和社会的解放挥洒青春热血，他们脚踏实地，实学实干，他们是一群要成为中国先锋份子的人。

为了向抗战先锋们、向我们就读的中国人民大学前身——陕北公学致意，我们效仿前人在广场中坐着小凳子，以慷慨激昂的歌声唱响陕北公学校歌"这儿是我们祖先发祥之地，今天我们又在这儿团聚，民族的命运全担在我们双肩……"，

洪亮的歌声传遍陕北公学旧址，崇敬、感动与亢奋的心情使热血在我胸腔内涌动，我们定要如前人一般扛起这新时代的重任。毛主席曾说过"中国不会亡，因为有陕公"，陕北公学的学生肩负着抗战时期中华民族的命运，而今日的中国新青年应扛起的是新时代中华民族伟大复兴的责任并发扬五四精神，不惧困苦艰难、不畏时代考验、有朝气、有作为，以奋斗精神展示新青年的斗志与坚毅，将自身荣誉同民族荣誉、自身命运与民族命运紧密地联系起来。新青年要树立远大的理想，要凡事从小处做起，还要妥善规划未来，把握住每时每刻的勤奋，积跬步至千里，更要坚定自己的立场和信念。

习近平总书记更强调"大道至简，实干为要"，当代青年要成为新时代的奋进者，实做就是最简单的大道理。青年要踏实做好每件事，从实际出发，在实做中学习，于实做中成长，发扬青年人敢拼敢做为、敢闯敢创新的精神，将青年的热血投入实干工作中，贯彻好党的路线方针政策，以为人民谋幸福为出发点。中国新时代青年应不忘过去艰苦，担起时代赋予的责任，相信自身能力，有临难而上的决心，立志为建设伟大的国家付出自己的一份力量。

三、有志青年齐抗疫，一线奋战守阵地

我曾因有台湾地区旅居史需在北京隔离观察 14 日，到达首都机场后需登记许多信息，还需进行初步核酸检测才会被带到隔离点。过程中所有工作人员都穿着全套的隔离服装，给予我们详尽的指导协助，面对老人小孩也耐心地提供帮助。负责采样的医护人员即使面对机械化的采样、登记工作也依旧兢兢业业做好每一步消杀工作，医护人员的辛劳、敬业、专业使我心怀感激。尤其使我印象深刻的是，当我在隔离点推着三个行李箱拎着一大袋发放的补给品分身乏术时，一位穿着防护服的青年医护人员如风一般地前来帮助我，她本可以选择视而不见，少一点接触病毒的可能性，但她被防护服遮挡下露出的双眼闪烁着青年人的坚毅与热心向善的优秀特质，这是一位以付出劳动力为快乐、以自身职业为荣的中国青年。

新冠疫情让我们看见新时代中国青年的担当，24 岁的医护人员甘如意在大年初七以骑自行车和搭顺风车的方式跋涉 300 公里"逆行"至武汉支持，20 岁的刘佳怡随着广东医疗队驰援湖北方舱医院，她说"穿上防护服，我就不是个孩子了"，中国青年年纪小但有大志气，展现青春的蓬勃力量，以青春的拼劲与分秒必争的疫情传播时间赛跑。抗疫是看不见硝烟的持久战，中国青年穿梭在各地，哪里有需要就往哪里奔，抗疫第一线、街道志愿服务中都能见到中国青年奋斗的身影，他们以实际行动展现自己的青春活力，成为抗疫力量的贡献者，谱写

出激昂又振奋人心的青春乐曲。中国青年在最好的年纪、在有着无限机会的青春时光奔走在高危的疫情前线，他们的抗疫故事让许多人看见中国新时代社会的温情，他们的勇气和坚毅是疫情暴发初期人民群众的定心丸，他们的担当激励千千万万的中国青年站出来共同承担时代的考验，展现中华民族不屈不挠、自强不息的伟大奋斗精神和团结一心、同舟共济的伟大团结精神。平时，他们是爱国有志的平凡中国青年，祖国在危急时刻，中国青年就是冲锋陷阵的先锋队员，凭着对分担社会危难重担的坚定信念，中国青年面对疫情困境展现出民族韧性、骄阳似火般我命由我不由天的不服输心态，脚踏实地做好当下每件实事，施展个人才华，建功青春，为抗疫前路点亮一盏盏灯火，坚实了全国疫情防控的长城。

四、结语

由参观革命圣地了解时代背景，谨记革命英雄人物与革命年代的艰苦奋斗，再由新冠疫情的考验看见中国新青年的韧性与积极的奋斗精神，我们中国青年正处在中国历史上的新时代，新时代是承前启后、继往开来，在新的历史条件下继续夺取中国特色社会主义伟大胜利的时代，习近平总书记强调，新时代是奋斗者的时代，只有奋斗的人生才称得上幸福的人生，中国在新时代的成长要由青年的奋斗一点点推进，中华民族伟大复兴的中国梦要由中国人民来实现，中国青年要积极出力分担重任、投身人民的伟大奋斗。身为一位有志的当代中国青年，我为处在这样一个伟大时代而感到骄傲、感到自豪，我愿勤奋学习，为祖国的建设出力，胸怀天下，为实现伟大梦想持续奋斗，不负时代使命成为中国梦的坚定实践者。

体育人在新时代

北京体育大学　新闻与传播学院　体育人文社会学　2020级　台湾　张晶

第一次坐在向西飞行航班上的我充满好奇，乘务员问我想吃面条还是米饭，我不知道这些都是什么，只好模仿她说的话说了句面条，直到端上来我才知道原来面条指的就是面。

一切都是新鲜的。新的环境，新的学校，新的人。

彼时我还年幼，乡音未改，但一口腔调在上海那样的国际化都市里已不算什么太新鲜的事情。在教室里总是拘束，听不太懂周围的人说话，也害怕自己搭话驴唇不对马嘴，只得保持沉默。直到体育课，我可以撒开腿奔跑，只需要目视前方，听自己气喘吁吁的声音。我一向是跑得快的，体育老师很快与我建立起革命友谊，后来每次比赛结束她总是问我为什么快跑到终点时总是笑，我说因为跑在这里很开心吧。

走的那天坐的是火车，因为从来没有坐过所以想尝试，当时上海到北京的路程差不多八个小时，现在不一样了，飞驰的京沪高铁使耗时缩短了一半的时间。在那八个小时里，我一路看着窗外的变化，感觉自己已经走遍了大江南北。

2008年的北京是特别的，坐在出租车上趴着窗户向外看，每家每户门口都插着面小国旗，站着很多穿着夹克外套的爷爷奶奶，他们的手臂上戴着红色的袖标，上面写着社区志愿者。

这里的房子矮矮的，我的学校也是。我很快加入了校田径队，教练说没有北京户口不能参加个人项目比赛，我说那也没关系，我喜欢跑着，这让我感觉正身处在这里。

体育，是我感受一座城市的方式。

北京是很不一样的，我第一次踏入工人体育场的时候，身上穿着门口买的盗版球衣，看见眼前绿色的人海，震耳欲聋的呐喊声触动着我的内心，我像一条小鱼钻进人群，仿佛看见了大海，感受到了前所未有的归属感。

像这种"归属感时刻"我总能想起很多，比如说汶川地震时全校站在操场上默哀，我听着街道上响起的鸣笛声默默流泪；或者走过电视机前刚好看见运动员领奖，冉冉升起的红旗与奏响的国歌让我震动，忍不住要鼻酸；又比如我蹲在起跑器前听着枪响奋力向前，把接力棒交到队友手中的那一刻……这些记忆凭着浓烈的情感在心中镌刻着，至今难以忘怀。

步入新时代的时候，我已是个大学生了，虽然没有继续跑，但还是来到了北京体育大学。从一所学校的变化就能窥见新时代的发展，再也不用等在窗口前排着长队充值饭卡、学校的系统里可以办理很多业务、我们有了新的体育场馆……习近平总书记给我校冠军班同学回信那天，朋友圈里刷屏式的转发，其实这并不鲜见，中央推动新的政策或者提出新的目标口号时，朋友圈里的体育人总是率先转发，我曾问过其他学校的同学，他们说他们的朋友圈里不会有那样多的转发，于是我想这大抵是体育人的特色吧。

看着手机直播"北京八分钟"的那天，当主持人说道这些同学来自北京体育大学，我抑制不住的激动，总觉得自己就像是其中的一份子，仿佛那一刻我也在向全世界展现中国的体育。

新中国成立 70 年国庆当天我在宿舍跟室友们一起看着直播，北京体育大学的方阵、宝岛台湾的彩车经过时我都拿起手机拍下画面，忍不住连发了好几条微博，我想是什么让我这一刻融入在这里，心里好像受到一种莫名的激励，并为此深受感动。60 年国庆的时候我也在北京，我的姐姐还作为北京市中小学生的一员参与了当时的翻花活动。十年过去，我仍在这里，我与这个时代共成长，我想我就是这时代的一部分。

体育，使我更靠近这个新时代。

新时代下的各项政策同样惠及体育，从 2014 年开始体育产业受 46 号文件的推动影响有了井喷式的增长，在受疫情影响前，2020 年更是体育界翘首以盼的体育大年。

体育场馆运营有了更多方式，再踏进五棵松，它已不是当年模样，变得更智慧也更多元；随着全民健身的不断推动，家附近开始有了体育公园，街道边随处可见健身器材；"三亿人上冰雪"的目标、清河站的开通，连接了京城与河北的冰雪世界；即将成为双奥之城的北京，卫视的体育频道退出历史舞台，冬奥纪实频道接力完成新时代的使命……体育像是一种媒介将新时代的变化输入到人们平常的生活中，身处其中总让我对未来充满希望，我相信在这里可以实现理想，我相信我正处在一段有着深刻意义的发展中。

体育，让我见证这个新时代。

　　我的朋友圈签名是：立体育兴邦之志，我常常在思考作为身处新时代的大学生我能够做些什么。通过学校的篮球裁判协会，我学习了很多篮球裁判知识，开始关注中国篮球的发展，也亲身参与首都高校篮球赛的执裁工作。清华与北大同办中国大学生篮球联赛（东北赛区）的那年，每一场比赛我都坐在记录台认真完成工作。我也尽我所能运营裁判协会的新媒体平台，用摄影、摄像记录下精彩的片段，以更好地传递给场外的人。

　　我相信体育拥有改变世界的力量。我也相信体育是新时代的重要组成部分，新时代发展中对体育的重视让每一位体育人都踌躇满志，也让我逐渐找到自己的方向，立志要在新时代发挥新青年的作用，扛好新青年的责任，不忘初心，牢记使命，坚持对体育的热爱，坚定体育兴邦的信念，不断向前。"艰难方显勇毅，磨砺使得玉成"，相信后疫情时代我们将会更加坚韧，也更加团结，共同努力奋斗，跟进新时代发展的脚步，用体育人的方式书写新时代的篇章。

　　体育，使我正参与在这新时代，不负青春，不负韶华，不负时代！

台湾学生应当肩负的新时代使命

福建医科大学　临床医学部　临床医学　2020 级　台湾　陈念慈

一百多公里的距离，说长不长、说短不短。也许是天生就有一颗想漂流的心，我选择离开了生活二十年的家——台湾，跨越台湾海峡到大陆福建就学。福建和台湾纬度相当，都在南方，在气候、饮食及文化上并没有太多差异，对只身来到福建的我来说格外亲切，就像我的第二个家。

从小母亲就要求我熟读论语、孟子、大学、中庸等此类圣贤书籍，幼时的我并不是很能理解，直到上了初中，我开始接触中国历史，一则大禹治水的故事，开启我与中国文化的缘分。若以孔子所言三皇五帝的传说时代作为中国文化的起源，距今约四千一百多年，中国文化可谓是博大精深。孔子周游列国，带着弟子们浪迹天涯，孔子为的就是一份仁政德治的理想，即便不被各国重用，但孔子骨子里透出的傲气，以及四处漂流的勇气，即便是过了千年，仍令我佩服。孟子提到"天将降大任于斯人也，必先苦其心志，劳其筋骨，饿其体肤，空乏其身，行拂乱其所为，所以动心忍性，曾益其所不能"，在成为一名优秀的人之前，势必经历刻苦磨难，这些挫折会使人成长，成为未来成功的养分。大学中提到"古之欲明明德于天下者，先治其国，欲治其国者，先齐其家；欲齐其家者，先修其身"，唯有先修身养性，塑造内在气质，才能成就大业，造福人类。人类为何要学习历史，我也是在此时找到了答案，古人的智慧结晶和精神，是我们必须学习的，更可以作为我们现代人的借镜。

在初中接触中国历史后，我才开始意识到，中华文化是我密不可分的一部分。从祖先到现今的我们，有谁何尝不是中华民族的一份子？学习的都是从甲骨文演变至今的文字，感受的是中华文化，这些都铭刻在我们的骨子里。从孔子的时代开始，就有实行仁政、天下统一、自强不息的观念存在，这也正是所谓的中华民族精神。

中华民族精神是以爱国主义为核心，团结统一、爱好和平、勤劳勇敢、自强不息的伟大民族精神。习近平总书记在纪念五四运动 100 周年大会上的讲话中指出，青年是整个社会力量中最积极、最有生气的力量，国家的希望在青年，民族的未来在青年。今天，新时代中国青年处在中华民族发展的最好时期，既面临着难得的建功立业的人生际遇，也面临着"天将降大任于斯人"的时代使命。新时代中国青年要继续发扬五四精神，以实现中华民族伟大复兴为己任，不辜负党的期望、人民期待、民族重托，不辜负我们这个伟大时代。身为年轻人的我们，同时也是中华民族的一份子，应为国家的繁荣昌盛、蓬勃发展出一份力，我们应当成为国家深厚的底气，因为年轻一代的我们是国家未来的主人翁。

2020 年，于我而言是特别的一年，我选择离开家，到新的城市探索未知。大陆的进步和发展世界有目共睹，我之所以选择到大陆就学不光因为长期接受中华文化的熏陶，更因为清楚了解到大陆的人口和进步是不可忽略的，更是未来世界的指标，深信到大陆学医是最正确的选择，也相信在这边会找到我医学道路上的重要养分。

作为一名大一新生，加入临床医学部的学习拓展部于我而言是一个非常宝贵的学习经验。在 2020 年 12 月 18 日，作为学习拓展部主持组的一份子，主持了本学期的《对话人物》节目，采访学校附属的协和医院血液科的主任老师。从主持稿的撰写，到如何在台上从容不迫的主持整场节目，都使我获益良多，更从和老师两个小时的深度对谈中，学习到老师的思维及价值观，也让我对于学医这件事更加坚定。我认为作为一名医生是以最大限度帮助人，为世人解除病痛为职责的。对于学医这件事，我从未怀疑，因为我深刻了解生命之可贵，更清楚知道若要实现个人的价值，学医是必然，肩上的责任不会减少，只会增加。

我一直深信，年轻的流浪是一生的养分。流浪从来不是一种强迫，而是一种决定。选择离开自己的家乡，跳出舒适圈，来到一个全新的城市，感受这个城市的文化之美，和这片土地融合，一步步让自己成长。因为年轻，所以我们有足够的勇气和时间去四处流浪，去学习更多事物；因为年轻，所有我们有一颗赤子之心，能够无所畏惧。我更期许自己在未来能全心奉献给医学，回馈这个社会。作为中华儿女，我坚信在未来这片土地能够带给我更多。异地的尘土，不曾让我害怕，反倒成了一股动力，使我更加热切地追求理想，无论身处何处，我不会忘记中华文化对我深远的影响，无形中早已成为我人生的一部分，随着时间的流，延续至永远。

图 1

图 2

图 3

华夏之章

兰州大学　经济学院　经济学　2020级　香港　陈君哲

大千世界，异彩纷纭。其中诸多文化，犹如星汉内淌烁之星辰，不可计数。然其中，历经沧桑而不变，度过五千春秋而不衰者，惟我华夏！

巍巍兮我华夏，前可朔五千年之长梦，后仍有万世不颓之春秋！遍览全球，有此寿者，唯我一家！

至此回望，始起洪荒；上古混沌，天地玄黄；我族所处，尽是洪荒；先民烈烈，筚路开疆；持绳握矩，决雍疏流；五岳峨峨，四海汤汤；衣食难安，混沌迷茫；幸有农皇，五谷入仓；运生先贤，火光燧扬；同期少典，泱泱龙翔；大败蚩彘，耀我族光；青帝折桃，万族景仰；颛顼少昊，大美无双！

后有三贤，退位让国；四海纳贡，龙凤呈祥；夏桀王崩，继而商汤；玄鸟转殷，卜卦山江；六百社稷，亡于周王；三乱平安，吐哺稳岚；封建亲功，屏王以佑。春秋动荡百年，自此而生。间生五霸平局势而安黎民，又有先秦诸子；传论广扬；更多多种，自出难详。自而繁华而黎昌，虽时逢乱世动荡，仍难掩其辉煌！

犬戎来犯，平王东迁；西秦封侯，战国迈踵；七雄并立，周朝倾危；六国共相，合纵屏西；连横利弊，紫薇烁霏；一扫天下六合而使天下终俯首者，秦始皇帝也！至此而形今后吾华夏两千多年体制也。

可怜大秦，硕鼠偷仓；阉宦指鹿，万臣悲怆；大泽斫木，鸿鹄奋飞；楚王更项，刘季称王；楚汉鸿沟界，兵戟争霸两相抗，终斩白蛇者入庙堂！

回望孝武时节，一身热血换燕然功扬；史册千浪，莫能当；三千轻骑敢进狼居扬枪！

奈何大势趋向，三分我土，复归于晋，不过百年。叹息肉糜，胡马饮江笑偏安。扬鞭策马问天，只听后庭花开，朱果轻结，隋世启；奈何武功偏执，三征高丽；终将江山社稷丧。

长安月，照盛唐；牡丹下，独悦女皇。接开元，启万象；奈何边疆，节度使作乱迫使马嵬美人悬梁；五代奋勇起；十国动乱长。

可见，两宋续接藏富民，年岁纳币辽与金；庙堂高高声难聆，江湖遥遥无北音。

西北狼息渐步近，策马跃江合分裂。弯弓对月射天狼，襄阳已破赵宋难。

胡笳乐，马鞭响，清军叩关来尽芜荒；迷醉天朝梦，八国盆钵满装；

可曾忆黄花岗八九朵血梅香绛；毛朱会师井冈。两次并力拒倭卫国守长江；

阳辉满，港澳乡；红旗扬；举世惊茫；念湖光，望神舟翱翔；思墨翟，月兔绒依犹在近旁；诸奖席上中文和医学双绽放；名传扬。

厚重历史，于君共享，再论文化，亦是无双！先秦诸子，可称百家；兼儒墨道法，流芳天下！

八斗陈留，建安七子；问魏晋月色如何；更无论三表横空，感天动地；魏武横坛，子桓诗缦；竹林傲骨听风雪，奈何广陵无人传。

唐风锦绣，沧海月明，万里飘墨。可知有，鬼神泣泪，风雨笔生，银月剑酒歌无双；俊逸飘荡，浑若天成，欲仙梦神青莲士。谁难知，离别垂老写朱门流光彩华照；潼关新安状路旁冻馁无人怜。边塞高达夫描摹死生之境；佛手王摩诘凝固万里孤烟长。

幸甚至哉，生于我巍峨华夏！华夏之章，耀目灼烫！万古未绝，至今传响。

忆往昔，改革开放，经济飘摇如风举；望今朝，绿水青山，砅响幽悠万里清。纵起跌宕，华夏之章长响。毒累之士难阻，俗劣之气惟降。我华夏之气，凌胸激荡，难抑赞扬！

故而我新一辈华夏之章谱者自当奋发激扬，师鲲鹏怒翼发抟扶摇三千里而凌九霄。将豪健之情溢于胸腔；满赞扬之意流于体外。

环视宇宙，与我并称"四大文明古国"者今者存几何？先行文明于我者现者安何在？

俯仰古今，有滔天浪潮席卷而薪火不灭者舍我其谁？有风雨飘摇而安之若素者微我何哉？

拦洪水，平雪灾；除非典，定流感；缓地震，巧制沙……无数种种，皆如过膝之水轻轻趟，华夏无双！

望之前百年沧桑，尽管锁国迷醉致巨舰横江，尽管强邻蔑德或祸起萧墙；又何妨？依旧见我巨龙屹东方！

看今朝多灾频发，尽管中美摩擦并贸易火花，尽管新冠严峻且难关高立；又怎样，如今仍有雄狮仁东亚！

念至此，难抑满腔自豪之情，怎能不展望起未来？

夫雄哉我巍巍华夏，历经五千年之长梦，千秋万代，无数英雄豪杰缀然期间，音美如幻，三日不绝。吾辈自当不堕其名！是当以长行穷而谱新章！

耀我华夏，烁古流光！莹光满世，无惧风霜！绝古烁金，今世无双！愿你我仍可续其篇章，不堕前辈起之万重浪！

青春、韶华、时代

南京师范大学　外国语学院　汉语国际教育　2019级　台湾　张家瑄

"只有我们自己能决定我们自己的样子"，这是电影《我的少女时代》里面的经典台词。正值青春的我们拥有春天的朝气，具备夏天的热情，含有秋天的沉稳，以及冬天的坚毅。也因为我们年轻，所以我们有资本去挑战、去奋斗、去追逐自己的梦想，才能够最终决定我们自己的样子。生命的光彩是需要绽放的，人生的价值是需要创造的，青春的梦想是需要奋斗的。年轻的我们一旦决定好我们自己想成为的样子时，就该脚踏实地干实事，坚持不懈地完成我们的梦想。

"天将降大任于斯人也，必先苦其心志，劳其筋骨"，2016年流感病毒侵入我的脑部，导致我的双眼短暂失明、全身瘫软无力，在病床上躺了半年之久。从医生和我爸妈说我可能再也站不起来，到慢慢能坐、能站、能自己慢慢地走、能稍稍的跑、甚至能骑上脚踏车……这些过程是医生万万没想到的，也整整花了我一年半的时间，生病后的我努力复健，只为了和一般人一样能够正常跑跳。不过大病初愈的我也不禁仔细思考，既然老天让我活下来，又让我重见光明，并得以重新站起，是否代表着我还有任务尚未完成呢？即便我现在仍尚未找到老天指派给我的任务，但我唯一能做的就是不负我的韶华年代，选择到祖国大陆读书，就是追求完成自己的一个梦想，拥有一个实现的目标，拥有一个前进的方向，努力将大学生活过得多采多姿。

魏巍在《谁是最可爱的人》中感慨："在朝鲜的每一天，我都被一些东西感动着，我的思想感情的潮水，在放纵奔流着。"2020年的春节，似乎注定就是那样的不平凡。不接触，不聚会，不来往……在这别样的节日气氛中，我们经历的其实太多。随着新型冠状病毒肺炎疫情的蔓延，防控工作越来越艰巨，面临的问题也越来越严峻。而现在2020年终于即将落下帷幕了，可与此同时冬天病毒又再肆虐，2021年的春节，为了响应中央的隔离政策，今年寒假我不回台湾过年，而这也是我第一次在过年期间无法回台湾和家人们在一起，但这也是我能为这次疫情所贡献的微薄力量。希望你我都能为这次没有硝烟的战争中听从指挥，非必要不出游、不出省，让疫情早日得到控制；也希望即将到来的 2021 年我们都能不负时代的使命，一起携手对抗疫情，致力让 2021 年能与往日一样的普通而美好。

电视剧《三十而已》有句话深深触动着我："所有选择漂的人，在走出家门的那一刻就要知道，往后，你就是你自己的家了，在撑起自己的一片天，要是连这点勇气都没有，趁早别出去，爸妈嘴里说的故乡是后路，听听也就算了。"既然自己选择来到祖国大陆，除了开拓了眼界，也成长了不少，不再是以前别人眼中温室里的花朵了。来这里读书，是希望在大学生活中找到自己的目标，并行有余力帮助更多的人！青春是用来奋斗的，理想是用来实现的。在生命的道路上，用青春的斗志来实现个人理想，用集体的力量去成就中国梦想。趁青春年少，尽量去探索、突破、寻找，并努力做到不负青春、不负韶华、不负时代！

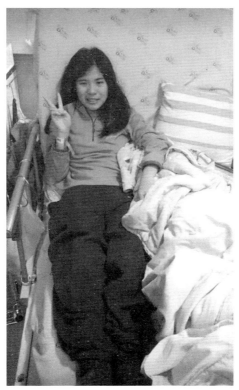

图 1　卧病在床的我

图2　学习站立的我

图3　努力复健的我

图4　为疫情贡献的逆行者们

图5　努力做到不负青春、不负韶华、不负时代的我

信念不移家国 梦想不负青春

暨南大学　新闻与传播学院　新闻学　2020级　香港　许逸扬

　　在母亲怀中闻着咸腥的海风，望着走在前头不远处的父亲，是孩提时期在家乡读书，刻在脑海里最为深刻的印象。那时的心事着实幼稚得可笑，在课堂上发言想当省长造福一方，私下里却又只想携着二老偏安一隅。孝亲、安乐也许是启蒙时的我最初的梦想。

　　后来辗转去了香港念中学，仰望着周围冲天而起的混凝土森林，头顶的蓝天只剩下一个细小的光点。压抑的城市、压抑的生活犹如一座行走的囚牢，将我的目光紧紧困住。急促闪烁的红绿灯时刻提醒我不能放缓脚步，琳琅的商品在告诉我不可落于人后，行色匆匆擦身而过的人们在审视我未来是否有留在这座城市的资格……当我逐渐被大千世界所浸染，梦想却是变得越发单调，直到社会的撕裂，唤醒了我对家国的依赖，从而对自己的青春更是有了一份责任的唤醒。

　　2019年中，受到外人的煽动，香港一些年轻人对于国家存在抵抗情绪，并且在接下来的半年中愈演愈烈。在一幅幅的画面中，曾经美丽的都市被破坏得千疮百孔，国资企业或者声援政府的机构与企业纷纷被披着黑衣的极端分子烧砸一空。城市秩序、市民的生活安定受到了极大冲击。

图1　本人实拍的被冲击后的街道，右一为声援香港政府的美心集团一间门店

　　然而，这些事件的主角大多是思想极端的年轻人，他们用暴行将苦难和混乱带给了自己的同胞。每每看到这些触目惊心的报道和图片，母亲都会愤怒地指责，但又无可奈何。我曾联合街坊在"黑衣人""扫荡"过后，下楼将被他们掘得散落满地的街砖一块块地拾回人行道，但随即被母亲劝告。

　　其实尚未脱离青涩的我很难很难接受社会和身边环境这样的变故，但在那漫天纷飞的火星、玻璃碎片和反动的谩骂声中，渐渐地，我有了自己的判断。

　　我胸中充满愤怒，觉得一切是这么的可笑。一群被现有社会规则打败的颓废青年，不去想着如何改善自己的生活，反而变本加厉地破坏秩序；一群空有学历却毫无信仰的"高才生"，受他方鼓动便能向着生养他们的祖国、家乡倒戈相向，空洞的思想引人怜惜。也许他们把所谓自由当作自己的信仰，这不禁让我想到冯骥才先生的一段话：风可以吹走好大好大一张白纸，但吹不走好小好小一只蝴蝶，因为自由的那一点点光亮是不顺从。但这所谓的不顺从，是在法律与道德的约束下，对自己未来的规划与自我成长的实现。而中华民族之所以得以将文明延续至今，除了不断进步与改革，华夏子女们十分擅长在个人自由与集体繁荣间做出一个平衡，在有所取舍间寻求个人与民族的发展。再者，他们仿佛忘了如果没有国，便没有属于华夏民族的家。因此这等空洞落后的思想实在让我痛心，"废青"这般糟蹋自己的青春实难引人同情。

　　春节将至，漫步在故土的街道，处处张灯结彩，挂着中国红，明媚的阳光仿佛没有什么阴寒是无法驱散的。我不禁为我自己是中国人而感到庆幸自豪，只有在安宁的家园，我方才有完全的机会去释放自己的青春，去成为我想成为的模样，尽情绽放自己的韶华。

　　很喜欢三毛的一句话："不做不可及的梦，这使我的睡眠安恬。避开无事时过分热络的友谊，这使我少些负担和承诺。不说无谓的闲言，这使我觉得清畅。我尽可能不去缅怀往事，因为来时的路不可能回头。我当心的去爱别人，这样不会泛滥。我爱哭的时候哭，我爱笑的时候笑，我不求深刻，只求简单。"这是我想象中成长的最美的模样，而自身的经历也让我明白，只有秉持着正确的思想，对家国要有坚定不移的信念，才能在正确的道路上越走越远，也只有这样，方才不负青春，不负韶华，不负时代。

感谢祖国大陆十年的孕育让我成长

复旦大学 附属眼耳鼻喉科医院 听觉医学 2020 级 台湾 谢岳霖

18 岁高中毕业后，2010 年 10 月我来到了南京，回忆当时，2010 年的南京连地铁 1 号线都尚未完竣，孤零零的我刚从机场高速来到了中华门公交站，环顾四周皆是正在新建的各项工程，我顿时有一种失望之感；但是世事总是难料，一路懵懵懂懂的我，坚持了下来，同时也见识到祖国成为世界强国的决心与飞速的发展。之后我撑过了硕士 3 年的洗礼，如今顺利进入了博士的课程，往后的我依然会选择接受各类型的挑战，继续为祖国和人类奉献，完善自己的梦想，当一位称职的耳鼻喉科医生，继续在自己研究的领域中发表更多的 SCI 文章，临床和科研并行。

1949 年，我的爷爷奶奶从湖南沅陵县于杭州笕桥机场飞往台南岗山机场，他们是跟随国民党撤退到台湾的湖南人。我经常听我奶奶说："当时以为数月后就会从台湾在回到家乡湖南，但是谁知道这么一去不复返了"。每逢佳节倍思亲，就在 2017 年的春节期间，我们在台湾的家族意外地联系上了在新疆的亲戚，我记得我的奶奶和她从小的玩伴在视讯电话里面边讲边哭，要知道那是他们俩 70 年后第一次再见面了，毕竟我奶奶和她的玩伴曾经是一起在防空洞躲避过日本轰炸机投弹的，情感深厚。战争固然残酷，事过境迁，我的祖辈和父辈之间在台湾依然用湖南沅陵话沟通，而我自己也会说一些湖南话，但却没有闽南话说的流利。相较于我的父辈亲戚，我外公外婆是福建福州林森县人和福建永定凤城客家人，他们则是当时早些年在台湾游玩后回不去福建，便选择留在台湾生根了。与我祖辈相同的是，我父母也是公务人员，在虎尾科技大学和交响乐团分别从事动力机械系教授和小提琴团员（母亲已退休）的职业。但我又是从小出生、生长在台中，可以说是个土生土长的台中人。我的个性略为保守和内向，是个典型狮子座 O 型的男生，自幼希望自己未来终能成就一番大业。

在南京医科大学就读期间（2010—2016 年，中间回台当兵一年），对我而言属于我摸索人生的阶段，由于 10 级港澳台班按规定编为第 11 班，虽然当时能每天见到大陆生，一起上大班课，甚至打三好杯篮球对抗赛，但感觉我的生活圈还是局限在港澳台班（我的多数朋友也是如此），有可能是因为当时我的性格是内向的吧。受这种封闭且缺乏交流的心态的影响，我的成绩在一段时间里一直不太理想。在就读硕士之前，我其实并不知道为什么自己选择医学，当时一半的我可能是觉得选择医生这个职业在未来不会失业，另一半的我觉得医生这个行业不会让我在家族中丢脸，但我没有体会到读医真实的乐趣和目的；同时，我也不了解国际政治情事、国内外科技发展等。很庆幸当时的我觉得自己应该自立自强，加上我熟识的好几位学长、学姐都顺利考上了硕士，觉得自己哪怕是为了面子也得努力考上硕士。

就读硕士的期间（2016—2019 年），是我体验人生风雨逐渐走向成熟的期间。我是一名临床型的耳科硕士（四证合一培养模式），周一到周五的白天必须在临床上工作，工作满 36 个月获得毕业资格，不要求发 SCI 文章或者国内 A 类期刊。简而言之，此种培养模式是属于精炼临床工作，毕业后直接到下级医院工作的一类模式；然而我的理想不止于此，我仍然想为这个世界做贡献，想留在中国耳鼻喉科最优秀的医院，想发 SCI 文章，打擂台 PK 同侪。不幸的是，直至入院后的一年半都一直没有自己满意的研究方向，虽然我的导师给我推荐了一个很有意义的动物实验研究课题，但是因为需要获得的基础知识很多，我自己评估后觉得我不能在 3 年内获得有意义的结果，所以虽然我在 2018 年至 2019 年间完成了动物实验的基础模型，但一直没有产生文章。一切的转机出现在 2018 年的下半年，我无意间听说了一种叫作血管性耳鸣（患者可以听到自己的血流声）的病，它和我本来的动物实验内容有些相似。我的父亲是研究计算流体力学的教授，我于是用上了流体力学技术，并开始搜集这类型病人的病历和放射资料，建立电脑模型和获得流体力学数据，而这种跨学科的组合在我翻遍了国外的文献后其仍然属于很有展望的研究，于是我重新燃起希望。一开始因为生疏，我只用了一个病历写了一篇文章，到处投稿都被 Desk Reject（被主编退拒没有外审的机会），在茫然中又过了 3 个月，想放弃却一直不甘心。柳暗花明又一村的是我现在的博士生导师在 2018 年 9 月通过微信联系了我，我诧异之余却也很开心。隔了两天，我去了他办公室一趟，他和我说明了我文章的不足之处，为我指引写作方向，而后我在 2018 年 12 月 28 日向 *Otology & Neurotology* 耳鼻喉科二区杂志投稿。可以想见，我那时写文章的功夫仍然捉襟见肘，审稿返回后两位审稿人都给了大修（Major Revision），且提出了宝贵的意见，其中一位审稿人非常想拒稿，但是仍然给了我一次修改的机会。于是我开始根据他们的意见修改，看了接近百篇相关文献，反复地琢磨他们回复的意见和用词，我甚至认出当中一位审稿人可能是这方面的一个专家，于是对他的文章进行了研读和引用，且把研究思路重新理了一遍。第二次返修是2019年4月了，中间的压力让我甚至赌气不想考博，痛定思痛要完成并发表这篇文章，终于在2019年的7月16日，文章被接受了（见图1）。由于我的赌气，我没有应届考上博士，但是在硕士期间我发表了2篇SCI文章（另一篇文章是我和我爸爸关于鼻腔流体力学的研究，在2019年4月发表，见图2）。

如今，在一年的空窗期（2020年+COVID-19大流行）和一个学期的博士课程后，我学习到很多新的生物技术，并且在这期间又发表了2篇SCI血管性耳鸣的文章（见图3和图4）。虽然说我们尚未找到血管性耳鸣的病因和机制，但是近来我萌发了非常多新的研究思路，和我的博士生导师讨论出许多前卫的科研思维，提出许多崭新的理念和临床诊疗手段，我们的目标是成为搏动性耳鸣的顶尖研究和治疗专家，因此我也明确了人生未来的方向（见图5）。

现今的大陆一直在飞速发展着，就从耳鼻喉科专业的视角而言，我们的科学家一直在进步，提出许多崭新的科学论点。放眼看中国的科技发展，我们可以注意到中国的5G通信技术、雷达技术和运输系统建设已经是世界的佼佼者。北斗卫星、嫦娥五号登月、山东号航空母舰、九章量子计算机、超高音速飞弹等发展亦是快速。相较于大陆，台湾的发展不断地迟滞，过往经济迅速发展的年代早已被历史埋没，且历史已经证明在权者经常因为私心、被外部势力操控利用，最终走上了自毁的道路。所谓的民主只是可以在外网上发发言？还是大家都忘记了台湾的公民投票投了全都不算数，被网军一股脑儿地带风向而失去了对事实的认知。身为台湾的学子，我们应该思考为何大陆有能力发展得这么快？而如今台湾却故步自封，心胸狭窄。

我在心脏内科轮转时曾经抢救过病人，我知道生命的脆弱和生死离别的悲痛。我由衷希望大陆和台湾可以和平相处，互相交流。最后，我很感谢在祖国大陆的学习、生活让我成长许多，希望读到这篇文章的同学们们可以共勉，大家一起为自己的未来加油。

Original Study

Extraluminal Sigmoid Sinus Angioplasty: A Pertinent Reconstructive Surgical Method Targeting Dural Sinus Hemodynamics to Resolve Pulsatile Tinnitus

*†‡Yue-Lin Hsieh and *†‡Wuqing Wang

*Department of Otology and Skull Base Surgery, Eye Ear Nose and Throat Hospital, Fudan University; †Shanghai Auditory Medical Center; and ‡Key Laboratory of Hearing Science, Ministry of Health, Shanghai, China

Objectives: 1) To provide information on the treatment of pulsatile tinnitus (PT) with transtemporal extraluminal sigmoid sinus angioplasty (ESSA); and 2) to discuss the current clinical management of PT.
Study Design: This was a retrospective study.
Settings: Multi-institutional tertiary university medical centers.
Patients: Fifty-four PT patients with transverse–sigmoid sinus enlargement and prominent transverse–sigmoid junction with or without sigmoid sinus wall anomalies or transverse sinus anomalies.
Intervention: All patients underwent ESSA under local anesthesia.
Main Outcome Measures: Intraoperative discoveries and surgical resolution of PT, morphology, and computational fluid dynamics.
Results: Fifty-three of the 54 (98%) patients experienced a significant reduction in, or complete resolution of, PT after ESSA. No major surgical complications occurred, except for one case where we observed a full collapse of the sinus wall. On average, this surgery reduced the cross-sectional area at the transverse–sigmoid junction by 61.5%. Our intraoperative discoveries suggest that sigmoid sinus wall anomalies may not be a definitive cause of PT. The transverse–sigmoid sinus system was significantly larger (in term of both cross-sectional area and volume) on the ipsilesional side compared with the contralesional side. Following ESSA, the vascular wall pressure and vortex flow at the transverse–sigmoid junction decreased considerably, and the flow velocity and wall shear stress increased significantly.
Conclusion: ESSA is a highly effective surgical technique for PT patients with transverse–sigmoid sinus enlargement and prominent transverse–sigmoid junction, regardless of whether they also have sigmoid sinus wall or transverse sinus anomalies. A large transverse–sigmoid system with prominent transverse–sigmoid junction is a predisposing factor for PT, and only by improving patients' intrasinus hemodynamics could PT be resolved efficiently. In cases without complete obstruction of venous return, ESSA is safe. No postoperative complications related to neurological disorders were observed. **Key Words:** Dural venous sinus—Pulsatile tinnitus—Reshaping surger—Sigmoid sinus—Skull base.

Otol Neurotol 41:e132–e145, 2020.

图 1　发表于 *Otology & Neurotology* 杂志的文章

Computation and analysis for airflow characteristics of physical quantities caused by nasal obstruction

Yue-Lin Hsieh[1,3] · Yi-Chern Hsieh[2] · Zhao Han[1,3] · Hui-Fang Lin[2]

Received: 4 January 2019 / Accepted: 2 April 2019
© Springer-Verlag GmbH Germany, part of Springer Nature 2019

Abstract
Nasal obstruction is a common disease found in humans and one of the most popular research topics. This article proposes an adaptive computing algorithm to construct the mesh structure for simulating the unsteady turbulent airflow in the nasal cavity of patients with nasal airway obstruction (NAO) with the help of MIMICS 16.0 × 64 and COMSOL 5.4. The computing results provide a lucid explanation for the aerodynamic impairment of the nasal passages and efficiently locate the three-dimensional region of the obstruction. Details of the different flow properties in different nasal cavities indicate that the pressure gradient along the streamline provides the NAO region. Several physical properties were discussed during one respiratory cycle. The merits of the adaptive computing technique showed that the time consumption and precision of the solutions were both satisfactory. The implementation of computer-aided diagnosis can be expected with more efforts in the near future.

图 2　发表于 *Microsystem technologies* 杂志的文章

Contents lists available at ScienceDirect

Auris Nasus Larynx

journal homepage: www.elsevier.com/locate/anl

Pulsatile tinnitus caused by an aberrant artery running over the surface of mastoid bone

Yue-Lin Hsieh[a,b,c,1], Xiaobing Xu[a,b,c,1], Ping Guo[a,b,c], Wuqing Wang[a,b,c,*]

[a] Department of Otology and Skull Base Surgery, Eye Ear Nose & Throat Hospital, Fudan University, Shanghai 200031, China
[b] Shanghai Auditory Medical Center, Shanghai, China
[c] Key laboratory of Hearing Science, Ministry of Health, Shanghai, China

ARTICLE INFO

Article history:
Received 6 April 2020
Accepted 1 July 2020
Available online xxx

Keywords:
Pulsatile tinnitus
Aberrant artery
Mastoid
Computational fluid dynamics
Sonographic

ABSTRACT

Objective: Pulsatile tinnitus (PT) caused by an aberrant artery is rare. We report an unprecedented cause of PT resulting from an aberrant artery coursing the mastoid surface, and qualitatively discuss the pathophysiology of PT.
Methods: This case study reports a 41-year-old woman who presented with persistent PT at her right retroauricular region. Contrast-enhanced computed tomography revealed an aberrant branch of the artery that cruised over the cortex of the mastoid bone. Surgical ligation of this aberrant artery was performed under local anesthesia.
Results: Intraoperative findings suggested that PT transmitted via bone-conduction route due to the direct contact of the vascular and mastoid surface. PT was completely resolved upon surgical removal of this causative segment. Ultrasonographic and hemodynamic analysis showed that the turbulent kinetic energy and high regional wall pressure were the major contributory factors causing PT. Spectro-temporal analysis showed that PT fluctuates at frequency 500–2000 Hz, which differs from those of venous PT.
Conclusion: Judicious preoperative and intraoperative assessments of PT ensure the surgical efficacy of PT. Objective ultrasonographic and computational studies can provide detailed hydroacoustic characteristics of PT.
© 2020 Oto-Rhino-Laryngological Society of Japan Inc. Published by Elsevier B.V. All rights reserved.

图 3　发表于耳鼻喉 *Auris Nasus Larynx* 杂志的文章

Hydroacoustic Analysis and Extraluminal Compression Surgical Insights of Venous Pulsatile Tinnitus

Article reference	ANL2919
Journal	Auris Nasus Larynx
Corresponding author	Wuqing Wang
First author	Yue-Lin Hsieh
Received at Editorial Office	20 Aug 2020
Article revised	22 Dec 2020
Article accepted for publication	8 Jan 2021

图 4　刚被接受的发表于耳鼻喉 *Auris Nasus Larynx* 杂志的文章

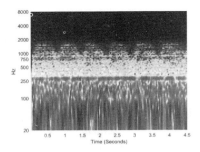

图 5　透过前瞻的科研技术了解血管性耳鸣的机制

国与我

南京医科大学　口腔医学院　口腔医学　2019 级　台湾　李哲玮

去年，初入大学校园的我有幸获得一张由"南医蒲公英"赠予的《我和我的祖国》电影票，那是我第一次看到在新中国成立 70 周年所经历的重大历史事件下普通人和国家命运相连接的故事。

影片中，薛晓路执导的《回归》最令我印象深刻，关于香港回归我们总会想到那举世瞩目的两秒之争，中方英方对国旗是否能在 0 点整升起展开了激烈的争执。安文彬先生的话直到今天还在我们耳边荡漾着回声，"中国香港被掠夺占领了 150 多年，今天我们只要求两秒钟，却被无理地拒绝，百般刁难，我明天要召开记者招待会，向全世界宣布，我们 150 多年和两秒之争，你们将如何回答这一公理的要求！" 23：59：58，指挥棒划过空中，轻轻落下；00：00：00，《义勇军进行曲》奏响，五星红旗和紫荆花旗升起在香港上空。

影片重现了香港回归这一历史瞬间。

那惊心动魄的一瞬中，有两秒谈判的波诡云谲，有升旗时刻的紧张肃穆，有普通市民激动泪水与漫天烟花。百年复杂的历史，最后化为微小的齿轮，电影中有这样一句话——"这一秒对你们来说是结束，对我们来说是开始"。时光深处的齿轮，转动着人们心底的回忆。微博上有人留言：那个时候还很小，很多画面都模糊了，但我还记得驻港部队的英姿和零点响起的钟声，那是第一次被允许熬夜看电视，我永远都记得那种一家人窝在小小房间里的温暖感觉。历史的宏大叙事和个体的温暖回忆，最终在 1997 年 7 月 1 日，重叠成一个烙印。

香港和澳门的回归我都不曾见识过，但是这部影片让我真切感受到了香港回归时军人的肃穆庄严和人民群众的欢欣鼓舞。不禁在脑海中想象起祖国统一的那一天，街上人民将会是多么的兴奋，鞭炮锣鼓声一定弥漫在大街小巷，商城里肯定都挂满了海报，电视节目中肯定也都会报道这一历史性的大时刻。真希望这一天可以早一点到来！

庚子鼠年，华夏神州不闻鞭炮齐鸣，唯闻战鼓咚咚，在这本应热闹非凡的春节里，人间迎来了凶猛的年兽——新冠肺炎。无数逆行的勇士纷纷涌现抗击疫情。鸿志薄云无愧做，百年饮冰血不寒，逆行者们以崇高的职业道德奋战在第一线，用世间之大爱护人间春暖花开。

图 1

护士，医生，企业家，教师，工人……无数闪着光的灵魂在 960 万平方公里的土地上奔涌着，他们坚信疫情会好起来的，武汉会好起来的，中国会好起来的。这场景确实应了那句"你所站立的那个地方，正是你的中国。你怎么样，中国便怎么样，你是什么，中国便是什么，你有光明，中国便不黑暗"。

当时刷爆我朋友圈的一句话——"人们都说我们是白衣天使，哪有什么白衣天使，不过是一群孩子学着长辈的模样救死扶伤，在死神面前抢人罢了"。这是天津医科大学肿瘤科护士张秀秀写下的，她瞒着身边的朋友，瞒着最亲爱的父母，独身报名援鄂，最终当父母看到电视上女儿的身影时，一通电话让电话线两端的人儿泣不成声。她说，"可能你们一时接受不了我来武汉快一个月的事实，但过后，你们应该会理解我，过年在家跟你们说过，我想我的人生过得更有价值。我身上着的白大褂便是我的职责，我爱我的亲人，我爱我的朋友，但我更爱我的信仰！"在武汉的 36 天里，她经历了疑似感染，经历了与已经熟络起来的病人的生离死别，最终怀揣着太多艰辛与感动从这个拼过命的地方返程。

我们驻足的这片土地，叫作中国，我们生活在这个国家里，我们享受着国家带给我们的安全感和幸福感。我曾经搬过两次家，辗转三地，台湾，上海，南京，可生活久了我便发现，不论城市繁华抑或是黯淡无光，不论城市中的人是身居高位或是平凡之至，在医院里，他们总是表现得如此相似，拿着身份证，挂号，扫描单号，候诊……数码音一个接一个地响起，问诊的人一个接着一个进去，不争不抢。他们好像笃定医生会治愈自己，至少会开出一剂良药。同样，他们也对医生报以足够的信任，放心地将自己交给他们。这，便是弥足珍贵的信任，是对医生的信任，是对现代医疗技术的信任，是对整个国的信任。

常说要爱国，爱国从来不是一个抽象的概念，它是我们和这块地的生命关乎；爱国从来不是一个模糊的语词，它是要吾国与吾民的共同努力方能最终彼此成全。我相信这个世界上最伟大最灿烂的那种爱国感情，一定是来自这两种伟大力量的交织，那便是，我们深深地爱着我们的祖国，而我们的祖国也深深地爱着我们。

根于此，吾辈成

暨南大学　人文学院　汉语言文学　2018 级　香港　王燕婕

　　当我们注视这片土地时，那是血脉相连的亲近感。深植土地的根茎成长壮大，成为一棵参天大树，新生的幼苗源源不断地冒出地面，想与大树一同撑起这片天地。触碰到这棵大树，脑海中浮现的是它所经历的千年沧桑，在历史长河的走廊中，它的身影似水温柔，又坚韧不拔。

　　回顾那历史长河中，从上古时期播下的一颗文明的种子，在黄河之水的冲刷滋养之下，它于湿润的土地中慢慢地舒展身子，一抹嫩绿从尖端裂缝处伸出，试探性地探出了地面，抖了抖充满活力的叶子。它汲取着水分，吸收着阳光，听着人们的吆喝声到清晰的语言。它瘦弱的身躯逐渐粗壮，根部深入土底，笼罩整个神州大地，期待着、激发着人们的创造力，打造出一个个与众不同的时代。它孕育了第一个王朝，引导着他们向着文明进发，创造出自己的深厚的文化底蕴。

　　生长于这片土地上的人都被它烙印了痕迹。它的脉络与人的血脉相连，涌动着的是自强不息的血液。尽管这片土地上历经苦难，从氏族部落到联盟部落，最后国家成立，王朝的更迭，外敌的入侵，多少人都身死魂归故土。它的根所蔓延的地方曾被外敌瓜分，它哭泣着盼望着早日回归。重新归来时，它紧紧拥抱着土地上的人们，轻唤一声："回家了"。它也正如我们一样用好奇、殷切的目光期待着新时代的到来，机械化的、科技化的、现代化的事物轰然出现，屹立在它所扎根的地方。它用着憧憬的目光看着新生的人事物在它的树冠之下茁壮成长。

　　这片土地上的人曾经见证过树身的千疮百孔，或听闻着以前的苦难，发誓不再让它承受这种痛苦，用着自己的热忱，对与自己相连的土地与根，深沉的爱意，才会有艾青的"为什么我的眼里常含泪水，因为我对这土地爱得深沉"的震撼人心的力量，也正是这一份深沉的爱意使得人们前仆后继为之奉献。

　　什么才能使得脚下这片土地不被"恶狼"觊觎？经历过磨难的人们认识到科技力量是强有力的防护罩，可以将"恶狼"拒之门外。因此有的人在日本侵华时期扮成乞丐保护了稀有的镭，有的人为了国家不辞劳苦研制出芯片，让我们摆脱了他国掣肘……这些鲜为人知、默默奉献的人，他们隐姓埋名，与家人分隔两地，为的是让国家能够向前迈进，他们为此付出大半生或者是生命也心甘情愿，他们的共同心愿就是看那参天大树不再脆弱得摇摇欲坠，而是屹立于人间不倒，人们于大树的庇护下安稳生活。

2000年中国自行研制出第一颗导航定位卫星，2003年中国人首次进入太空，2007年中国首颗探月卫星，2008年北京奥运会的盛世……历经9年的港珠澳大桥于2018年正式开通，是粤港澳三地合作共建的超大型跨海交通工程，让三地的关系更加紧密。种种令人瞩目的成就无不建立于前辈们没日没夜辛勤付出的汗水之上，才能有如今茂盛的枝叶，累累的果实，我们才得以在大树下乘凉，发挥我们的才能。

我们立足于这片土地，身处于高速发展的时代，亲眼见证着新时代的来临，迫不及待地想加入这个充满着生机和无限可能的舞台。这个时代需要新鲜血液的涌入，携手共同构筑全新的世界。"一代人有一代人的使命，一代人有一代人的担当"，新的一代面临着新时代所赋予的新使命。正如习近平总书记在纪念五四运动100周年大会上所说的，一百年来，中国青年满怀对祖国和人民的赤子之心，积极投身党领导的革命、建设、改革伟大事业，把最美好的青春献给祖国和人民。

年轻一代接过前辈的接力棒，充满着活力、创造力、无限的想象力，也正是年轻人的鲜明的性格，才会使得处于新时代的中国有着多种潜力，未来是由一代又一代人绘制的蓝图。在这几年当中年轻人们承担起时代的重担，履行他们的职责。于2019年与2020年交接之际，一场突如其来的疫情开始在这片土地蔓延，越来越多的年轻人冲到了前线，以"天行健，君子以自强不息"的精神去面对这场灾难。

武汉，一座英雄的城市，在临过年之际，它生病了。繁华的城市按下"暂停键"，但人心永远不停歇，它翻涌着滚动着。来自其他城市的"逆行者"置小爱为后，大爱为先。有的骑着电动车，开着货车，在路上运载着爱意。穿着厚厚的防护服，带着防护面具，在医院里与死神和病毒争分夺秒，抢救一条条鲜活的生命，尽管他们很久没有好好的闭眼休息，汗水浸湿了衣服，还有许多人在默默付出。他们只有一个目标就是要治好武汉，让它重现往日的繁华，使得人们的生活恢复正常，可以开心地露出微笑。

全国人民心系于武汉，在前线的他们并非孤军奋战，背后有着坚强后盾。口罩下的他们是不同的面孔，稚嫩的或成熟的，相同的是他们的脸上都是荣耀的痕迹，携手打击病毒。年轻的小树苗拼尽全力，证明他们可以承担国之重任，可以与国家这棵大树并肩前行。我们珍惜这个时代，也明白身上所承担的时代使命，努力跟上国家的脚步，以开阔的全球视野认识到人类与人类之间，是命运共同体。置身于全球化中，世界发展与每个人都休戚与共。在尽责中成长，成为世界发展最为坚实的基底。

这片土地与我们息息相关，所踩过的每一寸土，每一粒沙砾，都是吾辈根源所在。年轻一代接过前辈的衣钵，追寻着前辈的脚步，闪烁着自己的光芒。读万卷书，也付诸行动，重扬我中华儿女的气节，靠着自己的双手去打造一个美好的世界。新时代新作为，新生的树苗朝气蓬勃，用青春与这个世界碰撞出火花，创造出新事物，让这棵有着五千年历史的古树继续发展壮大，成为发展的新动力。

庄周逍遥　乘风远扬

中南大学　湘雅医学院　临床医学　2018级　台湾　彭榆

"北冥有鱼，其名为鲲。鲲之大，不知其几千里也。化而为鸟，其名为鹏。鹏之背，不知其几千里也；怒而飞，其翼若垂天之云。"犹记当年课文中的字字句句如若奇幻小说，自幼至长求学未曾离开台北方圆十里之地，即便偶与家人出游亦是短暂的过客。而今千里赴湘并生活了三年，渐渐体会到了庄周逍遥游世界之大是哲学上的空间、思想上时间、文化上承载，以及梦想上的放飞。有梦想，怒而飞，放眼周遭同侪其翼何若垂天之云！

海峡从未是辉煌璀璨历史的隔绝，从公元前两千多年被尊为中华人文初祖的华夏首领——黄帝开始，我们一脉相承到至今，时间上有过许多风雨的波折，空间上经历过山水的分合，但始终秉持着一个中华民族的心，源远流长。

面对新时代

目之所及不仅是经济或是教育方面，中国均以迅雷不及掩耳的速度向上爬升，由过去的小家小农，到今日的计划型数字生产，从口耳相传到如今的网络信息。我们要处理的是新、变、速，一天的变化抵得过去的一年半载。在教育方面，习近平总书记曾提到人才和人力是国家最大的资源。推进教育改革发展，实现更高质量、更加公平、更有效率、更可持续的发展，完成国家赋予的历史使命和战略任务，并遵循以下原则：坚持优先发展、坚持立德树人、坚持服务导向、坚持促进公平、坚持改革创新。面对骤然崛起的时代应秉持着中华民族坚忍不拔，实事求是永远不变的精神，继续在这条中国路上挺身前进，拥有宽广、海纳百川、求新求变的新思维，珍惜上一代人留给我们的丰硕成果，同时持续发展，继续发光发热。

时代的使命

与此同时，我们这一代青年需要肩负起这个新时代的责任并深刻认识自身所面临的时代际遇和历史责任。因为上一代的奠基，我们拥有富足环境，如今，我们的使命不再只是打造一个更繁荣便利的环境。"是鸟也，海运则将徙于南冥。南冥者，天池也。"所以时代的使命是世界共同体，共同参与。如今我们开始重视环保、贫穷等社会议题，为全面建成小康社会而努力。综观教育领域，则是促进全民享有终身学习机会，使教育与经济社会发展的结合更加紧密，并注重能力培养，完成全面发展的目标。而作为新时代的青年，应勤奋学习、锤炼身心，"梦想从学习开始、事业靠本领成就"。成为一位优秀的医生是我的梦想，尤其新冠肺炎疫情的席卷，让我体会到全球一体、病毒无情。担当这个使命需要长时间勤奋的学习并实践书本中的知识。面对新时代、新使命，我会不断提升技能和智慧，积极投身于医疗产业，努力在新时代改革开放事业的奋斗中成为能担重任的栋梁之材。

鹏之徙于南冥也，水击三千里，抟扶摇而上者九万里新征程

无论世事如何变化，我辈面对新征程，改革创新是发展的根本动力之一。不断深化教育综合改革，经济社会城镇得新建设，将设计理论和实践探索结合，充分调动基层特别是各阶层的力量，透过创新开放的原则共同打造富而康的社会是我们重要的征程。吾辈学子面对此一现象，拟透过广大学校、师生的积极性、主动性和创造性，创新体制和人才培养模式；利用国内国际教育资源，广泛借鉴吸收国际先进经验，进一步提升教育对外开放水平，我们必须不断提升自己，这是身为学生需要努力的方向与责任，也是与国家并肩同行的新征程，尽管长路漫漫，通过改革创新和对外开放解决难题、激发活力、推动发展，乘着这股上升之势，必须得创建更富饶、更强大的社会。"且夫水之积也不厚，则其负大舟也无力。覆杯水于坳堂之上，则芥为之舟。"我们应选择攀爬得更高，因为上一代已为我们铺好深厚的基底，八年前第一次踏上这块土地的景致，已与八年后我风尘仆仆奔赴求学的风景截然不同，仅是我经过的厦门、福州，去过的上海、杭州，各地都有重大工程正在展开，代表着一个城市正在蓬勃发展，身在台湾的我，看着海峡彼岸以猛虎之姿向前奔驰，遂决心前往湖南长沙，感受改革开放后的所有变化，并期望在激烈的竞争环境中成长学习，肩负起新时代的新使命并走上新征程。

图 1　疫情期间赴湘求学

　　整个世界变化的之迅速，改革开放后中国仅用数十年便把国家带领到经济富强的位置，许多产业因此而快速兴起，有许多旧时行业将逐渐被淘汰，我们走入了新的时代。在这一来一往快速汰换的过程中，我们秉持一颗爱中华的心，坚忍奋斗。身为医学生，对最近暴发的新冠肺炎疫情深有感触，许多湘雅的医生赴武汉前线救治病患，纵使知道病毒的可怕，仍毅然决然往前迈进，乘着这分精神，我将刻苦学习，不负青春，"故九万里，则风斯在下矣，而后乃今培风；背负青天而莫之夭阏者，而后乃今将图南。"心中有梦，不负韶华，救死扶伤，不负时代，完成新使命。

图 2　中南大学湘雅医学院新校区班级团体照

道阻且长，行则将至

——以"青春"之名感受祖国的中国梦

华侨大学　外国语学院　翻译　2018 级　台湾　杨凯麟

我所站立的这块土地，是中国。

肇始于 20 世纪 30 年代的漫漫长征路描摹出先辈给予我们的厚望。时隔七十多年，村落里泥泞变柏油的道路见证了美好乡村的嬗变，城市里林立的高楼见证了国力的飞升。如今我们的祖国在现代化建设的道路上日新月异。我总是扪心自问，我们的祖国究是如何傲立于世界民族之林的呢？

一、台湾与中国梦

2019 年 1 月 2 日上午，《告台湾同胞书》发表 40 周年纪念会隆重举行，中共中央总书记、国家主席、中央军委主席习近平出席纪念会并发表重要讲话，向广大台湾同胞致以诚挚的问候和衷心的祝福，并指出前进道路不可能一帆风顺，但只要我们和衷共济、共同奋斗，就一定能够共创中华民族伟大复兴美好未来，就一定能够完成祖国统一大业。

作为一名台湾青年，我时刻关注着祖国大陆与台湾的联系，我认为，台湾人民和大陆人民血浓于水的亲情是不可磨灭的；地理位置的阻隔留下了"一水之隔、咫尺天涯"的岁月哀伤，但改变不了两岸同胞血脉相连的事实。习近平总书记深刻指出"两岸同胞都是中国人""两岸同胞血脉相连"，特别强调"两岸同胞同根同源、同文同种，中华文化是两岸同胞心灵的根脉和归属"。

携手共圆中华民族复兴的中国梦，需要巩固共谋复兴的感情基础。既要在"线"的传承上做文章，牢牢把握两岸同胞的感情之线和血脉之线，进一步加深相互理解，增进彼此感情；又要在"面"的拓展上下功夫，拓宽互通往来的广度，拓展交流互动的宽度，在积极扩大两岸人文、经贸和文化等各领域交流范围的基础上，进一步加强合作力度，增进互信认同。

二、年轻人与中国梦

新时代的青年要有理想，志存高远。理想就像是我们前进的航标，它指引着远行前方的方向。习主席曾强调"青年最富有朝气、最富有梦想，青年兴则国家兴，青年强则国家强"。在党的第十九次全国代表大会报告中，总书记再次对青年提出殷切期望："青年兴则国家兴，青年强则国家强。青年一代有理想、有本领、有担当，国家就有前途，民族就有希望。"

从五四运动时的"山河破碎风飘絮"，到如今综合国力显著增强，在五四精神感召下，一代又一代有志青年，用青春和智慧书写了壮丽篇章。当今的青年，更要把个人追求与民族未来紧密联系起来，积极投身到祖国建设的伟大潮流中去。要根据个人的实际情况，在党和人民事业的坐标上找准人生方位，明确人生追求，只要心中有阳光，脚下就会有力量。要发奋努力学习，积极增长才干，用创新创造为深化改革增添动力，用崭新业绩为科学发展增强实力。要像爬山虎一样，向着心中的梦想不断攀爬，让青春的绿色铺满征途，以积极向上的昂扬姿态展现青春之美。

台湾年轻人在不断进步，无论是在科技、文艺方面，还是在体育赛事方面，都有着杰出的人才和成就。在当今的大环境下，我们的努力方向不再只是局限于在台湾发展，台湾青年要有更宽阔的视野和远大的理想，那就是要在实现中国梦，放飞青春梦想，在为人民利益的不懈奋斗中书写人生华章。我们青年最大的财富就是拥有青春，我们最好的背景就是生于这个新时代，只要我们在新时代激荡的青春下砥砺前行，就一定能够成为中华民族伟大复兴道路中的重要基石。

三、大中国梦

中国梦，是中国共产党第十八次全国代表大会召开以来，习近平总书记所提出的重要指导思想和重要执政理念，正式提出于 2012 年 11 月 29 日。习总书记把"中国梦"定义为"实现中华民族伟大复兴，就是中华民族近代以来最伟大的梦想"，并且表示这个梦"一定能实现"。"中国梦"的核心目标也可以概括为"两个一百年"的目标，也就是：到 2021 年中国共产党成立 100 周年和 2049 年中华人民共和国成立 100 周年时，逐步并最终顺利实现中华民族的伟大复兴，具体表现是国家富强、民族振兴、人民幸福，实现途径是走中国特色的社会主义道路、坚持中国特色社会主义理论体系、弘扬民族精神、凝聚中国力量，实施手段是政治、经济、文化、社会、生态文明五位一体建设。

习总书记指出，实现伟大梦想，必须进行伟大斗争，必须建设伟大工程，必须推进伟大事业。

对于我们青年人而言，祖国的中国梦就是我们的中国梦，国家的利益与个人是密切相关的，只有实现了国家的大梦，我们自身的小梦才能够更好地实现。

四、以"青春"之名感受祖国的中国梦

我的学校——华侨大学设立了很多课程，例如《中国传统文化》《中国百年复兴路》《当代世界与中国》，学校还组织了一系列港澳台学生考察实践和研究活动，百村千人行、菁英学堂和中国文化寻根之旅则进一步帮助我在思想教育层面上更深层次地读懂中国文化。在去年参加学院组织的百村千人行活动中，我们走访了永春的茂霞村，这是我第一次通过这个平台走进乡村。永春县茂霞村注重乡村振兴，村里的人才驿站、革命纪念馆、余光中先生文学馆、乡镇的醋厂、香厂都让我对乡村有了新的认识。我作为台湾青年，深入了解到了祖国的繁荣发展离不开乡村的振兴。而乡村振兴离不开产业振兴、离不开文化振兴、更离不开人才振兴。我最喜欢的是永春的提线木偶，线与线的交织犹如我们人与人之间的交流与融合。喜欢永春，更喜欢永春的文化。

中国梦是民族的梦想，只有紧密团结、万众一心，才能变为真实；中国梦是人民的梦想，只有紧紧依靠人民，才能不断为人民造福。广大青年学生，只有不畏艰难、勇担重任、顽强拼搏、勇往直前，才能以实际行动为实现中华民族伟大复兴的"中国梦"贡献自己的力量。

"历史不能选择，现在可以把握，未来可以开创。"行则将至，道阻且长，站在新的历史时间节点上，面对新的发展形势和背景，两岸同胞要将民族大义记于心中，在推动两岸关系和平发展、推进祖国和平统一进程中，共同担负起实现中华民族伟大复兴的光荣使命，创造中华民族更加辉煌的未来。

不负青春，不负韶华，不负时代

云南中医药大学　中医学　2017级　台湾　吕昂翰

　　积沙成塔，积少成多，"微习惯"是最适合我们青年学子进行积累的方法，同时，在大学时期学习到的知识，将令我们受用一辈子。尤其是对我这样修习第二学位的学生来说体会更深，在大学时期累积的知识，塑造的价值观，以及视野是最为广阔的。

　　花有重开日，人无再少年。青春时期是人生的积累阶段，每天都有新期待、新收获，是人生最美好的一段时光，青年时期的每个人都拥有无限可塑性和可能性。因为美好，所以珍惜，青年学子要抓住现在，养成读书习惯，打牢知识功底，累积持续进步的能力，才能在火热的青春中放飞自己的人生理想，并且在未来进入社会闯荡时，才能有不被取代的能力。

　　知识是需要积累的，在学期初时看到教科书有那么多的知识要学习，当时的我只有觉得太厚、太多。我从学期之初就开始每天看五页、十页，等到期末的时候就发现教科书不够看，于是我开始到图书馆去借阅和课程相关的书籍，再做更多的学习和积累。这样的积累坚持一个学期之后，在学期结束时回首，我看到了丰硕的成果。

　　现在如果一本中药典摆在我面前时，我依然也会感到崩溃，但是中医药深入中华民族的生活，深入每一个人的生活，所以当它融入我的生活中时，我就不再害怕学习厚重的中药典了。学习了中医之后，中药典成了我的养生指导手册，让我知道每一个食物都有自己的偏性，当我自己晚上睡不好，或是发生泻泄等症状时，我会想起"病从口入"，于是会把当天所有吃过的东西写下来，再对照着去翻中药典，查食物的偏性，慢慢就能找出此次症状的原因。中医治疗就是用药物的偏性去治疗身体症状的偏性从而改正，正所谓"热者寒之，寒者热之"。在教科书上的知识配合图书馆的书籍学习后，我体会到原来生活中有这么多可以导致身体偏性的食物。而在一点一滴地翻阅中，中药典被我翻了个底朝天，这是在大学校园中长时间的积累带给我的。

图1

在大学里，青年学子们应该走出宿舍、踏出校园，将眼睛看向手机后面的风景，才不枉大学美好的时光。古语有言："读万卷书，不如行万里路"，知识的学习，只有学没有运用也只是在脑海中而已，所以踏出校园，尝试在各种场合去运用它时才会发现，不知不觉中已经学会了许多知识，这才不会枉费家人、学校、国家的栽培和期望。

图2

在放假期间，因为对救援工作有兴趣，我去参加了海岸救援工作的训练，且在与领导聊天的过程中用上自己中医的知识，使得救援工作得以更加顺利开展，也因此得到了领导的表扬。这就是踏出校园，运用自己学到的知识所收获的快乐和成就感。

青年学子们，请热爱我们正在做的事情，时间会给出一个不负众望的结果。每天都玩游戏的人，玩游戏的能力会提高；每天参加课外活动，组织能力会变强；每天读书，品鉴文字的能力会增强。所以请热爱目前所做的事情，并坚持下去，它带来的成长不是一朝一夕可以展现出来的，但是在某一刻，你的能力一定会因你的坚持和努力而发光发热。到那时，定会有"不负青春"的感慨。

图3

我热爱旅游，也想将中医知识散播到全世界，所以我在能够自己安排的假期时间里，去到各地与他人做文化交流，甚至到中药产地与农户们聊天，在与他们的畅谈中知道这些中药是如何产出的，进而就慢慢地从学习书籍里的知识走进生活中无处不在的知识。

大学时期是我们抓住绳索往上爬的时期，也是知识能力飞快提升的时期。身在互联网的时代，社会的变化速度已处于飞速的状态，如何不被这时代所淘汰，是我们要思考的问题。想要不被淘汰，就要在变化来临之前做好应对变化的准备，只有自己足够强大，才能够被坚定选择。

《周易》有言："上善若水，厚德载物"，像水一样多变的接纳，又累积自己的德性，才能承载你所累积的事物。如若如此，在这多变的时代中，才不会被许多奇奇怪怪而又扭曲的价值观所影响。

《周易》又言："见龙在田，利见大人"，千里马遇见伯乐，需要自己本身是千里马，才能在这时代的浪潮中，保证自己的能力，在遇见伯乐之时，才能"飞龙在天"。当身处在这时代中有一番作为时，才能说自己"不负时代"。

所以身为青年学子的我们，不能小看"微习惯"的累积，时间的投资、回报会是巨大的。请为自己的未来做好准备，时代的浪潮，青春的逝去，都是冲击力巨大且变化多端的。只有打下坚实的基础，在青春的日子中披荆斩棘、坚实自己的信念，才能在飞速发展的时代中找到一席属于自己的天地。

一衣带水，渡江共航

——在时代召唤下投身使命

中国政法大学　国际法学院　法学　2018 级　香港　王泽淇

2020 年 9 月 17 日，习近平总书记到湖南大学岳麓书院进行考察调研。在调研过程中，他引用了岳麓书院"惟楚有材，于斯为盛"的名言，希望同学们不负青春、不负韶华、不负时代，珍惜时光好好学习，掌握知识本领，树立正确的世界观、人生观、价值观，系好人生第一粒扣子，走好人生道路，为实现中华民族伟大复兴贡献聪明才智。在我看来，从来就没有什么英雄史观，人民才是创造历史的主体力量。因此，要实现中华民族的伟大复兴，自然离不开人民的添砖加瓦，离不开群众的众志成城。而在人民群众创造历史的时代洪流中，我辈香港青年亦应不甘居于人民群众之后，更应奋发向上，为中华民族的伟大复兴贡献自己用努力和汗水书写的生动叙事。

一直以来，香港和内地的发展紧密联系不可分割。香港和内地之间只隔着一条深圳河，可谓一衣带水。二者在改革开放之后，优势互补，协同发展，共同实现了令世人瞩目的经济增长。一方面，香港是一个面积小而人口多，淡水、农产品资源都极度稀缺的半岛城市。长期以来，香港能够繁荣地发展，离不开内地母亲对于香港基本物资和产品的输送和支持。特别是在 1997 年亚洲金融危机的紧急关头，正是祖国内地对香港经济繁荣的庄重承诺和兜底保护，才让香港安全度过了经济的至暗时刻。从另一方面来看，改革开放初期，内地的经济建设处在摸索阶段的时候，缺乏资金、技术人才和管理经验，香港作为发展程度更高的经济体，为内地的发展注入了大量的资本，同时也输送了大量的技术和经验。二者紧密联系，"出入相友，守望相助"，最直观地体现便是，经过几十年的合作共赢，香港在内地的实际直接投资额累计超过一万亿美元，而内地也有近 1800 家公司在香港设有地区总部、地区办事处和当地办事处。据恒生银行的统计，从 1998 年到 2006 年，香港与内地经济的关联系数只有 0.52，而到了 2007 年，该系数已经升到了 0.62。香港与内地，二者一荣俱荣，一损俱损，正可谓是"青山一道同云雨，明月何曾是两乡"。

2019 年，中共中央、国务院印发了《粤港澳大湾区发展规划纲要》，要将粤港澳大湾区建设成世界级城市群、国际科技创新中心、"一带一路"建设的重要支撑、宜居宜业宜游的优质生活圈，成为高质量发展的典范。如果说，以前内地与香港的经济合作是彼唱此和的关系，那么现如今粤港澳大湾区建设的时代机遇，更让二者休戚与共，唇齿相依了。粤港澳三地之间并不是没有制度差异，但三地之所以能够协同成一个整体，除了地理毗邻的优势之外，更重要的是，三地有各自独特的优势，拧成一股绳，形成了最大的合力，在"一国两制"的制度优势下，彼此互补，打造出新的增长极。为了创造粤港澳大湾区协同发展的良好条件，政府也做出了极大的努力，在住房、教育、交通等方面做出了一系列创新的制度安排，为广大港澳青年来到广东工作创造了良好的条件。正因如此，我认为，新一代的香港青年应当把握住粤港澳大湾区发展的历史性机遇，规划好自己的发展方向，才能真正不负青春，不负韶华，不负时代。

面对这样的历史性机遇，我认为，我们香港青年首先最应当做的是好好学习，提升自己的能力和本领。"宝剑锋从磨砺出，梅花香自苦寒来。"随着中国逐渐迈过"刘易斯拐点"，过去利用廉价劳动力发展产业从而实现经济赶超的时代已经不再。中国要避免掉入发展停滞的"中等收入陷阱"，就必须推动中国社会发展成为一个知识增密的社会。要构筑这样一个社会，最需要的正是我们这一代青年人的努力与进步。因此，除了保留青年人的心气与激情，我们更应当在大学里勤奋学习，在社会上积极实践，将自己发展锻炼成学术基础扎实，综合素养合格的专业型人才，才能适应粤港澳大湾区对于高新产业和高技术人才的需求，在创新发展的时代洪流之下找准自己的定位，实现自身的价值。

作为一名学习法律的学生，我对于如何在创新发展的时代主旋律中找准自己的定位，深有感触。粤港澳大湾区汇集了广东珠三角地区、香港地区和澳门地区三个地区，这三个地区经济都较为发达，有各自的优势。若能将这三个地区的发展联动在一起，打破要素流动的壁垒和门槛，则必将有利于它们彼此发挥自身的竞争优势，最大化地提高三地经济发展的潜能。然而，实现这种要素的自由流动，最大的障碍便在于，在一个国家内的这三个地区，有两种制度、三个关税区和三种货币。要实现三个地区的协同发展，就必须对于三地之间的法律制度、经济形式、政府政策乃至常用语言和交易习惯等进行调解融合，才能创造出三地统一发展的巨大合力。我从小在香港长大，对香港和澳门的人文风情、语言文化和法律制度有比较深入的了解，而在高中毕业后，我就读于地处北京的中国政法大学，又正好赶上了集数十年来法律实践成果和无数法学学人思考结晶的民法典颁布的伟大时代。在这样的背景下学习和思考法律，我对于内地的法律制度也有了深入理解。正是这样的生活经历和求学历程，让我更能知道如何找到三地制度结构和制度安排的"公因式"，更知道如何通过求同存异的思维弥合不同地区的制度差异，从而更好地适应不同环境对于人才的需要。

其次，要不负青春，不负韶华，不负时代，需要我们香港青年坚定爱国爱港立场，以一腔爱国热情投入到香港乃至全中国的建设活动当中去。正如前文所提到的，香港与内地一直以来无论是在地理上，还是文化血脉上，还是经济发展上，都有着不可分割的紧密关系。因此，香港青年要把握住历史的运命和时代的需要，必须坚定爱国爱港的立场。令人十分遗憾的是，近几年来，香港出现了一些思想极端的青年，这些人嘴上全是主义，口口声声说着他们的活动是为了香港的"民主与自由"，却全然看不到一直以来香港与内地的密切联系，将一切不满归因为不法势力口中的"民主与自由"，其颠倒黑白、数典忘祖之深重，令人瞠目结舌，扼腕叹息。在我看来，他们的行为倒行逆施，违背了历史潮流，完全不是什么"维护民主制度的贡献"。对于我辈香港青年来说，充分利用党和国家给予香港城市、香港青年的政策和资源，通过自己的学习不断提高自己的价值，把握住粤港澳大湾区建设的历史性机遇，为香港乃至全中国的发展贡献出自己的一份力量，用自己的实际行动让香港成为民主社会和繁荣城市的典范，才是真正地为香港的民主做贡献。

"鲸波万里，一苇可航。"在中国共产党第十九次全国代表大会上，习近平总书记提出了：不忘初心，牢记使命，高举中国特色社会主义伟大旗帜，决胜全面建成小康社会，夺取新时代中国特色社会主义伟大胜利，为实现中华民族伟大复兴的中国梦不懈奋斗。新时代的号角正在不断吹响，无论是在香港的"小家"，还是在全中国的"大家"，香港青年都能感受到家的温暖，感受到时代机遇的青睐和历史使命的召唤。正因如此，我辈香港青年更应摆脱冷气，做事发声，为香港社会的繁荣和全中国社会的发展进步做出自己应有的贡献。"长风破浪会有时，直挂云帆济沧海"，愿我们不负青春，不负韶华，不负时代，在历史的机遇下采摘鲜花，在时代的召唤下驶向大海！

努力不负青春，韶华不负梦想

广东药科大学　医药信息工程学院　计算机科学与技术

2017 级　香港　张柏辉

　　一百年前，陈独秀先生曾言："青春如初春，如朝日，如百卉之萌动，如利刃之新发于硎，人生最宝贵之时期也。"对于当时的青年来说，青春，意味着一种生机勃勃、百折不挠的人生，意味着一种以天下为己任、饱藏奉献的精神，意味着一种为往圣继绝学、为万世开太平的理想。改革开放以来，中国已经进入多种价值取向并存、多重转换共振的关键时期。一个世纪后的 2020 年，是全面建成小康社会的收官之年，是开启"十四五规划"新发展阶段的一年，也是踏入社会主义现代化国家新征程的一年。那么年轻一代的青春又应该赋予怎样的内涵，定下怎样的方向，沉淀怎样的价值？

　　正如毛主席所言："你们青年人朝气蓬勃，正在兴旺时期，好像早晨八九点钟的太阳。希望寄托在你们身上。"充满活力的青年人总是舞台上的主角，曾有戊戌六君子抛头颅洒热血，为国家生死存亡斗争；现有一批又一批的青年医护人员在新冠肺炎肆虐祖国大地之时奔赴抗疫前线，"与生命赛跑，与死神决战"，义无反顾地加入了这场没有硝烟的战争中。周总理在 1919 年发出"吾辈生于积弱不振之中国，安忍坐视而不一救耶"之言，李大钊先生在《新青年》中写道：青春之宇宙，资以乐其无涯之生。他们将青春奉献给中国，时代在变，社会在变，不变的是这颗滚烫的中国心。

　　新时代、新征程、新使命，动荡不安的革命峥嵘岁月已成为中国发展史上不可磨灭的篇章，生活在瞬息万变的和平年代并不代表安逸。如今，世界正经历百年未有之大变局，新冠肺炎疫情全球大流行使这个大变局加速演进，经济全球化遭遇逆流，保护主义、单边主义上升，世界经济低迷，国际贸易和投资大幅萎缩，国际经济、科技、文化、安全、政治等格局都在发生深刻调整，世界进入动荡变革期。所幸，万物皆有两面性，动荡变革给中国带来冲击的同时也带来了机遇，神州大地信息产业蓬勃发展，从 5G 技术问世到逐步全面开始商用；建成和开通了独立自主、开放包容的北斗三号全球卫星导航系统；"天问一号"成功踏上奔火之旅，中国迈出了行星探测的第一步，迈向了更远的深空……站在"两个一百年"奋斗目标的历史交汇点上，作为一名爱国爱党的香港青年学子，深刻地体会到实现中华民族伟大复兴是全体国民的共同期待。

梁启超先生曾经说过，"少年智则国智，少年富则国富，少年强则国强，少年独立则国独立。"新一代青年有理想，有抱负，有担当，那么国家就有前途，民族就有希望。回首往事，曾几何时，我们伟大的祖国被外国列强践踏得满目疮痍，伤痕累累，但是，中华儿女没有屈服，而是奋起抵抗，一代又一代中国青年沿着五四运动开辟的振兴中华的道路，继承和发扬五四精神，在党的领导下坚持不懈地奋斗，把握时代脉搏，顺应时代潮流，始终走在时代前列，继往开来，在为实现中华民族伟大复兴的道路上不断探索。作为新一代有理想、有抱负的港澳台青年，更要坚定信念，牢记使命，主动肩负起时代重任，以实现中华民族伟大复兴为己任，心系国家未来，积极创新，融入国家发展大局。

修身齐家治国平天下。当代港澳台青年学生要通过不断努力提升自己，把个人的成长融入国家的发展大局中。从我踏上内地求学之路到现在即将结束本科阶段的学习过程中，这几年我亲眼见证了祖国的飞速发展，通过国家提供给港澳台青年学子的学习和创新创业平台，我看到了更广阔的世界，我憧憬着前方未知的机遇和挑战。立足当下，眺望未来，我明白要实现我的理想，以我如今所掌握的文化知识与实践经历是远远不够的。当前，我国在人工智能、生命科学、航天航空和国防建设等方面的创新性人才缺口很大。粤港澳大湾区的建立更是给我们带来了机遇，政府和有关部门对粤港澳大湾区的真诚关心与殷切期许，落实到了诸

图 1

多政策措施上。为支持港澳青年创新创业，国家在广州南沙、深圳前海、珠海横琴建设了多个产业孵化器和双创平台；为便利港澳台青年能够更好地在内地发展，符合条件的港澳台居民可在内地参加社会保险并拥有社保卡，与内地居民同享待遇；为给港澳青年"北上"发展提供适宜环境，深圳市首次定向招录港澳籍公务员……泱泱海阔凭鱼跃，朗朗天空任鸟飞，欲成国之栋梁，青年之表率，提高自身素质与能力必不可少，更要脚踏实地，立足国情，立足自身现实，刻苦学习专业知识，牢固专业基础知识。所以我决定继续深造，到更高的学府，更大的平台去展现自己。

红日初升，其道大光。河出伏流，一泻汪洋。我们港澳台青年有责任、有义务当好新时代的奔跑者，在实现"两个一百年"奋斗目标的进程中矢志奋斗，砥砺前行。时代提供机遇，奋斗成就明天。广大港澳台青年要把个体命运和国家民族命运紧紧联系在一起，在谋求国家富强和民族复兴中彰显个人价值，坚守原则底线，与祖国同行，以青春之我、奋斗之我共担民族复兴的责任和使命。新时代正在呼唤我们，扬起理想的风帆，以梦为马、以汗为泉，勇于探索、勇于突破；以昂扬向上的精神风貌、攻坚克难的实际行动，矢志不渝地向着现代化的光辉目标、向着中华民族的伟大复兴迈进，不负青春，不负韶华，不负时代！

不负芳华，便可看尽芳华

深圳大学　电子与信息工程学院　电子科学与技术

2020级　香港　李乐儿

致未来见证"两个一百年"到临的你：

见字如晤。

东海扬尘，源淳泽汇。生于香港、长于内地的我站在时光长河的两岸，时代的脊梁也正值风华正茂，青春年华的千禧之子们，正在为祖国谱写激昂赞歌——"英雄的祖国屹立在东方，像初升的太阳光芒万丈"。

仿如鲁迅先生悃寄厚望于青年，我由衷地希望古稀之岁的你仍能朝花夕拾，笑谈往事之时可骄傲地告诉后辈"你曾是先生心中期望的太阳"，不负使命，为祖国谱尽芳华。

因为心系祖国，所以你懂得不负韶华。香港的未来"一国两制，港人治港"的伟大实践，乃至中国民族的伟大复兴，都是香港青少年的责无旁贷。特区政府教育总课程发展主任曾说："国民身份的认同不是纯粹知识性可以做得到，我们对民族文化、国家历史，要有一种触动之情才行。"在社会主义核心价值观洗礼下成长的你，以忠诚守护那一抹红。你知道升国旗的时候，不只是奏国歌，而且要对祖国秉持信仰和尊敬，对革命先烈们缅怀敬仰之情，更是要对自己生于这样伟大祖国而感到骄傲自豪。你的双眼看过祖国的大好山河，耳朵听过人民最美的赞歌。和在香港成长的孩子不同，在内地读书期间你的真切感受，使"赤子心，中国情"在你心底早已烙下不可磨灭的印记，更坚定了承担起国家责任的信念，因为在这里生活真的很幸福。

因为坚定信念，所以你不愿意辜负青春。今日之责任，不在他人而全在我少年。不知你是否还记得2020年的冬天很长很难很煎熬，全世界都在经历着前所未有的困难和挑战，突如其来的疫情让城市暗淡。当被不法势力蒙蔽的部分香港青年还在无知地聚众闹事之时，在内地的你见证着一批又一批的中国青年为这个时代勾勒出的了不起的中国模样。哪有什么白衣天使，只不过是一群孩子披上了白大褂，和前辈们并肩，跟死神抢人罢了。在被称作孩子的年纪里，有人已扛起了时代的重担。你看到生于微末中的万千萤火，乘长风汇聚成熠熠星河，漫漫长夜里唯一的亮色，那便是中国红。那是由千千万万生于平凡而心系天下的中国人，在云端上，在尘埃中，拼尽全力盛放的光芒。你以他们为荣，以他们为傲，更以他们为榜样。身为一名香港人，在连串社会事件带来动荡的情况下，在内地生活的你努力地装备着自己。

因为志存高远，所以不容许辜负时代。乌飞兔走，每一代人的历史际遇注定难同，没有人的旅途是风帆尽顺的。你生逢新世纪，可幸生逢盛世。是呀，大家已不滞于本专科追求，高等学府才是众望所归。改革开放四十年，孙中山先生百年前的建国方略早已实现，中国一直在直面现实问题，孜孜屹屹地争取化解各种矛盾，力推和平发展，这也是对中国老百姓所怀的"中国梦"最好的回应。想必现在的中国已经拥有了自己的空间站了吧，在过去遭到国际拒绝的中国，弯道超车，自行研制，自主创新。风起于青萍之末，国外对我们技术封锁，反而成就了我们的创新。商业航天风起云涌，创新改革潮起潮落。"中国天网"是守护我们的眼睛；"犯我者，虽远必诛"是守护我们的后盾。搭载光学仪器，也应该服务于农业了吧；操作物流无人机，弥补了赈灾和快递运行产业；卫星数据发展，带着探知技术走向了你所在的时代；高峡出平湖，天堑变通途，生命技术、海滨大厦、运维体系、卯识操作……从大图造化到铆钉细补，几十年间的极限冲击，中国也终于风云崛起。

图1

现在的你是否秉持初心？我坚信你不曾忘记"祖国高于一切，才华贡献人类"。吾辈的芳华时代不容得辜负，祖国芳华应当永存。不知未来的你是如何走去，"苔花如米小，也学牡丹开"，做新时代的参与者是你的使命，即使生如苔花，也要脚踏实地、"撸起袖子加油干"。中国就像一列特快列车，而你坐在列车上，不知现在的你是否看尽了长安花，又是否跨遍万水千山，但时代会看到你绽放过的神采，知晓你为理想奋斗的故事。"应是无机承雨露，却将春色寄苔痕。"在这个新时代里，即使已为枯树，我知道你也依旧会兢兢业业，不负于祖国，不负于人民，更不负自己。

不知"两个一百年"到来之时，沧桑巨变后的中国是以何种姿态屹立于世界，想必定是绚丽光彩。借先生的话，"能做事的做事，能发声的发声。有一分热，发一分光，就令萤火一般，也可以在黑暗里发一点光，不必等候炬火。"看着"两个一百年"到临的你必定感慨万分，时代两端的我们，追梦的那份赤子心必在熊熊燃烧，你虽已走出半生，愿你归来依旧是那个芳华绝代的少年，不负众望，看尽中国这棵屹立时代长河边的参天大树，尽显芳华。

此刻，我依然想问，"那么久了，中国可好？你是否依旧幸福？"

即便，我知道答案，"山河犹在，国泰民安，一切安好。"

我们这群人不负芳华尽处便是祖国的芳华！

就此搁笔。

三 等 奖

结缘祖国

——不一样的成长

南开大学 历史学院 文物与博物馆学 2017级 香港 梁晓彤

"在我的中学校园里开着一棵鱼木树，就在教学楼的正前方，每天上学下学都会瞧见他。忘记在什么时节，鱼木树花开花落，操场一隅总会有黄白的小花瓣漫天飘扬，样子美极了。我觉得青春便该是那样的，像花一样绽放，然后……"哐当一声，我从文字里抬头，还没来得及反应，书架上的书本物件便尽数掉下，已经来不及阻止，只得慌忙地将手从随笔本上抽回，无言地对这场"排山倒海"行注目礼。等到一切结束的时候，书架上已经空空如也，原本放在书后的几张大合照也重见天日，目光顷刻便被一片绿吸引。是了，大一的时候我还和同学们一起参加了军训，照片上的自己坐在首排的最左边，仍是那傻傻的、稚气的笑容。后来与同学们闲聊，说起第一印象，都说有个普通话不太好的姑娘。这四年过去，现在的我成了一个说话带着广东口音，用语又非常东北的女子。

要问我高中时有没有想过自己会到遥远的北方来上学，那其实是没有的。可是高三要准备报考时，又无意中看到现在读的这一门学科，生出几分好奇便提交了申请。没想到自己最终会选择独自离开了那成长的土地。生疏的语言、陌生的环境，离开挚友与家人。朋友会问我为什么，毕竟在香港也得到大学录取，可我就是想让自己的青春无悔一次，总得离开自己的舒适圈，才能找到更大的天地。年少时曾因偶然的机会，随着慈善机构到贵州短期支教，尤记得告别那天，那长长的山路也骤然变短，在半路一个小女孩从家中追出来，手上还揣着一本未写完的小本子，上面满是感谢的话。我永远记得上面写着"我一定会好好读书，像哥哥姐姐一样……"那时没想到渺小的自己也可以影响到他人，只是清晰感受到这个地方的美好。也许这就是一个生命影响生命的成长过程，那时候我心里便埋下一颗种子，或许有机会我也可以参与到这成长之中，一同见证她的美好与强大。不禁想，我又能为她做些什么呢？因此接到通知书后，犹豫了数天，最后我希望用四年的时间，可以走出书本，了解我的祖国。

南开大学，在初识时知道是周恩来总理的母校。高中的文学老师分享过这位出色的外交家，面对不同场合都能从容不迫地应对，说话大方而气场不减。许是我本身不善言辞，所以特别敬佩周总理这样有智慧的人。到了南开后认识了叶嘉莹教授，还有已经退休的孙立群教授，看他们步履蹒跚，却满身的沉稳平和，我觉得他们依然年轻，坚持信念，择一事终一生，也许这种韶华不再，但却无负无悔的毅力，便是不老的秘诀吧。来到这里之后，有幸细细感受国家的变化，偶尔上下课的路上会听到校园的新闻广播，一些细到像旅游区卫生改善方案，大到国家政策都仿佛伴随我的大学生涯，好像在一同成长一般，都是为了创造更好的未来。

从中学到大学，踏入人生的另一个阶段，才发现青春不简单，它不只是单纯的勇气与一股子的冲劲，它还带着责任，还有必然的迷惘和挫折。一开始它像风筝，牵线的人是老师和父母，可后来牵线的人又变成了自己，我们学习着怎么控制，怎么令它飞得更高。勤学为的是为自己今后的人生做更好的准备，也是为社会未来做准备，时代更迭，社会发展又如此急速，年轻一辈总是要时刻待命，才能迎战将来。

不负青春，是要在跌宕中找到方向；不负韶华，是坚持所信，努力拼搏；不负未来，是承担学会身上的责任，使青春无憾，用自己的力量为这片土地做出贡献。青春不怕跌倒，怕的只是停滞不前。或许过程中我们总是会走一些弯路，但哪怕路上拐了个大弯，这条路上你看到的风景，永远都是属于自己的，谁也夺不去。

我放下手上的照片，看着一桌子的凌乱，却也无心整理。转头看向窗外，脑海里的鱼木树变成了冬日里的蓝天白云，我突然想要离开这个温暖的房间，趁着这剩下不多的时间，再一次真切地感受这北方的冬天。我想起以前读过的文章里的一句：我仰望树，仰望天空，看见了没有翅膀但会飞翔的云层。

追梦的过程不是一个人，而是你的梦，我的梦，编织成了中国的梦。青春岁月里，不断前行，肩负时代的使命，我自是年少，韶华倾负。

青春为诗，不负韶华

华侨大学 华文学院 汉语国际教育 2019 级 香港 左湘仪

"惟楚有材，于斯为盛"，其上联"惟楚有材"出自《左传》，原句是："虽楚有材，晋实用之。"即楚材晋用的典故。下联"于斯为盛"出自《论语·泰伯》，"唐虞之际，于斯为盛。"本为孔子盛赞周武王时期人才鼎盛局面，现如今是湖南省长沙市湘江之畔的岳麓书院门前的一副对联，意境深远，气势也是何等豪迈。

图 1

在 2020 年 9 月 17 日下午，习近平总书记看到诸多青年学子的风貌，更是感受到湖湘大地人才辈出，涌现出许多报效祖国的栋梁之材，情不自禁地念出"惟楚有材，于斯为盛"。习近平总书记在当天更是鼓励我们每一个学子能够不负青春、不负韶华、不负时代，珍惜时光好好学习，掌握知识本领，树立正确的世界观、人生观、价值观，系好人生第一粒扣子，走好人生道路，为实现中华民族伟大复兴贡献聪明才智。

青春就像一首诗，诗句中徜徉洋溢的热情，青春又像是一幅画，每一个青年学子在色彩斑斓中描绘着未来的理想。青春又像是一首歌，音律的跳动带着时代的音符。把人生比作一幅画，那么青春就是画中最为斑斓的一笔，充满着理想、梦想的色彩。不同的时代，每一个青年学子有着不一样的青春气息，但是不变的是代代青年学子一如既往地期望国家昌盛、人民安康。

对于青年是一群什么样的人？习近平总书记曾经说过："青年是标志时代的最灵敏的晴雨表，是祖国的未来、民族的希望。青年的价值取向决定了未来整个社会的价值取向。"青年学子是国家的希望，也是国家的明天。在以习近平同志为核心的党中央领导下，我们的伟大祖国正在朝着全面建设社会主义现代化强国奋发前行。在党领导人民不懈奋斗的历史征程中，每一个青年学子都不缺位，每一个青年学子更是始终以拼搏的精神、奋进的姿态，积极地投身现代化强国的建设大业中去。每一个青年学子更要不忘使命，以实现中华民族伟大复兴为己任，将自身的个人成长融入国家发展当中去，让我们的五星红旗迎风飘扬。

身为当代新青年，我们更要不负韶华，要真正能够在自己的本职岗位中奋发前进，在大学要积极地投入到学习中去，提高自己的能力，有朝一日为祖国伟业添砖加瓦而奋勇前进。在2020年，我们国家遇到了疫情的冲击，无数的热血爱国青年加入抗疫前线，在时代的前沿中去守护着国家人民的生命安全。正如新闻所报道的，疫情发生的第一刻，疫情就是命令，他们每一个人都是父母的孩子，同时他们每一个人也都是国家的卫士，接到命令的那一刻，没有犹豫。我不禁为他们感慨作诗：

寒风起，冷刺骨，疫情无情，人有情，一方有难，八方支持。

披白衣，写请战，五星红旗，疫区飘，武汉受难，全国请战。

现在，是他们在守护着我们，而将来我们也该去守护他们，这也是我们每一个青年学子未来的使命。我们要把个人的理想与祖国的前途牢牢地拴在一起，勇于背负国家伟大建设的重任，承担人民富强的希望，才能够更好地创造出无悔的青春！

图2

今天，在历史上没有任何时候都能够像现在这样如此接近实现中华民族伟大复兴中国梦，每一个青年人更加需要去集聚起青春的力量，在前进中奋力，在学习中不断进步，只有这样才能够在实现中国梦的伟大进程当中放飞自己的青春梦想。

并且在人生的使命征程当中，我们这代青年学子会用对梦想的坚持、对时代的担当，让历史记住我们青年一代。我们终将会成为中流砥柱，青春的绚丽之花会为祖国和人民绽放！身为当代青年学子，应当把青春献给祖国和人民最需要的地方，我们要敢为人先，要树立远大理想来引领我们的爱国之志，通过担当时代的重任去诠释自己的爱国之情，主动担负起国家建设的发展重任，实现中华民族伟大复兴的中国梦。

在实现中国梦的伟大进程中，我们当代青年学子更要志存高远，肩负使命，不忘初心。每一个青年学子所追求的理想有多么远大，不仅仅决定着自己的人生能够前进到什么地步，更是关系到国家的前途以及整个民族的命运。我们每一个青年学子要树立远大的理想，始终坚定地跟党走中国特色社会主义道路，并始终为实现中国梦而奋斗一生。我们要放飞青春梦想，要勇于开拓进取，因为民族复兴的进程需要全体青春学子共同努力而为之奋斗。

青春就是用来奋斗的，我们要不断向前奔跑，要有超越前人的志气，还要有敢为人先的锐气。我们要脚踏实地向前迈去，积极投入祖国建设的第一线，国家哪里需要我们，我们就要到哪里去，在广阔的天地中去经历风雨，增长自身干才，才能够有所作为。党和国家的伟业寄托在每一个青年人的身上，每一个青年学子要历练出宠辱不惊的人生境界，坚定自身内心中百折不挠的进步意志，始终保持乐观向上的精神面貌，真正做到从容自信，真正为我国社会主义现代化建设添砖加瓦！

以青春为诗，不负使命！

把中华文化传播到五湖四海

浙江师范大学　国际文化与教育学院　汉语国际教育　2019 级　香港　丁心怡

我来自香港，是汉语国际教育专业的一名学生。选择这个专业，不仅因为我自幼接受中华传统文化的熏陶，还因为家族世代传承的复兴中华文化的夙愿。"把中华文化传播到五湖四海"，就是这样一个朴素却豪气满满的愿望，把我送到了内地的高校学习更多中国传统文化知识。

一、每个人身上都拖带着一个世界

夏多布里昂说：每一个人身上都拖带着一个世界，由他所见过、爱过的一切所组成的世界，即使他看起来是在另外一个不同的世界里旅行、生活，他仍然不停地回到他身上所拖带着的那个世界去。

1. 家庭给我的熏陶

我的祖上来自福建泉州，泉州自古以来就是文化之都，更是涌现出许多名师大家。爷爷辈的长辈们在和我聊起往昔家族的风骨时，眼中流露出的追思总是让我心生向往。因为我生长在华人家庭，身边的长辈和朋友也多是华人。父辈对于中华传统文化的继承很是重视，每到春节、元宵节、中秋节，我们总是会举办隆重的家宴来欢庆。每逢佳节，祖父都会赋诗一首以期庆贺，春节假期中更是少不了各种对联。正是这种潜移默化的文化熏陶，给了幼时的我对于中华文化的盼望。

2. 与生俱来的执着

记得高中时读毛主席的诗：久有凌云志，重上井冈山。千里来寻故地，旧貌变新颜。读诗的时候，便在遥想若有机会，一定要去内地读中文，看看长辈们口中的江南风光是什么样子。千里来寻故地，寻的是家人口中的故地，也是在寻找我心中中华文化的渊源。如今手捧一卷诗经，走在江南的景色里，我觉得自己像一个久离家乡得归的故人，从往昔走来，向未来走去。之前在网上看到一个博主，她身着汉服并梳着汉式的发髻，在纽约车水马龙的街道上弹奏古筝。铮铮琴声回荡在竖立着现代化广告牌的玻璃大厦中，吸引了不少外国人驻足观看。古典的琴声穿越许多年的岁月与千里的山河而来，这是我们中华民族传承多年的文化自信与文化输出，展示的是我们作为一个海外华人所拥有的风骨和底气。作为一个中华传统文化的传承者，我希望用我国际汉语专业的知识寻找历史与文化，再把这些珍贵的文化宝藏介绍和传播到其他国家。

每个人的身上，都有一个世界，与我而言，这个世界就是文学和世界。我对中华文化着迷，也对外面的大千世界野心勃勃，我的青春，我希望用我喜爱的东西去填满，或者付出它，为了我所爱的一切。背负着中华文化的我，走到哪里都不会忘记，我是华夏的子孙，肩上背负着中华民族伟大复兴的使命。

二、于方寸之间，创造新的可能

1. 风云变幻，不变的是赤子之心

如今全球局势变幻风起云涌，我的家乡香港近年来就发生了暴徒冲击立法会事件，香港的警方正当执法抑制住了暴乱，境外势力却妄图混淆视听，颠倒黑白，同时我们还要警惕欧美资本主义的文化入侵。在时代的机器下，我立志成为一个小小的齿轮。齿轮虽小，却不能缺少其中任何一个，用我的知识，捍卫国家的文化主权，这就是我作为一个齿轮想要实现的愿望。

2. 许下一个愿望，孵化文化的种子

老一辈的人将作家，或是做文化的人，比喻成爬格子。读书人眼前只有一张布满了格子的纸，书写下的东西确实能改变国家与世界的意见。

学成后的自己，或许只是孔子学院一个平凡的老师，又或许只是我国对外报社的一个编辑，可能并不会做出太大的成就。而我的工作，却可以用中华文化启发全球的人，传播我们五千年来优秀的传统文化，让中华文化进一步走出国门，增强我们的文化影响力，增强国人的文化自信，推动传统文化得到新生命的滋养。

文化的种子，需要人精心呵护。作为一个香港学生，我要尽我所能努力学习专业知识，做一个中华文化的播种人。方寸之间，也可以创造出无限可能，将青春韶华奉献给中国特色社会主义现代化建设，是中华文化交给我的使命，也是我作为一个世代相传的文化人所必须做的复兴事业。

踏上新征程，逐梦新时代

——不负青春不负韶华不负新时代

上海工程技术大学　艺术设计学院　广告学　2020级　台湾　吕思齐

威武炎黄兮，吾之祖先。壮丽神州兮，吾之国土。泱泱华夏兮，吾之家国。七十余载的风风雨雨，经历多少次历练，祖国以其坚强不屈的姿态站在世界东方、屹立不倒，我为有一个这样强大富饶的祖国而骄傲、自豪！作为一名台湾学子，有幸见证祖国母亲日益崛起，在大陆读书期间，我更加觉得自己是实现"中国梦"的一份子。国家的成长带动了我个人的成长，中国人的身份就是我最大的荣誉，在未来的人生道路中，我将会秉持初心，砥砺前行。

一、沧桑巨变 大国崛起

1. 大陆求学 见证奇迹

1998年从台湾到上海求学，在20年左右的时间里，这里从一个普通城市发展成为世界级的超级城市，祖国大陆正在上演着一个又一个奇迹。每年寒暑假我游走在大陆和台湾之间，看到了在国家政策的扶持下各个城市都在不断发展，沿途风景发生了翻天覆地的变化。生活在大都市，交通便利、商场林立，尤其是在电子支付这方面，出门几乎不需要带现金，动动手指就能付款，实在是太方便了！在近几年，我也获得了台湾居民居住证，对我而言这是医疗保障、身份保障、安全保障，更是祖国给予我们台湾同胞的关爱。在这里，我更加深入了解祖国悠久灿烂的历史文化，增强民族认同感，在自己的兴趣上有更高的追求，这是我一直坚持的事情。

学校开设的思政课堂，让我清楚地认识到自己的责任所在，要深入学习习近平新时代中国特色社会主义思想以及党的十九大所传达的精神，进一步了解国家经济、文化、社会的发展状况。奋斗新时代，青春正当时，站在两个百年奋斗目标的历史交汇点，我应该勤奋学习、刻苦钻研、勇于创新。在中国共产党的领导之下，大陆的实力日益强大，对于港澳台地区的学生吸引力越来越大。过去在台湾生活时，我渴望跳出舒适圈，事实证明选择来大陆读书是我当时的最正确的选择，能够亲眼看看祖国的大好河山，亲身感受祖国的发展变化，见证令人骄傲的"中国速度"。

2. 脱贫攻坚奔小康

大陆这些年的经济发展，发达地区与大城市脚步很快，但对偏远贫困地区不能放弃，所有同胞都富起来，中国才真的算强大起来了。近几年，曾经的贫困县，都在因地制宜地推广与扶持经济作物种植业、村镇企业、农产品加工业等产业，并将贫困地区的每一个创收因素都与互联网相连，通过电商交易、主播带货、产品线上推介等方式为村民们打开销路，提升需求，创收致富。这样精准地实施科技扶贫，为村民打开了一扇致富之门。

3. 改革开放新浪潮

2020年是深圳经济特区建立40周年，在认真观看了庆祝大会直播之后，深圳的今非昔比令我久久不能平静，40年前，深圳还是一个小渔村，深圳之母的蛇口更是一个弹丸之地。40年的时间，深圳就从一个默默无闻的小渔村，发展到如今的世界第一的5G领先城市，深圳的奇迹离不开在背后默默付出的中国政府和中国人民。如今的深圳，已经是中国改革开放的示范先行区，更是创业、创造、创新的活力之地，身为中国人的我，看完直播后感到热血沸腾，我为我的祖国感到骄傲！

图1

二、台湾学子 圆梦大陆

习近平总书记说，实现中国梦要一步一个脚印踏踏实实走下去，因此作为一名大学生，我当下的目标就是希望自己努力完成学生的本职，加强专业知识的学习。在大学生涯里，既要树立鸿鹄之志，又要脚踏实地，在实践中不断完善自我的大学生活才更有意义。

中央有关部门已推出部分措施，并正在研究更多举措，以便利港澳台同胞在内地（大陆）生活、求学、就业等。这些措施，小到买火车票，大到就业、社会保险等政策，有效回应了港澳台学子对在内地（大陆）生活、求学、就业等方面的需求。

台湾学生对就业创业有非常迫切的需求，学校也会为港澳台学子举办就业创业考察活动，在学校老师的带领下两岸学生开展了破冰活动，破冰活动形式活泼新颖、方式生动有趣，学生之间的感情迅速升温，彼此间很快地建立了信任和默契，通过校园参观，彼此间加深了了解。大陆如今不仅有优质的教育资源，充满活力的企业，可观的薪资，与国际接轨的机遇，更有实现人生梦想的可能。大陆已成为我们台湾学子走出岛内，追逐梦想的首选地。

进入新时代以来，台湾青年也必须担负更多的时代责任，这个责任不分大小，但最重要的就是勇于承担，始终以"振兴中华"为己任。新时代台湾青年要以"立志做大事"为人生目标，同时要做好自身的品德修养，人品端正，做对社会有贡献的事，提升精神文明，践行社会主义核心价值观。在大陆这片土地上发挥自己的力量、传递温暖，这正是新时代台湾青年的责任与担当。

三、两岸同胞紧相连

从牙牙学语开始，我身边的长辈就一直教导我，作为中国人，不管我们来自何处，我们都是炎黄的子孙。我们拥有相同的血脉，我们的文化起源相同，我们的黄皮肤就是最好的标签，这样的证明谁也无法改变。因此，身为港澳台学子，我们更要考虑祖国的利益，团结力量为家卖力，为祖国效力。展望未来，必定有着不一样的前景，我也相信幸福的道路就在不远处。

台湾始终是中国不可分割的一部分，现在还是有部分台湾岛内的人，因为没有来过大陆、听信部分不实媒体的报道，所以对祖国不是很了解。我也希望通过我微薄的力量，向更多台湾的同胞宣传祖国。相比之下，当前台湾地区仍然处在诸种困境之中。习近平总书记的讲话坚定了祖国统一的决心和自信，要实现中华民族伟大复兴的目标，台湾必得要跟上祖国发展的步伐，这也是我们台湾青年义不容辞的责任。

四、圆梦大陆 新征程再出发

今天的中国在面对未来时，每一个中国人都必须要有大国国民的格局。台湾青年要主动学习大陆新知识、求新求变，了解正确信息。无奋斗，不青春，发展永无止境，奋斗未有穷期，中华民族伟大的精神力量引领我阔步迈向新时代新征程，开创新局面，谱写新华章！

我的根在祖国、学在祖国、爱在祖国、梦在祖国！无论是"我国家犹若金瓯，无一伤缺"的文化记忆，还是实现中华民族伟大复兴的当代之梦，我们这一代青年人，都是家国情怀的传承者。爱国，植根在我们每一个人的血脉中：我们在"文化基础、自主发展、社会参与"的核心素养的形成中，不断完善健康的个性，积极打造健全的人格，努力形成正确的人生观、价值观和世界观，最终成为圆中华民族伟大复兴梦的高素质人才！

70 多年来，中国在世界上的地位已发生根本变化。每一个中国人，特别是如今的台湾青年人，都对中华民族的生存、发展和繁荣负有不容推诿的责任。一切的一切为我烙上黑眼睛、黄皮肤的"中国印"，作为新时代新青年，要时刻牢记总书记的殷切嘱托，把中华优秀传统文化传播和弘扬到五洲四海，以梦想为岸、以团结作帆、以奋斗为桨，在浩荡的时代东风中，向着祖国下一个光辉的70 年启航。

习近平总书记说"一代人有一代人的使命"，我必将自觉承担起时代赋予我们这一代人的使命，不辜负时代的嘱托，坚持奋斗，坚持前进，坚持创新，成就自己的发展，成就祖国的强盛！习近平总书记的讲话，开启了"促统"的新时代。今天，实现祖国的统一，是人心所向，大势所趋。两岸青年都是让中国未来走向更好的主体，征途漫漫，唯有奋斗，新时代、新征程共奋斗，才能把中国建设得更强大！

甘将热血沃中华

四川大学　公共卫生学院　预防　2018级　香港　林芳婷

"轰隆，轰隆，轰隆"，西方帝国主义用大炮野蛮且强势地打开了中国国门。1841年鸦片战争战败，清政府签下《南京条约》；1887年清政府签下《中葡里斯本草约》；1894年甲午中日战争战败，清政府签下《马关条约》。

曾经的港澳台同胞，隔着"海上走廊"只能痴痴地透过浓烟滚滚望向祖国的天空，看着被鲜血晕染的晚霞陷入悲痛——余霞成绮，寄我相思。而背后却是异国的国旗耀武扬威地飘扬，仿佛是帝国主义面目狰狞地嘲笑与讥讽。回首泪成痕。现在的我们，隔着海看得到技术成熟先进的港珠澳大桥，只消一两个小时就能到达内地。

是什么让我们拥有曾经他们所渴望的东西？是国家的富强繁荣，是无数中国人在咬牙拼搏！赵一曼说："未惜头颅新故国，甘将热血沃中华。"他们度过了多少个饥寒交迫的日夜，扛过了多少次枪林弹雨？那个艰难时代的中国人用最炽热滚烫的血液刻下最忠诚庄重的誓言——要赶走敌人，要振兴家乡！要太平盛世，硝烟不再！他们要让吹灭的蜡烛重新燃起，要让荒凉破败的城市恢复千家万户的灯火通明。

"梦是把热血和汗与泪熬成汤，浇灌在干涸的贫瘠的现实上。"所以，目不识丁的人放下铁锹，穿上铁衣；妇孺老幼竭尽所能走出家门，开始工作；学者钝学累功，学习外国先进技术；核物理学家们牛角挂书，研究武器弹药……"凡心所向，素履所往，生如逆旅，一苇以航"是他们最好的诠释。他们在为自己的国家披荆斩棘，奋不顾身。

"江山不负英雄泪，且把利剑破长空。"先辈为我们拼起祖国山河的拼图，为我们免去颠沛流离，我们应当牢记先辈，殷切感激，更应当尽自己的全力守护好我们的祖国，以告先辈之灵。我们要知道，千家万户的灯火通明，是他们熠熠生辉的眸光；我们的安居乐业，是他们结实臂膀的支撑。戴逸说："一个民族如果忘记了过去，就不能正确地面对现在和未来。"所以，作为当代青年人，我们应该不忘初心，牢记使命，以梦为马，砥砺前行，应该"弄潮儿向涛头立，手把红旗旗不湿"。

我们站在这片饱经沧桑的国土上，应当正视新时代赋予我们的责任，为祖国建设奉献出自己绵薄的力量，继续写好"坚持和发展中国特色社会主义"的鸿篇巨制，即使不能如张载一般"为天地立心，为生民立命，为往圣继绝学，为万世开太平"，也可以尽己所能，做到鲁迅先生说的那样，"必须敢于正视，这才可望敢想，敢说，敢做，敢当"，此外还需敢于担当，善于担当，敢于实干，善于实干。

我们既要做仰望星空的人，也要做脚踏实地的人。在认真规划美好的前景蓝图后，就要去亲自落实，明锐觉察世界发展的风向变化并及时做好应对措施，严格审核每一个或大或小的材料的质量，堆砌好每一块坚实耐腐蚀的砖块，刷好色泽亮丽的漆，尽心尽力地建设好繁荣昌盛的国家。

新时代开启新征程，新使命引领新未来。作为新世纪青年人，要为祖国的建设添砖加瓦。如今国泰民安，我们也无需报国无门空自怨，虽不能像从前一样只解沙场为起点，以马革裹尸为终点，但在内地学习的我们可以抛橡皮洒墨水，刮摩淬励，为中华崛起而读书。在外求学就向朋友同学分享家乡的情况与发展，在家就向村邻乡舍宣传祖国内地的鹏程万里，面对舆论不良分子要坚持一个中国不容退让。我虽人轻言微，但是鉴真仅以一人之力六次东渡，弘扬佛教文化，只要咬定青山不放松，东西南北风又何惧？一箭易断，十箭难折。虽不能像鉴真大师向一国家弘扬文化，但我可以向一个班级、一个小组甚至一个寝室发表我的看法，展示我的热爱。

对自己，要磨炼自己的心性，培养自己的动手能力与思维逻辑，每日收看新闻，家事国事天下事，事事关心；对家庭，要兄恭弟谦，孝顺父母；在社会，要完成自己应尽的义务，积极进取，爱学爱劳动。正如古人所说，"达则兼济天下，穷则独善其身"。

位卑未敢忘忧国，作为新中国的青年人，我们要立足于新时代，以昂扬的斗志完成新使命，以新时代中国特色社会主义思想为指导，奋力夺取新时代中国特色社会主义伟大胜利。

青年人，当把利剑破长空！

青年人，当将热血沃中华！

青年人，当不负青春，不负韶华，不负时代！

青春正年少，逐梦正当时

华东师范大学　化学与分子工程学院　化学　2020 级　台湾　彭琳钧

"时间是一只藏在黑暗中的温柔的手，在你一出神一恍惚之间，物走星移。"恍惚间，2021 年的脚已经迈进了前院，回首 2020 年，感慨万千。

2020 年之所以特殊，是因为它教会了我许多。就众所皆知的新冠疫情来说，疫情开启了不平凡的一年。对于一个刚满 18 岁的青年人来说，我的人生阅历并不丰富，只是一个普普通通的学生，而疫情对那时的我来说，影响非凡。其实起初的我也并不觉得疫情离我很近，觉得自己能做的就是尽量待在家里，出门戴好口罩，只是放了一个长得不真实的寒假罢了。但是有一天，我们小区出现了一例确诊病例。在我得知消息的那天晚上，我在床上久久不能入眠，倒也不是因为恐惧，只是单纯地觉得难以置信。我想象着万一哪天确诊的是住对门的爷爷奶奶，或者是每天遇见都会微笑着点头的居委会阿姨，又或者是总在池塘旁的小路上奔跑的短发女孩，不论是谁，这都会是令人心痛的事情。而换个角度思考，也有那么一群人会为确诊的那位感到真心实意的心痛吧。第二天早晨，小区的微信群里堆积了许多未读消息，而出乎意料的是，没有一个人表达出负面思想或者恐慌，所有人都在鼓励、安慰着那位确诊的患者。虽然阳光依旧被乌云所遮盖，但人间的温暖却足以融化冰雪。

在此之后，我总会习惯性地在早晨下床前打开小程序，查看确诊人数和死亡人数，那些数据在我眼里已不只是单纯的数字，而是一条条正在衰弱或者已经逝去的生命，是真实的，令人惋惜的。同时，每日的新闻报道里不止有这些数字，过年期间 7 天盖医院、超过 340 支医疗队、1.2 万 90 后医生护士，等等，这些数字带给我的更多是震惊、敬佩和自豪，它们是人民无私的结晶，是青年人无畏而坚强的意志，更是民心凝聚的表现。这让我第一次感到疫情与我的距离是这的近，也让我意识到人民团结的意义，感受到了国家的强大力量。

而一个国家之所以可以昌盛，自然离不开青年人的努力。这次踏上征途的是

90 后，而 18 年前非典暴发，踏上征途的是 70 后——当年的新一代年轻人。每一次考验，青年人总会主动站出来尽全力扛起重任。在网络上总能看见一些感动社会的年轻人：瞒着父母报名前往武汉支援的年轻护士，展现了属于青年人的无畏；主动成为出租车司机接送医护人员的年轻男子，展现着属于年轻人的热心；而更让我感动的，是那个在方舱医院病床上复习高考的男孩。

当我坐在家里看见那则关于那位男孩故事的推送，我不禁一愣，同是高三学生的我正安心地在家享受着家的温暖，偶尔也会抱怨网课给眼睛带来的不适感以及高考临近的压力。因为疫情的缘故，原定于 5 月中旬的港澳台联考被延迟到了 8 月初，这对港澳台生无疑是一个巨大的考验，要承受着更长久的拉锯战，更大的心理压力。而在看似遥远却又很近的方舱医院里，他不仅要忍受着高考的巨大压力，还要承受着疾病的纠缠，在这种情况下还能捧着一本本厚厚的资料埋头苦学。在推送附上的照片里，他是医院里的一道独特风景线，坐直了腰板在床上看书，尽管穿着病号服，但他仍散发着青年人独有的气质——是青年人的勤奋，是青年人的清醒，更是青年人的不屈。正是这样一位青年人，令人很难不为之动容。

作为新一代青年人，正值青春年华，如若此时不逐梦，等到何时才懂得回头感慨。青春是属于自己的，只有自己清醒着，面对自己无法改变的环境时，仍保持着这份理智与坚持，才有可能到达胜利的彼岸。如果面对困境却不主动跳出舒适圈，不主动迈出艰难的第一步，将会一直被困在其中，颓废而不自知。在未来，许多人会离开，只有自己拥有的实力才是陪伴自己走到最后的资本，更是未来报效祖国的财富。而拥有实力的过程，其美称即逐梦。

只有趁着青春年华不停追梦，才是最无悔的青春。不负青春，不负韶华，不负时代，只有奋力逐梦才是新一代年轻人应有的担当与青春。

身处盛世

湖南大学　经济与贸易学院　经济学　2017 级　台湾　陈杰

印象里，小时候我经常去台北爷爷家里玩，爷爷奶奶给我做饭，抱着我去下棋，对我很好。那时，总是听到一首儿歌，"爸爸的妈妈叫奶奶，妈妈的妈妈叫外婆，爸爸的爸爸叫爷爷，妈妈的爸爸叫外公……"有一次，我问妈妈："外公外婆在哪里？"妈妈笑了笑，抱着我去了海边，告诉我："外公外婆在海峡的对岸，爸爸妈妈是从福建来的台湾，你的根在对岸，在大陆。"

在我 6 岁的时候，妈妈带着我坐飞机来到福建福州，舅舅和他的儿子开车接我。那是我第一次来到大陆，却没曾想，几年后我将在大陆度过我的青春年少，小学、初中、高中以及大学。在这里的十几年，我所遇到的每一个人，舅舅、舅妈、哥哥、老师、同学、朋友们都非常关心、照顾看起来比较"特殊"的我。每每想到他们对我的帮助，我却无以为报，唯有祝福他们身体健康，万事如意！

从 2006 年到今天，我来到大陆已经 14 年有余。在这里学习、生活，每一天都过得十分充实与快乐。令我印象最为深刻的，还是在麓山脚下求学的三年。2017 年夏天，我怀揣着一本爷爷赠予我的萨缪尔森的《经济学》来到湖南大学，在这里开始了我的大学生活。初入大学，我还因学校基础设施不够现代化而有些失落，因吃不习惯湘菜的辣而不太适应，因长沙天气的潮湿而有些不太舒适。没想到，在此后的三年里，我却爱上了这里的一草一木，爱上了湘菜的火辣，也因长沙的潮湿而皮肤变得更加白嫩。

入校的第一节课是《马克思主义政治经济学》，这节课是由一位老教授授课。老师上课的第一句话便是："要想学好经济学，十年方是入门。"（正因这句话以及后来恩师的指引，我开始积极备考南京大学商学院国民经济学专业硕士研究生。）这门课以劳动价值论为基础，通过研究社会的生产过程，揭示了剩余价值的存在，并批判了资本主义制度下资本家剥削劳动力的现状。这门课程极大地激发了我的兴趣，课后我与老师经常交流，老师还建议我阅读马克思的《资本论》，并建议我同时学习西方主流的经济学教材并进行对比。那时的我，经常坐在岳麓书院，点一杯长沙网红奶茶，一书一茶一午后，沉浸在书海里。学院为经济学专业的同学开了很多课程，有《发展经济学》《博弈论》《区域经济学》等，这些课程让我更加深入地了解了社会经济的运行规律。

学校还安排数学院的老师来为我们讲解数学课程。让我印象最为深刻的是《微积分》的授课老师，这位老师年纪很大，风趣幽默，但上课却十分严格、一丝不苟。他在湖大任教近三十年，经常给我们讲述自己学习与任教时期的故事。尤其是这位老师在两年间自学完初中三年的课程，最令我敬佩！我的数学基础不是很好，每次学习数学类课程时我都会遇到困难。他对我的情况很关心，课下经常询问我是否听明白，也鼓励同学多帮助我。后来，我了解到，老师年近六十，心脏已经搭建两个支架，但依然站在讲台上，传道授业，发光发热，践行着"实事求是、敢为人先"的湖大校训。

大二刚开学，学校便安排我们搬入新建的宿舍楼。我的房间在四楼，有电梯、独立卫浴、洗衣机等设备。我也有了新的舍友，与他们在一起学习生活的时光，也更让我难忘。宿舍有四张床位，因为人数原因，我们只有三个人。我的两位室友都和我是一个班级，他们来自祖国的西北，宁夏和甘肃。他们对我很友好，在生活上给予我关心，在学习上给予我帮助。来自宁夏的室友很热情，经常叫我品尝他们那里的特产，枸杞、八宝茶、红枣等。他很有风范，对我感染最大的便是他的勤勉与节俭。他刻苦读书，也鼓励我努力学习，经常叫我陪他一起去图书馆。我平时爱玩电子游戏，有时候玩起来会玩很长时间，既伤害眼睛，也耽误正常的学习。他为人谦虚儒雅，但是对待朋友敢于直言，每当我过度玩电子游戏时，他都会劝导甚至批评我。刚开始我有些不太理解，但随着课程压力的增加和体重的上升，我逐渐理解了他的劝导。在我的身体健康方面，他对我的影响很大。我从小便是肥胖型体型，刚入大学时体重甚至接近 260 斤，他常劝我要减肥，要锻炼身体，在他的影响下，我控制饮食，去健身房锻炼。值得骄傲的是，我现在体重只有 160 斤，完成了 100 斤的减重。他为人节俭，从不奢侈浪费，吃饭时从来没有浪费一粒米。他经济情况尚可，但学习之余还去做家教，每月能有2000 多块的收入，不但不向父母要生活费，每月还向父母转账 400 元。这个学期，他带我一起做家教，这是我第一次凭借自己的努力赚钱，也体会到了生活的不易，父母的艰辛。

2020 年初，新冠疫情暴发，我在福州舅舅家居住。刚开始时，疫情在武汉最为严重，医院就诊人数爆满，医疗物资紧缺。面对危机，国家 10 天建成火神山医院，12 天建成雷神山医院，一方有难，八方支援。全国各地都派出医疗援助队前往湖北支援，他们当中，有年近五十的科室主任，也有90后的青年医生，他们不畏艰险，在医疗物资短缺的情况下主动请缨前往湖北，为了节约防护服，不喝水不吃饭减少上厕所的次数，齐心协力，共同抗疫。据舍友说，他的姑姑，年近五十，主动向领导请示前往武汉参加治疗救助行动，走之前对家人说："我就是要去看看这是一个什么病毒，能难倒全国无数的顶尖科学家，我一定要加入到这场抗疫中！"2020年4月8日，离汉离鄂通道管控措施解除，4月26日武汉市在院新冠肺炎患者清零。正是因为祖国的制度优势、各级政府强有力的执行力以及全国人民的共同努力，我们终于对疫情做到了基本可控。现如今，国外疫情依然严重，祖国伸出援手，积极帮助疫情严重国家，向全世界传递着关怀与温暖，也传递着中华民族的精神。

9月份我回到学校，继续着专业课的学习，同时，遇到了我的恩师，他指导我的毕业论文。老师毕业于中国经济学最高殿堂——中国人民大学，他经常请我与同学吃饭，与我交流，关心我的生活及学习情况，时常告诫我，经济学学生要有家国情怀，要有社会责任感，要刻苦学习日后为国家做出贡献。在论文指导过程中，他认真负责，细致到每一个标点符号，经常连续几个小时指导我们。

在湖南大学的这三年，是我来大陆14年的缩影。我庆幸，这是一个很好的时代。一流的教育平台，多元化的课程，让我能够有机会学到自己感兴趣的真知真理；老师们严格认真，对待教学一丝不苟，向我传授本领，教导我做人之理、立足之本，培养我正确的价值观与世界观；同学朋友们热心善良，劝导我刻苦学习，锻炼身体，让我的灵魂与身体都在前行；祖国日益强大，带领全国人民走向富足、战胜困难，并在世界扮演着重要角色。

这是一个新的时代，也是一个充满挑战与危机的时代。贫困依旧存在、失业率上升、收入分配不均加剧、地区冲突频发，等等。挑战往往伴随的是机遇，作为一名青年大学生，我庆幸能在大陆求学，能够接受一流的教育，能够遇到认真负责的老师，能够与意气风发的同学朋友并肩前行。同时，为了更深入地了解宏观经济的运行，我在积极备考南京大学商学院的国民经济学专业，希望自己能够顺利考上这所顶尖名校，掌握更深入的知识，在未来能够以我所学，报之祖国。

我庆幸身处盛世！

天将破晓

厦门大学　国际教育学院　台港澳学生先修部　2020级　澳门　施钰琳

"女士们先生们，飞机已降落在澳门国际机场，室外温度29℃……"

"囡囡别睡啦，跟爸爸一起看看外面的风景！"父亲指着窗外一排高大的建筑，"这里是澳门，是我们以后要居住的地方，十年了，终于把一家人都接过来了！"2013年的夏天，父亲带着妻子儿女，一家四口移居澳门。这一年，他35岁。

时间悄然流逝，转眼便是三年。在一架从内地飞往澳门的飞机上，刚抱怨完学业辛苦的我，为了转换心情，看向窗外的风景。飞机即将降落，我将半个澳门尽收眼底。"妈妈，你看那个方向，好多商场，一定是氹仔……咦，那一片灰灰的是什么？"随着飞机终于落地，灰色的城区离开了我的视线范围，"那就是澳门的老城区吗？"

几乎是刚放下行李，我就缠着妈妈带我去老城区——可我简直不敢相信眼前的地方也是澳门——发黄拥挤的居民楼，在街上大声吆喝的小摊贩，街道也不像氹仔一样一尘不染，我闭着眼，只能听到烦躁的车笛声，从过时的时装店里传出的，模糊、断断续续的音乐……

我抬起头，太阳被旁边的大厦遮住了一半，羊肉串摊位的油烟呛得我眼睛发疼，我扭过头望向母亲："妈妈，这也是澳门吗？"母亲没有马上回答我的问题，她挽着我，走向一个比较冷清的小摊，"老板来两串鸡翅尖。"

"好嘞靓仔！"摊主是一个看起来年纪不大的女人，她熟练地给鸡翅刷上蜂蜜，调整火候，给鸡翅翻面，她用衣袖给自己擦了擦汗，我仔细一看，她的袖口有些泛黄。仔细端详这位摊主：因为流汗头发紧紧贴在头皮上，脸上也有些出油，身上的衣服因不合身而紧紧地粘在身上……"小妹你的鸡翅！"老板将鸡翅浇上酱，背微微躬着，双手将鸡翅递给了我，"小妹慢走哈！"

我走两步突然回头，她好像也被油烟呛了眼睛，又在拿她发黄的袖口抹着。可下一个顾客又来了，她赶忙扬起笑容招呼，边热锅边从摊位下拿出了食材……

我们没有再继续逛，招了一辆出租车回氹仔。我趴在车窗旁，看着窗外的景色从铁皮窝棚到富丽堂皇，从人来人往到区区之众。

"你今天看到的是澳门，但，噢，这些都是"，妈妈指了车边快速掠过的一个个赌场，"囡囡你今天看到了很多人吧，你觉得他们怎么样？"

"我觉得他们穿着过时的衣服，也不是很干净，讲话也带着腔调——"

"可是我觉得他们跟你爸爸年轻的时候特别像"，妈妈打断了我，"他们在熏热的环境里流了好多汗，只为了多赚一点钱；穿款式老旧的衣服，肯定也是想给家里的妻子多买一双款式新颖的小皮鞋；也有那么多年轻人夹着公文包，手里攥着简历，匆匆忙忙赶着下一班的公交……好像看到了十年前的你爸爸，那时我和他一起坐船来澳门，他和我许诺我们一定会在澳门过上富裕的生活，他确实也做到了，和你今天见到的一样，在不太明亮的地方住了好多年，一双皮鞋的底都快磨平了也没舍得换，跟别人赔了好多笑，在澳门打拼奔波了十年。他做到了，不负青春，不负少年意气。"

那是我第一次听说父亲的创业史，那也是我第一次认识什么是澳门，我也开始思考，既然父亲努力在澳门打拼了十年，不负他对母亲的承诺，不负他自己的韶华，那我应该怎么做，才能不负自己的韶华？

年前，我从澳门回到了内地读书，正是寒冷的冬天，我在自习室却丝毫感受不到寒冷。我想起了这三年来，无数次在航班往返降落时，从天上望下，总能看到内地一次比一次多的高楼大厦。内地在短短几年发展迅速，让许多国家看到什么是中国速度，什么是民族复兴，也有许多港澳台同胞前往内地寻求更好的发展。当然也包括我们这一家，为了我们这个小家的小康，也为了中国这个大家的全面小康，父亲经过我的建议，同意举家回内地发展。

2003 年，父亲带着我的母亲到澳门做生意；2020 年，我回到内地寻求更好的教育，父亲同样也在内地进行了投资。17 年过去，时代早已不同。

我握紧了手中的笔，在这决胜百年目标的关键之年，我愈发明白了什么是"天下兴亡事，青春赤子心"。通过我手中的笔，通过薄薄的屏幕，传递我的青春热情，传递我的拼搏热爱。

我想，2003 年，父亲在澳门创业，不负他的青春韶华，不负他当时所处的时代；2020 年，来到内地求学的我，同样不负我的青春韶华，为了实现我的理想，我刻苦学习，也同样不负这个时代。

握紧手中的笔，书写这个时代的篇章，抬起头，清晨的薄雾被驱散，明亮的阳光晃得眼睛有些刺眼——

天将破晓。

不负青春使命，肩负时代担当

暨南大学　公共管理学院　行政管理　2020 级　澳门　冯倩莹

新的一年，新的篇章，2021 年它来了。回想 2020 新年前夕，国家主席习近平总书记发表贺词。不负韶华，奋进新时代，让我们对新的一年豪情满怀、信心百倍。2020 年 9 月我迈入大学开启了人生新阶段，作为一名澳门青年学子，我非常珍惜来到内地读书的机会。我终于有机会更加深入地了解祖国，了解中国文化，认识来自不同省市的同学，我对这一切都充满着期待。

2020 年 12 月，我参加了学院组织开展的岭南文化考察活动。在梅关古道上，脚下的石子路仿佛让我看见了古代先民们在深山筚路蓝缕，也仿佛诉说着那一段人文历史。步踏这条古驿道，立临《梅岭三章》石碑前，感受革命时代的伟人献身革命的决心和矢志不渝的必胜信念，让我心生敬畏。站在江西梅关古道的最高点放眼望去，梅树漫山遍野，被云雾团团围住，俯瞰着这世外桃源，缅怀那些为我们美好未来生活拼搏的红军和先人们，这里见证了历史的繁华沧桑，这里的风景让我久久难忘。

澳门回归二十余载，我亲身见证了澳门的发展、祖国的强大和在国际舞台上的影响力。这次活动让我从另一个方面更加深刻地体会到国家用行动兑现着人民群众"对美好生活的向往"。走进新农村，整洁的环境，宽敞的水泥路，丰富的文体设施，村民的生活质量得到提升。不断完善的乡村交通网络，将互联网和信息技术带入乡村，让乡村寻找到脱贫致富的道路，通过网络把乡村的资源丰富性、绿水青山的生态型等优势传播出去……这些美好的景象，都建立在国家真真正正地为人民服务的基础上。社会的快速发展给农村的发展带来机遇，农民脚踏实地，认真严谨，实事求是的态度，不怕困难、坚持不懈、吃苦耐劳的精神是我们青少年要学习的地方。精准扶贫不仅是对国家的考验，也是对扶贫地区老百姓的一次意志上的磨炼。让我们撸起袖子加油干！

作为一名来自澳门的学生，我发自内心感谢国家对港澳地区的扶持，从学习到生活，国家出台了很多惠及港澳台同胞的政策。学校组织的有关活动，让我们和内地学生有了更多的机会相互交流和相互了解。既丰富了校园生活，又融汇了两地文化。作为一名澳门学生，我希望未来能为澳门、为祖国奉献自己的力量。

我希望通过自己的努力成为爱国奋斗的引领者。奋斗是青春最亮丽的底色，要做新时代的奋斗者就要把握时代脉搏。我们面临的新时代是近代以来中华民族发展最好的时代，也是中华民族伟大复兴的最关键时代。作为一名澳门青年，我将把握这个时代赋予我们的机遇和使命，结合自身学习和经历体会，从不同角度发扬爱国爱澳的传统，发挥专业所长服务奉献社会，以青春之笔和不懈奋斗助力澳门持续发展。实现祖国繁荣富强，在为祖国奋斗过程中实现自我价值。

努力成为两地青年交流桥梁的搭建者。2015 年 3 月国家层面的粤港澳大湾区的构想第一次被提出，到 2019 年 8 月中央发文指出要"助推粤港澳大湾区建设"。目前粤港澳大湾区已成为我国开放程度最高、经济活力最强的区域之一，这里给予了我们青年人更多的平台和机遇。我会利用在内地读书的机会，更好地了解粤港澳大湾区的政策，向我身边的澳门同学宣传大湾区的优势和机会，希望能吸引更多的澳门同胞来到大湾区实现自己的梦想。如果可以我还想带他们了解这里，引领他们走进我们的大湾区，实现自己的人生价值。

讲好中国故事，做好中华传统文化的传播者。习近平总书记说过，"讲清楚中华优秀传统文化是中华民族的突出优势，是我们最深厚的文化软实力"。而国家与人民紧紧联系在一起，赋予了中国故事坚挺的骨梁。作为时代的新青年，作为故事里的一份子，讲什么，如何讲，这都是我们要思考的。首先，我们既要了解中国传统文化，又要把握时代脉搏，关注国家发展趋势。其次，我们要对自己国家的文化要自信。只有对自己国家文化的自信才能更有自信地去讲好中国故事。最后，作为一名青年学子，我将铭记习近平总书记的嘱托，将中国优秀传统文化传播到五湖四海，让世界能从我讲的故事中了解中国文化的博大精深，中国人民的勇敢智慧，中国特色社会主义道路的自信。

作为港澳台同胞，作为祖国母亲的花儿们，让我们不负青春使命，肩负时代担当。充分发挥自己的优势，为实现中华民族伟大复兴添砖加瓦。

不负韶华不负时代

暨南大学　新闻与传播学院　新闻传播　2020级　香港　梁雪铧

　　"五星红旗，我为你骄傲，五星红旗，我为你自豪……"每当这首熟悉的歌谣响起时，我的眼前仿佛飘扬起了鲜艳的五星红旗，内心更是不由得激荡起热烈的爱国情怀。

　　时光如箭如梭，倏然远逝。历史的长河一刻也未曾停止奔流，但我们需要铭记的那些苦难与光辉，却是亘古不变。不觉间，香港特别行政区成立已经二十三个年头了，在浩瀚历史长河中始终闪动着光辉的五四运动，也已经在人们的心中沉淀了一百余年。百年春秋，见证着神州的崛起，万里征程，荡涤着中华的梦想。每当我行走在这片热土，每当我回想起这里的历史，我都深深地感到自豪，自豪祖国旧时崛起的历史，更是自豪祖国开启新时代的征程。

　　漫步在暨南大学的林荫道中，我的思绪被微风带回了九月，为求学的我背上行囊从香港来到了广州，这座城市沉淀了无数的历史，充溢着浓厚的人文气息。坐落于羊城的暨南大学更是培育了无数的英才。作为百年侨校的暨大，一直秉持着"宏教泽而系侨情"的教育使命，令我心向往之。开学第一日的清晨，我迫不及待地来到了暨南大学，这所见证了无数海内外学子们求学成长，也见证了祖国破碎山河逐步崛起的校园。在艰苦卓绝的抗战年代，暨大虽历经数次变迁，但从不乏一位位有志青年从这里出发，用青春和热血在中华大地上奋斗、奉献。

　　而如今，祖国繁荣富强，地位稳步提高，无数新时代的青年和当年的革命先烈一样在这片土地上开始打造新的历史，我作为一名新闻传播专业的学生，同样担负着沉甸甸的社会责任，"铁肩担道义，妙手著文章"便是这个社会对新闻人的期许，正如新闻巨匠普利策所说："如果说国家是一艘船，新闻记者就是站立在船头上的瞭望者，他要注意来往船只，以及在地平线上出现的任何值得注意的小事。他要报告漂泊的遇难者，以便将其救起。他要透视雾幕和风暴，对前途的危险提出警告"。

临行前，父亲也对我千叮万嘱，让我一定要把握好这个崭新时代。"一国两制"的伟大构想，让香港与澳门的发展更上一层楼，曾经革命先烈们的梦想正在变为现实，中华大地一片欣欣向荣，生机蓬勃，正是需要各类人才齐心协力带领祖国迈向新的历史台阶的关键时期。我郑重地点头，在心中立誓要用自己的微薄力量为祖国建设添一块砖，加一块瓦。我深知所有的发展成果，都离不开一代代国家栋梁的艰苦奋斗，离不开无数青年志士的铮铮铁骨，离不开全体同胞们的勠力同心。

回望过去，遥想起20世纪那个烽火连天的抗战时代，我的爷爷用自己瘦弱的脊梁和坚定的意志，在那些艰苦卓绝的岁月里，表现着自己作为中国人的骨气和态度。当时的爷爷是一名优秀的船舶工程师，他一直坚守着钢铁一样的原则：不给日本人的船动一颗螺丝钉。也因为此，爷爷在日本船频繁出入、中国船只少而又少的战争时期依然贫困度日。

最令我动容的是爷爷在生死存亡之际的选择。当时日本军的一艘潜艇出了故障，由于情况十分紧急，他们便找来身为船舶工程师的爷爷，用枪抵着他的脑袋，逼迫他修理水艇。然而倔强的爷爷却怎么也不肯妥协，硬是咬着牙、一声不吭，宁愿把命豁出去，也不给日本人修船。日本军看到爷爷如此倔强和大义凛然，心中也油然生起敬意，把枪拿开，爷爷才保住一条性命，但也因此失去了工作。在抗日战争持续的几年里，爷爷只能靠着打杂工勉强支撑家庭的支出，贫苦的生活一直持续到战争结束后。

在广大革命先烈的浴血奋战下，新中国开始建立，动乱年代中搬迁至香港的爷爷看着祖国洗雪耻辱、重闪光辉，他既骄傲，又感慨，自豪的眼神里总是闪着灿烂的泪花。虽然爷爷如今已经离去二十余年，但他坚定的爱国精神和深厚的民族情感始终感染着爸爸和我在内的家族后辈们。

同样，在那个年代还有着众多像爷爷一样为复兴国家而奋斗的工程师们，在新中国百废待兴的时期，他们突破诸多技术难关，建设了一个个标杆工程，完善国家的基础建设，从三十年前的深圳速度，到三十年后的公路高铁路网密布全国，诸多人造工程的壮观景色一次次刷新着我们的认知，我国完善的工业体系种类与建设在近年来得到了充分展现，国之重器令人惊叹不已。这是无数先辈们在新中国发展历程中奉献的青春和热情。

"红旗飘呀飘，红旗飘呀飘，腾空的志愿像白云越飞越高。"在社会发展日新月异的21世纪，伟大的祖国也开启了新的时代征程。新时代有新的使命，新青年更要有新的作为，不负韶华不负时代。作为港澳台学生的我们亦要将五星红旗飘扬在心中，让建设祖国的志愿飞到天上，期待着在未来，能投身于粤港澳大湾区的建设中去，尽自己所学所能，为社会、为国家、为实现中华民族伟大复兴的中国梦而贡献我们的青春力量！

用青春感受时代

华侨大学　外国语学院　翻译　2017级　香港　何绮程

2020年9月17日，习近平总书记在湖南大学岳麓书院考察时对青年学子深情寄语："希望同学们不负青春、不负韶华、不负时代"。

一、集小我之力，结大国之梦

我来自有着"东方之珠"美誉的香港，中国梦是我们所有炎黄子孙的梦，是包括祖国内地广大青年，也包括像我一样身处港澳台地区青年以及海外侨裔的中国梦。

1. 祖国的中国梦

中国梦，是中国共产党第十八次全国代表大会召开以来，习近平总书记所提出的重要指导思想和执政理念，正式提出于2012年11月29日。习总书记把"中国梦"定义为"实现中华民族伟大复兴，就是中华民族近代以来最伟大的梦想"，并且表示这个梦"一定能实现"。中国梦的核心目标也可以概括为"两个一百年"的目标，也就是：到2021年中国共产党成立100周年和2049年中华人民共和国成立100周年时，逐步并最终顺利实现中华民族的伟大复兴，具体表现是国家富强、民族振兴、人民幸福，实现途径是走中国特色的社会主义道路、坚持中国特色社会主义理论体系、弘扬民族精神、凝聚中国力量，实施手段是政治、经济、文化、社会、生态文明五位一体建设。

中国梦的最大特点就是把国家、民族和个人作为一个命运共同体，把国家利益、民族利益和个人的具体利益都紧紧地联系在一起。有国才有家，祖国的中国梦就是我们的中国梦，祖国的中国梦更是我们青年的中国梦。

2. 香港的中国梦

中国，一个具有悠久历史的国家，几千年来各族人民的不懈努力给这个伟大的国家积淀了深厚的文化涵养，几千年的历史文化积淀，让我们的祖国拥有了独一无二的文化传承。历史上，伟大的祖国曾多次成为世界上最强大的国家，也多次成为文化交流的中心。香港自古以来便是中国领土不可分割的一部分，与中华传统文化一脉相承。

作为一名香港青年，我密切关注着祖国内地与香港的动态，尤其关注中华传统文化在香港的传承与发展。让我记忆尤深的是，2017 年 6 月 29 日，党和国家领导人出席庆祝香港回归祖国 20 周年大会暨香港特别行政区第五届政府就职典礼，习近平总书记访问香港时特别指出，希望香港弘扬中华优秀传统文化，发挥中西文化交流平台的作用，推动同内地的文化交流合作；希望大家服务香港、服务国家的初心始终不变，为把香港建设得更加美好、为实现中华民族伟大复兴的中国梦做出新的贡献。如今，站在全面深化改革和扩大开放的历史新起点上，国家提出"一带一路"倡议和粤港澳大湾区建设，体现了坚持对外开放和实行"一国两制"的决心，也意味着香港将继续站在国家对外开放的前沿，继续在国家发展大局中扮演重要的角色。

香港回归祖国 20 多年来，内地和香港的高校互动频繁，两地学者和学子联系紧密，他们热情而积极地为推进香港特色文化、传播中华传统文化奉献自己的绵薄之力。

3. 青年的中国梦

习近平总书记曾强调，青年最富有朝气、最富有梦想，青年兴则国家兴，青年强则国家强。在党的第十九次全国代表大会报告中，习近平总书记再次对青年提出殷切期望："青年兴则国家兴，青年强则国家强。青年一代有理想、有本领、有担当，国家就有前途，民族就有希望。"

林郑月娥在两会上寄语香港青年，要抓住国家发展机遇实现梦想。在 2018 年 10 月，习近平总书记考察暨南大学时语重心长地寄语港澳台侨学生"好好学习、早日成才，为社会做出贡献，把中华优秀传统文化传播到五湖四海"。香港青年在不断进步，无论是在文学上，科技上，艺术上等都有着杰出的成就。我们青年就是要在实现中国梦的实践中放飞青春梦想，在为人民利益的不懈奋斗中书写人生华章。我们青年最大的资本就是拥有青春，我们最好的背景就是这个新时代，只要我们在新时代激荡的青春下砥砺奋进，就一定能够成为时代洪流中的弄潮儿！

二、见国之大器，证国之雄壮

实现中华民族伟大复兴的中国梦，是党的十八大以来以习近平同志为核心的党中央提出的具有强大号召力和感召力的奋斗目标。实现中国梦，任重而道远。

中国正一步一步走在实现梦想的道路上。

1. 见证者

自改革开放以来，中国已实现了潜水梦、航天梦、登月梦、奥运梦等伟大的中国梦。

众所周知，"神舟五号"载人飞船进入太空，那个激动人心的时刻，我们仍记忆犹新。从起初的"东方红一号"到现在的"神州十一号""天宫二号"，都代表着我们中国的强大。航天技术的发展，不仅是民族智慧、经济实力、综合国力的重要体现，也促进了我国生产力的发展，提高了我国的国际威望，更提升了全国人民的民族自豪感和自信心。

2001年7月13日晚，国际奥委会主席萨马兰奇先生在莫斯科宣布，北京成为2008年奥运会主办城市。北京申奥成功的消息传来，北京40万群众涌向天安门庆祝，这一晚没有一个中国人会忘记。那年的我，看着电视机里的五星红旗也是十分激动，我以中国为傲，我因中国自豪。那年的北京让全球瞩目，同时也体现了中国实力在不断地增强。新华网和腾讯网在评价2008年的北京奥运会时是这么说的："经历奥运洗礼的中国人，将以更加自信、开放的姿态，为全面建设小康社会、实现民族伟大复兴而努力奋斗。"

2020年12月10日4时14分，我国在西昌卫星发射中心用长征十一号运载火箭，以"一箭双星"方式将引力波暴高能电磁对应体全天监测器卫星送入预定轨道，发射获得圆满成功。

2. 参与者

我所在的华侨大学开设了《大学与青年发展》《中国传统文化概论》《当代世界与中国》《中国百年复兴之路》《特别行政区基本法》等港澳台侨学生通识教育课程，还组织了配合《深入学习贯彻落实习近平总书记视察暨南大学重要讲话精神专项行动计划》实施的"国情教育年""中国文化寻根之旅""百村千人行"等考察实践和研究活动，都进一步帮助我在思想教育层面上更深层次地读懂中华文化精神，认识优秀传统文化。

2019年3月31日，我随校菁英学堂到访了福建顺昌县大历镇，与科技特派员学习交流，了解了特派员对乡村建设和中国梦的热情。2019年4月14日，我随校志愿服务队参加了贫困山区学校的爱心探访活动，给他们送去温暖的同时还教他们一些新的知识。我深刻地认识到孩子就是祖国的花朵，就是祖国的未来，通过我的一点贡献希望能推动中国梦更好地实现。今年寒假期间，我参观了香港西九文化区戏曲中心，该戏曲中心是西九文化区内首个落成的表演设施，我认为这是把中国戏曲推向五湖四海的重要一步。香港特区行政长官林郑月娥出席开幕典礼时表示，西九龙戏曲中心肩负传承和弘扬戏曲文化的使命，可展现香港文化特色、提升香港作为国际文化大都会的地位。我所参与的只是祖国建设中极为细微的一部分，而祖国的伟大仍需要更多的有志青年去探索去努力。

三、吹时代之号角，用青春感受时代

船行大海，离不开灯塔的引航；伟大征程，离不开科学理论的指引。实现伟大梦想离不开习近平新时代中国特色社会主义思想的引领，离不开以习近平同志为核心的党中央的坚强领导。有信念、有梦想、有奋斗、有奉献的人生，才是有意义的人生。梦想从学习开始，事业从实践起步。当今世界，知识信息快速更新，学习稍有懈怠，就会落伍。新时代继续奋斗的号角已经吹响，让新时代推动新征程，愿所有有志青年都有新作为！

作为青年的我，也希望一步一个脚印地实现自己的理想，把个人与社会连在一起，把个人与国家连在一起，同心共筑中国梦。愿在我激情昂扬的岁月里，不负青春，不负韶华，不负时代！

同为华夏子，共创青春梦

华南师范大学　数学科学学院　数学与应用数学　2017 级　香港　黄嘉傲

　　青春，梦想，是美好的代名词，是需要我努力奋斗的，它篆刻在每一个人的灵魂深处，温暖了四季，照亮着前方。少年正当时，当不负青春，不负韶华，不负时代。我们同为华夏子，应携手共圆中国梦。

　　百年前国家积弱，列强入侵。主权与领土被迫沦入敌手，国家真的病了。病重的国家无法保全国土，这是我们最不想看见的，却又是最无能为力的。现如今祖国强盛，同胞幸福美满。雄浑壮阔的阅兵仪式打开了祖国强盛新时代。祖国有足够的能力维护自己的主权。

　　港澳台的命运从来与祖国密不可分。"一带一路"文件生效，"两个一百年"目标明确，体现在金融、经贸、文化等方方面面。以香港为例，1997 年香港回归，回到祖国怀抱；1978 年改革开放，香港进入发展快车道；"一带一路"政策落地，香港竞争力大大增强；"两个一百年"方向明确，香港再次扮演重要角色。20 多年来祖国对香港的重视有目共睹，这也体现着"一国两制"实践的强大生命力。

图 1

（图片来源于网络）

港澳台青年们同为华夏子女，正值青春，当不负韶华，共同奋斗，圆祖国统一中国梦！无论是何种风浪，定会风雨同担。

今日之中国正在走向属于自己的全面强盛的时代。遗憾的是，部分青年的眼前被蒙上了无端而来的愤怒的纱，试着揭开这层纱吧，你将会看到亿万人民对港澳台的无比关切，看到百万国土里风景的独特壮美。在中华民族伟大复兴的进程中，我会努力成为沟通者、桥梁者、建设者，为祖国发展贡献力量！

就我自身而言，我认为当代青年正"恰同学少年，风华正茂；书生意气，挥斥方遒"。作为与新时代共同成长的青年一代，我们应该与祖国同命运、共呼吸。在这个大背景下，青年更应把握时机，迎接挑战，为实现"两个一百年"的奋斗目标而不懈奋斗。

先说责任，我认为我们每个人都有责任去维护国家的尊严，去稳定社会的秩序。可能有人会问我们势单力薄又如何能够发挥那般重要的作用？可是，如果我们连心中坚持的那份信念都丧失了，那就更不用谈论什么可行与不可行，因为一开始便败了。以我目前就读的大学为例，它以开放包容的胸襟和严谨治学的魅力为众多学子所向往。这里有花有树有情趣，这里有人有车有生机。艰苦奋斗是这里人的信条，严谨治学是这里人的态度，求实创新，是这里人的动力，为人师表是这里人的底气。它就是华南师范大学，鲁迅曾说过，学医不能救国，教育才是救国之良药，怀着对数学的喜爱和对教育事业的奉献之心，于是我选择了数学师范。晨曦微露，便能听到一阵朗朗的读书声。当我们睁开双眼看世界，我们就开始了为了梦想勇攀高峰，我们奋笔疾书为前程，我们争分夺秒向前行。在这里，我不断地提高自身素养和技能，希望为国家的教育事业献出自己的一份力量。我同样正值青年，有理想信念，有爱国之志！习近平总书记说过："国家的前途，民族的命运，人民的幸福，是当代中国青年必须和必将承担的重任。"作为青年，我也一直认为，在社会进步和国家发展的过程中，我们有着不可推脱也绝对不能推脱的责任：士不可以不弘毅，任重而道远！

再说担当，或许大部分人可能并不觉得自己身上有什么使命存在，伟大的人并不总是汹涌澎湃，平凡的人也不总会波澜不惊，我们要懂得平凡之中的伟大。人是要有理想的，最好是能勇敢地向着梦想奔跑，没成功也是不打紧的，因为我们还年轻。只不过，我们应当逐渐掌握知耻而后勇、知难而上的毅力与智慧。毕竟，我们的肩上都有一份使命，是历史选择了我们，我们要做的就是创造新的历史。是的，我们的历史使命就是创造一个新的历史，一个对得起荣耀的历史。在我们生活的这片土地，在我们脚下的千年沃土之上，我们要牢记曾经的辉煌，我们还要牢记历史使命。

　　广大港澳台青年们，在崭新的时代，乘势而为吧！很多香港青年从大学毕业后没有回到香港，而是奔赴粤港澳大湾区，选择在内地工作，成为首批在广州公职机构任职的港澳人才。他们已在内地不同岗位上发挥沟通和桥梁的作用，除了高薪补贴外，他们更看重的是粤港澳大湾区巨大的发展空间。我希望每一个同胞都能够知道自己的责任，肩负自己的担当，牢记自己的使命，时刻提醒自己："我不是一个人在前行，我们是中国的未来，每一个个体的'我'才是'我们'的力量来源。"我们要记住，我们将成为中华民族走向伟大复兴的实践者和伟大历史的创造者！

　　青年朋友，你们的肩膀上担负着历史文明所赋予的赞誉。你们说的每一句话，你们写的每一个字，在我看来，都是这个世界上最伟大的奇迹。你们生活的这片土地，被藏下了数千年的岁月记忆。然而现在最闪闪发光的，恰恰就是你们的努力与智慧，你们的果敢与追求，机遇无处不在，机遇也往往降临在有所准备的人身上，要想很好把握机遇，发展自己，取得成功，要做的就是提高自身实力，明确"一国两制"的根本，融入整个祖国发展的潮流，勇于创新！中国进入了一个新阶段，政治、经济、文明、社会环境等各方面因素都将对当代青年的人生定位、就业规划产生一定程度的影响。青年同胞们要积极响应党中央全面建设小康社会的号召，努力提升自我，积极投入到建设祖国的队伍中来，为祖国的繁荣昌盛奉献出自己的一份力量！

城市记忆的收藏家

集美大学　继续教育学院　国际贸易　2017 级　香港　陈鸿炜

少年兴则国兴，少年强则国强。

——题记

来到厦门那一年，厦门还不是如今这番景象。原本在香港的生活让我逐渐对多元化的城市环境有了敏锐的感触，那里的车水马龙，是我对快速发展的定义。直到我来到厦门，驻足在这里一千多个日日夜夜的真实感受，更新了我对快速发展的理解。我无法想象一个城市的崛起竟能如此之快。

图 1　双子之巅

图 2　穿梭一城

图 3　航运厦门

图 4　灯火阑珊

相机包有些沉重，我站在人来人往的街口，对面是矗立在云端之上的一幢建筑，这座城市的人流量虽不及北上广那般摩肩接踵，但其经济流动之快带来的车水马龙也足以让人感叹，我这样想着，拿起相机为面前这幢"蔽日高楼"寻找合适的角度，这是厦门赫赫有名的"云上世贸"，然而又有谁曾想到，在这幢高楼大厦出现的几年前，这块土地未曾是眼前这般繁荣景象。

图 5　玉沙坡望双子

图 6　入夜中山路

"钻石顶""楼层年轮""夜光厦门"这些名词都曾出现在我的摄影作品里，那是我对这座城市做的专访。从过去的矮平房、排排居民楼，再到如今高楼耸立、熠熠生辉的街景，让人不禁升起一阵敬畏之心，这一切的繁荣景象背后倒映着的是一个强大的国家，我这样想着，举起相机对着对面的建筑，拍下了一张影像。这将是我对这座城的记忆。

图 7　航运码头

图 8　育秀体育中心

一张相片的用处虽不大，但我仍时常想，在这个日新月异的新时代里，我作为一名中国青年，又能出一份什么力呢？也许，相机便是我的工具，我可以带着它拍出一张张照片，做一次次专访，参加一场又一场的摄影比赛，将城市文化通过照片这样的形式传递给更多人，从而为这个时代的发展提供一些有价值的记忆。我希望这些绵薄之力像一滴滴水，汇聚成穿石的力量，用那些斑驳交错的光与影，书写这座城市，这个时代的华章。

图 9　城建中国心

图 10　339.88 厦门

　　这个时代，缺少的更多的是一鼓作气的精神，人人都是凤毛麟角，人人却又都能够成就这片土地的金碧辉煌。我愿意相信，这座城市需要我，我的祖国更加需要我，我的努力不会付诸东流。正如梁启超于百年前发出的呐喊："故今日之责任，不在他人，而全在我少年。少年智则国智，少年富则国富；少年强则国强，少年独立则国独立；少年自由则国自由；少年进步则国进步；少年胜于欧洲，则国胜于欧洲；少年雄于地球，则国雄于地球。"我深刻地体会到，祖国的希望在我们这一辈人身上，我们应当站起来，做能做的，做该做的，我愿意投入全部精力，效力于我们的国家。

图 11　茉莉花

图 12　集美脉搏

图 13　闹市明发

图 14　彩霞龙舟池

图 15　双子日落

祖国的发展一直在路上。作为中华儿女，我应尽我所能为祖国的日益壮大贡献自己的一份力量。虽然没有什么丰功伟绩，但却能够挥洒辛勤的汗水，在学校、国家需要的时候挺身而出，尽管我知道这一份小小的付出微不足道，但"硬树要靠大家砍，难事要靠大家做"，若是人人肯为之做出一份努力，那么祖国更加昌盛的明天指日可待！

窗外的绿萝已蔓过，在这个新时代里，我们肩负着国家赋予的使命，肩负着历史的期盼，肩负着人民的瞩目。愿我们如习近平总书记所说的：不负青春、不负韶华、不负时代！

济世续缘·寻梦中华

江西中医药大学　中医学　2020级　香港　严伯伟

本人正踏入暮年，行年六十九，但觉光阴像白驹过隙，过往之青春、韶华及时代均已逝去。余从本业退休下来已十余载，然仍感生命尚有余晖，火花持续燃烧不灭，正迈向另一阶段：醉心中医药研究，并于国内大学修读中医本科学位。不知者或嘲笑老而不惑，临此岁月何不休闲弄孙为乐；知者有感时不与我，待我学成济世之时，或早已奉天归去。

事实上本人年轻时已对中医学有着浓厚兴趣。那时候，家父经营着一家小中药店，营业范围涉及中医药材买卖、中药炼制及安排中医医师驻诊等业务。家父对中医的热情及执着对我影响深远，因此我在小、中学课余总爱在医馆打发时间，不知不觉间领会了不少有关中医的草药开方、推拿、正骨及针灸等治疗技巧。而中学毕业后，我仍继续在医馆工作多年，很可惜因为中医的学术价值和应用在当时的香港没有被重视，为求更理想发展，为了生计，唯有无奈地另谋他业。

现在香港从业中医的，一定要有中医执业师执照，而执照要经过考核，该考核也要先在大学完成中医本科学位才可。可惜香港三家大学每年只能有限度地提供大约90个中医本科学位，正是"僧多粥少"。政府当然将资源倾斜于年轻学子身上，那么我等年长学生学习中医之愿必然落空；幸好背靠祖国，在祖国有教无类的德政下，只要入学水平达标，便不会将我等年长学生拒诸校门外，让我们有行医服务大众的机会。

不幸地，去年（2020年）新冠病毒肆虐全世界，此病传染性极高，更没有合适及针对性的治疗药物，尚幸我国沉着应战：一是政府采取严格疫情防控措施。二是集中全国医疗资源支援疫情严重地区（如约两星期内建成两间均可容纳千张床位之方舱医院）。三是采取中西合璧疗法。月余后，疫情便受到控制缓和下来，大部分疫区近乎达到清零的效果，这是世界其他各国所不及的，所以说中国的防疫策略和治疗方向在抗疫实践上是成功的及值得赞扬的。这是我国中西医结合的一大优点；两极医学取长补短、互补互助，是这次防疫战取得最后胜利的关键原因之一。世界各地的疫情在约一年时间的发展下，越趋严重，尤以欧美等国为甚。全球累积确诊病例近 9000 万，而死亡人数也达到 190 万（其中美国累积确诊病例约 2130 万，死亡人数逾约 36 万，我国累确诊病例只近 9 万，而死亡人数也不逾 5000，但美国人口约 3 亿 7 千万，而我国则逾 14 亿）。他们没有中西合璧的优势，更是没有从中国汲取经验，这只能说是自以为是的结果，令人扼腕叹惋。

21 世纪 20 年代智能城市的发展是大势所趋，5G 发展更是势不可挡。这次防疫，5G 及大数据解决了很多以往解决不了的问题（如有确诊病人在某段时间，某处出现，其所接触的全部人员我们均可以查到，并能即时启动排查，力求短时间内找出源头以截断传播；这些皆是以往不可想象的）。中西医结合全新科技，自然事半功倍。当然，这也要举国上下人人遵守指引才行。

除了防疫以外，国内智能城市的各个面向皆发展迅速，使人民生活无往不利：无处不在的保安系统，令一般匪贼插翅难飞，使我们走在祖国的大街小巷时倍感安全；无现金的手机电子化交易，既方便、卫生又省时；而即将启航之无人车、空中的士均史无前例，高铁之成就更是半天也说不完；这一切俱成世界先导。回望我的出生地香港，面积仅仅一千平方公里，人口也不过七百余万，单靠自己实在很难再度起飞，一定要融合祖国的发展，其中最直接的便是在近在咫尺的大湾区中寻找机会。区内涵盖香港、澳门与珠三角地区的九个城市，涉地约六万平方公里、内含近七千万人口，年 GDP 增长也近 8%，经济规模比荷兰或韩国（两国 GDP 分别在全球排名第 18 及第 11）还大。深圳已是一个开局很好的智能城市，一马当先，成为全国典范。香港若能趁机融入其中，必受益匪浅，而中医药之发展也能搭上顺风车，为国人在中西结合医疗、保健事业和民族昌盛做出巨大贡献，成就指日可待。届时我等中医之辈均能积极参与，有所作为。

近几年国家大力推动世界进口博览会也是一绝，既可以增加进口，也可以减少一些贸易顺差引起的外贸摩擦。林林总总的各样优质进口产品，除却可以进一步提升我国工业生产的质量，也可成为学习对象。希望再过数年，待这些优质产品的技术被吸纳后，我们就能自行研发出更好的产品并创造出更多划时代的核心技术，减少对西方技术的依赖。而华为与中兴的耻辱将会逆转，这是举国上下期待已久的现象，有关话语权亦将落在我们这边。

祖国现在处于飞快的发展中，是没法、也不会被停下来的。政府大力推行各项有利于国家和人民的政策，加速建设，发展医疗、交通、创新科技等各个项目，其所带来的经济效益，是其他国家望尘莫及的。事实上，这些成就已令西方国家震惊、妒忌；它们害怕我国崛起，因此施以百般的阻挠或掣肘。但我国每年约增长一千万大学毕业生，而十年后我们将有数以亿计的大学毕业生，这当中更有数以百万计的尖子，人才遍地皆是。而且据知我国在科研上经费的投入，已达世界第二（仅次于美国）。那么我们既能自力更生，更可以全方位持续发展科研，并尽力吸收他国所长，国家繁荣昌盛又不受制于他人指日可待。此外，国家的发展开放也是持续有序的。习近平总书记的双循环发展策略，一针见血地剖析了中国的发展前景：内循环聚焦国内发展，而外循环发展所涉之外贸及外投遍及"一带一路"沿线国家，及随后之欧美国家，我国成为领头羊。其布局凌厉无比，极有远见，为我国打下未来50年到100年之发展基业。

最后，本人觉得我们中国人最重要的是认清楚自己，不要妄自菲薄，要有自信，不盲目崇洋、惧洋；至于西方国家好的方面，我们可以欣赏及向其学习。大家若能做好自己的本份，必定可以冲出重围，摆脱掣肘，无视阻挠。中国文化博大精深，中医药学更是当中的重要代表者，只要跟上国家的步伐好好发展，定能造福人民。正所谓学无前后，达者为师，一众前辈，应当仁不让，尽己所能。一方面为后辈作一个好榜样，另一方面肩负起传承中医学术发展的伟大使命，培育下一代成为接班人，孕育出优秀的华夏中医师，继续为祖国争光，以至不负青春、不负韶华、不负时代之所托，发挥生命最大的价值。即使我已至暮年，青春韶华已逝，我仍愿意燃烧生命，尽我的力量帮助并见证有着济济人才、雄雄决心向前迈进的祖国，描绘出一片更加壮丽的神州山河，于苍穹下尽显朱颜。

不　负

清华大学　药学院　药学　2020 级　澳门　林晓彤

在 1969 年初的隆冬，一位知识青年自愿从北京到陕北梁家河下乡插队 。

他回忆要过好几关：跳蚤关、饮食关、生活关、劳动关、思想关。他从起初不习惯农村生活与劳动成为可以挣满十工分，与村里人相处融洽的"自家人"，也开始参与村里的各项工作了。后来他成为大队支部书记，一心一意地改善当地村民们的生活，为克服没有电的生活环境，亲身前往四川为当地引入沼气技术，供当地村民照明和用火。

下乡插队时不满十六岁的他满怀爱国之情，渴望进步，追求科学。他就是我们的国家主席——习近平总书记。对比起习近平总书记的农村生活，我觉得如今我们这一代青年特别幸福和幸运。但是"一代人有一代人的使命，一代人有一代人的担当"。如今，时代回转的指针已落到青年人身上，从未吃过苦的我们，有能力守着前人打下来的江山吗？我们最后会不会"死于安乐"呢？

放眼过去，旷达豪放的苏轼、与民同乐的欧阳修、家境贫穷的爱迪生等都体现了"生于忧患，死于安乐"的精神。此时此刻，中国面临着百年未有之大变局，我们需要对美好未来的执着，我们需要奋斗、刻苦、拼搏。在大数据的时代，我们需要不断用知识充实自己，我们需要能为祖国建设增砖添瓦的一切力量。

《七子之歌》传遍九州，一句句歌词，无一不道尽心酸，无一不荡漾悲切。风雨几百年，终究等到了团圆。回归后的澳门，育我成长至青年，教我由幼稚变成熟，教我由无知变懂事。人的生命是有限的，我衷心希望能趁自己少壮之时穷心聚力为这座小城的长久和国家的繁荣铺垫一砖一瓦、一墙一石。

"青春无梦，何以为青春？"去年九月，我离开成长之地北上念大学，怀着远大理想，踏入"清华园"，面对如此良景，儿时的纯真欢乐成为动力，家乡的气息成为逆境中的强心针，在追梦路上，把初心藏在深处，就像澳门带着渔村的韵味发展变得更强大一样，以初心作为最强的后盾支持着自己前进。

短短四月，还不过两季，我仿佛在数之不尽的道路中，找到了自己想要走的路，我知道这可能不是最合适自己的，也明白未来路上的艰辛，但我依然愿意朝着这方向前进，不惧风雨，不问归期。

友人曾问世上道路何其多，为何非要选择最苛刻的一道呢。我想到一句话："狡诈者轻鄙学问，愚鲁者羡慕学问，聪明者则运用学问。"学习不是唯一能够达到理想的办法，但学习是最直接通往理想的道路。而在这条漫长道路上，必然有重重险阻，我们要咬紧牙关，守住屈原所言的"路漫漫其修远兮，吾将上下而求索"的执着，在风雨雷电中成长，在坎坷泥泞中拼搏奋斗，在惊涛骇浪中奋进，踏踏实实地走好每一步，留下一个又一个脚印。

我清楚明白"求木之长者，必固其根本"，如今澳门之所以能够实现"小而富""小而康"，重要原因是始终坚定"一国两制"制度，在祖国母亲的拥护之下才能茁壮成长，拥有诸多良机，而澳门该如何乘势而上，这就是澳门青年新时代的担当；澳门该如何助力国家实现中华民族伟大复兴，这就是澳门青年新时代的责任。

如今，梦在心中，路在脚下，我承担着中华民族的接班人之一的称号，只希望能趁自己少壮之时穷心剧力，用知识装备好自己，用创新来点燃自我。

我明白——"热爱祖国是立身之本、成才之基"。

我谨记——"奋斗是青春最亮丽的底色"。

我渐懂——"幸福都是奋斗出来的，而奋斗本身即是一种幸福"。

经过四月的洗礼，我逐渐在蜕变中理解习近平总书记对我们青年的种种寄望和用意，并总结如下："青春奋斗非为不负众望，而为不负自己，不负天地，以及不负时代。"

澳门回归二十又一年，希望十年过后，自己能成为促进玉叶金枝的金莲花变得更夺目、更强大的一员；希望再一轮后，澳门能以其枝叶为祖国遮挡部分风雨！

最后，分享一句话："请别问祖国能为你做什么，你应该问自己给为祖国贡献什么。"共勉之。

不负青春、不负韶华、不负时代

北京外国语大学　国际商学院　金融学　2020级　台湾　汤于萱

耀眼的红日在东方喷薄而出，改革开放浪潮的翻涌已四十余载。2020年9月17日，习近平总书记在湖南大学岳麓书院考察时对青年学子深情寄语："希望同学们不负青春、不负韶华、不负时代"。身处新时代，同学们应以实现中华民族伟大复兴为己任，将个人成长成才更好地融入国家发展大局。作为一名长期在大陆学习生活的台湾学生，我对习近平总书记的期许有自己的看法和感受。

一、大陆之于我

爸爸生在台南，妈妈长于东北，海角天涯相距甚远的两个人居然在深圳相识、相知、相爱了，婚后有了我和萱妹。在台湾出生、在苏州成长并居住、经常去东北过寒暑假、如今在北京念大学的我，到底是南方人还是北方人，早就分不清了。从小我就去过祖国许多地方，从南到北、由西至东，溯本逐源，我也不知道自己的"故乡"是何方。生活了16年的苏州，应该称得上是我的半个故乡吧？我可以算作是半个江南人吧？

确实，记忆中的童年，不是冷面、白雪、军大衣，也不是螺蛳、沙滩裤、人字拖，而是古琴、杨柳、苏绣——古色古香的小桥流水人家吧。江南水乡的温柔细腻，苏州园林的沉静典雅让找不到家乡的我有了一种家乡的感觉。从小就和当地的孩子们一起上公立学校，因为身份有点"特殊"，少不了老师同学们的特别关注。比如历史课，每每涉及台湾相关的历史内容，就免不了在全班面前发表对这些问题的看法。不知多少次听到"哇！你是台湾的！"，也不知多少次被问到"你觉得台湾和大陆有什么差别"，其实答案很简单，说到底，在大陆生活了20年，这里就是我归属的地方吧。

二、台商

1979 年的元旦，大陆发表了著名的《告台湾同胞书》，让无数台商动了心。之后数年，第一批"吃螃蟹的人"因为看好大陆未来的发展，冒着巨大的风险来大陆投资，要知道直到 1987 年台湾方面才开放两岸交流，他们可是冒着风险跋山涉水而来。事实证明，他们的选择并没有错。台商乘了改革开放的春风抓住了市场，改革开放也因台商的加入有了更多更好的技术和管理经验。

爸爸就是台商中的一份子，他 1993 年只身离开台湾，在深圳打拼出自己的一片天地。如果没有改革开放，如果没有台商的热潮，爸爸妈妈是绝不可能在深圳相遇的，也就不可能有我和萱妹。其实，爸爸那边的很多亲戚朋友现在都在大陆做生意，天南海北遍布祖国各地。

两岸大交流、大合作、大发展时代展开，往大陆发展的台湾人愈来愈多。2015 年台湾在外工作人数有 72.4 万，其中在大陆工作的占 58%。现在，台湾有 2350 万人口，在大陆工作的人数不下百万，江苏昆山就有近 20 万。台资企业在大陆遍地生花，台湾小吃风靡各地。去年考上北京外国语大学后，我与同学出去玩耍，每一个大型商场里都有台湾餐馆，我可以轻轻松松买到台湾的各种特产。

两岸开放交流已经 30 多年了，经济合作也有了相当长的时间，台商群体在两岸经济交流合作中发挥了重要作用。台商这个群体，是两岸关系发展和改革开放的亲历者、见证者和推动者。

三、北京和我

2008 年，盛夏，正值北京奥运会期间，我第一次来到北京。在大陆走南闯北习惯了的我，对从未见过的庞大人流印象深刻。我和妹妹在天安门广场前拍了张照，我"雄赳赳气昂昂"的 pose 让过往行人纷纷侧目，当时只觉得莫名兴奋。不知是不是从那时起就有了对首都北京的向往，在填高考志愿的时候，毫不犹豫选择了北京的大学，想要再来看看繁荣富强的祖国首都，到底是一个怎么样的地方。

图 1　我和妹妹在天安门广场前的合照，2008 年 8 月

去年的国庆，2019 年 10 月，我和朋友再一次去了天安门广场。人流量依旧如当年一般惊人，但不同的是，明显有更多外国人的面孔出现，脸上贴着国旗、神情自豪且开心的年轻人占了多数。广场周边的公共设施比 10 年前健全得多，公共交通也方便得多。仅仅是站在天安门广场，就能感受到文化科技的发展。

图 2　拍摄于天安门城楼前，2019 年 10 月

北京对我来说，到底是跟其他城市不一样的，好像对它独独有些情怀在里头。每每走在金融街或者中关村宽阔的马路上，我都会真真切切地有种身在北京的踏实感，我都能看到改革开放给北京的经济带来的活力与发展。

四、我在北外

我进入理想的北外，得以在北外度过四年的大学时光，有机会能与大陆同学们一起学习，成为朋友。现在在北外这样一个"兼容并蓄，博学笃行"的校园里，多种文化、多种语言相互交织，相互感染，相辅相成，相得益彰。很幸运我能了解到这么多的语种，也很高兴能把台湾的小吃带给大家，把台湾的文化分享给大家。我还会在北京继续待两年，期待在未来的两年里，可以在政治中心目睹到祖国的繁荣富强。

"希望同学们不负青春、不负韶华、不负时代"，这是习近平总书记对青年学子深情寄语。长辈们已经为改革开放做出了自己的贡献，身处新时代，年轻一代的我们应该发挥自己的优势，满怀着一腔热血，肩负新的使命，为国家和社会的进步做出我们自己的贡献。

梦想为马，青春为翅

——新时代个人见闻成长微纪实

电子科技大学　光电科学与工程学院　信息工程　2018 级　台湾　王晨安

有一个画面，深深地烙印在我的脑海里。

"起来，不愿做奴隶的人们。"激昂的国歌旋律，鲜艳的五星红旗，可爱的红领巾，在老师的带领下一个个稚嫩的声音唱起。我又梦回小学周一早上升国旗时的场景了。怎么会梦到这个画面？我一边想着，一边翻身起床，走去洗漱。冥冥之中，有种情绪牵引着我，于是我打开手机，立马弹出一条要闻——习近平总书记："希望同学们不负青春、不负韶华、不负时代。"不负青春，不负韶华吗？我已经双十年华，正值青春，我的梦想该何去何从，反而越来越迷茫了，我不禁陷入了沉思。

破土而出的幼芽

当我还在牙牙学语时，热带风情、椰香海韵的海南岛将我纳入怀中。我跟随家人，定居在万宁，一个沿海的县级小城市。

小学的时候，街上还没有红绿灯，摩托车到处拉客，没有秩序。地上随时可见鲜红的槟榔汁，电线杆上贴着的五花八门的小广告，仿佛在控诉着街上的脏乱。去省会的时候，还只能坐小轿车去，两个多小时的车程，晕车的体验，对我每次都是一种折磨。依稀记得那时候，我的老师总喜欢问我们，长大以后想做什么。当时，老师望着一只只热情渴望发言的小手，眼底流转着笑意。当时的我爱看百科全书，想要探索宇宙的奥秘。"就你啦！"老师用眼神示意了一下，我连忙站起来说："我想当一名天文学家。"后来啊，大人们告诉我，要好好写作业，考上一个好中学，才能离梦想更进一步，才能不负青春。

茁壮成长的树苗

于是我努力学习，考上了市里的重点中学。那时的海南，正在建设自由贸易港、旅游胜地。马路上亮起了红绿灯，各类引进的人才教师走进了我们的课堂，市场上响起了线上支付成功的声音……开通高铁之后，我们到省会只需要一个多小时，出行变得更加便捷，路上也更稳妥了，我晕车的毛病也好了很多，生活越过越方便了。看着周围各种设施逐渐完善，一种自豪感油然而生——祖国正呈现着一片欣欣向荣的气象。

暑假回台湾探亲，论及统一问题，我看到他们眼中闪烁着殷切的渴望，他们说："真希望能早日统一！"一定会的，我心想。

高考完后，面临专业选择的苦恼。我发现小时候的梦想已经没有吸引力了，而且在报志愿的时候，我注意到电子信息这个领域，中国的创新产业还是略有不足。我想，如果我要从事一个职业，我希望它能为祖国的发展做出贡献，哪怕只有皮毛。于是，我填报了相关的专业。由此，希望能不负韶华。

硕果累累的树干

高考被电子科技大学录取了。成都，是一个更加开放包容的城市。在大学里，我接触到了一些高新科技，我沉浸在知识的海洋里，更加明确了这就是我想从事的行业。在大学，虽然知道可以选择不学习思政类课程，但是军训、近代史、思修、毛概等课程，我一个都没落下。因为我觉得，我属于中国，我与其他人没什么不同，我也想对祖国有更进一步的了解。但是后来不知为何，面临人生的抉择，我又开始焦虑迷茫。为专业是否好就业而苦恼，不知何去何从。我迷失了最开始的想法。

过年回海南的时候，发现家乡又有了新的变化。共享单车开始普及，花园城市开始建立。我目睹了一个新时代的来临，见证着祖国的发展。正当开心之余，猝不及防，一场遍及全球的疫情暴发了。疫情之下，祖国没有被击垮，多少个日日夜夜，一群心怀梦想的人，众志成城，奔赴抗疫前线。他们将梦想付诸现实，挑起时代的责任重担，将个人与家国情怀和国家使命联系在一起。最艰难的时期已经过去，现在，是春暖花开。

看到他们的奉献，那无畏的勇气，我心中有所触动，我醒悟过来了，我为什么会做那个梦，它在提示着我，不要忘了初心，不要忘了那个努力为梦想奋斗的自己，那个将自身发展与祖国相联系起来的自己。如今，我下定决心，去考电子信息领域的研究生，进一步提升自己，运用自己的专业知识，为祖国的发展贡献力量，希望能不负时代的期许。

最后，愿祖国繁荣昌盛，我也将以梦为马，青春为翅，不负青春，不负韶华，不负时代。

看窗外，五星红旗迎风飘扬。

时代颂

——献给祖国母亲

华东理工大学 信息学院 计算机科学与技术 **2018** 级 台湾 潘冠豪

你从血与泪的风暴中走来
你从革命的枪炮中崛起
你是东海之滨来的使者 你是西藏之巅的一朵白莲
你只是你啊
我伟大的祖国

你把敌人打入深渊
你为人民歌唱优美的华章
从此人民打破了百年来沉重的枷锁
中国人站起来了
我们骄傲地哭喊着 我们兴奋地跺着脚下的大地
都是为了你啊 我伟大的祖国

华灯初上 莺歌向晚
你终于从茫茫黑夜中找回了自己离散的儿女
你亲切地呼唤着他们的乳名——香港！澳门！
他们离开你太久了！我亲爱的母亲！
母亲 母亲
我为你讴歌——你不必知道我的姓名
我只是你亿万子女中的一个
来自台湾基隆的刷粉
时刻准备着

为东方的星星漆上红色

隔着一道海峡
不能阻绝你对我的软款絮语
白白的经幡
亦不能阻拦我在飘零后迎向
你充满苦难的微笑

"妈妈，还好"，
我哭着向你说，
"我们迎来了一个最好的时代，
伟大的时代，
我再也不会与你分开。"

条条列车飞驰在广袤土地上
轮船的鸣笛声是远方的召唤
上通中俄欧 下行东西南亚
深蓝色的集装箱满载着先人的智慧
和平的号角已被你吹响了啊 我伟大的祖国

曾经的你破衣烂衫 在嘲笑和欺凌中低眉顺眼
现在的你昂首挺胸 创造出一个个辉煌的成就
看那三峡发出的电 发出的热和光
看那青藏铁路通往的方向就是人间之上
六个世界之最的港珠澳大桥——微笑着
看他脚下拍起的阵阵新时代的浪

你还不满足于这一切
你说你要证明自己 要站着说话站着活
2008 年你举行了空前盛大的北京奥运
那象征着中华人民骨血的火种再次照亮了
照亮了百年来的阴暗 照亮了你含着兴衰的眼眸
他将生生不息地传递下去！

在世界全人类的艳羡的目光中永存！

神舟飞船带来了遥遥太空的消息 激励着我们在未知的领域砥砺前行
不只上天 还能下海
一号深海探测器船 用五千米的距离告诉我们水下的秘密
"嫦娥"不再是神话仙女
南极也不再是"不切实际"！

曾经的你伤痕累累 历史的血痂在风中剥落
落后必然挨打的事实让你无限清醒
你知道了 你要发展 你要武装
你要用自己的实力进行庄严宣告
东风 21D 告诫着那些过去欺侮自己的蝇营狗苟
你们看好了！有胆你就来！
你造出了自己的第一艘航母
这万吨重的钢铁是多少中国人泪水的挥发、凝聚！
战略核潜艇保卫着东、南海的和平与安全
在历史的遗留问题上你从不软弱 据理力争
厉害了！我伟大的祖国！

当太阳的第一缕光线照进了天安门
五星红旗在清晨的风中猎猎作响
无论我身处何地 无论我能否踏遍山川海流
无论岁月是否已让我化作尘埃
我都将深情地为你歌唱 我都是你永生的儿子
我是吃你的乳汁长大的啊
是你让我蹒跚学步 牙牙学语的啊
我爱你 我伟大的祖国！
你让我们迎来了最好的时代
最好的时代下是不负青春的我们！

青春须早为，岂能长少年

华中师范大学　历史文化学院　历史学　2020级　香港　彭量光

如果问我，哪个时光最值得怀念，最充满活力，最需要拼搏，答案无疑是青年时代。时间最为珍贵，也最容易稍纵即逝。有人说时间就像金钱，我不以为然，珍惜金钱的人比珍惜时间的人多太多了。而青春更是如此，一去不复还。世界上唯有两样东西不可辜负，一样是梦想，一样是青春。青春正是要朝气勃勃，充满少年气，迎难而上，而不像如今年轻人自称佛系少年，打着一切随缘的名号，实际只是逃避事实，抛弃努力罢了。鲁迅先生曾说："愿中国青年都摆脱冷气，只是向上走，不必听自暴自弃者流的话。"我们现在流的每一滴汗水，都是向往未来。付出的每一分努力，不仅是为了自己，而是希望将来一天可以为国为民，向祖国贡献亮光。

也许得先探讨一下辜负的涵义。只有知道问题的本质，才能对症下药。故容我为辜负定义。首先是辜负青春、韶华。韶华，出自唐·李贺《啁少年》诗："莫道韶华镇长在，发白面皱专相待。"可指青春年华。由于青春、韶华皆可指青年时代，故此处一概论之。笔者认为泛指浪费我们的大好时光，做一些毫无意义的事情，也就是玩物丧志。而如今的洪水猛兽，无疑是电子游戏和短视频了。沉迷游戏导致学业荒废的新闻已见怪不怪，而短视频也让青少年离不开手机，网红的收入也令青少年艳羡，在这里没有批判网红职业的意思，但毫无疑问的是网红经济令很多青少年只想凭美貌或者标新立异喧哗取宠，而抛弃了我们青少年最不应忽视的东西——学，学是包罗万象的，会在下文细讲。把大量的时间花费在游戏、把大量的时间花费在包装自己、标新立异，今日五小时，明日十小时，自身的知识品质却没有半点增长。我每想到这些事，未尝不叹息痛恨其不争气。笔者也不是不食人间烟火之人，每日也会刷刷手机，但必定是在学习疲倦之后，也不会超过一天学习的时间。短视频、游戏可以是洪水猛兽，也可以是生活的调和剂。问题在于你本身，在于自律性。而辜负青春、韶华的人无疑是把娱乐当成前者。

故不辜负青春，首先就是远离精神毒品，其次是进行有意义的事——学。无论是减少娱乐时间还是学习，最有效和最困难的往往就是迈出第一步。企鹅捕食很奇怪的现象就是，很多企鹅站在岸边久久不动，当第一只企鹅跳进海里，其他的企鹅就会接二连三地跳进去。而第一只企鹅正是我们勇敢迈出的第一步。那一步正是放下手机、正是学习之始。所谓万事开头难。所以请塑造动力给自己。我们为什么要不负韶华？是为了了家，更是为了祖国。我们不能忘记父母对我们的养育之恩，也不能忘记我们是祖国未来的主人。国强则民强，强大的祖国令我们更有底气和自信。而祖国的强大正是需要我们添砖加瓦。在这次的疫情中我感受了祖国的对疫情防控的高效，在电视台上看到我国的感染人数逐渐减少，让我倍感欢欣鼓舞，也令我更加热爱祖国，怀着报国热情，来到华师就读，希望为祖国发光发热。而爱国热情成了我前进的燃料。每当我学习到疲倦的时候，周恩来总理的那句话——为中华崛起而读书——就会在我脑海徘徊，手里的笔也再次被我紧握。希望以此为目标，与各位共勉之。

既然不辜负青春就是要学习，那我们要学什么呢？笔者分为三类：技能、知识、品德。技能为表，知识为骨，品德为心。技能有很多种，可以是语言、摄影、艺术、音乐、电脑技能等，所谓技多不压身，学习不同的技艺可以令你在不同场合发挥所长，也可以增强你的自信。而知识，则是以阅读为主，可以是历史、哲学、文学等，提高自己的认知水平，可以从更宏观的角度思考问题。以历史为例，以史为镜，可以知兴替。读中国古史，可了解古代中国强盛的原因而参考继承；学习近代史，可了解近代中国贫弱的一面而寻找改革之路。故从历史中，我们以史鉴今，比较对照现今和古代中国，寻找异同之处。此外，这对自己也有所裨益。我们可以研究透两个人物，在每做一件事或者抉择的时候，想想如果是他们，他们会怎么选。故透过阅读，无论是行为规范和知识水平都会更上一层次。最后是品德，品德是我们现今最容易忽略，但也是最重要的东西。如今有一种说法叫唯分数论，也就是评价青少年只以成绩作标准。但有才无德，不为君子。青少年正是应该以君子来要求自己，孟子曾说："人皆可以为尧舜"。我们应该修身养性，克制欲望。就算达不到孔孟所说的君子，也要不断地接近。有良好的品德，首先是令人发自内心的尊重你，其次你会发现自己走向光明大道，无论以后你遇到什么困难，担任什么职位都可以游刃有余。此可谓现代意义的仁者无敌。

那为什么时间一定要限于青年时期呢？为什么不可以是不负幼年、中年、老年？幼年时代，缺乏一定的知识和自理能力，中老年时则心有余而力不足。只有青年，才是你最有精神气，也是最容易吸收知识的年纪。时过而后学，则勤苦而难成。一旦我们错过了学习的黄金年龄，其后再想学习则需要比别人多花数倍的光阴。如今的我们，理应是碰钉子最多的时候，不要抱着知难而退的心理，而是要不断尝试。孙权面对曹魏八十万的大军的强大威胁，正值青年的他正是选择殊死一搏，才能在赤壁之战大破曹军，保存吴国，奠定三分天下局面，和其相比我们的困难微不足道。我们不断遇到挫折，而这些挫折将成为我们的精神食粮，让我们不断进步。重耳流亡，终成霸主；刘备半世颠沛流离，终成蜀国。青年时期有很多试错的机会，也是我们最有活力的时候，那为何不踏出你的第一步呢？

那这个时代又有什么不可辜负的呢？李鸿章面对列强入侵，见识到列强的船坚炮利，不禁感叹此乃数千年来未有之变局，那是我们落后的开端。2017年，习近平总书记在接见回国参加驻外使节工作会议的全体使节时发表重要讲话，提出放眼世界，我们面对的是百年未有之大变局。这个时代，是对外交流时代。在"一带一路"下，我们帮助发展中的国家建设道路，开展经济文化交流，而这些工作在未来还会延续，更需要擅长多种语言的青年才俊。这个时代是我们刚刚完成脱贫攻坚，全面进入小康社会的时代。正需要我们青年人去巩固全面脱贫，不辞劳苦地前往乡村工作，特别是西部、西北部的地区，更需要我们大学生到当地贡献，令越来越多人过上富裕的生活。这个时代是经济发展的时代。香港和澳门更需要和内地紧密合作，如今推出的粤港澳大湾区，更需要像我们这样来自港澳的青年为内地与香港、内地与澳门合作提供紧密的纽带。这个时代，是我们刚刚战胜疫情的时代，虽然现在有所反复，但我深信凭我们高效的制度一定能有效控制。而疫情带给我们的后遗症，如经济损失、行业萎缩、小中行业破产等，正需要我们青年人去重建。中美贸易战还在持续，我们唯一能做的就是相信祖国以及在自己的岗位上奋斗，工作的工作，读书的读书。梁启超先生曾说过少年强则国强，国家还处在上升期，吾辈岂能停滞不前。我们是新时代的主力军，我们要成为那一点点的烛光。

不负青春、不负韶华。我们要做的是不辜负自己的大好芳华，那是学习的黄金时间，是增值自己的最好时刻，是我们为国家贡献力量不可逾越的年龄段。不负时代，这个时代充满着机遇和挑战。江山代有才人出，各领风骚几百年。数天下人物，还看今朝。这个时代，正需要青年人的自信，需要青年人的贡献，无论是灿烂的光还是微弱的光，皆能发热发亮。星星之火可以燎原，更多的青年力求上进，则中国越来越强大。

台生与十六朝古都的邂逅
燃烧属于自己的红烛精神

陕西师范大学　体育学院　课程与教学论　2019级　台湾　施仕伦

一、置芯

戊戌年，盛夏，有幸能与硕士导师赴西安参与会议，会余顺道参访西安的丰富历史古迹以及体验古都特有的人文风貌，如兵马俑、华清池、大雁塔等景点和肉夹馍、冰峰、羊肉泡馍等美食，学生当时旋即受"十六朝古都"西安的多元、古典人文气息所吸引，这种古色古香、充满历史故事、古代与现代交融的一座城市，是学生探访过的众多城市无法匹敌、并驾齐驱的。亦在此次会议中，得以与现今博士生导师陕西师大体育学院史兵院长结识，为日后再赴西安埋下伏笔，并与长安城结下不解之缘。

二、熔蜡

与长安城告别数月后，便收到史院长的来信，信中提及欲邀请学生至陕西师大攻读博士学位。得知消息的我，便开始回想起当时在西安的点点滴滴与难忘的回忆，与此同时也替自己高兴，能有这次读博的机会，几经思考后，我最终决定赴陕攻读博士。自始重拾了久违的英文，练习了生疏的写作，补充了不足的知识，全力以赴这次难得的机会。而最终为何选择继续求学？不仅是自身对知识的渴望，也为日后奉献民族与国家做好铺垫，为实现中华民族伟大的复兴进行预备。

三、成型

庚子年，盛秋，将赴西安求学的我，终于有机会动身，在离开故乡的前晚，暗自给自己写了首勉励诗——"鸿鹄之志离乡里，千里单骑长安行。学贤凿壁角挂书，欲博皇城榜上名。"期许借着诗意激励自己未来能够在大陆"不负青春、不负韶华、不负时代"，闯荡出一片属于自己的天地。飞越海峡抵达上海辗转再至西安，最终跨越1500公里并告别生活25年的小岛抵达长安城，正式开始我在古都的奋斗之旅。

初来乍到的我，人生地不熟，所幸在史老师及工作室的各位伙伴们的帮助下，逐渐习惯了西安的生活方式与节奏，但却尚未习惯博士生的学习压力，每周紧凑的课程与科研时常让我萌生放弃的念头，但秉持古圣贤孟子所云"天将降大任于斯人也，必先苦其心志，劳其筋骨，饿其体肤，空乏其身，行拂乱其所为，所以动心忍性，曾益其所不能"的思想，我最终一路过关斩将，顺利迎接在西安的首次寒假，未来我亦将凭着这个意志继续奋斗、努力，勇敢追梦，博得皇城榜上名。

四、燃烧

四年读博期间，如白驹过隙，希冀学生能借蜀汉昭烈帝刘备曾云"勿以恶小而为之，勿以善小而不为"，不仅于攻读博士期间为整个民族和国家奉献与服务，亦期许自己未来能不负国家与人民的期望，为西北地区乃至于全国奉献自身所学，同时秉持着母校陕西师范大学所特有的"西部红烛精神"，做到"扎根西部，甘于奉献，追求卓越，教育报国"，借此燃烧自己、照耀人民、以星星之火点燃广袤的华夏大地，最终促使全国及西北地区教育更上一层楼，体现"爱国、奋斗、坚守、奉献"的精神。

最后，学生虽如沧海一粟、天地一蜉蝣，但仍会竭尽自身微薄的力量，遵照聚沙成塔，集腋成裘，涓涓细流汇成大河的精神，最终不负青春、不负韶华、不负时代，为实现中华民族伟大复兴的中国梦贡献绵薄之力。

不负韶华·百字令

厦门大学　新闻传播学院　广告　2020 级　香港　郑沛嵘

顾

沉浮

高歌赴

漫漫长路

青春恶虚度

待年衰惜迟暮

愿为之满志踌躇

踏梦为马才兼文武

石以砥焉迈步新征途

新篇欲展擘画华夏蓝图

年少有志时代灿若朱

百年变局露布昭苏

不忘初心耕学术

只为民殷国富

又何惧险阻

韶华不负

亦自如

宏图

谱

不负青春、不负韶华、不负时代

暨南大学　深圳旅游学院　商务英语　2019 级　香港　陈子轩

　　时间匆匆不复返，岁月流逝不回头，转眼间就踏入了大学。我看到了许多陌生的面孔，接触到许多陌生的目光，我怀着一腔豪情，幻想着经过奋斗，创造一片属于自己的天地。我对周围的环境充满兴趣、充满渴望，不断的体验与尝试，在逆境中顽强成长。

　　学习的责任越来越重，虽然有时开心，有时迷茫，有时苦恼，毕竟我既不是天赋异禀的学习天才，也不是考试前就注定失败的人，取中庸之道却难以使我忘却竞争的煎熬。

　　我眺望远方，苍穹之下，旭日初升，白露未已。伴随着温暖的晨曦和春风，蝴蝶翩翩起舞，破茧而出的它展翅高飞，向世人展示华丽的色彩。我又是否可以如它般成功经历蜕变洗礼呢？成功似乎不太遥远，明明触手可及，蓦然回首才惊觉自己已在悬崖的边缘上，害怕强风一吹，站不稳的我便会跌入万丈深渊，患得患失的心情不断笼罩着我的世界。但无论怎样我的肩上背负着我的梦想和父母的重托。好好学习才能不负青春不辜负他们对我的期望。

　　习近平总书记说："征途漫漫，惟有奋斗。我们通过奋斗，披荆斩棘，走过了万水千山。我们还要继续奋斗，勇往直前，创造更加灿烂的辉煌。"这激励了我不断奋斗，我们在青春时代，需要打好基础刻苦学习，潜心钻研提升自身经验技术，为自己的梦想奠基。荀子在《劝学》中提到："不积跬步，无以至千里；不积小流，无以成江海。"正如李时珍遍尝百草，十年如一日潜心钻研才著出了闻名世界的《本草纲目》。马克思阅读了一千五百种书留下了一百多本读书笔记，才能把它所学的宝贵知识不断传递给后人。这提醒了我作为新时代的追梦人，应当怀揣梦想，坚定信念，持之以恒，不断推动自己进步。

　　在我心中也有一个梦，就是成为一名对社会有贡献的人，即使能力有限无法成为伟大的科学家，但我希望能用自己所学的知识帮助别人，回馈社会，为"中国梦"贡献出一份力量，融入国家发展大局，成为祖国的栋梁。在追寻目标的过程中，就算最终目标未能达成，但抵达了距离目标不远的地方，总算比以往攀得更高了，多少会为我们带来了一些改变，为我们的青春成长提供养分，促使我们将不可能变成可能。

中国自改革开放以来在经济、科技等领域飞速发展，取得了举世瞩目的成就。在科技上有神舟系列载人宇宙飞船的成功发射，航天技术取得了极大的突破；高铁总里程近四万公里，中国不仅是高铁里程最长的国家，更是高铁的安全运输规模最大的国家。在农业上有袁隆平核心团队无惧困难，不断创新提高我国水稻的品质与产量。中华民族在奋进中崛起，踏过满路的荆棘，创造了无数奇迹，作为中华儿女，我为自己的国家感到自豪。习近平总书记说："改革开放创造了发展奇迹，今后还要以更大气魄深化改革、扩大开放，续写更多'春天的故事'。"科技创新使我们的国家越来越强大，中国创造的技术产品将不断的走向世界。在此次疫情中，中国以实际行动证明了人类命运共同体理念是新时代国际社会行之有效的生存战略，鼓舞了国际社会的抗疫信心，中国是全球疫情暴发以来首个恢复增长的主要经济体，在疫情防控和经济复苏方面均走在世界前列。

同时我们也不能忘记"每一个普通人都了不起"。建筑工人为我们搭建了温馨的家园，医护人员坚守岗位，牢记使命，拯救了无数的生命。在风雨中我们见证了伟大的爱，带着感动出发我们会变得更成熟更了解时代发展的意义，在社会中成长将温暖和感动传递给身边每一个人。

青春因梦想而绚丽，因奋斗而精彩，因时代而辉煌。愿我们有朝一日，蓦然回首，年少轻狂的我们不负梦想不负青春韶华。我们是中国新时代的追梦人，当我们前进的时候，要相信，全世界都会为我们喝彩。落日的余晖映照着我们的影子，为我们镀上金色的光芒；拂过的微风吹起我们的衣襟，为我们拂去一路的尘埃；摇曳的树影为我们遮挡烈日，目送我们在追梦的路上愈挫愈勇。我们带着拼搏的成功来绽放出属于青春和时代的独一无二的光芒。

我于是急步加入这时代的人流
（组诗）

北京中医药大学　台港澳中医学部　中医学　2020 级　香港　林雨杭

请别蒙住我的青春，请还以我韶华

后来我才知道
即使焦虑地坐在井底
朝天怒哮，把青春尽然白耗于
怒哮，
亦不会有上帝手持圣经显现
更别提救赎的剧演

后来我才知道，
所谓上帝并不有着所谓选民
愤怒的青蛙即使如何年少，
亦不会得到特别的眷顾

后来我才知道，
如果"上帝"这个概念，真的存在
其存在于东方大地的形式
大概，亦只能作为一种能量
其凝聚起来，生成人形
其团结起来，生成一个
自救、自强，所以将迎接复兴的

民族——我得知于，
铺满灰尘的
圣贤之书，
书目间，"上帝"被唤之为"气"
而运气，惟眷顾脚踏实地的
人民。

请原谅我的疲倦，请让我加入

我于是来到黄河之边
将疲惫心灵，冲刷回本有之色——
如竟有人将此，强称为
"洗脑"，
那就把伪白色留给井底去欢悦！
如竟，如竟"教化"被污名化为"洗脑"，
文明之基因，势必
从"第一颗纽扣"便开始混乱！

我于是来到长江之边
风刮过水面如同一本《近代史》在眼前翻页：
谁亦难免想象，百年前
一箱箱灰头土脸的文物或银两
沿此西运——
而转眼，却是一艘艘庞然货船
行驶在这长达
六千三百公里的
产业链之上——
谁亦难以想象，千年后
诸葛丞相借来的
那股东风，
尚未停歇，仍保有劲力
以吹展开
那海上之丝绸！

我于是登临长城之上
我看见"中国制造"的东方圣杯
在烽火台上承接着奥运之圣火；
我看见这古老的万里工程，
已然现代化为"歼20""山东号"——
我看见长城仍在添以砖瓦！

但我可没看到排放血水的工厂、饥寒的百姓
而墙身外倒是摆满着迷——魂——汤！
汤碗上架起一部部偏见、斜视的镜头——
如将一切交由恶意构图，善意总存于盲角
但善意必然得以中和、冲淡恶意，你看看阴阳图——
亦看看亿计之青年已然在心中建立起城墙高堡般的
"人生观、价值观"！

所以我想所谓"神迹"到底是舶来之词
炎黄先辈仅信仰汗水和陷入黄土的足印
克服困难的信心如此刻在后代的基因里
我们不仰首等待神迹我们埋首亲创奇迹
我们每五年大跨一步所以我们脚步稳健
我们走过了第一个百年但尚有一个百年
尚有千千万万个百年要走！——走！

我于是急步走下长城，要青春之体
迎接韶华；要青春之体
加入
这时代的人流！

以梦为马，不负未来

合肥工业大学　建筑与艺术学院　工业设计　2018级　台湾　田钰华

最近拜读了海子的诗作，有一首令我感触很多——《以梦为马》（或名《祖国》）。"以梦为马"是指把自己的梦想作为前进的方向和动力，不辜负美好的时光、美好的年华。习近平总书记在《告台湾同胞书》发表40周年纪念会上说道："我们热忱欢迎台湾青年来祖国大陆追梦、筑梦、圆梦。"我也是追梦、筑梦的芸芸众生中的一人，期待有一日能够圆梦。

"和所有以梦为马的诗人一样我不得不和烈士和小丑走在同一道路上。"在追逐梦想的道路上，我遇见了形形色色的人，来到大陆上大学的这一决定，我不能很笃定地说会对我的人生造成什么影响，但是我可以笃定地说，我并不曾后悔过。我不是烈士，甚至可能就是那些小丑，但是我至少是勇于踏出舒适圈的小丑。台湾与大陆，海峡隔出来的不仅仅有地理与生态环境，还有思想、文化、生活习惯，很多事物都需要我重新去适应，不合胃口的食物、不一样的气候环境、听不懂的方言、思想的差异……但是我们终归同根同源，即使有许多不一样的地方，但是不变的是，我们都属于中华民族，千百年来分分合合，但是终归要合为一体。

"和所有以梦为马的诗人一样我借此火得度一生的茫茫黑夜。"中国几千年的历史长河中，有过很多黑暗的时刻，但是人们不放弃一丝希望，即使微弱的火光随时都像是要被风吹灭，我们依然勇往直前。脱离了从小到大生活的环境，也就意味着在海的另一边认识新的人、事、物，父母与朋友说远不远，说近也不近，在有困难的时候，没有办法给予及时的帮助。我所学专业是工业设计，设计并非我想象中画画写写就能做好，画图、建模型、各种配色以及与设计相关的理论知识，有时候花了时间未必能达到理想的效果，甚至要从头再来。这些的压力让我一度想自暴自弃，但是我的同学、老师、新朋友们甚至一些不认识的陌生人让我知道，我不是孤独一个人，虽然在这里因为身份关系，办理一些业务会有些麻烦，但是负责人都相当热心，比如办银行卡、处理学校闸机的人脸识别系统，处理我的情况要比其他人麻烦得多，但是他们都不厌其烦地帮我处理好。正是这些温暖，让我可以度过这段时光，继续为我的梦想努力，不辜负父母、不辜负祖国。

"和所有以梦为马的诗人一样岁月易逝一滴不剩水滴中有一匹马儿一命归天。"时间过得很快，不知不觉我来到大陆已有三年，恍恍惚惚，反省这三年时间，确实是做不到问心无愧，但是我也尽最大的努力在追随各种优秀的人。到了大三除了完成好自己的课业，最迫切的问题应该是未来的方向，这段时间已经有许多人开始考虑自己应该就业还是继续进修，又到了人生的十字路口。就像当年高三考完试，我在跨过海峡和留在原地间踌躇不定，现在我还没想好未来会怎么样，只想把现阶段的事情做好，即使没有远大的目标和梦想，但尽好自己的本分也是在给未来铺路，不辜负青春以及美好的未来。

"和所有以梦为马的诗人一样我选择永恒的事业。"关于未来，很多人都说设计专业不好就业、不出国就没有价值，我觉得既然当初做了选择，就应该为自己的选择负责，也是为自己的未来负责。没有人能预测人生中某一时刻的某个选择会不会让未来的自己后悔，我所能做到的是，坚持自己选择的专业，坚持自己选择的道路，一直走下去。

国家兴亡　匹夫有责

对外经济贸易大学　信息学院　管理科学与工程　2019 级　香港　高大桢

一、国难当头

我叫高大桢，来自对外经济贸易大学信息学院 2019 级香港硕士研究生。在疫情暴发后，我"宅"在家里，每天只能通过电视上网来获取有关疫情工作的新闻信息，我看到北京各小区居民积极配合防疫工作，完全拥护党和政府的领导，配合防疫工作人员的要求，共同取得防疫工作的胜利。许多党员在疫情的前线起到了抗击疫情的先锋战士作用。

2 月 10 日，习近平总书记来到北京市朝阳区安贞街道安华里社区，实地了解基层一线疫情群防群控等情况。习近平总书记指出，"要相信群众、发动群众，充分发挥社区在疫情防控工作中的'阻击作用'。"作为一名志愿者，我在社区防控时看到的是群众和党员站在一起抗击疫情，看到的是在国家的动员下大家都自觉遵守规范，看到的是党员先锋队的无私奉献。华威里社区以党员为骨干力量，通过严密设岗、轮岗排班的方式，保障了在社区隔离的家庭物资配送、保障了社区进出人员的严格管控，体现了基层疫情联防联控的硬核力量。

习近平总书记的调研指导，给我这样在基层工作的人带来了鼓舞，习近平总书记深入基层了解疫情防控工作，体现了党与人民共进退，亲自指挥，亲自部署。我们中国共产党始终坚定地与人民站一起。人民的命运就是我们国家的命运。各个地方，都坚持党组织的坚强领导，基层社区以党员先锋队为核心力量，开展多层次的联防联控。

习近平总书记在调研指导时，带头遵守疫情防控的科学规范，为大家做表率。他强调，社区是疫情联防联控的第一线，也是外防输入、内防扩散最有效的防线。把社区这道防线守住，就能有效切断疫情蔓延的渠道。来自国务院联防联控机制新闻发布会的最新数据显示，新冠肺炎疫情发生以来，近 400 万名城乡社区工作者奋战在防控一线，守护着 65 万个城乡社区。我很荣幸我也是其中一员，习近平总书记来基层社区调研指导，极大地鼓舞了一线的工作人员，这说明在非常时期，党和人民紧密相连，党永远都和人民站在一起，党的领导是中华民族应对各类挑战的核心力量，在抗击疫情的过程中，习近平总书记亲自部署、亲自指挥，多次召开中央政治局会议研判疫情发展形势、部署疫情防控相关工作，各省市地方在党组织领导下积极调配资源，对口支援湖北，而在一个个社区，也是由党员冲在一线，构成了抗击疫情的第一道防线。在我的眼里，党的领导贯彻始终，上下畅通，是中国能够有效控制疫情蔓延态势的坚强保证。这一次经历，更加坚定了我想要加入中国共产党的决心。

此外，习近平总书记曾说过："要相信群众、发动群众，充分发挥社区在疫情防控工作中的'阻击作用'。"

"非常时期就不握手了！"

"要关心关爱广大医务人员"

"信心百倍地打好这场阻击战、总体战，打好这一场人民战争。我们一定要树立信心，一定会胜利的！"

二、我该做些什么

作为一名入党积极分子，我受到鼓舞。虽然不能有像医护人员那样坚守岗位直击疫情的作为，但是我也希望自己能在抗击疫情的战斗中贡献一份自己的力量。

作为一名普通的学生，我能做点什么呢，我和家人商量，说出了我的心情，正所谓国家兴亡匹夫有责，无论大事小事，我想要尽快开始为这次疫情做点我力所能及的工作。家里人给我推荐了我们小区的居委会，也就是华威里社区街道办事处。这是我从小长大的地方，从小时候的"争做良好学生"，到冬天集体铲雪，给老人普及电脑常识，以及搞好社区宠物卫生等活动，我都有过参与，现在我可以继续在这个社区大家庭的疫情战斗中贡献自己的力量。

我家所在的社区，就是我生活中的疫情第一线，我可以在社区一线上努力。于是我联系了华威里社区居委会，向他们陈述了我的心情和想要参与小区抗疫的想法，社区党委董华伟书记看到我的申请书时，表示很欣慰，他告诉我，现在社区工作主要是以党员先锋队为代表的，在小区的各个重要门口进行管理。我说我是学校入党积极分子，我也可以按照党员标准要求自己，我把我的课表拿出来，上课时间以外的都是我可以被社区支配的时间。

董书记拿到我的课表后，第一时间进行了党员排班表调整，我是周一、周五值班。董书记告诉我，百环花园小区因为紧邻潘家园古玩市场以及河南大厦、陕西大厦、妇幼保健医院，加上该小区老人以及常住居民多，人员密集且流动性强，是华威里社区居委会重点关注对象。我对居委会负责人说："我年轻，有体力，希望多分给我一些工作，我提交的时间表都是上网课以外的业余时间，不影响学习。多余的时间我也不想用来打游戏，愿意为社区站岗，让年纪大的同事多休息一些吧。"

防疫工作主要是负责协助小区保安以及物业人员，劝导居民不要外出、不要聚会，减少交际交往。在小区出入门查看出入证，并引导居民测量体温。对于疫情防控期间入京的人进行隔离安排并监督管理。

图1

三、困难总是有的

一是让居民配合工作。一开始大部分居民都不太配合，以麻烦、别人能进为什么我不能进、耽误时间、出入证没带、大惊小怪等理由推辞。董书记告诉我们，不要着急，要慢慢调节，逐步让居民们知道疫情的严重性，以及我们防护疫情的重要性。因此，我们在小区门口有负责讲解的工作人员，张贴疫情防控期间的小区进出管理公告，告诫居民疫情防控期间的管理是严格重要的，并随时提醒出门居民："出门记得带出入证，这样回来也方便查看。"这其中有忘带出入证的居民，我们在核实其身份后要告诫他们，一定要带出入证，我们的工作也是防止有意外的病毒携带者进入，一旦发生了，后果不堪设想，所以必须配合工作。为了体谅居民疑心，担心我们工作人员接触人多容易得病，我们在测量体温时都不会触碰他们，在居民取快递和外卖的时候，我们主动告知物品位置以及帮忙拿取，最大减少人员来往感染的可能性。

二是入京人员的管理。刚入京的人员不仅需要登记，还需要隔离14天，由于这14天属于强制隔离，不可以出楼，小区更不行，所以社区采用每一户隔离家庭由一位党员先锋负责，进行送递蔬菜水果、外卖快递等任何可能接触的工作。有一次因为党员们在开会，我一个人负责小区门口的值班工作，当时来了一位刚入京的租房居民，他是从廊坊来，并有健康证明，由于周围没有负责的同志，我便自己担下了核查工作。先查手机14天出入记录以确保他没有前往过湖北，第二查看他的健康证明，做身份证登记，最后上报居委会。

对于部分疫情防控期间刚入京的居民，很多人自认为是健康的，就拒绝配合隔离工作。我负责找他们谈话，告诉他们疫情如果得不到及时控制的严重性。同时也承担便利服务，如代取外卖、快递，早晚送蔬菜水果。当我拿着大包小包的蔬菜水果送到楼上时，我看到的是居民的开心，以及对我们工作的理解和支持。说不害怕传染是假的，刚入京的每一位居民都有潜在感染的可能。尽管社区为我们准备了口罩、酒精、手套等，但在为居民送快递、蔬菜的时候，我都会深呼一口气，告诉自己淡定，再敲门。支持我们工作的居民数量肉眼可见的增长，随着时间的推移，居民甚至主动帮我们排查，告知我们出小区的人是谁以及哪些是外来的人员。

作为一名志愿者，我看到了人们对防疫工作的热情和支持，从居委会的领导每天上班时强调工作重要性以及安全防护第一的谆谆嘱咐，以及在一线工作的同事对我的关心和照顾，到居民主动减少流动，尽量不外出、不聚会的配合。尤其是，居民的主动配合真的让我们很感动，妈妈们会带着孩子主动查体温并告诉孩子不可以不戴口罩；老人们会帮忙分辨小区住户和外来人员；年轻人会主动自觉拿快递，拿到后快速进出以减少接触。整个防疫工作处于良性循环中，效率极高。这些情况表明，党在人民心目中的重要地位，服从党的领导深入民心。我为党在人民心中的光辉形象感到自豪骄傲。党和国家非常重视抗击疫情战斗，十分重视保护人民的健康，保护国家的利益。

四、褒奖不是最重要的

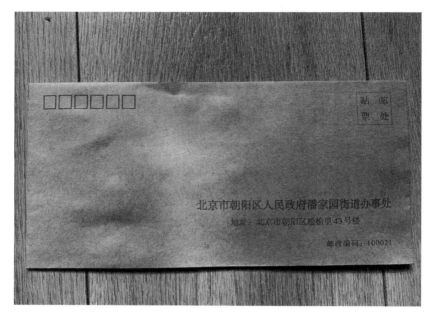

图2

表扬信是董书记代表街道直接发给学校的，我也是通过学校才得知我所获得的荣誉，最后在开学之前，街道还给我颁发了抗疫先锋的奖杯。其实我最开始只是想要做一些力所能及的事情，为国为民做一点贡献，让自己可以心安理得。但是当我拿到这沉甸甸的信封和奖杯时，我才发现，为人民服务是一件多么幸福、多么有意义的事情，这封信让我认识到自己这一个月的努力是光荣的、伟大的，这也使我更加坚定我的信念，让我在第二次志愿报名时毫不犹豫地向老师提出申请。

俗话说，国家兴亡，匹夫有责。此次抗击新冠肺炎疫情的战役是我们每一个人的战役，是全中国人的战役。2003 年，我经历过 SARS，那时我年纪还小，外祖母经常说，在那场疫情中，我们得到了老师、医生、警察以及社区党员先锋的保护。如今，我想在疫情中担当起为国家、为社区尽力的责任，站在疫情的前线，尽自己的一份心意。

图 3

　　我为自己有机会参与保护社区的行动感到骄傲、自豪。我的家人也给予了我最大的支持和鼓励，他们都认为我的所作所为是光荣正确的。当在小区门口遇到向我微笑致意的老人时，我就觉得为人民服务是多么的幸福。我常常想，如果我们每个年轻人都能做这么一点小事，那么我们的社会就会更加美好，就像我们社区每一个人都在尽力为疫情做一份努力，那么我们收获的就是整个社区的安宁、祥和。

一湾海峡两处归乡，情牵两地血融一家

浙江大学　经济学院　国际商务　2020级　台湾　刘俊廷

不负青春——拂风轻掠香阵阵

我出生于1997年9月，在上海市长宁区生活长大，父亲是台湾彰化人，母亲是浙江宁波人。记忆中，从小到大回台湾的次数屈指可数，一家人很少回台湾过年，倒是在宁波外婆家过年的欢乐时光充盈了记忆。

从幼儿园起，我的父母就一直让我在当地学校读书，和大陆同学一起学习一起生活。从小学到高中，我和身边同学一样积极参加班级活动与班干部的竞选，手臂上的横杠也从一道升到过两道。

我本科就读于华东师范大学，在刚进大学时我就加入了学校社团联合会的大型活动部，从一个跟在学长学姐后面帮忙布置活动现场的萌新，到能独当一面成为校级活动的总负责人。2018年大三的我带领大一大二的学弟学妹，在10月底完成了一次校级活动——体育嘉年华，这是集结所有体育类社团配合的校运动会，面向全校师生的一次大型活动，活动在华东师范大学官网、官博和官微相继报道。

每每忆及这些年成长在大陆、在祖国怀抱的青春岁月，便如同暖风轻轻拂过心头，还带来阵阵清雅的芳香。

图 1　参加活动照

不负时代——长风破浪正当时

2019 年初，一次偶然看到东方卫视的一档节目，叫作《这就是中国》。自那时起，观看这个节目成了我每周的固定安排。2019 年的 6 月，香港发生动乱，受外部势力影响，大批的废青走上街头，暴力示威，破坏城市。身在内地的我，非常难过和愤慨。8 月中旬，我在网上看到了《这就是中国》节目的 9 月录制消息，两场录制主题分别是《开天辟地新中国》和《香港局势：自助者天助之》。2019 年恰逢祖国 70 周年生日，我非常向往能在节目录制现场，听听复旦大学中国研究院院长张维为教授的现场演讲。同时，身为一位在大陆读书的台湾学子，我也很想有机会能与张维为教授聊聊我的困惑以及未来我可以为国家做什么。

非常幸运的是我报名成功了！我成为当天录制现场的一名观众。我有幸参与了两场录制，还有机会走进了张维为教授的休息室，与教授进行了短暂交流。第一场《开天辟地新中国》让我感受到70年前新中国刚建立时的不容易，而70年后，中国已不再是当初那个受人欺负的弱国，我们不偷不抢不破坏地成为世界第二大经济体。第二场讲香港动乱，张维为教授在现场提出了几个观点，其中，"香港出现了一些麻烦，但坏事可以变成好事……这就是我们今天看到的情况。港独分子虽然人数不多，但其嚣张气焰给中国人上了一堂爱国主义思政课，这堂课又通过互联网和社交媒体传遍全中国乃至全世界，一夜之间港独在全世界华人社会都成为过街老鼠，人人喊打。中国年轻一代也几乎一夜之间成长起来……过去不懂得什么是制度自信的人，一瞬间也或多或少都懂了。"

经过这次香港动乱，我看清了西方的虚伪和双重标准。在上海长大的我，看到了这20多年国家的发展与进步，我国已通过中国特色社会主义制度实现和平崛起，综合国力也已走到了世界前列。

图2　参加《这就是中国》录制

图3　组织体育嘉年华活动

人民有信仰，民族有希望，国家有力量。我们这一代 90 后的年轻人，在我们的童年经历了北京奥运会和上海世博会，看到了祖国的强大，因此我们更有自信在未来实现中华民族伟大复兴的中国梦。

站在百年未有之大变局的时代节点上，我希望能和祖国一起披荆斩棘、长风破浪，也从不畏惧前路或有坎坷泥泞、暗流涌动。这是一个国际形势最坏的时代，也是一个发展势头最好的时代。无论国际形势如何动荡反复，境外势力如何歇斯底里，我都坚信，中国前行的脚步不会停下，14 亿华夏同胞的心意不会动摇。

不负韶华——复兴一统大势驱

1 月初，我因个人事务回到了台湾，时隔近四年，我回到那个地方，很不习惯。在大陆早已习惯手机支付的我，好几次都在要付钱时才发现没带钱包。当时正值台湾当局的"大选"结束，人们的话题围绕着"大选"结果，我慢慢发现自己与常年生活在台湾的朋友之间有了隔阂。

2020 年的世界被疫情笼罩，我国交出了一份令人满意的答卷。然而，西方世界却只会用双重标准和栽赃造谣来否定中国防疫人员的努力。受西方世界影响至深的我的家乡，何尝不是如此，让我那些在岛内生活的朋友和亲戚都对大陆产生了误解。

这一年，由于疫情，我开始更加关注政治和国际形势，也更关注两岸之间的关系。2020 年初当我朋友笑我不能正常使用 Instagram、YouTube 等国外 APP 时，我在心里真心觉得，真正在"墙内"的、看不清世界的，是生活在这座孤岛的你们。

我很感谢我的父母，让我在上海这座城市长大，现在的我，想要大声地说，这里才是我深爱的家乡。

我深知自身应负的责任与义务。祖国必须统一，也必然统一，这是 70 多年两岸关系发展历程的历史定论，也是新时代中华民族伟大复兴的必然要求。作为中国人，作为在大陆学习生活的台湾学子，我理应顺应历史大势，帮助台湾同胞了解大陆，了解祖国，推动两岸关系和平发展、推进祖国和平统一。

新青年共筑梦

南京师范大学　教育科学学院　小学教育　2020 级　香港　吴洁怡

成长在这个发展迅速的时代，我们享受着先辈用汗水和鲜血换来的和平美好。我们作为新时代的新青年，为了我们的后代，为了祖国的未来，我们应该在青春的美好年华里，勇敢地朝着梦想出发，朝着中国梦出发，为走向新时代做出一份贡献。

梦想，对于童年时期的我感觉是遥不可及的，随着时光流逝，才懂得梦真的可以实现。例如飞机，不正是因为以前的人心中有个飞天梦；中国得以解放不正是因为人民心中渴望自由，只有朝着理想努力奋斗，辉煌终有一天会拥有。成功的道路不可能一帆风顺，蓝图不可能一蹴而就，梦想不可能一夜成真，只有付出艰辛努力，美好的未来才属于我们。坚持是成功的一把重要钥匙，所以我们要牢牢抓住它。正值青春年华的我，心中有着各种对未来的憧憬，描绘了一幅有着远大志向的蓝图，希望有一天我能成为我想成为的那个模样。如果在这美好的时光里蹉跎了岁月，碌碌无为地度过青年阶段，我相信回过头来看，留下的只有苦涩的悔恨，因此要不负青春，就要勇敢追逐心中的梦想，为自己的人生负责。

高中结束后我又迎来人生另一个转折点——大学。高考填报志愿，在一定程度上，决定我们今后的就业方向及人生道路。面对人生的十字路口，似乎我们还是缺乏一种敢于选择的勇气，总是在路口徘徊又彷徨，害怕做错选择。在填报志愿的时候，我一直在想我到底要成为一个怎么样的人，我能否将专业成为职业，最终我选择了小学教育专业，后来我又想我会后悔现在的选择吗？无数次地怀疑自己的能力，周围的人有许多不同的声音，劝我放弃这种选择。几经辗转后，我坚定了自己的选择，听从了内心的想法，进入了大学真正接触小学教育专业，明白了教学不只是教会学生书本知识，还要教导学生做人，教书育人是一件神圣的事情，不容侵犯的，培养国家栋梁靠的就是优秀的人民教师，这不就是体现人生价值了吗？我对教育事业充满热爱，因此选择了小学教育专业，让我离梦想更近了一步，希望将来有一天能在教育事业上体现自己的人生价值。如果我能成为香港教师，我将为香港的学生开展有关中国历史的活动，将我在内地求学的所见所闻真实地表达出来，培养他们正确的世界观、人生观、价值观和独立思考能力等，在学生心中建立起内地和香港地区的桥梁，为内地和香港地区的发展做出贡献。

如今的我还处于迷茫期，仍然对未来的充满恐惧，只好脚踏实地走好人生每一步路。朝气蓬勃的我们应该怀有不怕输的勇气，即使失败了我们也可以从头再来，我们也应对自己充满信心，带着追梦的信念向前走，梦在前方，路在脚下，以梦为马，总有一天追梦人会含着喜悦的泪水，抱着胜利的果实归来。中国梦归根到底是人民的梦，需要依靠人民来实现，开创美好的社会将造福人民，把个人的梦与中国梦紧密联系在一起，中国人民的梦想将汇聚成伟大的中国梦，我们紧密团结，万众一心，锲而不舍地为实现我们的发展目标而奋斗，总有一天中国人民会梦想成真，共同享有见证祖国和时代进步的机会。

中国的未来属于青年，"在今天勇敢向未来报到，当明天幸福向我们问好，最美的风景是拥抱。"每当想起《我们都是追梦人》这首歌，都激励着我勇敢去追梦，不负青春，不负韶华，不负时代，让青春在时代进步中焕发出绚丽的光彩。

青春正好　不负韶光

暨南大学　基础医学与公共卫生学院　临床医学　2017 级　香港　陈靖彬

木心在《从前慢》里说："从前的日色变得慢，车，马，邮件都慢，一生只够爱一个人。"

如今日色仍一般，车、马、邮件却再也抵不上可比"千里江陵一日还"的高铁与飞机。如今慢吗？如今仍慢，只是这时代如洪流般将无数的梦想汇入其中，如流水般带走光阴的故事，改变了许多人。

我们的生活发生了什么样的变化呢？

这二十年来，围绕着我们周围的一切，似乎变成了另外一个模样，智能手机、电子支付、网上购物、电子邮件……这些新事物的诞生一下子沟通了全世界，让人生出几分"海上生明月，天涯共此时"之感。人们会笑着说这些年轻人的玩意儿就是带着青春味的未来。确实，这些新兴之物大抵也是由渴望革新的年轻人所带来的。

小时候听着脍炙人口的歌曲唱道"亲爱的朋友们，美妙的春光属于谁？属于我，属于你，属于我们八十年代的新一辈。"如今重新回味，感慨似有不同，少了份置身事外的闲适，多了份身处其中欲争上流的参与感。

雪莱说："冬天来了，春天还会远吗？"曾经的韶光，如今变成了我们，变成了九十年代的新一辈。

2020 年 9 月 17 日，习近平总书记在湖南大学岳麓书院考察时对青年学子深情寄语："希望同学们不负青春、不负韶华、不负时代"。

不负青春，不负韶华，不负时代，究竟是什么意思？我想起狄更斯说："这是最好的时代，也是最坏的时代"。2020 年初，一场史无前例的疫情风暴彻底改变了无数人的生命轨迹。

名为新型冠状病毒肺炎的灾祸，将所有人不断为之奋斗的新世界卷进混乱中。最令我感到佩服的是，数不清的年轻人，投身进这场让人畏惧的风暴中，舍小我而图大我，他们用稚嫩的肩膀，为无数人带去新的希望，我想起那位说"穿上防护服，我就不是孩子了"的刘家怡。新冠肺炎疫情暴发之际正值隆冬，却始终有人愿意为这片极寒带去韶光，后生可畏，当得。

钟南山院士曾经这样鼓励新生代，"勇气、担当、责任，青年人必备的素质"，我想确实是这样没错。

作为一名在内地就读临床医学专业的香港学生，我在每一年似乎都能因为我所处的环境而获得新的启发。习近平总书记的话，让我感触颇深，疫情之后的中国，到底处于一个什么样的时代？如果说疫情前的中国是"最好的时代"，那么疫情后寻求机遇的中国便迎来"最坏的时代"，一切便又如歌中唱得那般，美妙的春光属于谁？我一直坚信，每个时代的年轻人都会为其家国情怀而奋斗，所以，这句"不负青春，不负韶光，不负时代"的口号才振聋发聩。人的生命总是有尽头的，试问，在经历了诸如 SARS、新冠病毒之类的风暴后，如若再与这样的灾厄狭路相逢，又会是谁挺身而出撑起所有人的韶光？

当然是年轻人，因为蓬勃的未来总是属于年轻的生命。周总理说过，"为中华之崛起而读书"。那么我们现在所付出的，又何尝不是为世界注入源源不断的生命力？

到底是时代为我们所倾倒，还是我们为时代所折服？

我作为广大在粤港生的一员，现如今服务于广东省高校香港学生联合会。前段时间，我们有幸结识了一位在内地发展的香港年轻人，与我们见面时，他简单的身着一件衬衫和一条牛仔裤。谈到他创立的企业"BEEPLUS"时，他很自豪，"从内地高校毕业，又到英国进修了两年，再回到内地。我之所以创办 BEE-PLUS，其一是因为响应万众创业的时代号召，其二便是我想凭借自己的努力，使内地的大众可以更多了解香港的文化，让他们看到岁月迭新，香港独特的文化魅力所在，同时，我也会将内地新兴的文化、潮流带回到香港。现在，内地与香港多了个大湾区的规划，我认为这是非常合时宜的，未来的香港不会一帆风顺，但必不是独木难支的，因此，与其他城市一同携手并进才是最好的出路。"

真好，与那些高谈阔论、无所事事、满嘴就是自由与民主，将整个香港架在火炉上烤的人一比，高下立判。香港也曾生机勃勃，被誉为亚洲四小龙之一。但在我看来，这富丽堂皇的表象中实则危机暗藏险象丛生。十年、二十年…当优势渐微，本应脚踏实地学有所成为香港的未来贡献一份力量的年轻人舍本逐末，不以家乡的发展为己任，追寻幻影，惶惶不可终日，这当得起香港的未来吗？而吾辈又该如何自处呢？现在的香港，足以使我们生出一股危机感，何谓时代出英雄？对于香港来说，这就是"最坏的时代"，但是我们不怕，因为有大湾区这个规划的存在，我们这些赴内地求学的学子，便可以用自身在内地所见所学的一切，成为夯实大湾区这一区域间互联互通桥梁的一块砖。对我们来说，这也是香港"最好的时代"，俗话说触底反弹，不真正摔倒过的人怎么会走路呢？既然香港已经到了寒冬，那便由我们这片韶光，去开启新的机遇吧。

不负青春，就是希望我们学有所成；不负韶光，就是希望我们勇于担当；不负时代，就是希望年轻人兼济天下。但其实，哪有什么最好的、最坏的时代。道路都是人开辟出来的，荆棘丛生那便披荆斩棘，一路顺遂那便所向披靡，我很喜欢我们外科老师对我们说过的一句话，"如果你觉得自己很辛苦，那就对了，因为人生本来就是辛苦的，年轻人。现在的辛苦便是来日的鹏程万里独当一面。"

我不会再对每个不曾预料到的事而感到彷徨，我会坚定不移地朝着我的理想，一步一步迈向前，你瞧，旧的一年快过去，新的一年即将来到，一切都如那首《青春万岁》中所说的，所有的日子，所有的日子都来吧，让我编织你们，用青春的金线和幸福的璎珞，编织你们。

木心在《云雀叫了一整天》里说："岁月不饶人，我亦未曾饶过岁月"，前路未知，我们便乘上这无限春光，直达云端，以无数个人的力量，融入时代的脉搏，撑起中国的未来，以青春之名，青春正好，不负韶光。

初心逐梦，不负韶华

广东金融学院　工商管理学院　市场营销　2020级　香港　彭妙琳

"青年兴则国家兴，青年强则国家强。青年一代有理想、有本领、有担当，国家就有前途，民族就有希望。"习近平总书记多次讲到当代青年人对于国家发展、民族振兴、人民幸福有重要作用。青年、青春包含着无限的生机与无尽的可能，青年是怀揣着梦想且朝气蓬勃的，青春的时光是短暂而宝贵的。我们当代青年应牢记习近平总书记的叮嘱，"不负青春、不负韶华、不负时代"。

不负青春立大志，不负时代勇担当。古人说："非学无以广才，非志无以成学。"志向是漫漫人生路上指引前行的明灯。有大志，才能成大业。周恩来总理在少年时代就立下雄心壮志："为中华之崛起而读书！"青年立大志，就是要把个人的理想同国家的前途、民族的命运紧密结合起来，树立与这个时代主题同心同向的理想信念，做有利于人民利益的事，有利于国家和民族的事，将中华民族伟大复兴的中国梦内化于心外化于行，树立远大的人生理想，以梦为马，志存高远，斗志昂扬，不忘国家，不忘使命，不负年华，不负时代。

不负韶华勤奋斗。习近平总书记强调，"现在，青春是用来奋斗的；将来，青春是用来回忆的。"奋斗本身也是一种幸福，任何幸福都是奋斗的结果。青春时代处于人生的积累阶段，每天都有新期待，每天都有新收获，拥有无限可塑性和可能性，是人生最美好的一段时光。奋斗就要勤学。我们广大港澳青年要勤奋学习，学以致用、学用相长，打牢知识功底，积蓄前进能量，锻造过硬本领，在火热的青春中放飞人生梦想。青年是推动科技进步和创新型国家建设的主力军，要进一步焕发创新创业的激情，进一步强化创新创业的自觉，切实将创新创业与为国家尽责、为民族担当紧密联系起来，把"小我"融入"大我"，把个人奋斗融入时代发展。

不负时代勇担当。"青年时代，选择吃苦也就选择了收获，选择奉献也就选择了高尚。"青年是国家和民族的希望，每一代青年皆有必须担当的历史重任。

我们面临的新时代，既是近代以来中华民族发展的最好时代，也是实现中华民族伟大复兴的最关键时代。千千万万青年将全程参与和见证"两个一百年"奋斗目标的实现。广大港澳青年要听从祖国的召唤，保持和发扬奋斗精神，做时代的弄潮儿，让青春之花绽放在祖国最需要的地方，以青春之我、奋斗之我为祖国建设添砖加瓦，为民族复兴铺路架桥。刚过去的 2020 年是极为不平凡的一年，面对新中国成立以来的最严重的突发公共卫生事件——新冠疫情，我们中华民族在党中央的坚强领导下，发挥了中国特色社会主义"集中力量办大事"的独特制度优势，用以爱国主义为核心的民族精神和以改革创新为核心的时代精神书写了抗疫史诗。在伟大的抗疫斗争中，广大青年做出了重要的贡献，他们中有既有白衣天使、人民子弟兵，也有科研人员、志愿者和工程建设者等，一批批 90 后乃至是 00 后青年一代，在自己的岗位上默默付出，共筑合力，构建起了守护生命的铜墙铁壁，共同彰显了"生命至上，举国同心，舍生忘死，尊重科学，命运与共"的伟大抗疫精神，在自己平凡的岗位上创造了不平凡的人生，用自己的努力奋斗为中华民族伟大复兴贡献力量，不负时代所托。

转眼间，我们又度过了一年，回首 2020 年，是新中国历史上极不平凡的一年。面对严峻复杂的国际形势、艰巨繁重的国内发展，特别是新冠肺炎疫情的严重冲击，以习近平同志为核心的党中央保持战略定力，准确判断形势，精心谋划部署，果断采取行动，团结带领全党全军全国各族人民付出艰苦努力，交出了一份令人民满意、世界瞩目、可以载入史册的答卷。

经历了坎坷的 2020 年，在新冠疫情下，很多平常的事情都发生了些许变化。那一年，大家最多的就是看到网络与电视上，不断重复"疫情"两个字。我记得在微博上曾发起过一个话题叫作"2020 最遗憾的一件事"，我仔细翻阅着，看着网络上的回复，有人说，他遗憾过年错过了四世同堂的聚会，没能吃一顿大团圆的年夜饭；有人说，她遗憾没有拍毕业照，没有毕业典礼，没有毕业聚会，没有毕业旅行，就草草结束了大学的时光；有人说他遗憾一家三口，在三个地方，没有团聚的机会；也有人说她遗憾最好的朋友感染了新冠，熟悉的人从身边离开了……

对于 2020 年，大家都有心存遗憾，在整整一年里，新冠病毒如同一个幽灵，来来去去，一直盘桓在这个星球上，至今不退。只是谁都没有想到，疫情影响下的中国，在几个月内就神奇般地变为世界上最安全的国度，而公认的科技经济医学超强的美国却成了病毒肆虐的主战场，这让全世界尤其是西方世界心情复杂乃至有点语无伦次，也让绝大多数中国人重新审视了自己和自己的国家，让国人在拥有文化自信的同时，重新建立了全新的制度自信和道路自信。

这一年，我们看到党和国家依旧充满信念与信心，有着坚强决心、坚定意志、坚实国力应对挑战，有足够的底气、能力、智慧战胜各种风险的考验，在任何时候都在重要的位置，带着人民的希望，人民的期待，一步步克服重重难关，带着祖国恢复新希望的曙光，让人民尽快回到平安喜乐的日子，带着这份梦想，不忘初心，砥砺往前行！任何国家任何人都不能阻挡中华民族实现伟大复兴的历史步伐。

抗击新冠肺炎疫情的斗争取得重大战略成果，充分展现了中国共产党的领导和我国社会主义制度的显著优势，充分展现了中国人民和中华民族的伟大力量，充分展现了中华文明的深厚底蕴，充分展现了中国负责任大国的自觉担当，极大增强了全党全国各族人民的自信心和自豪感、凝聚力和向心力，必将激励我们在新时代新征程上披荆斩棘、奋勇前进！

经历难忘的 2020 年，我们作为年轻人，又有何理由不努力自己的人生呢？每个人都曾萌发过遥不可及的梦想吧，有多少人会选择去坚持，有多少人会中途放弃，又有多少人还没来得及开始就已经结束了。梦想是一定要有的，万一不知不觉中就实现了呢？在梦想面前的我们，一定要坚守住自己的内心。

习近平总书记曾这样嘱托："山再高，往上攀，总能登顶；路再长，走下去，定能到达。"这告诉我们，我们要通过艰苦卓绝的努力才能靠近梦想。努力也许不一定能送你到达理想的彼岸，但一定能缩短你与理想之间的距离。面对失败的时候，调整好自己的心态，坦荡面对宠辱得失。有人说所有的梦想都不会被辜负。前路漫漫，也许你一直因为那百分之一的灵感而悲伤落寞。但怀揣梦想的人，在看待生活时一定会多一份从容。追梦的人眼里有星星，即使最终并未实现梦想，也一定会在人生的旅途中比旁人收获更多。没错，梦想需要我们切肤地去体会，脚踏实地地去坚守，才能靠近梦想，让梦想浇灌进现实。

对于即将大学毕业的我们，更要坚守自己的初心，大胆地往前走。未来，在伟大时代赐予青年的恢宏舞台上，让我们披荆斩棘，勇敢"入海"。无论是选择诗和远方，还是选择牧马返乡，请带着习近平总书记的嘱托，让我们铭记自己的初心，揣怀自己的梦想，一切从新的方向开始，即刻启程，开启我们美好的未来，相信自己，相信未来，与国家共同进步！我们正处在"两个一百年"奋斗目标的历史交汇期，我们对中国的未来充满信心：中国一定会变得越来越好，人民生活一定会越来越幸福。奋斗在这样一个伟大的时代，我们都是追梦人，也是贡献者，让我们团结起来，为了人民美好幸福生活而奋斗！

"青年者，人生之王，人生之春，人生之华也。"新时代是一个英雄辈出的时代，青年人正逢其时。我们广大青年同学应牢记习近平总书记的叮嘱，不负青春、不负韶华、不负时代，珍惜时光好好学习，掌握知识本领，树立正确的世界观、人生观、价值观，系好人生第一粒扣子，走好人生道路，为实现中华民族伟大复兴贡献聪明才智。我们站在"两个一百年"的历史交汇点，全面建设社会主义现代化国家的新征程即将开启。征途漫漫，唯有奋斗。我们通过奋斗，披荆斩棘，走过了万水千山。我们还要继续奋斗，勇往直前，创造更加灿烂的辉煌！

　　不管今天，是花开还是花落，我们都要保持初心，心怀梦想，逐梦远方！人生的旅途，会绽放出璀璨的希望之光，属于自己，一起凝聚绽放出祖国的光芒！

滔滔民族情，本草魂深路

南京中医药大学　台港澳教育中心　中医学　2016级　台湾　郑如君

药罐子里蒸腾出袅袅药香，甘香的气味闻得人神清气爽，舀一勺汤药含在舌尖搁浅，思绪慢慢飘到了三年前……

我的家乡在一水之隔的宝岛台湾，那里山清水秀，花香遍野。从小，我就常听爷爷说，台湾自古是中国不可分割的一部分，但因为历史原因我们被迫和祖国母亲分开，每每谈到这个话题，爷爷的眼睛里就闪着泪光。

除了是一名坚定的爱国者，这名老人还是个中医迷。爷爷早年受惠于中医的博大精深，常常描述中医的千百种好处，人参、当归、甘草、贝母，这些中药爷爷如数家珍。在爷爷的耳濡目染下，我也愈发对中医着迷，可惜中医在台湾并不普及，只有少数大学有中医专业。

所幸爷爷和我没有放弃，经过多方打听和商讨，我们得知南京中医药大学在中医方面造诣深厚，于是我只身一人远赴大陆求学，为我的中医梦而奋斗。

来到这里后，在老师同学们的介绍下，我进一步了解到南京这座城市背后的故事。南京是中国四大古都之一，历史悠久，自古以来就是一座崇文重教的城市，有"天下文枢""东南第一学"的美誉。现在是国家首批历史文化名城之一，还是国家重要的科教中心。走在城市的街头，高楼大厦鳞次栉比、车水马龙、络绎不绝，知名高校齐聚，繁华商街遍布。但也是这样一座历史文化名城，曾经饱受战火荼毒。1842年鸦片战争后，清政府签订了第一个不平等条约《南京条约》，1937年南京大屠杀，三十万遇难者，震惊中外，成了中华民族永远不能忘记的伤痛。而我所在的大学——南京中医药大学，始建于1954年，是中国建校最早的高等中医药院校之一，是国家"双一流"世界一流学科建设高校。优美的校园环境，传统教育方式结合先进教学理念，老师和同学们的热情相待，这一切的一切都让我感到温暖如春，刚开始来求学时忐忑不安的心情早已经消失得无影无踪。

中华民族自古以来是个艰苦卓绝的民族，但无论遭遇多大的困难，炎黄子孙从来没有放弃过生存的希望。在战火纷飞的年代，中医一直是这个民族止血疗伤的良药，洗淋泡漂，用心河的甘泉浸润；烘炙煅炒，用感情的火焰制作；加工炮制，使事物变得纯净明晰；医治救助，使心性充满仁爱。风干了的中药看似毫不起眼，但几味干草搭配起来却有起死回生之功效。外国人曾经藐视中医不起眼，可事实证明中医屡建奇功，如同昔日平凡但坚毅的炎黄子孙，把侵略者赶出国土。几千年中医药学历久弥新，与中华民族一起生生不息。本草精魂与中华民族同在。

不管是为了实现爷爷的梦想，还是承担民族复兴的重任，我从开学就暗自下决心：努力研读中医，治病救人，为国人健康护航！因此我积极参与课堂，有任何疑问及时提出并请教同学老师，绝不放过任何一个疑难点。夜深人静时，我抱着厚厚的教材书背诵钻研，弄懂每味药材的作用与功效。平时积极参与学校社团活动和社会实践，培养自己的实践能力和履行社会责任。

一株草，长于高山之巅，吸吐天地精华。一个人，食于杂粮五谷，行止生老病死。华夏民族，生生不息，聚无数炎黄之魂，凝万千草本之精。那黄连、人参的甘苦之味，于瞬息万变的时代中，为华夏民族奠定了生命奋斗甘之如饴的情感。本草之魂，是民族文化之旅，亦是我心滔滔民族情，脚下漫漫复兴路……

萱草梦

暨南大学　四海书院　法学　2020 级　香港　祁思齐

岭南漠北同一梦，东海西疆昭此心；
不恭名利庄周蝶，唯尚节气孺子牛。
百载耕耘凌霄志，世代寒窗报国心；
瑞狮初吼万邦醒，祥龙腾啸九州闻。
青春韶华当追梦，迎难而上守初衷；
青苗有日成林荫，不忘朝露浴甘霖。
展翅远方云霄望，常怀故地哺养恩。

绽放青春，负重前行，创造新时代

暨南大学　基础医学与公共卫生学院　临床医学　2017级　香港　谢志伟

绽放青春，负重前行，创造新时代。若能够洞悉这13个字各种层面的含义，势必能让思维再提高一个层级。德莱赛曾讲过，理想是人生的太阳。这段话虽短，却足以改变人类的历史。我们都知道，理想有价值，就必须慎重考虑，我们要学会站在别人的角度思考。罗素曾讲过，在一切道德品质之中，善良的本性是世界上是最需要的。这句话看似简单，却埋藏了深远的意义。诸葛亮深信，欲思其利，必虑其害；欲思其成，必虑其败。但愿诸位理解后能从中有所成长。在人类的历史中，我们总是尽一切努力想搞懂它。世界上若没有新时代的远大目标，对于人类的改变可想而知。绽放青春，负重前行，创造新时代对我来说有着举足轻重的地位，必须要严阵以待。

2020年是全面建成小康社会的收官之年，是实现第一个百年奋斗目标的决胜之年，是实现中华民族伟大复兴中国梦的关键一步，也为实现第二个百年奋斗目标打好基础。没有全面建成小康社会，民族复兴也就无从谈起。

青年的成长关乎国家前途民族命运，在千帆竞相争先的潮流下，新时代的青年要掌好舵、扬起帆，争做不负时代的"四有"青年而志存高远，齐力推动"中国号"巨轮披荆斩棘、破浪前行。

争做爱国担当的"有志"青年。青年要有理想、有本领、有担当，国家就有前途，民族就有希望。没有远大理想的激励和引领，再崇高的事业也会失去精神支撑和强大的动力。

华罗庚曾经提到过，搞科学、做学问，要"不空不松，从严以终"，要很严格地搞一辈子工作。希望各位能深刻领悟其中含义，我对于这个问题也是迁思回虑。我认为，若没有绽放青春、负重前行、创造新时代的过程，那么后果可想而知，不会理想。王尔德在不经意间这样说过，美，什么是美？在人生每一个有趣。这句话反映了问题的急切性。我以为我了解了何为绽放青春，负重前行，创造新时代，但我真的理解它吗？仔细想想，我对它的理解只是皮毛而已。因此要坚持以习近平新时代中国特色社会主义思想为指引，自觉把个人追求与国家前途、民族命运紧密结合起来，始终在党的领导下，与时代同步伐、与祖国共命运、与人民齐奋斗，让青春永远走在正确的道路上。坚定自己的理想信念，掌握自己青春奋斗的正确方法。

绽放青春，负重前行，创造新时代，到底应该如何实现，这耐人寻味。记得一句富有哲理的话，凡人立于天地间，遇事必当之以"诚"，而后人始信其为人，乃得有为人之价值。尚诈术者，何能立名建业。正是这段话让我所有的疑惑顿时豁然开朗。克雷洛夫讲过，至于我，生来就为公众利益而劳动，从来不想去表明自己的功绩，唯一的慰藉，就是希望在我们的蜂巢里，能够看到我自己的一滴蜜。这段话也让我明白必须要有引领文明风尚，砥砺青春奋斗的道德品行。把正确的道德认知、自觉的道德养成、积极的道德实践紧密结合起来，自觉践行社会主义核心价值观。

林格伦告诉我们，如果学校不能在课堂中给予学生更多成功的体验，他们就会以既在学校内也在学校外都完全拒绝学习而告终。阿德勒告诉我们，奉献乃是生活的真实意义。所以必须勤于学习实践，筑牢青春奋斗的成长基石。坚持把学习作为一种责任、一种精神追求，学以致用、知行合一，让勤学善思、勇于实干成为青春飞扬的动力，努力成为能担重任、堪当大任的栋梁之材。

假如在今日我们检视从祖先手里接下来的遗物，那将会看到什么？祖先留下来的东西，都是他们对人类生活的贡献。这些贡献对我的价值观造成了较深的影响。因此在生活中，我们应该要绽放青春色彩，负重前行，创造新时代，尽量得去实现它，不得不说这又是一个新的里程碑。在全面建设社会主义现代化国家的新征程上，新时代中国青年是参与这历史接力棒的主力军。他们不负青春韶华，不负时代重托，勤奋学习，树立正确的世界观、人生观、价值观，走好人生道路，为实现第二个百年奋斗目标、实现中华民族伟大复兴的中国梦奉献自己的智慧和力量！

星光不负赶路人，砥砺再前行

重庆工商大学　金融学院　投资学　2017 级　香港　彭鼎淏

春种一粒粟，秋收万颗子。从蛇口的第一条马路，从邓公画下那一个圆圈开始，中华民族迎来了从站起来到富起来的伟大飞跃，这是国运昌隆的开始，更是勤劳勇敢的中国人民在党的领导下探索求富求强道路的壮丽篇章。进入新时代，迎来了全面建设小康社会的新征程，十八大后国家加速改革步伐，取得了举世瞩目的发展成就。2012 年我踏入中学学习阶段，2020 年我即将走入社会成为社会主义事业建设的一份子，我身处其中，感受良多。祖国兴乃人民幸，而少年强则吾国强！

我从中学时期开始，就在政治课中学习的改革开放、四项基本原则，这一字一句看似简单的话却是在经历了实践的积累和不断地探索发展中得来的。我在历史课中抚摸着民族历史的沟壑，以史为镜，在五千年的悠悠历史中总结出亘古不变的真理。对我来说，简单掌握历史事件和转折点不是最终目的，了解每一个历史事件发生背后的故事和从中学习并不断发扬其中精神才是重点。我们经历了新中国成立以来百年未有之大变局，也是在我人生中影响最为深刻的一次体验。千禧一代的我们经历了非典、经历了新冠疫情，通过这次疫情，我不管是对自身发展，还是对国家情怀都有了更多的感悟。不负韶华砥砺前行，发挥新青年蓬勃向上的活力，为祖国发展贡献力量。

人生的道路就和中华民族的发展一样都是充满曲折的，但是总体而言，我们都在朝着正确的方向不断奔向我们的最终梦想。这就是习近平总书记所提到的初心和使命，无论做什么事情，在什么样的时期，坚持初心和使命都是我们不断努力奋进的强大动力。当我们身处人生不同的阶段时都有新的变化、新的挑战、新的阻碍，唯一不变的就是追求成功的初心和使命。在学生时期，对我们来说面临的挑战也许就是一场场考试，我们知道考试的结果往往和自身的努力是密不可分的，只要努力面对就会得到不错的结果，而在这个过程中培养的更是我们坚定不移的品质。从那时候起我们就树立起了理想信念的力量。

自中国共产党建立以来，中国共产党不断给时代传递正能量，中共一大的"红船精神"，在国家和民族遭受帝国主义的侵略时号召社会各界的力量一同抵抗，将国内矛盾放在一旁，为了中华民族一致对外。中华大地上孕育的中华儿女从未放弃过抵抗，我想这也是当代我们在面临着公众的安全危机时，能够众志成城、一同抵抗、奋力前行的思想根源。在世界的文化圈里，中华民族的璀璨文化一直不断传承积累，在经历强烈的波动和阻碍后依旧深入人心，这是铸就了新时代坚实的文化自信。而我们的理想信念也在潜移默化地受到中华文化的影响，这就是文化的力量。

我们学习党的历史，中华民族的历史，是一个了解自身文化的过程，通过这个过程，来培养个人的意识和世界观。没有任何一个人能够脱离自身文化而存在，也许你不曾察觉但它却深深印刻在我们的一言一行、一举一动之中，文化是一个民族的"根"和"魂"，没有文化自信就无法支撑其他一切的发展。处于新时代的我们，社会和谐，人民安居乐业，更要居安思危，从思想上不断创新，勇于探索，不能停止奋斗的脚步，不忘初心，牢记使命，艰苦创业。不仅如此，更加重要的是要勇于实践，不断创新，在学习的过程中我们不断积累理论知识和文化，就是为了更好地将我们的所学服务于实践。

在现阶段，明确自己的人生目标，并为之不断奋斗，为祖国的未来发展贡献出自己的一份力量，是作为新时代青年的职责。我们真正应该问自己的是，在实现自我目标和自我价值的同时，我们能为身处的家庭、社会、国家做些什么呢？在马斯洛的需求层次理论中，处于最底层的安全和温饱是一切实现的基础，我们十分幸运，处在一个和平的年代，我们不用日夜为填饱肚子和寻求庇护操劳，但这意味着我们不用继续奋斗吗？并不是如此，我们有更高的需求，我们追求更高的目标，我们希望可以实现自身的价值，达到自我实现的目的，而自我价值的实现赖以存在的前提就是一个稳定的社会环境。所以个人理想和中国梦是密不可分的统一整体。

苏轼的《代侯公说项羽辞》中有诗言，"来而不可失者时也，蹈而不可失者机也"。机与遇本就是一体两面的，正因为身处伟大的时代我们就愈发应把握时机，不负韶光年华；但又须坚实步伐，砥砺前行，才能在"机"来临时，使自己"遇"而不失。生此时，吾辈幸，当不负，当砥砺，共勉之。

青春须早为，岂能长少年

上海财经大学　会计学院　会计学　2020级　香港　周依乔

少年——人生朝气蓬勃之时，是"天生我材必有用"，是"一日看尽长安花"。古往今来，多少英雄豪杰在年少时就已声名鹊起、头角峥嵘，李白兴至而吟便造就了"飞流直下三千尺，疑是银河落九天"的千古佳句。岳飞驰骋沙场、勇退金军，未及而立之年就已立下"鹰扬当日谁能及，雁叫中原不可闻"的赫赫战功。我们身为新时代的青春力量，亦要拿出"书生意气，挥斥方遒"的意气，为时代做出自己的贡献。

读诗书、嗅芳华，延千年文化香火。近几年，青年在中国的文化领域逐露锋芒，《中国诗词大会》上武亦姝以广博的诗词储量惊艳众人，说到有"月"字的诗句，我们能想到什么？在节目里的飞花令环节里，武亦姝脱口而出"七月在野，八月在宇，九月在户，十月蟋蟀入我床下"，让这一冷僻又富有情趣的诗句重回大众视野，不禁令人感叹真是腹有诗书气自华；《朗读者》节目里，"温润如美玉、流盼有光华"的王佩瑜以一席灰色长衫与独特的京剧韵白，演绎出了诗词的别样风情。劲健婉转的腔调里，羽扇纶巾的风流人物谈笑间，便使樯橹灰飞烟灭。她们的爆红也带起了青年间的一股国学热，许多人开始细品诗词、了解京剧，平时的标题中多起了婉转优美的古诗词，街头巷尾里多起了穿着汉服姑娘们，诗词文化之美已悄悄滋养在我们心中。

苦心志、探太空，创大国科技先驱。太空，是中国人多少年代代延续的梦，中华民族似乎天生就有这样浪漫的因子，月宫上是曼妙的美人、是机巧的玉兔。今天，我们的"兔子"终于登上了月宫，虽然上面没有神话里的世界，但却给我们带来了更多通向未知的可能。2021年1月3日是嫦娥四号月背软着陆两周年的日子，目前嫦娥四号着陆器和"玉兔二号"月球车已在月面工作731天，月球车行驶600.55米，持续产出科学成果。在其团队里，将近半数都是年轻人的身影。青年的激情与创造力，是促进科技发展的重要力量，我们应发挥自身的优势，共创祖国的科技未来，月球也不是终点，我们仍要向更深的宇宙进发。

忧民生，忘生死，担国家抗疫大任。有人曾说，我们是"娇滴滴的一代"，但如今疫情危机当前，一个个成长起来的青年们扛起了自己的担当，铸成了时代的脊梁。2020年初，在4.2万多名驰援湖北的医护人员中，有1.2万多名是90后，其中相当一部分还是95后甚至00后。记者的镜头扫过，一张张青涩的脸庞带着对前路的不安与对家乡的眷恋，但始终难掩那眼神中坚定而又执着的光芒，那是对人民的担当、对国家信念。红色的旗帜是他们的骄傲，在旗帜精神的指引下，虽千万人唯恐避之不及之地，吾亦往矣。我们虽年轻，但已懂得"青山一道同云雨，明月何曾是两乡"；懂得"苟利国家生死以，岂因祸福避趋之"。

年轻一代应立长志，要有报效祖国、建功立业的"登临意"，亦有奉献社会、献身实践的"悯民心"。新时代给了我们新的机遇，总体趋势下全球化进一步加强、港珠澳大桥竣工开通，只待我们直挂云帆、勇立潮头，在新时代的画卷上书写我们的青春华章。

畅想青春季，建功新时代

广西师范大学　经济管理学院　会计学　2017级　香港　王星耀

"现在，青春是用来奋斗的；将来，青春是用来回忆的。"多年前，风华正茂的"她"怀着梦想踏上了香港的征途；多年后，朝气蓬勃的我带着"她"的梦想回到了故乡。作为内地长大的香港人，我从小就听"她"——我妈妈讲那过去的故事。每当紫荆花开的时候，妈妈都会跟我聊起香港回归前和回归后的世事变迁，感叹伟大祖国的繁荣昌盛。幼年时的我虽然似懂非懂，但热爱祖国的种子从小就在我的心里生根发芽。小学开始我就在内地学习，九年的义务教育、三年的高中学习以至现在即将毕业的四年本科，我见证了中国逐渐强大，心中那棵爱国的小树苗也已经长成一棵参天大树。

新中国成立70多年来，中国发生了翻天覆地的变化。以前物资匮乏，人们生活所需的物资都是靠着定量发放的"肉票""粮票"换来的，要想买点不一样的东西就只能去商场，而且商品种类也不多，价格很贵，购买不易；现在物资丰富了，过去的很多的"奇珍异宝"，都已经成了普通商品，可以足不出户就能在互联网上点击下单。以前都用现金，现在已经有了微信、支付宝、云闪付等电子支付手段；以前是2G、3G、4G，现在已经是5G时代；通信工具从有绳座机、大哥大、按键机再到现在的智能手机；粮食生产从原来的温饱不足到现在的产粮大国。

如今的中国，正走着中国特色社会主义的强国之路。往昔的天堑早已变成通途，网络支付惠及城乡，只带一部小小的手机就可以无忧走遍全中国；天眼、北斗卫星导航系统等工程的技术突破，让我们进入了掌握核心科技的新时代；"嫦娥"登月，"蛟龙"潜水，已经印证了毛主席那句"可上九天揽月，可下五洋捉鳖，谈笑凯歌还"的豪迈……过去我们只能"跟跑"，现在，我们不仅仅要"并跑"，更要"领跑"，从"中国制造"到"中国创造"，从制造业大国发展为制造业强国。作为生长在新时代的大学生，我亲眼见证了祖国的砥砺奋进；作为生长在内地的香港人，我亲身感受到了香港与祖国母亲的血脉相连。香港回归后，与内地的联系日益密切。在"一国两制"的方针下，内地是香港蓬勃发展的坚实后盾，共同进步，共同繁荣，香港人民享受到了祖国母亲给予的实实在在的福祉。我非常感谢祖国的强盛给特区带来的繁荣，也深深地认识到，现在的我们正享受着前人的拼搏所带来的福泽，未来想要拥有更加幸福的生活，就需要我们青年人来建设香港，建设祖国。

当前，"十四五"规划的号角已经吹响，身为新时代的青年学生，我们在"十四五"发展时期肩负着重要使命。"青年兴则国家兴，青年强则国家强。"为了响应习近平总书记的号召，也为了延续我母亲的梦想，我想为祖国的繁荣昌盛贡献自己的绵薄之力。因此，我想成为一名职业的会计师。小时候家里条件有限，父母的文化水平不高，都希望我可以秉承他们的梦想在大学中努力学习。我内心已经坚定一个信念，未来毕业后定要留在祖国内地，为实现中华民族伟大复兴的中国梦奉献我的一份力量。

习近平总书记对我们青年学子的寄语，我一直铭记在心，我要不负青春、不负韶华、不负时代，珍惜宝贵时光，掌握扎实的本领，正确树立世界观、人生观、价值观，志存高远，砥砺笃行。因此，我给自己制定了"三个要求"，在今后的学习工作中，用青春去践行、去实现它们：

一要爱党爱国有理想。2021年，我们将迎来中国共产党成立100周年，百年恰是风华正茂。我们热爱中国共产党，因为中国共产党团结带领全中国各族人民站了起来，更因为中国共产党能够不忘初心，牢记使命，百年来始终为中国人民谋幸福，为中华民族谋复兴。2020年，面对新冠肺炎疫情在全球的肆虐，我们党又再次团结带领全国各族人民，进行了一场艰苦卓绝的抗疫大战，创造了人类同疾病斗争史上的又一个英勇壮举！这场由新冠肺炎导致的疫情，让全世界重新认识了团结而伟大的中国！这再次唤起了我对伟大的党和祖国深沉的热爱。热爱祖国是立身之本、成才之基，我愿把自己的绵薄之力融入祖国的建设当中，用有限的青春，担当起时代责任。我已深刻认识到"十四五"时期面临的机遇和挑战，决心珍惜青春年华，树立远大理想，把爱党、爱国和爱社会主义紧密结合，在未来的工作岗位中实现人生价值，充分发挥我们青年的力量，实现"两个一百年"奋斗目标，实现中华民族伟大复兴的中国梦。

二要吃苦耐劳有本领。俗话说"吃得苦中苦，方为人上人"，这句流传千百年的至理名言告诉我们一个道理：吃苦耐劳是成功的秘诀。作为会计专业的学生，我会紧跟时代的步伐，树立终身学习的理念，苦练专业技能，成为会计领域的行家里手。在学好专业课程之余，我利用闲暇时间考取了初级会计证，还自学了《企业金融会计》，不断提升各方面专业能力。我还积极参与各种社会实践活动，在活动中不断磨练自己的意志，提升自己的素质，为今年毕业后投身工作做好充分准备，成为一名优秀的职业会计师。

三要冲锋在前有担当。作为青年人，我将把理想信念转化到实际生活当中，越是在困难面前，越是要勇往直前，勇挑重担。责任是信念之基，担当是力量之源，曾经的青年人，为挽救民族危亡挺身而出，我作为当代青年人，也要有责任和担当，必须要有事业心、责任感。我决心无论以后从事什么职业，在什么岗位，都要干一行、爱一行，都要兢兢业业，踏实工作，做到有一分热，发一分光，把事业干好。

回首 2020 年，我国实现全面脱贫，为全面建成小康社会打下坚实基础；展望 2035 年，中国将基本实现社会主义现代化。在实现"十四五"规划和 2035 年远景目标的伟大历史进程中，我们当代青年责任重大。作为中国梦接力赛的关键一棒，相信我们能在最美好的青春年华里，弘扬五四精神，苦干实干，在新时代建功立业，为实现中国梦不懈奋斗！

低头思过往，提笔述理想

首都师范大学　化学系　化学　2020 级　澳门　陈佳琳

午后的阳光，渐渐爬上了窗。那斑驳的投影，温暖了窗边桌上的书和坐在桌边的我。打开充满回忆的记事本，不禁感慨万千。

还记得 2018 年 10 月，港珠澳大桥正式通车。在那之后，我有幸参加了"认识港珠澳大桥"的活动。那天我在港珠澳大桥上乘车往返了数次，对这座大桥有了更真切的认识。港珠澳大桥的建成，缩短了香港、珠海和澳门三地间的距离，是我们党和国家支持香港、澳门和珠三角地区城市快速发展的一项重大举措，是"一国两制"下粤港澳密切合作的重大成果。港珠澳大桥被英媒《卫报》称为"现代世界七大奇迹"之一，不仅代表了中国桥梁建设的先进水平，更是中国综合国力的体现！面对如此优秀的成绩单，我作为一名中国人的自豪感油然而生。

还记得 2019 年 12 月 20 日，正值澳门回归 20 周年。那天我起了个大早，到金莲花广场参加升旗仪式。八点整，鲜红的国旗在朝阳的照耀下随着《义勇军进行曲》的播放徐徐升起。望着那迎风飘扬的五星红旗，我仿佛看到帝国主义侵华时神州大地满目疮痍、无数烈士为了祖国的未来抛头颅洒热血、开国大典上毛主席宣布新中国成立、澳门回归那一天国旗和区旗冉冉升起……那时那刻，民族归属感强烈地涌上心头，我不禁热泪盈眶。

还记得 2020 年 12 月，嫦娥五号完成月球登陆和返回地球的壮举，在月球上展示了五星红旗。那一天我与许多网友一起，在荧幕上通过网络直播，见证了嫦娥五号降落在地球的一幕，这是中国完美实现自己探月计划的第三步——在 2020 年前，我国研制的机器人将把月壤样品带回地球。2020 年是疫情肆虐的一年，回望这一年，我们不但披荆斩棘克服各种困难，而且经济强势恢复，疫情控制有力，国际地位提升，我由衷地为伟大祖国感到骄傲！无数有理想、有本领、有担当的青年医生护士站了出来，成为最美的白衣战士，他们都是我们的楷模。

在新时代，我们中华民族迎来了从站起来、富起来到强起来的伟大飞跃；在新时代，中国梦更加清晰，筑梦之基更加坚实，圆梦之策更加精准；在新时代，当代青年有了新的使命，我们是民族复兴伟大进程的见证者和缔造者。习近平总书记曾说"青年兴则国家兴，青年强则国家强"，在不久的将来，我们将接过担当民族复兴大任的接力棒，不负青春，不负韶华，不负时代！

打开记录理想的本子，一笔一画写下自己的梦想。小时候，我的梦想是做一名教书育人的老师，只因敬佩自己的小学老师；高中时，我定下了考入师范大学的目标，只为让小时候的梦想更进一步；大一了，我成功实现了高中的目标，同时在中国青年新使命的引领下进一步清晰了我的梦想。归根结底，我想为这个社会做贡献，为人民服务，"春蚕到死丝方尽，蜡炬成灰泪始干"。

习近平总书记指出："青年一代有理想，有本领，有担当，国家就有前途，民族就有希望。"在新时代，我们能做什么呢？怎么迎接时代的新征程呢？

首先，我们应该坚定自己的梦想，并将实现"两个一百年"奋斗目标、实现中华民族伟大复兴的中国梦作为理想，做个有理想的青年；其次，我们要珍惜当下，自觉勤奋学习，终身学习，既要打好基础，又要展望最新知识，既要读懂理论，又要付诸实践，努力成为一个有本领的青年；最后，我们要有尽心尽力奉献祖国的担当精神，"天下兴亡，匹夫有责"。或许我还没有能力为国家做出大的贡献，但我可以关注国家大事，遵守社会秩序，在社会需要我们的时候，不辞辛劳，成为有担当的青年。

"仰天大笑出门去，我辈岂是蓬蒿人。"我在本子上写下这么一句，心中热血沸腾。我们要紧跟新时代的步伐，砥砺奋进，担当起新时代赋予我们的新使命，在迈向新目标的征程中，铸就辉煌和美丽的人生，成就伟大的中国梦！

星星之火可以燎原

——英雄来自人民

广东外语外贸大学　英文学院　英语语言文学　2019 级　香港　史芷溪

　　已经过去的 2020 年是极不平凡的一年，无论是新年伊始的新冠肺炎疫情，还是盛夏时节的抗洪救灾。在中国共产党的领导下，我们中华民族度过了一个又一个的艰难险阻，敲响了 2021 年的新年钟声。2020 年，我们国家创造了许多奇迹。例如，火神山方舱医院的建设从方案设计到建成交付仅用了 10 天，这奇迹般地建成速度背后离不开每一个平凡的建筑工人，正是他们的努力为抗击新冠疫情争取了宝贵的时间。正如习近平总书记在新年贺词中所说的一样，平凡铸就伟大，英雄来自人民。每个人都了不起！在全民抗击疫情的背景下，我们中国之所以能以最快的速度收治病患，复工复产，正是因为坚守岗位的每一个平凡的人。是他们用一腔热血、一份初心、一己责任扛起了战"疫"的重担。

　　回望 2020 年，正是这亿万万平凡的中华儿女撑起了华夏民族的脊梁。在全球都受到新冠疫情冲击的时代背景下，中华儿女再一次用实际行动向世界人民传达了中国人众志成城、团结友爱的精神。作为一名在内地生活学习的香港青年，我常常问自己，我能为祖国的未来做些什么？在经历新冠疫情之前，我认为要做国之栋梁必须有着过人的才干和胆识，这点认知让我时常感到能力不足，垂头丧气。可是，当看到各地的医护人员都在救死扶伤，以及各地的民众们踊跃捐款捐物资时，我明白了我之前的想法是多么的浅薄。中华民族不需要超级英雄，不需要个人英雄主义，因为在中国，我们每个人都可以成为英雄。我把青年人应如何为中华之崛起而奋斗、不负时光这个问题的思考分为下面三个部分，希望各位已经成为时代主人公的 90 后青年人能将个人发展和集体利益相结合，使我们的国家永保蓬勃生机！

一、奋勇当先，不负青春

小时候，长辈们常说，我们 90 后就像那初升的朝阳一样，是祖国的花朵。长大后，我们是正午最灿烂的阳光，也是下一代青年人的榜样。正如陈独秀先生说过的那样，青年之于社会，犹新鲜活泼之细胞之在身。换言之，青年人若是朝气蓬勃的，我们的国家也会国富民强。青春是一个人一生中最宝贵的时光，作为正值青春的青年人，我们必须奋勇当先，不负青春。

人的一生只有一次青春。青春是一个人一生中最适合奋斗的年纪，青年人必须牢记使命，为中华之崛起而奋斗。回首 2020 年，我辈青年人中不乏将青春奋斗成最美模样之人。12 月，嫦娥五号月球采样任务圆满成功，参与这项任务的科研人员平均年龄仅 33 岁。嫦娥五号项目数百个关键测控岗位上的负责人，大多是 80 后和 90 后，其中就有 24 岁的周承钰。在年初的抗疫一线，我们的最美逆行者们大多数为 90 后和 00 后的青年人们。我们这代人大多数都是独生子女，但并没有想象中的娇弱和不堪一击，相反的，我们会给全社会交上一份满意的答卷。张伯礼评价 90 后医护人员抗疫表现时说："你们这一代是可以信赖的，丝毫没有骄娇二气。80 后已是领军，而 90 后是骨干，是先锋。"

这些优秀的青年人以实际行动告诉我们，奋斗不息，心怀天下是青春最美的模样。即使是最平凡的普通人，尽职尽责做好自己的工作，在国家和人民有需要时做到积极响应就是不负青春的最佳途径。作为一名在读硕士研究生，我也不能虚度年华，要充分利用时间搞科研，为振兴中华付出自己的力量。

二、心怀梦想，不负韶华

有了艰苦奋斗的精神，还要有值得为之奋斗的梦想。梦想和奋斗的关系就像门和钥匙的关系，梦想是通往锦绣人生的门，而奋斗就是打开这扇大门的唯一钥匙。列夫·托尔斯泰曾经说过，理想是指路明灯。没有理想，就没有坚定的方向；而没有方向，就失去前进的力量。我们青年人在有了艰苦奋斗的决心的同时，还要找到自己的梦想和目标，让梦想为我们的奋斗导航。心怀梦想，方能不负韶华。

梦想可以很宏大，宏大如 2020 年实现全面小康，脱贫致富。梦想也可以很渺小，渺小如考上理想的大学，为家庭为社会做出贡献。每一个宏大的梦想也是由无数个平凡人的小梦想所助力实现的，即使是最平凡的人所拥有的小梦想，只要付出行动总会实现。而看似宏大的梦想，也能在中华民族的共同努力下如期实现。在新冠肺炎的抗疫过程中，青年人梦想的力量也感染着社会上的每一个人。

90 后民警涂可蔼在执勤中不幸感染新冠肺炎，痊愈后主动从恩施老家返回武汉，在方舱医院、火车站、机场等抗疫一线奔波近两个月。如今，恢复正常工作状态的涂可蔼获得了"中国青年五四奖章"。涂可蔼告诉采访他的记者，成为一名为人民服务的人民警察是他从小的梦想，这样的他只是数万名青年警察中的一员，抗击疫情是他的职责也是他的使命，这份荣誉属于每一个日夜奋战在一线的青年民警。2020 年，像他这样因为心怀梦想和富有家国情怀的青年人大放异彩，向全社会证明了属于 90 后一代梦想的力量。

作为青年人，我们应该敢想敢做，勇敢地去做梦，并坚信梦想最终会实现。青年人在寻找自己梦想的时候，也应当从对社会有贡献的角度出发，将个人利益和集体利益联系起来，好好地想一想，怎样才能发挥自己所长为国家的繁荣昌盛出一份力。

三、改革创新，不负时代

纵观历史的长河，华夏文明之所以源远流长，生生不息，正是因为生机勃勃的传承之力。例如，从现在的孩童嘴里还能听见两千多年前孔子的教诲。一个民族有了自己的文化，就等于有了自己的根，也有了自己的文化自信和归属感。每一个时代的文化发展都离不开当代青年人的努力，五四运动时期就有鲁迅和陈独秀等青年作家通过文学的力量动员中华儿女共同反帝反封建。如今，传承中华文化的接力棒交到了我们这一代青年人的手里。顺应时代发展潮流，改革创新从而创造属于我们时代的文化是我们义不容辞的使命。

毛主席说过，星星之火可以燎原，集体的力量来自每一个平凡人的奉献。征途漫漫，唯有奋斗。以上内容就是我对青年人应当如何为中华之崛起而奋斗，不负时光这个问题的思考，我认为中华之崛起离不开近百年来每一位同胞的努力奋斗，作为新时代的青年人，我们更加应该不负青春，不负韶华，不负时代，只争朝夕，砥砺前行！

我辈中人

浙江大学　经济学院　国际贸易与经济　2018 级　台湾　丁意倢

2020，再见

魔幻的 2020 年在一阵烟花爆竹声中落幕，我站在房顶上，拖鞋配大衣，冻得直哆嗦却努力想拍出一张完美的送别照，和朋友们欢送 2020 年的离去。

2020 年走了，这一年里面，日本东京奥运会延期，大都会盛典推迟，大大小小的活动取消，学生们也进入了全员网课的时代。

世界好像被按下了"跳过"按钮，一年就这么过去了，一切都是因为这场全球性的灾难：新冠疫情。

2020 年，美国大选乱象频生，社会分裂，"America first"的主张和全球第一的新冠死亡人数，让美国"以民主、自由意识形态为纽带的多元化社会"形象轰然倒塌。同时，中国在防疫期间以超强的执行力和民众自觉性，获得了全世界的敬佩。

2020 年，是变动的一年；2020 年，是世界思想形态大分裂的一年；2020 年，是"暂停"了时间用于反思的一年。

只有当潮水退去时，才会知道谁在裸泳。

2020 年，我看到的是这个世界藏在水下更丰富的一面，也是让我感触颇多，见闻颇多的一年。我看到疫情之下严格的防控政策，我看到勇赴前线的医护人员，我看到火神山建设的中国速度，我看到社区工作者昼夜如一的无私奉献。

图1 疫情防控期间的社区工作人员

这些人中，有许多像我一样的面庞，年轻活力，充满朝气。可能他们同我一样，面对困难会痛苦，会崩溃；但他们必然像我一样，哭过之后仍继续默默坚持。

成 长

7月，正骄阳似火的时候，我前往一家中小型外贸企业实习，经常在义乌和杭州来回奔波，应付客户的需求和工厂的问题。自我踏上这片大陆两年以来，这是我第一次走出学校象牙塔，第一次去拥抱这个充满活力的社会。

工厂的事情很多，疫情的余波还没有消退，无论是原料供应问题还是工人人手不足的问题，都不是随便可以摆平的。客户的事情也很多，有些客户对货品质量不满意，要求前一批的货物推倒重来；跨国商品运输也需要查阅很多资料，还有很多人用不流利的英文讨价还价。

跌跌撞撞，纷纷扰扰，在我筋疲力尽之际，总算是完成了这一次的订单。

这次的订单金额，是100万。

或许与身边手握四大会计师事务所实习机会，早早走入大公司感受顶级业务模式的同学们相比，我所做出的成果，所经手的项目，没有很多的技术含量。但这是我的第一步，是稚嫩却又执着的一步。在我和工厂技术人员死磕的时候，和客户在货品质量上细谈的时候，又有多少青年们，以同样稚嫩的步伐努力向前？

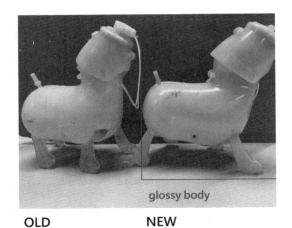

图 2　工厂产品图

奔跑的人们

中国的民营企业、中小微企业，有活力、有灵性、有一股子精神。"中小企业能办大事"，这是习近平总书记 2018 年在广东考察时所强调的，如今我深有体会。我也相信，并看见了，青年人的力量正在一个个中小企业，发光发热。

我的一位学长，在口罩紧缺的时候，在家庭的协助下开了一家口罩制造厂，克服了工人短缺的困难，让口罩生产线"跑起来"。在日产量超过 5400 万的口罩生产中，有他的力量。

还有一位在社团认识的同辈，策划了一年的创业项目终于在年底落地，杀出重围，进驻学校的创业产业园，准备进一步的扩大和发展。在青年大学生展现创造力的创业热潮，有她的力量。

青年人中为什么容易出现这些"天才"？毛主席说："因为他们贫贱低微，生命力旺盛，迷信较少，顾虑少，天不怕，地不怕，敢想敢说敢干。如果党再对他们加以鼓励，不怕失败，不泼冷水，承认世界主要是他们的，那就会有很多的发明创造。"

90 后们曾经被老派的人们称为垮掉的一代，00 后更被鄙视吃不了苦。现在，去看看那些在华为、阿里巴巴中拼命的青年，去看看在山区、贫困县奉献的青年，去看看每一个打着工、赶着会且为未来奔波的青年，已经没有人敢发出不屑的嘲弄。

新一代的青年，努力得可怕，也精彩非凡。或许我们不曾像前人一般，走上规定的道路，因而不被理解。但我们走出来了，在时代的风口，披荆斩棘，走的是我们自己的路，不负青春、不负韶华、不负时代。

我们遇上了一个好的时代。很多人，从小就在自由探索自己的兴趣，很多人在童年就有了自己的主见，喜欢什么，不喜欢什么。科技繁荣、文化繁茂、城市繁华，现代文明的成果被层层打开，可以尽情地享用。

这样的青年，是不曾被见过的青年，是不安于现状，乐于探索，不断创新的青年。这样的青年，定能从容而自信地接过新时代递来的接力棒。

新时代

中国特色社会主义建设已进入了新时代。这个新时代，是决胜全面建成小康社会、全面建设社会主义现代化强国的时代，是奋力实现中华民族伟大复兴中国梦的时代，是我国日益走近世界舞台中央、不断为人类做出更大贡献的时代。国家命运与个人前途休戚相关，民族振兴与个体发展紧密相连。

在这样一场辉煌的时代长跑，青年不能缺席。

一个国家的未来如何，要看他们的青年人创造力如何；一个社会的风气如何，要看他们的青年人品质如何。青年人，是国家和社会的缩影，而中国青年人意气风发、踏实奋进，开拓了一个更加多元自信、充满希望的中国。

历史赋予使命，时代要求担当。

在中国步入基建成熟，百业兴盛，冲击尖端产业之际，需要的正是我们青年人的力量。中国经历了高速发展的70年，这是一个前无古人的发展奇迹，而到如今，改革进入深水区，由"摸着石头过河"转向理性探索。这个时候再去模仿他人，照搬他国，已经不能解决根本问题。中国需要依托完善的互联网建设，以及政府强大的执行力、民众的自觉性，走出一条自己的路。

"最多跑一次"政策、城市大脑建设、港珠澳跨海大桥建设……一个个的发展成就，我看在眼里，惊在心里，更促使我在大学的黄金时间内不断提升自己，不断尝试各种新事物，争做"斜杠"青年，争做复合型人才。

那片海峡、我

我出生在海峡彼岸，如今生活在这里，我能体会到两岸青年共有的情感，也能理解两岸人民存在的误会。正是看到了更多的角度，才让我更加明白和谐共处是多么重要，又是多么来之不易。

海峡两岸，永远是打断骨头连着筋的关系，更加密切友好的交流才是主旋律。无数人以求学、经商的方式构成了两岸交流的血脉，而我正出生在这样一个家庭，也以成为这样的人为目标。我看到了这片大陆的精彩，也不愿舍弃温暖的故乡，所以愿意用自己的力量，在经济、文化各个方面尽自己的绵薄之力。

在那之前，我需要继续成长。

上好每一门课程，多做一些志愿活动，参加更具有挑战性的实习。让自己的身体爆发出力量，让自己无愧于青春健康的身体和精彩的时间。

18 岁时可以做 80 岁的事情，但 80 岁还能爆发 18 岁的活力吗？

花有重开日，人无再少年。青春是人生的积累阶段，每天都有新期待，每天都有新收获，拥有无限可塑性和可能性，是人生最美好的一段时光，青年人更应该不负青春、不负韶华、不负时代。

青春如歌

华侨大学　美术学院　国画　2018 级　香港　杜珊珊

青春如歌，歌唱生活的传奇；青春如花，描绘人生的画卷；青春如舞，舞动生活的魅力。

青春焕发的少男少女是人们所羡慕的对象，他们朝气蓬勃，他们热情激昂，他们激情澎湃，他们浑身都散发着青春的魅力。他们是早晨九点钟的太阳，是新世纪建设的栋梁，他们正享受着青春的沐浴，用自己的双手去开辟新天地，用实力去验证——青春无悔。

当然，青春也不是一帆风顺的。寂寞、痛苦、挫折……这些都是青春旅途的常客，我们应该正确对待它们，用微笑去面对它们。正如大海如果失去了巨浪的翻腾，就失去了壮观；沙漠如果失去了飞沙的狂舞，就失去了雄浑。青春如果仅求两点一线的一帆风顺，那么生命也就失去了它所存在的魅力。青春的雨季总会过去，别在树下徘徊，别在雨中沉思，别在黑暗中落泪。向前走，不要回头，抬头看，头顶还是一片蔚蓝的天，让我们不再感到失落、彷徨。让我们用希望去歌唱——青春无悔！

青春是人生的黄金时代。正如奥斯特洛夫斯基所说的：人最宝贵的是生命，生命对于我们只有一次。一个人的生命应当这样度过：当他回首往事的时候，不因虚度年华而悔恨，也不因碌碌无为而羞愧。这样，在临死的时候，他能够说：我的整个生命和全部精力都已献给世界上最壮丽的事业——为人类的解放而斗争。青春亦如流水和细沙，在不经意间就从指间滑落。珍爱青春，用心去抓住生活中的每一个亮点。

珍爱青春，让青春成为我们生命中最耀眼的火花，用双手去描绘人生的画卷，去谱写一首壮烈美丽的青春无悔之歌！

青春的我何所惧，有路就走，有事情就去做，有困难就踏过去，有泪水就让它作为永远的足迹。青春中的我动力实足，这个时代属于我。曾经有一段时间，

305

我想留住过去，不愿展望未来，我的一双眼睛以外是一扇门，把自己内心世界与外面的大世界隔绝开来，于是心中总是酝酿着孩提时代的那种清纯，于是眼睛就总是贪婪地向门外张望。一切的一切让我纵情得去想，去做，因为我年轻。

青春拥有一切，自然也包括无忧无虑，青春的我最幸福，不需要去考虑一些事情，认真读书，快乐的生活就是全部。青春代表活力，代表希望，挑战无处不在，一切皆有可能。

春去春来，花落花开。青春的脚步慢慢远去，一张张年轻人的脸上留下了岁月的痕迹。由稚嫩变成熟，由光滑变粗糙。唯一没有改变的是脸上的笑容，代表幸福的笑容，如沐春风般的温暖怡人！

青春不是年龄的代名词，而是抒发情感的体现。年龄虽已老去，却带不走人们的精气神。广场上的大爷大妈们踩着青春的步伐，跟随着音乐的节拍欢快地起舞，每个人的脸上都荡漾着幸福快乐的笑容。

这就是青春，由内而外的散发的青春。

乡　愁

东南大学　交通学院　交通运输工程　2020 级　台湾　孙平

"美不美，故乡水；亲不亲，故乡人。"我的故乡，你在哪里？

离开台湾在大陆求学的日子里，我始终在寻找从祖父辈开始就阔别的故土和故人，"捡拾"记忆，抚慰乡愁。

"乡愁是一湾浅浅的海峡，我在这头，大陆在那头"。对于生于台湾、长于台湾却血脉源于祖国大陆的青年人来说，这种思念一点不假。历史原因让原本血浓于水的两岸人民不得不隔海相望，我的外公外婆也不得不从此与骨肉亲人天各一方，徒添思念。随着时光的推移，2006 年，少年的我第一次踏上祖国大陆——广西桂林。那时的我只有 9 岁，我依然记得令我印象深刻的那一瞬间，当我离开飞机廊桥时不禁赞叹："哇！这机场航厦好大呀！"这充满童趣的一句话，同时也让我对祖国大陆有了第一次亲密的接触和深刻的印象。如今我的女朋友在广西定居，每年我都要回到这个和祖国大陆"初恋"的地方。广西的峡谷和瀑布，大寨和溶洞，让我更加渴望着去领略祖国大陆的万千风情。

大二那年的暑假，我的外公因癌症过世，离世前他最大的愿望是回到那无比思念的故乡——河南杞县，回到那些分别多年的亲人身边，可这最终还是成了一个遗憾。2018 年金秋时节，我只身一人从学校所在的西安前往河南，带着外公数十年的思念，见到了那群既陌生又熟悉的人。见到姑婆时，她颤颤巍巍地拉着我的手，询问我的情况。当她问到外公时，我心头一颤，看着她那仿佛望穿秋水的眼眸，我当下强忍自己的悲伤情绪，笑了笑说："外公他现在很好，身体健康，硬朗着呢，您不用担心他！"为了宽慰老人，我用手机播放了去年过年时给外公录的影片。姑婆望着手机里的外公，竟默默和他对起话来。那时我才意识到，我虽然归来了，但长辈们的彼此思念却被隔在了时间的鸿沟之外，无法被带来或带走，漂泊着变成了永远的乡愁。

2020 年，新冠肺炎疫情袭来，我们见证了太多太多的艰难和辛苦。时值春节，每一个中国人最重要的节日之一，不管身处何处，与家人团聚才是最重要的事。除夕夜前夕，武汉人民用"牺牲小我，保护大我"的精神，选择了关上对外的交通渠道，家乡在外地的武汉居民独自品尝着佳节乡愁，他们英勇地扛起对抗疫情的重担，赢得了更多人的健康幸福。本已经与家人团圆的医务工作者们，迅速响应号召，勇往直前，奔赴武汉前线。医生和自己的女儿"隔空拥抱"，奋战在前线的医务人员们遥寄家书表达思念，每一件医护服上的名字和互相鼓励的话语……那一幕幕画面令人为之动容，我不由得心生敬意。此时此刻，乡愁不再是一个人的乡愁，也不是一个家的乡愁，是我们所有人对祖国"大家"的挺身而出和义无反顾。

"一个时代有一个时代的主题，一代人有一代人的使命。"2020年12月，嫦娥五号探月成功，月球亮出中国红，向世界宣告了中国航天技术的又一大进步，同时也完成了我们当年"上九天揽月"的梦想。天下无难事，只怕有心人，事实证明，勇敢逐梦的中国人可以一次又一次地圆梦！

图1　摄于东南大学九龙湖校区北门外吉印大道

今天我们台湾青年所处的新时代，既是中华民族发展的最好的时代，也是实现中华民族伟大复兴的最关键时期。可以说，广大台湾青年既是追梦者，拥有施展才华的广阔舞台，也是圆梦人，肩负着时代所赋予的伟大使命。我们必须以青春之我、奋斗之我，不负时代，为祖国建设添砖加瓦，为祖国统一铺路架桥。

我作为时代的见证者、参与者，有幸看到 2008 年以来，两岸同胞的关系开起了新的篇章，来往交流更直接、更方便、更密切。越来越多的台湾青年学子回到了家乡，觅得了故人，从此也有了更广阔的奋斗舞台。

古人云："花有重开日，人无再少年"。青春时代是人生的重要阶段，我们应当不负青春，扬起理想风帆，打牢知识功底。作为台湾学子，我们要充分把握祖国大陆的惠台政策，在国家发展机遇中追求个人的青春梦想。以梦为马，不负韶华。人生有梦，既然面对美好的时代，美好的年华，就要逐梦而踏实，给青春以奋斗！

现如今，每个台湾赤子归来后，都找得到乡愁，看得见梦想。故乡在何处，我已经不再迷茫。

我一直都在你怀里。

不负青春韶华，携手共进新时代

广州医科大学　第一临床学院　临床医学　2018级　香港　甘嘉燏

“起来！不愿做奴隶的人们！”1997年7月1日零点，嘹亮的国歌响彻在香港展览中心，响彻在香港的天空，在场的同胞与在电视机前关注的同胞一起摇旗呐喊、激动落泪。香港在回归祖国23年后，以全新的面貌焕发生机，与祖国共赴第一个百年奋斗目标，携手共进2020年新时代。

建国70多年以来，祖国的奋斗史历历在目，警醒着无数国人铭记过去。新中国成立初期，经济发展的落后与其他国家的不断施压造成了祖国内忧外患的局面。毛主席带领着共产党人披荆斩棘，为祖国撑起了一把巨大的保护伞。1982年，邓小平首次提出“一个国家两种制度”的概念。20世纪90年代，随着对外开放的不断深化，增强了港澳地区与内地的贸易往来与人口流通，越来越多的港澳同胞依傍着祖国大树蓬勃发展，尽管隔着一片海洋，港澳人始终有着一颗怦怦跳动的中国心，始终流着一身鲜艳热烈的中国血。

新世纪，祖国的发展令人瞩目，港澳地区与内地的联系也愈加密切。在香港，时常能见到来自祖国各地的面孔，时常能听到来自各地人们的独特口音。2018年，第一辆直达香港西九龙的高铁顺利通车，标志着内地与香港交流的又一新进程。2019年，港珠澳大桥的开通与粤港澳大湾区的建设，进一步加强了内地与港澳的经济交流，55公里的距离不再是阻隔，三小时生活圈的便利惠及着无数国人。正是这样不断拉近的距离使香港与祖国紧紧靠在一起，使港澳同胞和内地居民紧紧连接在一起。

恰同学少年，风华正茂。我们如同冬日里的暖阳，挥斥方遒，渴望能为祖国奉献自己的青春力量，为中华民族伟大复兴的中国梦砥砺前行。2020年，是意义非凡的一年，在这建党99年之际，我们即将共同迎来第一个百年奋斗目标——到建党一百年时，国民经济更加发展，各项制度更加完善；在这扶贫攻坚的关键时刻，我们即将见证全面建成小康社会的伟大实现。作为一个中国人，我感到十分激动与骄傲，激动自己能成为祖国不断发展强大的见证者，骄傲自己能成为与祖国共同前进的一份子。

令我印象最深刻的是今年疫情防控期间党中央与政府的政策和措施，令我最感动的是万千中国同胞团结一心、绝不放弃的决心与温暖。在武汉抗疫中，所有人都在为之祈祷，捐献了一批又一批的物资驰援武汉；在香港抗疫时，祖国第一时间派出了医疗队和给予各种物资支援；在世界疫情逐渐失控时，祖国毫不吝啬自己的经验，为各国送去了无数一线资料，第一时间给发出求助信息的国家予以答复，并及时安排物资和医疗队跨越大山大洋前去支援。如此的大国气魄怎能让人不爱、不敬呢！

因为疫情的缘故，我留在广州度过了这漫长的几个月，以最直观的视角看到了祖国在这次挑战之中的无私付出、坚定态度和一切为了人民的宗旨，深刻地感受到了中国责任、中国速度与中国力量。我为之震撼，为之热泪盈眶，为之自豪，也更加坚定了我要与祖国同行，为中国特色社会主义现代化建设贡献力量的决心。有国才有家，我们十四亿家人共同挺起了中华民族的脊梁，共同组成了中国龙的伟岸身躯。

中国特色社会主义现代化的建设需要我们每个人参与，两个一百年奋斗目标的实现需要我们团结一心。同心共筑中国梦，华夏同胞一家亲，千难万险不自弃，展望未来手牵起，不负青春好年华，携手共进新时代。

不负青春不负韶华不负时代

华侨大学　经济与金融学院　金融学　2019级　香港　麦迪祺

2020年9月17日下午，习近平总书记到湖南大学岳麓书院考察调研。离开校园时，师生们闻讯赶来，高声向总书记问好。面对热情洋溢的青年学子，习近平总书记说："见到你们很高兴，让我想起岳麓书院的两句话：'惟楚有材，于斯为盛'。真是人才济济啊！"他表示，"于斯为盛"首先指的是湖湘大地代有人才出，涌现出许多报效祖国的栋梁之材。新时代是一个英雄辈出的时代，青年人正逢其时。习近平总书记希望同学们不负青春、不负韶华、不负时代，珍惜时光好好学习，掌握知识本领，树立正确的世界观、人生观、价值观，系好人生第一粒扣子，走好人生道路，为实现中华民族伟大复兴贡献聪明才智。

2020年，新冠病毒来势汹汹，世界被按下了暂停键。暖风渐起，花红柳绿，我们本该与校园重逢，却因为一位不速之客——新冠肺炎的到来，变成了一场漫长的等待。而作为学生的我们，又重新背起行囊，踏上新的征程，开始了"停课不停学"的道路。

2月初，我第一次接到学校通知：因为疫情的原因，学生们居家学习上网课，时间一个月。记得上网课的前一天晚上，有一连串的问题浮现在我脑海里，比如网课会以怎样的形式开展？网课会不会有体育课？上课怎么发言？上课读书老师能听见吗……

在期待中，我们的第一节网课开始了，我怀着好奇的心情进入了课堂。终于听到了老师亲切的声音，当老师让我们回答问题的时候，只有我一个人在自言自语，少了同学们争先恐后回答问题的声音，心里总是空落落的。本以为网课生活很快就会结束，没想到却遥遥无期，随着时间一次又一次地延长，我已经逐渐适应了网课。每天闹钟一响，我就准时起床早读，课上完了就写作业，一切就跟在学校一样按部就班、有条不紊地进行着。

然而，时光飞逝，不知不觉中，我们已度过了长达三个半月的网课时间，我们的学习进度也已经过半，日复一日的网课逐渐有些枯燥。初夏温热的风，吹拂着窗外婀娜多姿的柳树，望着在风中起舞的柳树时，我想起了校园里的柳树姑娘，它们还好吗？是否也在随风飘扬呢？学校花坛里的花想必已经是姹紫嫣红了吧，突然好想念学校的生活，想念亲爱的老师们，想念一起学习的同学们，想念学校的美丽风景，我第一次错过了校园的春天，第一次对它如此思念……

三个月，对于时光而言，是匆匆一瞬；而对于我们而言，却是成长。我懂得了，没有老师的监督，没有学校的约束，唯有努力，才能取得自己的成功；我懂得了，小小屏幕里的网课并不能真正代替课堂，我更懂得了，当新冠肺炎迅速蔓延，万人恐慌之时，唯有像钟南山院士这样有知识有力量的人，才能让我们更加心安……

夏风撩动衣角，绿草如茵，我们将重返校园。因为疫情，我们学会成长，因为成长，校园里整齐的桌椅才显得无比珍贵，因为梦想，黑板上的知识，才迸发出无限惊喜。春暖花开，疫情来临之时，老师们曾被迫成为"主播"，医护人员依然坚持在一线，我们即将回到美丽的校园和同学们一起学习，一起为了青春、为了梦想而拼搏！

樱花落处，落地成诗。经过白衣战士的日夜奋战，国内的疫情形势逐渐明朗，这是他们的坚守，也是他们的牺牲。疫情当下，我们也要为此付出一份力量——戴口罩，勤洗手，多通风。我们虽然不能像医生护士那样帮助别人从病魔中解脱，但是我们保护好自己，让自己不被感染，就是我们作为平常人为祖国尽的最大一份力量！隔离不隔爱，封城不孤城！正如钟南山院士所说："中国本来就是一个很英雄的国家！"我们所站立的地方，正是我们的中国！

夏日已来，春已归去，花儿依然开得绚烂，我们是祖国的花朵，未来的希望，我们更要绽放自己的青春色彩，同学们，让我们不负青春美好时光，努力奋斗吧！

青春韶华

华侨大学　文学院　汉语言文学　2019 级　香港　张雅荣

　　青春有时如小草，有阳光、有雨露，却没有花朵的芬芳、光彩耀人，它无人问津；只要顽强地坚持与努力，终究有一天会盛开出一朵娇艳美丽的花朵来证明自己。

　　如果人生是一栋高楼大厦，那么奋斗便是筑起高楼的砖瓦，如果人生是一道峡谷间的鸿沟，那么奋斗便是架接鸿沟的桥梁，没有奋斗的人生便是一场无为的人生，我们肩负着努力学习的重任，更应该努力地去奋斗自己的人生与未来。我们应该努力地去学习知识，去经历风风雨雨，加固知识的城墙，不惧艰难。

　　"恰同学少年，风华正茂，书生意气，挥斥方遒"昭示着一代伟人的奋斗精神，不负韶华，不负时代，在这个美好的时代里，我们要发愤图强，努力读书，像上一代的伟人学习不惧风雨，不惧困难。青春正是我们最好的时光，所以我们才更不应该让如此美好的时光从我们的指尖一点一滴流逝，不要等步履蹒跚的时候才来后悔为何当初没有把握好时光鼓起勇气去追逐自己的人生梦想。

　　正值青春的我们拥有春天的朝气，拥有夏天的热烈，拥有秋天的成熟，拥有冬天的坚强，正因为我们还年轻，所以我们有勇气去挑战，有资本去奋斗，有力量去追逐自己的梦想。生命的光彩是需要绽放的，不如趁着生命蓬勃有力的时候，去追逐自己的梦想，即便在追逐梦想的道路上跌倒了，也不缺少站起来的勇气再继续向前奋斗，这就是青春所带给我们的无尽财富。

　　冰心曾说过："成功的花儿，人们只惊羡她现时的明艳，然而当初她的芽儿，渗透了奋斗的泪泉，洒遍了牺牲的血雨。"是的，奋斗是艰难困苦的，是遍体鳞伤的，但是如果没有经历困难，怎么会遇见雨后彩虹，怎么会知道奋斗也会是幸福的，这样得到的幸福才会更加珍贵，我们会无比快乐地享受奋斗所带来的美好未来。人生就是在一次次的播种，摄取养分，破土而出，经历一场场风风雨雨，这样才可以变得更坚强，不惧怕任何困难，去勇敢地追逐自己的梦想，小小种子慢慢成长变成茂密而又粗壮的大树，为小鸟提供房屋，为花草遮风挡雨，这就像我们从小就不断地学习，不断地去接触未知的事物。小时候母亲总会和我们说："跌倒了没关系，爬起来就好了!"是啊，在小时候还不会走路的时候，总会摔倒，但是没有一次次的摔倒，怎么会变成现在健步如飞的我们。我们在不断地学习中追逐我们的梦想，青春正当时，我们更应该不断地去跌倒，去寻找我们美好的未来。

青春的路途，总是会磕磕碰碰，但这不是我们应该去逃避的理由，人生不会是一帆风顺的，为什么不让人生变得更加耀眼，乘风破浪，经历更多的风风雨雨，这才是不负韶华，不惧困难的青春。

以梦为马，不负韶华

郑州大学　新闻与传播学院　新闻传播学　2019级　香港　王美琪

　　宣传党的十九大精神，贯彻习近平新时代中国特色社会主义思想，是描绘新蓝图、续写新篇章、迈进新时代、实现新使命、开启新征程的思想方针。新时代，党带领着全国人民为全面建成小康社会、建设社会主义现代化强国、实现中华民族伟大复兴中国梦不断奋斗。与此同时，身为新青年的我们也不应该忘记奉献自己的力量，不负青春，不负时代，让中国梦覆盖神州大地。

　　由于中国特色社会主义进入新时代，经济迅速发展，我国社会的主要矛盾，已经转化成为人民日益增长的美好生活需要和不平衡不充分发展之间的矛盾。由此，我不禁联想到过去两年，不法分子打着"民主"的旗号，不断煽动民众，发起游行示威和暴力事件，严重破坏香港的社会稳定和经济发展。直至2020年6月，作为维护国家主权、安全、发展利益的稳固基石——《中华人民共和国香港特别行政区维护国家安全法》（以下简称《香港国安法》）的颁布，香港"一国两制"实践进入新阶段。在《香港国安法》的实施下，香港地区政府严惩分裂国家的暴徒，维护社会治安，因此，社会民心安稳，经济复苏。

　　作为香港居民，我坚信祖国是香港繁荣稳定的"守护神"。《香港国安法》的成功实施带来了稳定，香港街道不再乌烟瘴气、一片狼藉，恢复了往日的欣欣向荣、和谐稳定。在新时代中国特色社会主义思想的领导下，我们要毫不动摇地坚持党的领导，支持党带领人民进行伟大斗争、推行伟大事业、实现伟大梦想，这样才能促进祖国繁荣，和谐发展，使中国变得更强大和繁荣。

　　中国共产党的初心和使命就是为中国人民谋幸福，为中华民族谋复兴。2020年初，一场快速扩张的新冠肺炎疫情突袭而来，持续飙升的感染病例令人忧心忡忡。中国政府不负众望，果断落实防疫工作，例如火神山和雷神山医院的建设成功提供成几千个隔离床位，及时全面地保障人民的生命健康，这样的"中国速度"令人赞叹。走在第一线的"白衣战士"无私奉献的精神也感动了全中国。

这是一场没有硝烟的战争，由于全中国人民的齐心协力，上下一心，疫情才能被及时有效控制，让其他国家望尘莫及。

在经历了抗日战争、解放战争，新中国从成立到实行改革开放，一步一步走向富强，走向民主。生活在这个经济不断发展、基础设施不断完善、城市建设不断扩大，医疗卫生、教育制度等不断改革，不断贴近民生的社会主义新时代，我时刻感受到祖国赋予我们每一个人追求"幸福"的权利。我也牢记"不忘初心，牢记使命"是新青年的责任和担当。作为其中一员，我认为我应该自觉投身实现民族伟大复兴的使命中，积极应对重大挑战、克服重大阻力、解决重大矛盾，特别是在当前的疫情防控、助力复工复产的工作中勇于担当，迎难而上，释放青春搏击的巨大能量。我相信我能在担当中历练，在尽责中成长，书写属于自己的青春印记和时代答卷。

中国特色社会主义新征程的目标是实现"两个一百年"。在2021年全面建成小康社会，实现第一个百年目标，再乘势而上开启全面建设社会主义现代化国家新征程，在2049年实现全面建成社会主义现代化国家的第二个百年目标。在过去，中国一直坚持扶贫，帮助全民脱贫攻坚。在我身边，就有很多"建档立卡户"的贫困大学生。他们老家经济发展落后，很多都是务农的家庭。但由于教育扶贫助学金的补助，他们家庭的经济压力得以减轻。在我看来，脱贫摘帽不是扶贫工作的终点，而是新生活、新奋斗的起点。国家应继续推进全面脱贫和乡村振兴的有效衔接，激发欠发达地区和农村低收入人口发展的内生动力，实施精准帮扶，逐步实现共同富裕。而我也希望能成为其中的一份子，奉献绵延之力。

身为大学生的我们青春年少，正处于人生最美丽的阶段。我们斗志昂扬，奋发是我们的格言，努力是我们的标志，勤劳是我们的习惯，奉献是我们的精神！当前，国家迅速发展，创造了和谐富足的生活环境，让我们得以幸福成长。所以，我们应该时刻牢记，国家的进一步发展离不开我们新青年的力量，我们应努力去实现自己的人生价值，实现中华民族的伟大梦想，以梦为马，方能不负韶华，不负时代！

青春者，不负年华

浙江中医药大学　第一临床医学院　中医　2018 级　香港　罗颖妍

有人说青春是充满书香的，因为在青葱的岁月里，我们总是与学习做伴。有人说青春是叛逆的，因为我们趁着自己年轻，义无反顾地做着任何事情。那么青春到底是怎么样的呢？

青春犹如一张白色的画布，因为青春是一个人成长过程的黄金时期，有着不同的梦想和目标，这些梦想和愿望正在发热发光，充满了彩色与梦幻，等待着有一天，这些梦想通过奋斗和努力，转变为一支画笔，在这张名为青春的画布上，画上一幅五彩缤纷而独一无二的画。

中学时期的我尚未确立我的梦想，我犹豫不定地填写大学志愿表，看着身边的朋友们都纷纷确定好自己的目标和梦想，那时候的我如同在茫茫大海中漂流的小船，不知所措，毫无方向。在一次机缘巧合下，我接触到介绍内地高校的展览，开展了我北上读书的旅程。

自从香港回归祖国之后，彼此之间的关系更为密切，为人们提供了不少便利和机会。我就读于内地的中医大学，学习传统的中医知识。大学里的老师拥有丰富的临床经验和对中医理论独特的见解，让我更加体验到中医文化与经方理论的博大精深。学医的过程并不简单，在这过程中我需要学习专业知识、熟练针刺手法、完成频繁的作业和测验等，这些繁忙的学习任务和压力，虽然给充满欢乐和活力的青春路途里涂上了一抹暗色，但当我们为自己的目标努力时，这些名为拼搏和奋斗的汗水因此变得精彩。

2020 年注定是不平凡的一年，新冠肺炎疫情覆盖全世界，影响人们的日常生活。那个时候的我正在进行暑假的社区医疗实践，坐在诊所的我，听着病人们对疫情的不安和焦虑，他们时刻担心着防疫物品是否会供应不足，医学经验浅薄的我只能贡献出一些微薄之力，耐心地讲解防疫措施，讲一些乐观的话语安慰他们，他们当中有一些病人知道我就读医学专业，便向我提问相关的医学问题，被问到哑口无言时，我深深地感受到一种无力感，一种对疫情的未知性的无力感，一种因自己见识浅薄而无法有效帮助别人的无力感。

自疫情暴发以来，全国人民上下一心、同心抗疫，有许多青年人都投身抗疫前线，他们不惧感染的风险，为病人提供帮助，即使有些学生并不是医学专业，他们也贡献出各自的专业知识和力量，积极投身于医院的建设，甚至在疫情严重的地区担任志愿者，负责照顾居民的日常生活。日复一日繁重的工作，没有让这些青年人产生任何退缩的想法，就算困难再多，他们也迎难而上，承担着他们作为前线人员的责任。这种不畏艰辛、勇敢往前的精神正如同他们的心声一样，"我们不能亲临主战场，但我们能坚持在大战中坚定信心、不负韶华，在今后更长的人生大考中交出合格的答卷。"

在漫漫的人生道路上，我们决定在美好的青春岁月中努力拼搏，不仅是为了自己的成功，更是因为我们可以在最具有激情和活力的时候，为社会、为国家贡献出我们的力量。我们的梦想有赖于国家的帮助与支持，国家的安稳让我们没有顾虑地追逐梦想，国家的发展让我们有更多实现梦想的机会，国家的繁荣让梦想变为真实。生长在这片土地的我们，有义务、有责任为国家贡献出力量。

正当新时代的我们应该谱写出美丽的青春之歌，不要因为只能付出一点微薄之力而感到沮丧，我们还在逐梦的过程中，青春因奋斗而精彩，因追求而美好，国家给予的资源和便利，鼓励着年轻人多追求人生目标，唯有靠着一颗不甘平庸的意念和努力奋斗的信心，才会在挫折与过程上不轻易放弃，就算跌倒了，依然站起来追上去，虽然一时错过了美景，但与美景越来越近。

人生短暂，稍纵即逝，所以让我们在这难得的青春岁月中，努力奋斗，不要在青春流逝时，才遗憾未在这张青春画布上添加色彩。

扬帆起航放飞梦想

华侨大学　土木工程学院　土木类　2020 级　澳门　施浩贤

　　青春需要我们去放飞梦想，我们要时刻谨记韶华易逝，勇于抓住时代给予我们的扬帆起航的机会，作为新时代的年轻人，我们应该"不负青春、不负韶华、不负时代"，乘风破浪，勇往直前，抵挡前行路上的无数风暴，直至迎来最后的曙光。

　　时代指引我们前行的方向，每个时代有每个时代所必须承担的使命，我们现今处于一个不断更新换代的时代，事物高速发展，生活水平日益提高，一切的一切都在向着更美好的方向前进。我们随时都将投入一个新征程中，所以我们需时刻准备着，不断提升自己的能力，从而达到对任何可能发生的事情都可以游刃有余，毕竟我们正处于一个网络大爆炸的时代，没有真正的本领，注定会被淘汰。我们所处的新时代，既是近代以来中华民族发展最好的时代，也是实现中华民族伟大复兴最关键的时代。我们新青年将参与和见证"两个一百年"奋斗目标的实现。所以说，我们广大青年既是时代的参与者也是时代的创造者，我们在这里造梦、圆梦，这将是最好的时代，也是最好的我们，更是最好的未来，我们必将不负青春，不负韶华，不负时代。

　　国家的发展就像是一个巨大的拼图游戏，而我们就是这一块块的拼图，贡献着自己的一份力，缺了一块就无法达到完美。所以我们在面对国家新时代、新使命、新征程时要秉着义不容辞，舍我其谁的心态，积极参与到祖国的建设中来。自觉地将自己的理想同人民的理想、国家的理想、民族的理想紧紧地联系在一起，与时代同呼吸，共命运，肩负时代使命，砥砺前行。自觉投入到时代发展潮流，同人民一起奋斗，同人民一起前进，奔向幸福安康的未来，实现中华民族的伟大复兴，让祖国为有我们而感到骄傲，感到未来可期，感到未来无限美好。

　　青年人是国家的未来，民族的希望，青年人有理想、有担当，国家才有未来，民族才有希望，虽然现在中国已在世界上占据重要的地位，但是我们也不能放松警惕，毕竟历史时时刻刻在提醒着我们曾经的伤痛，它鞭策着我们，驱使我们每个人都为祖国的建设添砖加瓦。当然，为祖国的建设尽一份力绝不是嘴上说说的大道理，而是应该付之行动，这就要求我们青年人脚踏实地，立足国家形势去积极实践，不能纸上谈兵。毕竟"实践是检验真理的唯一标准"，我们学习了那么多的知识就应该去运用，但不是盲目运用，而是有理有据地展现它的内在道理所在，用自己所学的专业知识去助力国家美好的未来。

青年人当无畏无惧，栉风沐雨，护卫这一方山河无恙。青年人当不负青春，不负韶华，不负时代，在风雨中扬帆起航，放飞梦想，成就自我，成就国家。我们更应勇往直前，坚信阳光总在风雨后，梦想终将驶往成功的彼岸，而国家也将繁荣富强。

不负青春，不负韶华，不负时代

广东科技学院　计算机学院　软件工程　2018 级　香港　梁子灏

短颂歌

寒风不度秦岭山，岭南季冬别样春。

冬至日暖涌山尖，遥想昨日望明天。

昨日奴隶把身翻，今日时代新征程。

今非昔比如梦醒，白驹过隙七十载。

改革开放天下计，东方巨人初升起。

一国两制为和平，香岛妈祖终团圆。

鸟巢飞腾圣火燃，驾舟飞舰赴明月。

民族复兴强国梦，不忘初心记使命。

小童未知祖国艰，非典地震笼硝烟。

众人颂扬志成城，硝烟消散阳光现。

新冠妖风重席卷，危机警钟敲心尖。

乌云密布袭武汉，民族惶恐泪潸然。

南粤大夫钟南山，临阵受命危难前。

不惧风浪临一线，战退妖风八方援。

中央防控明决策，白色口罩绝延绵。

扫尽妖风定中原，次年除夕尽欢颜。

自幼便立家国心，鸿鹄之志盈心间。

寒窗饱读十数年，弱冠学问方始成。

吾辈自要当自强，旭日东升坐岭脊。

改革创新应时代，民族复兴中国梦！

恰同学少年

广东财经大学　外国语学院　商务英语　2017级　香港　庄佳琦

"恰同学少年，风华正茂；书生意气，挥斥方遒。"在近百年前的橘子洲头，一代伟人指点江山，激扬文字，抒写了革命青年对国家命运的感慨和以天下为己任的豪情壮志。字字箴言，至今犹念。

时代的浪潮翻滚，但青年依旧是最绚丽的色彩，青春的生命总是热血激昂，始终奔走于时代的前列，用稚嫩的肩膀扛起时代的责任。而对于港澳台青年来说，亦复如是。

一、铭记岁月，坚守爱国底色

回首历史，我们听到了那么多青年的声音。当腐朽的清政府悄无声息地侵蚀这个伟大的民族的希望时，是青年学子在公车上书中崭露头角。当巴黎和会的阴谋公然贩卖国家主权时，是青年学子勇敢地发出了觉醒的呐喊；当日军的坚船利炮无情践踏广袤的华北平原时，亦是青年学子面对破碎山河，发出"华北之大，已经安放不得一张平静的书桌了"的悲壮之声。青春的爱国热情是清醒与无畏，虽然时局或许动荡，但是青年人却始终没有忘记对正义是非的坚守，年轻的呼喊汇聚成磅礴的力量。

我们如今已不是峥嵘岁月，但仍然需要坚守爱国的热情，承担起时代的责任。正如鲁迅先生所期待的那样："愿中国青年都摆脱冷气，只是向上走，不必听自暴自弃者流的话。能做事的做事，能发声的发声。有一分热，发一分光，就令萤火一般，也可以在黑暗里发一点光，不必等待炬火。此后如竟没有炬火；我便是唯一的光"。当希望之火竟被无情熄灭时，勇敢的青年啊，你是否可以独自将火把燃起，借此火度过那无尽的黑夜，尽管寒风凛冽，野狼呼嚎。

历史，不容我们忘却，中华儿女同根同源，都有割舍不断的华夏血脉。因为历史遗留的原因，香港曾和祖国有过短暂的分离，可是为了祖国的统一，历史上曾有那么多可歌可泣的人物英勇抗争。我曾感动于"乡愁"的隔岸之思，也因盛大的国庆阅兵式而震撼自豪，所以更加坚定了当代港澳台青年人要发出自己理性的声音，坚持一个中国的原则，坚守爱国热情，提高民族认同感。青年要有"独立之精神，自由之思想"，我们的心中自有是非判断，而不应该受到一些别有用心之人的挑拨，坚决不与数典忘祖之徒为伍。

知史方能明理，通过广泛的文娱活动将中华文化薪火相传。领略"服章之美和礼仪之大"；听我们的诗人"踏一叶扁舟归去"，看我们的词者"驾一匹战驹来兮"；领悟"道法儒墨杂"的字句哲思。沿着华夏文明的江河，去探求我们同根同源的炎黄脉搏，进而学以致用，融会贯通，为祖国和当地的发展举起那青年人的"炬火"。

二、时代大潮，勇敢创新追梦

今年是澳门回归 21 周年，我们看着国家飞速发展的沧桑巨变，也曾见证过国庆阅兵的大国风范。"一国两制"在这里成功实践，"盛世莲花"向着世界绽放光芒。我油然而生一种自豪感，激励我铭记青年的责任和使命。用创新的理念勇敢追梦，向着更广阔的空间跃进，书写自己的青春华章。

展望自己的成长旅程，作为一名大学生，我憧憬着未来发展的无限可能，粤港澳大湾区发展战略的实施，为我们未来的发展创建广阔的追梦空间。而我本身就是整个中国梦的一份子，是国家的发展带动了我生于斯长于斯的这座城的发展，也同样带动了我的成长。尤其是深圳，从一个小渔村到如今的创新大都市，深圳遍地的创业故事建构了独特的创业文化，为港澳台青年提供了一个"梦工厂"，我们更应该开拓新思想，积极将青春融入深圳。因为，这是属于年轻人的城市，是属于创新的城市。在这里，我们可以做一个大大的梦，我们可以肆意挥洒青春的汗水，去追逐，去试错，去成就自己。"试问岭南应不好，却道：此心安处是吾乡"，当惊涛拍岸，每一个矫健的身影都是一个创新的火苗，为城市和国家的发展点燃希望的篝火。

也许我们会在踌躇满志时被黑暗打倒。也许我们刚刚崭露头角，就已经遍体鳞伤。也许我们会在远行的路中迷失自我。我们生而平凡，却并不平庸，我们有青春韶华，就不该辜负那本该滚烫的热血。"青年者，人生之王，人生之春"，我们所能拥有的青春是多少黄发老者唏嘘不已、求之不得的珍贵时光。在应该努力的时间选择了自律，或许辛苦一些，但总不至于"白首方悔读书迟"。时代的号角已经敲响，我们要勇敢做时代的弄潮儿，勇敢地追梦、筑梦、圆梦，同心共筑"中国梦"。

"听大海的潮汐，看高山的云起，我们用爱凝聚飞翔的羽翼。"中华民族历经风雨，早已在新时代奏响了新篇章，青年的时代宣言理应唱响："丹心碧血，我今方少年，理应展翅飞，注定一生与天争！"让我们一道：不负青春，不负韶华，不负时代。美哉，我少年中国，与天不老；壮哉，我中国少年，与国无疆！

浪淘沙
（词牌名）

南昌大学　经济管理学院　工商管理　2017 级　香港　曾权

华韵逸霄汉，
五岳三山，
漫舞神州富丽妍。
盛世多需英雄处，
舍我谁焉？

萁豆何相煎，
一水两岸，
同宗共祖脉相连。
心愿华夏炎黄血，
齐铸新篇。

上篇大意：新中国已经崛起，神州大地一派繁荣景象，在中华民族的伟大复兴之际，我们要有舍我其谁的精神。

下篇大意：我们同是炎黄子孙，血脉相连，何苦对立为难，希望能共同铸就中华民族伟大复兴的新篇章。

不负韶华，心怀抱负

北京理工大学　机电学院　机械电子工程　2020级　香港　林毅罡

这是一个最好的时代；这是一个智慧的年代；这是一个信任的时期。很庆幸，我出生在这个时代，出生于中国，我来自香港，是一名世纪宝宝。

自古以来，香港便是中国不可分割的一部分，而我也一直坚信这句话。这些年在内地上学的我深深地感受到了祖国的强大，感受到了香港与内地之间密不可分的关系，并为自己中国人的身份而自豪。

从北京奥运会到上海世博会再到中国梦和如今的两个一百年奋斗目标。可以说，我在成长中见证了中国的发展。

2008年，我在观众席上欣赏了北京奥运会的开幕式，美丽的焰火环绕体育馆一周，鸟巢上方的日晷与下方的击缶表演向我们传递着光阴的概念，那夜星光灿烂，那晚礼花满天，仲夏的北京绽放着灿烂的焰火，见证了一个又一个拼搏的奇迹。北京奥运会把中国展示给了世界，让世界对中国有了进一步的了解和认识，北京奥运给了世界一个大大的惊喜。

2010年，在奥运会喜庆的余音还在鸟巢上空回旋的时候，世博会也在上海如期举行。世界博览会被称为经济、文化和科技领域的奥林匹克盛会，记载着人类在科学之旅中闻名于世的辉煌。最令我震撼的莫属中国馆，红色的主色调，体现了中国自古以来以红色为主的理念。中国馆上似红斗，下如四足鼎立。传达了"东方之冠，鼎盛中华，天下粮仓，富庶百姓"的文化精神与民族气质。

奥运会和世博会的成功举办与完美收官体现了中国改革开放后的飞速发展和国家实力的明显增强。这两年间，奥运会和世博会在我国形成的南北呼应之势，成为我国21世纪初经济发展的两大超级引擎。正是有这两个"中途加油站"，我国得以在2020年，基本上实现了全面建成小康社会，为实现"中国梦"的核心目标——"两个一百年"奠定了坚实的基础。

再近些，2019年，19岁的我亲眼看到了某些不法分子企图乱港，悍然挑战中国的底线。对于这些阻碍国家统一并企图分裂国家的行为，中国政府和人民绝不能容忍。2020 年 6 月，《中华人民共和国香港特别行政区维护国家安全法》出台，填补了法律漏洞，乱港分子如同泄了气的皮球，香港形势迅速好转。该法的制定和实施，是新时代"一国两制"制度体系建设的重要里程碑，是香港繁荣稳定的守护神，更是中央全面管治权与香港特别行政区高度自治权相结合的制度典范，充分体现了中央政府维护国家主权的决心和能力。

2020 年初暴发新冠疫情。我曾在 2020 年中从国外转机香港回到内地，先后在香港和深圳隔离了 14 天。各地政府严格遵守抗疫防疫的制度和要求，严防境外输入的同时紧抓国内防控。我看到，我国从发现病毒、武汉封城到居家隔离再到人们恢复正常工作生活，仅用了半年不到的时间，而其他国家和地区的新冠疫情至今仍在大肆蔓延。可见，中国防疫工作取得的成效，充分彰显了中国共产党领导和中国特色社会主义制度的显著优势，也是我们国力强盛的具体体现。

当前，中国特色社会主义已经进入了新时代，我也同祖国一起走过了 21 世纪的头 20 年，成长为一个青年大学生。习近平总书记指出："青年一代有理想、有本领、有担当，国家就有前途，民族就有希望。"是的，青年代表着朝气、希望与未来，正像许多国家和城市的广场上，以人物为形象的纪念碑，往往是由青年承担着主角，他们或手捧书本或振臂呐喊或凝眉沉思，似在充实自己，思考未来，扛起责任……

十九大报告提出，既要全面建成小康社会、实现第一个百年奋斗目标，又要乘势而上开启全面建设社会主义现代化国家新征程，向第二个百年目标进军。这第一个百年的奋斗目标，就是在中国共产党成立一百年、也就是 2021 年全面实现小康；第二个百年的奋斗目标，就是到中华人民共和国成立一百年之际，即 2049 年，将建设一个现代化强国，实现中华民族伟大复兴的中国梦。第二个百年目标的实现，关键就在 2021 年到 2049 年之间的几十年，就在于我们这一代青年人。我们不断接近并融入这个伟大时代的最好方法，就是以民族复兴、国家富强为己任，不断思考、不断学习、勤思好学、修身立德。一百多年前，梁启超看到了"少年强则国强"，一百多年后的今天，中国虽已不再羸弱，但青年的使命尚在继续。李白疾呼："天生我材必有用"，世界大矣，一定有我们的立身之所；国家大矣，一定有我们的用武之地。今后中国的飞速发展将为我们提供良好的发展机遇和发展空间。我们应认识到，这一代青年的责任与担当，关乎着伟大复兴的中国梦，关乎着国运与未来。我们坚信，这一辈青年可以直上青天揽明月，可以潜入深海擒蛟龙。我们一定可以担起富国强国之重任，在 2049 年实现我国第二个百年目标，使中华民族骄傲地屹立于世界之林。

反省历史，我深刻地领悟了落后就要挨打、分裂必将倒退的道理；展望未来，路漫漫其修远，我们要以实现中华民族的复兴为己任，与国同行，跨越山海，走向世界。很庆幸，我是一名中国人，我为我的身份感到骄傲自豪。我坚信，中华民族将在世界东方屹立不倒。正如《格言联璧》中的一句话：志之所趋，无远弗届，穷山距海，不能限也。